Paul Johnson nació en Gran Bretaña en 1928 y estudió en el Magdalen College de Oxford. A su sólida cultura histórica se une la importante tarea que ha desarrollado como periodista en *The New Statesman*. Ha alcanzado reputación internacional con sus libros *Historia de los judíos* (publicado en esta misma colección), *Tiempos modernos, Nacimiento del mundo moderno* y *Estados Unidos*, entre otros.

«La habilidad para tratar temas colosales con un análisis bien documentado y penetrante es el sello distintivo de Johnson.»

Kirkus Reviews

ZETA

Título original: *A History of Christianity*
Traducción: Aníbal Leal y Fernando Mateo
1.ª edición: septiembre 2010

© 1976, 1999 by Paul Johnson
© Ediciones B, S. A., 2010
 para el sello Zeta Bolsillo
 Consell de Cent, 425-427 - 08009 Barcelona (España)
 www.edicionesb.com

Printed in Spain
ISBN: 978-84-9872-428-8
Depósito legal: B. 24.626-2010

Impreso por LIBERDÚPLEX, S.L.U.
Ctra. BV 2249 Km 7,4 Polígono Torrentfondo
08791 - Sant Llorenç d'Hortons (Barcelona)

Historia del cristianismo

PAUL JOHNSON

ZETA

A Marigold,
mi colaboradora permanente,
mi más sabia consejera
y mi mejor amiga.

ÍNDICE

PRÓLOGO

Han transcurrido casi 2.000 años desde que el nacimiento de Jesucristo desencadenó la serie de acontecimientos que llevó a la creación de la fe cristiana y su difusión por el mundo. Durante estos dos milenios el cristianismo ha demostrado quizá más influencia que cualquier otra filosofía institucional en la determinación del destino humano, pero ahora hay signos en el sentido de que su período de predominio está llegando a su fin, lo que sugiere la conveniencia de un examen retrospectivo y un balance. En este libro he intentado reseñar la historia total en un volumen. Tal propósito implica una considerable labor de condensación y selección, pero tiene la ventaja de suministrar perspectivas nuevas y esclarecedoras, y demostrar cómo los diferentes temas del cristianismo se repiten y modulan a través de los siglos. Este trabajo se basa en los resultados publicados de una amplia investigación, realizada durante los últimos veinte años; hace referencia a una serie de episodios notables de la historia cristiana y apunta a exponer los hechos destacados según los ven e interpretan los estudiosos modernos.

Por lo tanto, es una obra de historia. El lector podría preguntarse: ¿cabe escribir del cristianismo con el grado necesario de objetividad histórica? En 1913 Ernst Troeltsch argumentó convincentemente que los métodos escépticos y críticos de investigación histórica eran incompatibles con la convicción cristiana; muchos historiadores y la mayoría de los sociólogos religiosos coincidirían con él. En realidad, parece existir cierto conflicto. El cristianismo es esencialmente una religión histórica. Funda sus afirmaciones en los hechos históricos que ella misma afirma. Si se destruye, nada queda. Entonces, ¿un cristiano puede examinar la verdad de estos hechos con la misma objetividad que mostraría frente a cualquier otro fenómeno? ¿Puede exigírsele que cave la tumba de su propia fe si sus investigaciones apuntan en esa dirección? En tiempos pasados, muy pocos estudiosos cristianos han demostrado el coraje o la confianza necesarios para poner la búsqueda inflexible de la verdad por delante de otra consideración cualquiera. Casi todos han puesto el límite en cierto punto. Pero, ¡qué inútiles fueron sus esfuerzos defensivos! ¡Qué ridículo parece retrospectivamente su sacrificio de la integridad! Nos reímos de John Henry Newman porque, para proteger a sus alumnos, guardaba en una caja fuerte su ejemplar de *The Age of Reason*. Y nos sentimos incómodos cuando el obispo Stubbs, otrora Profesor Regius de Historia Moderna en Oxford, anota triunfal —como hizo en una conferencia pública— su primer encuentro con el historiador John Richard Green: «Conocía por una descripción el tipo de hombre con el que debía encontrarme: lo reconocí cuando subió al vagón Wells, sosteniendo en la mano un volumen de Renan. Me dije, "Si puedo evitarlo, no leerá este libro". Me senté enfrente y comenzamos a conversar... Después vino a verme a Navestock y ese volumen de Renan fue a parar a mi cubo de la basura.» Stubbs había condenado la *Vie de Jésus* sin leerla y el centro de su anécdota fue que había convencido a Green de que hiciera lo mismo. De modo que un historiador corrompió a otro y el cristianismo se avergonzó por ambos.

Pues el cristianismo, al identificar la verdad con la fe, debe enseñar —y bien entendido, en efecto, enseña— que la interferencia con la verdad es inmoral. Un cristiano dotado de fe nada tiene que temer de los hechos; un historiador cristiano que limita en un punto cualquiera el campo de la indagación está reconociendo los límites de su fe. Y por supuesto, está destruyendo también la naturaleza de su religión, que es una revelación progresiva de la verdad. De modo que, a mi entender, el cristiano no debe privarse en lo más mínimo de seguir la línea de la verdad; más aún, está realmente obligado a seguirla. En realidad, debe sentirse más libre que el no cristiano, que está comprometido de antemano por su propio rechazo. En todo caso, he tratado de exponer los hechos de la historia cristiana del modo más veraz y desnudo que me ha sido posible y he dejado el resto al lector.

Iver, Buckinghamshire, 1975

PRIMERA PARTE

El ascenso y rescate de la secta de Jesús
(50 a.C. - 250 d.C.)

Alrededor de mediados del siglo I d.C., y muy probablemente en el año 49, Pablo de Tarso viajó hacia el sur, de Antioquía a Jerusalén, en general, y allí se reunió con los adeptos sobrevivientes de Jesús de Nazaret, que había sido crucificado unos dieciséis años antes. Esta Conferencia Apostólica o Concilio de Jerusalén es el primer acto político de la historia del cristianismo y la base a partir de la cual podemos intentar la reconstrucción de la naturaleza de las enseñanzas de Jesús y los orígenes de la religión y la Iglesia que él creó.

Tenemos dos reseñas casi contemporáneas de este concilio. Una, que data de la década siguiente, fue dictada por el propio Pablo en su carta a las comunidades cristianas de Galacia, Asia Menor. La segunda es más tardía y proviene de una serie de fuentes o versiones de testigos oculares, reunidos en los Hechos de los Apóstoles de Lucas. Es un informe amable, casi oficial, de una disputa en la Iglesia y su resolución satisfactoria. Consideremos en primer término esta última versión. Relata que se habían suscitado en Antioquía «ásperas discrepancias y controversias» porque «ciertas personas» de Jerusalén y Judea, en franca contradicción con la enseñanza de Pablo, habían estado diciendo a los conversos al cristianismo que no podían salvarse si no se sometían al rito judío de la circuncisión. En consecuencia, Pablo, su colega Bernabé y otros miembros de la misión ante los gentiles en Antioquía viajaron a Jerusalén para mantener consultas con «los apóstoles y ancianos».

Se les ofreció una acogida contradictoria. Fueron bien recibidos por «la Iglesia y los apóstoles y los ancianos»; pero «algunos miembros del partido de los fariseos, que se habían convertido en creyentes», insistieron en que Pablo se equivocaba y en que era necesario no sólo circuncidar a todos los conversos, sino también enseñarles a respetar la ley judía de Moisés. Hubo un «prolongado debate», seguido por discursos de Pedro, que apoyó a Pablo, por el propio Pablo y por Bernabé, y un resumen de Santiago, el hermano menor de Jesús. Propuso un compromiso que al parecer fue adoptado «con el acuerdo de la Iglesia entera». En virtud de este acuerdo, Pablo y sus colegas fueron devueltos a Antioquía acompañados por una delegación de Jerusalén que llevaba una carta. La carta establecía los términos del compromiso: los conversos no necesitan someterse a la circuncisión, pero deben observar ciertos preceptos de la ley judía en las cuestiones referidas a la dieta y a la conducta sexual. El registro de Lucas en los Hechos afirma que se llegó «unánimemente» a esta posición intermedia y que cuando se comunicó la decisión a la comunidad de Antioquía, «todos se regocijaron». Así, los delegados de Jerusalén pudieron retornar a dicha ciudad, pues habían resuelto el problema, y Pablo continuó cumpliendo su misión.

Ésta es, pues, la reseña del primer concilio de la Iglesia, según la presenta un documento acordado, la que podría denominarse una versión eirénica y ecuménica, concebida para explicar la nueva religión como un cuerpo místico que tiene su propia vida coordinada y unificada, y que avanza hacia conclusiones inevitables y predestinadas. En efecto, los Hechos afirman específicamente que el dictamen del Consejo fue «la decisión del Espíritu Santo». ¡No puede extrañar que fuese aceptada por unanimidad! No puede extrañar que en Antioquía «todos» «se regocijaron en vista del aliento que les aportó».

Pero la versión de Pablo presenta un cuadro muy distinto. Y la suya no es simplemente la versión de un testigo ocular sino la del participante principal, quizás el único que comprendió la magnitud de las cuestiones en juego. Pablo no tiene interés en suavizar los bordes filosos de la controversia. Está defendiendo una posición frente a los hombres y las mujeres en quienes la vida espiritual está dominada por los temas que los ancianos debaten en esa habitación de Jerusalén. Su propósito no es eirénico o ecuménico, y menos aún diplomático. Es un hombre que arde en deseos de decir la verdad y de grabarla como con fuego en la mente de sus lectores. En las *Actas de Pablo*, apócrifas, escritas quizá cien años después de su muerte, se preserva vívidamente la tradición de su apariencia física: «... un hombre menudo de cabeza grande y atrevida. Tenía las piernas encorvadas, pero su presencia era noble. Las cejas estaban juntas y la nariz era grande. Un hombre que respiraba amistad». El propio Pablo afirma que su apariencia no era impresionante. Reconoce que no era orador y tampoco, por lo que respecta a los detalles externos, era un jefe carismático. Pero las cartas auténticas que han llegado a nosotros irradian el carisma interior: exhiben la impronta imborrable de una gran personalidad, entusiasta, atrevida, infatigable, voluble, un hombre que lucha heroicamente por la verdad y después la formula con una intensidad incontrolable que se adelanta a su capacidad expresiva. No es un hombre con el que resulte fácil trabajar, o a quien pueda refutarse en la discusión, o hacer callar, o inducir a que concierte un compromiso: un hombre peligroso, filoso, inolvidable, que sin duda trasuntaba amistad, pero provocaba dificultades monstruosas y rehusaba resolverlas mediante el sacrificio de la verdad.

Más aún, Pablo estaba completamente seguro de que tenía la verdad. No sugiere que el Espíritu Santo ratifique o siquiera proponga la solución de compromiso presentada por Lucas. En su Carta a los gálatas, unas pocas frases antes de su versión del Concilio de Jerusalén, desecha todo lo que implique la idea de un sistema conciliar que dirija los asuntos de la Iglesia, todo lo que signifique apelar al juicio de los mortales reunidos en consejo. «Amigos míos, debo aclararos», escribe, «que el evangelio que vosotros me habéis oído predicar no es una invención humana. No lo recibí de un hombre; no me lo enseñó un hombre; lo recibí a través de una revelación de Jesucristo.» Por lo tanto, cuando llega a describir el Consejo y sus consecuencias, escribe exactamente lo que siente, con palabras duras, concretas e inequívocas. Su concilio no es una reunión de almas inspiradas, que actúan en concordancia con una guía infalible proveniente del espíritu, sino una conferencia humana de hombres débiles y vulnerables, entre los cuales sólo él tenía un mandato divino. Según Pablo ¿cómo podía ser de otro modo? Los elementos judíos estaban descalabrando su misión en Antioquía, la misma que él realizaba por instrucciones expresas de Dios, «que me distinguió desde la cuna y me llamó a través de su gracia, decidió revelarme a su Hijo y revelarlo a través de mí, con el propósito de que yo pudiera proclamarlo entre los gentiles». Por consiguiente, para derrotarlos fue a Jerusalén, «porque había sido revelado por Dios que yo debía hacerlo». Vio a los jefes de los cristianos de Jerusalén, «los hombres reputados», como él los denomina, «en una reunión privada». Estos hombres, Santiago, hermano de Cristo, los apóstoles Pedro y Juan, «esos reputados pilares de nuestra sociedad», se inclinaban a aceptar el evangelio según Pablo lo enseñaba y a reconocer sus credenciales como apóstol y maestro de la doctrina de Cristo. Dividieron el territorio misionero, «conviniendo en que nosotros debíamos ir a los gentiles, mientras ellos iban a los judíos». Sólo pedían que Pablo garantizara que sus comunidades gentiles suministrarían apoyo financiero a la Iglesia de Jerusalén, «que era precisamente lo que yo me propuse hacer». Después de concertar este arreglo, Pablo y los pilares «se estrecharon las manos». No se menciona que Pablo hiciera concesiones de carácter doctrinario. Por el contrario, se queja de que se haya «exhortado» a imponer la circuncisión a los conversos como concesión a «ciertos falsos cristianos, intrusos que se habían deslizado para espiar la libertad de que gozamos en la fraternidad de Jesucristo». Pero «ni por un instante cedí a los dictados de esa gente». Estaba «firmemente decidido sobre la verdad total del evangelio». Por desgracia, continúa diciendo Pablo, su victoria aparente en Jerusalén no puso fin al problema. Los «pilares», que habían prometido mantenerse firmes contra los «falsos cristianos» judíos a cambio del apoyo financiero, no cumplieron. Cuando más tarde Pedro llegó a Antioquía, estaba dispuesto al principio a tratar a los cristianos gentiles como a iguales religiosos y raciales, y a compartir con ellos sus comidas; pero después, cuando llegaron a la ciudad los emisarios de Santiago, él «se retrajo y comenzó a distanciarse, porque temió a los defensores de la circuncisión». Pedro «sin duda estaba equivocado». Pablo se lo dijo «en la cara». Lamentablemente, otros mostraron la «misma falta de principios». Incluso Bernabé «se mostró falso como el resto». Pablo escribe en un contexto en que la batalla, lejos de haber sido ganada, continúa y cobra más intensidad; suscita la clara impresión de que teme que pueda perderse.

Pablo escribe con pasión, apremio y temor. Discrepa con la versión de los Hechos no sólo porque ve de distinto modo las cosas, sino porque tiene una idea en conjunto más radical sobre su importancia. Para Lucas, el Consejo de Jerusalén es un incidente eclesiástico. Para Pablo, es parte de la lucha más grande que jamás se haya librado. Detrás de ella hay dos interrogantes no resueltos. ¿Jesucristo había fundado una nueva religión, al fin, la verdadera? O, para decirlo de otro modo, ¿él era Dios u hombre? Si se vindica a Pablo, nace el cristianismo. Si se le desecha, las enseñanzas de Jesús son nada más que el hito de una secta judía, condenada a sumergirse en la corriente principal de un antiguo credo.

Para demostrar por qué el análisis de Pablo fue esencialmente válido y la disputa el primer gran momento crítico de la historia del cristianismo, ante todo debemos examinar la relación entre el judaísmo y el mundo del siglo I d.C. En tiempos de Cristo, la república romana, cuya extensión había venido duplicándose en cada generación, se había ensanchado para abarcar la totalidad de la escena mediterránea. En ciertos aspectos era un imperio liberal, que exhibía los rasgos distintivos de sus orígenes. Era una conjunción nueva, en realidad original, en la historia del mundo, un imperio que imponía la estabilidad y por lo tanto posibilitaba la libertad de comercio y las comunicaciones en una vasta área, aunque no intentaba regir las ideas o inhibir su intercambio o difusión. La ley romana podía ser brutal y siempre era implacable, pero aún así se aplicaba en un área relativamente limitada de la conducta humana. Muchos sectores de la actividad económica y cultural estaban fuera de su alcance. Más aún, incluso allí donde la ley tenía valor de prescripción, no siempre era aplicada. La ley romana tendía a adormecerse a menos que las infracciones atrajesen su atención mediante los signos externos del desorden: quejas estridentes, ataques a la paz, disturbios. En ese caso advertía y, si no se consideraban sus advertencias, actuaba ferozmente hasta que se restablecía el silencio; después, volvía a adormecerse. En la esfera del dominio romano, un hombre razonable y circunspecto, por contrarias que fuesen sus opiniones, podía sobrevivir y prosperar, e incluso difundir tales ideas; ésta fue una razón muy importante por la cual Roma pudo extenderse y perpetuarse.

Roma se mostró tolerante sobre todo en relación con las dos grandes culturas filosóficas y religiosas que la enfrentaron en el Mediterráneo central y oriental: el helenismo y el judaísmo. La religión republicana de la propia Roma era antigua, pero primitiva e inmadura. Era una religión oficial, interesada en las virtudes civiles y la observancia externa. Estaba a cargo de funcionarios oficiales retribuidos y sus propósitos y su estilo no se distinguían de los que eran propios del Estado. No llegaba al corazón ni imponía obligaciones a la credulidad de un hombre. Cicerón y otros intelectuales la defendieron con argumentos que se referían meramente a su carácter de auxiliar del decoro público. Por supuesto, como era una religión oficial, cambiaba a medida que variaban las formas de gobierno. Cuando fracasó la república, el nuevo emperador se convirtió, *ex officio*, en el *pontifex maximus*. El imperialismo era una idea oriental e implicaba el concepto de los poderes casi divinos conferidos al gobernante. Por consiguiente, después de la muerte de César, el Senado romano en general votó la divinización de un emperador, con la condición de que hubiese tenido éxito y fuese admirado; un testigo debía jurar que había visto el alma del muerto elevarse hacia el cielo desde la pira funeraria. Pero el sistema que unía a la divinidad con el gobierno se observaba más en la letra que en el espíritu y a veces ni siquiera en la letra. Los emperadores que afirmaron su propia divinidad mientras aún vivían —Calígula, Nerón, Domiciano— no fueron tan honrados tras la certeza de que habían muerto; la veneración obligatoria a un emperador viviente tenía más probabilidades de aplicación en las provincias que en Roma. Incluso en las provincias, los sacrificios públicos eran sencillamente una genuflexión rutinaria de homenaje al gobierno; no imponían una carga de conciencia a la gran mayoría de los ciudadanos y los súbditos de Roma.

Por consiguiente, en el ámbito imperial, el credo cívico del Estado, obligatorio pero marginal, dejó amplia libertad a la psiquis. Todos los hombres podían tener y practicar una segunda religión si así lo deseaban. Para decirlo de otro modo, el culto cívico obligatorio posibilitaba la libertad de cultos. Las posibilidades de elección eran enormes. Había ciertos cultos que por el origen y el sesgo eran específicamente romanos. Además, todos los pueblos sometidos que habían sido incorporados al imperio tenían sus propios dioses y diosas; a menudo ganaban adeptos porque no se identificaban con el Estado y, además, sus ceremonias y sus sacerdotes nativos tenían cierto encanto exótico. El panorama religioso cambiaba constantemente. Se alentaba a todos, y especialmente a las personas acomodadas, a participar en la actividad religiosa a causa de la naturaleza misma del sistema educacional, que no se identificaba con determinado culto y, en cambio, en cierto sentido era un ámbito colectivo. La búsqueda empírica de la verdad religiosa era inseparable de las restantes formas del saber. La teología era parte de la filosofía, o viceversa; la retórica, el arte de la prueba y la refutación, era la criada de ambas. El lenguaje común del imperio era el griego, que era sobre todo el idioma de los negocios, la educación y la búsqueda de la verdad. El griego, como lenguaje y como cultura, estaba transformando la visión del mundo de la experiencia religiosa romana. Como la romana, la religión griega había sido en el origen una serie de cultos urbanos, de demostraciones públicas, de temor, respeto y gratitud hacia los dioses domésticos del estado-ciudad. La creación de un imperio helénico por Alejandro había transformado a los estados-ciudades en una dilatada unidad territorial en la que, por regla general, el ciudadano libre ya no estaba implicado directamente en el gobierno. Por lo tanto, disponía de tiempo, de oportunidades y sobre todo de motivos para desarrollar su esfera privada y explorar sus propias responsabilidades individuales y personales. La filosofía comenzó a orientarse cada vez más hacia la conducta íntima. Así, bajo el impulso del genio griego, se inauguró una era de religión personal. Lo que hasta ese momento había sido sólo cuestión de conformismo tribal, racial, urbano, estatal o —en el sentido más laxo— social, ahora se convertía en tema de preocupación individual. ¿Quién soy? ¿Adónde voy? ¿Qué creo? Por lo tanto, ¿qué debo hacer? Se tendía cada vez más a formular esas preguntas y lo hacían no sólo los griegos. Los romanos estaban sufriendo un proceso análogo de emancipación respecto del deber cívico absoluto. En efecto, podría afirmarse que el imperio mundial por sí mismo liberó a multitudes de las cargas de los problemas públicos y les concedió tiempo para estudiar sus propios ombligos. En las escuelas, se destacaba cada vez más la importancia de la enseñanza moral, sobre todo la de origen estoico. Se redactaban listas de los vicios, de las virtudes y de los deberes de los padres hacia los hijos, de los maridos hacia las esposas, de los amos hacia los esclavos y viceversa.

Pero, por supuesto, esto era mera ética, que en esencia no se distinguía de los códigos municipales de conducta. Las escuelas no respondían o no podían responder a muchos interrogantes ahora considerados fundamentales y urgentes, cuestiones que se centraban en la naturaleza del alma y su futuro, en la relación del alma con el universo y la eternidad. Una vez formuladas esas cuestiones y después de haber registrado su formulación, no era posible desecharlas. La civilización maduraba. En la Edad Media, los metafísicos cristianos representarían a los griegos de las décadas que precedieron a Cristo como un grupo de hombres que se debatían viril pero ciegamente para alcanzar el conocimiento de Dios, por así decirlo, tratando de conjurar a Jesús como extraído del aire de Atenas, de inventar el cristianismo con sus pobres cabezas paganas. En cierto sentido, esta suposición da en el blanco: el mundo estaba intelectualmente preparado para el cristianismo. Estaba esperando a Dios. Pero es improbable que el mundo helénico pudiera haber producido un sistema semejante a partir de sus propios recursos. Sus armas intelectuales eran variadas y poderosas. Poseía una teoría de la naturaleza y cierta forma de cosmología. Tenía la lógica y la matemática, los rudimentos de una ciencia empírica. Podía concebir metodologías, pero carecía de la imaginación necesaria para relacionar la historia con la especulación, para producir esa sorprendente mezcla de lo real y lo ideal que es la dinámica religiosa. La cultura griega era una máquina intelectual para la dilucidación y la transformación de ideas religiosas. Uno introducía un concepto teológico y retiraba una forma sumamente refinada que podía comunicarse a todo el mundo civilizado. Pero los griegos no podían producir, o en todo caso no produjeron por sí mismos las ideas. Éstas provenían del este, de Babilonia, Persia, Egipto; por el origen eran, en su mayoría, cultos tribales o nacionales, más tarde liberados del tiempo y el lugar por su transformación en cultos adheridos a deidades individuales. Estos dioses y diosas perdieron su carácter local, cambiaron de nombre y se fusionaron con otros dioses, anteriormente nacionales o tribales; después, a su vez, se desplazaron hacia el oeste y se vieron sometidos a un proceso sincrético con los dioses de Grecia y Roma: así, el Baal de Dolique se identificó con Zeus y Júpiter, Isis con Ishtar y Afrodita. Por la época de Cristo había centenares de cultos semejantes y quizá millares de subcultos. Había cultos para todas las razas, clases y gustos, cultos para todos los oficios y todas las situaciones de la vida. Una nueva forma de comunidad religiosa apareció por primera vez en la historia; no era una nación que celebraba su culto patriótico sino un grupo voluntario, en el que las diferencias sociales, raciales y nacionales se veían trascendidas: los hombres y las mujeres se agrupaban en su carácter de simples individuos frente a su dios.

La atmósfera religiosa, aunque infinitamente variada, ya no era del todo desconcertante y comenzaba a aclararse. Ciertamente, estas nuevas formas de asociación religiosa voluntaria tendían a desarrollarse en ciertos sentidos particulares y significativos. Cada vez más se veía a los nuevos dioses como «señores» y a sus adoradores como servidores; se acentuaba el culto del gobernante, con el rey-dios como salvador y su entronización como el alba de la civilización. Sobre todo había una acentuada tendencia al monoteísmo. Un número cada vez más elevado de hombres buscaba no sólo un dios, sino a Dios, *el* Dios. En el mundo helénico, acentuadamente sincrético, donde el esfuerzo por reconciliar a las religiones era más persistente y eficaz, los cultos gnósticos que ahora estaban surgiendo y que ofrecían nuevas claves al universo estaban basados en la necesidad del monoteísmo, incluso si suponían un universo dualista accionado por las fuerzas rivales del bien y del mal. Por lo tanto, el panorama religioso estaba cambiando, progresando constantemente, pero carecía de estabilidad. Era cada vez menos probable que un hombre educado apoyase el culto de sus padres y menos aún el de sus abuelos; incluso era posible que llegase a cambiar de culto una vez, quizá dos en su vida. Y, lo que era tal vez menos evidente, los propios cultos se encontraban en estado de ósmosis permanente. No sabemos bastante acerca de la época para ofrecer explicaciones completas de este flujo religioso constante y ubicuo. Es bastante probable que los antiguos cultos urbanos y nacionales hayan envejecido sin remedio, manteniéndose solamente como auxiliares del decoro público, y que los cultos orientales de los misterios, aunque sincretizados y refinados por la máquina filosófica helénica, aún no alcanzaban a suministrar una explicación satisfactoria del hombre y su futuro. Había enormes huecos y anomalías en todos los sistemas. Los esfuerzos frenéticos destinados a llenar esos vacíos provocaban la desintegración y, por lo tanto, daban lugar a más cambios.

Precisamente en este punto del desarrollo observamos la importancia fundamental de la gravitación judía sobre el mundo romano. Los judíos no sólo tenían un dios: tenían a Dios. Habían sido monoteístas durante los dos últimos milenios. Habían resistido con infinita fortaleza y a veces con hondos sufrimientos las tentaciones y los estragos originados en los sistemas politeístas orientales. Es cierto que su dios originariamente era tribal y que más recientemente había adquirido carácter nacional; de hecho, todavía era nacional y, como estaba estrecha e íntimamente asociado con el Templo de Jerusalén, en cierto sentido también era municipal. Sin embargo el judaísmo era también, y en medida muy considerable, una religión interior, que presionaba estrecha e intensamente sobre el individuo, al que agobiaba con una multitud de mandatos y prohibiciones que proponían agudos problemas de interpretación y escrúpulo. El judío practicante era esencialmente *homo religiosus* además de funcionario del culto patriótico. Los dos aspectos incluso podían chocar, y así Pompeyo pudo derribar los muros de Jerusalén en 65 a.C. principalmente porque los elementos más rigurosos del conjunto de defensores judíos rehusaron empuñar las armas durante el Sabbath.

En realidad, podría decirse que el poder y el dinamismo de la fe judía trascendían la capacidad militar del pueblo mismo. El Estado judío podía sucumbir, y en efecto sucumbió frente a otros imperios, pero su expresión religiosa sobrevivió, floreció y resistió con violencia la asimilación cultural y el cambio. El judaísmo era mayor que la suma de sus partes. Su voluntad decisiva de supervivencia ha sido la clave de la historia judía reciente. Como otros estados del Medio Oriente, la Palestina judía había caído en manos de Alejandro de Macedonia y luego se había convertido en botín de las luchas dinásticas que siguieron a la muerte de Alejandro en el año 323 a.C. Más tarde, cayó en poder de la monarquía greco-oriental de los seléucidas, pero había resistido con éxito la helenización. El intento del rey seléucida Antíoco Epífanes, en el año 168 a.C., de imponer las normas helénicas a Jerusalén, y sobre todo al Templo, había provocado la revuelta armada. Hubo entonces, y perduró a lo largo de este período, un partido helenizador en los judíos, una corriente ansiosa de someterse a la máquina procesadora cultural. Pero nunca formó la mayoría. Precisamente a la mayoría apelaron los hermanos macabeos contra los seléucidas; así se apoderaron de Jerusalén y en el año 165 a.C. limpiaron el Templo de las impurezas griegas. Esta cruel guerra religiosa inevitablemente fortaleció la relación, en la mente judía, entre la historia, la religión y las aspiraciones futuras del pueblo y el individuo, de modo que hubo una verdadera diferencia entre el destino nacional y una eternidad personal de felicidad. No obstante, la relación fue interpretada de distintos modos y las profecías y las teorías rivales lucharon unas contra otras en los libros sagrados. El más antiguo de los escritos macabeos del Antiguo Testamento, que se opone a la rebelión encabezada por los hermanos, es el Libro de Daniel, que pronostica la caída de los imperios por obra de Dios, no del hombre: «Uno semejante a un hijo del hombre» descenderá de las nubes del cielo, representando la esperanza apocalíptica de los judíos, acompañado por una resurrección general de los muertos. En cambio, el primer Libro de los Macabeos insiste en que Dios ayuda a los que se ayudan. El segundo Libro, escrito por Jasón de Cirene, subraya el poder trascendente de Dios y lleva a la idea de una resurrección temporal y la potencia de los milagros.

Por lo tanto, todos los judíos veían la historia como un reflejo de la actividad de Dios. El pasado no era una serie de hechos azarosos y por eso se desplegaba inexorablemente de acuerdo con un plan divino, que era también el esquema de un código de instrucciones sobre el futuro. Pero el esquema era borroso; el código no estaba descifrado o, más bien, había sistemas rivales, siempre cambiantes, para descifrarlo. Como los judíos no podían coincidir en el modo de interpretar su pasado o de preparar el futuro, tendían a dividirse también en relación con lo que debían hacer en el presente. La opinión judía era una fuerza poderosa pero excepcionalmente volátil y fragmentada. La política judía era la política de la división y la facción. Después de la revuelta macabea, los judíos tuvieron reyes que fueron también sumos sacerdotes, reconocidos por el Imperio romano en expansión; pero las rivalidades acerca de la interpretación de las escrituras provocaron disputas irreconciliables acerca de la política aplicada, las sucesiones, las reclamaciones y las descendencias. En el sacerdocio y la sociedad de los judíos había una sólida corriente que consideraba a Roma el menor de varios males y ésta fue la facción que propuso la intervención de Pompeyo en el año 65 a.C.

Con un marco político estable, el potencial judío era enorme. Los judíos no pudieron aportar por sí mismos esa estabilidad y la tarea tampoco fue fácil para los romanos, sobre todo porque no podían decidirse sobre la condición constitucional del territorio adquirido: un problema repetido en su imperio. Enfrentados con un pueblo subordinado de carácter altivo y con una sólida tradición cultural propia, siempre vacilaban ante la perspectiva de imponer el dominio directo, excepto *in extremis*, y preferían en cambio trabajar con un «hombre fuerte» local, adepto a Roma, que podía lidiar con sus súbditos en su propia forma vernácula de la ley y las costumbres; un hombre de estas características podía ser recompensado (y contenido) si tenía éxito, desechado y remplazado si fracasaba. Así, Judea fue puesta bajo el dominio de la nueva provincia de Siria, mandada por un gobernador en Antioquía, y la autoridad local fue confiada a etnarcas, reconocidos como «reyes» si se mostraban bastante duraderos e implacables. En el marco de la provincia siria, Herodes, que se apoderó del trono de Judea en el año 43 a.C., fue confirmado como «rey de los judíos» cuatro años más tarde con la aprobación y la protección romana. Herodes era el tipo de hombre con el que Roma prefería tratar, hasta el extremo de que los romanos aceptaron y ratificaron el arreglo de Herodes, que fue dividir el reino después de su muerte entre tres hijos: Arquelao, que recibió a Judea, Herodes Filipo y Herodes Antipas. La división no fue del todo exitosa, pues en el año 6 d.C. Judea debió ser puesta bajo la custodia directa de los romanos, con una sucesión de procuradores; durante la década del 60, todo el sistema se fragmentó en una desastrosa revuelta y una sangrienta represalia; el ciclo se repitió durante el siglo siguiente, hasta que Roma, exasperada, arrasó Jerusalén hasta los cimientos y la reconstruyó como una ciudad pagana. Los romanos nunca resolvieron el problema palestino.

De todos modos, especialmente durante las primeras décadas del gobierno de Herodes el Grande, la relación de Roma con los judíos fue provechosa. Ya existía una enorme diáspora judía, sobre todo en las grandes ciudades del Mediterráneo oriental como Alejandría, Antioquía, Tarso y Éfeso. La propia Roma contaba con una nutrida y próspera colonia judía. Durante los años de Herodes, la diáspora se extendió y floreció. El imperio otorgó a los judíos la igualdad de oportunidades económicas y la libertad de movimientos de los bienes y las personas. Los judíos formaron comunidades acaudaladas en todos aquellos lugares en los que los romanos habían impuesto la estabilidad. En Herodes tenían a un protector generoso e influyente. A los ojos de muchos judíos era un individuo sospechoso y algunos rehusaban reconocerlo en absoluto como judío, no a causa de su vida privada voluptuosa y sobremanera violenta, sino por sus vínculos helénicos. Pero no cabe duda de que Herodes se mostró generoso con los judíos. En Jerusalén reconstruyó el Templo según el doble de la escala de Salomón. Esta empresa enorme y grandiosa aún estaba incompleta a la muerte de Herodes, en el año 4 a.C., y fue terminada en vida de Jesús. Era una construcción amplia y costosa, incluso de acuerdo con las normas de la arquitectura romana, y fue uno de los grandes espectáculos turísticos del imperio: un impresionante símbolo de una religión áspera, viva y dinámica. Herodes se mostró igualmente generoso con los judíos de la diáspora. En todas las grandes ciudades les suministró centros comunitarios, dotó y construyó veintenas de sinagogas, la nueva forma de institución eclesiástica, prototipo de la basílica cristiana, donde se celebraban servicios para los dispersos. En las grandes ciudades romanas, las comunidades judías suscitaban una impresión de riqueza, de poder creciente, de confianza en ellas mismas y de éxito. En el sistema romano eran excepcionalmente privilegiadas. Muchos judíos de la diáspora ya eran ciudadanos romanos y, desde los tiempos de Julio César, que los admiraba mucho, todos los judíos gozaban de los derechos de asociación. Esto significaba que podían reunirse para celebrar servicios religiosos, cenas y festines comunitarios, así como para promover cualquier tipo de actividad social y caritativa. Los romanos reconocieron la intensidad de los sentimientos religiosos judíos, pues de hecho los eximieron de la observancia de la religión oficial. Se permitió que los judíos, en lugar del culto al emperador, demostrasen su respeto al Estado ofreciendo sacrificios en bien del emperador. Fue una concesión única y cabe extrañar que no provocara mayor hostilidad. Pero en general los judíos de la diáspora eran admirados e imitados, más que envidiados. No eran en absoluto humildes. Cuando lo preferían, eran muy capaces de representar un papel dirigente en la política municipal, sobre todo en Egipto, donde contaban quizá con un millón de individuos. Algunos realizaron carreras notables al servicio del imperio. Entre ellos había apasionados admiradores del sistema romano, como el historiador Josefo o el filósofo Filón. Mientras los judíos de Judea, y aún más los de regiones semijudías como Galilea, tendían a formar grupos pobres, atrasados, oscurantistas, de mente estrecha, fundamentalistas, incultos y xenófobos, los judíos de la diáspora eran personas expansivas, ricas, cosmopolitas, bien adaptadas a las normas romanas y a la cultura helénica, conocedores de la lengua griega, cultos y mentalmente abiertos.

Asimismo, en notable contraste con los judíos de Palestina, se mostraban ansiosos de difundir su religión. En general, los judíos de la diáspora trataban de conquistar prosélitos y a menudo lo hacían apasionadamente. Durante este período por lo menos algunos judíos persiguieron metas universalistas y abrigaron la esperanza de que Israel fuera «la luz de los gentiles». La adaptación griega del Antiguo Testamento, o Versión de los Setenta, que fue redactada en Alejandría y se utilizó mucho en las comunidades de la diáspora, tenía un sabor expansionista y misionero completamente ajeno al original. Probablemente hubo catecismos semanales para los presuntos conversos, un reflejo de la mente liberal y la generosidad afectiva de los judíos de la diáspora frente a los gentiles. Asimismo, Filón proyectó en su filosofía el concepto de una misión gentil y escribió gozosamente: «No hay una sola ciudad griega o bárbara, ni un solo pueblo, en los que no se haya difundido la costumbre de la observancia del Sabbath, o en que no se respeten los días festivos, la ceremonia de las luces y muchas de nuestras prohibiciones.» Esta afirmación en general era válida. Aunque es imposible ofrecer cifras exactas, es evidente que por la época de Cristo los judíos de la diáspora superaban de lejos a los que vivían en Palestina, quizás en la proporción de 4,5 millones al millón. Los que estaban unidos de un modo o de otro a la fe judía formaban una proporción importante de la población total del imperio; en Egipto, donde tenían posiciones más sólidas, uno de cada siete u ocho habitantes era judío. Una elevada proporción de estos individuos no pertenecía a la raza judía. Tampoco eran judíos integrales en el sentido religioso: pocos estaban circuncidados y no se esperaba de ellos que obedeciesen todos los detalles de la ley. La mayoría estaba formada por *noachides* o individuos temerosos de Dios. Reconocían y veneraban al Dios judío y se les permitía reunirse con los feligreses de las sinagogas para aprender la ley y las costumbres judías, exactamente como en los casos de los futuros catecúmenos cristianos. Sin embargo, a diferencia de los catecúmenos, en general no se esperaba de ellos que se convirtiesen en judíos integrales; variaban su grado y tipo de religiosidad. Por otra parte, parece que representaron un papel fundamental en las formas sociales judías. En efecto, ésta era una parte importante de la atracción del judaísmo de la diáspora. Los judíos, con su antigua y firme tradición de monoteísmo, tenían mucho que ofrecer a un mundo que buscaba un dios seguro y único, aunque su ética era en ciertos aspectos más atractiva que su teología. Se admiraba a los judíos por la estabilidad de su vida familiar, por su adhesión a una castidad que coexistía con la prevención de los excesos del celibato, por las relaciones impresionantes que mantenían entre hijos y padres, por el valor peculiar que asignaban a la vida humana, por su aborrecimiento del robo y su escrupulosidad en los negocios. Aún más sorprendente era su sistema de beneficencia comunitaria. Siempre habían mantenido la costumbre de remitir fondos a Jerusalén para ayudar al mantenimiento del Templo y el auxilio a los pobres. Durante el período de Herodes también desarrollaron, en las grandes ciudades de la diáspora, complicados servicios de bienestar social para los indigentes, los pobres, los enfermos, las viudas y los huérfanos, los prisioneros y los incurables. Se comentaban mucho estas actitudes e incluso se imitaban; por supuesto, se convirtieron en un rasgo principal de las primeras comunidades cristianas y en una razón primordial de la difusión del cristianismo en las ciudades. En vísperas de la misión cristiana produjeron conversos al judaísmo extraídos de todas las clases, incluso las más altas: Popea, la emperatriz de Nerón, y su círculo cortesano fueron casi seguramente personas temerosas de Dios, y el rey Izates II de Adiabene, en el Alto Tigris, abrazó con toda su casa una forma de judaísmo. Probablemente hubo otros conversos de alto rango. Muchos autores, entre ellos Séneca, Tácito, Suetonio, Horacio y Juvenal, atestiguan el éxito de la actividad misionera judía en el período que precedió a la caída de Jerusalén.

¿Existía la posibilidad real de que el judaísmo se convirtiese en la religión mundial en una época en que se la deseaba? O dicho de otro modo, si el cristianismo no hubiese aparecido, aprovechando muchas de las ventajas del judaísmo, y asumida su función proselitista, ¿el judaísmo habría podido continuar difundiéndose hasta imponerse al imperio? Sin duda, ése era el camino que algunos judíos de la diáspora deseaban recorrer, por supuesto, los mismos judíos que abrazaron el cristianismo cuando se presentó la oportunidad. Sin embargo es evidente que el judaísmo no podía convertirse en religión mundial sin soportar cambios dolorosos en el área de sus enseñanzas y su organización. Exhibía los signos de sus orígenes tribales, y no sólo en un sentido conceptual. Los sacerdotes eran supuestamente descendientes de la tribu de Aarón, los servidores del templo de la tribu de Leví, los reyes y los gobernantes de la tribu de David. Estas normas no siempre eran respetadas y el carácter preciso de la herencia era tema de conjetura, de imaginación o de fraude liso y llano. Pero las infracciones manifiestas siempre provocaban hostilidad y a menudo desembocaban en la violencia y el cisma, que duraba varias generaciones. Además, estaba el obstáculo de la circuncisión, un tema en el que no parecía posible un compromiso dentro del marco judaico; y también se convertían en un obstáculo las monstruosas ramificaciones de un sistema legal que se había complicado en el curso de muchas generaciones. Las escrituras judías, formidables por el volumen y a menudo impenetrablemente oscuras, daban ocupación en Palestina a una vasta industria hogareña de escribas y abogados, tanto aficionados como profesionales, que colmaban bibliotecas enteras con sus comentarios, entretejían al mundo judío en una red de derecho canónico, desbordante de conflictos internos y exclusiones mutuas, demasiado complejos para ser entendidos por una sola mente y eran el alimento cotidiano de un clero que proliferaba y una serie infinita de trampas para los virtuosos. El éxito final de una misión gentil dependería de la escala y la audacia del trabajo de demolición practicado en este laberinto de la jurisprudencia mosaica.

¿Dónde se detendría la demolición? ¿No debía extenderse al propio Templo, cuya existencia misma como pivote geográfico de la fe lo anclaba firmemente en un lugar y en la historia, y de ese modo negaba su universalidad? Ahora, en la versión de Herodes, el Templo, que se alzaba triunfante sobre Jerusalén, era un recordatorio ocular de que el judaísmo se refería a los judíos y a su historia, y a nada más. Otros dioses atravesaban los desiertos viniendo del este, sin mucha dificultad, desprendiéndose de las incómodas y embarazosas excrecencias de su pasado, cambiando sus acentos y sus estilos, así como sus nombres. Pero el Dios de los judíos aún estaba vivo y se mostraba brioso en su Templo, reclamando sangre, sin tratar de disimular sus orígenes raciales y primitivos. La trama de Herodes era elegante, moderna y refinada, pues había incorporado algunos efectos decorativos helénicos que provocaban la profunda hostilidad de los judíos fundamentalistas que constantemente trataban de destruirlos, pero nada podía ocultar la actividad esencial del Templo, que era la matanza ritual, el consumo y la combustión de los animales sacrificiales en gigantesca escala. El lugar era tan vasto como una pequeña ciudad. Había literalmente millares de sacerdotes, servidores, soldados y esbirros del templo. En el caso del visitante que no estaba preparado, la dignidad y la caridad de la vida de la diáspora judía, los comentarios reflexivos y las homilías de la sinagoga alejandrina se perdían por completo en el humo de las piras, los mugidos de las bestias aterrorizadas, el hedor del matadero, la máquina no disimulada e inocultable de la religión tribal llevada por la riqueza moderna a una escala industrial. Los romanos cultos, que conocían el judaísmo de la diáspora, tenían dificultades para comprender la hostilidad que demostraban a los judíos los funcionarios coloniales que, protegidos por una escolta fuertemente armada, habían presenciado lo que era Jerusalén en los días de los festivales. El judaísmo de la diáspora, liberal y abierto al mundo, tenía la matriz de una religión universal, pero sólo si podía separarse de los orígenes bárbaros. ¿Y cómo se lograba cortar un cordón umbilical tan grueso y correoso?

En cierto sentido, el mismo problema e idéntica tensión podían percibirse en el seno del judaísmo de Palestina. Los judíos tenían conciencia de la tremenda dinámica existente en su fe y de las restricciones casi intolerables provenientes del pasado que la limitaban y castraban. Inteligentes, trabajadores, temerosos de Dios, se sentían amargados y frustrados por la evidente incapacidad para resolver sus problemas políticos. Había una gran distancia entre sus pretensiones religiosas, sus aspiraciones históricas y su condición de pueblo elegido, por una parte y, por otra, la ingrata realidad de la pobreza y el sometimiento a los *kittim*. ¿No había algo monstruosamente fuera de lugar en una nación que se quejaba con amargura de los impuestos y el desgobierno romano y que, sin embargo, insistía en que el imperio era por lo menos preferible al embrollo que los judíos hacían con ellos mismos? ¿En qué medida la distancia que mediaba entre las aspiraciones y el desempeño de los judíos era responsabilidad de un análisis y un pronóstico religiosos falsos? Estos interrogantes y otros, formulados constantemente y nunca respondidos de manera satisfactoria, mantenían al mundo judío al borde de un proceso perpetuo de reforma. En ciertos aspectos, el judaísmo era sumamente inestable y sin duda fisíparo. Tenía huecos. Los judíos habían tomado de los griegos su teoría de la naturaleza. No hay una verdadera cosmología en el Antiguo Testamento; no era del todo claro para los judíos qué lugar ocupaba exactamente Dios en relación con el hombre, ya sea en el espacio o en el tiempo. Satán rara vez se manifestaba, de modo que no era posible considerarlo el agente causal del pecado, y sólo unos pocos judíos aceptaban la explicación oriental de dos mundos gemelos del bien y del mal, enredados en perpetuo combate. Todos los judíos reconocían la existencia de los ángeles, seres intermedios que formaban un riguroso orden jerárquico. Sin embargo, a decir verdad, no tenían una teoría de Dios. Dios *hacía* cosas: había creado el mundo, lo guiaba, eligió a Israel, formuló la ley; pero no estaba claro por qué existía o cuál era el propósito o su ambición finales. Parecía un ser excéntrico, a veces inmotivado. No era todopoderoso, ya que, como juez, estaba atado por su propia ley. Por lo tanto, en cierto sentido, la ley era Dios; de modo que no había espacio para la gracia y un hombre podía salvarse sólo a través de sus buenas obras. Por consiguiente, su relación con Dios era meramente legalista. Este aspecto podría haber sido tolerable de haberse contado con una ley clara. Pero la mayor parte de la ley no estaba codificada, sino que era jurisprudencia. No formulaba instrucciones aplicables a la vida cotidiana y, en cambio, era una recopilación global de ejemplos posibles, acompañada por una amplia discusión. Gran parte de la misma se relacionaba con el propio Templo. Algunos aspectos eran arcaicos y carecían de importancia; gran parte del resto era motivo de violenta discrepancia.

Las disputas provocadas por los distintos enfoques de la ley se complicaban a causa de las interpretaciones rivales de la situación que prevaleció después de los macabeos. El judaísmo de Palestina no era una religión unitaria sino una colección de sectas: incluso sobre la base de fuentes fragmentarias, es posible enumerar hasta veinticuatro.* Por supuesto, todas las sectas eran monoteístas y todas aceptaban una forma u otra de la ley, pero el acuerdo no llegaba más lejos. Los samaritanos habían roto la relación con el Templo y tenían su propio santuario en el monte Gerizim; muchos no aceptaban en absoluto que fuesen judíos. En cambio, los esenios tampoco reconocían al Templo y se coincidía generalmente en que eran una de las sectas más puras y rigurosas. No había una ortodoxia dominante; es decir, el poder hierático no se identificaba con la tendencia dominante. Bajo el régimen de la procuradoría, el alto clero estaba en manos de los aristócratas saduceos, que apoyaban y defendían la ocupación romana. Eran individuos ricos y conservadores, unidos entre ellos por complicadas alianzas de familia; tenían grandes propiedades y consideraban que el dominio romano sostenía todas estas cosas con más seguridad que un reino nacional. No sabemos mucho acerca de sus enseñanzas, pues el judaísmo alcanzó un alto grado de unidad farisea después de la destrucción del Templo en el año 70 d.C. y no se preservaron las tradiciones saduceas. Parece que no creían en la

---

* La misión de Jesús correspondió a un período de diversidad y flujo intensos del mundo judío, expresados, por ejemplo, en los métodos rivales de interpretación de las escrituras. De esta forma, la exégesis de Filón fue alegórica, la de los saduceos literal, la de los fariseos hermenéutica y expositiva; los *Jubileos* y otras obras se ajustaron a un método narrativo y en los *Himnos de acción de gracias* del Qumrān el método es imitativo. El método de Jesús fue indirecto, pero es posible que estuviese muy influido por el fariseísmo liberal. Sobre el lugar de Jesús en el espectro de la controversia religiosa judía de principios del siglo V, véase John Bowker, *Targums and Rabbinical Literature* (Cambridge, 1969) y su *Jesus and the Pharisees* (Cambridge, 1973).

vida después de la muerte o en la intervención de la providencia. Su religión era defectuosa y en ciertos aspectos impracticable, pues interpretaban liberalmente la ley sin contemplar el cambio histórico, razón por la que carecieron de base popular. De hecho, eran una clase de colaboradores que gobernaban la colonia por intermedio del Supremo Consejo de Jerusalén, instalado en el Monte del Templo y denominado sanedrín. Los romanos apoyaban el poder del consejo y cuando era necesario, imponían las normas del culto judío, por ejemplo la que mandaba excluir del Templo a los gentiles. Dirigían sus comunicaciones oficiales a los «gobernantes, el senado y el pueblo de los habitantes de Jerusalén», con lo cual concedían al sanedrín la jerarquía de una municipalidad electa de una ciudad importante. En realidad, a lo largo de este período, este grupo fue poco más que el círculo de familia de Anás, el sumo sacerdote designado por el procurador y variable a voluntad.

Es cierto que entre sus setenta miembros, sacerdotes, ancianos y escribas, estaban incluidos muchos fariseos, de quienes puede afirmarse que formaban el partido popular de la clase media. Estaban allí por conveniencia a la vez que obligados por la necesidad, pues la abrumadora mayoría de los abogados estaba formada por fariseos. Pero las dos facciones discrepaban prácticamente en todas las cuestiones; de hecho, la persecución de Cristo es una de las pocas ocasiones registradas en que los saduceos y los fariseos cooperaron. Había muchas escuelas entre los fariseos, pero la mayoría no apoyaba a los romanos. En diferente grado eran nacionalistas y algunos eran fanáticos, dispuestos a alzarse en armas cuando las escrituras parecían ordenarlo. Josefo los describe como «un partido de judíos que al parecer son más religiosos que los restantes y explican las leyes con más minucioso cuidado». Agrega que usaban la tradición para interpretar razonablemente la escritura y las leyes. En realidad, eran abogados canónicos y casuistas. Rechazaban la inmovilidad rigurosa y derrotista de los saduceos y trabajaban con mucho saber y gran ingenio para posibilitar la observancia de la ley en una sociedad que cambiaba rápidamente. Sin ellos no era posible en absoluto lograr que el sistema judaico funcionara. Por supuesto, el esfuerzo casuístico a menudo proyectaba sobre ellos una luz desfavorable, aunque también podían parecer empíricos, serios pero amistosos y humanos. Cuando Jesús dijo que el sabbath fue hecho para el hombre, no el hombre para el sabbath, estaba citando una fórmula farisaica; y cuando anunció su «gran mandamiento» estaba ofreciendo una versión elevada de un proverbio enseñado por Hillel, uno de los rabinos fariseos liberales. Los fariseos eran un grupo numeroso y ubicuo incluso en la diáspora; sus actividades eran casi coextensivas con las del conjunto de la nación judía. Quien actuaba en el mundo judío tenía que adoptar posición frente a ellos; en ciertos aspectos su enseñanza era satisfactoria. Sostenían una postura clara sobre la vida después de la muerte: los virtuosos resucitarían y los perversos serían castigados eternamente. Pero, por supuesto, la perversidad estaba determinada por las infracciones a la ley, una carga que los fariseos podían aliviar, explicar y justificar (hasta cierto punto) pero nunca eliminar. Al parecer, ni siquiera Dios podía derogar la ley. Así, la vida era una serie de casos judiciales cotidianos, afirmados en tecnicismos, cuya jerarquía ética no se veía mejorada por el hecho de que todo lo que *no* estuviese prohibido específicamente por la ley era lícito.

Incluso así, en la sociedad judía había sectas que pensaban que los grupos sacerdotales gobernantes de Jerusalén estaban irremediablemente corrompidos y comprometidos, y que trataban de restablecer mediante la acción directa toda la pureza del Estado teocrático. Uno de estos núcleos se había formado alrededor de mediados del siglo II a.C. con descendientes del sumo sacerdote Zadoc y miembros de la tribu sacerdotal de Aarón. Su jefe era un funcionario no identificado del Templo, a quien se alude con la denominación de «maestro de la virtud», y su principal queja era la designación de un sumo sacerdote elegido fuera de las tribus sacerdotales. Cuando no consiguieron imponer su punto de vista, abandonaron el Templo y crearon otro foco purificado de culto en el desierto, cerca del mar Muerto. La secta esenia, como se denominó, ya llevaba 150 años de vida en la época del nacimiento de Jesús, y era un movimiento importante y respetado del judaísmo. Josefo afirma que había alrededor de 4.000 esenios (comparados con 6.000 fariseos); había grupos de esenios en todos los pueblos judíos y varios asentamientos en el desierto o en campamentos de Siria y Egipto, así como en Palestina. Pero su centro principal, donde vivían alrededor de 200, estaba en Qumrān.

Una de las ironías de la historia es que, en su preocupación por la pureza del Templo los esenios dieron con un concepto teológico que determinó que el Templo ya no fuese importante como hecho físico y geográfico y por lo tanto abrió paso al principio universalista. En su carácter sacerdotal, los fundadores de los esenios eran un grupo hereditario cerrado que nacía y no se hacía: su santidad derivaba directamente del Templo, pues allí moraba el propio Jehová, con su presencia o *shekinah*, en el Santo de los Santos, de donde la santidad se difundía en círculos concéntricos de decreciente intensidad. Cuando se trasladaron a Qumrān, realizaron enormes esfuerzos para preservar la pureza de su condición y sus devociones. En efecto, al parecer abrigaban la esperanza de que, al mostrarse como elegidos de suprema pureza en el seno de los elegidos, a su tiempo podrían concertar un nuevo pacto con Dios. Mientras tanto, observaban con sumo cuidado las leyes del Templo. Conocemos sus reglas gracias a los rollos descubiertos en cavernas próximas al mar Muerto; los esfuerzos que realizaron para alcanzar el máximo de pureza ritual mediante interminables abluciones se reflejan en las complicadas cañerías que fueron halladas donde estaba asentada Qumrān. A semejanza de los sacerdotes del Templo, pero aún con más intensidad, los funcionarios esenios tenían que vestir prendas especiales, cambiadas y lavadas constantemente; tenían que abstenerse cuidadosamente de tocar lo que estuviese contaminado y tomaban baños ceremoniales. Debían estar a salvo de todo lo que fuese una mancha física, siguiendo en esto la exhortación del Levítico: «Pues nadie que tenga una mancha ha de acercarse, el ciego o el cojo o el que tiene la cara mutilada o un miembro demasiado largo...» Los individuos a quienes se describía como seres débiles o mancillados representaban papeles inferiores. Los sacerdotes de Qumrān impartían bendiciones y fulminaban con maldiciones, y leían proclamas, exactamente lo mismo que los sacerdotes del Templo.

De hecho, el monasterio de Qumrān era otro Templo, creado para continuar cumpliendo su función esencial hasta que fuese posible purificar y restaurar el auténtico. Pero lo que comenzó como un arreglo temporal adquirió con el curso del tiempo un nuevo significado institucional. El acto mismo del traslado al desierto implicó que la presencia de Dios ya no estaba atada al Templo físico de Jerusalén. Lo que «traía» a Dios era más bien la existencia y el culto del Israel puro, representado por la comunidad sin mácula de los esenios. Más aún, podían existir «Templos» en cualquier lugar donde se reuniesen los esenios, con la condición de que se mostrasen escrupulosos en sus ceremonias de purificación. De este modo, lo que constituía el Templo ya no era la geografía y la piedra, sino la existencia misma de la comunidad; el Templo se había espiritualizado, era un símbolo, un «Templo» humano de hombres. El Templo no es el edificio sino los feligreses, es decir, la Iglesia. Una vez que se une este concepto con la noción muy distinta pero contemporánea de la sinagoga farisea, una construcción que puede asentarse en cualquier sitio del mundo donde los fieles se reúnen para practicar el culto y oír la explicación de la escritura, estamos muy cerca de la idea primitiva de la comunidad cristiana. Ciertamente, el nuevo concepto de Qumrān se refleja intensamente en Pablo: «Pues nosotros somos el Templo del Dios vivo... Puesto que tenemos estas promesas, bienamados, depurémonos de toda mancilla del cuerpo y el espíritu, y alcancemos la santidad perfecta en el temor de Dios» (2 Cor. 6:16 y siguientes). O también, dirigiéndose a la congregación de Corinto: «¿No sabéis que vosotros sois el Templo de Dios y que el espíritu de Dios mora en vosotros? Si alguien destruye el Templo de Dios, Dios los destruirá, pues el Templo de Dios es sagrado, y ese [Templo] sois vosotros.» En su carta a los efesios, Pablo escribe acerca del edificio celestial construido sobre los cimientos de los apóstoles y los profetas, de modo que Cristo Jesús es la piedra angular. Los ulteriores autores cristianos completan la imagen, hallada por primera vez en textos de Qumrān; así, 1 Pedro 2:3-6 expresa: «Acudid a él, a esa piedra viva, rechazada por los hombres pero a los ojos de Dios elegida y preciosa; y como piedras vivas formad con vuestras propias personas una casa espiritual para hacer un santo sacerdocio, para ofrecer sacrificios espirituales aceptables a Dios a través de Jesucristo.»

Por supuesto, alrededor de esta última etapa la comunidad había remplazado no sólo el Templo sino el sacerdocio y sus sacrificios. Los esenios recorrieron una parte muy limitada de este camino decisivo que llevaba al universalismo. En muchos aspectos todavía estaban dominados por la idea del Templo real y físico, y por sus sacrificios concretos de carne animal. Pero formularon otro concepto que más tarde sería utilizado para aportar un modo de superar la antigua idea sacrificial. A partir de la práctica del Templo, los esenios de Qumrān y de otros lugares desarrollaron la práctica regular de una comida sacra de pan y vino, la que en Qumrān se celebraba en el salón principal, o Sala del Pacto, perteneciente al monasterio. Estaba precedida por ritos de purificación, se vestían prendas especiales y la comida era presidida por un sacerdote que bendecía los elementos y era el primero en comerlos y beberlos. Probablemente la comida era una anticipación del rito perfecto en el Templo Celestial. Por lo tanto, tenemos aquí el concepto de un sacrificio simbólico, aplicado más tarde por y para Jesús, lo que con el tiempo permitió que los cristianos se separasen por completo del culto del Templo y sus sacrificios cotidianos, y se liberasen de la historia judía y la geografía palestina.

De todos modos, no se puede explicar el culto esenio como un cristianismo sin Jesús. En otras sectas judías estaba procediéndose a la espiritualización del Templo, aunque con lentitud mucho mayor. Entre el período macabeo y la destrucción del Templo en el año 70 d.C., la ley fue desplazando gradualmente al Templo como punto central de la religión; la influencia de los sacerdotes estaba disminuyendo y los escribas, principalmente fariseos, comenzaban a manifestarse como jefes populares, preparando el camino para la era de los rabinos. Como veremos, los cristianos más tempranos tuvieron mayores dificultades que los esenios para liberarse del Templo. Más aún, si bien es posible aislar ciertas ideas esenias que después se cristianizaron, muchos de los restantes conceptos eran muy distintos. En ciertos aspectos formaban un grupo atrasado y oscurantista, rígido, fanático y propenso a expresar sus convicciones con derramamiento de sangre y odio. Tenían una vida comunitaria y compartían sus bienes, por lo menos en los campamentos monásticos, pero como muchos otros creyentes pobres, humildes y convencidos, eran grotesca y teóricamente intolerantes. Su literatura incluye algunos signos notables y edificantes, pero se centra en documentos más amenazadores, que de hecho son manuales de disciplina y formación, y que culminan en un plan concreto de guerra, basado en los métodos militares romanos, gracias a los cuales los sacerdotes esenios debían llevar a la victoria final a un Israel purificado y renovado. En realidad, los esenios eran miembros de una secta apocalíptico-escatológica extremista que esperaba un pronto triunfo. Su interpretación de los hechos, que les llevó a crear la misión de Qumrān, y del conjunto de la historia judía, así como su exégesis muy cuidadosa y selectiva de las escrituras, en esencia son violentas, militaristas y raciales. Sus ideas se caracterizaron por la forma más estrecha de exclusivismo. El individuo nada significa; la comunidad pura (una comunidad por la cuna y la raza) es todo. Jerusalén y sus perversos sacerdotes son los enemigos; pero por lo demás, lo mismo puede decirse de todos los gentiles. A su debido tiempo el Hijo de la Luz, dirigido por los esenios, librará una guerra contra los Hijos de las Sombras, que se han comprometido con el mundo de los no elegidos; después de ganada la batalla, de acuerdo con el plan de guerra, se restablecerá en el trono a un rey e Israel purificado vivirá según el modo de Zadoc. Todos los afortunados, que vivirán eternamente, serán israelitas de cuna. Los malos judíos y los gentiles habrán muerto todos. Tal es el plan de la historia humana, concebido por Dios, que deberá ejecutarse prontamente.

Los esenios no tenían la matriz de una religión mundial; estaban lejos de eso. Su monasterio y las restantes células eran más bien incubadoras de extremistas, fanáticos, hombres violentos y *enragés*. Las excavaciones practicadas en Qumrān demuestran que el monasterio se convirtió en centro de resistencia durante la guerra de los años 66 a 70 d.C. y que fue tomado por asalto e incendiado por el ejército romano. Esta aniquilación señaló el fin de los esenios como secta especial: un resultado inevitable, porque estaban explorando una corriente del pensamiento político y religioso judío que llevaba únicamente a la destrucción. Sin embargo los monasterios, las células y los grupos urbanos esenios fueron escuelas no sólo de fanáticos. Su importancia en la historia del cristianismo reside en el hecho de que suministraron centros experimentales —más aún, universidades religiosas— que estaban fuera de la corriente principal de la enseñanza judía según se impartía en Jerusalén. En su ultraconformismo, adoptaron una actitud esencialmente inconformista y antinómica. Un hombre podía ingresar en una comunidad esenia en la condición de judío piadoso y conformista, y salir de ella convertido en fanático; o podía acudir por razones de celo religioso y convertirse en ermitaño. O quizá concebía ideas completamente nuevas, o se apoderaba de un aspecto de la enseñanza y la práctica esenia y lo desarrollaba en una dirección radicalmente nueva. Por lo tanto, el movimiento esenio fue un poderoso aporte a la inestabilidad fundamental del judaísmo durante ese período. El sentido de crisis estaba ahondándose; entró en una fase aguda después de que Judea fue anexionada directamente por el Estado romano y quedó sometida a los procedimientos fiscales romanos. Éstos en definitiva fueron mucho menos populares que lo que había previsto el partido favorable a los romanos; se ha calculado que en la Palestina del siglo I, la suma de los impuestos romanos y judíos pudo haber alcanzado hasta el 25 por ciento (no progresivo) de los ingresos, en una economía que en algunos aspectos y en ciertas áreas no estaba muy lejos del nivel de la subsistencia.

De esta manera, Palestina quedó envuelta en una atmósfera de apocalipsis político-religioso. La política irredentista y el extremismo religioso se combinaron inextricablemente. Todos los judíos palestinos creían hasta cierto punto en una solución mesiánica. Había muchas doctrinas diferentes acerca del Mesías, pero las variaciones eran cuestiones de detalles y descansaban todas en la creencia unitaria de que se expulsaría a los opresores extranjeros y sólo Dios gobernaría Israel. Así, el hombre que criticaba a los romanos estaba formulando un enunciado religioso y el hombre que insistía en el más alto grado de pureza racial estaba haciendo política. En las décadas iniciales del siglo I d.C. el ejemplo de los esenios condujo a la aparición de una serie de movimientos bautistas en el Valle del Jordán. La región entera, desde el lago de Genezaret hasta el propio mar Muerto abundaba en santos excéntricos. Muchos habían estado en Qumrān, y allí asimilaron la obsesión predominante por la pureza ritual y el empleo del agua bendita como proceso terapéutico y depurador. En realidad, es significativo que Filón denomine *therapeutae* a los esenios: a los ojos de los observadores comunes era el aspecto más obvio y sorprendente de sus enseñanzas. Podemos tener casi la certeza de que Juan el Bautista era o había sido un monje esenio. Estaba reclutando no tanto para el monasterio como para el movimiento más amplio de la elite en el seno de la elite, llevando al mundo exterior el proceso higiénico y purificador, apresurando así el momento apocalíptico en que comenzaría la guerra contra los Hijos de las Sombras.

El Bautista es por lo tanto el nexo entre el movimiento general reformista e inconformista del judaísmo y el propio Jesús. Por desgracia, desde el punto de vista del conocimiento histórico real, es un nexo muy débil. En ciertos aspectos es una figura completamente misteriosa. Su función en la historia del cristianismo fue unir elementos de la enseñanza esenia a un concepto consecuente de la escatología judía. Juan era un hombre impaciente y un individuo de aspecto impresionante: el Mesías no sólo se aproximaba, ¡estaba aquí! El apocalipsis se acercaba velozmente al pueblo, de modo que ahora era el momento de arrepentirse y prepararse. Después, a su debido tiempo, Jesús apareció y fue identificado. Ésta es la primera imagen, por cierto vívida, que tenemos de Juan. Hay otra, igualmente vívida, unos años más tarde, cuando se ganó la enemistad de Herodes Antipas y perdió la cabeza. El resto es oscuridad. La segunda persona en orden de importancia dentro de la historia del cristianismo conserva un perfil enigmático. Sin embargo, los evangelios sinópticos y también el Evangelio según Juan destacan la importancia del Bautista en la misión de Jesús. Es el agente operativo que desencadena todo el asunto. Los tres autores sinópticos y el editor del Evangelio de Juan, que trabajan en una corriente distinta del conocimiento, sin duda están utilizando tradiciones orales muy poderosas o incluso documentos escritos que se refieren específicamente a la obra del Bautista. En cierto sitio, en la base de nuestras fuentes o en la base de las fuentes de nuestras fuentes, se hallaba en otros tiempos la historia completa del Bautista relatada por un adepto o un lugarteniente. Pero los primitivos historiadores cristianos seleccionaban sólo lo que creían rigurosamente pertinente para su propósito y el resto se ha perdido para siempre. Nuestra única fuente no cristiana, Josefo, demuestra que Juan fue esenio en determinado momento. Su versión de las enseñanzas de Juan, según la conocemos, coincide de cerca con el Manual de Disciplina de Qumrān y, por supuesto, su apariencia concreta está relacionada directamente con las profecías esenias, a las que se parece en detalles importantes, como se parecieron sus profecías y sus dichos. Pero Juan también estaba alejándose de los conceptos esenios, avanzando hacia lo que llegó a ser el cristianismo. Su ceremonia bautismal, a diferencia de los ritos de baños repetidos de los esenios, es un acto definitivo (aunque en esto Juan no fue original). En segundo lugar, Juan creía que Dios intervendría, sin duda en una actitud airada, sin la ayuda del ejército esenio y su plan de guerra. Juan no era militarista. Lo que es más importante, se había apartado del exclusivismo absoluto de los esenios, para enseñar que los favores especiales de Dios serían ofrecidos a todo el pueblo judío y no sólo a los miembros de la secta. Juan no era todavía universalista, pero estaba avanzando en esa dirección. En resumen, era un vehículo que ponía ciertas doctrinas esenias fundamentales fuera de su marco estrecho, belicoso, racista y sectario, y las proclamaba en un mundo más amplio.

La lógica de este análisis es, por lo tanto, que el Bautista era en cierto sentido el maestro de Jesús y que el alumno mejoró, amplió y transformó las ideas de su maestro. Pero precisamente aquí nos faltan las pruebas. En todo caso, apuntan en otra dirección. Juan no afirmó que enseñaba al Mesías, dijo sólo que lo identificaba; más aún, rechazó específicamente todo lo que significara una relación maestro-alumno. El hecho de que Jesús fuese bautizado por Juan no implica nada parecido a inferioridad, sumisión o reconocimiento de un saber más elevado. El problema reside en que no sabemos qué era exactamente lo que Juan enseñaba. Desconocemos su historia o su educación. Ni siquiera sabemos si tenía una teología o una cosmología completas y propias, y si su escatología se limitaba al tosco mesianismo reflejado en los evangelios o, como parece más probable, era culta y refinada. Ni siquiera conocemos su concepto de la condición de Jesús; sin duda era elevado, pero, ¿hasta dónde? Tal es el interrogante esencial. De todos modos, ¿cuán estrechos eran los contactos entre ellos? ¿Hasta dónde se conocieron? ¿Cuánto, si algo hubo en ese sentido, enseñó cada uno al otro? ¿Por qué el Bautista realizó indagaciones secretas acerca de la misión de Jesús y recibió respuestas misteriosas? La historia exótica del fin del Bautista, despojada de sus detalles románticos, lo coloca en una postura altamente política y está unida al hecho de que Herodes Antipas no simpatizara tampoco con Jesús. ¿Había entonces un nexo político entre estos dos innovadores religiosos?

Nuestra ignorancia del Bautista desdibuja nuestra imagen de la originalidad de Jesús. Ciertamente, el problema histórico del Bautista, con todo lo que tiene de desconcertante, cumple meramente la función de una introducción al problema mucho más amplio de Jesús. En todo caso, no cabe la más mínima duda acerca de su existencia histórica. Lamentablemente, las *Antigüedades* de Josefo (publicadas alrededor del año 93 d.C.), tan útiles por referencia a otros temas afines, de hecho guardan silencio en este punto. Josefo era un judío helenizado, un romanófilo, e incluso un general e historiador romano cuya obra mereció subsidios imperiales. La cadena de manuscritos que llega hasta nosotros inevitablemente pasó por el control cristiano. Como Josefo se oponía enérgicamente al irredentismo judío o a cualquier otro movimiento sectario que suscitase dificultades a las autoridades, es evidente que adoptó una postura anticristiana. Pero este material ha sido manipulado. Menciona el asesinato judicial de Santiago por el sumo sacerdote Ananías en el año 62 d.C. y dice de Santiago que es el hermano «de Jesús, el llamado Cristo», de un modo que sugiere que ya ha ofrecido una reseña de Jesús y su misión. Pero lo que de hecho ha llegado a nosotros es un pasaje que describe a Jesús como un hombre sabio, un amante de la verdad, muy amado por sus adeptos; este pasaje acepta sus milagros y su resurrección y sugiere firmemente la divinidad de Jesús. El fragmento es a todas luces una invención cristiana no muy ingeniosa y lo que Josefo escribió realmente ha desaparecido. Los intentos de reconstruir el texto hasta ahora no han merecido la aceptación general. A partir de Josefo se infiere que Jesús fue un sectario judío con pretensiones mesiánicas y que una importante corriente de partidarios había sobrevivido a la muerte de su fundador. Esto, de hecho, significaba una molestia para el imperio. Esta imagen se refleja en otras referencias no cristianas, reducidas en número pero que confirman claramente la historicidad de Jesús. En sus *Anales,* Tácito escribe acerca del incendio de Roma en el año 64 y se refiere a «la detestable superstición del cristianismo», a «Crestus, fundador de esta secta» y a su crucifixión «durante el reinado de Tiberio por el procurador Poncio Pilatos», aunque no está claro si obtuvo esta última información de fuentes cristianas u oficiales. Plinio el Joven, que escribe en el año 112, afirma que la secta «cantaba un himno a Cristo como Dios» y rehusaba maldecir a Cristo; sólo los renegados estaban dispuestos a hacerlo. La referencia más temprana, perteneciente a Suetonio, que implica que los cristianos eran conocidos en Roma incluso durante el reinado de Claudio, desde el año 41 al 54 d.C., lamentablemente es confusa: dice que los judíos estaban siendo expulsados de Roma porque «constantemente promovían disturbios instigados por Crestus». ¿Creía que «Crestus» aún vivía entonces? De cualquier manera, él y todas las restantes fuentes que se refieren al período más temprano del cristianismo tratan a Jesucristo como a una persona real e histórica.

Cuando volvemos los ojos hacia las más antiguas fuentes cristianas, entramos en una terrorífica maraña de contradicciones eruditas. Todas se dedican a desarrollar temas evangélicos o teológicos más que a escribir historia, incluso cuando, como hace Lucas en su Evangelio, adoptan las formas literarias del historiador y tratan de fundar los hechos de la vida de Jesús en la cronología secular. Más aún, todos los documentos poseen una larga prehistoria antes de alcanzar la forma escrita. La evaluación de los mismos fue una fuente de profundo desconcierto para los cristianos reflexivos incluso en las primeras décadas del siglo II y probablemente antes. Los enigmas comenzaron apenas un cristiano tuvo acceso a más de una versión o fuente, escritas u orales. Esta situación era cada vez más frecuente hacia las últimas décadas del siglo I, pues las versiones orales continuaron circulando mucho después de que aparecieran los primeros evangelios escritos, en las dos décadas de los sesenta a los ochenta, y que comenzaran a adoptar forma escrita bien entrado el siglo II. Por lo tanto los documentos canónicos (sin hablar de los que después fueron juzgados apócrifos) se superponen parcialmente con los escritos más tempranos de los Padres de la Iglesia. Son productos de la Iglesia temprana y son defectuosos en el sentido de que reflejan la controversia eclesiástica tanto como la motivación evangélica, las dificultades de la reducción de las descripciones orales de conceptos misteriosos a la forma escrita y una diversidad de obstáculos lingüísticos. Por ejemplo, los cuatro Evangelios declarados canónicos fueron difundidos pero no necesariamente escritos inicialmente, en griego coloquial; Mateo casi seguramente fue traducido al hebreo y los cuatro fueron *pensados* en árabe, o bien son transcripciones de relatos que usaban la lengua árabe en la circulación original, pero que utilizaban citas hebreas y, en menor medida, conceptos helénicos o helenizados. Las posibilidades de malentendido son infinitas. Más aún, no podemos suponer que los Evangelios que tenemos reflejan las más antiguas tradiciones orales. El prólogo al Evangelio de Lucas aclara que se basa en anteriores versiones escritas, a su vez derivadas de las palabras de testigos oculares; por lo tanto, Lucas es el tercero o quizás incluso el cuarto eslabón de una cadena que se remonta a dos generaciones. El primer cristiano que comentó el problema fue Papías, obispo de Hierápolis, un hombre que se destacó en las primeras décadas del siglo II. El obispo Eusebio de Cesarea —historiador del siglo IV, gracias a cuyas compilaciones, Papías ha llegado a nosotros— comenta irritado: «Es evidente que poseía un intelecto muy débil.» Pero por lo menos en relación con este tema sus palabras son sensatas: «... si se me acercara un hombre que hubiera sido partidario de los ancianos, yo preguntaría acerca de lo que dijeron los ancianos; lo que dijo Andrés, o Pedro, o Felipe, o Tomás, o Santiago, o Juan, o Mateo, u otro cualquiera de los discípulos del Señor; y lo que dice Aristión y Juan el Viejo, que son discípulos del Señor. Pues no creí que me aprovechase tanto el contenido de los libros como las manifestaciones de una voz viva y cierta». En efecto, en tiempos de Papías, el conocimiento de la autoría de los Evangelios canónicos y el modo en que están compuestos ya es un tema confuso; lo que él tiene que decir acerca de Marcos y Mateo es una tradición dudosa. Pero nos ofrece una sugerencia útil en el sentido de que en esta etapa la cadena oral, afectada por menos acechanzas, todavía era preferible a la escrita. Por la época en que Ireneo, obispo de Lyon, escribió, a fines del siglo II, la tradición oral había desaparecido por completo. Tenía que confiar en los escritos canónicos y lo hace con total certeza; pero lo que dice acerca de su autoría y su aparición es, por lo menos en parte, una manifiesta insensatez. En resumen, hacia fines del siglo II un eclesiástico bien informado como Ireneo, consagrado profesionalmente a aplastar la herejía y definir la verdad, no sabía más que los otros acerca de los orígenes de los Evangelios; en realidad, tendía a saber menos.

Debemos tener siempre presente una deprimente salvedad: la ignorancia lisa y llana incluso de las figuras que en el tiempo estuvieron bastante cerca de Jesús. El documento cristiano más antiguo es la primera Epístola a los Tesalonicenses de Pablo, que puede estar fechada posiblemente alrededor del año 51 d.C. ya que Pablo escribía durante la década de los cincuenta y principios de la década de los sesenta; sus Epístolas auténticas (Romanos, Corintios 1 y 2, Gálatas, Filipenses, Tesalonicenses 1 y Filemón) son, desde el punto de vista de la evidencia, documentos escritos lisos y llanos, pues no se apoyaban en una tradición oral; el proceso de compilación es mínimo; más aún, es posible que algunos circularan o hubiesen sido «publicados» en forma de compilación incluso en vida de Pablo. Él es el primer testigo de Jesús, el comienzo de la indagación histórica. Es el escritor que se acerca más al Mesías real. No obstante hay una distancia insalvable de varios años entre la muerte de Jesús (alrededor de 30-33 d.C.) y los primeros contactos de Pablo con el círculo cristiano, pues aunque Pablo estaba en Jerusalén por la época de la muerte de Esteban, en el año 36, no regresó como cristiano sino dos años más tarde. Esta distancia cronológica era suficiente para oscurecer todo lo que se relacionara con el Jesús histórico, pues los hombres, deslumbrados por el hecho de la Resurrección, pasaban de este episodio al Jesús que ellos habían conocido y lo reconstruían en su propia mente. Pablo llegó demasiado tarde; las aguas de la verdad ya estaban enturbiadas. Probablemente sabemos más que él acerca del Jesús histórico, a pesar del intervalo de 2.000 años. Hay una razón principal por la cual Pablo, que estaba obsesionado por la verdad, nos dice tan poco acerca de Jesús el hombre. Afirma únicamente que era judío, que había nacido al amparo de la ley, que tenía origen davídico, que fue traicionado, crucificado y enterrado, y que resucitó. Racionaliza su propio silencio y, por así decirlo, defiende su ignorancia (o incertidumbre) acerca de los hechos verdaderos, observando (2 Cor. 5:16): «Por consiguiente, en nosotros las normas del mundo han cesado de contar en nuestro juicio de un hombre; incluso si otrora contaron en nuestra comprensión de Cristo, ya no es el caso.» No puede presentarse como discípulo del Jesús histórico. Por el contrario, recibió la visión de apóstol de manos del Señor resucitado. Su Jesús es el hijo de Dios, preexistente y sobrenatural, que aceptó la forma de un «servidor» de modo que pudiera identificarse como hombre y prestarse a su papel sacrificial. Los únicos detalles de la vida de Jesús que importan para los propósitos rigurosamente teológicos de Pablo son las pruebas de su condición de hombre y la crucifixión. También tiene que demostrar, y lo hace con impresionante detalle, que Cristo resucitó y se apareció a muchas personas, incluso a él mismo. Aquí Pablo se convierte en historiador y testigo ocular; es nuestra primera prueba documental de que los más antiguos cristianos creían que Cristo se elevó de entre los muertos y caminó sobre la Tierra.

Por lo tanto, las Epístolas auténticas de Pablo son fuentes rigurosamente primarias. Naturalmente no llegan muy lejos. Es probable que Pablo no tuviese documentos cristianos, aunque los escritos cristianos primitivos circulaban hacia el final de su vida. Pero cuando aborda hechos, obtenemos el cuadro directo, tal como él lo vio, lo oyó o lo creyó; no hay una lente editorial deformante ni un intervalo generacional que erosione la verdad entre la composición oral y la escrita. La situación es distinta con los Evangelios canónicos. Aunque presentados como narraciones históricas, sus orígenes son complejos y su fiabilidad variable. Su punto de partida estuvo probablemente en los esfuerzos de Jesús para educar a sus adeptos como maestros, cuando les ordenó que aprendiesen de memoria pasajes fundamentales de sus sermones. Este proceso, interrumpido por su muerte, fue retomado intensamente después de su resurrección y se centró en la narración de su pasión, que fue aprendida en diferentes y refinadas formas, y utilizada no sólo como relato evangélico permanente sino como el centro de los servicios litúrgicos más tempranos. El segundo elemento fundamental fue lo que denominamos el Sermón de la Montaña o «gran sermón» que, al parecer, también alcanzó una forma definitiva en una etapa muy temprana y probablemente fue memorizado por los discípulos mientras Jesús todavía desempeñaba su ministerio. En cierta etapa se anotaron los diferentes dichos de Jesús y después fueron reunidos en grupos o en un libro completo. Papías alude a un «libro de oráculos», que era probablemente esa recopilación de las palabras de Jesús y que forma (después de las Epístolas de Pablo) el manuscrito cristiano más antiguo. Luego, durante la década de los sesenta, la desaparición progresiva de la primera generación de cristianos, los testigos oculares reales, seguida por la persecución y la guerra, que provocó la dispersión del círculo de Jerusalén, aportó un incentivo urgente al registro de las enseñanzas de Jesús en una forma que fuese imperecedera. Marcos, perteneciente al círculo de Pedro, fue el primero que creó el Evangelio como forma literaria. De una observación de Papías deducimos que hacia el final de su vida, acompañó a Pedro en una misión; en la que ofreció la traducción simultánea al griego coloquial de los sermones en arameo de Pedro. Su Evangelio, escrito poco después de la muerte de Pedro, es un esfuerzo importante encaminado a ordenar y racionalizar una serie de elementos difíciles en una narración cronológica que une el hecho y la teología, y armoniza los dos con la profecía de la escritura. Son muy importantes los ecos de las tradiciones orales en este material —las repeticiones intencionadas y las distribuciones simétricas— y de las pautas de la narración popular. Es cierto que al presentar su material en forma escrita tuvo algunos modelos griegos y seguramente fue influenciado por las doctrinas literarias de la *Poética* de Aristóteles. De todos modos, estaba tratando de hacer algo que nunca había sido hecho antes; sus problemas eran no sólo los de un escritor novato sino también los de un teólogo aficionado que intentaba transmitir un mensaje complejo que él mismo había recibido de Pedro, un hombre en verdad poco lúcido. De ahí que a menudo no intenta resolver los problemas de comprensión y se remite al empleo constante de la «motivación del secreto». Destaca que los apóstoles y los discípulos no siempre comprendían lo que Jesús intentaba hacer; da a entender que el significado pleno de su persona y su mensaje no fue comprendido durante su ministerio, aunque algunos adeptos asimilaron más que otros y que, en efecto, no toda la enseñanza de Jesús estaba destinada al público. Se ha dicho del Evangelio de Marcos que es un libro de epifanías secretas y de pantallazos misteriosos de una manifestación de la divinidad, más que una explicación coherente del fenómeno de Jesucristo. El texto fue muy modificado e interpolado durante el período más temprano, por buenas y por malas razones, y fue una fuente favorita de los heresiarcas primitivos que lo usaron para justificar sus divergencias.

Independientemente uno del otro, Mateo y Lucas escribieron sus propias narraciones. Es evidente que consideraron insatisfactoria la obra de Marcos, tanto en general como desde el punto de vista de sus intereses particulares. Lucas pertenecía a la escuela de la misión de Pablo ante los gentiles y Mateo representaba lo que había quedado de la Iglesia judía de Jerusalén después del asesinato de Santiago y la partida de Pedro. Ambos podían arrancar desde Marcos, aunque probablemente lo hicieron copiando con descuido; también tenían otra fuente, denominada «Q» por los eruditos modernos, que puede aludir a los «oráculos» mencionados por Papías, pero que en realidad no es nada más que un recurso académico para designar los materiales que no tienen que ver con Marcos y que son comunes tanto a Lucas como a Mateo. Más aún, todos estos Evangelios sinópticos surgieron de un miasma de tradición y contratradición oral y es posible que el Evangelio griego de Marcos derivase a su vez de una versión anterior de Mateo escrita en hebreo, lo que concordaría con la visión tradicional de la Iglesia temprana en el sentido de que Mateo fue el primero de los sinópticos, una actitud sostenida todavía por algunos estudiosos católicos. En cambio, el Evangelio atribuido a Juan no tiene una relación demostrable con los sinópticos, aunque naturalmente también deriva del mismo miasma oral. Sin embargo, es más un tratado teológico que una narración histórica y exhibe sólidos vínculos tanto con las Epístolas de Pablo como con la tradición apocalíptica judía. Fue compilado, como lo aclaran las palabras finales, y hay pruebas de graves manipulaciones en los manuscritos más tempranos —glosas evidentes, por ejemplo— además de simple desorden. Así, el capítulo cinco debería seguir al capítulo seis, y el último capítulo, el veintiuno, es sin duda un agregado.

Estas imperfecciones se añaden a las dificultades usuales de la evaluación. Los cuatro Evangelios son documentos literarios que tienen una antigüedad de 1.900 años y padecen los problemas originados en las transmisiones manuscritas. Con respecto a la historia del cristianismo, los estudiosos y los teólogos han tenido que trabajar con manuscritos tardíos corrompidos (la mayoría de ellos lo hizo sin advertir los peligros). Pocos escritores medievales se esforzaron, mientras copiaron, por hallar modelos antiguos; este aspecto fue esencialmente una inquietud renacentista. Incluso así, el Nuevo Testamento griego de Erasmo (1516) y el de Robert Etienne (1551) procedían de manuscritos medievales griegos que contenían innumerables errores acumulados. Los manuscritos anteriores aparecieron gradualmente. En 1581 Teodoro Beza descubrió el texto grecolatino del siglo VI denominado Codex Bezae; en 1628, un códice del siglo V, el Alejandrino, que contenía la Biblia entera, fue transferido a Europa occidental; fue seguido por un códice incompleto del siglo V, el Ephraemi Rescriptus y, lo que es más importante, por los descubrimientos realizados en el siglo XIX de dos códices del siglo IV, el Vaticanus y el Sinaiticus. Esto no nos permite remontarnos más que a tiempos de Jerónimo y Agustín, y aún resta un enorme vacío de 300 años. Por desgracia, la mayoría de los manuscritos más tempranos no tenía la forma del códice —es decir, el pergamino encuadernado en volúmenes de cuero— y en cambio estaban escritos en papiro, material muy perecedero. Los fragmentos sobreviven sólo en el clima seco de Egipto: allí, en los últimos años, antiguas acumulaciones de material desechado aportaron fragmentos del siglo III e incluso unos pocos del siglo II. El más antiguo, con una superficie de sólo dos pulgadas cuadradas, pero que contiene versículos del capítulo XVIII de Juan en ambas caras, se remonta a principios del siglo II. Aún no se han encontrado fragmentos del siglo I. Estas versiones tempranas de textos del Nuevo Testamento pueden complementarse con citas bíblicas de los manuscritos más tempranos de los escritos patrísticos, algunos correspondientes al siglo II, y de los leccionarios eclesiásticos que, aunque en sí mismos tardíos, reproducen textos muy tempranos. En conjunto, hay alrededor de 4.700 manuscritos pertinentes y por lo menos 100.000 citas o alusiones a los padres primitivos.

El análisis de esta masa de material en la búsqueda del texto perfecto probablemente es contraproducente. A partir de cierto punto, la erudición tiende a proponer tantos problemas como los que resuelve; incluso si se descubrieran fragmentos importantes del siglo I, se teme que ampliarían en lugar de reducir las áreas de incertidumbre. Los auxiliares modernos, por ejemplo las computadoras, prestan una ayuda limitada. Ciertas alteraciones pueden ser identificadas con razonable certidumbre. Así, el final de Marcos (16:9-20) no es auténtico. Del mismo modo, la impresionante historia de la mujer sorprendida en adulterio, que parece flotar sin ancla en el Evangelio de Juan, no está en ningún manuscrito anterior al fin del siglo IV. Los eruditos han descubierto uno o dos ejemplos flagrantes en que la Iglesia temprana «antidató» conceptos teológicos manipulando conceptos del Nuevo Testamento. Por ejemplo, los textos trinitarios de la primera Epístola de Juan, que explicitan lo que otros textos se limitan a sugerir, originariamente decían sólo: «Hay tres que atestiguan, el espíritu y el agua y la sangre, y los tres son uno.» Esto fue modificado en el siglo IV para decir: «Hay tres que atestiguan sobre la tierra, el espíritu y el agua y la sangre, y estos tres son uno en Cristo Jesús; y hay tres que atestiguan en el cielo, el Padre, el Verbo y el Espíritu, y estos tres son uno.»

No debe verse un fraude intencional en estas invenciones evidentes, pues no se tuvo la intención de engañar y adulterar la verdad. Aparecen a lo largo de la historia del cristianismo, hasta el Renacimiento e incluso después, y se originan en un concepto de la naturaleza de la prueba documental que es ajeno a nuestros criterios. Así, un escriba honesto, que creía sinceramente que la doctrina de la Trinidad era verdadera, atribuía sencillamente a accidente u omisión que no se la explicitara en 1 Juan y, por lo tanto, entendía que era su deber corregir el asunto. ¡No hacía más que trabajar constructivamente por la causa de la verdad! Cuando estos agregados son bastante tardíos, los eruditos modernos los identifican y eliminan fácilmente. Cuanto más antiguos, más difícil es identificarlos. Y por supuesto, más allá de principios del siglo II, no existe la posibilidad de depurar el texto. Más aún, incluso si tuviéramos los textos perfectos y originales de los Evangelios, éstos no nos protegerían de los esfuerzos encaminados a promover la «verdad constructiva» realizados por los propios evangelistas y por sus fuentes orales. Son evidentes sobre todo cuando los evangelistas se dedican a ordenar o modificar hechos de la vida de Jesús para acomodarlos a las profecías del Antiguo Testamento; allí la tentación de crear, y por tanto de falsificar, es evidente y estamos en guardia. También tenemos la suerte de contar, incluso en el marco del canon, con cuatro narraciones evangélicas extraídas de diferentes fuentes, cuyos conflictos manifiestos de nuevo indican áreas de verdad dudosas. Las más obvias se refieren al pasado de Jesús; por ejemplo, su origen davídico, necesario para su papel, se establece a través de José, aunque eso es incompatible con la teoría o el hecho de la concepción virginal. Asimismo, hay conflictos importantes acerca de los movimientos de Jesús durante su misión y sobre todo respecto de su visita o sus visitas a Jerusalén; tampoco es fácil reconciliar las diferentes versiones de la Última Cena.

Nada de todo esto importaría mucho si la doctrina fundamental y las enseñanzas de Jesús se perfilaran clara, coherente y consecuentemente a partir de todas las fuentes canónicas. En efecto, esto es lo que deberíamos esperar, pues el núcleo del evangelio —el hecho de la muerte y resurrección de Jesús, y lo que dijo por referencia a ellas— fue el primer contenido que asumió la forma de narración oral regular. Sin embargo, incluso en estas áreas fundamentales hay importantes oscuridades y contradicciones evidentes. Si reducimos nuestro conocimiento de Jesús a los puntos en los que hay unanimidad, plausibilidad y ausencia de objeciones, nos quedamos con un fenómeno casi desprovisto de significado. El Jesús «residual» contó historias, formuló varios proverbios sabios, fue ejecutado en circunstancias que no están claras y luego sus partidarios lo recordaron en una ceremonia. Tal versión es increíble porque no explica el ascenso del cristianismo. Para explicar esto tenemos que postular un Cristo extraordinario que hizo cosas extraordinarias. Tenemos que remontarnos de un fenómeno colectivo a su agente. Los hombres y las mujeres comenzaron frenética y nerviosamente a predicar el Evangelio de Jesús porque creían que él había retornado a ellos desde los muertos y les había conferido la autoridad y el poder necesarios para hacer tal cosa. Por supuesto, los esfuerzos evangélicos de estos hombres y de estas mujeres fueron imperfectos, pues a pesar de las instrucciones de Jesús no siempre podían recordar exacta o coherentemente sus enseñanzas y no eran teólogos u oradores adiestrados, ni siquiera personas educadas. Pero lo que es incluso más importante, era intrínsecamente difícil comprender y transmitir las enseñanzas que él les impartió. Ambos factores dejaron su impronta en los Evangelios y explican sus imperfecciones, pues los Evangelios fueron una versión transcrita de lo que creían y enseñaban la primera y segunda generación de cristianos.

Sus actos y sus motivos eran complejos y no era posible entender fácilmente lo que enseñaba. El trasfondo religioso de donde él provenía era en sí mismo increíblemente complicado. El mundo helenista se desplazaba hacia el monoteísmo, pero sobre una base dualista que postulaba fuerzas rivales del bien y del mal. El mundo judaico también estaba atravesando una crisis religiosa provocada por la situación política. Estaban proponiéndose toda suerte de soluciones, pero cada una anclaba fatalmente en cierto particularismo de tiempo, lugar o raza. ¿Cómo podían manifestarse las intenciones de Dios de tal modo que fuesen entendidas por todos los hombres y por toda la eternidad? Asimismo, ¿cómo era posible que una solución contuviese elementos significativos para todos los tipos y todos los temperamentos de hombres, así como para todas las razas y las generaciones, para el activista, el militante, el doctrinario, el asceta, el obediente, el pasivo, el angular, el erudito y el individuo de corazón sencillo? ¿Cómo podía transmitir un sentimiento de apremio e inmediatez, y al mismo tiempo ser válido para toda la eternidad? ¿Cómo podía promover, en la mente de los hombres, una confrontación con Dios que fuese simultáneamente pública y colectiva, individual e íntima? ¿Cómo podía combinar un código de ética en un marco de rigurosa justicia y una promesa de generosidad sin precedentes? Éstos eran apenas algunos de los problemas evangélicos que Jesús enfrentaba. Más aún, tenía que resolverlos dentro de una serie preestablecida de hechos históricos que podían ser presagiados pero no pronosticados, y cuya realización necesaria pondría fin a la misión del propio Jesús.

Por lo tanto, la enseñanza de Jesús es más una serie de resplandores o matrices, una colección de percepciones internas más que un código de doctrina. Sugiere el comentario, la interpretación, la elaboración y la discusión constructiva; es el punto de partida de líneas de indagación rivales pero compatibles. No es una *summa theologica*, ni siquiera una ética, sino la base a partir de la cual es posible organizar una serie infinita de *summae*. Inaugura una religión del diálogo, la exploración y el experimento. Sus aspectos radicales se equilibran con salvedades conservadoras, hay una mezcla constante de legalismo y antinomialismo; el eje se desplaza repetidas veces del rigor y la militancia a la aquiescencia y la aceptación del sufrimiento. Parte de esta diversidad refleja el auténtico desconcierto de los discípulos y la confusión de los compiladores evangélicos a los que llegaron los recuerdos de aquéllos. Pero gran parte es esencialmente un elemento de la postura universalista de Jesús; lo que maravilla es que la personalidad que está detrás de la misión de ningún modo se fragmenta, sino que, por el contrario, siempre está integrada y es fiel a su propio carácter. Jesús consigue ser todo para todos los hombres al mismo tiempo que permanece fiel a sí mismo.

Esta operación compleja y delicada fue desarrollada sobre un trasfondo político y religioso colmado de peligros y trampas. Jesús tenía que transmitir una nueva doctrina —la salvación a través del amor, el sacrificio y la fe— pero hasta cierto punto tenía que presentarla con el atuendo de una reforma de la antigua. Estaba predicando a los judíos, incorporando nuevos conceptos en las formas judías tradicionales. Ansiaba atraer a los ortodoxos, pero sin comprometer su propio universalismo. Se enfrentaba al régimen en su propio territorio, al mismo tiempo que incluía en su misión a todos los elementos proscritos; por lo tanto, tenía que continuar el proceso de desasociación respecto del Templo y la ley, al mismo tiempo que trataba de evitar las acusaciones de blasfemia. Además, estaba la revelación de su propia postura. Esta cuestión tenía que ser un proceso gradual; fue siempre y hasta cierto punto ambigua. Él irradiaba autoridad y esto fue desde el comienzo mismo el rasgo más conspicuo de su persona. Pero, ¿autoridad de qué clase? Ansiaba demostrar que no era un general sacerdote, destinado a representar un papel militar contra un opresor extranjero. No era el Mesías en *ese* sentido. Por otra parte, no era simplemente el organizador del sufrimiento y el sacrificio: había venido a fundar un nuevo tipo de reino y a traer un mensaje de alegría y esperanza. ¿Cómo manifestar que su triunfo sería alcanzado a través de su propia muerte? No era una idea que atrajese ni al mundo antiguo ni a ningún mundo.

Además, estaba la paradoja fundamental de que la misión tenía que ser vindicada por su fracaso. Para muchísima gente era imposible aceptar o seguir a Jesús. Su familia lo repudió, al menos cierto tiempo. El distrito en que había nacido no lo aceptó. En ciertos pueblos su enseñanza no suscitó el más mínimo efecto. En algunos lugares no pudo producir milagros. En otros provocaron escasa reacción o pronto fueron olvidados. Se creó muchos enemigos y siempre hubo elevado número de personas que ridiculizaron sus afirmaciones y sencillamente desecharon sus ideas religiosas. Podía reunir una multitud de partidarios, pero siempre para él fue igualmente fácil formar una turba enemiga. Tan pronto como comenzó a actuar públicamente en el sector del Templo, se convirtió en un hombre señalado tanto para las autoridades romanas como para las judías y fue blanco de la sospecha. Su negativa a dar a sus propias afirmaciones un carácter explícito e inequívoco provocó hostilidad no sólo en sus enemigos. Sus partidarios nunca gozaron de su confianza total y algunos de ellos de tanto en tanto alentaron sentimientos contradictorios acerca de la totalidad del asunto. ¿En qué se habían comprometido? Hay cierto indicio en el sentido de que la traición de Judas puede haber sido motivada menos por la codicia —una calumnia apostólica fácil y poco convincente— que por la impresión y el temor súbito de que podía estar siguiendo a un enemigo de la religión.

Al momento de su juicio y su pasión, Jesús había conseguido formar contra él una coalición inverosímil e incluso sin precedentes: las autoridades romanas, los saduceos, los fariseos e incluso Herodes Antipas. Parece que, al destruirlo, esta combinación antinatural contó en gran medida con la aprobación popular. ¿Qué conclusiones podemos extraer de esto? La ejecución fue realizada por romanos en cumplimiento de la ley romana. La crucifixión era la forma más degradada de la pena capital y se reservaba para los rebeldes, los esclavos amotinados y otros enemigos infames de la sociedad; era también la más prolongada y dolorosa, aunque Jesús evitó la totalidad del horror a causa de su muerte sorprendentemente rápida. En los Evangelios canónicos se presenta a Pilatos, el procurador de Judea, como un verdugo pasivo; éste es el principio de una imaginativa y temprana tradición cristiana que luego lo transformaría en creyente e incluso en santo. Puede alegarse que este retoque caritativo fue incorporado después de la ruptura definitiva entre la comunidad cristiana temprana y el régimen judío, para descargar sobre los judíos toda la responsabilidad moral de la muerte de Jesús. En el marco de este desarrollo argumental, los eruditos judíos y otros han señalado que nunca hubo un juicio ante el sanedrín, que los pasajes que se refieren al mismo no concuerdan con lo que sabemos por otras fuentes sobre el procedimiento y la competencia de este tribunal, que Jesús no había hecho nada para infringir la ley judía y mucho menos para provocar la pena capital y que el episodio es mera ficción, pues sucedió sencillamente que Jesús se había ganado la ojeriza de los romanos, que lo consideraban un agitador político.

Ciertamente, lo que sabemos de la carrera de Pilatos no sugiere que se mostrase compasivo o que vacilara en matar a un alborotador judío. Aunque la actitud del gobierno imperial hacia los judíos oscilaba de tanto en tanto, en concordancia con una serie de factores políticos y económicos, en general estaba adquiriendo un carácter cada vez más opresor. La luna de miel de los tiempos de Herodes el Grande había terminado. Inmediatamente después de la muerte de Herodes en el año 4 a.C., quizás el mismo año del nacimiento de Jesús, hubo desórdenes en Galilea y Varus había crucificado a unos 2.000 judíos. Galilea era una región de diferentes cultos religiosos, donde el judaísmo se mostraba activo y estaba predominando gracias a una labor vigorosa y agresiva de proselitismo. En Jerusalén se relacionaba con la violencia y la militancia, de modo que describir a Jesús como «el nazareno» o «el galileo», como hicieron sus críticos, equivalía a señalarle como un promotor de desórdenes. A Pilatos no le gustaban los agitadores, y menos aún los judíos. Quizá creyó que Jesús era un zelota. Los zelotas, inicialmente un movimiento religioso contrario a los impuestos, estaban creciendo. Ya en el año 6 d.C. había sobrevenido una rebelión zelota en Judea y luego los estallidos individuales habían llegado a ser comunes. Pilatos fue enviado a Judea en el año 26 con lo que podía denominarse un mandato represivo. Fue designado por Tiberio de acuerdo con la recomendación de Sejanus, el prefecto pretoriano antijudío. Había sido política tradicional mantener en el cargo a los procuradores apenas tres años y después trasladarlos a otro puerto; Tiberio, que era un soldado veterano, aplicó períodos más prolongados, con el cínico argumento, según él mismo dijo, de que si una mosca se ha llenado chupando una herida es mejor dejarla allí y mantener lejos a otras moscas. De hecho, ningún procurador podía tener éxito en Judea y ninguno lo logró. Pilatos pronto se convirtió en una figura impopular, porque llevó tropas a Jerusalén para mantener el orden durante las festividades religiosas y omitió la precaución usual de cubrir las imágenes de los animales y las deidades en los estandartes y el equipo. Los judíos consideraron groseramente ofensiva esta actitud y se sintieron ultrajados cuando Pilatos se apoderó de los fondos del Templo para financiar la mejora del suministro de agua a Jerusalén. Pilatos adoptó una actitud dura con los judíos díscolos y sin duda ejecutó a Jesús sin vacilaciones ni escrúpulos.

Por otra parte, sabemos que la carrera de Pilatos en Judea llegó a su fin en el año 36 d.C., después de que reprimiera violentamente a otro movimiento religioso exótico. Esta vez, en cambio, todo el régimen judío de Palestina y la diáspora protestaron ante el legado imperial en Siria; Pilatos cayó en desgracia y dejó el cargo. ¿Por qué, entonces, el silencio en el caso de Jesús? La aquiescencia de las autoridades judías, considerada junto con las acusaciones bastante explícitas de las narraciones evangélicas, dificulta el rechazo a la explicación de que Jesús, en efecto, había roto de manera dramática con la fe judía, al menos según la concebía la opinión predominante en Jerusalén. Era previsible que los saduceos considerasen a Jesús una molestia que perturbaba sus relaciones con las autoridades romanas (además de considerarlo un maestro de la heterodoxia). Pero es mucho más significativo que los fariseos aceptaran, e incluso promoviesen, su destrucción y arrastrasen con ellos en este asunto a la opinión pública. Es evidente que lo que Jesús había afirmado o predicado parecía tan ofensivo a un sector importante de la comunidad judía y a miles de judíos piadosos comunes, que se mostraron dispuestos a invocar el poder romano —al que normalmente aborrecían, sobre todo en las cuestiones religiosas— para desembarazar a Israel de su misión.

Esa ruptura con el consenso judío quizás era inevitable. Jesús era un judío practicante de antecedentes conformistas, conocía su propia fe y respetaba profundamente la tradición judía. Muchas de sus ideas tenían orígenes judíos. Si a veces desechaba la ley, otras —por ejemplo en el matrimonio— la interpretaba rigurosamente. Demostró por el Templo un respeto más acendrado que sus propios custodios. Sin embargo el núcleo de su mensaje no podía quedar contenido en un marco judío. En efecto, estaba ofreciendo a los judíos una interpretación completamente nueva de Dios y, al transmitir su mensaje, reclamaba no sólo la autoridad divina sino la jerarquía divina. No era un conflicto ético. Había muchas tendencias éticas en el espectro judío y en este sentido se hubiera podido llegar a un compromiso. Pero Jesús unía su nueva ética, y la unión era causal y compulsiva con una nueva descripción del mecanismo de la salvación. Estaba diciendo a los judíos que la teoría que ellos afirmaban acerca del modo en que Dios había impulsado el universo era errónea y que él tenía otra mejor. Estaba pidiéndoles que se embarcasen con él en una revolución religiosa. Los judíos tenían que seguirlo o repudiarlo. Para los saduceos, seguirlo era imposible. Ellos y Jesús nada tenían en común; ni siquiera creían en la vida después de la muerte y no hay pruebas de que Jesús deseara atraerlos a su movimiento. Asimismo, aunque compartía algunos conceptos con los esenios, y sólo con los esenios, la lógica de éstos los apartaba del universalismo, mientras que la de Jesús lo acercaba. Podía dialogar con los fariseos, pero de hecho estaba pidiéndoles que abandonasen su profesión como abogados de la ley canónica, que aceptaran una teoría que posibilitaba a los hombres justificarse sin la ley y una doctrina de la gracia y la fe que convertía el legalismo en una actitud imposible. Por lo tanto, en definitiva su verdadera atracción se ejerció sobre la opinión judía común e inculta, el *Am Ha-Aretz*, la «gente de la tierra» o las ovejas descarriadas, especialmente sobre los proscritos y los pecadores, para quienes la ley era demasiado. Ésta fue la base de Jesús; pero, como demostraron los hechos, era posible manipularla contra él. La entrada en Jerusalén el Domingo de Ramos fue el punto culminante de su invocación democrática. Luego, prevalecieron el régimen y la impía coalición formada contra él.

Una posibilidad, destruida por la crucifixión, fue que el movimiento de Jesús absorbiera a la religión judía; otra, quizá más real, fue que después de su salida el judaísmo absorbiera al cristianismo. El judaísmo era una reunión de tendencias que además englobaba una gran tradición histórica. No estaba excesivamente centralizado. Producía fanáticos y proscritos, pero después los reunía en un marco de tolerancia. El dinamismo de Jesús era demasiado intenso y su divergencia demasiado profunda para mantenerlo en este sistema de inconformismo. Pero la situación podía haber sido distinta para su movimiento, privado del liderazgo de Jesús. Muchos de estos agrupamientos en otras épocas habían sido recuperados e incorporados al esquema de la diversidad judaica. Gran parte de la fuerza del judaísmo residía en su capacidad para asimilar a los heterodoxos: tenía un estómago fuerte.

Valía la pena recapturar al movimiento de Jesús. Después del arresto de Jesús, este movimiento se había desintegrado instantáneamente por el clímax del período de tensión que visiblemente estaba sufriendo durante la última fase del ministerio público y que había provocado la decepción de Judas. De hecho dejó de existir. Después sobrevino la rápida difusión de la noticia de la resurrección, la aparición de Jesús y el episodio de Pentecostés. El movimiento renació, pero no era exactamente el mismo. Por desgracia, nuestro conocimiento del asunto está delimitado y deformado por la ineptitud de la parte inicial de los Hechos de los Apóstoles. Lucas (en el supuesto de que escribiera este documento) no estaba entonces en Jerusalén. No fue un testigo ocular. Era miembro de la misión enviada a los gentiles y un producto del movimiento de la diáspora. No experimentaba simpatía cultural e incluso doctrinaria hacia los apóstoles pentecostales; en esta situación, era un extraño y además estaba mal informado. Los discursos evangélicos que produce son hasta cierto punto reconstrucciones, inspiradas por pasajes apropiados de la Versión de los Setenta, un documento de la diáspora que no utilizaban los judíos en Jerusalén. Incluso admitiendo todo esto, la versión de la religión que Lucas predicó inmediatamente después de Pentecostés no muestra muchas semejanzas con las enseñanzas de Jesús. Su punto de partida es la resurrección, pero por lo demás es cristianismo sin Cristo. Ciertamente, la palabra Cristo todavía no era utilizada, ya que fue producto de la diáspora ulterior y la misión enviada a los gentiles. Lo que los apóstoles estaban predicando era una forma de «revivalismo» judío.

Tenía intensos matices apocalípticos —coincidentes con gran parte de la tradición judía— y utilizaba el episodio de la resurrección para demostrar y acentuar el apremio del mensaje. Pero, ¿cuál era el mensaje? En lo esencial: «arrepentíos y recibid el bautismo», es decir la doctrina «revivalista» predicada por Juan el Bautista incluso antes de que comenzara la misión de Jesús. Sobrevivieron sólo fragmentos dispersos del mecanismo de salvación propuesto por Jesús, su redefinición de la deidad y su propio papel fundamental en el proceso. Los apóstoles de Jerusalén corrían peligro de deslizarse hacia la postura teológica de los bautistas judíos. Sus instintos judaicos todavía eran intensos y conservadores. Se orientaban por completo hacia el culto del Templo. El Evangelio de Lucas nos dice que después que los apóstoles se separaron de Jesús en Betania «retornaron con mucha alegría a Jerusalén y pasaron todo su tiempo en el Templo exaltando a Dios». También sabemos por los Hechos que, después de la primera campaña pentecostal, «con una sola mente, cumplieron su asistencia diaria al Templo».

Puede inferirse que los jefes del movimiento en Jerusalén estaban mucho más cerca del judaísmo que Jesús y que ése había sido siempre el caso. Por desgracia, sabemos poco de ellos. El Evangelio de Juan dice que los primeros discípulos vinieron del círculo del Bautista; esto sucedía en un momento en que la enseñanza temprana y sencilla de Jesús reflejaba en gran parte la del Bautista, por lo menos de acuerdo con la versión que Marcos ofrece de ella. Nuestras autoridades suministran una imagen muy confusa de los adeptos de Jesús, tanto durante su ministerio como después, cuando al parecer la composición varió radicalmente. Los sinópticos coinciden en que se formó un grupo de doce hombres, de acuerdo con las palabras de Marcos, «para estar con él y para enviarlos a predicar y ejercer la autoridad de expulsar a los demonios». Tanto Juan como Pablo mencionan la cifra de doce. Pero, ¿estos doce eran los mismos apóstoles? Los sinópticos y los Hechos ofrecen listas, aunque coinciden únicamente en los ocho primeros. Juan indica sólo la mitad. La mayoría está formada por menos nombres, si omitimos las tradiciones posteriores. «Los doce» parecen relacionarse con el «pueblo verdadero» de las doce tribus; pero en griego el término apóstol implica una expedición a través del mar y debe aludir principalmente a la misión de los gentiles o la diáspora. En los Hechos, Lucas no nos dice cuáles fueron los derechos, los deberes y los privilegios de «los doce» o de «los apóstoles». Cuando aborda la obra de Pablo los olvida por completo y en adelante denomina a éste «el apóstol». Sólo en el caso de Pedro podemos rastrear cierta actividad; con Juan eso apenas es posible, aunque podemos suponerla puesto que sufrió el martirio. Es absolutamente imposible con el resto. Santiago, hermano de Jesús, es una personalidad identificable e incluso importante, pero no es un «apóstol» ni uno de «los doce».

Por consiguiente, es engañoso referirse a una «era apostólica», así como es igualmente engañoso hablar de una Iglesia y una fe primitivas y pentecostales. Este último aspecto es importante porque implica que Jesús dejó una norma, por referencia a la doctrina, el mensaje y la orga-nización de la que partió más tarde la Iglesia. Jamás hubo una norma. Jesús mantuvo unidos a sus adeptos porque de hecho era el único portavoz. Después de Pentecostés hubo muchos: una Babel de voces. Si el famoso texto de Pedro en Mateo es auténtico y significa lo que se le atribuye, Pedro fue una piedra muy insegura sobre la cual fundar una Iglesia. No ejerció las atribuciones de la jefatura y es probable que permitiera ser desposeído por Santiago y otros miembros de la familia de Jesús, que no habían intervenido en la misión original. Finalmente, Pedro fue a cumplir una misión en el extranjero y dejó por completo el círculo de Jerusalén.

La impresión que recogemos es que la Iglesia de Jerusalén era inestable y tendía a revertir totalmente sobre el judaísmo. Sin duda no era en absoluto una Iglesia separada, sino parte del culto judío. No tenía sus propios sacrificios ni lugares ni momentos sagrados ni sacerdotes. Se reunía para comer, como los grupos esenios, y tenía lecturas, predicación, plegarias e himnos; su personalidad eclesiástica se expresaba únicamente en términos verbales. De esta forma, según se nos dice, atrajo a mucha gente. Para muchas personas seguramente era poco más que una secta judía piadosa y humilde, inclinada a la caridad, a compartir los bienes, a reverenciar a un jefe tratado injustamente, y dotada de un mensaje apocalíptico. Esta opinión también fue compartida por algunas personas de autoridad. Una serie de sacerdotes también se incorporó y lo mismo hicieron algunos fariseos. ¿De qué modo esta participación concuerda con la ejecución de Jesús? En aquel entonces ciertos círculos reconocían que ese episodio había sido un error; del mismo modo que más tarde, la ejecución de Santiago en el año 62 sería denunciada como una garrafal equivocación por un hombre que actuaba *ultra vires*. Por supuesto, había elementos del régimen judío que se opusieron constantemente al movimiento de Jesús y lo atacaron siempre que tuvieron oportunidad, del mismo modo que atacaban a otros «alborotadores» religiosos. Pero gracias a la penetración del círculo de Jerusalén por sacerdotes y escribas, siempre había personas influyentes dispuestas a defenderlo cuando las autoridades trataban de actuar. Por lo menos en dos ocasiones algunos miembros fueron obligados a comparecer ante los tribunales religiosos, pero fueron absueltos, o por lo menos escaparon con unos azotes; eran díscolos, pero aún así judíos. Por supuesto, esta protección y esta tolerancia tenían un precio: imponían límites tanto a la divergencia doctrinaria como al activismo misionero en el seno del pueblo judío común. El movimiento entero corría peligro de verse contenido primero y reabsorbido luego. Precisamente en este punto llegó a ser fundamental la idea de una misión ante los gentiles. Se trataba de una iniciativa que siempre había sido un aspecto intrínseco de la obra de Jesús. El área elegida, y al mismo tiempo su región natal, había sido Galilea, no la sobreentendida Judea: Galilea sólo en parte era judía y era muy pobre. La misión de Jesús estaba orientada hacia los pobres y los necesitados, sin distinción, y en su teología el universalismo estaba implicado lógicamente. Por supuesto, el camino que llevaba a los gentiles pasaba por la diáspora. Jesús conoció a muchos judíos de la diáspora que venían en peregrinación para asistir a los grandes festivales en que él se mostraba activo, pero no hay pruebas de su actuación en la diáspora hasta después del episodio pentecostal. Más tarde, el movimiento se desarrolló naturalmente: entre otras cosas, la diáspora era un instrumento de proselitismo. La existencia misma de una misión gentil, dirigida por un movimiento que en sí mismo ya era heterodoxo e indiferente a muchas normas judías era incompatible con la idea de un compromiso con la corriente principal del judaísmo. La mayoría de los judíos importantes de Jerusalén desaprobó la misión ante los gentiles, incluso si estaba dirigida por fariseos cultos y respetables. También había judíos de la diáspora, sobre todo fariseos, que desaprobaban la totalidad de la iniciativa, se mostraban recalcitrantemente conformistas y se oponían con firmeza a todo lo que significara modificar la ley para beneficio de los conversos y de los individuos «temerosos de Dios». Por supuesto, lo que en definitiva temían era el grave riesgo de helenización implícito en una misión ante los gentiles, un riesgo que se agravaba mucho más cuando la misión estaba a cargo de miembros de una secta judía inestable e inconformista.

Es imposible separar por completo los temas culturales y doctrinarios en cuestión. La enseñanza de Jesús atraía mucho más a los individuos de lengua griega que al judaísmo de la misión ante la diáspora. Parece ser que atrajo conversos casi desde el principio, especialmente en

Antioquía. De esta forma, si un ala del movimiento de Jesús estaba siendo penetrada por fariseos, otra estaba siendo penetrada por gentiles de habla griega y liberales de la diáspora. Muy pronto se manifestó, dicen los Hechos, «el desacuerdo entre aquellos que hablaban griego y los que hablaban la lengua de los judíos». La cuestión era de dinero: la distribución de los fondos de caridad. La mayor parte de estas sumas provenía de la diáspora y los gentiles, y pasaba a manos de los judíos más ortodoxos de la comunidad de Jerusalén. El grupo griego organizó un comité de siete personas para considerar el asunto. Uno de sus miembros era Esteban; otro, Nicolás de Antioquía, descrito como «un ex converso al judaísmo». Un grupo de fariseos ortodoxos de la sinagoga de la diáspora en Jerusalén denunció ante el sanedrín a Esteban y éste fue lapidado. Siguió «un período de violenta persecución de la Iglesia de Jerusalén», que pronto se extendió a otros lugares. A partir de la reseña de las enseñanzas de Esteban, es evidente que él y su grupo de lengua griega estaban formulando una doctrina mucho más radical con respecto al Templo y la ley, y mucho más próxima a la de Jesús en su última fase que el grupo denominado de «los apóstoles». Ciertamente, «los apóstoles» no fueron perseguidos en esta etapa; solamente tuvieron que dispersarse en los distritos rurales. El propósito de la persecución fue eliminar el ala radical del movimiento, terminar con la misión ante los gentiles, excluir al grupo griego o imponerle conformismo, y así completar la reasimilación de los partidarios de Jesús. El proceso continuó mientras existió una Iglesia de Jerusalén, es decir, hasta el año 79 d.C. A veces apuntó a los radicales como Esteban. Otras se descontroló y afectó a hombres del centro, como Santiago. Su meta no era destruir el movimiento sino mantenerlo en el ancho círculo del judaísmo. Y estuvo a un paso de alcanzar el éxito.

A esta lucha por el alma y la personalidad de la nueva secta se incorporó el apóstol Pablo, «el judío de Tarso», como él mismo se llamó. Fue la primera y la más grande personalidad cristiana; siempre ha sido la figura que originó más polémicas y la que con mayor frecuencia fue malinterpretada. A veces fue acusado de «inventar» el cristianismo y además, o alternativamente, de pervertir las enseñanzas de Cristo y devolverlas forzadamente a los cauces judíos. Tal fue la queja de Nietzsche, para quien Pablo era «el judío eterno *par excellence*»:

Pablo expresa exactamente lo contrario que Jesús, el mensajero de buenas nuevas; es un genio del odio, de la misión del odio, de la lógica implacable del odio. ¡Qué no ha sacrificado a su odio ese nefasto evangelista! Sacrificó primero y principalmente a su salvador, lo crucificó en su cruz... Un dios que murió por nuestros pecados, la redención por la fe, la resurrección después de la muerte. Todas estas cosas son falsificaciones del verdadero cristianismo, y el responsable es ese morboso chiflado.

.

Ésta es una línea favorita de ataque. En efecto, un ataque frontal al propio cristianismo es generalmente un ataque a lo que se considera el ingrediente paulino. Así, Alfred Rosenberg y los propagandistas nazis anticristianos concentraron sus esfuerzos sobre todo en «el perverso rabino Pablo». Pero la verdad es que Pablo no inventó el cristianismo ni lo pervirtió: lo salvó de la extinción.

Pablo fue el primer cristiano puro, el primero que comprendió integralmente el sistema teológico de Jesús, que aprehendió la magnitud de los cambios que implicaba y la integridad de la ruptura con la ley judaica. Aquí está la paradoja, pues por nacimiento Pablo era un judío puro, de la tribu de Benjamín. «Circuncidado al octavo día», se canta, «del pueblo de Israel, de la tribu de Benjamín, hebreo nacido de hebreos; por referencia a la ley, fariseo; por el celo, un perseguidor de la Iglesia; por la virtud, inmaculado ante la ley.» De acuerdo con una tradición transmitida por Jerónimo, sabemos que su familia provino del norte de Galilea, cerca del lago de Genezaret, y que era ultraconservadora. Los antecedentes fariseos se remontan a sus bisabuelos. La familia se había trasladado a Tarso en tiempos de la ocupación romana y sus miembros habían llegado a ser acaudalados ciudadanos romanos, pero conservaban su carácter de pilares de la diáspora conformista. La hermana de Pablo fue llevada a Jerusalén para casarse y el padre envió a Pablo al colegio rabínico de la ciudad. Hablaba griego y arameo, y leía las escrituras en hebreo con la misma soltura que la Versión de los Setenta. En su juventud Pablo había presenciado el martirio de Esteban y más tarde representó un papel importante en la ofensiva farisea desarrollada en la diáspora contra los cristianos helenizadores. Es importante comprender que no sólo Pablo se convirtió en cristiano. Muchos judíos podían hacerlo sin modificar demasiado las ideas. Pablo recorrió la totalidad del paisaje religioso, del sectarismo estrecho al universalismo militante y del legalismo riguroso al rechazo total de la ley (fue el primer cristiano que adoptó esa actitud: ni siquiera Jesús había llegado tan lejos). Pablo insiste en repetidas ocasiones en que su cambio de posición fue instantáneo y completo, de hecho, milagroso; no soportó cavilaciones íntimas y, en cambio, el propio

Jesús le reveló instantáneamente la verdad en toda su plenitud. A menos que aceptemos la visión que ofrece Pablo de cómo llegó a ser adepto de Cristo, es imposible comprenderlo. Creía en ello tan apasionada y completamente como los discípulos que habían visto a Cristo resucitado; en realidad, él no distinguía entre los dos tipos de visión. Era el título que justificaba su rango de apóstol y su derecho a predicar el auténtico mensaje cristiano.

Pero Pablo tenía más que un mandato divino en su misión ante los gentiles. Provenía de Tarso, que se había denominado «la Atenas de Asia Menor» y era un emporio comercial, un centro de cultos de todos los tipos, gnósticos, exóticos, orientales y estoicos. Era un foco de sincretismo, una encrucijada cultural y religiosa, una ciudad familiarizada con las extrañas procesiones religiosas al aire libre y el debate helénico en su interior. Pablo era un producto de esta diversidad y por lo tanto puede presentárselo como helenista o como rabino, como místico o como quiliasta, e incluso como gnóstico. Estaba bien dotado para ser el apóstol del universalismo, pero tras el rostro de Jano y las variables tácticas del evangelista profesional había una terrorífica consecuencia de la doctrina y el propósito interiores.

Cuando llegó ante el Concilio de Jerusalén en el año 49 d.C. para exponer su tesis de la total libertad de acción en su misión ante los gentiles, su enseñanza estaba adquiriendo una forma madura. Se basaba no sólo en la comunicación directa proveniente de Dios, sino en la experiencia esclarecedora en el mundo. Pablo y su compañero podían destacar con tonos estridentes, y lo hicieron, el éxito de su exposición. Había encontrado una Iglesia que creía en el bautismo, que tenía un rito de la Última Cena y la creencia de que la muerte y la resurrección de Jesús eran una realización de la profecía, pero que también tendía a afirmar que la circuncisión estaba unida con la salvación, y que gran parte de la ley mosaica aún era válida —quizá la totalidad de la misma—. No era un programa apropiado para los conversos gentiles, aunque no suscitaba dificultades en el caso de los judíos de la diáspora. Los gentiles consideraban desagradable la circuncisión; en su mente estaba relacionada con los rasgos objetables de una nación que según Tácito se hallaba formada por «enemigos de la raza humana». Pero todavía más importante era el hecho de que Pablo descubrió que no podía explicar el carácter de la doctrina de Jesús sin utilizar conceptos y términos comprensibles para los que se habían formado en el mundo grecorromano. Jesús previó su propia pasión, pero no la había explicado. Pablo tenía que explicarla a un público de habla y pensamiento griegos. El acto de la salvación tenía que ser más amplio que el simple mesianismo de los judíos, que sonaba en los oídos de los griegos como mera política local y estaba atado al tiempo tanto como a la geografía. ¿Qué era Judea para ellos? Pablo comprobó que era muy difícil explicar por qué Jesús era judío y que era mucho más difícil aún explicar por qué tenía que ser judío. De esta forma, las circunstancias que condujeron a su crucifixión no eran pertinentes y él las omite. Al Jesús histórico Pablo simplemente lo identificó con el hijo preexistente de Dios, interpretando la crucifixión como un acto divino de intención salvadora y significado cósmico. Cuanto más predicaba Pablo de acuerdo con estos criterios, más claro le parecía que su evangelio helenizado estaba más cerca de la verdad —según él la entendía— que de la restricción impuesta por la estrecha visión del cristianismo judío, si en verdad podía llamarse así. El mundo helénico podía aceptar a Jesús como deidad, pero el judaísmo separaba absolutamente a Dios del hombre. En la literatura judía no había nada que sugiriera la idea de un salvador encarnado de la humanidad, que redimía en virtud de su propia muerte sacrificial.

A medida que el Evangelio de Pablo se desarrolló, pudo advertirse que era extraño al pensamiento judío tradicional, cualquiera que fuese su tendencia, y eso a pesar de que contenía ingredientes judíos. El asunto puede resumirse del siguiente modo: Jesús de Nazaret procedía de la línea de David; nació de mujer, pero fue creado como Hijo de Dios, con todos sus atributos, gracias a su resurrección de entre los muertos. Vivió brevemente en Palestina, abrazó la pobreza terrenal y expió nuestros pecados con su muerte en la cruz. Dios resucitó al crucificado y enterrado, y con su mano derecha lo elevó al trono más excelso: «Por nosotros lo convirtió en el pecador que no conoció pecado, de modo que en él pudiésemos llegar a ser la virtud de Dios.» La muerte expiatoria de Jesús el Mesías, sacrificado por nuestros pecados, fue nuestra expiación y nuestra humanidad rescatada. Su muerte afecta la redención del cosmos y de toda la humanidad, pues en su muerte el mundo ha sido crucificado y ha comenzado a extinguirse; Cristo volverá prontamente del cielo, como el Hijo del Hombre. Tenemos aquí todos los elementos esenciales de las doctrinas básicas del cristianismo: la visión de la historia, el mecanismo de la salvación, el papel de la jerarquía de Cristo Jesús. A todo esto, que estaba implícito en las enseñanzas de Cristo, Pablo le confirió un carácter explícito, claro y completo. Es un sistema teológico, que sin duda admite un refinamiento infinito, pero que aparece completo en todos los aspectos esenciales. Es un cuerpo cósmico y universalista, de hecho un cuerpo helenizado, ya que el judío Pablo, cuya lengua natural era el arameo y cuyo griego era peculiar, había suministrado la función de la máquina procesadora helenizada y de ese modo había conseguido que el monoteísmo judaico fuese accesible a la totalidad del mundo romano.

Pero había un aspecto fundamental del mecanismo de la salvación que acarreó problemas a Pablo; su intento por resolverlo lo llevó, lo mismo que a sus sucesores, a una serie interminable de nuevas dificultades. El advenimiento de Cristo a la Tierra puso en marcha el mecanismo: eso estaba claro. Pero, ¿cuándo culminaba? ¿Cuál era el plan temporal del cristianismo? La totalidad de la obra de Jesús implicaba que el apocalipsis era inminente; algunas de sus afirmaciones eran bastante explícitas en este aspecto. Es cierto que su enseñanza también contiene el concepto de una relación individual interior con Dios y de una salvación personal que determinan que el apocalipsis sea superfluo y carezca de importancia: el alma afronta su drama individual con Dios además de la vasta representación colectiva en la escena escatológica, con su escenografía terrorífica y sus efectos sonoros, su *deux ex machina* que desciende en el Segundo Advenimiento, la *parousia*. Pero faltaba descubrir e interpretar eso: una de las matrices ocultas del Evangelio de Jesús. La visión *prima facie* de la misión de Jesús era que constituía un preludio inmediato a un Juicio Final. De aquí el apremio de la tarea pentecostal, un apremio que Pablo compartió a lo largo de su vida, de modo que su esperanza final fue llevar la buena nueva, mientras aún había tiempo, a España (a sus ojos, «los confines de la Tierra»).

Precisamente este sentimiento de premura confirió un sesgo particular a la teología de Pablo. Consiguió que a sus ojos la estructura acumulada del legalismo judío fuese sobremanera intolerable. Antes de su propia conversión Pablo había sido, según él mismo creía, un hombre virtuoso, respetuoso de la ley. La visión cegadora de la verdad le demostró que eso era una ilusión total. Comprendió que no había empezado a vivir hasta que vio a Dios a través de Jesucristo. Y la relación era absolutamente directa. Como él mismo dijo: «Estoy convencido de que ni la muerte ni la vida, ni los ángeles ni los principados, ni las cosas presentes o las futuras, ni los poderes, y ninguna cosa creada, podrán separarnos del amor de Dios que está en Cristo Jesús, nuestro Señor.» O también: «Si Dios está por nosotros, ¿quién está contra nosotros?» De modo que para Pablo el advenimiento de Cristo cerraba automáticamente la antigua ley judía. Para él la ley se convirtió en maldición, pues no había hombre que pudiese respetar íntegramente sus 613 mandatos y prohibiciones; de ese modo todos se convertían en pecadores. En cierto sentido, era un incentivo directo que llevaba al pecado. Pablo no predicó la licencia, por el contrario, exhortó constantemente a respetar los mandamientos. Preconizó el activismo, sobre todo en la esfera de la caridad, y dijo a sus conversos que trabajasen. En su condición de rabino en embrión se le había enseñado un oficio: era fabricante de tiendas. Éste fue un signo práctico y simbólico de la gran terapia fundamental del trabajo, un concepto judío que él transmitió triunfalmente al cristianismo. Pero Pablo sabía que era absurdo suponer que la salvación estaba en la ley y en ceremonias externas como la circuncisión. La ley era formal; por lo tanto, su observación se fundaba inevitablemente en cierto grado de hipocresía; más aún, todos los sistemas de su interpretación eran necesariamente un intento de reformular algo inspirado en principio por Dios según la imagen deformante del hombre. Por supuesto, las obras buenas eran importantes: «Dios compensará a cada uno en concordancia con sus obras.» Pero la salvación venía principalmente a través de la fe (que era un renacimiento y una identificación con la auténtica virtud de Dios), tan perfecta que podía ser discernida sólo por Dios, que al proceder así confiere virtud al hombre. Los judíos habían tomado un camino errado al creer que sus obras demostrarían su virtud. Se creían los elegidos mientras respetasen la ley. Pero el signo de la elección no es la cuna, sino la promesa de Dios según se manifiesta en la gracia de la fe. Se aplicaba a todos, sin referencia a la raza, el sexo o la jerarquía. Por supuesto, si Israel entera demostraba celo en la conversión de los gentiles, cumpliría su función de nación elegida. Pero el propósito principal de la misión ante los gentiles era poner en movimiento el mecanismo de la elección de Dios. Pablo observó que las escrituras esbozaban un sistema de predestinación y mencionó el caso de Ezra: «Y tú separaste a Jacob para ti, pero a Esaú lo odiaste.» El concepto era todavía más terrorífico en los textos de Qumrān. Sin embargo en Pablo no hay un mandato que reproduzca la insistencia calvinista en la predestinación eterna del individuo a la salvación o la condenación. Pablo percibió la condenación como la sombra proyectada por la elección a partir de la gracia, que asegura la pureza del mensaje evangélico; no proponía una teoría acerca del sistema de selección de Dios, sino una explicación acerca de lo que le sucede a un hombre cuando conoce el Evangelio, elige y de esta forma es elegido.

Este tremendo ataque a todo el concepto judaico de la relación del hombre con Dios y su sustitución por un nuevo sistema de salvación fue resumido en el gran ensayo de Pablo referido a una teología determinista, la Epístola a los Romanos. ¡Qué documento extraordinario recibido por una joven congregación que nunca había conocido al apóstol! Nadie ha comprendido plenamente esta epístola. Nadie tampoco puede permanecer indiferente ante ella. Es el más sugestivo de todos los documentos cristianos. Suele obligar a los hombres a reconsiderar toda su comprensión de la religión, incluso cuando han consagrado muchos años a la indagación teológica. La Epístola a los Romanos modificó profundamente el pensamiento de Agustín en los últimos años de su vida. Fue el detonador de la explosión de Lutero. Fue utilizada sucesivas veces para demoler y reconstruir sistemas teológicos, y los casos más recientes son los de Schweitzer, Bultmann y Barth. La mayoría de las revoluciones teológicas comenzaron con esta epístola, como en efecto fue el caso del propio movimiento de Pablo. La Epístola a los Romanos es un documento imperfecto, la obra de un hombre no del todo satisfecho con su propia argumentación: ésta es la clave de su mérito. La forma circular de la argumentación, su retorno constante a los mismos puntos de partida y a las mismas conclusiones, traicionan la ansiedad de un hombre que todavía veía —y sabía que veía— formas confusas a través de un vidrio. La imperfección de su visión ciertamente estaba implícita en la majestad de su concepción de Dios, el distanciamiento que alcanza entre Dios y el hombre, y el tiempo y la eternidad. Pablo era el beneficiario de una visión. Debemos aceptar su sinceridad en esto: sin duda, era el hecho más importante de toda su vida. Pero, como hombre que reclamaba la verdad absoluta, admitía que su visión había sido incompleta. La diferencia entre la teología de Jesús y la de Pablo no es meramente que una está implícita y la otra explícita; consiste en que Jesús veía como Dios, y Pablo pensaba como hombre. Pero el proceso de tratar de meditar el problema teológico convirtió a Pablo en una figura formidable. Por una parte, propone un obstáculo insuperable a cualquier operación humanista de rescate de Jesús —cualquier presentación de su figura como el más grande y el más noble de los seres humanos, despojado de sus atributos divinos—. Pablo insistió en que Jesús era Dios; es lo único que importa realmente acerca de su persona, porque de lo contrario la teología de Pablo se derrumba, y con ella el cristianismo. Pero Pablo es en la misma medida un obstáculo para los que desean convertir al cristianismo en un sistema cerrado. Creía en la libertad. Para él, el cristianismo era la única clase de libertad que importa, la liberación respecto de la ley y la entrega de la vida. Asociaba la libertad con la verdad, a la cual dispensaba una reverencia ilimitada. Al perseguir la verdad afirmó el derecho a pensar y a reflexionar hasta la conclusión definitiva. De hecho, el proceso de indagación se refleja en su teología salvacionista: aceptaba los límites y las obligaciones del amor, pero no la autoridad de la erudición y la tradición. Afirmó el derecho a pensar en el cabal sentido helenístico y, por lo tanto, demostró que la fe cristiana nada tiene que temer del poder del pensamiento. Schweitzer llamó a Pablo «el santo patrono del pensamiento en el cristianismo» y agregó: «Todos los que piensan para servir al Evangelio de Cristo destruyendo la libertad de pensamiento deben ocultar sus rostros ante él.»

Este detallado análisis de la teología y la personalidad de Pablo ha sido necesario para iluminar el significado del Concilio de Jerusalén y sus secuelas en la historia entera del cristianismo. Detrás de la controversia sobre la circuncisión y la actitud frente a los conversos gentiles estaba en juego una gama entera de temas más profundos. Tampoco fue eficaz el compromiso sugerido de Santiago y Pedro. Se basaba en una norma del Levítico que contemplaba el agasajo a los extranjeros y permitía cierto aflojamiento de la ley. Era precisamente el tipo de casuística equivocada que, a juicio de Pablo, era ruinoso para el mensaje de Jesús. Pablo no intentó llevarlo a la práctica; las generaciones posteriores, desconcertadas por su significado, lo reinterpretaron como un mandato moral de carácter general (así aparece en los escritos de Ireneo, Tertuliano y Jerónimo). Pero tampoco los oponentes de Pablo se atuvieron a la norma apostólica. Tanto los Hechos como las Epístolas de Pablo muestran claramente que la lucha continuó y que llegó a ser más áspera. A los ojos de Pablo, se trataba literalmente de un asunto de vida o muerte, y sus propios escritos no intentan disimular la gravedad y la acrimonia de la disputa. El Concilio de Jerusalén reveló la existencia de un «partido del centro», dirigido con más o menos pusilanimidad por Pedro y Santiago. Después, el centro se desplomó y se rindió al ala judaísta de los fariseos cristianos: de ahí la vergonzosa negativa de Pedro a compartir la mesa con los gentiles de Antioquía y la severa represión de Pablo. A su tiempo, Pedro rompió con la Iglesia judeocristiana de Jerusalén, o por lo menos la abandonó. Aceptó la teología de Pablo —es muy posible que haya contribuido a ella con su propio conocimiento y sus percepciones— y se le unió en la misión ante los gentiles. Es muy probable que ambos muriesen juntos como mártires en Roma. Pero el resto de la Iglesia de Jerusalén mantuvo su conexión con el judaísmo y se mostró cada vez más hostil a los esfuerzos de Pablo. El intento de dividir la labor misionera estaba condenado al fracaso. Las misiones ante los judíos de la diáspora y ante los gentiles en Siria, Asia Menor y Grecia estaban destinadas a superponerse parcialmente. Los centros eran los mismos: las ciudades principales como Antioquía, Éfeso, Tarso, Corinto, Atenas, Tesalónica. Más aún, de hecho los primeros misioneros cristianos estaban asumiendo la obra de la antigua misión en la diáspora judía utilizando los mismos contactos y ayudantes, y las mismas casas. ¿Cómo hubiera sido posible separarlos? ¿Y cómo dos conjuntos de evangelistas, que reclamaban la misma autoridad y trabajaban en la misma área, predicaban dos evangelios que se distanciaban cada vez más uno del otro? Pablo se quejó repetidamente de los intentos de pervertir a las comunidades —las comunidades creadas con tanto amor por sus propios y titánicos esfuerzos— y apoderarse de ellas. Reaccionó enérgicamente; sus incesantes viajes, la carga inmensa de la tarea de su vida, a la que a veces presenta como superior a los recursos que posee, como casi insoportable, reflejaban su necesidad de luchar en dos frentes: contra la ignorancia por una parte, contra la obstrucción maliciosa por la otra. Por supuesto, contraatacó; la propia Epístola a los Romanos fue un movimiento preliminar, un manifiesto, para anunciar su llegada a Roma y un intento proyectado para evangelizar a la comunidad judeocristiana que allí vivía. Al parecer, ambos bandos usaron el dinero para suministrar el número más elevado posible de evangelistas y para sostener los esfuerzos de ayuda comunitaria y a sus administradores.

La evidencia disponible sugiere que, después de sus grandes éxitos iniciales, Pablo perdió terreno constantemente. Los cristianos judíos tenían la enorme ventaja de poder utilizar recursos humanos y dinero de las comunidades de la diáspora. Más aún, podían afirmar con razón que estaban dirigidos por hombres que habían conocido personalmente a Jesús y recibido la verdad de la fuente. Entre ellos había miembros de la propia familia de Jesús, que intervinieron activamente en la campaña de Pablo. Por lo tanto, ¿quién era Pablo para proclamar el monopolio de la verdad? Su respuesta consistió en llamar la atención repetidas veces sobre su visión personal. Era su única credencial. Esto lo expuso inevitablemente a crueles ataques personales, que destacaron su vanidad y sus pretensiones; era culpable del «culto de la personalidad». Pablo lamentaba la dificultad de su posición, que le imponía una postura orgullosa y lo obligaba a formular afirmaciones que sonaban a vanagloria. Hacia el final de la cincuentena retornó a Jerusalén por última vez, en un inútil esfuerzo por concertar un arreglo. El ala judía intencionadamente lo obligó a realizar un gesto renuente de respeto al Templo, lo que lo llevó a ser arrestado y encarcelado. Pablo podía alegar la ciudadanía romana para escapar de las garras de los tribunales religiosos judaicos, pero la maraña legal en que se enredó —el traslado a Roma escoltado y después el arresto domiciliario— concluyó sólo con su muerte durante la persecución neroniana. De esta forma, la Iglesia de Jerusalén liquidó eficazmente la carrera misionera de Pablo.

Lo que aseguró la supervivencia del cristianismo no fue el triunfo de Pablo en el terreno mismo sino la destrucción de Jerusalén y con ésta la destrucción de la fe judeocristiana. Una de las muchas razones colaterales por las que Pablo ansiaba separar del judaísmo la enseñanza de Cristo fue que quería rescatarla de la política irredentista judía. El Mesías político y militar judío nada significaba para los griegos y los romanos. A los ojos de Pablo, Jesús nunca había sido un Mesías en ese sentido. El cristianismo no se agotaba en este aspecto. Como judío de la diáspora, Pablo no se oponía a los romanos. Por el contrario, parece haber admirado el sistema romano y haberlo aprovechado. Su reivindicación pública de la ciudadanía romana fue más que un modo de escapar físicamente de la justicia de la ley, que ahora le parecía odiosa: era una renuncia simbólica a la condición judaica. Pablo no deseaba que el movimiento cristiano se viese perjudicado y quizá destruido por su compromiso con la búsqueda carente de importancia y desesperada, para él, de un Estado judío. ¡El reino de Cristo no era de este mundo! En este sentido, Pablo tenía absolutamente la misma posición que Josefo; si los dos se hubieran conocido, Pablo habría hallado un converso. Pero Pablo fue derrotado y la Iglesia judeocristiana de Jerusalén se acercó más al judaísmo y —dado su carácter de movimiento radical— al fanatismo zelota y al nacionalismo. Una traducción eslava de una versión temprana y no censurada de la historia de Josefo sugiere que los pasajes perdidos acerca del cristianismo destacan los objetivos políticos de los resurreccionistas judeocristianos en Judea. Durante los años sesenta la Iglesia de Jerusalén perdió su significado cristiano y los restos de su universalismo, a medida que se identificó con la rebelión cada vez más amplia contra Roma. Los zelotas recorrieron los distritos rurales. El terrorismo religioso se agravó en las ciudades. Las multitudinarias procesiones de los grandes festivales fueron la ocasión de súbitos asesinatos que provocaron disturbios y represalias brutales. Se derrumbaron la ley y el orden, y se achacó a Roma la culpa del agobio económico que siguió. En Jerusalén, un proletariado desesperado se volvió contra Roma, contra una aristocracia sacerdotal colaboracionista, y en favor de los hacedores de maravillas, los bandoleros patrióticos y los sectarios. La revuelta final y su represión duraron cuatro años. Impusieron una gran carga a los recursos militares y económicos del imperio, y Roma tuvo una actitud consecuentemente vengativa. El total de las pérdidas judías indicadas por Josefo suma casi un millón y medio de individuos. La cifra es exagerada, pero expresa fielmente los horrores de esos años. Hubo una nueva y desesperada diáspora. El Templo fue destruido y en adelante el judaísmo se convirtió en la religión del Talmud. La nación judía nunca se recuperó de este golpe, aunque la dispersión definitiva sobrevino el siglo siguiente, cuando Jerusalén fue arrasada y reconstruida como una ciudad colonial romana. Se procedió a dispersar a la comunidad judeocristiana; no cabe duda de que pereció la mayoría de sus jefes. Los sobrevivientes huyeron a Asia Menor, Oriente, Egipto y especialmente Alejandría.

Por consiguiente, el centro de gravedad cristiano se desplazó a Roma y el vacío teológico dejado por la extinción de la Iglesia de Jerusalén fue ocupado por el sistema paulino. Siguió una serie de readaptaciones. El Cristo de Pablo no estaba afirmado en el Jesús histórico de la Iglesia de Jerusalén. Esta situación fue corregida por Marcos, que escribió la primera biografía de Jesús, donde se lo presenta como una deidad. En su Evangelio y en sus Hechos, Lucas completó la cirugía plástica asignando al tronco decapitado del Jesús de Jerusalén una cabeza paulina. El cambio de equilibrio y orientación de la Iglesia con el tiempo fue aceptado por la mayoría de las comunidades judeocristianas de África y Asia. Se refleja en una serie de documentos, por ejemplo el Evangelio de Mateo, que pulcramente se esfuerza por ser simultáneamente muy judío y muy cristiano, y el Evangelio de Juan, que señala el triunfo de la teología paulina. Pero otros fragmentos judeocristianos rehusaron cambiar y llegaron a ser heréticos. Tales fueron los ebionitas, o pobres, principalmente en Egipto. Se atribuían la condición de Iglesia auténtica y primitiva; habían permitido que los acontecimientos los sobrepasaran, perdieron su derecho a la ortodoxia y llegaron a ser tratados como falsos innovadores, una paradoja conocida en la historia de la religión. Es interesante que sus escritos y los de otros cristianos judíos de la década de los cincuenta presenten a Pablo como el Anticristo y el primer hereje. En realidad, los cristianos judíos de los años 50 fueron los primeros que incorporaron la idea de la herejía en la campaña contra Pablo y la helenización; de este modo, la flecha retrocedió rápidamente hacia el arquero. En el mismo judaísmo la herejía ya era un concepto maduro y enérgico. De ahí que, después del derrumbe del cristianismo judío, las autoridades judaicas ortodoxas no esperasen mucho tiempo para anatematizar al cristianismo como herejía. Alrededor del año 85, este juicio fue incorporado a la liturgia de las sinagogas: «Que los nazarenos y los herejes sean destruidos rápidamente y apartados del libro de la vida.» La herejía fue otro regalo judaico a la Iglesia cristiana, donde pronto comenzó a florecer lujuriosamente.

Pero, ¿qué era la herejía cristiana? Y para el caso, ¿qué era la Iglesia? La mayor parte de nuestro conocimiento de la historia cristiana temprana proviene de los escritos del obispo Eusebio de Cesarea en el siglo IV. Eusebio fue en muchos aspectos un historiador concienzudo que tuvo acceso a multitud de fuentes que después han desaparecido. Pero creía (y por consiguiente le interesaba demostrar con su exposición de la prueba) que una Iglesia cristiana, munida con la plenitud de la enseñanza de Cristo y con la autoridad divina necesaria para esgrimirla, había sido ordenada por Jesús desde el principio mismo y, por lo tanto, estaba asentada desde la primera generación de apóstoles. Más aún, había sobrevivido triunfalmente a los intentos de distintos herejes por manipular la verdad que se había transferido intacta de una generación a la siguiente.

Esta opinión es una reconstrucción con fines teológicos. Eusebio representaba el ala de la Iglesia que se había apoderado de los principales centros del poder, había organizado una firme tradición de obispos monárquicos y poco antes se había aliado con el Estado romano. Quería demostrar que la Iglesia que él representaba siempre había sido la corriente principal del cristianismo, tanto por la organización como por la fe. La verdad es muy distinta. Ya hemos visto que el legado original de la misión de Jesús, la Iglesia de Jerusalén, no se había adherido firmemente a la enseñanza de aquél y estaba retornando gradualmente al judaísmo antes de que se extinguiese de hecho y de que a su tiempo se tachara de herejes a sus restos. La cristología de Pablo, que más tarde se convirtió en la sustancia de la fe universal cristiana, provino de la diáspora y fue predicada por un personaje externo al que muchos miembros de la Iglesia de Jerusalén no reconocían en absoluto como apóstol. El cristianismo comenzó en un ámbito de confusión, controversia y cisma, y así continuó. Una Iglesia ortodoxa dominante, con una estructura eclesiástica visible, surgió sólo gradualmente y representó un proceso de selección natural, una supervivencia espiritual de los más aptos. Como suele suceder con este tipo de luchas, no fue muy edificante.

La imagen darwiniana es adecuada: durante los siglos I y II de nuestra era el Mediterráneo central y oriental estaba saturado con una infinita multitud de ideas religiosas que pugnaban por extenderse. Todos los movimientos religiosos eran inestables y fisíparos; estos cultos no sólo se dividían y modificaban sino que se reestructuraban en nuevas formas. Un culto tenía que luchar no solamente por sobrevivir sino también para conservar su identidad. Jesús había producido ciertas percepciones y matrices que se difundieron rápidamente en una extensa área geográfica. Los seguidores de Jesús se dividieron desde el principio mismo con relación a las cuestiones de fe y práctica. Y cuanto más se alejaban de la base los misioneros, más probable era que sus enseñanzas discrepasen. Controlarlos implicaba la existencia de una organización eclesiástica. En Jerusalén había «jefes» y «pilares», funcionarios definidos imprecisamente y que respondían al modelo de la práctica judía, pero que eran ineficaces. El Concilio de Jerusalén era un fracaso. Delineó un consenso, pero no pudo llevarlo a la práctica. No era posible controlar a Pablo y cabe presumir que tampoco otros podían hacerlo. Ni siquiera en Jerusalén los «pilares» del partido centrista podían mantener su autoridad y retornaban paulatinamente al judaísmo. Después, llegó la catástrofe de los años 66 al 70, y la forma que entonces tenía la organización central de la Iglesia desapareció.

Es cierto que los cristianos ya contaban con un cuerpo de doctrina homogéneo y sumamente viril: el evangelio paulino o *kerygma*. Tenía buenas probabilidades de sobrevivir y extenderse, pero no contaba con una organización que lo respaldase. Pablo no creía en eso. Creía en el Espíritu, que actuaba a través de su persona y de otros. ¿Por qué el hombre debía reglamentar cuando el Espíritu lo haría por él? Por supuesto, no deseaba un sistema fijo provisto de reglas y prohibiciones: «Si os conduce el Espíritu, no estáis bajo la ley.» La Iglesia era una inversión de la sociedad normal. Sus jefes ejercían la autoridad a través de dones del Espíritu, no por el cargo. Los dos dones más nobles eran la profecía y la enseñanza. Los apóstoles pusieron en marcha el proceso y después el Espíritu se hizo cargo y actuó a través de mucha gente: «Y Dios ha designado a los primeros apóstoles de la Iglesia, después a los profetas, a continuación a los maestros, después a los hacedores de milagros, después a los curadores, los ayudantes, los administradores, los oradores en varias lenguas.» El culto todavía estaba completamente desorganizado y no se sometía a un control especial. No había una organización destinada específicamente a manejar los fondos y no se distinguía entre una clase clerical y el laicado. Sin duda, había presbíteros en la Iglesia judeocristiana, pero no en las nuevas comunidades de conversos de Pablo. La atmósfera era la de un movimiento «revivalista» laxamente organizado. De tanto en tanto, muchos «hablaban con lenguas»; todos esperaban una pronta *parousia*. El control clerical parecía innecesario e inadecuado. La atmósfera en las iglesias paulinas se reproducía en otros lugares, en el marco de un movimiento que se extendía rápidamente.

Admitido esto, era inevitable que la Iglesia se expandiese, no como un movimiento uniforme sino como una reunión de heterodoxias. Quizás «heterodoxias» sea una palabra equivocada, pues implica la existencia de una versión ortodoxa. El sistema paulino, en efecto, llegó a ser ortodoxo con el curso del tiempo, pero las restantes versiones cristianas que se difundieron a partir de Jerusalén no eran desviaciones de aquél y, en cambio, se desarrollaron independientemente. Por lo tanto, desde el principio hubo muchas variedades de cristianismo que tenían poco en común, pues se centraban en la creencia en la resurrección. Dos cosas las caracterizaban: las tradiciones orales de carácter individual, que a su tiempo hallaron expresión escrita en la forma de «evangelios», y, unidas a éstas, las aspiraciones a una sucesión apostólica. Cada Iglesia tenía su propia «historia de Jesús» y cada una había sido fundada por un miembro del grupo original que había traspasado la antorcha a un sucesor designado, y así sucesivamente. El factor más importante en todas estas iglesias tempranas fue el árbol genealógico de la verdad.

Era un concepto griego más que judaico. En realidad, era esencialmente una idea gnóstica. Todavía nadie ha conseguido definir con precisión el «gnosticismo» o al menos demostrar si este movimiento precedió al cristianismo o se originó en él. Ciertamente, las sectas gnósticas estaban extendiéndose al mismo tiempo que las cristianas; ambas eran parte de la ósmosis religiosa general. Los gnósticos tenían dos preocupaciones fundamentales: la creencia en un mundo dual del bien y del mal, y la creencia en la existencia de un código secreto de la verdad, transmitido por la palabra oral o a través de escritos arcanos. El gnosticismo es una religión del «conocimiento» —tal es el significado de la palabra— que afirma poseer una explicación interior de la verdad. Por lo tanto era, y todavía es, un parásito espiritual que utilizaba como «vehículo» a otras religiones. El cristianismo cumplía muy bien esta función. Tenía un fundador misterioso, Jesús, que muy convenientemente había desaparecido, dejando tras de sí una colección de dichos y partidarios que los transmitían; y por supuesto, además de las formulaciones públicas había otras «secretas», pasadas de generación en generación por los miembros de la secta. Los grupos gnósticos se apoderaron de fragmentos del cristianismo, pero tendieron a desprenderlos de sus orígenes históricos. Estaban helenizándolo, del mismo modo que helenizaron otros cultos orientales (a menudo amalgamando los resultados). Su ética variaba: a veces eran ultrapuritanos y otras orgiásticos. Algunos grupos se apoderaron de la denuncia de la ley realizada por Pablo, para predicar la licencia total. Pablo luchó esforzadamente contra el gnosticismo pues advirtió que podía devorar al cristianismo y destruirlo. En Corinto conoció a cristianos cultos que habían reducido a Jesús a un mito. Entre los colosenses halló cristianos que adoraban a espíritus y ángeles intermedios. Era difícil combatir al gnosticismo porque, a semejanza de la hidra, tenía muchas cabezas y siempre estaba cambiando. Por supuesto, todas las sectas tenían sus propios códigos y en general se odiaban unas a otras. En algunas confluían la cosmogonía de Platón con la historia de Adán y Eva, y se la interpretaba de diferentes modos: así, los ofitas veneraban a las serpientes, pues sostenían que la serpiente se había impuesto a Dios y —por lo tanto— maldecían a Jesús en su liturgia. Algunos aceptaban la redención cristiana, pero excluían a Jesús como redentor: los samaritanos preferían a Simón el Mago y otros a Hércules.

Los gnósticos más peligrosos eran los que intelectualmente habían penetrado profundamente en el cristianismo y después habían elaborado una variación que destruía al sistema. El grupo basílida en Egipto y los valentinianos en Roma, que discrepaban en otras cosas, rechazaban la encarnación y negaban que Jesús jamás hubiese sido hombre: el cuerpo de Jesús era una semblanza o *dokesis*. Los docetistas concitaban amplio apoyo en las culturas griegas porque separaban eficazmente al cristianismo de sus orígenes judaicos, una actitud que respondía a un reclamo popular, sobre todo entre los acomodados. En efecto, las personas de cultura griega tenían dificultades para entender por qué el cristianismo debía desear o necesitaba que se mantuviera la conexión judía. Consideraban que la Versión de los Setenta era un documento monstruoso, bárbaro y oscuro, o repugnante cuando era comprensible. ¿Por qué los cristianos debían permanecer en él? Esta línea era muy insidiosa porque se limitaba a llevar un poco más lejos la lógica de Pablo. Seguramente hubo ocasiones en que Pablo, pese a toda su judeidad, se sintió tentado a desechar también él la Versión de los Setenta. ¿Qué parte de la misma era auténtica? Valentino argumentaba que gran parte sencillamente había sido insertada por los ancianos judíos y que carecía de autoridad, mientras que muchas otras partes representaban compromisos con la opinión contemporánea, de modo que Moisés era el principal culpable. A medida que ciertas formas del cristianismo se extendieron y englobaron, o incluso determinaron a hombres muy alejados, las máculas más estridentes de las escrituras fueron examinadas de cerca. Hacia las primeras décadas del siglo II había además masas de textos cristianos que carecían de una jerarquía precisa y que hablaban con muchas lenguas. ¿Cuáles eran válidas y cuáles no?

El problema atrajo la atención de Marción, un brillante y acaudalado converso griego del Ponto, que había llegado a Roma en las décadas de 120 o 130 para intervenir activamente en la propagación de la fe. Pertenecía a la escuela de Pablo e incluso fue su más grande adepto teológico. Representa dos vetas importantes y permanentes del cristianismo: el enfoque frío y racionalista del examen de las pruebas documentales de la Iglesia y una simple y espectacular filosofía del amor. Era, por así decirlo, una preencarnación de cierto tipo de erudito renacentista o un presagio de Erasmo. Marción creía que las enseñanzas esenciales de Pablo eran válidas y sabía que desde el punto de vista cronológico eran las más cercanas a Jesús. Su dificultad era el modo de conciliarlas con las enseñanzas del Antiguo Testamento o con los escritos cristianos posteriores a Pablo. Utilizando métodos históricos y críticos esencialmente análogos a los que aplican los modernos eruditos de las escrituras, identificó sólo siete Epístolas paulinas como auténticas y rechazó todos los demás documentos que circulaban con el nombre del apóstol. De los llamados evangelistas aceptó sólo partes de Lucas (en su Evangelio y las Actas) como elementos inspirados y rechazó el resto por entender que eran invenciones, racionalizaciones y mezclas posteriores. De este modo, el Nuevo Testamento quedó reducido a su esqueleto paulino; más aún, a juicio de Marción, la enseñanza de Pablo era esencialmente el Evangelio de Jesús. Rechazó *in toto* el Antiguo Testamento pues le pareció, como habían opinado muchos cristianos anteriormente, que hablaba de un Dios muy distinto, monstruoso, creador del mal, sangriento y patrono de rufianes como David. Por lo tanto, su análisis textual y el proceso por el que llegó al primer «canon» tuvieron cierta unidad: la ruptura con el judaísmo, iniciada por Pablo, debía ser total y era necesario expurgar o desechar los textos cristianos que tenían tendencias o compromisos judaizantes.

No ha sobrevivido ninguna de las obras de Marción. Disputó con las autoridades cristianas de Roma en el año 144 d.C. y se dirigió a Oriente. Más tarde fue denunciado como hereje por Tertuliano, el más temprano y el más ruidoso de los cazadores de brujas cristianos. De modo que sus obras no han sobrevivido, excepto en extractos citados en libros que lo atacaban. La preservación de un autor antiguo exige un esfuerzo concreto a lo largo de un período prolongado. Los documentos cristianos de los primeros tiempos se produjeron en cantidades muy pequeñas, sobre papiro sumamente perecedero. Salvo cuando fueron reproducidos constantemente, no sobrevivieron. No había necesidad de censor, a menos que un heresiarca tuviese adeptos que a lo largo de sucesivas generaciones mantuviesen viva su obra. De manera que no conocemos los detalles del sistema de Marción. Su Dios era el Dios paulino del amor. Rechazó el miedo como una fuerza que Dios podía usar para imponer obediencia. Este apoyo sólo en el amor como mecanismo de sostén de la ética fue el eje principal de la crítica de Tertuliano a Marción y sus simpatizantes. Para ellos, dijo burlonamente: «Dios es pura y simplemente bueno. Ciertamente, prohíbe todo pecado, pero sólo de palabra... pues no quiere vuestro temor... no temen en absoluto a su Dios. Dicen que temen sólo a un ser malvado y que el bueno será amado. ¡Hombre absurdo! ¿Decís que aquél a quien llamáis *Señor* no debe ser temido, cuando el título mismo que le asignáis indica un poder que *debe* ser temido?» Sin el temor, los hombres «arderán en la lascivia» de los juegos frecuentes, los circos, los teatros —todos prohibidos a los cristianos— y se someterán instantáneamente a la persecución.

La controversia de Marción con Tertuliano nos aporta una visión, quizá por primera vez, de dos tipos básicos de cristiano: el optimista racional que cree que el principio del amor es suficiente, pues el hombre posee un deseo esencial de hacer el bien, y el pesimista, convencido de la corruptibilidad esencial de las criaturas humanas y de la necesidad del mecanismo de la condenación. El cristianismo triunfador es esencialmente una coalición de opiniones y espiritualidades: necesita contener ambos tipos, incluso aunque generen cierto conflicto y cierta fricción. En este caso no atinó a acomodar a ninguno, por lo menos en Roma. Roma era universalista y la implacable poda que realizó Marción de los textos cristianos debía angostar los límites de su atracción. Además no creía en el matrimonio, pues entendía que la procreación era un invento del perverso Dios del Antiguo Testamento (o por lo menos eso afirmó Tertuliano). Marción era un carácter defectuoso: sus exégesis bíblicas revelan una mente superlativa; su doctrina de la caridad paulina, un carácter admirable, pero sus opiniones acerca del sexo lo dibujan como un excéntrico. Eran compatibles con la creencia en una *parousia* inminente, pero hacia la década de 140 la Iglesia se había adaptado a la posibilidad de una larga marcha y era necesario continuar con la procreación. La partida de Marción fue un duro golpe financiero para la Iglesia de Roma y su dinero le permitió atraer a una enorme masa de adeptos en Oriente. Sin embargo la creencia en el celibato necesariamente fue fatal para un movimiento herético.

Tertuliano y Marción no se conocieron: pertenecían a generaciones muy distintas y Tertuliano atacaba una actitud mental más que una personalidad real. Ambos tenían intelectos poderosos. Además, Tertuliano era un maestro de la prosa, la prosa del retórico y el polemista. Se sentía cómodo tanto en latín como en griego, pero generalmente usaba el latín (fue el primer teólogo cristiano que procedió así). En efecto, su influencia fue enorme precisamente porque creó la latinidad eclesiástica, delineó sus conceptos lingüísticos y sus formulaciones, y gracias a su elocuencia la dotó de frases inolvidables e influyentes como: «la sangre de los mártires es la simiente de la Iglesia»; «la unidad de los herejes es el cisma»; «lo creo porque es absurdo». Esta última frase indica la distancia que lo separa del racionalista Marción. Tertuliano provenía de Cartago, donde, incluso en las últimas décadas del siglo II, había surgido una Iglesia regional de carácter particular, entusiasta, inmensamente valerosa, con una actitud de franco desafío a las autoridades seculares, muy perseguida, estrecha, intolerante, venenosa e incluso violenta en la polémica. Hay ciertas pruebas en el sentido de que Cartago y otras regiones del litoral africano fueron evangelizadas por cristianos zelotas y esenios, y que tuvieron una tradición muy temprana de militancia y resistencia a la autoridad y a la persecución. Tertuliano representó esta tradición. A sus ojos, la Iglesia era una preciosa elite de creyentes y había que defenderla de la contaminación, viniera de donde viniese; creía que el demonio recorría la tierra buscando a quien corromper. Los cristianos debían limitar al mínimo sus contactos con el Estado: debían negarse a servir en el ejército, en la burocracia oficial o incluso en las escuelas estatales; no podían ganarse la vida en el comercio relacionado, aun en forma indirecta, con la religión pagana. Lamentaba especialmente los intentos de los racionalistas, como Marción, de reconciliar la enseñanza cristiana con la filosofía griega: «¿Qué tiene que ver Atenas con Jerusalén? ¿Qué tiene que ver la Academia con la Iglesia? ¿Qué tienen que ver los herejes con los cristianos? Nuestra instrucción proviene del pórtico de Salomón, a quien se había enseñado que debía buscarse al Señor en la sencillez del corazón. ¡Fuera con todos los intentos de producir un cristianismo estoico, platónico y dialéctico!»

En su desprecio por la indagación intelectual, Tertuliano parecía contrario a Pablo. Sin embargo, en otro sentido se originó en la tradición paulina. Destacó el poder abrumador de la fe, el don precioso del elegido. Para él, los cristianos eran superhombres porque el espíritu actuaba en ellos. Tal es la concepción de la Iglesia en Pablo: una comunidad en donde el espíritu actuaba a través de los individuos, más que una jerarquía organizada en la que se ejercía la autoridad mediante el cargo. La ardiente fe de Tertuliano lo convirtió en azote de herejes y ávido propagandista de la Iglesia, uno de los mejores que tuvo jamás. Pero su alineamiento con la ortodoxia —en todo caso la ortodoxia según la concibe un régimen clerical— se oponía esencialmente a su propia naturaleza. Creyó que la comunicación directa con la deidad no sólo era posible sino esencial. Y lo mismo opinaron muchas otras personas. Fue una de las más antiguas tradiciones de la Iglesia y exhibió la impronta total de la autoridad paulina. Sin embargo la idea de un proclamador libre y autodesignado de la verdad era en definitiva incompatible con la idea de un sacerdocio regular, que asumía el deber de proteger el canon.

La crisis culminó en la segunda mitad del siglo II, pero había venido gestándose durante mucho tiempo. El espíritu del cristianismo, impulsado rápidamente por evangelistas trashumantes, atrajo a los charlatanes. Algunos de los primeros documentos cristianos (y de las primeras falsificaciones piadosas) fueron intentos de aclarar la *bona fides* de los misioneros y advertencias contra la falsificación. Los paganos cultos se burlaban de la credulidad de los cristianos. Ese chispeante satírico griego que era Luciano, que tenía una visión despectiva de la credulidad humana, criticó con especial intensidad a los cristianos porque «recogen sus creencias de la tradición y no insisten en el aporte de pruebas definidas. Un falsificador profesional puede imponérseles y obtener rápidamente mucho dinero». Luciano ofreció como ejemplo al filósofo cínico Peregrino, que se incorporó al cristianismo en Palestina «y en un abrir y cerrar de ojos consiguió que todos pareciesen niños; era profeta, jefe del culto, director de la sinagoga, todo. Interpretó sus libros santos y compuso algunos por cuenta propia. Lo reverenciaron como a un dios, lo trataron como a un legislador y lo convirtieron en su jefe, por supuesto, después del hombre que presentó su culto al mundo y que fue crucificado en Palestina y a quien todavía veneran». Es posible que Peregrino haya sido un hombre más sincero que lo que afirma Luciano: más tarde, hacia el final de los Juegos Olímpicos del año 165, se quemó él mismo en una pira funeraria. Siempre era difícil distinguir entre los hombres auténticamente inspirados, los que se autoengañaban y los delincuentes corrientes. Por ingratos que pudieran ser los extáticos individuales y los que «hablaban en lenguas», siempre existía el peligro más grave de que cayesen bajo la seducción de un hombre destacado, carismático y profético que organizaría una contra-Iglesia. Así como las distintas formas del gnosticismo amenazaban con apoderarse de la personalidad de la Iglesia y absorberla en una maraña descompuesta de cultos subhelénicos, los carismáticos podían sepultar la voz unitaria de la Iglesia bajo una Babel de «profecías». Se creyó que había llegado ese momento alrededor del año 170, cuando Montano, un carismático que se autodescribía como el Paracleto, fue declarado enemigo de la Iglesia. Muchos de sus partidarios más cercanos eran mujeres y es evidente que representaron un papel destacado en el movimiento, como sucedió en efecto en una o dos de las congregaciones paulinas. Sus enemigos atacaron a Montano porque destruía matrimonios y después asignaba cargos eclesiásticos a esas matronas inspiradas que afluían para unírsele. El montanismo, o más bien los esfuerzos destinados a combatirlo, representaron un papel decisivo en la tarea de persuadir a los ortodoxos de la necesidad de excluir a las mujeres del ministerio. Tertuliano, aunque continuaba en la postura del propagandista ortodoxo, protestó frente a esta subversión del orden de la Iglesia: «¡El descaro de las mujeres de los herejes! Se atreven a enseñar, a disputar, a practicar exorcismos, a realizar curas, quizás incluso bautizan... Por supuesto, en ninguna parte el ascenso es más fácil que en un campo de rebeldes: ¡el mero hecho de estar allí es meritorio!» En su folleto *Acerca del bautismo y el velo de las vírgenes*, negó enfáticamente que las mujeres pudieran ejercer funciones ministeriales.

Hubo dos líneas de ataque a los montanistas. Por una parte se los acusó de austeridad excesiva; así refería Hipólito, al defender la postura ortodoxa en su *Refutatio omnium haeresium*: «Trajeron novedades en forma de ayunos y ceremonias especiales, y dietas de rábanos adoptadas siguiendo el consejo inspirado de sus mujeres.» Pero Montano fue atacado también porque disponía de grandes sumas de dinero, se comportaba ostentosamente y pagaba estipendios a sus principales partidarios. Algunas de las calumnias ortodoxas dirigidas contra él son invenciones manifiestas. Eusebio repite la versión de que Montano y su principal profetisa murieron como resultado de un pacto suicida, pero él mismo indica que eso es invención. Muchas de las acusaciones formuladas sugieren sencillamente que los montanistas se comportaban como corresponde a la Iglesia, y de hecho *eran* la Iglesia en grandes áreas: recaudaban dinero, pagaban a su clero y hacían otras cosas por el estilo. La mejor indicación del nivel moral del movimiento es que Tertuliano, el azote de los herejes, más tarde se le incorporó. No pudo continuar apoyando a una ortodoxia que negaba un papel independiente al Espíritu e insistía en que toda la comunicación con la deidad debía realizarse usando los canales eclesiásticos regulares. Tan profunda era su convicción de la realidad de la intervención espiritual directa que aceptó aspectos de la misma que hasta ese momento había considerado repulsivos, sobre todo después de presenciar su eficacia. Cuando ya era montanista, escribió en *De anima*, hacia el final de su vida: «Tenemos ahora entre nosotros a una hermana a quien son concedidos los dones de la revelación y los experimenta en la iglesia durante los servicios dominicales, como una visión extática del Espíritu.»

El caso de Tertuliano nos ofrece una visión de inestimable valor, en cierto sentido única, del funcionamiento de la Iglesia temprana. Tenemos aquí a un gran estadista de la Iglesia, un hombre de rectitud impecable y fe ardiente, que abraza la herejía. Su adhesión debilita totalmente los ataques ortodoxos a la moral y la conducta pública de los montanistas, y en todo caso imprime un sello de aprobación ética al movimiento. Los montanistas sin duda eran personas sinceras, piadosas y probablemente humildes y abstemias. Pero conocemos esto por accidente, o más bien por la decisión consciente de la autoridad ortodoxa de preservar a Tertuliano como personalidad y escritor teológico. Normalmente se habría permitido que se hundiese en el olvido o que sobreviviese como un fragmento caricaturizado. Pero fue no sólo el primero sino uno de los teólogos latinos más destacados; la parte principal de su obra constituye una tremenda afirmación de la fe cristiana. Era muy sugestivo leerlo entonces, como en efecto todavía lo es en la actualidad. Tertuliano era demasiado valioso para sacrificarlo a la uniformidad ortodoxa. Aunque fue el primer protestante, su arte lo salvó. La Iglesia continuó reproduciendo y usando sus obras, o lo principal de las mismas, y de este modo confirma la buena fe de los montanistas.

Pero en general, los que disputaron con lo que más tarde se convirtió, o ya era, la tradición ortodoxa quedaron sepultados bajo una montaña de injurias eclesiásticas. El *odium theologicum* no era una innovación cristiana. Era parte de la herencia judaica, lo mismo que el concepto de herejía y el anatema. Como hemos visto, los tonos suaves y eirénicos de los Hechos, que presentan a la Iglesia primitiva como un cuerpo colegiado de senadores de espíritu ecuánime, que avanzan serenamente hacia decisiones colectivas, contradicen la realidad que hallamos en Pablo. En el ambiente de los hermanos en Cristo las palabras duras aparecieron temprano y luego se manifestó un constante agravamiento del intercambio de insultos. Durante el siglo II, la discusión con los herejes dejó el sitio a la polémica y la magnitud de las acusaciones ortodoxas; la perversidad de los insultos generalmente correspondió al éxito del movimiento. Con la acentuación de la polémica, llegó a ser necesario atacar la moral tanto como la doctrina de los opositores. De hecho, pronto se desarrolló la teoría de que el error doctrinario inevitablemente llevaba al relajamiento moral. Los polemistas ortodoxos podían inventar y creer de buena fe en las imputaciones. Se acusó de glotonería y avaricia a los funcionarios montanistas simplemente porque recibían sueldos. El ortodoxo Apolonio acusó a Alejandro, a quien llamó hereje, de asaltante de caminos; celebraba repulsivos festines con la profetisa Priscila y ella era codiciosa. La acusación continúa: «¿Un auténtico profeta usa afeites? ¿Se tiñe las cejas y los párpados? ¿Le agradan los adornos? ¿Juega? ¿Se dedica a los dados? ¿Presta dinero a interés?» Lo que era práctica normal en todos los cristianos —la costumbre de llamar vírgenes a las viudas, el pago a los sacerdotes, el empleo del dinero para salvar de las cárceles oficiales a los hermanos perseguidos— en las sectas heréticas aparecía como una actitud perversa. Las sectas que atraían a un público más amplio en general eran las más austeras y las que manifestaban mayor temor de Dios; pero siendo las de más éxito, debían ser criticadas con particular acritud usando argumentos morales.

Por consiguiente, se observa una siniestra «ley de Goebbels» en las polémicas tempranas entre cristianos: cuanto más estridente el insulto, más inflada la mentira. En una circular dirigida a los obispos alrededor del año 324, el obispo Alejandro de Alejandría escribió, refiriéndose a los arianos:

> Impulsados por la avaricia y la ambición, estos canallas están conspirando constantemente para apoderarse de las diócesis más ricas... los enloquece el demonio que actúa en ellos... son hábiles mentirosos... incubaron una conspiración... tienen viles propósitos... son ladrones que habitan lujosas guaridas... organizaron una pandilla para

combatir a Cristo... provocan desórdenes contra nosotros... persuaden a la gente de que nos persiga... sus mujeres inmorales... las mujeres que los siguen recorren las calles con indecente atuendo y desacreditan al cristianismo...

Cosas de este tipo. Se observa un endurecimiento constante y deprimente del vocabulario de la invectiva durante los dos primeros siglos; por ejemplo, se decía a los ortodoxos que en los maniqueos «es imposible hallar modestia ni sentido del honor ni castidad; su código moral es un montón de falsedades, sus creencias religiosas fueron formadas por el demonio y su sacrificio es la inmoralidad misma». Allí donde han sobrevivido escritos, comprobamos que los herejes, los cismáticos y los críticos de los ortodoxos usaban el mismo lenguaje. Isidoro de Pelusio describió al obispo antinestoriano Cirilo de Alejandría como «un hombre decidido a perseguir sus rencores privados más que a buscar la verdadera fe de Jesucristo»; y otro crítico, el obispo Teodoreto de Cirro, saludó la muerte de Cirilo con estas palabras: «Los vivos están complacidos. Quizá los muertos se lamenten, temerosos de que se les imponga su compañía... Ojalá la corporación de sepultureros deposite sobre su tumba una piedra enorme y pesada, no sea que vuelva a nosotros y nos revele otra vez su mente sin fe. Que lleve sus nuevas doctrinas al Infierno y predique día y noche a los condenados.» Provocan desconcierto las listas de ofensas que eclesiásticos distinguidos se arrojan unos a otros. El historiador Sozónemo relata que en el Consejo de Tiro, en el año 335, Atanasio, obispo ortodoxo de Alejandría, fue acusado de romper un cáliz místico, destrozar una silla episcopal, ordenar sin causa una detención, deponer ilegalmente a un obispo, someterlo a una guardia militar y torturarlo, golpear físicamente a otros obispos, conseguir su obispado mediante el perjurio, quebrar y cortar el brazo de uno de sus antagonistas, quemarle la casa, atarlo a una columna y flagelarlo, y arrojarlo ilegalmente a un calabozo; todo esto, además de enseñar una falsa doctrina.

El veneno usado en estas polémicas endémicas refleja la inestabilidad fundamental de la creencia cristiana durante los primeros siglos, antes de que se hubiese establecido un canon de los escritos del Nuevo Testamento, desarrollado las formulaciones de un credo que los resumiera y creado una estructura eclesiástica regular que protegiese y difundiera esas creencias acordadas. Antes de la última mitad del siglo III no es posible hablar de una corriente dominante del cristianismo. Hasta donde podemos juzgar, hacia fines del siglo I y prácticamente a lo largo del siglo II, la mayoría de los cristianos creía en distintas variedades del gnosticismo cristiano o pertenecía a sectas «revivalistas» agrupadas alrededor de individuos carismáticos. Eusebio, que trataba de llevar los orígenes de la uniformidad y la ortodoxia tan cerca como fuese posible de la generación de los apóstoles, a cada momento utiliza términos como «innumerables», «muchísimos», «todos» cuando se refiere a la Iglesia ortodoxa, su magnitud, su influencia, su éxito, sus defensores y sus sacrificios heroicos, que no se ven confirmadas por la prueba, ni siquiera cuando él las cita. Sobre todo, exagera el volumen de la literatura ortodoxa proveniente de los tiempos más tempranos. Su propósito era demostrar que en los dos primeros siglos se había elaborado una enorme cantidad de libros que formulaban la verdadera fe, que tenían una gran circulación, estaban fielmente preservados y eran muy antiguos; de esta forma la verdadera fe se incrementaba y difundía tan vigorosamente que estaban destruyendo a los herejes o reduciéndolos a minúsculos enclaves. Pero los libros a los que se refiere Eusebio no han sobrevivido y no parece que él los haya leído, a juzgar por sus referencias. ¿Por qué debían llegar hasta el siglo IV para desaparecer después? Por otra parte, la abrumadora mayoría de los escritos heréticos, incluidas las diatribas entre herejías rivales, ha desaparecido. A menudo sobreviven sus títulos y éstos, en muchos casos, no sugieren la existencia de polémicas —las obras de sectas que luchan por sobrevivir frente a la ortodoxia— sino que son la enseñanza regular de la fe establecida de la mayoría.

Si estudiamos las «listas sucesorias» de ciertos obispados, aparece un panorama muy complejo de la ortodoxia y la heterodoxia durante el período temprano. Hacia el siglo III, se habían recopilado o redactado en la mayoría de las grandes ciudades del imperio —y fueron reproducidas por Eusebio— listas de obispos, cada uno de los cuales había consagrado a su sucesor; estas listas se remontaban a la fundación original de la sede por alguno de los apóstoles. La idea fue concebida inicialmente por los gnósticos, que confeccionaron listas de los maestros, y de los maestros *de estos* maestros, que se remontaban a Jesús y transmitían el conocimiento sacro. Basílides, uno de los herejes gnósticos, apeló a Glaucio, descrito como intérprete de Pedro, y de ese modo se remontó a Pedro y a Cristo; otro gnóstico, Valentino, afirmó que había sido instruido por Teodas, discípulo de Pablo; tanto los carpocracianos como los nasenianos apelaban a Mariamne, a quien Santiago, hermano de Jesús, entregó los secretos. Durante el siglo II este método gnóstico fue adoptado por el cristianismo ortodoxo. Más aún, hasta cierto punto fue sistematizado, alrededor del año 180, por Hegesipo, escritor ortodoxo de Oriente. Sus escritos se han perdido, pero, de acuerdo con Eusebio, realizó viajes para recopilar datos sobre la sucesión en diferentes Iglesias, y después escribió un enorme volumen en el que «ofreció la tradición sin deformaciones de la predicación apostólica en la forma más sencilla posible». Identificó la continuidad intelectual, preservada sobre una base personal, con una continuidad legalista y sacramental. Por consiguiente, unió la tradición y la sucesión «válidas» con el orden y la unanimidad. Los maestros primitivos fueron identificados y luego se transformaron en una serie de obispos monárquicos. No hubo una falsificación consciente, pues hacia la segunda mitad del siglo II se suponía que siempre habían existido tales obispos; lo único que se necesitaba era avivar los recuerdos de la gente para obtener los detalles. Después podía ordenarse la lista. De ahí que, cuanto más extensa e impresionante era la lista, más tardía era la fecha de compilación y menor la exactitud. Pero Eusebio presenta las listas como prueba de que la ortodoxia poseía una tradición permanente desde los tiempos más antiguos en todas las grandes sedes episcopales y de que todos los movimientos heréticos fueron aberraciones posteriores separadas de la corriente principal del cristianismo.

Sin embargo, cuando se profundiza el tema, se perfila un panorama distinto. En Edesa, al borde del desierto de Siria, las pruebas de la organización inicial del cristianismo eran falsificaciones, casi seguramente amañadas bajo la dirección del obispo Kune, el primer obispo ortodoxo y de hecho contemporáneo de Eusebio. Al parecer, el cristianismo llegó a la región llevado por los marcionitas, alrededor del año 150, y más tarde floreció en varias formas no ortodoxas, incluida la maniquea. Se utilizaban diferentes textos del Nuevo Testamento, que variaban en aspectos importantes y esenciales. Por lo tanto, la ortodoxia no llegó hasta las últimas décadas del siglo III.

Asimismo, los primeros grupos cristianos de Egipto fueron heterodoxos, juzgados según las normas posteriores. Nacieron alrededor de principios del siglo I y eran gnósticos cristianos. Su enseñanza, puesta por escrito en esta época, era el «Evangelio de los Egipcios», en lengua copta, un documento después declarado herético. Algunos descubrimientos muy recientes en el valle del Alto Nilo sugieren que el gnosticismo fue también la forma dominante del cristianismo en el Alto Egipto durante este tiempo. En Alejandría y el Bajo Egipto había una comunidad judeocristiana que usaba el «Evangelio de los Hebreos», más tarde también declarado herético. La ortodoxia no se afirmó hasta la época del obispo Demetrio, 189-231, que creó una serie de diferentes sedes y confeccionó un árbol genealógico con destino a su propio obispado de Alejandría, que remonta la fundación, a través de diez predecesores míticos, hasta Marcos, y así hasta Pedro y Jesús. La ortodoxia fue sencillamente una de las distintas formas de cristianismo durante el siglo III y es posible que no llegara a prevalecer hasta la época de Eusebio.

Incluso en Antioquía, donde tanto Pedro como Pablo se habían mostrado activos, parece que hubo confusión hasta fines del siglo II. Antioquía albergaba una multitud de cultos religiosos esotéricos. El gnosticismo era poderoso y es posible que se haya impuesto al cristianismo después de la partida de los apóstoles. Parece que algunos cristianos primitivos del lugar usaban un texto herético, el llamado Evangelio de Pedro. Quizá la «sucesión apostólica» se perdió totalmente. Cuando Julio Africano, la principal fuente de las listas episcopales de Eusebio, trató de compilar una para Antioquía, halló sólo seis nombres para cubrir el mismo lapso que estaba representado por doce figuras en Roma y diez en Alejandría. En realidad, en Antioquía la ortodoxia data del episcopado de Ignacio, a fines del siglo II, quien tuvo que liberarse y liberar a su diócesis de la tradición gnóstica local y traer de otros lugares clérigos ortodoxos para facilitar el proceso. Tenemos pruebas de que el mismo tipo de proceso se repitió en Asia Menor occidental, en Tesalónica y en Creta. Donde hay evidencias, éstas indican que el proceso de alcanzar la uniformidad, y por lo tanto de conferir sentido a la ortodoxia, comenzó sólo hacia fines del siglo II y estaba lejos de haber terminado hacia fines del III.

Una serie de factores posibilitó este proceso. El primero fue la evolución del canon de los escritos del Nuevo Testamento. Aunque la tradición oral continuó siendo importante hasta fines del siglo II, la mayoría de las tradiciones había hallado forma escrita en el curso de las primeras décadas; constituía una enorme masa de escritos, de la cual sólo una parte ha llegado a nosotros, y abarca una amplia gama de doctrinas y asertos, muchas veces contradictorios. La Iglesia afrontaba desde temprano este irritante problema, como lo demuestra la obra del obispo Papías, e inicialmente tendía a adoptar una política rigurosa, excluyendo todo lo que a su juicio no estaba relacionado comprobadamente con alguno de los apóstoles. Sin duda, durante este período los cristianos aún tenían conciencia del modo en que las tradiciones pasaban a la forma escrita y, con respecto al ingrediente de fraude durante la etapa posapostólica, sabían a qué atenerse mucho más que los legisladores posteriores de los concilios de la Iglesia. Pero Marción llevó demasiado lejos esta tendencia: sus métodos exegéticos, aunque impresionantes, no sólo habían separado por completo el cristianismo del judaísmo —deformando de ese modo el carácter y el trasfondo intelectual de la obra de Jesús—, sino que habrían reducido el Nuevo Testamento prácticamente al cuerpo paulino auténtico. El Jesús histórico habría desaparecido, el cristianismo se habría helenizado por completo y de ese modo habría sido mucho más vulnerable a la penetración y la desintegración gnósticas. Cuando se reacciona frente a los criterios de Marción, se manifiesta la tendencia a formar un canon menos exclusivo. Sobrevive un fragmento de fines del siglo II (en una traducción latina del siglo VIII, impresa por primera vez en 1740 por L. A. Muratori), que enuncia las obras «recibidas» y revela una importante ampliación desde los tiempos de Papías. Se tendía instintivamente a proponer una visión multifocal de Jesús y sus ideas y, por lo tanto, a ampliar el ámbito de atracción de sus enseñanzas y su interpretación. Esto implicaba aceptar un elevado número de contradicciones teológicas y éticas, e incluso históricas y fácticas; pero de ese modo se preservaba el espíritu universalista del cristianismo y se adoptaba una versión más fiel de la tradición del propio Jesús como fuente de innumerables matrices y percepciones, antes que de una teología homogénea como la de Pablo.

La expansión del canon fue un arma contra la herejía. Toda la prueba disponible sugiere que estos heresiarcas no crearon las herejías sino que se limitaron a organizar modos populares preexistentes o, en algunos casos, lucharon en defensa de tradiciones que estaban siendo pisoteadas por el avance de la ortodoxia. Un canon global permitía a la Iglesia realizar una llamada más amplia a las poblaciones heréticas o, para decirlo de otro modo, incluir bajo su sombrilla de la fe a los partidarios de tradiciones antiguas y divergentes. Al mismo tiempo, el proceso de selección y canonización permitía que los líderes ortodoxos demolieran los documentos peligrosos una vez que habían capturado a sus adeptos. Así, durante los siglos III, IV y V muchos de los «evangelios» escritos, sobre todo los que estaban penetrados por el gnosticismo, fueron excluidos y por lo tanto desaparecieron. Al mismo tiempo, los elementos peligrosos del canon hasta cierto punto pudieron ser desactivados mediante el recurso de anexar a sus autores documentos más ortodoxos. Por ejemplo, se atribuyeron a Pablo, perjudicado por la adhesión de Marción, las llamadas «epístolas pastorales», que tienen el acento de la Iglesia ortodoxa en ascenso; el Evangelio de Juan, muy usado por los montanistas y otros heréticos —y ciertamente en determinado momento candidato a la exclusión— fue salvado mediante el recurso de atribuir a su presunto autor tres epístolas inobjetables. Hubo regateos entre centros rivales de la cristiandad y cada vez más entre Oriente y Occidente. Éste insistió con éxito en la eliminación de muchos documentos alejandrinos, pero no pudo imponer a Oriente una serie de importantes escritos romanos de principios del siglo II. Casi fracasó con la Revelación, acerca de la cual la mayoría de los griegos mostraba su escepticismo incluso durante el siglo VIII; algunos nunca la aceptaron. La Epístola a los Hebreos, como sabía la mayoría de los padres primitivos, no pertenecía a Pablo. Fue excluida del fragmento de Muratori y rechazada por Tertuliano y prácticamente por todos en Occidente. La primera figura latina notable que la aceptó como canónica fue Hilario, obispo de Poitiers, a mediados del siglo IV. Pero era popular en Oriente y finalmente fue elevada a la jerarquía de obra paulina, como resultado de un acuerdo en el Concilio de Cartago, en el año 419, aunque sabemos que Agustín, el más influyente de los eclesiásticos de ese momento, estaba seguro de que no había sido escrita por Pablo. En general, la figura determinante en la evolución del canon fue Eusebio, cuyo propósito era asociar de manera más estrecha la enseñanza y la estructura reales de la Iglesia con sus credenciales documentales; después de su muerte, ciertos documentos que a los ojos de Eusebio eran dudosos fueron aceptados como canónicos; el proceso de hecho quedó terminado hacia el año 367, cuando Atanasio incluyó una lista en su Carta de Pascua. Por esta época el Nuevo Testamento, más o menos como lo conocemos, se había impuesto en general a las antiguas escrituras hebreas como el principal instrumento de enseñanza de la Iglesia. Era un instrumento forjado por la Iglesia y no a la inversa.

Más aún, la idea misma de un cuerpo de «nuevas escrituras», que contenían la esencia de la fe cristiana, ayudó a las fuerzas que estaban creando una Iglesia institucional. Pablo había escrito en una época en que todavía se creía inminente la *parousia*, aunque hacia el fin de su vida comenzaba a desvanecerse la esperanza de que sobreviniese inmediatamente. Durante las dos generaciones siguientes, los cristianos tuvieron que afrontar el problema de una escatología que se alejaba constantemente y aceptar que el período de espera del apocalipsis era la «normalidad». Durante cierto tiempo la idea de una resurrección general y de las expectativas individuales del cielo en la muerte coexistieron, sin reconciliarse; más tarde, la primera pasó gradualmente a segundo plano. La ética de nuevo se convirtió en un ente complicado y sutil. La sencilla llamada escatológica de Pablo al arrepentimiento, las exhortaciones a «vigilar» cedieron el lugar a la idea de la «vida cristiana», según se expresaba en las epístolas pastorales y la Epístola a los Hebreos, que le fueron imputadas. Por consiguiente, de nuevo se manifestó la tendencia a presentar la normatividad de la vida como la condición de la salvación y el gran mandamiento ético de los evangelios adquirió la jerarquía de una nueva ley. Pero la ley implicaba obediencia y la obediencia implicaba autoridad. ¿Cuál era esta autoridad? La Iglesia. ¿Cómo estaba formada la Iglesia? Por los hombres que la dirigían.

El mismo proceso de razonamiento se manifestaba en la fe y en la ética. La Epístola a los Hebreos destacaba la importancia de la fe y de su confesión pública por los cristianos. La primera Epístola de Juan introdujo la idea de la confesión como defensa contra la herejía y el falso saber. Hasta aquí, la confesión determinaba una decisión en favor o en contra de la fe; ahora era una decisión en favor o en contra de determinados grupos de la Iglesia. En resumen, había que interpretar la confesión. El autor de 1 Juan insistió en que todos los que rechazaban su interpretación no sólo rechazaban parte de la fe sino *la* fe, porque ésta era indivisible. Vemos aquí el ascenso del dogma. No sólo era necesario clasificar los escritos sagrados como autorizados o no, sino que había que explicarlos —y la explicación misma debía tener carácter de autoridad—. ¿Quién estaba a cargo del proceso? La Iglesia. ¿Cómo estaba formada la Iglesia? Por los hombres que la dirigían.

La idea de un clero parece haber sido un matrimonio entre los conceptos griegos y los judaicos. Los ancianos de la Iglesia judeocristiana de Jerusalén poseían un factor de autoridad; eran «pilares». Los obispos y los diáconos de la Iglesia gentil inicialmente tenían funciones puramente espirituales. Eran carismáticos, no organizadores, recaudadores de fondos o legisladores. Ésta era la situación descrita en las Epístolas auténticas de Pablo y también en las Actas de Lucas. Pero por la época en que aparecen las primeras fuentes romanas, a principios del siglo II, ya se había forjado la matriz de una estructura clerical. La primera Epístola de Clemente destacó la importancia de «la decencia y el orden» en la Iglesia. Parte de este orden era una estructura jerárquica. Las mujeres estaban sometidas a los hombres, los jóvenes a los viejos, la «multitud» a los presbíteros o bien a los obispos y los diáconos seleccionados con este propósito. Ya se había desarrollado una teoría histórica del episcopado: «Nuestros apóstoles sabían, a través de nuestro Señor Jesucristo, que habría disputa acerca del nombre del obispo. Por esta razón, como poseían presciencia completa, designaron a los hombres mencionados más arriba y decretaron que, cuando estos hombres muriesen, otros hombres fidedignos ocupasen sus cargos.» Por la época en que Ignacio de Antioquía escribió su carta, quizá veinte años más tarde, el orden jerárquico se había desarrollado aún más y el clero estaba dividido en rangos: el obispo, el consejo de los presbíteros y los diáconos. Ignacio, que muy posiblemente compuso himnos e introdujo el canto antifonal en la Iglesia, utilizó una imagen musical: sólo si todos ejecutaran sus partes tal como estaba indicado, se preservaría la unidad esencial de la Iglesia. Alrededor de esta etapa, según se desprende de las epístolas pastorales, había desaparecido la democracia primitiva del período escatológico: la comunidad había perdido su libertad, los obispos enseñaban la verdad autorizada y se entendía que el cargo era el instrumento de preservación de la tradición apostólica. Como hemos visto, la autoridad del obispo había sido fortalecida mediante la compilación de listas episcopales que se remontaban a los fundamentos apostólicos. Todas estas Iglesias redactaron sus listas; ninguna Iglesia tuvo que soportar sola la carga de demostrar que su enseñanza no era la que se había impartido originariamente. De esta forma las Iglesias afirmaron la intercomunión y la defensa mutua contra la herejía, sobre la base del episcopado monárquico y su genealogía apostólica.

Una vez que se afirmó el episcopado con el carácter de principio unificador de la Iglesia, quedó abierto el camino para abordar nuevos procesos. La idea de la sucesión, subrayada inicialmente para salvaguardar la creencia en la tradición, fue separada de su marco y usada para crear una doctrina del desempeño espiritual. Tertuliano lo explica en términos legales: los obispos eran «herederos» de la propiedad espiritual. Parte de su propiedad residía en que su autoridad era válida en todos lados, porque se convertían en personas especiales a causa de su cargo. ¿Cómo habían llegado a convertirse en herederos? La respuesta fue suministrada brevemente por Hipólito de Roma, que escribió a principios del siglo III con el concepto de un poder santificador especial en la consagración episcopal. Hipólito arguyó que este servicio era el medio por el cual los obispos, como los apóstoles antes que ellos, recibían la triple autoridad del sumo sacerdocio, la enseñanza y el cargo de «vigilantes». Podían ser ordenados sólo por otros obispos; así, por primera vez se afirmó una diferenciación sacra en los ritos de consagración.

La creación de una Iglesia internacional, que se desplazó lentamente de la diversidad doctrinaria a la semblanza de la ortodoxia sobre la base de un canon convenido y el apoyo de la institución de los obispos, fue esencialmente la obra del siglo II. Fue una tarea pragmática, ejecutada como respuesta al derrumbe de la esperanza escatológica y en el marco de una feroz y permanente batalla contra la herejía; se elaboró la teoría para racionalizar y justificar el cambio más que para promoverlo. El carácter que la Iglesia —o más bien la tendencia cada vez más dominante en el seno de la Iglesia— estaba adquiriendo era empírico y global; tendía a rechazar las interpretaciones ideológicas unilaterales. Así, Marción, el ultrapaulino, y Tertuliano, el defensor de los carismáticos, se vieron excluidos. Esta política fue beneficiosa, incluso a costa del sacrificio de talentos espléndidos. Significó que la Iglesia, que actuaba a partir del principio del sentido común colectivo, era un refugio para un espectro muy amplio de la opinión. En Occidente, la diversidad estaba desapareciendo deprisa; en Oriente, la ortodoxia estaba convirtiéndose en la tradición individual más amplia hacia las primeras décadas del siglo III. La Iglesia era ahora una fuerza extensa y numerosa en el imperio, y atraía a hombres ricos y muy educados. Por lo tanto, era inevitable que, respondiendo a una necesidad, hubiese un cambio de eje del desarrollo puramente práctico a la determinación consciente de una política.

Esta actitud se expresó de dos modos: el intento de convertir el cristianismo en un sistema filosófico y político, y el desarrollo de medios de control para impedir que esta intelectualización de la fe la destruyese. Este doble proceso comenzó a actuar durante las décadas tempranas e intermedias del siglo III; Orígenes resumió el primer elemento y Cipriano el segundo. Si Pablo aportó a la primera generación de cristianos las provechosas cualidades de un teólogo formado, Orígenes fue el primer gran filósofo que reflexionó sobre la nueva religión a partir de los primeros principios. Según el resumen de su enemigo en el campo de la filosofía, el anticristiano Porfirio, «introdujo ideas griegas en fábulas extranjeras» —es decir, confirió a una religión oriental bárbara la respetabilidad intelectual de una defensa filosófica—. Orígenes fue también un fenómeno. Como dijo admirablemente Eusebio, «incluso los episodios de su cuna merecen mención». Orígenes provenía de Alejandría, la segunda ciudad del imperio y su centro intelectual; el martirio de su padre lo dejó huérfano a los diecisiete años, con seis hermanos menores. Fue un prodigio de laboriosidad, que a los dieciocho años era jefe de la Escuela Catequística, ya formado como erudito literario y maestro. Pero en este punto, probablemente en el año 203, se convirtió en fanático religioso y conservó esa actitud durante los cincuenta años siguientes. Renunció a su empleo y vendió sus libros para concentrar su atención en la religión. Dormía en el suelo, no comía carne, no bebía vino, tenía una sola túnica y carecía de zapatos. Casi seguramente se autocastró, obedeciendo al texto notorio, Mateo 19:12: «Hay algunos que se han convertido en eunucos por el bien del reino del cielo.» El saber de Orígenes era gigantesco y pertenecía a un tipo sumamente original: siempre se remontaba a las fuentes y meditaba personalmente la totalidad del proceso. Aprendió hebreo y, de acuerdo con la versión de Eusebio, «se posesionó de los escritos originales que estaban en manos de los judíos, en los auténticos caracteres hebreos». Estos materiales lo llevaron a descubrir textos perdidos; en el caso de los salmos, Orígenes recopiló no sólo los cuatro textos conocidos sino tres más, que él mismo exhumó, incluso «uno que encontró en Jericó, en un vaso». El resultado fue un enorme tomo, el *Hexapla*, que probablemente existió sólo en un manuscrito, ahora perdido, que reproduce los siete textos alternativos en columnas paralelas. Aplicó los mismos principios de investigación original a todos los aspectos del cristianismo y la literatura sagrada. Al parecer, trabajaba el día entero y la mayor parte de la noche, y era un escritor obsesivo. Incluso el resistente Jerónimo más tarde se quejó: «¿Acaso alguien ha leído todo lo que Orígenes escribió?» Sus comentarios de las Escrituras fueron tan vastos que ninguno ha llegado completo a nosotros. Algunos se perdieron y otros sobreviven en la forma de paráfrasis drásticas.

El efecto de la obra de Orígenes fue crear una nueva ciencia, la teología bíblica, con la que exploró cada oración de las Escrituras sistemáticamente, en busca de significados ocultos, de distintos estratos de sentido, de alegorías, etc. A partir de los elementos de esta vasta erudición en el tema de las Escrituras, Orígenes construyó, en su obra *Primeros principios*, una filosofía cristiana que posibilitaba interpretar todos los aspectos del mundo. Hasta aquí, los cristianos habían desechado la filosofía como un cuerpo impertinente o pagano, o sencillamente se habían adueñado de Platón y otros autores, les habían asignado la categoría de cristianos incipientes y habían acomodado la superestructura paulina sobre esos fundamentos. Orígenes desechó esta tradición, rechazó por falsos a los filósofos griegos y creó una nueva síntesis sobre la base del conocimiento profano y sagrado. Por consiguiente, ofreció al mundo la primera teoría del conocimiento concebida completamente en el marco de las premisas cristianas y se anticipó tanto a los enciclopedistas como lo hizo Isidoro de Sevilla con respecto a las *Summae* sistemáticas de los escolásticos medievales. Con Orígenes, la cristiandad dejó de ser un apéndice del mundo clásico y se convirtió intelectualmente en un universo por derecho propio. También, aunque todavía sólo por implicación, comenzó a convertirse en una sociedad con perfiles particulares. Orígenes fue el primer teórico del clericalismo, así como de otros aspectos del cristianismo maduro. Sus relaciones con la Iglesia fueron tormentosas. No pudo conseguir que su propio obispo de Alejandría lo ordenase y provocó la censura clerical predicando como laico en Palestina; fue ordenado de manera no canónica y, más tarde, a menudo fue atacado con la acusación de que propagaba una falsa doctrina. No sentía respeto por el clero en tanto que reunión de individuos y en general ofrecía un cuadro sombrío de la avaricia y la ambición de estas personas. Sin embargo esa actitud de ningún modo debilita su exaltación de la dignidad y el poder de la función eclesiástica. Más aún, se podría decir que Orígenes puede permitirse reprender a los clérigos precisamente porque cree que su posición como casta es indestructible. Orígenes aceptaba una distinción absoluta entre el clero y el laicado. Le aportó cierta aura jurídica. Representó a la Iglesia, en cuanto parte de su teoría del saber universal, como una entidad sociológica sagrada. La analogía es la que la compara con un Estado político. Por supuesto, la Iglesia debía tener sus propios príncipes y sus reyes. Por supuesto, gobernaban a sus comunidades mucho mejor que los correspondientes funcionarios oficiales. Su posición era infinitamente más elevada y más sagrada, pues gobernaban cosas espirituales, pero su jerarquía era análoga a la de los jueces y los gobernantes seculares y, por lo tanto, el laicado debía mostrarles reverencia y obediencia, incluso si sus miembros eran hombres ineficaces o perversos.

En el amplio sistema filosófico creado por Orígenes, había espacio para un sistema interno de normatividad y disciplina. Lo aportó su contemporáneo más joven, Cipriano de Cartago. Si Orígenes esbozó el concepto de un universo cristiano, Cipriano reveló el mecanismo necesario para mantenerlo unido y lograr que funcionara. Estos diferentes ejes reflejan los antecedentes de ambos. Orígenes era un intelectual. Cipriano provenía de una familia adinerada, con una tradición de servicio público al imperio; dos años después de su conversión fue designado obispo. Tuvo que afrontar los problemas prácticos de la persecución, la supervivencia y la defensa frente a los ataques. Su solución fue reunir los hilos, que estaban formándose, del orden y la autoridad eclesiásticos y entretejerlos en un apretado sistema de control absoluto. Razonó del siguiente modo: la Iglesia era una institución divina, la Esposa de Cristo, la Iglesia madre, la mediadora de toda salvación. Era una, indivisa y católica. Sólo en la relación con ella los católicos podían tener vida. Fuera de su sagrada fraternidad no había más que error y sombras. Los sacramentos, el ordenamiento episcopal, la confesión de la fe e incluso la propia Biblia perdían su sentido si se utilizaban fuera de la verdadera Iglesia. Ésta era también una comunidad humana y visible, que se manifestaba sólo en una forma organizada. El individuo no podía salvarse por el contacto directo con Dios. La jerarquía cuidadosamente escalonada, sin la cual la Iglesia no podía existir, fue creada por Cristo y los apóstoles. Se permitía al laicado asistir a la elección del obispo, pero la verdadera elección estaba a cargo de todos los presbíteros, y, sobre todo, de los obispos vecinos. Además los obispos, encabezados por el Metropolitano, tenían el derecho de remoción. A través del obispo «deben ejecutarse todas las medidas eclesiásticas, sea cual fuere su carácter». Sin la función del obispo no podía haber Iglesia y sin la Iglesia no había salvación. El hombre que determinaba quién era o quién no era miembro de la Iglesia y, por lo tanto, pasible de salvación, era el obispo. Él interpretaba las escrituras a la luz de las necesidades de la Iglesia en una situación dada, pues el único mandato inequívoco que aquéllas contenían era el imperativo de mantenerse fiel a la Iglesia y obedecer sus reglas. Por lo tanto, con Cipriano la libertad predicada por Pablo y basada en el poder de la verdad cristiana fue negada a los miembros comunes de la Iglesia; se conservó sólo en beneficio de los obispos, a través de quienes el Espíritu Santo aún actuaba, que colectivamente representaban a la totalidad de los miembros de la Iglesia. Se les concedieron amplios poderes de actuación, sujetos siempre a la verdad tradicional y comprobada de la Iglesia y las escrituras. Había gobernantes que actuaban e interpretaban una ley. Con el obispo Cipriano, la analogía con el gobierno secular llegó a ser muy estrecha.

No obstante, carecía de un elemento: la «figura de emperador» o sumo sacerdote. Todavía Cipriano tomaba como referencia a una colectividad de obispos semejante, podría decirse, a los ancianos o los pilares de la Iglesia de Jerusalén más de un siglo y medio antes. Pero como los propios obispos fundaban su autoridad en la tradición derivada de la ascendencia apostólica, era evidente que algunas Iglesias, y por lo tanto ciertos obispos, tenían más peso que otros. Jerusalén era la Iglesia madre, donde habían actuado todos los apóstoles, pero la comunidad de Jerusalén había dejado de existir hacia el año 70 d.C. y nunca recuperó su primitiva condición. Fuera de Jerusalén, la única fundación apostólica era Roma, pues se creía que tanto Pedro como Pablo habían sufrido allí el martirologio. Se alude al martirio de Pedro en el Evangelio de Juan, 13:26 y 21:18-19, y tanto la Epístola de Clemente a los Corintios como la Carta de Ignacio a los Romanos indican que sucedió en Roma. La afirmación fue explicitada por Eusebio, que citó a Gaio (alrededor del 200) y a Dionisio, obispo de Corinto, como autoridades en la materia; y hay otro enunciado en la *Crónica* de Sulpicio Severo (muerto en 420). Eusebio y Dionisio coinciden en que Pablo fue decapitado y Pedro crucificado. Esta creencia en el sentido de que los dos apóstoles fueron ejecutados y enterrados en Roma sin duda era muy antigua. Tertuliano la aceptaba como un hecho; en su época ya existía un monumento en la Colina del Vaticano, que se había erigido alrededor del año 160. Algunas excavaciones recientes demuestran que fue levantado en honor de Pedro y que quienes lo construyeron creían que estaba enterrado allí. Gaio mencionó este monumento y también uno consagrado a san Pablo en el camino de Ostia, el actual asiento de San Pablo Extramuros. Hubo también un tercer monumento conjunto en la Via Appia, donde se celebraron servicios el 29 de junio ya durante el siglo II. La relación de Roma con los dos apóstoles más grandes nunca fue discutida y se aprovechó desde los tiempos más antiguos. Roma contaba con la genealogía más impresionante de todas las iglesias tempranas. Más aún, podría decirse que tenía un *embarras de richesse*, no un apóstol sino dos. Pero Pedro era el fundador más valioso, porque en cierto sentido podía considerárselo el apóstol principal, el colaborador más estrecho de Jesús y el beneficiario del famoso texto de la «piedra y las llaves» en Mateo. No hay pruebas de que Roma aprovechase este texto para afirmar su primacía antes del año 250 —y entonces, cosa interesante, chocando con el agresivo obispo Cipriano—, pero es evidente que durante la segunda mitad del siglo II, y sin duda como respuesta a la herejía paulina de Marción —la primera herejía que la propia Roma afrontó— Pablo fue eliminado de todo lo que representase un vínculo con el episcopado de Roma y el cargo fue anexionado firmemente sólo a la figura de Pedro. De hecho, el primer obispo romano en un sentido real fue probablemente Sotero, 166-174, pero por esa época el concepto de una tradición episcopal que se remontaba a Jesús ya estaba bien definido y es posible que Roma estuviese promoviendo el proceso que convirtió a «su» apóstol Pedro en el fundador de la Iglesia de Antioquía y a su ayudante Marcos en fundador de Alejandría, con lo cual la segunda y la tercera ciudad del imperio se convirtieron en colonias eclesiásticas romanas.

Incluso antes de esta etapa hay pruebas de que Roma estaba usando su posición como capital imperial para influir sobre la Iglesia en otros centros y crear así un historial de intervención con éxito. El primero de estos casos del que tenemos constancia es la Carta de Clemente a los Corintios, en la que Clemente apoya el orden establecido. Hubo otros casos durante el siglo II, generalmente en lo que parecían cuestiones marginales: la práctica del culto, la fecha de la Pascua, etc. Se apelaba a Roma por entender que era la mejor autoridad apostólica y ella respondía prontamente. Tenía una reputación temprana de fe sólida: era la primera Iglesia que había sufrido una persecución oficial sistemática y había sobrevivido triunfante. También era ortodoxa; es decir, se pensaba que había preservado intacta la enseñanza de Pedro y Pablo. La zona de peligro de la herejía, del gnosticismo, de la inestabilidad y la ósmosis de los credos estaba en el este, sobre todo en Siria, Asia Menor y Egipto. Roma estaba muy alejada de la infección. Parece haber excluido desde el principio mismo las tendencias gnósticas. Estableció la norma en la definición del canon, eliminando los textos espurios y produciendo otros autorizados. No conoció la experiencia de la herejía hasta Marción y entonces lo obligó prontamente a actuar en Asia; también derrotó el desafío montanista (el montanismo floreció en Asia mucho después de haber sido eliminado de los círculos cristianos de Roma). Los grandes polemistas antiheréticos —Hegesipo, Justino, Rhodon, Milcíades— se orientaban hacia Roma y la mayoría de ellos vivía y trabajaba allí. Roma aprovechó no sólo su fundación apostólica sino también sus relaciones con la capital del imperio: era la pauta de la fe y el rito, la organización, la exactitud textual y la práctica cristiana general. Fue la primera Iglesia cristiana que eliminó las tendencias minoritarias y presentó al mundo un frente homogéneo. En vista de esta situación, era natural que Roma pasara a explorar los asuntos de otras Iglesias, con vistas a promover la victoria de la corriente «ortodoxa», es decir, romana.

Más aún, Roma disponía de una excusa excelente para dicha interferencia. Desde los tiempos más antiguos había ayudado con dinero a las Iglesias más pequeñas y en dificultades. Era caridad, pero caridad que cada vez más estaba signada por un propósito. Sin duda, el dinero acompañó a la Carta de Clemente a Corinto y allí contribuyó a convertir el partido minoritario en el mayoritario. Apolonio, cuando escribe contra los montanistas, dice que por supuesto el dinero representó un papel importante en el conflicto religioso, como en otro tipo cualquiera de lucha. De la descripción (reconocidamente más tardía) que hace Eusebio del empleo del dinero por Constantino para promover el cristianismo, podemos deducir la variedad de modos en que el poder financiero influía sobre el desarrollo religioso. Se utilizaba el dinero para retirar de las prisiones oficiales a destacados maestros cristianos, para pagar rescate por hombres valiosos que habían sido enviados a las minas de Cerdeña, para organizar comunidades con los esclavos libertos y los pobres, para sostener los servicios de bienestar social y suministrar fianzas, o incluso sobornar a los jueces. La comunidad romana era rica y llegó a serlo mucho más durante el siglo II. Hacia el fin de este siglo vemos a Dionisio de Corinto escribiendo agradecido: «Desde el principio ha sido vuestra costumbre tratar con bondad sin desmayos a todos los cristianos y enviar contribuciones a muchas iglesias de todas las ciudades... así, vosotros los romanos habéis observado la ancestral costumbre romana que vuestro reverenciado obispo Sotero no sólo mantuvo sino amplió, proveyendo generosamente los abundantes suministros distribuidos entre la gente de Dios.» Un mensaje similar, de Dionisio de Alejandría, dice que «Siria entera» recibía dicha ayuda; agrega que las donaciones venían acompañadas por cartas —sin duda, con consejos e instrucciones—. Con el dinero romano llegaba una presión suave pero tenaz que promovía la adaptación a las normas romanas.

Es fácil proyectar hacia atrás esos procesos, la extensión de la ortodoxia, el ascenso del episcopado monárquico, el papel especial de Roma, la aplicación de una política intencionada, perseguida incansablemente de una generación a otra con el propósito de crear un sistema de derecho eclesiástico, una clase clerical privilegiada y una fe autoritaria. En efecto, esto era lo que comenzaba a delinearse hacia el siglo III. Pero el factor de planeamiento en relación con este propósito no se refleja en los documentos. Éstos sugieren más bien una serie de respuestas *ad hoc* a situaciones reales y luego la tendencia a utilizar dichas reacciones como precedentes o plataformas sobre los que se levantan estructuras más ambiciosas. Durante este período el conjunto de la Iglesia estaba luchando por su propia supervivencia. En su seno había una lucha constante y multifacética entre filosofías y sistemas rivales. La primera batalla llegó a ser inevitable a causa de la renuencia del cristianismo a conservar el carácter de un simple culto y su pretensión de ser la religión universal. La segunda fue un reflejo del evidente deseo de su fundador de crear una religión de la diversidad tanto como de la universalidad, de ser «todo para todos los hombres». El ministerio de Jesús se desenvolvió en una atmósfera de disenso, de agrias polémicas y de espíritu partidario; terminó en la muerte violenta. El espíritu de la Iglesia temprana se expresó bien en las Epístolas de Pablo, que sugieren acritud doctrinaria y polémicas no resueltas. No hubo un período de serenidad en la historia de la Iglesia. En su primera generación estuvo a un paso de ser reabsorbida por el judaísmo. Más tarde, por lo menos durante un siglo, corrió el riesgo de convertirse en una religión ultraterrena, que ordenaba inflexiblemente la vida sobre la base de normas sobrehumanas, o en un complicado culto de los misterios para uso de los conocedores intelectuales. No había futuro a largo plazo en ninguna de las dos direcciones. La Iglesia sobrevivió y se introdujo constantemente en todos los niveles sociales sobre una enorme extensión, evitando o asimilando los extremos, apelando al compromiso, desarrollando un temperamento urbano y erigiendo estructuras de tipo secular para preservar su unidad y dirigir sus asuntos. Hubo en consecuencia una pérdida de espiritualidad o, como había dicho Pablo, de libertad. Hubo un aumento de la estabilidad y la fuerza colectiva. Hacia fines del siglo III el cristianismo podía enfrentar y desafiar a la estructura más poderosa de la historia antigua: el Imperio romano.

SEGUNDA PARTE

De los mártires a los inquisidores
(250 - 450)

Durante el año 313, desde la gran ciudad imperial de Milán, Constantino y su coemperador Licinio despacharon una serie de ampulosas cartas a los gobernadores provinciales. Los dos gobernantes consideraban «saludable y muy adecuado» que el Estado mostrase «absoluta tolerancia» a todos los que habían «consagrado su mente al culto de los cristianos» o a otro culto cualquiera «que él considera personalmente mejor para sí mismo». Se revocaban todos los anteriores decretos anticristianos; debían devolverse los lugares del culto cristiano y otras propiedades confiscadas y se otorgaría indemnización cuando legalmente fuese apropiado. La nueva política sería «publicada por doquier y llevada a conocimiento de todos los hombres».

El llamado «Edicto de Milán», en virtud del cual el Imperio romano revirtió su política de hostilidad al cristianismo y le otorgó completo reconocimiento legal fue uno de los hechos decisivos de la historia del mundo. Pero los acontecimientos que llevaron a este resultado son complejos y en ciertos aspectos misteriosos. Los apologistas cristianos contemporáneos y los que siguieron lo presentaron como la consecuencia de la conversión del propio Constantino, promovida a su vez por la milagrosa intervención de Dios antes de la Batalla del Puente Milvio, en las afueras de Roma, en que Constantino derrotó al usurpador Majencio. Ésta era la versión que al propio Constantino le gustaba contar en un período posterior de su vida. El obispo Eusebio, que nos informa gozosamente que fue «honrado con el conocimiento y el trato del emperador», dice que oyó de los propios labios de Constantino que «se le apareció en el cielo un signo increíble». Pero hay elementos contradictorios acerca del momento, el lugar y los detalles exactos de esta visión, y cabe cierta duda acerca de la magnitud del cambio de ideas de Constantino. Su padre había sido un hombre bien dispuesto hacia los cristianos. El mismo Constantino parece haber sido un adorador del Sol, uno de varios cultos paganos tardíos que tenían observancias en común con los cristianos. Los seguidores de Isis adoraban a una madona que cuidaba de su hijo sagrado; el culto de Attis y Cibeles celebraba un día de sangre y ayuno, seguido por el festín de la resurrección de Hilaria, una jornada de alegría, el 25 de marzo; los elitistas mitraístas, muchos de los cuales eran altos jefes del ejército, tomaban una comida sagrada. Constantino casi seguramente era mitraísta y su arco triunfal, levantado después de su «conversión», es testimonio del dios Sol o «Sol inconquistado». Muchos cristianos no distinguían bien entre este culto del Sol y el suyo propio. Decían de Cristo que «guiaba su carro a través del cielo»; celebraban sus servicios el domingo, arrodillados de cara al este, y tenían su fiesta de la natividad el 25 de diciembre, el nacimiento del Sol en el solsticio de invierno. Durante el posterior renacimiento pagano, bajo el emperador Juliano, a muchos cristianos les pareció fácil practicar la apostasía en vista de esta confusión. El obispo de Troya dijo a Julián que siempre había orado secretamente al Sol. Constantino nunca abandonó el culto del Sol y mantuvo su imagen en las monedas. Convirtió el domingo en día de descanso, clausurando los tribunales y prohibiendo todo trabajo que no fuese el de las labores agrícolas. En su nueva ciudad de Constantinopla, entronizó en el Foro una estatua del dios Sol, que exhibía sus propios rasgos, y otra de la diosa madre Cibeles, aunque a ella se la representaba en la postura de la plegaria cristiana.

Los motivos de Constantino fueron confusos. Era un hombre excepcionalmente supersticioso y sin duda compartía la opinión, usual en los soldados profesionales, de que era necesario respetar todos los cultos religiosos para apaciguar a sus respectivos dioses. Es evidente que sufrió una experiencia extraña en cierto momento de su carrera militar, episodio en el que sus tropas cristianas representaron su papel. Era esclavo de los signos y los presagios y tenía el signo cristiano Pi-Rho en sus escudos y estandartes mucho antes de Milán. La superstición guió su decisión de levantar una nueva capital, la elección del lugar y muchos otros importantes actos de Estado. No fue bautizado hasta su última enfermedad. Eso de ningún modo era desusado, pues pocos cristianos creían entonces en un segundo perdón de los pecados; los hombres pecadores o mundanos, especialmente los que desempeñaban funciones públicas consideradas incompatibles con la virtud cristiana, a menudo retrasaban el bautismo hasta el último momento. Pero el relato de Eusebio acerca del bautismo tardío de Constantino es ambiguo: es posible que la Iglesia le negase el sacramento a causa de su forma de vida. Ciertamente, la piedad no le convirtió en cristiano. En su juventud tenía una actitud auténticamente imperial. Era alto y atlético, con la apostura del soldado y los rasgos muy acentuados, las cejas espesas y el mentón fuerte. Pero muy pronto hubo relatos sobre su carácter violento y su crueldad cuando le dominaba la cólera. Fue muy criticado porque condenaba a los prisioneros de guerra a librar combates mortales con bestias salvajes en Tréveris y Colmar, y por las masacres colectivas en África del Norte. No sentía respeto por la vida humana y como emperador ejecutó a su hijo mayor, a su segunda esposa, al marido de su hija favorita y a «muchos otros», sobre la base de acusaciones dudosas. Era un puritano de carácter peculiar y dictó leyes que prohibían el concubinato, la prostitución de las criadas de las posadas y la seducción de los esclavos; pero su vida privada llegó a ser monstruosa a medida que envejecía. Engordó y se le aplicaba el mote de «cuello de toro»; es posible incluso que padeciera bocio. Sus cualidades estuvieron siempre en el área de la administración, la dirección de la mecánica del poder; era un árbitro profesional, maestro de la frase eirénica y del compromiso de frases pulidas, pero también era un individuo dominante, egocéntrico, vanidoso e implacable. El aspecto de relaciones públicas de su función prevaleció durante los años posteriores. Mostró un interés cada vez más acentuado por la lisonja, los uniformes esplendorosos, la exhibición personal y los títulos sonoros. Su sobrino Julián dijo que se ponía en ridículo a causa de su apariencia: prendas orientales extrañas y llamativas, joyas en los brazos, una tiara sobre la cabeza, en equilibrio inestable sobre una peluca teñida.

El obispo Eusebio, su entusiasta panegirista, dijo que Constantino se vestía así sólo para impresionar a las masas; en privado, el propio emperador se reía del asunto. Pero esta afirmación contradice muchas otras pruebas, incluso algunas que aporta el propio Eusebio. Es posible que Constantino, un hombre vano y supersticioso, abrazara el cristianismo porque eso convenía a sus intereses personales y a su megalomanía cada vez más acentuada. En su régimen prevalecía una atmósfera césaro-papista. Muchas de sus disposiciones eclesiásticas indican que deseaba una Iglesia oficial, en la que el clero estuviese formado por funcionarios civiles. Su propio papel no estaba del todo distanciado del que corresponde al dios-emperador pagano, como lo atestiguan los bustos y las estatuas colosales de su propia persona distribuidos por todo el imperio, aunque él prefería la idea de un rey-sacerdote. Eusebio dice que él estaba presente cuando Constantino recibió a un grupo de obispos y de pronto observó: «Vosotros sois obispos cuya jurisdicción corresponde a la Iglesia. Pero yo también soy un obispo, ordenado por Dios para vigilar a los que están fuera de la Iglesia.» No parece que Constantino haya llegado a conocer en absoluto la teología paulina, pero, también de acuerdo con Eusebio, parece que asimiló algunas de las ideas más grandiosas de Orígenes y las secularizó, y que él mismo se atribuyó el papel de principal instrumento divino. Así, dijo Eusebio, «derivó de lo alto la fuente de la autoridad imperial»; fue «fuerte en el poder del título sagrado». Constantino era especialmente amado por Cristo y, «al llevar a todos aquellos sobre quienes gobierna en la Tierra el único Verbo engendrado y salvador, los convierte en súbditos apropiados del reino de Cristo»; es «el intérprete de la palabra de Dios», una «voz potente que afirma las leyes de la verdad y la divinidad a todos los que moran en la tierra», «el piloto designado de la poderosa nave a cuya tripulación él se propone salvar». Dios, dijo el obispo, era el autor de la realeza y «hay un rey, y su Verbo y su ley real es una; una ley que no está expuesta al deterioro provocado por el tiempo y en cambio es la palabra viva y perdurable». Es evidente, de acuerdo con este análisis, que Constantino como emperador constituía un agente importante del proceso de salvación, tan vital por lo menos como los apóstoles. Y también es evidente que el emperador pensaba lo mismo. Ordenó que le preparasen una tumba en la nueva Iglesia de los Apóstoles que él construyó y a la que dotó generosamente en Constantinopla, «previendo», dice Eusebio, «que su cuerpo compartiría el título con los propios apóstoles y que después de su muerte se convertiría en destinatario, con ellos, de las devociones realizadas para honra de aquéllos en esta iglesia». En realidad, su ataúd y su tumba fueron puestos en el centro, con monumentos a los seis apóstoles de cada lado, de modo que Constantino era el decimotercero y el principal, y se las ingenió para morir un Domingo de Pentecostés.

¿Cómo es posible que la Iglesia cristiana, al parecer con buena disposición, albergase en su sistema teocrático a este extraño megalomaníaco? ¿Hubo un acuerdo consciente? ¿Qué parte se benefició más con este impropio matrimonio entre la Iglesia y el Estado? Para decirlo de otro modo, ¿el imperio se rindió al cristianismo o el cristianismo se prostituyó al imperio? Es característico de la complejidad de la historia cristiana temprana que no podamos ofrecer una respuesta definida a este interrogante. De ningún modo está claro por qué en primer lugar el imperio y el cristianismo llegaron a chocar. El imperio se mostraba tolerante con todas las sectas si ellas mantenían la paz. Es posible que el cristianismo judío estuviese influido por el irredentismo zelota y judío, pero el cristianismo gentil de las misiones paulinas era apolítico y rechazaba el racismo. Sus implicaciones sociales eran a la larga revolucionarias, pero no poseía doctrinas específicas referidas al cambio social. Jesús había dicho a sus oyentes que pagasen los impuestos. En un pasaje memorable Pablo aconsejó a los fieles que, mientras esperaban la *parousia*, obedeciesen a la autoridad debidamente constituida. Ya a mediados del siglo II algunos autores cristianos percibían una identidad de intereses entre el naciente movimiento cristiano, con sus propósitos universalistas, y el propio imperio. Tal vez los cristianos no rindiesen honores divinos al emperador, pero en otros aspectos eran romanos fieles. Tertuliano afirmó:

> Constantemente pedimos la intercesión en favor de los emperadores. Rogamos que tengan larga vida, gobiernen con seguridad, posean una vida doméstica segura, cuenten con ejércitos valerosos, un senado fiel, un pueblo honesto, un mundo tranquilo, y todo lo que un hombre y un César pueden desear... Sabemos que la gran fuerza que amenaza al mundo entero, el fin de los propios tiempos con su amenaza de horribles padecimientos, se ve retrasada por el respiro que el Imperio romano significa para nosotros... cuando rezamos por su postergación presenciamos la continuación de Roma... Tengo derecho a decir que César es más nuestro que vuestro, puesto que ha sido designado por nuestro Dios.

Hacia la época de Tertuliano (alrededor del año 200), como él mismo señaló, los cristianos eran bastante numerosos para derrocar al imperio, si sus intenciones hubieran sido hostiles: «Hemos nacido apenas ayer, y colmamos todo lo que tenéis: ciudades, asientos, fuertes, pueblos, ferias, ¡sí! y campamentos, tribus, el palacio, el senado, el foro. ¡Os dejamos únicamente los Templos!». Y subrayaba que los cristianos eran un elemento dócil y fiel en la sociedad.

Por supuesto, casi siempre se los dejaba en paz. Por regla general los cristianos, como los judíos, gozaban de libertad completa frente a la persecución. La impresión de que vivían y practicaban su culto clandestinamente es una falacia total, originada en el nombre (catacumbus) de uno de sus más antiguos cementerios. Tenían sus propias iglesias, del mismo modo que los judíos tenían sinagogas. No guardaban el secreto de su fe.

Tertuliano afirma que desde los tiempos más antiguos se identificaban: «Con cada paso que damos y con cada movimiento, cada vez que entramos, salimos, cuando vestimos nuestras ropas y nos calzamos, cuando nos bañamos, cuando nos sentamos a la mesa, cuando encendemos las lámparas, nos acostamos, nos sentamos, en todos los actos comunes de la vida cotidiana trazamos sobre la frente el signo de la cruz.» Al parecer, no se intentaba disimular y se invitaba a los extraños a asistir a una parte del servicio cristiano y a presentarse para recibir instrucciones.

No obstante, desde el principio hubo un grado considerable de prejuicio, una forma de antisemitismo que perduró incluso después de que los conformistas romanos habían aprendido a distinguir entre cristianos y judíos. Así, alrededor del año 180, un escritor anticristiano los denomina «personas ignorantes de lo que es el saber, iletradas e inhábiles en las artes más bajas». Eran «una pandilla de bandidos desacreditados y proscritos», formada con las «heces más bajas de la población, los hombres ignorantes y las mujeres crédulas». En sus «reuniones nocturnas, los desfiles solemnes y las comidas bárbaras, el lazo de unión no es un rito sagrado sino el delito». Eran «una tribu secreta que acecha en las sombras y evita la luz, silenciosa en público, hablando en los rincones... y estos hábitos perversos se difunden día tras día... Estos conspiradores deben ser destruidos absolutamente y malditos». En esta atmósfera de ignorancia y prejuicio, los cristianos se convirtieron en objeto de la sospecha y en víctimas del rumor absurdo. Los cristianos se situaban automáticamente fuera de la ley al negar honores divinos a los emperadores. Con gobernantes débiles y vulnerables como Calígula, Nerón y Domiciano, se convirtieron en víctimas propiciatorias del fracaso o el desastre. Como dijo Tertuliano: «Si el Tíber desborda los muros, si el Nilo no atina a inundar los campos, si el cielo no se mueve o la tierra se mueve, si hay hambre o plaga, el grito es siempre el mismo: "¡Los cristianos a los leones!"» El prejuicio era mucho más intenso en el Mediterráneo central y occidental que en el este, pero ciertos rumores se difundían por todas partes. La doctrina de la eucaristía, en virtud de la cual se ingería la «carne» y la «sangre», era interpretada como una práctica de canibalismo. El «beso de la paz» en los servicios dominicales también determinaba malas interpretaciones. Clemente de Alejandría se quejó: «Están los que no hacen otra cosa que colmar las iglesias con el sonido de un beso y no tienen amor en ellos mismos. Esta práctica, el uso desvergonzado del beso, que debería ser místico, ha ocasionado perversas sospechas y malignos comentarios.» Había una referencia al incesto.

Las sectas cristianas más desordenadas —después tachadas de heréticas—, como era natural, concitaban más la atención de los críticos y los funcionarios romanos. Plinio el Joven, un preocupado gobernador local, escribía desde Betania en Asia Menor pidiendo instrucciones detalladas del emperador Trajano (98-117). Informaba que el cristianismo estaba extendiéndose de las ciudades al campo. Los templos estaban vacíos y comenzaba a ser difícil vender la carne de los animales sacrificados. Soportaba la presión local que pretendía inducirlo a ejecutar a los cristianos. ¿Cuál era el delito de éstos? ¿Debía acusárselos de incesto y canibalismo, las ofensas que se les imputaban? Si adoptaban una actitud obstinada, era evidente que había que ejecutarlos, pero, ¿si se retractaban? Algunos reconocían que habían sido cristianos pero negaban su fe y maldecían a Cristo. Realizaban ofrendas tanto al emperador como a los dioses. Pero también negaban que los cristianos practicasen enormidades. No se comían a los niños asesinados: sólo ingerían alimentos. Habían suspendido sus ritos secretos después de un edicto contra las sociedades religiosas. Plinio había torturado a dos diaconisas, pero solamente había descubierto una «sórdida superstición». No cabía duda de que la severidad obligaba a la gente a retornar a los templos. ¿Qué debía hacer ahora? Trajano recomendó moderación. No debía procederse a un movimiento general de carácter inquisitorial. Había que ignorar a los informantes anónimos. Las acusaciones originadas en personas responsables debían ser adecuadamente investigadas. No había que castigar a los cristianos si realizaban sacrificios.

Éste fue el criterio aplicado generalmente por los gobiernos romanos. Si eran fuertes y se sentían seguros, se inclinaban menos a ceder al prejuicio. El cristianismo inconfeso continuó siendo un delito capital, pero por regla general el gobierno no obligaba a los cristianos a elegir entre la manifestación de su fe y la apostasía. Los dejaba en paz. Una razón por la que la Iglesia buscó la uniformidad, y por lo tanto se opuso a la herejía, era que las prácticas no ortodoxas tendían a concitar mayor atención y, en consecuencia, a provocar hostilidad. El acto de «profetizar», el gran delito de los montanistas, era enérgicamente desaprobado por el Estado. Provocaba movimientos populares súbitos e imprevisibles, suscitaba el pánico y llevaba a la desorganización de la economía. Conocemos episodios en que algunos de los primeros obispos en los Balcanes salían de los pueblos con sus rebaños o se alejaban de los campos, respondiendo a instrucciones espirituales. Roma podía mostrarse severa con esta clase de gente. Marco Aurelio, que era un hombre razonable, justificó la persecución contra los cristianos arguyendo que era peligroso conmover «la mente inestable del hombre mediante el temor supersticioso a lo divino». Además, le desagradaba el «obstinado espíritu de oposición». Por supuesto, los más tercos eran los miembros de los grupos «revivalistas» cristianos que «hablaban en lenguas». La gran mayoría de los mártires primitivos fueron cristianos de un tipo que la Iglesia después clasificaría en la categoría de hereje. Los primeros relatos acerca de los mártires reflejan no sólo los martirologios judíos, como cabía esperar, sino una forma de literatura que se hace eco de la desafiante posición de los rebeldes griegos contra el dominio romano. Los llamados «Hechos de los mártires paganos», que sobreviven en fragmentos de papiros egipcios, exaltan a los hombres que consiguen derrotar a sus perseguidores romanos en el diálogo intelectual, héroes filósofos que aplastan con palabras a la tiranía, aunque después pierdan la cabeza. Estos seres se convirtieron en modelos de los inconformistas cristianos, que se opusieron francamente al poder del Estado. La Iglesia adoptó una posición cada vez más severa frente a los presuntos mártires de actitud provocadora. Ignacio, que sufrió el martirio en Roma alrededor del año 117, rogó a sus amigos influyentes que no interviniesen y lo privasen de sufrir en el Señor; esta actitud habría sido considerada herética más avanzado el siglo, cuando el santo Policarpo, obispo de Esmirna, estableció una norma al abstenerse de hacer nada que provocase a las autoridades. La Iglesia no cedía en la cuestión del culto al emperador o la divinidad de Cristo, pero por lo demás no buscaba problemas.

Los cristianos no soportaron la persecución sistemática antes de la segunda mitad del siglo II. Los peores episodios fueron incidentes aislados, como sucedió en el valle del Ródano en el año 177. Eusebio, que cita pasajes de una carta contemporánea, no explica qué desencadenó este hecho atroz. La ocasión fue la reunión anual de verano de la región, con motivo del pago de los impuestos tribales. Eusebio dice que se difundieron rumores en el sentido de que los cristianos estaban comprometidos en festines caníbales y episodios de incesto, es decir, las antiguas versiones; presionados, algunos servidores de los hogares cristianos testimoniaron en ese sentido. Lo que siguió fue algo parecido a un tumulto supervisado oficialmente. La carta habla de «la cólera potente de los paganos», «la masa entera del pueblo», «una turba enfurecida». Muchos cristianos fueron torturados, en la picota o en los calabozos. Sanctus, diácono de Vienne, tuvo que soportar planchas al rojo vivo en los testículos: «su pobre cuerpo era una sola herida y una llaga, y había perdido la forma exterior de un ser humano». Los cristianos que eran ciudadanos romanos fueron decapitados. Otros tuvieron que pasar frente a una hilera de látigos para entrar en el anfiteatro y después, ante un público principalmente tribal, que no estaba romanizado, fueron arrojados a las bestias. Se exhibieron las cabezas y los miembros de algunos cristianos, los guardaron seis días y luego los quemaron y arrojaron las cenizas al Ródano. También hubo interrogatorios y juicios regulares en presencia del prefecto Rusticus. Algunos cristianos «evidentemente no estaban preparados, carecían de formación y aún eran débiles, y no pudieron soportar la presión... tres fueron apóstatas». Todo esto no parece un pogromo incontrolado. Una dama, Blandina, fue la peor tratada, «torturada desde el alba hasta la noche, hasta que sus torturadores estuvieron exhaustos y... se maravillaron porque ella aún respiraba». Después fue flagelada, asada en la «sartén» y finalmente metida en un canasto y arrojada a los toros salvajes, que la mataron. Por supuesto, era una mística y una profetisa, probablemente montanista. Si una de las razones por las cuales la Iglesia tachaba de heréticas a estas personas era su temor de provocar la persecución, puede afirmarse también que el Estado tendía a fortalecer la posición de los elementos ortodoxos en la Iglesia porque concentraba su salvajismo en los elementos opositores existentes en los cristianos.

Hacia mediados del siglo III empezó un período mucho más crítico. Ahora los cristianos eran mucho más numerosos, estaban mejor organizados y tenían opiniones y prácticas más homogéneas. Antes había sido posible desentenderse de ellos a causa de su credulidad propia de la clase baja. Al escribir su obra *La verdadera palabra*, alrededor del 180, el propagandista pagano Celso afirmó: «Algunos ni siquiera desean formular o recibir una razón por lo que creen, y se limitan a decir: "No preguntes; sencillamente cree" y "tu fe te salvará". Dicen: "la sabiduría del mundo es perversa", y "la estupidez es cosa buena".» Celso ilustra una línea argumental cristiana: «No permitas que se acerque nadie que sea sabio, razonable o educado. Pues creemos que estas cosas son perversas. Pero si hay alguien ignorante, educado o estúpido —semejante a un niño— permítele acercarse.» Por supuesto, ésta era una caricatura de las verdaderas actitudes cristianas, que podían remontarse a Jesús. Pero como expresión de la totalidad de la Iglesia, estaba dejando de ser válida incluso en el momento en que Celso escribió. Cayeron las barreras de la clase y la educación, y el cristianismo penetró profundamente en círculos que plasmaban la política secular y la cultura imperial. La época de Orígenes, de un cristianismo que había llegado a la madurez intelectual por referencia al mundo antiguo, determinó que una confrontación directa y definitiva con el Estado fuese inevitable. Ahora era una alternativa universalista para la religión civil y además mucho más dinámica (y mejor organizada); había que exterminarla o aceptarla.

La persecución de Decio, alrededor del año 250, señaló el intento de aplicar la primera política, que se prolongó con intervalos hasta que Constantino pasó a la segunda, sesenta años más tarde. La hostilidad oficial se manifestaba universal y tenazmente, con arreglo a las formas legales debidas. Ya no había fenómenos de histeria colectiva, sino sencillamente una burocracia implacable. Todos debían obtener certificados que demostrasen que habían sacrificado a los dioses oficiales. Algunos de ellos fueron hallados en asientos egipcios. Por ejemplo:

> A la comisión designada para supervisar los sacrificios en la aldea de la isla de Alejandro. De Aurelio Diógenes, hijo de Satabus, de la aldea de la isla de Alejandro, de 72 años, con una cicatriz sobre la ceja derecha. Siempre hice sacrificios a los dioses y ahora en vuestra presencia y en concordancia con el edicto he sacrificado y vertido una libación y compartido las vituallas sagradas. Os pido certificar abajo esto mismo. Me despido: Yo, Aurelio Diógenes, he presentado esta petición.

No cabe duda de que ésta y otras persecuciones posteriores fueron sumamente eficaces. Era posible que, como había afirmado Tertuliano, la sangre de los mártires fuese la simiente de la fe; pero la propiedad de la Iglesia era una tentación que llevaba al compromiso. Por ejemplo, hacia el año 250 la Iglesia de Roma poseía riquezas suficientes como para mantener un obispo, cuarenta y tres presbíteros, siete diáconos, siete subdiáconos, cuarenta y dos acólitos y cincuenta y dos exorcistas, lectores y porteros; atendía una lista de caridad de más de 1.500 personas. Los inventarios oficiales demuestran que fueron secuestradas grandes cantidades de artículos, vajilla de oro y plata, vestiduras y adornos preciosos, provisiones de alimentos y ropas, libros y efectivo. El clero cristiano tal vez estuviera más dispuesto a sacrificar su vida que las cosas valiosas de la Iglesia. Al escribir desde África, Cipriano expresó que existía apostasía masiva, encabezada por los obispos; las multitudes afluían a los magistrados para retractarse «y se sometían espontáneamente a las comisiones que estaban a cargo de ese horrible hecho». Hubo un derrumbe general de la moral: «Muchos obispos, que hubieran debido servir de aliento y ejemplo a otros, renunciaron a su sagrado ministerio, abandonaron a su gente, se alejaron del distrito, trataron de hacer dinero, se apoderaron de propiedades apelando a métodos fraudulentos y se dedicaron a la usura.» Algunos fieles realizaron los sacrificios oficiales, pero también continuaron siendo cristianos; por ejemplo, sabemos que en España hubo cristianos que se desempeñaron como sacerdotes cívicos. La Iglesia nunca pudo adoptar una política uniforme frente a la persecución; hubo hondas divisiones acerca del grado de compromiso que debía adoptarse, no sólo entre las regiones sino en cada una. Los antiguos cismas entre los cristianos «revivalistas» y los «oficiales» reaparecieron instantáneamente, y se mezclaron inextricablemente con los problemas doctrinarios. La persecución espasmódica a los «extremistas» cristianos tendió a fortalecer a la ortodoxia de la Iglesia, como observamos antes, pero la persecución general, sobre todo a lo largo de un período prolongado, la debilitó en muchos aspectos, especialmente porque resquebrajó su unidad.

La persecución sistemática que sufrieron enormes grupos que habitaban el imperio también debilitó al Estado y sus consecuencias no fueron menos graves en el ejército, donde había muchos cristianos. La persecución de Decio tuvo que ser suspendida cuando se suscitaron dificultades en la frontera. Los edictos posteriores, alrededor del 300, por esta razón nunca fueron aplicados integralmente en el Oeste. Por otra parte, los actos contra los cristianos eran cada vez más impopulares. Si durante los siglos I y II la hostilidad oficial fue una reacción al sentimiento anticristiano de las turbas urbanas, a partir del año 250 el Estado generalmente tuvo que actuar solo, incluso afrontando la crítica pública. Hay cierta atmósfera de desesperación alrededor de esta gran oleada de persecuciones, dirigida por Maximino entre los años 308 y 312. En Damasco, dijo Eusebio, las autoridades «detuvieron a las prostitutas del mercado y, bajo la amenaza de torturarlas, las obligaron a declarar por escrito que habían sido cristianas y a suministrar pruebas de orgías practicadas en las iglesias cristianas». Este intento intencionado de renovar antiguas calumnias sugiere que habían perdido su fuerza. Por el contrario, hacía mucho que se reconocía a los cristianos como un elemento virtuoso y esencialmente inofensivo de la comunidad. Por supuesto, eran diferentes. Como afirma la llamada Epístola a Diogneto:

> Viven en sus propias regiones, pero sencillamente como visitantes... para ellos cada país extranjero es una patria, y cada patria es ex-

tranjera... Tienen una mesa común y, sin embargo, no es común. Existen en la carne, pero no viven para la carne. Pasan su existencia en la tierra, pero su ciudadanía está en el cielo. Obedecen a las leyes establecidas y en su propia vida tratan de superar las leyes. Aman a todos los hombres y por todos son perseguidos... Son pobres y enriquecen a muchos. Carecen de todo y poseen abundancia de todo. Se los humilla y su humillación se convierte en su gloria. Se los insulta y ellos bendicen. Se los envilece y están justificados. Se los insulta y retribuyen los insultos con honor.

El espíritu cristiano de amor mutuo y caridad comunitaria era el rasgo que más impresionaba a los paganos. Tertuliano menciona los comentarios que ellos hacían: «¡Cuánto amor mutuo se profesan estos cristianos!» Y agrega que los fondos que financiaban sus obras de caridad eran esencialmente voluntarios: «Cada individuo trae una vez por mes una moneda modesta, o la aporta siempre que lo desea y sólo si lo desea y si puede, pues a nadie se obliga.» Se gastaban los fondos «no en banquetes y reuniones para beber», sino «para alimentar a los pobres y enterrarlos, para ayudar a los varones y las niñas que carecen de propiedad y no tienen padres, y a los esclavos que son viejos y a los marineros que naufragaron; y todos los que están en las minas, en las islas de castigo, en la cárcel... se convierten en pensionistas de su confesión». Los cristianos habían ampliado enormemente los antiguos fondos de caridad de la diáspora judía. Administraban un estado de bienestar en miniatura en un imperio que en general carecía de servicios sociales. En un intento de revivir el paganismo durante el siglo IV, el emperador Julián intentó reunir fondos de caridad semejantes con destino a los pobres. En una carta en la que ordenaba al clero imperial que los organizara, observó: «¿Es que no vemos que con su benevolencia frente a los extranjeros, con el cuidado que dispensan a las tumbas de los muertos y con la aparente santidad de su vida han conseguido los mejores resultados, que les han permitido propagar el ateísmo?» (ateísmo aquí quiere decir cristianismo). Consideraba «vergonzoso que cuando ningún judío jamás tiene que mendigar y los impíos galileos sostienen no sólo a sus propios pobres sino también a los nuestros, todos ven que nuestro pueblo no recibe ayuda de nosotros». Julián observó amargamente el papel importante representado por las mujeres cristianas. Dijo a los principales ciudadanos de Antioquía: «Cada uno de vosotros permite que su esposa lleve todo lo que hay en la casa para entregarlo a los galileos. Las esposas alimentan a los pobres a vuestras expensas y los galileos cosechan el mérito.» Las mujeres representaban un papel mucho más importante en los fondos de caridad cristianos que las correspondientes organizaciones de la diáspora judía; ésta fue una de las razones por las que el cristianismo asumió la antigua función de proselitismo del judaísmo, que entonces dejó de difundirse. El cristianismo ofrecía sólidas ventajas a las mujeres. Las trataba como iguales ante los ojos de Dios. Recomendaba a los maridos que tratasen a sus esposas con la misma consideración que Cristo demostraba frente a su «esposa», la Iglesia. También les otorgaba la protección de la enseñanza claramente definida por Jesús sobre la santidad del matrimonio. Las mujeres conversas iniciaron la penetración cristiana en las clases altas y criaron como cristianos a sus hijos; a veces, acababan convirtiendo a sus maridos.

Pero por sí mismos estos factores no habrían persuadido al Estado de la necesidad de modificar su política y abrazar a su enemigo. La verdad es que durante las actividades anticristianas en gran escala de la segunda mitad del siglo III, el Estado se vio obligado a admitir que su enemigo había cambiado y se había convertido en posible aliado. En la prolongada lucha para suprimir la división interna, por codificar su doctrina y extender sus fronteras, el cristianismo se había convertido en muchos aspectos sorprendentes en una imagen refleja del propio imperio. Era católico, universal, ecuménico, ordenado, internacional, multirracial y cada vez más legalista. Estaba gobernado por una clase profesional de hombres cultos que, en ciertos aspectos, funcionaban como burócratas, y sus obispos, a semejanza de los gobernadores, los legados o los prefectos imperiales, tenían poderes amplios y discrecionales para interpretar la ley. La Iglesia estaba convirtiéndose en el *Doppelgänger* del imperio. Cuando la atacaba y debilitaba, el imperio se debilitaba él mismo, pues el cristianismo se había convertido en un fenómeno secular tanto como espiritual: era una enorme fuerza en favor de la estabilidad, con sus tradiciones, su propiedad, sus intereses y su jerarquía. A diferencia del judaísmo, carecía de aspiraciones nacionales que fuesen incompatibles con la seguridad del imperio; por el contrario, su ideología armonizaba bien con los objetivos y las necesidades del Estado universal. El cristianismo se había acercado al Estado llevado por el impulso de su propio éxito. ¿No era prudente que el Estado reconociese la bienvenida metamorfosis y concertara, por así decirlo, un *marriage de convenance* con la «esposa de Cristo»? De ese modo, renunciaba a una religión oficial que parecía cada vez menos atractiva y que necesitaba del sostén público sólo para mantenerse viva, y la reemplazaba por una socia joven y dinámica, capaz de desarrollarse y adaptarse para apuntalar al imperio con su fuerza y su entusiasmo. Aquí estuvo la lógica mundana del edicto de tolerancia de Constantino: advirtió que el cristianismo ya poseía muchas de las características de una Iglesia del Estado imperial.

Pero la posición adoptada por Constantino, es decir, la tolerancia religiosa general, no podía sostenerse mucho tiempo. Quizás en el mundo antiguo no existía lo que denominamos la ecuanimidad religiosa. A medida que cobró un aspecto menos liberal, el imperio comprobó que era imposible abstenerse de perseguir al cristianismo. Ahora que había aceptado al cristianismo, comprendía que era cada vez más difícil abstenerse de perseguir a sus enemigos, internos y externos. Las mismas fuerzas compulsivas actuaban sobre la Iglesia. El modo en que se transformó y pasó de un cuerpo doliente y perseguido, que rogaba tolerancia, a un ente coercitivo, que reclamaba el monopolio, merece un estudio más o menos detallado.

En realidad, el problema se centra en la existencia de una clase clerical separada y exclusiva. Como hemos visto, este fenómeno era prácticamente desconocido en las primeras etapas de la Iglesia, pero llegó a afirmarse durante el siglo III. Después de reconocer al cristianismo y de hecho decidir que lo convertiría en el baluarte de su Estado, Constantino entendió que no tenía más alternativa que reconocer la existencia de una clase clerical y atenderla en consecuencia. Por supuesto, en esto no había nada nuevo. El emperador había sido el Pontifex Maximus de los dioses, del mismo modo que ahora se consideraba un obispo. Los sacerdotes paganos eran funcionarios oficiales retribuidos, que se reunían una vez por semana en un cónclave que tenía el carácter de un acto oficial; las vírgenes vestales recorrían las calles en carruajes oficiales cubiertos y en los juegos ocupaban un palco imperial. Constantino casi desde el principio comenzó a transferir privilegios al clero cristiano y lo eximió de los cargos públicos obligatorios (una función onerosa y cara) en las ciudades, y en las áreas no urbanas del pago de los impuestos correspondientes al distrito. Estas medidas implicaron conferirle la jerarquía de una clase y en este proceso el ámbito secular respaldó al espiritual. Sin duda Constantino fue el primero que utilizó las palabras «clerical» y «clérigos» en este sentido, y una generación más tarde el anticristiano Julián ya estaba empleando estos términos en un sentido peyorativo.

Por supuesto, el favor del Estado elevó enormemente el valor de la jerarquía clerical y determinó que los cargos, sobre todo los más altos, fuesen especialmente deseables. Por ejemplo, el Concilio de Sárdica, en los Balcanes, en el año 341, intentó impedir los traslados de obispos de una sede a otra, como «una mala costumbre y una perversa fuente de corrupción». Observó severamente: «No vemos que haya obispos deseosos de trasladarse de una sede grande a una más pequeña: todos están encendidos con los fuegos de la codicia, y son esclavos de la ambición.» El historiador Amiano, un pagano que en general se muestra ecuánime frente al cristianismo, estableció la relación entre las elecciones episcopales disputadas y las rentas de la sede. Después de la batalla electoral entre Dámaso y Ursino por el obispado de Roma, en el año 366, Amiano dice que en una iglesia fueron hallados 137 cadáveres —el lugar es el asiento de la actual Santa María Maggiore—. Naturalmente, agrega, cosas así sucedían, pues una vez que ocupan el cargo, los obispos de Roma:

> se ven liberados de las preocupaciones monetarias, enriquecidos con las ofrendas de las mujeres casadas, viajando en carruajes, vistiendo espléndidamente, comiendo con lujo —sus banquetes son mejores que los imperiales—. Pero podrían sentirse realmente felices si, despreciando la vastedad de la ciudad, donde pueden ocultar sus faltas, pudiesen vivir como obispos de provincia, con una dura abstinencia en el comer y el beber, el atuendo sencillo, los ojos fijos en el suelo, proclamándose hombres puros y reverentes ante la deidad perdurable, y sus verdaderos adoradores.

Los cánones de Sárdica también indican que los individuos ricos y bien relacionados estaban incorporándose a la Iglesia sólo en busca del progreso material. Dicen así: «Si a un rico, o un abogado, o un funcionario oficial se le ofrece un obispado, no debe ordenársele a menos que haya desempeñado previamente el cargo de elector, diácono o sacerdote, de manera que se eleve a la más alta jerarquía, el episcopado, mediante el ascenso progresivo... debe conferirse la ordenación sólo a aquellos cuya vida entera ha estado sometida a examen durante un período prolongado y cuya valía ha sido demostrada.» En definitiva, este canon fue por completo ineficaz, si hemos de juzgar por el número de clérigos famosos que lo infringieron o consiguieron que se ignorase en beneficio propio. Era usual que el Estado o los grupos de interés privados pusiesen a sus candidatos en cargos importantes de la Iglesia, sin que importara para el caso su jerarquía. San Ambrosio fue bautizado, recorrió los diferentes grados clericales y fue consagrado obispo de Milán, todo en el lapso de ocho días. Entre los laicos que fueron ordenados directamente como presbíteros se cuentan san Agustín, san Jerónimo, Orígenes y Paulino de Nola. Fabián era laico cuando fue elegido papa en el año 236; Eusebio era sólo un catecúmeno cuando fue designado obispo de Cesarea en el año 314; otros obispos-legos fueron Filogonio de Antioquía en el año 319, Nectario de Constantinopla en 381 y Sinecio de Ptolemais en 410. Debe agregarse que Eusebio fue entronizado por los militares, lo mismo que Martín de Tours y Filasterio de Brescia. Gregorio Nacianceno afirma que en el siglo IV era usual elegir a los obispos «en las filas del Ejército, la Marina, el arado, la forja». Jerónimo se quejaba: «Uno que fue ayer catecúmeno, hoy es obispo; otro pasa de la noche a la mañana del anfiteatro a la Iglesia; un hombre que pasó la noche en el circo aparece la mañana siguiente frente al altar y otro que hace poco era protector de la escena es ahora consagrador de vírgenes.» El soborno directo también era usual. Juan Crisóstomo, obispo de Constantinopla, descubrió seis casos de simonía episcopal en el sínodo que se celebró en Éfeso en el año 401. Los culpables hablaron sin rodeos: «Hemos pagado sobornos —lo reconocemos— con el fin de que nos designaran obispos y nos eximieran de los gravámenes civiles.» Reclamaron que se los confirmase o, si eso era imposible, se les devolviese el dinero. Sin duda, eran hombres de poca monta: «Algunos hemos entregado muebles que pertenecían a nuestras esposas.» Se les devolvió el dinero de los sobornos y, después de la caída de Crisóstomo, también los obispados; mientras duró este episodio, estuvieron siempre junto a sus esposas.

Casi desde el principio el Estado trató de limitar el aprovechamiento del privilegio clerical, o más bien de usarlo con fines seculares. Ya en el año 320, y nuevamente en 326, Constantino intentó impedir la evasión impositiva de los ricos mediante edictos que prohibían a los decuriones, sus descendientes y otros grupos acomodados convertirse en clérigos; el sacerdocio debía estar abierto sólo para «los que poseen fortunas pequeñas y no están sometidos a los servicios municipales obligatorios». A los ojos de Constantino, el mérito de la norma consistía en que él, como emperador, podía otorgar excepciones. Deseaba un sistema en que el clero fuese reclutado principalmente en grupos desprovistos de influencia, con el agregado de hombres que él mismo elegía en las categorías superiores. De esta forma, el Estado ya estaba actuando con criterio discriminatorio. Continuó procediendo así en una variedad cada vez más amplia de aspectos. Amiano observa que Constancio II permitía que el clero usara gratis el sistema de transporte imperial cuando realizaba viajes de carácter oficial. Era una norma discriminatoria en favor de los obispos ortodoxos; Amiano dice que llevaron a la quiebra el servicio porque viajaban en hordas a infinito número de sínodos, con lo cual garantizaban que la ortodoxia siempre tuviese la mayoría. ¿Y cómo se juzgaba la heterodoxia del clero en relación con los privilegios fiscales? También en este caso Constantino forjó un arma útil para él mismo. Dictaminó en perjuicio de la mayoría de los cismáticos y herejes respondiendo a la petición del clero ortodoxo; pero, por ejemplo en el caso de los novacionistas, ordenó que «posean de pleno derecho, sin sobresaltos, los edificios de sus propias iglesias y los lugares destinados a sepulcros», así como otras propiedades «adquiridas de distintos modos», e igualmente se eximió de obligaciones a sus sacerdotes. Constantino justificó esta actitud con el argumento de que estaban separados de los católicos por razones de disciplina más que de doctrina. No cabe duda de que sus verdaderas razones fueron muy distintas; la ampliación o la reducción del privilegio fiscal seguramente le aportó, lo mismo que a sus sucesores, la posibilidad de gravitar enérgicamente en los asuntos internos de la Iglesia.

Julián admitió que la fuerza de la Iglesia ortodoxa se apoyaba en considerable medida en la discriminación imperial que la favorecía. De acuerdo con Amiano, trató de fragmentar a la Iglesia liquidando el sistema:

> Ordenó que los sacerdotes de las diferentes sectas cristianas y sus partidarios fuesen admitidos en el palacio, y expresó cortésmente su deseo de que, resueltas sus disputas, cada uno pudiera seguir sus propias creencias sin estorbo o temor. Creyó que la libertad de discutir sus creencias sencillamente ahondaría las diferencias, de modo que nunca tendría que enfrentarse al pueblo común unido. Comprobó a través de la experiencia que no existen bestias salvajes que se muestren tan hostiles frente a los hombres como es el caso de los cristianos unos frente a otros.

Pero en tiempos de Julián el cristianismo oficial era bastante fuerte para sobrevivir a esta práctica; estaba ampliando constantemente sus privilegios legales y frustrando los esfuerzos oficiales para reducirlos. Se había enriquecido, e incluso era muy rico. En su condición de organización ilegal se le había prohibido, por lo menos en teoría, poseer propiedades hasta el edicto de tolerancia. De hecho, había reunido muchas posesiones: por compra, donación y herencia. Pero cuando llegó la tolerancia y un edicto del año 321 eliminó todas las restricciones legales, las dotaciones se multiplicaron. Llegó a ser común que los hombres y las viudas adineradas dejasen un tercio de su propiedad a la Iglesia; se enseñó a los cristianos comunes a tratar a la «esposa de Cristo» como un hijo más incluido en el testamento. También hubo abusos. Julián, experto infalible cuando se trata del aspecto más sombrío del cristianismo, escribió que él «ya no permitiría que los "clérigos" actuasen como jueces y redactasen testamentos, y se apoderasen de la herencia de otros hombres, y se las atribuyesen íntegramente». En la segunda mitad del siglo IV hallamos por primera vez indicios de protestas públicas contra la riqueza del clero cristiano y el esplendor de sus edificios. Algunos autores cristianos tomaron nota: «Nuestros muros relucen con oro», escribió Jerónimo, «y el oro resplandece en nuestros techos y en los capiteles de nuestros pilares; pero Cristo perece a nuestras puertas en la persona de sus pobres, sus desnudos y hambrientos.» Pero también otros morían: las mujeres y los hombres ricos que dejaban testamento y legaban riqueza. Asimismo, por primera vez observamos esfuerzos oficiales enderezados a impedir que una proporción demasiado grande de la riqueza colectiva, y especialmente de los bienes raíces, cayese en la mano muerta de la Iglesia. Durante la década de 360 hubo una tanda de leyes relacionadas con la riqueza individual y colectiva de la Iglesia, algunas aprobadas bajo el régimen de Julián y otras bajo sus sucesores cristianos, que indicaban que el Estado, al margen de su actitud religiosa, consideraba que la manipulación clerical de las leyes impositivas, la tendencia cada vez más acentuada de la Iglesia a absorber riquezas debían ser controladas. En el año 360, en ciertos casos las tierras clericales quedaron sujetas a impuesto y a los propios clérigos se les privó de la exención impositiva aplicada a sus ingresos privados. En el año 362 se ordenó la exoneración de los decuriones que evitaban los servicios públicos obligatorios adquiriendo el rango clerical y dos años más tarde fueron obligados, cuando se ordenaron, a transferir su propiedad y, por lo tanto, sus obligaciones, a un miembro de la familia; todavía cuatro años más tarde se prohibió que el clero se beneficiase con los legados de las viudas o las pupilas, o que aquél solicitara dichos legados. En sus comentarios acerca de esta última ley, Jerónimo se sintió dividido entre el sentimiento de ofensa ante la discriminación (según él veía el asunto) contra el clero y su pesar ante la habilidad con que los clérigos la evitaban: «Los sacerdotes paganos, los actores, los tratantes de caballos y las prostitutas pueden heredar propiedad: la ley lo prohíbe solamente a los clérigos y los monjes; y es una ley sancionada no por los perseguidores sino por los emperadores cristianos... pero aunque es una ley rigurosa y detallada, la codicia de todos modos avanza: mediante la ficción del fideicomiso, desafiamos las leyes.»

La asociación entre la riqueza clerical y la idea de una casta clerical privilegiada, entre la propiedad y la ortodoxia doctrinaria, y entre la Iglesia autoritaria y una Iglesia poseedora, es muy acentuada durante los primeros siglos del cristianismo. Por ejemplo, en los elementos ortodoxos de Alejandría en el siglo II, que estaban luchando con éxito para imponer su forma de cristianismo a las sectas gnósticas y judeocristianas que hasta ese momento prevalecían, hallamos la primera defensa de los medios mundanos aplicados a fines espirituales. Clemente de Alejandría desechó el mandato absoluto de Jesús al joven rico en el sentido de que vendiera todo lo que tenía y agregó: «Un hombre debe despedirse de las cosas perjudiciales que él tiene, no de las que en realidad puede aportar con beneficio propio si sabe usarlas bien; y la ventaja proviene de las que son administradas con sabiduría, moderación y piedad... las cosas externas no siempre son dañinas.» Es significativo también que Clemente haya formulado la primera defensa filosófica y teológica del poder clerical de remisión del pecado.

La discusión sobre la existencia de este poder y de su amplitud se relacionó directamente con el corazón de los debates interconectados acerca de la función y la jerarquía del clero, la organización de la Iglesia y sus relaciones con el Estado y la sociedad. Sin duda, fue uno de los grandes factores determinantes de la historia cristiana. Todos coincidían en que el bautismo implicaba una remisión completa del pecado por el poder del Espíritu. Pero, ¿y después? Los cristianos más antiguos habían especulado con referencia a un período breve entre el bautismo y la *parousia*. Pero con una escatología que se alejaba e incluso desaparecía, el problema de los pecados cometidos después del bautismo, quizás a lo largo de la vida entera, llegó a ser agudo. Algunos, como Constantino, demoraban el bautismo hasta que estaban en el lecho de muerte; por otra parte, tenemos pruebas del bautismo de niños desde el siglo II. ¿De qué modo el cristiano bautizado podía purgarse del pecado? ¿La Iglesia tenía el poder de lograrlo? La idea de la penitencia como institución era desconocida para Pablo. Había indicios del asunto en las epístolas pastorales y en este sentido podría usarse el famoso texto sobre «atar y desatar» en Mateo (interpolado o no). Como se señaló, Clemente creía que la Iglesia podía reintegrar a los caídos al seno de la comunión integral, y la penitencia había comenzado a adquirir forma institucional por la época de Tertuliano. Fue esencialmente en relación con esta cuestión, que era la clave de muchas otras, que él abandonó la Iglesia ortodoxa.

Tertuliano era un puritano y, como la mayoría de los puritanos, tenía una visión elitista de la Iglesia. La atracción y el carácter de la Iglesia eran universales, pero el proceso de selección, o de elección, era riguroso. Una vez bautizado, el cristiano debía abstenerse de los pecados graves o perder lo que había elegido; más aún, el hecho de que cometiese un pecado grave después del bautismo demostraba que nunca lo había tenido. Tal era la clara voluntad de Dios; la Iglesia nada podía hacer al respecto, aunque poseía poderes de perdón en asuntos secundarios. Según él mismo dice, para Tertuliano el punto de ruptura llegó cuando un «alto obispo» (probablemente Calixto de Roma) decidió que la Iglesia tenía el poder de conceder la remisión después del bautismo, incluso en el caso de pecados tan graves como el adulterio o incluso la apostasía. Esta pretensión en nombre del clero —a los ojos de Tertuliano inconcebible— determinó que el antiguo azote de los herejes se convirtiera en el primer «protestante». Una vez que negó los derechos clericales en este aspecto, se vio llevado paulatinamente a cuestionar las pretensiones clericales a una jerarquía especial en la Iglesia. Durante su período ortodoxo Tertuliano había atacado a los herejes del tipo de los montanistas porque «asignan incluso al laicado las funciones del sacerdocio». Ahora, habiendo negado el poder de la penitencia, se convirtió él mismo en montanista y preguntó en *De Exhortatione Castitatis:*

> ¿Acaso no somos también nosotros sacerdotes laicos?... La diferencia entre el orden y el pueblo es imputable a la autoridad de la Iglesia y a la consagración de su rango mediante la reserva de una rama especial para la orden. Pero donde no hay un banco de clérigos, uno mismo ofrenda y bautiza y es su propio y único sacerdote. Pues donde hay tres, hay una Iglesia, aunque ellos sean laicos... uno tiene los derechos de un sacerdote en su propia persona cuando se manifiesta la necesidad.

De modo que atacó a los obispos que exhibían lo que él denominó «blandura» al perdonar a los pecaminosos y los caídos. Apeló al «sacerdocio de todos los creyentes» contra los derechos «usurpados» de ciertos ocupantes de cargos, el «señorío» antiespiritual, la «tiranía» de los clérigos. Incluso una mujer, si hablaba con el espíritu, tenía más autoridad en este sentido que el más grande de los obispos. Él representaba un cargo vacío, ella es espíritu viviente. La división era clara, era la división entre una Iglesia de santos, que se gobernaban por sí mismos, y una enorme turba de santos y pecadores que debían ser gobernados por un clero profesional. ¿Cómo podía conciliarse una Iglesia tal con la clara enseñanza de san Pablo? Tertuliano leyó la Epístola a los Romanos, como haría Lutero. En la visión de Tertuliano el espíritu no suaviza su rigor; juzga sin parcialidad ni lenidad, y nunca perdonará a quien está en pecado mortal.

Por otra parte, era fácil comprender por qué los obispos, el clero y la Iglesia ortodoxa apoyaban la «blandura». Favorecía la misión universal y favorecía también el ascenso y la unificación de una casta clerical. El poder de las llaves debía mantenerse más firmemente en las manos de dicha casta si se otorgaba amplitud, determinada por el juicio personal y colectivo de los miembros del clero. El poder de decidir si se readmitía o no a un pecador se basaba necesariamente no en la autoridad espiritual o en la iluminación directa, sino en la jerarquía, la posesión del cargo. Un obispo podía remitir los pecados o negarse a hacerlo, sólo en cuanto era una persona autorizada, designada y ordenada oficialmente. El privilegio, dependiente del cargo, pudo extenderse poco después a todo el clero ordenado. De esta forma, la división entre el clero y el laicado llegó a ser completa y la Iglesia quedó dividida entre gobernantes y gobernados.

Tertuliano advirtió claramente las consecuencias de la cuestión. No es casualidad que el tema cobrase un filo especial en su territorio natal de África del Norte, alrededor de Cartago. Tampoco es mera coincidencia que el debate sobre la penitencia y el perdón tuviese particular ferocidad en lo que se refería a la readmisión de los caídos. Las grandes persecuciones imperiales de la segunda mitad del siglo III no sólo infligieron un enorme daño a la Iglesia; en ciertos aspectos, perjudicaron de manera permanente a la cristiandad. Las comunidades cristianas se vieron escindidas por la mitad de acuerdo con la medida en que se resistieron a la coerción oficial; o más bien puede afirmarse que soportaron una escisión en tres partes. Algunas, de los obispos hacia abajo, se mantuvieron firmes, rechazaron todo compromiso y sus miembros fueron muertos. Algunas se ocultaron o exiliaron (ésta fue la enseñanza oficial de la Iglesia, en la medida en que hubo una). Algunas permanecieron y colaboraron en diferentes grados. Por supuesto, dicha colaboración implicó, con bastante frecuencia, la entrega de la propiedad eclesiástica. Cuando terminó la persecución, regresaron los que habían huido, se procedió al recuento de muertos y se examinaron públicamente los antecedentes personales de todos; las discusiones y las recriminaciones fueron agrias. Casi todos los que conservaron la vida tenían algo que ocultar o justificar; los que no tenían mácula, estaban muertos. En su *Contra Cresconium* Agustín nos ofrece una desusada visión de las recriminaciones mutuas de ese período, durante la primera década del siglo IV, cuando cita a cierto Purpurius de Limata, interrogado en un tribunal eclesiástico, que responde coléricamente a sus acusadores:

> ¿Creéis que os temo como los demás? ¿Qué hicisteis *vosotros*? El procurador y los soldados os forzaron a entregar los libros sagrados. ¿Cómo habéis conseguido que os dejen en libertad, a menos que hayáis entregado algo u ordenado que se entregase? No por casualidad os dejaron escapar. Sí, en efecto maté y me propongo matar a quienes actúan contra mí. De modo que ahora no me provoquéis a decir nada más. Sabéis que no me meto en los asuntos de nadie.

Esto sucedía en Cartago. Por supuesto, después del Edicto de Milán, muchos habitantes de Cartago y los territorios del antiguo imperio púnico, con su tradición antirromana, su permanente separatismo y su sentido de independencia, su lenguaje y su cultura púnicos, o berberiscos, miraban con repugnancia la idea de que su Iglesia hiciera causa común con las autoridades imperiales, que habían sido sus recientes perseguidores. En cierto sentido, la Iglesia cartaginesa, fundada durante el siglo II, se había convertido en la depositaria de la resistencia púnica a las ideas romanas. Había tenido siempre un ingrediente judío fuerte y casi ortodoxo. Era rigurosa, puritana y se oponía enérgicamente a todo lo que significara un compromiso con el mundo y sus ideas paganas. Negaba la idea de los deberes hacia el Estado. Tenía su propio sentido de fraternidad y cierta inclinación a regular la conducta —incluso la aceptación del martirologio— de acuerdo con los ejemplos de los macabeos. En cierto sentido se proyectaba hacia Lutero; en un sentido más concreto se remontaba hacia los Rollos del mar Muerto, pues algunos hombres de la tradición esenia habían pertenecido al grupo de sus fundadores. La insistencia esenia original en la pureza ritual absoluta halló renovada expresión en la negativa de los cristianos africanos a readmitir a quien hubiese comprometido su fe en tiempos de la persecución. Por supuesto, esto se aplicaba sobre todo al clero. Quien administraba el bautismo debía ser un individuo inmaculado e inflexible. Un obispo, que ordenaba a los sacerdotes, debía estar por encima de todo posible reproche. A menos que así fuese, sus bautismos y ordenamientos eran completamente ineficaces e incluso eran completamente perversos, pues una organización eclesiástica formada por hombres así constituía una antiiglesia, dirigida por el demonio, que proyectaba una sombra repulsiva sobre la auténtica Iglesia de los fieles. En resumen, tenemos aquí una recapitulación de las luchas de los esenios contra los falsos sacerdotes del Templo mancillado.

Éste fue el trasfondo de la herejía denominada donatista. La mayoría de los cartagineses creía que las órdenes de la Iglesia eran subjetivas, es decir, que estaban invalidadas por el desmerecimiento personal. Unos pocos les atribuían carácter objetivo, es decir, las consideraban universales y siempre eficaces, con la condición de que el ordenamiento fuese válido; este punto de vista fue sostenido cada vez más por los elementos ortodoxos fuera de África del Norte. Más tarde o más temprano el conflicto debía provocar una sucesión episcopal disputada: fue lo que sucedió en el año 311. Unos ochenta obispos de Numidia declararon nulo el ordenamiento de Cecilio, obispo de Cartago, con el argumento de que la ceremonia había sido presidida por un obispo *traditor*, que había entregado libros sagrados para que fuesen quemados por los perseguidores oficiales. Eligieron a otro obispo en el lugar de Cecilio y, a su debido tiempo, el cargo pasó a Donato. Pero, como señaló el propio Cecilio, muchos de los ochenta obispos a su vez habían sido *traditores*. Se negó a renunciar. Ambas partes apelaron a Constantino, ahora protector de la Iglesia. Después de muchas investigaciones y de demostrar considerable vacilación, el emperador se inclinó por Cecilio. A los ojos de los donatistas, esta actitud coronó el síndrome persecutorio. Ahora veían con horror la alianza con el Estado de Constantino. Uno de sus lemas era: «Los servidores de Dios son aquellos a quienes el mundo odia.» Preguntaban: «¿Qué tiene que ver el emperador con la Iglesia?» Los esfuerzos de Cecilio y sus partidarios por incorporar los correspondientes beneficios tropezaron con la resistencia de la fuerza organizada, que en general tuvo éxito. Los donatistas pudieron aprovechar no sólo el sentimiento religioso rigorista de sus comunidades sino el nacionalismo púnico local y el sentimiento antirromano y antiimperial. Ha llegado a nosotros un pequeño bosquejo literario de Donato, sin duda malicioso, original de Optato, obispo de Milevis: «Cuando la gente lo visitaba viniendo de un rincón cualquiera de África, no formulaba las preguntas acostumbradas acerca del tiempo, la paz, la guerra y la cosecha, sino siempre: "¿Cómo va mi gente en su rincón del mundo?"»

De este modo, la política religiosa se superpuso a la política de la geografía, la raza y la economía. Constantino apoyó al partido de Cecilio, es decir, a la Iglesia imperialista, pero no intentó o quizá no pudo hacer mucho más. El catolicismo ortodoxo estaba confinado a los terratenientes acaudalados y a la burguesía urbana romanizada de las ciudades y los pueblos costeros; era la religión de la respetabilidad, el conformismo y la aceptación del mundo. La Iglesia donatista rechazaba al mundo en un sentido político y económico, y expresaba las aspiraciones de los nativos pobres de las llanuras interiores y los distritos montañeses. Alrededor del año 347, los cecilianos recurrieron a la violencia oficial. Un comisionado gubernamental, el conde Macario, impuso una suerte de paz imperial apelando a la fuerza y al miedo. Muchos donatistas fueron muertos y se los reverenció instantáneamente como mártires. La feroz y tradicional ortodoxia de la Iglesia africana, fortalecida por la persecución pagana, de la noche a la mañana fue tachada de herejía —una herejía identificada y atacada por el mismo poder que antes la había perseguido en nombre de un Estado pagano—. La cuestión en juego no era sólo la protesta de una secta particularista sino la supervivencia de una tradición provinciana del cristianismo en un imperio universal y —a juicio de los africanos— parasitario. Constantino desencadenó el problema cuando alineó al imperio con la Iglesia católica universal; sus sucesores tuvieron que afrontar la situación. Si perseguían, provocaban un movimiento de resistencia; si, como hacía Julián, retiraban el apoyo de las legiones al partido ortodoxo, los donatistas avanzaban y amenazaban los intereses del Estado, así como los de la Iglesia.

Desde «el tiempo de Macario», como lo denominaron, los donatistas memorizaron un doloroso folklore de mártires, injusticias y ofensas. Las cuestiones originales quedaron olvidadas cuando la clase, la raza y la nacionalidad estrecharon filas. Los donatistas eran una Iglesia totalmente organizada, con más de 500 obispos, por supuesto la mayoría de ellos perteneciente a pequeñas sedes. Eran básicamente ortodoxos en su rito y sus enseñanzas; según la opinión que tenían de sí mismos, ultraortodoxos. Sus sacerdotes repetían conscientemente las actitudes de los zelotas y se desplazaban en grupos armados con garrotes, a los que denominaban «israeles», para castigar al credo pro romano desviado. Cuando se apoderaban de una iglesia «ortodoxa», la purificaban, como podrían haber hecho los esenios, con cubos de cal. Tenían sus ejércitos privados, los «circumcellion». La composición, los motivos y el significado de estas bandas están envueltos en denso misterio. Se los podía representar como hombres desordenados y desposeídos, de hecho bandidos, que vivían en los cementerios donatistas y sus alrededores, guardando los santuarios de los mártires y saliendo de tanto en tanto para vengarlos. Pero también es posible que fueran trabajadores estacionales, que se desempeñaban principalmente en los grandes olivares de las planicies y las montañas interiores, bereberes salvajes y semicivilizados, tradicional y groseramente explotados por los terratenientes romanos, casi todos éstos ausentistas. En África del Norte había enormes latifundios, propiedad de millonarios romanos que ni siquiera ponían los ojos en sus fundos hasta el día en que buscaron refugio en Cartago, después de la caída de Roma en el año 410. Algunos de estos hombres acaudalados, así como herederas y viudas adineradas, ya se habían convertido en católicos ortodoxos hacia mediados del siglo IV; además había gran número de grandes terratenientes locales identificados con el partido de Cecilio y, por supuesto, con la autoridad imperial.

El judaísmo zelota siempre había mostrado cierta tendencia a atacar a los ricos en nombre de la religión. ¿Acaso los odiados saduceos no se habían aliado con el Estado romano, manchando de ese modo la verdadera fe y ayudando al opresor codicioso? Josefo acusó a los zelotas de la guerra que duró del año 66 al 70 de «estar sedientos de la sangre de los hombres valerosos y los miembros de las buenas familias». La conjunción de fuerzas religiosas y económicas en el caso de los circumcellion era básicamente la misma; fue un episodio más de un fenómeno permanente, que más tarde incluye, por ejemplo, la rebelión campesina del siglo XIV en Inglaterra. El donatismo fue un movimiento de pobres dirigido por un clero puritano. Sus tropas de choque, los circumcellion, eran milenaristas para los que la idea de una renovada escatología constituía la ocasión de arreglar cuentas ante todo en la Tierra. Se autodenominaban los «capitanes de los santos». Sus fases de actividad violenta generalmente coincidían con los períodos de crisis económica. Protegían a los campesinos endeudados aterrorizando a los acreedores y los terratenientes. También extendían su protección a los esclavos, que así se convirtieron en un factor poderoso de la Iglesia donatista. En un imperio en que la tenencia de armas mortales era, en rigor, ilegal excepto para las categorías privilegiadas, los circumcellion esgrimían las enormes estacas que usaban para desprender de los árboles la cosecha de aceitunas. Fuera de las ciudades, sus amenazas generalmente bastaban. Si no era el caso, quemaban las cosechas y las casas, se apoderaban de los documentos relacionados con los esclavos y los destruían. A los ojos de Agustín, el enemigo de los donatistas y el ideólogo del imperio cristiano, eran agentes de la anarquía y el horror social, «rebaños locos de hombres abandonados». Agustín observó que conmemoraban a sus mártires con orgías alcohólicas y atribuyó éstas a la supervivencia de tradiciones paganas. Sin duda, había restos paganos en las regiones rurales y en las montañas, pero lo mismo podía decirse que sucedía en las ciudades. A los católicos, tanto como a los donatistas, les agradaban estas conmemoraciones turbulentas de los santos. El verdadero temor de Agustín provenía de su odio a la discrepancia religiosa unida con la revolución social. «¿Qué amos eran ésos», preguntó, «que no eran capaces de salvarse de vivir temerosos de su propio esclavo, si el esclavo se había puesto bajo la protección de los donatistas?» Pudo demostrar, sin duda exagerando pero también con cierta razón, que los donatistas organizaban imperios privados desafiando a la ley. Estaba el caso del obispo de Timgad, que dejó una de las catedrales más grandes jamás construidas en África. Agustín dice que recorría los lugares «ejerciendo un poder intolerable, acompañado por guardaespaldas, no porque temiese a nadie sino para inspirar temor en otros. Oprimía a las viudas, expulsaba a los menores, distribuía los patrimonios ajenos, disolvía matrimonios, atendía la venta de las propiedades de los inocentes y se llevaba una parte del producto mientras los propietarios gemían». Por supuesto, puede interpretarse de dos modos esta descripción: representa a un hombre que perpetra injusticias o que intenta corregirlas.

En efecto, la lucha religiosa proyecta viva luz sobre las tensiones sociales y económicas del Imperio romano del siglo IV. Una característica de la Iglesia donatista fue la capacidad y la disposición de sus obispos y sacerdotes a usar el púnico tanto como el latín. Tenían servicios en lengua vernácula; incluso es posible que contasen con traducciones de las escrituras en vernáculo. La postura política y económica era antirromana, y la actitud cultural era hasta cierto punto antilatina. Los escritos de la polémica donatista que han llegado a nosotros proyectan algunas luces sobre la escena del norte de África; con respecto a otros lugares, sabemos mucho menos, pero a veces tenemos indicios de esquemas análogos de conflictos y tensiones. Por ejemplo, un rasgo de los montanistas era que hablaban la lengua local, a menudo tribal, o *patois* de las regiones en que actuaban, como en Frigia. Fue una de las razones de sus indudables éxitos. Es difícil determinar hasta dónde el cristianismo inconformista operó en conjunción con el tribalismo y el nacionalismo local, y más difícil todavía demostrar que fue una actitud intencional y sistemática. Es probable que casi desde los primeros tiempos los grupos cristianos muy dispersos a lo largo y a lo ancho del imperio hayan sido identificados o se hayan identificado ellos mismos con las aspiraciones y las quejas locales. Este aspecto ayudaría a explicar las persecuciones más tempranas, ejecutadas casi siempre en un nivel puramente local. También contribuiría a explicar el interés ansioso del cristianismo ortodoxo por desembarazarse de este tipo de aventureros religiosos; en este sentido, los montanistas fueron un ejemplo destacado pero no el único. Desde el siglo II la Iglesia católica, como tendió cada vez más a llamarse ella misma, destacó su universalidad, su uniformidad lingüística y cultural, su trascendencia geográfica y racial, en resumen, su identidad de propósitos con el imperio. Éstos son los temas de la mayoría de los propagandistas católicos de la escuela romana, sobre todo durante el siglo III. A su tiempo, la Iglesia ortodoxa recibió su recompensa: el reconocimiento, la beneficencia y el apoyo imperiales contra sus enemigos. Pues, y ésta es la clave, ¿acaso los enemigos de la Iglesia católica no eran los enemigos del imperio incluso antes de que se concertara la alianza? A partir de la perspectiva antinómica de Julián, nuevamente podemos asomarnos a la verdad. En una carta en donde defiende su política religiosa, consistente en retirar el apoyo militar del Estado a la rama ortodoxa del cristianismo, destaca apasionadamente que esta actitud ha puesto fin al derramamiento de sangre. «Muchas comunidades enteras de los llamados herejes», afirma, «en realidad fueron masacradas, por ejemplo en Samosata, y Císico en Paflagonia, Bitinia y Galacia, y en el caso de muchas otras tribus hubo aldeas saqueadas y destruidas; en cambio, en mis tiempos se ha puesto fin al exilio y se ha restaurado la propiedad». Tenemos aquí un panorama de la Iglesia católica y el Estado romano cooperando en una amplia área por motivos diferentes pero compatibles, para imponer el orden, la uniformidad y el control central. Sin duda, una razón por la cual la política del propio Julián, aunque podía ser idealista, no fue eficaz y en definitiva fue abandonada o revertida, consistió en que la diversidad de creencias religiosas era incompatible con las necesidades puramente seculares del gobierno imperial.

Aunque no hay pruebas reales de que en una etapa cualquiera de su formación el cristianismo primitivo fuese consciente o inconscientemente una fuerza social revolucionaria, lo que en efecto hizo fue promover una multitud de sectas divergentes que partían del particularismo local y lo acentuaban, y también una corriente dominante que se autoidentificó con el imperio, las clases poseedoras y el *status quo*. Por lo tanto, el cristianismo produjo y reflejó fuerzas que, por una parte, mantenían la unidad del imperio y, por otra, trataban de desintegrarlo. En Roma y Constantinopla, los cristianos eran ortodoxos e imperiales. En África del Norte eran sobre todo cismáticos y nacionalistas. En amplias regiones del imperio los elementos cristianos formaban una multiplicidad de grupos turbulentos, cada uno de los cuales intentaba introducir su propio brazo de palanca en las grietas de la estructura imperial. Estos grupos discrepantes a menudo se superponían parcialmente. En determinado momento y en una sola ciudad frigia había Iglesias dirigidas por los montanistas, los novacionistas, los encratistas y los acotactitas o sacoforios, todas sectas prohibidas. Dispersas a través de los territorios imperiales había distintas formas de «entusiastas» cristianos, desertores del sacerdocio o *vacantivi, catenati* o individuos de cabellos largos, ascéticos encadenados, fanáticos monjes ladrones y gran número de grupos heréticos. Hacia la década de 390 Filasterio, el anciano obispo de Brescia que había consagrado la vida entera a recopilar información acerca de la herejía, tenía una lista de 156 bien delimitadas y, al parecer, todas aún florecientes. La herejía era sobremanera atractiva para las tribus desposeídas o para las que habían quedado del lado interior de las fronteras y se habían visto sometidas a castigos colectivos, para las bandas de desertores militares o los fugitivos de las incursiones bárbaras que vivían del robo. Y tanto para las autoridades imperiales como para la Iglesia ortodoxa, el aspecto más amenazador de la herejía, sobre todo del tipo de la montanista o la donatista, era la rapidez con que podía extenderse, semejante a un incendio de la pradera, que salta de un foco local de descontento al siguiente. Roma había tolerado las antiguas religiones tribales con la condición de que no implicasen sacrificios humanos, porque en esencia eran tan conservadoras como la misma religión romana; todas respaldaban las estructuras humanas jerárquicas. En cambio, la herejía cristiana era casi por definición antiautoritaria y unía en impía comunión a hombres cuyos conceptos por lo demás eran meramente tribales, o incluso criminales, y les suministraba conceptos trascendentes y peligrosos.

Por todas estas razones, el Estado imperial se consideró obligado —y no reaccionó blandamente— a convertirse en el organismo de aplicación de la ortodoxia cristiana. Por la época de Teodosio, durante el siglo V, había más de cien normas activas contra la herejía y los herejes. El primer estatuto general, que data de la década de 380, muestra la naturaleza esencialmente secular del interés del Estado, que ataca ahora a la herejía como en otro momento atacó al cristianismo en general, porque provocaba desórdenes. Se aplican sanciones a «los que disputan acerca de la religión... provocan agitación contra la regulación de nuestra tranquilidad, como autores de la sedición y como perturbadores de la paz de la Iglesia... No se concederá oportunidad a ningún hombre para presentarse en público y discutir de religión, o examinarla o suministrar consejo».

En efecto, esta ley era muy severa, pues parece prohibir todo lo que implique cualquier tipo de debate religioso, presumiblemente fuera de los canales autorizados. En ciertos aspectos era nada más que la culminación lógica de una secuencia de hechos originada en la decisión de Constantino de promover la alianza con el cristianismo ortodoxo. Es posible que en gran medida el propio Constantino tuviese conciencia de la lógica del asunto en el momento de su Edicto de Milán. Su política era, y continuó siendo, de tolerancia entre el cristianismo y el paganismo; se adhirió firmemente a esta postura y se vanaglorió de ella —según dijo, les había «dejado sus Templos»—. Pero su actitud frente a la discrepancia en el seno del cristianismo no era la misma; en realidad, una de las razones que le indujeron a tolerar el cristianismo puede haber sido que le ofrecía y ofrecía al Estado la oportunidad de controlar la política de la Iglesia con relación a la ortodoxia y el trato dispensado a la heterodoxia. Por supuesto, la verdad doctrinaria no interesaba a Constantino. Hasta donde fuera posible, deseaba una Iglesia universalista y global. Escribió amenazadoramente al obispo Atanasio alrededor del año 328: «Conocéis mis deseos y os ruego aceptéis libremente a quien desee ingresar en la Iglesia. Si oigo decir que habéis impedido la entrada de quien solicite incorporarse, enviaré inmediatamente a un funcionario que os deponga y envíe al exilio.» Sabía que, pese a su ortodoxia, Atanasio era un hombre violento, que solía flagelar a sus clérigos jóvenes y encarcelar o expulsar a los obispos. Éste no era el tipo de Iglesia que Constantino deseaba: su Iglesia debía reflejar lo mejor del imperio, «la armonía, la serenidad, la multiplicidad en la unidad». Asimismo, le desagradaban las discusiones doctrinarias y en ese aspecto no demostraba simpatía ni comprensión. Su reacción inicial frente a la disputa ariana fue que tenía que ver con una pequeñez, «un tema de discusión... sugerido por el espíritu disputador, que se alimenta del ocio mal utilizado... nada más que un ejercicio intelectual». Creía que el tema era «demasiado sublime y abstracto» para resolverlo con certidumbre, o que, si se resolvía, era pasando por encima de la mayor parte de la gente. La cuestión era «pequeña y muy insignificante». Exhortó a ambas partes a «ahorrar palabras» y a «demostrar un mismo grado de tolerancia y recibir el consejo que vuestro servidor y colega os ofrece virtuosamente».

En este espíritu Constantino (y la gran mayoría de sus sucesores) abordó su propio papel en la política de la Iglesia. Debía ser un mediador, una función que él desempeñaba bien y que le agradaba. En las descripciones que Eusebio ofrece de Constantino, mientras preside el Concilio de Nicea en el año 325 y en otras grandes reuniones eclesiásticas, vemos al emperador en su elemento, organizando complicadas ceremonias, entradas dramáticas, procesiones y espléndidos servicios. Aportó su habilidad en el campo de las relaciones públicas a la administración de los asuntos de la Iglesia. Todo eso estaba muy lejos de los tiempos de los «pilares» y el Consejo de Jerusalén. En realidad, puede afirmarse que Constantino creó el *décor* y el rito de la práctica conciliar cristiana. También trató de fijar el tono del debate: eirénico, conciliador, cortés. Él fue quien insistió, como fórmula de compromiso, en la inserción de la frase «consustancial con el padre» en el acuerdo referido al clero. «Aconsejó su aceptación a todos los presentes», dice Eusebio, «y la adhesión a sus artículos y su consentimiento, con la inserción de la única palabra "consustancial", que él mismo interpretó.» En concordancia con los intereses del Estado, Constantino ansiaba evitar una riña, si tal cosa era posible, y si había que afrontarla, quería buscar una solución honrosa. De esta forma, aunque en Nicea consiguió que una abrumadora mayoría de los obispos condenase ciertas creencias específicas de Arrio y sus partidarios, más tarde demostró mucho interés en restablecer a Arrio, sobre la base de una confesión de fe; en el año 321, para evitar una disputa con los donatistas en relación con la iglesia que él había construido en Constantina (Cirta), ocupada por aquéllos y reclamada por los ortodoxos, transfirió a éstos la aduana oficial como sustituto. En resumen, Constantino impuso orden y estabilidad, el imperio de la ley, por delante de cualquier otra consideración religiosa. Pero cuando a su juicio el disenso desafiaba el dominio de la ley, actuaba implacablemente. En el año 316 consideró necesario perseguir a los donatistas y actuó en consecuencia; un sermón donatista se quejaba de que «se ordenaba imperativamente a los jefes locales que actuasen y se ponía en movimiento el poder secular; las tropas rodeaban los edificios; se amenazaba con la proscripción a nuestros seguidores acaudalados, se profanaban los sacramentos, se descargó sobre nosotros una turba de paganos y nuestros edificios sagrados se convirtieron en escenario de festines profanos». Otra vez, en el año 333, en el primer ejemplo de censura utilizado en defensa de los intereses cristianos, Constantino ordenó adoptar medidas brutales contra los escritos arrianos: «Si se descubre un tratado escrito por Arrio, que sea entregado a las llamas... de modo que no quede ningún recuerdo de él... [y] si se sorprende a alguien ocultando un libro de Arrio y no lo trae inmediatamente y lo quema, se le aplicará la pena de muerte; el criminal sufrirá el castigo inmediatamente después de la condena.»

Tanta ferocidad trasunta un elemento de exasperación. Incluso podría afirmarse que la actitud de los emperadores hacia sus responsabilidades religiosas tendía a aplicar un esquema regular: comenzaron con un espíritu de confiado ecumenismo y concluyeron en la cólera ciega y la represión. Siempre subestimaron la tenacidad con que los clérigos se aferraban a minúsculas diferencias y la profundidad de su *odium theologicum*. En definitiva, el emperador siempre sintió que tenía que respaldar a una de las partes, conferirle jerarquía oficial y destruir a la otra sencillamente para mantener la paz; pero la decisión no siempre fue acertada y, por consiguiente, no siempre se mantuvo la paz. En definitiva, el imperio no resolvió el problema donatista que conmocionó a África del Norte ni la disputa acerca del libre albedrío, que se manifestó en todo el Mediterráneo, ni la enorme serie de controversias cristológicas que fascinaron a Oriente y Egipto durante los siglos IV y V. El imperio abrazó el cristianismo con el propósito de renovar su propia fuerza mediante la incorporación de una religión oficial dinámica. Pero en la práctica cambió un rito oficial, que era inofensivo porque estaba muerto, por una filosofía religiosa que desafiaba una definición fácil porque estaba viva y, por lo tanto, era un riesgo para la estructura administrativa en la que ella misma se encontraba. Por su propia naturaleza, el cristianismo siempre termina perjudicando a sus protectores seculares.

Varias generaciones de emperadores lidiaron con el problema de la deidad cristiana y el modo de asignarle una definición final y universalmente aceptada que pusiera fin a la polémica, pero por su propia naturaleza el asunto no tenía solución. Durante el siglo I el mundo esperaba una religión universalista y monoteísta. El cristianismo la suministró. Pero por otra parte, ¿el cristianismo en verdad era monoteísta? En un último análisis, lo que lo distinguía del judaísmo era la creencia en la divinidad de Cristo. Si Jesús era un simple Mesías, los dos sistemas religiosos eran reconciliables, como habían argumentado los cristianos judíos.

Sin embargo, la insistencia en que Jesús era el hijo de Dios ponía el movimiento al margen incluso de las fronteras más dilatadas del pensamiento judaico y no sólo separaba a los sistemas sino que los contraponía en una situación de mortal enemistad. A su tiempo, se llegó a esta situación gracias a la victoria de la teología paulina. La divinidad de Cristo imprimió al cristianismo su tremendo influjo inicial y contribuyó a su universalidad, pero dejó en un dilema a los teólogos cristianos: ¿Cómo explicar la divinidad de Cristo mientras mantenían la singularidad de Dios? ¿Había por lo tanto dos Dioses? O, si se introducía el concepto del Espíritu como manifestación separada de la divinidad, ¿había tres?

Esta cuestión se convirtió en un tema irritante en una etapa muy temprana de la historia cristiana. Una solución posible era considerar a Cristo la manifestación de un Dios monolítico, negándole por lo tanto la condición de hombre. Éste fue el criterio aplicado en general por los gnósticos. En esta línea, Valentino escribió: «Jesús comía y bebía de un modo peculiar, sin evacuar su alimento. Había en él tal poder de continencia que en su cuerpo el alimento no se corrompía, pues él mismo carecía de corruptibilidad.» Esta extraña teoría invalidaba la mayoría de los Evangelios, desvalorizaba la resurrección y convertía a la eucaristía en una insensatez. Los docetistas, que también pertenecían a esta escuela, afrontaron sin vacilar el problema: como el cuerpo humano de Cristo era un fantasma, sus sufrimientos y su muerte eran sólo apariencia: «Si sufría, no era Dios. Si era Dios, no sufría.» Presentado de este modo, el cristianismo perdía gran parte de su atracción. Hubo intentos de resolver esta objeción mediante definiciones más refinadas. Los monarquianistas, al mismo tiempo que destacaban la unidad de Dios, sugerían que el Padre mismo había descendido sobre la Virgen María para convertirse en Jesucristo; también se denominó patripasianismo a esta formulación. Los sabelianos le asignaron una forma un poco diferente: el Padre, el Hijo y el Espíritu Santo eran uno y el mismo ser, es decir, el cuerpo, el alma y el espíritu de una sustancia, un Dios en tres manifestaciones provisionales. Se trataba de conceptos asimilables intelectualmente, pero todavía incompatibles con el Jesús histórico que ahora era parte integral de las escrituras canónicas.

Un segundo criterio de solución consistió en destacar la condición humana de Cristo. Por supuesto, fue siempre la forma preferida por los elementos judaizantes del cristianismo y también la esencia de la herejía afirmada por los ebionitas, el residuo desplazado de la Iglesia de Jerusalén. Naturalmente, la objeción consistía en que de ese modo era difícil diferenciar al cristianismo del judaísmo, así como era imposible conservar la teología paulina o (entre otros textos canónicos) el Evangelio de san Juan. Una postura ajustada en parte a este criterio consistió en negar la preexistencia de Cristo como Dios y eso es lo que más o menos intentó hacer Arrio, el más importante de los heresiarcas trinitarios cristológicos. Como él mismo dijo: «Se nos persigue porque afirmamos que el Hijo tuvo un principio, pero Dios no tiene principio... y decimos esto porque él no es parte de Dios ni derivado de ninguna sustancia.» De acuerdo con el historiador Sócrates, que escribió alrededor del año 440, su formulación real fue la siguiente: «Si el Padre engendró al Hijo, aquel que fue engendrado tuvo un comienzo en su existencia; por lo tanto, es evidente que hubo un tiempo en que el Hijo no era. De lo cual se deduce necesariamente que su existencia provino de lo inexistente.»

La dificultad intrínseca del problema reside en la falta de espacio para maniobrar en busca de un curso intermedio. Un teólogo de pensamiento recto, ansioso de mantener la ortodoxia, tendía a arrojar su barco sobre Caribdis mientras trataba de evitar Escila. Así, Apolinario, obispo de Laodicea (muerto en 392), en sus esfuerzos por demostrar su propio antiarrianismo, destacó la divinidad del Señor a costa de su condición humana y acabó creando su propia herejía que negaba que Cristo tuviese una mente humana. Nestorio, obispo de Constantinopla entre 428 y 431, en una actitud de reacción frente al apolinarismo, reafirmó la condición humana de Cristo hasta el punto de cuestionar la divinidad del niño Jesús y, por lo tanto, de negar a María su título de *theotokos*, es decir, «portadora de Dios». También él se vio en la posición de un renuente heresiarca. A su vez, Eutiques, un erudito monje de Constantinopla, en su fervor antinestoriano, llegó demasiado lejos en el sentido del apolinarismo, y tuvo dificultades con «consustancial», la palabra impuesta por Constantino. Convocado con el fin de que se retractara ante un concilio en el año 448, cedió desesperado: «Hasta aquí siempre evité la frase "consustancial en la carne" [como fuente de confusión]. Pero ahora la usaré, puesto que vuestra santidad lo exige.»

El espacio de maniobra existente consistía en manipulaciones verbales que recubrían conceptos nebulosos. En efecto, la frase «consustancial en la carne» era uno de estos recursos. Una fórmula sagaz podía resolver un antiguo problema y originar otro completamente nuevo, y un compromiso podía ser significativo y satisfactorio para una generación de padres y a menudo podía recibir de la siguiente interpretaciones contrarias. La memoria colectiva de la Iglesia era un instrumento imperfecto. Por ejemplo, hacia el siglo III había olvidado los orígenes de los antiguos ebionitas judeocristianos y suponía que eran los partidarios de un heresiarca llamado Ebión; no sólo fue denunciado por los autores ortodoxos, sino que se reprodujeron oraciones de sus obras con el fin de refutarlas. Hubo toda suerte de invenciones posteriores en relación con la fórmula de Nicea y los motivos de los que la aprobaron. Además, el idioma suscitaba dificultades. El griego se prestaba a una maraña de discusiones religiosas. Ésta fue una razón importante por la cual las grandes disputas cristológicas tuvieron todas orígenes orientales y fueron simples importaciones en las regiones de habla latina. Nuestra palabra «esencia» puede usarse de un modo general o particular. Los griegos tenían dos, *hypostasis* y *ousia,* y cada una podía utilizarse en cualquiera de los dos sentidos. Algunos de los principales teólogos griegos del siglo IV comenzaron a utilizar *ousia* en el sentido general e *hypostasis* en el particular («persona» o «carácter»), aunque la palabra latina correspondiente a ambos términos es *substantia,* que en realidad es el equivalente exacto de *hypostasis.* La palabra latina *essentia,* equivalente de *ousia,* nunca se difundió. Sin embargo, los latinos tienen la palabra *persona,* que usaban en el sentido particular. El equivalente griego de este término, es decir, *prosopon,* no era usado por los teólogos ortodoxos porque los sabelianos lo habían desacreditado. El resultado fue que pudo idearse con relativa facilidad una definición en el Occidente latino; mucho más difícil era obtener el mismo resultado en el Oriente griego y casi imposible crear una fórmula traducible que tanto Oriente como Occidente aceptaran de buena fe. Para los no teólogos, sobre todo los de Occidente, era difícil mantenerse al día. Agustín relata la anécdota de un general italiano que lo enredó en una discusión acerca de la Trinidad y que creía que *homousios* era un obispo oriental. En ciertos aspectos la situación era incluso más difícil para las personas cultas, pues tendían a conferir una imaginería portentosa a las palabras. Es así que Nestorio se sintió abrumado por las implicaciones de la palabra *theotokos,* o portadora de Dios, aplicada a la Virgen María. A su juicio, implicaba que María era una diosa. Se descarrió a partir de esta sola palabra; como dijo el historiador Sócrates: «Le atemorizaba la palabra *theotokos,* como si hubiese sido un terrible espectro.»

Puede afirmarse que Roma, que en general hablaba en nombre de los teólogos latinos y aplicaba un enfoque más sencillo y menos refinado al problema, apoyó consecuentemente una definición que otorgó a Cristo la condición divina plena y evitó las acusaciones de politeísmo mediante el empleo de la palabra *persona*. En efecto, Roma estaba más interesada en anular las evasiones y las interpretaciones erróneas de los herejes que en desarrollar una fórmula propia absolutamente global e invulnerable. Su posición fue expuesta del modo más completo en una extensa carta o «tomo» compilado por León, obispo de Roma de 440 a 461, y enviada a Oriente como declaración autorizada que representaba no sólo la opinión de la más antigua Iglesia apostólica sino la posición unificada del Occidente latino. Los griegos consideraban a los latinos aficionados en teología y, en general, personas bárbaras y poco educadas. De todos modos, estaban internamente tan divididos que el apoyo romano y latino garantizó con el tiempo el triunfo de la facción «ortodoxa» antiarriana en el Concilio de Calcedonia que tuvo lugar en el año 451. Cristo era «una sustancia con nosotros por referencia a su condición humana; semejante a nosotros en todos los aspectos salvo el pecado; con respecto a su divinidad, engendrado por el Padre antes de los tiempos, pero siempre con respecto a su condición humana engendrado, para nosotros los hombres y para nuestra salvación, de María la Virgen, la portadora de Dios; uno y el mismo Cristo, Hijo, Señor, sólo engendrado, reconocido en dos naturalezas sin confusión, sin cambio, sin división, sin separación».

Se ha afirmado que esta complicada fórmula señaló el fin de la controversia por lo que se refiere a la corriente principal del cristianismo. En realidad no fue así ni mucho menos. Acentuó enormemente el antagonismo entre Oriente y Occidente, en donde la polémica Trinitaria fue no tanto la causa del conflicto como el campo de batalla más cómodo y consagrado; en Oriente determinó meramente la ilusión del acuerdo ecuménico. Pero la terminología del debate cambió y los que rehusaban aceptar el Concilio de Calcedonia se agruparon bajo el término «monofisitas». Puede argumentarse que desde el principio mismo la tendencia en el Asia cristiana y en Egipto fue insistir rigurosamente en la interpretación monoteísta del cristianismo. Con una actitud que de hecho implicaba negar la naturaleza divina de Jesús, el cristianismo judío nunca tuvo éxito más allá de Asia Menor y sus aledaños europeos, pero rastros de su presencia continuaron siendo importantes en la composición del cristianismo a lo largo de la costa de África del Norte, en Siria, en el desierto de Oriente Medio y remontando el Nilo. Según el desarrollo de la doctrina Trinitaria en la Iglesia ortodoxa, el eje pasó de la insistencia en Un Dios a la insistencia en Un Dios Cristo, con una sola naturaleza divina, no dos. Pareció que esta actitud preservaba el carácter central de

Cristo así como el principio monoteísta, pero al mismo tiempo diferenciaba decisivamente al cristianismo del judaísmo, que rechazaba por completo a Cristo. En los individuos menos cultos, y sobre todo en las tribus del desierto, aún persistía el temor a los antiguos dioses derrocados por el cristianismo. Se creía que ahora adoptaban la forma de demonios —ésta era hasta cierto punto la doctrina católica oficial— que intervenían constantemente en el mundo e infligían males que formaban una vasta gama, desde las incomodidades menores a los terremotos. Sólo un Cristo que fuese completamente divino podía ofrecer protección eficaz contra tales criaturas.

Por lo tanto, la fórmula de Calcedonia no fue generalmente aceptada al sur y al este de Antioquía. Se organizó un episcopado clandestino y sus ingredientes monofisitas pueden ser rastreados actualmente en la historia de una serie de iglesias cismáticas o separadas: los coptos de Egipto, los armenios, los etíopes y los jacobitas sirios. Las divisiones trinitarias y cristológicas de Oriente quedaron sin solución, del mismo modo que más al oeste, en África, el cisma donatista nunca se resolvió del todo. El cristianismo ortodoxo pareció triunfar, pero su fuerza se vio debilitada por el sentimiento popular, que continuó siendo heterodoxo, sobre todo en las áreas tribales. En un gran arco alrededor del litoral oriental y meridional del Mediterráneo, las deslumbrantes ciudades romanizadas, con su burguesía eclesiástica de complaciente conformismo, atestiguaban la aparente solidez del mundo cristiano. Pero más hacia el interior, y a menudo también en las grandes ciudades, el cristianismo impuesto por Calcedonia careció de base popular. Este factor de debilidad nunca desapareció, sino que se acentuó y, en definitiva, la estructura interna fue barrida en pocas décadas por las tribus árabes y su clara doctrina musulmana de Un Dios. De esta forma, los errores de la dirección cristiana entregaron Asia y África a la alternativa musulmana. La rapidez con que ésta fue adoptada y los inútiles esfuerzos del cristianismo para reconquistar el terreno perdido indican la fuerza de la atracción popular musulmana, que desterró toda incertidumbre acerca de la unicidad y la naturaleza de lo divino.

¿Por qué las discusiones acerca de la naturaleza de Cristo y la Trinidad provocaban mucha más pasión en el Oriente de lengua griega que en el Occidente latinizado? No es fácil reconstruir la sociología religiosa del mundo del Mediterráneo durante los siglos IV y V. Hasta cierto punto hubo elementos de invocación emocional masiva en el cristianismo desde el principio mismo. Ello se desprende de la descripción de Pentecostés en los Hechos de Lucas y a partir de que en una etapa temprana las disputas internas de los cristianos se habían desarrollado hasta cierto punto teniendo presente la existencia de un público masivo. Luciano describe una asamblea de carácter «revivalista» celebrada por Alejandro, uno de los principales sectarios, destinada a excitar el frenesí contra los cristianos ortodoxos. Se celebró de noche, con gran cantidad de antorchas, y comenzó con una expulsión ritual de cristianos, denunciados como espías por Alejandro. Él gritaba: «¡Fuera los cristianos!» y los jefes de los grupos tenían orden de contestar: «¡Fuera los epicúreos!» Los mítines de masas y la proclamación de lemas eran característicos del movimiento montanista y, más tarde, de la Iglesia donatista en África del Norte. Las enormes basílicas que los obispos donatistas construyeron para sus rebaños cumplían la función de un auditorio poblado de ecos donde los oradores populares podían provocar el frenesí de las congregaciones, a veces como preparación para salir a las calles en la condición de una turba armada decidida a imponer la voluntad donatista a los ortodoxos o a las autoridades romanas. El empleo de dinero para manipular a las turbas de esclavos y pobres en un sentido doctrinario específico había sido uno de los rasgos más tempranos del cristianismo. La tendencia se acentuó todavía más en una etapa posterior del imperio, con la aparición de las corporaciones de mercaderes y artesanos, de hecho sindicatos hereditarios y obligatorios, que unían a sectores de la comunidad en grupos firmemente organizados, cada uno con su propia serie de intereses económicos y sociales, y cada uno inclinado a recibir soborno o a dejarse persuadir. Estas corporaciones artesanales habían representado durante mucho tiempo un papel importante en la política municipal. Hacia el siglo IV actuaron en la esfera religiosa, influyendo o incluso determinando el resultado de las elecciones episcopales donde éstas permitían aún la intervención de la población entera de cristianos, y dispuestas a apoyar al bando popular en todas las disputas religiosas. ¡No puede extrañar que Donato indagara acerca de la condición de su «partido» en pueblos lejanos! El soborno directo en beneficio de una causa religiosa de ningún modo era desconocido. En un período en que la distribución gratuita de pan se había convertido en parte del sistema de gobierno de muchas ciudades y pueblos, el hecho de que los donatistas controlasen la principal panadería pública de Hippo era considerado una fuente importante de fuerzas.

En Occidente no era fácil agitar a la turba apelando a lo que denominaríamos los aspectos más oscuros de la teología. Lo mismo había sucedido en Oriente todavía hasta el siglo III. Orígenes se había lamentado de que en Alejandría, por entonces quizá la ciudad cristiana más populosa de la tierra, hubiese una inmensa distancia entre los intelectuales cristianos por una parte, y, por otra, las masas urbanas que nada sabían, «excepto Jesucristo y El crucificado». Al parecer, el cambio sobrevino gracias al desarrollo de un movimiento monástico primitivo en Egipto y Siria. Más adelante analizaremos el sentido general del monasquismo. Por el momento, lo que nos importa es la existencia en Oriente, durante el siglo III y mucho más durante los siglos IV y V, de elevado número de monjes que vivían en la proximidad de ciudades como Alejandría. La gran mayoría provenía de los grupos sociales inferiores y muchos eran analfabetos. Precisamente por eso formaron un nexo entre las autoridades de la Iglesia y las masas y, por lo tanto, fueron un instrumento en manos de un episcopado sagaz. Los grandes obispos de Alejandría, Atanasio y todavía más Cirilo, fueron los primeros que usaron a los monjes con el fin de popularizar posiciones doctrinarias. Los monjes hablaban copto, como las masas egipcias, y traducían a términos conocidos y popularizaban en forma de lemas las complejas formulaciones de los expertos teológicos. De este modo, lo que Orígenes había deseado se realizó, aunque quizás habría temblado si hubiese visto el resultado.

A menudo se organizaba a los monjes, o éstos se organizaban por cuenta propia, para formar brigadas de hombres ataviados de negro que ejecutaban las tareas de la Iglesia: ante todo, destruir los templos paganos, y más tarde asolar las calles y las basílicas cuando se ventilaban polémicas doctrinales. El monasquismo atraía a los inadaptados, los quebrados, los criminales, los homosexuales y los fugitivos tanto como a los piadosos; era también una profesión para los toscos jóvenes campesinos a los que se podía ejercitar como miembros de regimientos monacales bien disciplinados que actuaban como parecía conveniente a un obispo inescrupuloso. Se los llevaba en bandas a los Concilios de la Iglesia para forzar a los delegados hostiles y tratar de influir sobre el resultado. Las autoridades seculares se esforzaban con el fin de mantener a los monjes fuera de las ciudades y los templos, y confinarlos a sus agujeros en el desierto. Pero algunos monjes tenían tareas urbanas. Había millares de monjes alejandrinos que supuestamente trabajaban atendiendo a los dolientes en las enfermerías de la ciudad, los leprosarios y otros establecimientos. Eran propensos a provocar disturbios tan pronto recibían la señal del obispo. Un edicto imperial del año 416 trató de limitar su número a 500, expulsando al resto, y se les prohibió interferir en los asuntos municipales o en las cuestiones judiciales; no fue fácil aplicar la norma. El trabajo y el ejemplo de los monjes alejandrinos gradualmente se difundió a través de la cristiandad oriental y originó el fenómeno de la «turba religiosa». Los obispos alejandrinos que habían organizado turbas para aplastar a los arianos y nestorianos pronto fueron imitados por sus rivales de Antioquía; la costumbre de que las turbas interviniesen en la política religiosa se extendió a Constantinopla, donde, por ejemplo, los destierros del obispo Juan Crisóstomo reflejan el funcionamiento de la teología de las turbas. Podía usarse la intervención de una turba religiosa fanática para extorsionar a un consejo de eclesiásticos atemorizados o incluso para derogar una decisión imperial que gravitaba sobre los asuntos de la Iglesia. De esta manera, los obispos de Alejandría, que controlaban el sindicato de marineros del puerto, de tanto en tanto amenazaban con impedir la llegada de alimentos a la capital imperial, Constantinopla, desde los depósitos egipcios de granos. Por otra parte, el obispo que creaba una turba teológica corría el riesgo de encontrarse en el papel del aprendiz de brujo. El entusiasmo popular despertado por cierta orientación doctrinaria se convertía en amenaza cuando era necesario concertar un compromiso para preservar la unidad de la Iglesia —y ésta fue una de las razones por las que hubo tantas dificultades para llegar a ese tipo de acuerdos—. Los obispos que regresaban a sus respectivas ciudades después de haber aceptado una formulación impopular corrían el riesgo de ser expulsados o de sufrir un destino peor. El obispo Proterio de Alejandría enfureció de tal modo a su grey al aceptar la decisión de Calcedonia que, en desfinitiva, literalmente lo destrozaron. En general, Roma no conocía este fenómeno: el papa Vigilio, 537-555, que fue a un Concilio de Constantinopla y aceptó una formulación oriental, se salvó del repudio sólo porque falleció durante el viaje de regreso.

Sin embargo, en general la teología de las turbas era un fenómeno oriental; no se limitaba a las ciudades. Sabemos que hubo «grandes turbas de rústicos» que participaron en procesiones de antorchas para saludar las «victorias» alcanzadas en los concilios. Los campesinos afluyeron a Edessa para intervenir en las terroríficas manifestaciones organizadas contra el obispo Ibas cuando éste regresó a la ciudad, en el año 449, después de aceptar un compromiso acerca de las «dos naturalezas». Se ha conservado el registro de algunos lemas voceados entonces: «¡Al patíbulo con el Iscariote!», «Ibas ha corrompido la verdadera doctrina de Cirilo», «Viva el arzobispo Dioscuro», «A la arena con el hombre que odia a Cristo», «Abajo el judófilo», «Se descubrieron en poder de Ibas las obras de Nestorio» y «¿Adónde fue a parar la propiedad de la Iglesia?» De modo que con la teología se mezclan acusaciones de impropiedad moral y matices de antisemitismo. En las turbas orientales más desenfrenadas era usual achacar al judaísmo la teoría de la «doble naturaleza». Toda suerte de fuerzas poderosas —el localismo, el regionalismo, el patriotismo, el racismo, la clase y el interés comercial— actuaban bajo la fachada teológica, pero la religión era el factor que las cristalizaba y les permitía una expresión franca, incluso admisible.

De este modo, el cristianismo se había convertido en una grosera forma de democracia populista y eso era posible a causa de su universalismo. Se enseñaba a los cristianos que el juego y el circo eran perversos y que debían evitarlos como pecados graves. Por lo menos en Oriente la teología era una forma de deporte. Gregorio Nacianceno, obispo de Constantinopla, solía decir a sus ciudadanos: «Si pedís el precio de una hogaza a un panadero, contestará: "El Padre es más grande y el Hijo es inferior." Y si preguntáis si está listo vuestro baño, el servidor os dirá: "El Hijo fue creado de la nada."» Pero era un deporte que trascendía las barreras de clase o, para decirlo más claramente, hacia el siglo IV el cristianismo había penetrado por completo en todas las clases. Los escritores históricos de este período no afirman de ninguna creencia que sea característica de las masas, de los vulgares y los incultos. Donde surgieron divisiones doctrinales, cortaron transversalmente la pirámide social. Ahora bien, esto contrastaba acentuadamente con el paganismo. Todas las religiones tienden a ser una combinación de la teorización intelectual de la elite y la creencia popular (o superstición). El paganismo romano no consiguió mantener la unidad y, por lo tanto, en definitiva fue un fracaso porque la elite intelectual no atinó a transmitir a las masas sus justificaciones teóricas; la razón por la que fracasó fue que en la práctica sus miembros no podían compartir las creencias de las masas. La defensa que hizo Cicerón de los dioses era la de un escéptico, un hombre de mundo, un conservador político; nada significaba para el hombre de la calle. Gracias a san Pablo, la fundamental creencia mística y milagrosa del cristianismo, la resurrección de Cristo, podía ser ofrecida a las personas cultas, y gracias a Orígenes podía entretejerse en un sistema filosófico completo, y así convertirse en parte de la dotación intelectual normal de las clases altas. A su vez, los intelectuales cristianos, que partían de la misma base de creencias de las masas, podían transmitir en sentido descendente sus formulaciones. Alrededor del año 350, en el seno del cristianismo no había modo de realizar una separación clara entre una cultura de las clases altas y otra de las clases bajas. Había más bien cierto equilibrio, sin duda muy delicado; no podía mantenerse sin crisis frecuentes, que implicaban la reconciliación entre la creencia y la razón, y a veces esas crisis desembocaban en la herejía. Al abolir las fronteras internas entre los individuos cultos y los vulgares, el cristianismo obligó a las personas educadas a aceptar una serie de creencias acríticas y poco cultivadas con referencia a los milagros, las reliquias, los fantasmas y otras cosas por el estilo; en el caso de la turba, determinó que la polémica teológica fuese un tema que suscitaba el entusiasmo, o más bien el fanatismo popular.

Pero si la unidad cultural del cristianismo tendía a aliviar su propia tensión en la guerra doctrinaria y la herejía, en todo caso la Iglesia siempre presentó un frente unido al paganismo, que fue demolido lentamente en el curso del siglo IV y principios del V. Aquí aparece otra diferencia importante entre Oriente y Occidente. La conversión de Constantino coincidió con un nuevo esfuerzo encaminado a descentralizar el imperio, y esta vez fue un esfuerzo caracterizado por la creación de una nueva capital imperial en el Este. Constantino incluía edificios para los cultos paganos, pero desde el principio fue esencialmente una ciudad cristiana y la corte establecida en ese lugar pronto adquirió cierta aura episcopal. Allí, el cristianismo fue la religión del régimen *ab initio* y en otros lugares de Oriente, donde la voluntad de Constantino tenía mucho peso, el paganismo oficial ofreció escasa resistencia. La cosa fue diferente en Occidente, sobre todo en Roma, donde el paganismo y la cultura de la clase alta estaban estrechamente entrelazados y donde los dioses oficiales se identificaban con el pasado heroico de la ciudad. Roma ofrecía un escenario urbano natural al paganismo y muchos cultos eran espectaculares. Por lo menos en esta etapa el cristianismo no podía igualar las enormes celebraciones masivas que señalaban la festividad funeraria de Attis, el 24 de marzo: el *taurobolium* o baño de sangre, las multitudes aullantes de penitentes que se flagelaban, los ritos de castración. Había cuadros y milagros en el teatro y danzas desordenadas, acompañadas, de acuerdo con la versión de observadores cristianos hostiles, por actos y cantos obscenos. En relación con el culto del sirio Atargatis, había procesiones musicales en las que los fanáticos danzaban, se hacían cortes en los brazos y se autoflagelaban con látigos de nudos. El color y en ciertos casos la majestad de estas ceremonias excitaban los mismos instintos que mantenían la vigencia de los juegos romanos. En un nivel social más elevado, las asambleas del Colegio Pontifical pagano, reunido en capítulo, los ritos oficiales solemnes y muy antiguos, practicados en los ambientes soberbios de los templos cuya historia en algunos casos se remontaba a casi mil años atrás, ejercían una intensa atracción, que era nostálgica, patriótica y estética.

No es sorprendente entonces que el ataque al paganismo estuviese dirigido principalmente hacia sus aspectos externos y, sobre todo, a su trama. El propio Constantino comenzó las depredaciones retirando de algunos templos los tesoros de oro y plata, y en Oriente incluso demolió varios para dejar lugar a basílicas cristianas. Pero hasta cierto punto respetó su propia palabra acerca de la tolerancia, pues un escritor pagano reconoce que durante su reinado «aunque los templos eran pobres, podía asistirse al cumplimiento de los ritos». Constancio II aprobó la primera ley antipagana importante en 341 y al año siguiente ordenó que «se erradicaran por completo todas las supersticiones». Se permitió el mantenimiento de templos sólo fuera de los muros de las ciudades, donde se utilizarían únicamente para «las piezas teatrales, el circo y los concursos», que eran «los antiguos entretenimientos del pueblo romano». Hacia mediados del siglo se ordenó la clausura de los templos «en todos los lugares y las ciudades», con el fin de «privar a los hombres abandonados de la oportunidad de pecar»; se prohibieron los sacrificios en los templos y quien los ejecutaba podía sufrir la pena de muerte y la confiscación de la propiedad. A esta altura de las cosas, hay pruebas de que la corte estaba sometida a permanente presión de los cristianos más influyentes, con el fin de que pasara de una política de tolerancia condicionada a otra de represión pura. Un cristiano converso, el senador Firmicus Maternus, escribió un libro dirigido a la Casa Imperial (alrededor de 345) y en él reclamó: «Es necesario expurgar, destruir y corregir por completo estas prácticas... ¡Fuera con los tesoros de los Templos! ¡Que el fuego de vuestra mente y la llama de vuestro crisol asen a estos dioses!» Se sancionaron muchas leyes relacionadas con el paganismo durante la última parte del siglo IV y las dos primeras décadas del siglo V. Gran parte de estos edictos estaba formada por normas contradictorias o meramente locales. En 399 se ordenó a algunos distritos rurales que destruyesen los templos después de clausurarlos; a otros, que los conservaran intactos; y a otros, hasta que retirasen los ídolos y aplicasen las construcciones a usos públicos.

Es evidente que algunas de estas leyes fueron aplicadas sólo en parte o ignoradas por completo, de acuerdo con la fidelidad de los funcionarios en cuestión. Pero donde el Estado se mostraba lento, la Iglesia actuaba con más rapidez. El apologista pagano Libanio, que escribió en 390, se quejó amargamente al emperador Teodosio de la conducta de los monjes cristianos:

> No ordenasteis la clausura de los templos, pero los hombres de negro —comen como elefantes y mantienen atareados a los cristianos que les sirven de beber— atacan los templos con piedras, varas y barras de hierro, o incluso con las manos y los pies desnudos. Después, derrumban los techos y arrasan hasta el suelo los muros, derriban las estatuas y destruyen los altares. Los sacerdotes de los templos deben soportar esto en silencio o perecer. Estos agravios ocurren en las ciudades; en el campo es peor.

Señalaba que en las áreas rurales la Iglesia se apoderaba de los santuarios paganos, los declaraba «sagrados» y los monjes se apropiaban de las tierras anexas, una acusación confirmada por el historiador pagano Zósimo. Los sacerdotes paganos perdieron sus privilegios en 396 y otras leyes transfirieron sus ingresos impositivos al ejército y derivaron al Estado la propiedad restante. Las autoridades hicieron poco para proteger de los cristianos militantes a las instituciones paganas, aunque muy de tarde en tarde los paganos tomaban represalias. Sozómeno relata un incidente en Aulon, en el que Marcelo, obispo de Apamea que practicaba una violenta inconoclastia, encabezó una banda de soldados y gladiadores en un ataque al templo local. «Se mantuvo fuera del alcance de las flechas, pues su gota le impedía combatir, perseguir o huir. Cuando los soldados estaban atacando el templo, algunos paganos descubrieron que estaba solo y lo apresaron y lo quemaron vivo.»

En 391, otro obispo militante, Teófilo de Alejandría, encabezó un ataque multitudinario al Serapeum, o templo de Serapis, en Alejandría, el mismo que según se afirmaba era el lugar más grande consagrado al culto en el mundo entero. Este complejo contenía una inmensa estatua de madera del dios, que amenazaba provocar terremotos si alguien la tocaba. De acuerdo con la *Historia Eclesiástica*, de Teodoreto, «El obispo consideraba que esas versiones eran rumores de arpías borrachas y se burló de la enorme magnitud del monstruo inerte y ordenó derribarla a un hombre que estaba armado con un hacha... Se procedió a cortar la cabeza de Serapis y salió una multitud de ratones. Se dividió en trozos pequeños y se quemó, pero se paseó la cabeza por la ciudad, para burla de quienes la veneraban». También se procedió a revelar una serie de extraños trucos sacerdotales, por ejemplo las estatuas huecas de madera o bronce, con aberturas ocultas desde donde los sacerdotes murmuraban oráculos o maldiciones. Al parecer, era asombrosa la semejanza con diferentes fraudes, por ejemplo el Crucifijo Boxley, revelados más tarde durante la primera gran ola de iconoclastia de la Reforma. La destrucción de los templos paganos en efecto presagió muchas de las actitudes de ambas partes observadas durante la campaña puritana contra la «idolatría» cristiana del siglo XVI.

En realidad, la debilidad del paganismo era su dependencia respecto de los aspectos externos y, entre sus defensores de las clases altas, el enfoque puramente estético de la práctica religiosa. Los intelectuales paganos del siglo III, por ejemplo Plotino y su biógrafo Porfirio, fueron incapaces, lo mismo que el crítico anterior, Celso, de atacar al cristianismo como una superstición bárbara, indigna de los hombres educados. Escribieron en una actitud defensiva y admitieron muchos de los argumentos cristianos. La incapacidad de los pensadores paganos para suministrar una alternativa verosímil a lo que era ahora el grupo religioso dominante en el imperio debilitó por completo el intento de Julián de reimponer el paganismo mediante el poder oficial en la década de 360. El intento terminó con la muerte temprana del emperador en combate, un infortunio considerado naturalmente como un juicio acerca de su causa; por nuestra parte no podemos saber hasta dónde su perseverancia le habría deparado éxito. En realidad, el método de Julián consistía en insertar las prácticas cristianas en el paganismo, mientras mostraba a los cristianos como una corriente intolerante, grosera y destructiva. Compiló un catecismo, creó caridades paganas y organizó una jerarquía eclesiástica de acuerdo con los criterios cristianos, con un sistema de disciplina y un derecho canónico. Intencionadamente designó a paganos en altos cargos y discriminó en perjuicio de los cristianos, excluyéndolos por completo de la profesión docente. Creía que al negar el apoyo del Estado al cristianismo oficial fomentaría el disenso, sobre todo en Oriente, y solía tratar con benevolencia a los judíos, a quienes prometió ayudar a reconstruir el Templo de Jerusalén. Durante una gira por Oriente exhortó públicamente a las autoridades locales a celebrar sacrificios masivos en el estilo pagano y en todas partes se reabrieron y repararon los templos. Pero el entusiasmo era escaso. Por el contrario, en ciertas regiones se formularon quejas porque escaseaba la carne a causa de los sacrificios. Además, Julián era supersticioso. Creía ser la reencarnación del alma de Alejandro de Macedonia, que su destino era recrear el imperio alejandrino y que los dioses paganos recientemente restablecidos le ayudarían a alcanzar la meta. Cometió el error de identificar la verdad religiosa con la victoria militar. La aristocracia romana era dominantemente pagana, pero había abandonado esta actitud. En general, creía que un «revivalismo» pagano podía originar más problemas que los que resolvía. Su interés en la cuestión era la propia del anticuario y el esteta.

De todas formas, en éste y en otros aspectos, el cristianismo estaba cambiando para salir al encuentro de la opinión pública. Durante el siglo II la Iglesia había incorporado los elementos de la organización eclesiástica; en el III creó una estructura intelectual y filosófica y en el IV, sobre todo durante la segunda mitad del siglo, definió una dramática e impresionante personalidad pública: comenzó a pensar y a actuar como una Iglesia oficial. Esta política estuvo determinada por la necesidad de imponerse al paganismo —casi conscientemente, después del fracaso del «revivalismo» de Julián, durante el pontificado del obispo Dámaso de Roma (366-384)—. Su meta parece haber sido bastante clara: presentar al cristianismo como la verdadera y antigua religión del imperio y a Roma como su ciudadela. Dámaso instituyó una gran ceremonia anual en honor a Pedro y Pablo para destacar la idea de que el cristianismo ya era muy antiguo y había mantenido su asociación con Roma y los triunfos del imperio durante más de tres siglos. Según lo que él alegaba, los dos santos no sólo habían asegurado la primacía de Roma sobre Oriente porque ella era su ciudad adoptiva, sino que también habían demostrado que eran protectores de la ciudad más poderosos que los antiguos dioses. El cristianismo era ahora una religión que tenía un pasado glorioso y un futuro ilimitado. Dámaso vivía bien y agasajaba suntuosamente a sus visitantes. En 378 celebró un sínodo «en la sublime y sagrada Sede Apostólica» —fue la primera vez que se usó la frase— que exigió la intervención oficial para asegurar que los obispos occidentales se sometieran a Roma. El Estado también dictaminó que el obispo de Roma no estaría obligado a comparecer ante el tribunal: «Nuestro hermano Dámaso no debe ser puesto en una posición inferior a la de aquellos con quienes tiene oficialmente una situación de igualdad, pero a quienes supera por la prerrogativa de la Sede Apostólica.» Según parece, Dámaso fue un hombre desprovisto por completo de espiritualidad. Sus enemigos decían que era el hombre que pellizcaba las orejas de las damas —la mayoría de sus conversos importantes estaba formada por mujeres de sociedad—. Desarrolló inflexiblemente esfuerzos por incorporar a los ricos al cristianismo, una tarea que no era fácil, pues en su tiempo más de la mitad del senado estaba formada todavía por paganos. Se difundieron falsificaciones para realzar las credenciales cristianas: y de esta forma se elaboró una correspondencia entre san Pablo y Séneca. El cristianismo intentó hacer pie en todas las grandes familias del imperio tardío, tanto en Roma como en Constantinopla. Los eclesiásticos destacados llegaron a ser «clientes» de las casas nobles, que tenían vastas propiedades y ejercían influencia en la corte. Estas dinastías tendían a tomar partido en las discusiones doctrinales o las disputas sobre las personalidades o las designaciones. Las viudas adineradas de generales triunfadores se alineaban en diferentes bandos en las violentas polémicas que caracterizaron la carrera de Juan Crisóstomo en Constantinopla. Una casa noble importante podía proteger a un clérigo de moda, que en otras condiciones quizá hubiese sido tachado de hereje, e incluso podía proporcionarle un valioso obispado —por esa época los obispos, por lo menos en el área romana, tenían derecho a una cuarta parte de los ingresos totales de la sede—. También podía asignarse una función a los ricos, los bien nacidos o simplemente los laicos inteligentes adoptados por una familia cristiana importante: eran los que escribían gran parte de la literatura eclesiástica contemporánea y, como hemos visto, era fácil llevarlos a ocupar un obispado si parecía necesario. Los palacios de los ricos en las ciudades fueron centro de estos círculos; si una familia adoptaba una posición firmemente ascética, estas casas se asemejaban a monasterios laicos, un rasgo que más tarde caracterizó a Constantinopla.

La mundanidad se reflejaba en el atuendo episcopal, que combinaba la dignidad del vestido senatorial y el nuevo exotismo promovido por Constantino. En realidad, los obispos se vestían como nobles adinerados del imperio tardío; la resistencia al cambio fue el factor que con el tiempo confirió a este uniforme su connotación peculiarmente clerical. Algunos obispos destacados detestaban este compromiso con Mammon. Gregorio Nacianceno renunció al obispado de Constantinopla cuando fue criticado por sus austeridades y pronunció un sermón irónico y colérico:

Ignoraba que debíamos rivalizar con los cónsules, los gobernadores y los generales famosos, que carecen de oportunidad para gastar sus ingresos —o que nuestros estómagos debían ansiar el pan de los pobres— y consumir lo que ellos necesitan en lujos, eructando frente a los altares. No sabía que debíamos cabalgar en hermosos caballos o viajar en magníficos carruajes, precedidos por procesiones, mientras todos nos aclaman y nos abren paso como si fuéramos bestias salvajes. Lamento estas privaciones. Por lo menos han terminado. Perdonad mi error. Elegid a otro que complazca a la mayoría.

Juan Crisóstomo fue expulsado de la ciudad porque adoptó el mismo criterio. Prohibió totalmente los agasajos episcopales, comía solo y austeramente. No aceptaba a los obispos visitantes, sobre todo porque creía que debían permanecer en sus propias diócesis, en lugar de cobrar elevados honorarios por su predicación en la metrópoli. Sus propios sermones eran apasionadamente francos, sobre todo cuando se excitaba y flagelaba a la corte, a los ricos y especialmente a las viudas acaudaladas (algunas de las cuales lo apoyaban). Parece que esta categoría del mundo femenino fue un tema especial de la crítica de los clérigos austeros. Jerónimo, contemporáneo de Juan, escribe irritado:

> ... sus enormes literas, con capas rojas y cuerpos adiposos, una fila de eunucos caminando por delante; apenas han perdido a sus maridos ya están buscando a otros. Pueblan sus casas de invitados y aduladores. El clero, que debería inspirar respeto por su enseñanza y su autoridad, besa en la frente a estas damas y, cuando extiende la mano como si fuese a bendecir, recibe dinero por su visita... después de una copiosa cena, estas damas sueñan con los Apóstoles.

Jerónimo escribió acerca de los sacerdotes «que consiguen ingresar en las casas aristocráticas y engañar a las mujeres tontas... que quieren ordenarse sólo para ver con más libertad a las mujeres. Piensan únicamente en sus propias ropas, se perfuman, y alisan las arrugas de sus botas. Se rizan los cabellos con tenazas. Los anillos centellean en sus dedos... son maridos más que clérigos».

Jerónimo había visto todo esto; había sido secretario de Dámaso y, por lo tanto, sabía que la moneda tenía otra cara. Si el cristianismo debía convertirse en la fe universalista, como sin duda había deseado su fundador, ¿no tenía que identificarse hasta cierto punto con el mundo? ¿No era propio hacerlo con dignidad y elegancia? Tal era la línea de razonamiento de Dámaso. De ahí que consagrara mucho esfuerzo y dinero a integrar el cristianismo con la cultura imperial. Desde los tiempos de Constantino, las basílicas cristianas, que inicialmente eran casas privadas, habían sido construidas a más escala amplia. Dámaso desarrolló el clásico tipo romano tardío, que podía albergar a millones de personas, y revistió el interior con oro y mosaicos coloreados. Empleó a los principales arquitectos y escultores, e inició una tradición de patronazgo papal que duraría más de un milenio. Pagó a calígrafos profesionales con el encargo de que produjesen lujosas copias de las escrituras y creasen almanaques eclesiásticos, con tablas de Pascua, listas episcopales y otras cosas por el estilo. Completó la latinización de la Iglesia occidental que, incluso en Roma, inicialmente había sido una entidad de habla griega. Durante cierto tiempo habían existido versiones latinas de los Evangelios; también había una traducción de África del Norte de la totalidad de las escrituras que correspondía al siglo III. Dámaso empleó a Jerónimo con el fin de que realizara una nueva traducción y el resultado, denominado la Vulgata, fue la obra estándar hasta la Reforma.

Dámaso también latinizó la misa, que hasta su tiempo se había rezado en griego. Parece haberla ampliado en armonía con la práctica griega vigente. La estructura fundamental de la misa ya existía a mediados del siglo II, cuando Justino mártir la describió. Consistía en lecturas de las memorias de los apóstoles y el Antiguo Testamento, un sermón, una plegaria seguida por el beso de la paz y la distribución del pan y el agua benditos. Esta eucaristía dominical se había convertido en obligación absoluta en tiempos de Justino y las palabras de la plegaria fundamental llegaron a formalizarse en una o dos generaciones más. Algunas de las respuestas de las congregaciones eran también muy antiguas. El efecto del proceso de cambio promovido por Dámaso fue transformar una ceremonia esencialmente sencilla en otra mucho más extensa y más formal, que incluía un elemento de grandiosidad. Los extractos de las escrituras eran más extensos y estaban estandarizados, y se insertaron plegarias con intervalos fijos. De ese modo Occidente incorporó el Kyrie, el sanctus, el gloria y el credo, que en su mayoría fueron traducidos al latín. Algunos aspectos ceremoniales fueron tomados de los ritos paganos, otros de la práctica de la corte, que cobró un carácter mucho más refinado después del traslado a Constantinopla. El impulso que llevó a crear una liturgia más extensa, más impresionante, menos espontánea y por lo tanto más hierática, fue esencialmente griego, pero Roma lo asumió entusiastamente a partir de la época de Dámaso. El objeto fue, en parte, remplazar la magnificencia del rito pagano en la mente pública y, en parte también, vencer en la lucha contra el arrianismo, que durante gran parte del siglo IV prevaleció en Oriente, destacando el aspecto sobrecogedor del sacrificio católico. Así, desde fines del siglo IV se observó una espectacular explosión cromática en las vestimentas y las colgaduras, el empleo de vasos de oro y de refinadas piscinas de mármol, los doseles plateados sobre el altar, una multitud de velas de cera (señal de respeto en la práctica doméstica romana) y la refinada aromatización con incienso. Acompañó a todo esto un intencionado realce de los movimientos frente al altar y en la procesión que avanzaba hacia éste y después se retiraba, e incluso una mistificación más consciente, sobre todo en Oriente, de las partes más sensibles de la misa. Hacia fines del siglo IV Juan Crisóstomo dijo de la Mesa del Señor que era «un lugar de terror y estremecimiento» que no debía ser visto por ojos profanos; así se adoptó la costumbre de ocultarlo con cortinas. A partir de este período, o poco después, hallamos la práctica de levantar un biombo o iconostasis, cuyo efecto era ocultar todas las actividades frente al altar a los ojos de la congregación y profundizar el abismo que separaba al clero de los laicos.

Sin duda, estos cambios fueron promovidos con considerables aprensiones y sobre un fondo de crítica permanente. Pero eran populares y formaban parte del proceso en virtud del cual la Iglesia estaba apoderándose de la sociedad. ¿En qué medida la Iglesia debía utilizar todos los recursos del ingenio humano para alabar a Dios? Por ejemplo, la tradición musical en la Iglesia era muy antigua e incluso precristiana. Era una especialidad de las sectas del tiempo de los esenios, por ejemplo los terapéuticos de Alejandría, descritos por Filón, que tenían himnos perfeccionados, anotados con signos especiales, y coros de hombres y mujeres que usaban la armonía y la antifonía. Pablo alude dos veces al canto en la iglesia, que al parecer fue tomado directamente de la práctica esenia en las sinagogas —como lo indica el empleo de la palabra hebrea *Aleluya*, no traducida—. Sólo unos pocos himnos cristianos sobreviven del período anterior a Constantino y únicamente en un caso tenemos una indicación real de la música. El crítico pagano Celso reconoció que era hermosa y manifestó que envidiaba sus himnos a los cristianos. El canto antifonal, con dos coros, pasó de Medio Oriente a todo el Mediterráneo durante el siglo IV y muy probablemente fue introducido en Roma por Damasco. Hacia el siglo VI el canto romano se había convertido en modelo para otras Iglesias occidentales y más tarde fue atribuido a Gregorio el Grande. Pero es evidente que el empleo de la música originó controversias desde una época muy temprana. Los cristianos rechazaban las danzas rituales, aunque eran aceptables para la tradición judía y fueron utilizadas por las sectas gnósticas (sobreviven en Etiopía). Clemente de Alejandría advirtió contra estas melodías de danzas eróticas, incluso cuando tenían un propósito religioso ostensible, y también contra el empleo excesivo de intervalos cromáticos cuando tendían a oscurecer el significado de las palabras. Agustín reconoció que esta práctica era errónea, pero por lo demás consideró que el empleo de la música en la Iglesia era legal e incluso esencial —la polémica se reproduciría, muy acremente, durante el siglo XVI—. Además, había dos o más enfoques del uso de las imágenes. También aquí Clemente de Alejandría adoptó una actitud severa y no sorprende que contase con el apoyo de Tertuliano, que creía en la necesidad de eliminar todas las estatuas y las imágenes sagradas. En la práctica, comenzaron a aparecer, cada vez con mayor frecuencia y más refinadas, antes del siglo II; después de la conversión de Constantino se procedió a derribar todas las barreras.

De hecho, hacia fines del siglo IV la Iglesia no sólo se había convertido en la religión dominante del Imperio romano sino que se tendía a considerarla la religión oficial e incluso la única. También había adquirido muchas de las características externas que convenían a su nueva jerarquía: el rango y los privilegios oficiales, la integración con la jerarquía social y económica, un ceremonial espléndido y complicado, destinado a atraer a las masas y a destacar el particularismo de la casta sacerdotal. Había llegado. Había avanzado mucho por el camino del universalismo. Había respondido al gesto de Constantino y se había encontrado a medio camino con el imperio. El imperio se había cristianizado. La Iglesia había adquirido carácter imperial. ¿O no? Consideremos la situación de la Iglesia hacia el final de los siglos IV y V, según la representación que de ella nos ofrecen tres de sus grandes personajes.

En Ambrosio, obispo de Milán, 373-397, tenemos la imagen inicial en primer plano del cristiano como una figura del régimen establecido y miembro del orden gobernante: el prototipo del obispo-príncipe medieval. Aunque parezca extraño, tenemos casi la certeza de la apariencia que exhibía, pues el mosaico que reproduce su figura en Sant Ambrogio data de principios del siglo V y, al parecer, fue tomado del natural. Muestra a Ambrosio como seguramente lo conoció san Agustín: un hombre menudo y frágil, la frente despejada, el rostro alargado y melancólico, y los ojos enormes. Agustín se sintió impresionado cuando se conocieron porque Ambrosio leía sin hablar, un hábito desconocido en el mundo clásico: «Sus ojos recorrían la página y su mente penetraba el sentido, pero su voz y su lengua permanecían en silencio.» Ambrosio tuvo otros rasgos impresionantes. Su padre procedía de la clase social más elevada. En su carácter de prefecto pretoriano de Galia gobernó una enorme extensión de Europa occidental y fue uno de la media docena de civiles más importantes del imperio. La elección de Ambrosio para ocupar el trono episcopal de Milán, una ciudad que por entonces representaba en la administración de Occidente un papel aún más importante que el de la propia Roma, parece haber sido en cierto sentido un acto oficial, pues en virtud del mismo un laico prominente, que todavía no estaba bautizado, se convirtió en obispo en el lapso de ocho días. Su biógrafo Paulino afirma que se llegó a esto por aclamación popular, pero se trata de una simplificación. Occidente era ortodoxo y Oriente, en ese momento —alrededor de los años 360 a 380—, arriano; y parece probable que las autoridades desearan equilibrar la existencia de un círculo cortesano arriano en Occidente designando a un obispo firmemente trinitario; esta medida seguramente fue popular. Ambrosio representó un papel pontifical en la política de su tiempo. Al parecer, pensaba que los obispos ejercían un poder colegiado en la Iglesia, pero que la influencia de las sedes individuales debía depender de la importancia de la ciudad con la que se identificaban. «Lo que se dice a Pedro», escribió, «se dice a los Apóstoles», con lo que desechó la idea de un alegato especial en favor de Roma. Y también manifestó: «Todos los obispos hemos recibido en el bendito Apóstol Pedro las llaves del reino de los cielos.» «Cristo confirió a sus Apóstoles el poder de remitir los pecados, que ha sido transmitido por los Apóstoles al oficio sacerdotal.» «No estamos usurpando un poder sino obedeciendo un mandato». La palabra «poder» estaba constantemente en labios de Ambrosio: a su juicio, el grado de poder que la Iglesia ejercía reflejaba su autoridad y sus pretensiones espirituales, las que en definitiva debían ser ilimitadas. Así: «Nosotros los sacerdotes tenemos nuestro modo de elevarnos al imperio. Nuestra enfermedad es nuestro propio camino hacia el trono, pues cuando soy débil entonces soy poderoso.»

El nivel de poder ejercido por Ambrosio durante el cuarto de siglo en que gobernó a la Iglesia en Milán fue algo a lo que hasta ese momento ningún eclesiástico había aspirado. Influyó sobre la política de sucesivos emperadores occidentales: Graciano, Valentiniano II, Teodosio. Se impuso en un debate público contra los paganos e impidió la restauración del Altar (pagano) de la Victoria en el Senado, pese a los deseos de la aristocracia romana. Excomulgó a Teodosio porque había ejecutado una represalia masiva contra los ciudadanos de Tesalónica, que habían asesinado a un bárbaro comandante del ejército, y exigió al emperador que aceptara la penitencia pública antes de ser readmitido en la comunión. Su ascendencia sobre Teodosio explica la severidad del código legal sancionado contra los paganos: con esta norma se garantizó la preservación de los templos más hermosos y antiguos, así como la de sus tesoros, pero por lo demás la destrucción de templos debía continuar sin provocar castigos.

De esta forma, Ambrosio fue un factor en la aceleración del proceso que alineó completamente a la autoridad imperial detrás de la Iglesia católica ortodoxa y también a la Iglesia completamente detrás de la política imperial. Por consiguiente, es necesario un juicio muy afinado para decidir si Ambrosio representó a la clase gobernante que penetraba en el cristianismo, o a la inversa. Quizá la verdad está en ambos asertos. Desarrolló la lógica de la conversión de Constantino. En su tiempo comenzó a suponerse que la falta de incorporación a la Iglesia de hecho representaba un acto de deslealtad hacia el emperador. El exilio oficial de los inconformistas se remontaba al año 314. En tiempos de Ambrosio se convirtió en una norma sistemática, como característica necesaria de un imperio ortodoxo. Los que eran culpables de error religioso se convertían automáticamente en enemigos de la sociedad, se veían excluidos de ésta o reducidos a una jerarquía inferior. ¿Quién era el juez del error? Por supuesto, la Iglesia. Ahí estaba el poder. Como la religión se relacionaba con las cosas superiores del espíritu, debía tener precedencia sobre las consideraciones más materiales. Ahí estaba el poder superior.

Reconocemos los efectos de la mente y el método de Ambrosio en su actitud frente a los judíos. Éstos eran ahora un «problema» en el imperio cristiano, como lo habían sido en el pagano, un sector amplio y destacado que no aceptaba las normas cristianas. Eran cada vez más impopulares a los ojos de los cristianos. Los judíos habían ayudado a las autoridades durante el período de persecución imperial a los cristianos; habían colaborado con Julián en su «revivalismo» pagano. Durante el gobierno de Teodosio, en el que la universalidad cristiana se convirtió en política oficial del imperio, los ataques de las turbas cristianas a las sinagogas llegaron a ser comunes. Ese tipo de violencia no autorizada contrariaba la política pública; más aún, se consideraba a los judíos un sector valioso y respetable de la sociedad, notable por su apoyo general a la autoridad. En 388 la sinagoga judía de Calinicun, a orillas del Éufrates, fue incendiada por instigación del obispo local. Teodosio decidió convertir el episodio en ejemplo y ordenó que se reconstruyese la sinagoga a costa de los cristianos. Ambrosio se opuso enérgicamente a la decisión. Su afirmación fue: «El palacio concierne al emperador, las iglesias al obispo.» ¿Acaso no se trataba de una cuestión de principio cristiano? Antes tales depredaciones nunca habían sido castigadas. Humillar al obispo y a la comunidad cristiana podía perjudicar el prestigio de la Iglesia. Escribió a Teodosio: «¿Qué es más importante, el ejemplo de la disciplina o la causa de la religión? El mantenimiento de la ley civil está por debajo del interés religioso.» Predicó un sermón de acuerdo con este criterio en presencia del emperador y Teodosio canceló sumisamente la orden. El incidente fue un preludio a la humillación del emperador en relación con la masacre de Tesalónica. Sin duda, fue una etapa importante en la construcción de una sociedad en la que sólo el cristianismo ortodoxo ejerció la plenitud de los derechos civiles.

Sin embargo Ambrosio tenía cabal conciencia de que podían garantizarse y mantenerse esos derechos sólo si se aprovechaban las posibilidades del cristianismo. Aportó a sus funciones como obispo las cualidades de un gran administrador y elaboró a través de sucesivos experimentos una teología pastoral y una ley canónica que suministraron las respuestas a todos los interrogantes suscitados por la vida cristiana. Quizá no hubo hombre que representase un papel más importante en la creación de la estructura de creencias prácticas que rodeó al europeo durante el milenio en que el cristianismo constituyó el ambiente social. En Milán, en la gran basílica nueva que él terminó en 386, nació el prototipo de la catedral medieval, con la misa diaria, las plegarias matutinas, vespertinas y en ocasiones a otras horas del día, así como las ceremonias especiales destinadas a conmemorar a los santos, de acuerdo con el calendario riguroso. Para combatir a los arrianos de la ciudad, Ambrosio intencionadamente dramatizó los servicios de la catedral, promovió el empleo de espléndidas vestiduras y el canto antifonal de salmos e himnos métricos. Empleó a cantantes profesionales, pero también educó a su congregación. Escribió: «Cuando cantan los hombres, las mujeres, las vírgenes y los niños, se crea un armonioso volumen sonoro, semejante a las olas del océano.» Creía que esta armonía celestial expulsaba a los demonios. Seguramente irritó a los arrianos, pues Ambrosio consiguió que su gente proclamase el elogio de la Trinidad. De hecho, se estaba enfrentando a los arrianos con sus propias armas, pues Arrio había sido a su vez autor de himnos de propaganda (populares cancioncillas monoteístas para las corporaciones de oficios, marchas para los soldados, muchos de los cuales se convirtieron en arrianos, y salomas teológicas para los marineros de los barcos mercantes). Ambrosio no fue el primer autor de himnos de Occidente; han llegado hasta nosotros algunos esfuerzos anteriores, aunque poco impresionantes, de Hilario de Poitiers. Pero Ambrosio tuvo el talento de producir versos que eran memorables y adaptables a la música, diámetros yámbicos en estrofas de cuatro líneas con ocho sílabas por línea. Cuatro se utilizan todavía.

En su lucha por derrotar al desafío popular del arrianismo, Ambrosio fue el primero que desarrolló sistemáticamente el culto de las reliquias. Milán era pobre en este aspecto: carecía de mártires tutelares. Roma contaba con la combinación imbatible de san Pedro y san Pablo; Constantinopla adquirió a Andrés, Lucas y Timoteo; y durante los últimos cincuenta o sesenta años se habían realizado sorprendentes descubrimientos en Jerusalén —el cuerpo de san Esteban, la cabeza de Juan el Bautista, la silla de Santiago, las cadenas de san Pablo, la columna usada para flagelar a Cristo y, después de 326, la propia cruz—. Ambrosio, que manifestaba un interés fanático por todos los detalles del martirologio y la promoción de las reliquias, dice que cuando Helena, madre de Constantino, descubrió la cruz, ésta aún tenía el *títulus* adherido; la dama encontró también los clavos y ordenó darle a uno la forma de un freno para el caballo de su hijo e incorporó otro a su diadema. Durante las últimas décadas del siglo IV hubo una ola de descubrimientos, falsificaciones, robos y ventas de tesoros santos. Los paganos hicieron todo lo posible para ridiculizar esta práctica. El presbítero Vigilancio afirmó que el culto era «una observancia pagana introducida en las iglesias so capa de religión... la obra de idólatras». Deploró sobre todo que se depositaran las reliquias en costosos cofres para que se las besara, las plegarias de intercesión, la construcción de iglesias en honor de ciertos mártires y la práctica de mantener vigilias, encender cirios y lámparas, y atribuir milagros a tales santuarios. También el gobierno manifestó cierta alarma. Lo encolerizaban los monjes que robaban los restos de hombres santos y vendían por dinero partes de ellos. Teodosio declaró: «Nadie trasladará a otro lugar un cuerpo enterrado; nadie venderá las reliquias de un mártir; nadie deberá traficar con ellas.»

No obstante, el gobierno permitió la edificación de iglesias sobre la tumba de un santo, y esto era lo que estaba en el fondo de toda la teoría y la práctica del culto de las reliquias. Una vez admitido esto, el resto se deducía automáticamente, al margen de lo que dijese la ley. El mundo estaba aterrorizado por los demonios —ahora los dioses paganos destronados se habían incorporado a ellos, lo mismo que los demonios de los herejes— y los huesos y otras cosas de los hombres justos santificados brindaban la mejor protección posible contra los enjambres malignos.

La iglesia que estuviese bien provista de estos tesoros irradiaba un poderoso círculo protector; y convenía contar con la ayuda de su obispo. De modo que Ambrosio impulsó el sistema de las reliquias por lo que pudiera valer. Durante la consagración de su nueva basílica, descubrió providencialmente los esqueletos de los santos Gervasio y Protasio, «de estatura extraordinaria, tales como eran antiguamente». El episodio estuvo acompañado por la curación de un ciego y otros hechos milagrosos, difundidos a los cuatro vientos por los secuaces ambrosianos, y adornados por las generaciones siguientes —en el siglo VI Gregorio de Tours dijo que durante la misa de traslación un panel cayó del techo, rozando las cabezas de los mártires, de las que manó sangre—. En el momento los arrianos se burlaron, pero pronto se sintieron desalentados por el éxito popular del descubrimiento de Ambrosio. Siguió la exhumación de los cadáveres de los santos Agrícola y Vitale, y de los santos Nazario y Celso; en el caso de Nazario, la «sangre del mártir estaba fresca como si hubiese sido vertida ese día, y la cabeza decapitada estaba entera, con los cabellos y la barba como si acabaran de lavarla», de acuerdo con la versión del biógrafo de Ambrosio. Un demonio interrumpió el sermón con que Ambrosio celebró este acontecimiento, pero el obispo lo refutó y lo silenció. Se procedió a empapar lienzos en la sangre milagrosa y se enviaron a todos los rincones de Italia y Galia.*

De los escritos de Ambrosio se desprende con claridad que era totalmente sincero en su culto a las reliquias. A sus ojos, eran las contrapartes necesarias de las monstruosas cohortes de espíritus perversos que recorrían la tierra, tentando al hombre a renunciar a su futuro en el otro mundo y deparándole una vida ingrata en éste. Pero además de los santos, estaban también los ángeles buenos: noventa y nueve por cada ser humano, a juicio de Ambrosio. Éste era un hombre supersticioso y crédulo, que se atenía a una extraña cosmología. Distinguía entre el Paraíso y el Reino de los Cielos, un ámbito más alto que ya estaba habitado por

---

* Se usaban las reliquias como encantamientos, encerradas en pequeñas joyas que colgaban del cuello del propietario. Es posible que la práctica haya derivado, como sugirió san Jerónimo, de las filacterias usadas por los fariseos y los escribas. Gregorio el Grande tenía una cruz que contenía limaduras de la parrilla de san Lorenzo. St. Hugh de Lincoln tenía un diente de san Benedicto engastado en su anillo. Los obispos a menudo usaban alrededor del cuello reliquias de sus catedrales, una práctica condenada por Aquino, pero que de todos modos persistió. Véase J. Sumption, *Pilgrimage, An Image of Medieval Religion* (Londres, 1975), capítulo 2, «The Cult of Relics».

Constantino y (después de su muerte) recibiría a Teodosio. De hecho, creía que había siete cielos. Además, estaba el Hades, donde la gente esperaba el Juicio Final, y el Purgatorio, el lugar del segundo bautismo u horno de fuego, donde se probaba el metal precioso de un alma para librarla de la aleación inferior. Finalmente, estaba el Infierno, dividido en tres regiones, cada una más horrorosa que la otra.

Con Ambrosio asistimos a la escatología del mundo antiguo en vísperas de su transformación en el estereotipo medieval. Pero también Ambrosio era medieval y prelático, con su extraña mezcla de grosera superstición y sabiduría mundana atemperada por una auténtica piedad. A semejanza de la mayoría de los líderes cristianos, Ambrosio se había reconciliado con la desvanecida *parousia*. De modo que era necesario vivir la vida en este mundo, pero por supuesto teniendo en vista el siguiente. Estaba explorando el camino que llevaba a una *via media* pastoral, en donde la búsqueda de la perfección se equilibraría con el sentido común y las aspiraciones del espíritu se reconciliarían con los anhelos terrenales de la carne en la que estaba encarcelado. Acerca del tema del dinero, creía que la propiedad privada era objetivamente un mal y, por otra parte: «así como las riquezas son un impedimento para la virtud en los perversos, en los buenos son un auxiliar de la virtud». Condenaba el comercio: creía que el comercio honesto era una contradicción en sí misma. Por lo tanto, el mercader que naufragaba se lo tenía merecido, pues había salido al mar impulsado por la avaricia. Sin duda, Ambrosio habría adoptado un punto de vista distinto de haber sido obispo de Alejandría. En las condiciones dadas, y como era el obispo de una extensa región productora de alimentos, pensaba que la mejor forma de la propiedad era la tierra heredada: cultivar, mejorar y aprovechar una propiedad heredada no sólo era legítimo sino meritorio; así, formuló una de las doctrinas económico-religiosas fundamentales de la Edad Media. ¿Acaso la agricultura, arguyó en *De Officiis*, no era la única forma de hacer dinero que no ofendía? Millones de cristianos debían coincidir con esta postura.

Con respecto al clero, Ambrosio les aconsejó realizar donaciones caritativas regulares en lugar de renunciar a su propiedad, una opinión que sería agradecida profundamente por millares de prelados acaudalados. Es evidente que personalmente siguió el mismo consejo, no obstante las afirmaciones de su biógrafo Paulino. Parece que Ambrosio supuso que el clero, por lo menos el que formaba la jerarquía superior, normalmente debía reclutarse en los sectores sociales acaudalados y gobernantes, o por lo menos ajustarse a la conducta social de los mismos; reconocía que no le agradaban los presbíteros o los obispos que no sabían hablar buen latín o que tenían acentos provincianos. Así ocupa su lugar otro aspecto del esquema medieval: una carrera clerical abierta al talento, pero estructurada en beneficio de la clase propietaria. Ambrosio vestía adecuadamente, como un senador, con casulla y alba. Consideró muchos aspectos de la conducta clerical. En esa época la Iglesia tendía a adoptar la tonsura que caracterizaba a algunas sectas paganas, pero la opinión estaba dividida. Algunos ascetas llevaban el cabello largo: por ejemplo, Hilarión se lo cortaba una sola vez al año, el Domingo de Pascua. Pero otro tanto hacían algunas figuras menos prestigiosas, como Máximo el Cínico, obispo de Constantinopla, criticado por sus largos cabellos rizados, muy admirados por las damas adineradas de la capital, y que según se descubrió, era una peluca. Jerónimo decía que los cabellos debían tener la longitud suficiente para cubrir la piel; en una actitud característica, Ambrosio dictaminó que debía llevarse más largo en invierno que en verano. Se ocupó de muchos aspectos de los detalles de la administración: la jerarquía, la selección y el pago de los exorcistas, agregados a las iglesias para expulsar a los demonios y a quienes se clasificaba en una categoría apenas inferior a la de los subdiáconos; y las actividades de los tribunales eclesiásticos, que estaban ampliando rápidamente su competencia como respuesta a la complejidad y la importancia cada vez mayores del derecho canónico. Ambrosio fue también el primer obispo que se ocupó extensamente del problema sexual.

El sexo había parecido un asunto desprovisto de importancia para los primeros cristianos. La mayoría creía en una inminente *parousia* y, por lo tanto, parecía innecesario idear normas relacionadas con el modo válido de perpetuar la especie. El propio Jesús había adoptado una postura rigurosa, comparada con la de algunos exegetas judíos, en el tema del matrimonio: ése era el único elemento positivo de la enseñanza cristiana básica sobre el sexo. Fue prácticamente ignorado por Pablo y, en general, el Nuevo Testamento no incluía una teoría del sexo y la familia. El Antiguo Testamento no hacía virtud del celibato; en cambio, ésa era la actitud del Nuevo Testamento, al menos por implicación. En la historia judía la autoridad parecía descender ateniéndose a la estructura de la familia normal; pero en la historia cristiana el árbol genealógico de la autoridad se propagaba mediante la transmisión espiritual. Era evidente la existencia de una tradición de celibato en el ministerio cristiano, que se remontaba, a través de Pablo, hasta el propio Jesús y hasta

Juan, los esenios y el culto minoritario del celibato en el judaísmo. Los más antiguos documentos cristianos, escritos teniendo presente la *parousia*, parecían destacar el celibato como virtud; de manera que cuando la *parousia* se alejó y nuevamente se consideró necesaria la reproducción, o por lo menos fue inevitable, la Iglesia adoptó confusamente una coexistencia inestable en la que se elogiaba el celibato pero se toleraba el matrimonio. Se reforzó la fórmula durante el siglo IV, cuando la controversia sobre la Trinidad y el triunfo de la ortodoxia fortalecieron enormemente el culto de la Virgen María, la *theotokos*. Por consiguiente, si el celibato era superior y el matrimonio inferior, aunque lícito, ¿esto no implicaba que el sexo era intrínsecamente perverso e incluso, en el contexto del matrimonio, una forma de pecado lícito?

De modo que la Iglesia no tenía una doctrina acerca del sexo, sino más bien una serie de supuestos discutibles; el intento de desarrollarlos consumió gran parte del tiempo y la energía nerviosa del clero. Ambrosio escribió mucho sobre el asunto. Entendía claramente que una vida conyugal plena era incompatible con una carrera en la Iglesia. Ciertamente, los matrimonios representaban un impedimento para recibir las órdenes. No le agradaban los obispos casados: temía la creación de una casta sacerdotal con obispos hereditarios. Los hombres casados que habían sido ordenados como obispos debían dejar de cohabitar y engendrar hijos. Creía que éste era el modo en que Adán y Eva habían vivido en el Paraíso. A juzgar por sus escritos, no parece probable que Ambrosio fuese un hombre muy sexual. Pero se diría que sus juicios estuvieron menos influidos por sus costumbres y sus deseos personales que por su experiencia pastoral. Era consejero espiritual de muchas damas, casi todas pertenecientes a las clases superiores y la mayoría protagonista de una larga historia de infortunios conyugales. Estos relatos llevaron a Ambrosio a adoptar una actitud pesimista respecto de la condición matrimonial, por lo menos como promotora de la felicidad. Sus escritos abundan en comentarios tajantes. «Incluso un buen matrimonio es la esclavitud. ¿Cómo puede ser entonces uno malo?» Para la mujer, el matrimonio era «una servidumbre, la indignidad, una carga, un yugo». Por otra parte, su experiencia con la emperatriz-madre Justina, una arriana que quiso robarle una de sus basílicas milanesas para entregarla a los godos arrianos del ejército, le llevó a reflexionar, amargado: «Todos los hombres sufren la persecución de alguna mujer.» Aconsejó a sus penitentes del sexo femenino que ayunasen, si era posible que evitasen completamente el alimento durante una semana o más; esto era económico, preservaba la belleza y la salud, y estimulaba el apetito; además, facilitaba la castidad o la continencia.

Pero el curso más apropiado para una mujer era la virginidad. Una virgen podía redimir el pecado que sus padres habían cometido al concebirla. Los sermones de Ambrosio elaborados según estos criterios irritaron a los padres. Pero él negó que la virginidad fuese la causa de un presunto descenso de la tasa de natalidad; según dijo, la historia demostraba que el mundo había padecido más a causa de los daños originados en los matrimonios poco afortunados que como consecuencia de la virginidad. «El matrimonio es honroso, pero el celibato lo es todavía más; no es necesario evitar lo que es bueno, pero debe elegirse lo que es mejor.» En esto había contradicciones que Ambrosio dejó sin resolver, pero acerca de ciertos aspectos de la virginidad adoptó una actitud clara. Una virgen estaba casada con Cristo. Para ella, la ceremonia de la recepción del velo debía ser como una fiesta matrimonial. Después, debía ocultarse. Ambrosio adoptó en esto una postura anticuada, y representó el papel de un puente entre la vestal pagana y el convento de clausura en la alta Edad Media. Las vírgenes no debían ir con frecuencia ni siquiera a la iglesia; las iglesias eran lugares peligrosos, porque eran frecuentadas. «Incluso decir lo que es bueno generalmente es falta en una virgen.» La verdadera virgen debía guardar silencio perpetuo. Ambrosio se mostró riguroso más que severo. Una virgen de quien se sospechara que había mantenido relaciones sexuales, dictaminó Ambrosio, no debía ser examinada por los médicos apelando a la fuerza, excepto en ciertos casos especiales, y entonces sólo por la autoridad y bajo la supervisión de un obispo. Si se la hallaba culpable, no se la debía ejecutar (Ambrosio no creía en la pena capital sino en la justicia redentora), y tampoco cabía torturarla hasta la muerte. Bastaría con afeitarle la cabeza y obligarla a hacer penitencia de por vida. A una virgen amenazada con la violación o el encierro en un burdel se le justificaba el suicidio.

Ambrosio relacionaba la pureza espiritual y sexual de la virgen con la limpieza. Sus vírgenes eran inmaculadas: su Virgen María, que hasta cierto punto se convirtió en el estereotipo medieval, usaba los colores blanco, plata y celeste, es decir, los «más limpios». La situación era muy distinta en el caso de Jerónimo, su contemporáneo más joven. A diferencia de Ambrosio, Jerónimo no estaba bien adaptado a la vida. En su carácter de secretario del obispo Dámaso, es probable que en cierto momento creyera que podía ser su sucesor. Pero tenía el temperamento del erudito, no el que corresponde al administrador. Era un áspero hombre de Dios, no un culto prelado. Para Jerónimo, el sexo era una enorme dificultad. Estaba absolutamente convencido de su perversidad: «El matrimonio es sólo un grado menos pecaminoso que la fornicación.» Consideraba atractivas a las mujeres, sobre todo a las virtuosas. Por eso abandonó la vida de la elegante Iglesia de Roma y escribió a bordo de la nave que debía llevarlo a Palestina: «La única mujer que me atrajo fue una a quien no había visto sentada a la mesa. Pero cuando comencé a reverenciarla, a respetarla y venerarla, como lo merecía su evidente castidad, todas mis anteriores virtudes me abandonaron en el acto.» Al parecer, con esas palabras alude al hecho de que su comportamiento provocó comentarios hostiles y maliciosos. En Jerusalén fundó un monasterio, en el que ingresó y desde donde, por el resto de su vida, mantuvo una amplia correspondencia con eruditos y damas santas del imperio entero. Una de sus cartas (dirigida a Agustín) llegó después de nueve años; la mayoría ha desaparecido para siempre. Se conservan las suficientes para demostrar que era un polemista maravillosamente vívido y franco. Su imagen lo convirtió en el favorito de todos los santos a los ojos de los pintores cristianos: Jerónimo y su león (un agregado del siglo VI) fueron pintados con más frecuencia que cualquier otra figura, salvo la Sagrada Familia. Sin duda, la descripción, en una carta dirigida a una virgen de la sociedad, de sus luchas para evitar la tentación en su monasterio, uno de los pasajes patrísticos citados con más frecuencia, permitió que los artistas medievales introdujesen devotamente la forma desnuda en sus cuadros. «A menudo me imaginé entre bandadas de muchachas: tenía la cara pálida de hambre, los labios helados, pero mi mente ardía de deseo, y los fuegos de la lascivia se elevaban ante mí a pesar de que mi carne estaba casi muerta.» Sin embargo, aunque parezca paradójico, ningún fragmento contribuyó tanto a inculcar en los cristianos la idea de la corrupción y la perversidad del deseo sexual. A juicio de Jerónimo, el sexo era sucio en un sentido literal y concreto; escribe a menudo de sus vírgenes favoritas que eran mujeres «sórdidas de suciedad». A los ojos de Jerónimo, la suciedad condensaba tanto el acto sexual como el proceso terapéutico con que la virgen disimulaba sus encantos. Paula, la virgen a quien él más estimaba en Roma, llegó a Jerusalén con su hija (producto de una promesa anterior) para cuidar a Jerónimo en su ancianidad. Ambas damas vestían harapos y rara vez se lavaban o peinaban los cabellos.

Vemos en Jerónimo la separación entre la existencia normal y un concepto evolutivo de la virtud cristiana que en realidad tenía escasa relación con las enseñanzas de Jesús y Pablo, pero que era en sí mismo una reacción frente a la mundanidad cada vez más acentuada que provenía del acuerdo con Constantino. El áspero cristianismo de Jerónimo era, o parecía ser, un correctivo necesario para la urbanidad de Dámaso o incluso de Ambrosio. Convirtió a Jerónimo en un hombre infeliz y amargado. Escribió con acritud especial contra los heterodoxos. Afirmó complacido haber «destruido en una sola noche» al escéptico Livinio, que dudaba de la eficacia del culto de las reliquias; y se burló del monje romano Joviniano, que había criticado lo que consideraba el culto excesivo del celibato: «Después de ser condenado por la autoridad de la Iglesia romana, y entre festines de faisán y cerdo, no tanto manifestó como eructó su espíritu.» Sus antagonistas se vieron sometidos a ataques personales análogos; Jerónimo podía ser igualmente irónico, e incluso insultante, con sus presuntos aliados. Tenía una inclinación profesoral a la controversia cruel y parece que más tarde o más temprano disputó con la mayoría de sus amigos y conocidos. Paladio, cuya *Historia lausiac* es una de nuestras principales fuentes de este período, dijo que Jerónimo tenía un notorio mal carácter y cita la profecía de otro erudito, Posidonio: «La noble Paula, que lo atiende, morirá primero y creo que se verá libre de su mal carácter. Después, ningún hombre santo vivirá aquí, pero su envidia incluirá a su propio hermano.» Jerónimo fue el primer cristiano del que tenemos un conocimiento íntimo, cuya interpretación de su propia fe era en absoluto incompatible con la realización de su carácter, de modo que el resultado fue el sufrimiento profundo. Así como Ambrosio es el prototipo del prelado medieval, Jerónimo es el precursor del doloroso intelectual cristiano, cuya carne mantiene un conflicto irreconciliable con el espíritu y cuya continencia forzada ha sido adquirida a costa de la caridad humana.

El mundo mental de Jerónimo fue sombrío: se vio iluminado por relámpagos que parecen más un reflejo del fuego infernal que visiones de la luz eterna; el panorama determinado por los escritos de Ambrosio no es esencialmente distinto, pese a sus cortesías y al culto del sentido común. Ambos derivaban de la visión pesimista de la condición humana en el cristianismo. Es difícil determinar dónde hallaron el mandato de las escrituras que determinó este juicio. Las epístolas de Pablo destacan la alegría ocasionada por la «buena nueva» de la redención divina. La característica de las más antiguas comunidades cristianas parece haber sido el entusiasmo equilibrado con la serenidad. Cuando Orígenes convirtió el cristianismo, que era una teoría de la redención, en un sistema filosófico, se apoyó en los aspectos positivos y expectantes de la fe.

En su polémica con el pagano Celso, rechazó la idea de un destino o una providencia ciegos que actuaban por sí mismos a través de los eones, dejando atrás ilimitadas generaciones de humanidad doliente, incambiada e incambiable. Veía sin embargo al Dios cristiano como un agente que inducía a la humanidad a mejorar, incluso a perfeccionarse, en un proceso constante de progreso hacia la luz. Se convirtió en universalista en el doble sentido de la expresión: el mensaje cristiano estaba dirigido a la humanidad entera y, en definitiva, todos se beneficiarían con la bondad y el perdón majestuoso de Dios, pues se habrían depurado progresivamente del mal. De esta forma, incluso el demonio y los ángeles caídos finalmente recobrarían el paraíso.

Es notable que la Iglesia que siguió a Constantino repudiase a Orígenes, o por lo menos su optimismo. Como en Tertuliano, sus escritos eran tan valiosos, y en el caso de Orígenes tan fundamentales para la comprensión cristiana, que sus obras nunca fueron condenadas como heréticas y por lo tanto no se permitió que desaparecieran *in toto*, aunque muy pocas sobreviven en su forma original. Pero Jerónimo, en otros tiempos admirador de Orígenes —«el maestro más grande después de los Apóstoles»—, llegó a considerarlo no sólo hereje de hecho sino de intención. Llegó a la conclusión de que el propósito permanente de Orígenes había sido pervertir los juicios de los hombres e inducir a éstos a perder el alma, y que había escrito pasajes de ortodoxia indudable sólo para desconcertar al incauto lector. Hacia fines del siglo IV esta opinión se había generalizado, no sólo en los teólogos sino en laicos como el emperador Teodosio. ¿Cuál fue la causa del cambio de atmósfera intelectual?

Es difícil evitar la conclusión de que la negación del optimismo de Orígenes reflejaba cambios profundos en la estructura social y cultural del propio imperio, y sobre todo en Occidente. El «revivalismo» de Constantino no se había mantenido. Había dejado el imperio más fragmentado política, militar y administrativamente; los problemas de la moneda circulante y la inflación en Occidente no se resolvían. La Iglesia no había aportado mucha fuerza; en cierto sentido, había agravado las cargas y las divisiones del imperio. La cristianización también había acelerado la tendencia descendente en lo que se refiere al origen social de los impulsos culturales del imperio. La cultura cristiana era una unidad, pero pese a los esfuerzos de los intelectuales cristianos era una unidad que recibía su coloración de la base. La cultura del imperio durante los siglos IV y V era artesanal. Había desaparecido el antiguo elitismo republicano que confiaba en sí mismo. La educación superior y la literatura secular continuaban casi totalmente en manos paganas. Era un paganismo no sólo decadente, sino sometido a permanente ataque. El asesinato del maestro pagano Hipatias en Alejandría en el año 415 no fue más que un ejemplo de las presiones y los peligros afrontados por los intelectuales que no eran cristianos. Muchos, como el poeta Ciro de Panópolis, se convirtieron para evitar el trato agresivo. No parece que los cristianos quisieran o pudieran ofrecer una alternativa cultural en este nivel. Permitieron la decadencia de las grandes universidades clásicas y después las clausuraron: Alejandría en 517, la escuela de Atenas en 529. Algunos analistas paganos, entre ellos el historiador Zósimo, estaban totalmente convencidos de que el cristianismo destruía al imperio. ¿Qué podían decir a esto los cristianos? Nada. Cuando se dedicaban a escribir historia secular, como hicieron Procopio y Agatías en tiempos de Justiniano, excluían del asunto a la religión, tan dominados estaban todavía por la teoría pagana.

La historia podría haber sido distinta. A comienzo del siglo V en la cristiandad había elementos que pugnaban por crear una cultura superior cristiana específica de acuerdo con los criterios de Orígenes. La frustración y la destrucción de estos elementos fue en medida considerable la obra de un hombre, en el que las tendencias que estaban implícitas en el trabajo de Ambrosio y Jerónimo avanzaron hacia una etapa posterior decisiva. Agustín fue el genio sombrío del cristianismo imperial, el ideólogo de la alianza entre la Iglesia y el Estado, y el creador de la mentalidad medieval. Después de Pablo, que suministró la teología básica, hizo más que ningún otro ser humano para plasmar el cristianismo.

Sin embargo, es difícil evaluar a este hombre, en parte porque, a semejanza de Pablo, sus ideas cambiaban constantemente bajo el influjo de los hechos, la reflexión y la controversia. Reconoció cierta vez: «Soy de esos hombres que escriben porque han progresado y que progresan escribiendo.» Los hechos de su propia vida fueron espectaculares y sugieren pensamientos sombríos. Nació en Souk Arras, Argelia, en 354, dentro de una familia de la clase media. Fue profesor de retórica en Cartago; continuó su carrera pública en Roma y después en la Milán de Ambrosio, donde se convirtió en cristiano; fue elevado al obispado de Hipona (cerca de Bona), donde encabezó la lucha contra los donatistas; presenció, desde África, el saqueo de Roma en 410; consagró diez años a combatir a los pelagianos y después, en su ancianidad, vio la invasión de África del Norte por los vándalos. Agustín escribió una gran cantidad de trabajos, gran parte de éstos influidos por los hechos de su propio tiempo y sus experiencias personales. Muchos de estos escritos sobrevivieron en su forma original. Durante un millar de años Agustín fue el más popular de los Padres; las bibliotecas europeas medievales contenían más de 500 manuscritos completos de su *Ciudad de Dios* y, por ejemplo, hubo 24 ediciones impresas entre 1467 y 1495. Por encima de todo, Agustín escribió sobre su propia persona: presentó sus llamadas *Confesiones* en 397, dos años después de haber sido designado obispo. Era un tremendo egoísta: es característico de su personalidad que su autobiografía espiritual haya sido escrita en la forma de una gigantesca alocución a Dios.

No obstante, puede alegarse que las referencias de Agustín a su propia persona ocultan más de lo que revelan. Sus *Confesiones* son una de las pocas obras de literatura clásica leídas todavía hoy, porque se centran en una relación personal entre el joven y pecaminoso Agustín y su piadosa madre cristiana, llamada Mónica (de hecho se ignora a su padre, llamado Patricio), y porque describe los esfuerzos del autor para dominar el impulso sexual. Son temas trascendentes, fascinantes en todas las épocas. Pero no está claro que ninguno de ellos tenga mucho que ver con la vida y el desarrollo espiritual de Agustín. Es cierto que a los dieciseite años Agustín tomó una concubina permanente, que le dio un hijo. Pero no hay pruebas de que fuese jamás un libertino. Ese arreglo era normal en aquella época; más tarde, el papa León solía decir que el primer paso hacia la santidad era el momento en que un joven abandonaba a su concubina. En todo caso, parece que Agustín fue un individuo con escasa actividad sexual que tuvo un interés muy limitado en lo mundano. El concepto de que pasó de los placeres de la cultura clásica a las austeridades del cristianismo es falso. Agustín fue siempre una persona de inclinación religiosa muy intensa y austera, una actitud que evidentemente heredó de su madre. El problema era: ¿Qué dirección exacta seguiría este impulso religioso? Durante la mayor parte de la juventud y su virilidad temprana Agustín fue maniqueo. En realidad, los maniqueos no eran en absoluto cristianos. Manes fue un extático mesopotámico de fines del siglo III, que había combinado el montanismo con elementos orientales para formar una nueva religión sintética. Fue ejecutado por los persas en 276, pero su culto se había extendido hacia el este, en dirección a China, donde adquirió mucha influencia, y al oeste, hacia el Mediterráneo. Había llegado a la región natal de Agustín unos sesenta años antes de que él naciera. Nuestro conocimiento del maniqueísmo, sobre la base de fuentes coptas y chinas descubiertas hace poco, todavía es fragmentario. A semejanza del gnosticismo, era dualista, pero se caracterizaba por el intenso pesimismo acerca de las posibilidades de la naturaleza humana y su bondad intrínseca, aliviado únicamente por la confianza en la existencia de una elite santa. Los maniqueos eran apasionados, poseían disciplina personal, eran virtuosos y obstinados. Imponían un período excepcionalmente prolongado en la condición de catecúmeno: Agustín se convirtió en «oyente» a los veinte años y permaneció en esa condición durante nueve años (nunca llegó a ser uno de los «elegidos»). Los maniqueos tendían al secreto y contaban con sus propias redes personales de contactos. Ésa fue una de las principales razones por las que todos los regímenes establecidos los odiaron. Salvo breves intervalos, ningún gobierno los toleró jamás, al margen de la inclinación racial, religiosa o ideológica de cada uno. Durante más de un milenio fueron perseguidos cruelmente tanto por los emperadores bizantinos como por los chinos, o influyeron sobre innumerables y turbulentas herejías de la Edad Media europea. A veces, también ejercieron cierta influencia secreta. El mismo Agustín fue a Roma, y más tarde a Milán, apoyándose en la «red» maniquea, una francmasonería que le suministró contactos y empleos. No se sabe muy bien por qué se volvió converso cristiano. Un factor fue su salud, pues padecía episodios de asma psicosomática, que llegaron a ser tan graves como para impedirle realizar una carrera que exigía la oratoria pública en los tribunales judiciales y el servicio oficial. Otro fue, sin duda, la impresionante personalidad de Ambrosio. El mismo obispo llevó a Agustín al estanque profundo y oscuro del baptisterio de la catedral de Milán y lo sumergió completamente desnudo tres veces, antes de vestirlo con una túnica blanca y entregarle un cirio. El servicio era solemne y portentoso, y estaba precedido por las primeras lecciones del catecismo, considerado todavía un secreto, por lo menos parcial, y de un acento sumamente amenazador. Bajo la guía de Ambrosio, Agustín sintió que estaba uniéndose a una organización grande e impresionante, de enormes posibilidades. No obstante, traía consigo los rasgos propios de su pasado maniqueo; treinta años más tarde uno de sus antagonistas, Julián de Eclanum, afirmó que sus opiniones retorcidas acerca del sexo eran el resultado directo de su formación maniquea.

Julián lo llamó también *poenus*, «el africano». Y esta observación también es apropiada. Agustín fue el resultado tanto de un ambiente cartaginés como de una formación maniquea. Aunque excelente latinista, carecía de una cultura más amplia. Casi no sabía griego: su saber en ese idioma era mucho menor que el de Jerónimo. No tuvo dificultades para dilucidar los conceptos trinitarios; desnudaba el problema despojándolo de sus elementos complejos de origen griego y desechaba éstos. El cristianismo de Agustín era púnico. Se afirma que en su condición de perseguidor de los donatistas enfrentó el localismo o regionalismo de esa secta con una visión internacional más amplia. Pero esto es verdad sólo en parte. Agustín conservó ciertas intensas características africanas y las fusionó con su veta maniquea: la severidad, la ausencia de compromiso, la intolerancia, el coraje, la fe profunda. Inventó un tipo de nacionalismo cristiano que respondía a sus raíces cartaginesas. Así, en definitiva, Cartago conquistaría Roma, del mismo modo que, a través de Eneas, Troya conquistaría Grecia.

Lo que Agustín asimiló en la Milán ambrosiana, lo que llevó de regreso a África y lo que opuso al particularismo donatista fue el nuevo sentido de la universalidad de la Iglesia posibilitado por la revolución de Constantino. En Milán, Agustín había visto cómo la Iglesia, por intermedio de un prelado sagaz y magistral, ayudaba a dirigir un imperio. Su mente creadora avanzó para extraer conclusiones y delinear posibilidades. En Milán la Iglesia ya estaba comportándose como una organización internacional: pronto sería universal. Era coextensiva con el imperio, sería coextensiva con la humanidad y de este modo se convertiría en una entidad inmune al cambio político y las vicisitudes de la fortuna. Tal era el plan de Dios. Agustín tenía una visión histórica del desarrollo humano. Había seis edades: el hombre estaba viviendo ahora la última, entre el primer y el segundo advenimiento de Cristo, cuando el cristianismo gradualmente englobaría al mundo, como preparación para la última edad, la séptima. Sobre el trasfondo de este concepto, los donatistas parecían ridículamente mezquinos. Habían entendido la seriedad del cristianismo. Pero al preocuparse por lo que ciertos obispos habían hecho en determinado momento y en determinado lugar, habían perdido de vista la escala enorme y objetiva de la fe, su aplicación a todos los lugares, a todos los tiempos y a todas las situaciones. «Las nubes resuenan con el trueno», escribió Agustín, «reclamando que la Casa del Señor sea construida sobre la tierra; y estas ranas se instalan en su pantano y croan: "¡Somos los únicos cristianos!"» Más aún, los donatistas tenían un concepto falso del mundo. A causa de la obsesión con su propia y limitada situación e historia local, veían el mundo como una entidad hostil y a ellos mismos como una alternativa para la sociedad. Pero el mundo estaba allí para capturarlo; y el cristianismo no era la antisociedad, era la sociedad. Encabezado por los elegidos, su deber era transformar, asimilar y perfeccionar todos los vínculos vigentes en las relaciones humanas, todas las actividades y las instituciones humanas, regularizar y codificar y elevar todos los aspectos de la vida. Aquí estaba el germen de la idea medieval de una sociedad total, en la que la Iglesia todo lo penetraba. ¿Acaso ella no era la Madre de Todos? «Tú eres», escribió, «quien somete a las esposas a sus maridos... y pone a los maridos sobre sus esposas; une a los hijos con los padres mediante una esclavitud libremente otorgada, y pone a los padres sobre los hijos en piadoso dominio. Tú unes entre ellos a los hermanos mediante vínculos religiosos más fuertes que la sangre... Tú enseñas a los esclavos a ser fieles a sus amos, y a los amos de modo que tiendan más a persuadir que a castigar. Tú unes al ciudadano con el ciudadano, a la nación con la nación; tú atas a todos los hombres en rememoración de sus primeros progenitores, no sólo por los vínculos sociales sino por el parentesco común. Tú enseñas a los reyes a gobernar para beneficio de su pueblo y previenes a los pueblos para que se sometan a sus reyes».

Sin embargo, la idea de una sociedad cristiana total incluía necesariamente el concepto de una sociedad compulsiva. La gente no podía elegir si pertenecía o no pertenecía. Eso incluía a los donatistas. Agustín no retrocedió ante la lógica de su posición. Más aún, incorporó al problema de la coerción ejercida sobre los donatistas gran parte de su propia y firme decisión y de su certidumbre, el fanatismo que también ellos demostraban y la disposición a usar la violencia en una causa espiritual. Para internacionalizar África, aplicó métodos africanos, además, por supuesto, de la tecnología militar imperial. Cuando Agustín se convirtió en obispo, a mediados de la década de 390, la iglesia donatista era enorme, una entidad floreciente, acaudalada y con profundas raíces. Incluso después de un prolongado período de persecución imperial inspirado por Agustín, los donatistas aún pudieron presentar casi 300 obispos en el intento final de compromiso, realizado en Cartago en el año 411. Más tarde, en el curso de las dos décadas que precedieron al dominio de los vándalos en el litoral, la fuerza quebró la columna vertebral de la iglesia donatista. Sus partidarios de la clase alta se incorporaron al régimen. Muchos miembros comunes fueron impulsados hacia la ilegalidad y el bandidaje. También hubo muchos casos de suicidios colectivos.

Agustín observó inmutable el proceso. Por supuesto, los tiempos eran horrorosos. El imperio tardío era un Estado totalitario, en ciertos aspectos un despotismo oriental. Se castigaba con terrible fuerza a los inconformistas. La tortura oficial, presuntamente usada sólo en los casos graves, por ejemplo la traición, de hecho se aplicaba siempre que el Estado lo deseaba. Jerónimo describe horribles torturas infligidas a una mujer acusada de adulterio. Una virgen vestal que faltaba a sus votos podía ser flagelada y después enterrada viva. Las prisiones oficiales estaban equipadas con el *eculeus* o potro, y diferentes artefactos, entre ellos el *unci*, para lacerar, planchas calentadas al rojo y látigos reforzados con plomo. Amiano ofrece muchos ejemplos. Para imponer la uniformidad, el Estado utilizaba una fuerza nutrida y venal de policías secretos vestidos de civil, e informantes o delatores. Gran parte de la terminología del sistema policial de fines del imperio pasó al lenguaje de la imposición europea, a través de las frases latinas de la Inquisición. Agustín fue el canal de comunicación que venía del mundo antiguo. Se preguntaba: ¿Por qué no? Si el Estado utilizaba esos métodos para sus propios y miserables propósitos, ¿la Iglesia no tenía derecho a hacer lo mismo y aún más para sus propios fines, mucho más elevados? No sólo la aceptó sino que se convirtió en el teórico de la persecución; sus defensas serían después las mismas en las que se apoyaron todos los argumentos de la Inquisición.

No debemos imaginar que Agustín fuese necesariamente un hombre cruel. Al igual que muchos inquisidores posteriores, le desagradaba la violencia innecesaria y los refinamientos de la tortura. Creía que los herejes debían ser examinados «no extendiéndolos sobre el potro, ni chamuscándolos con llamas o lacerando su carne con clavas de hierro, sino castigándolos con varas». Lamentaba también la deshonestidad implícita en el uso de informantes retribuidos y agentes provocadores. Pero insistía en que el empleo de la fuerza en la búsqueda de la unidad cristiana, e incluso del conformismo religioso total, era necesario y eficaz, y una actitud completamente justificada. Reconocía que en este punto había cambiado de idea. Escribió a un amigo donatista que había visto cómo su propia ciudad, inicialmente donatista, «se incorporaba a la unidad católica por temor a los edictos imperiales». Eso lo había convencido. De hecho, en el fondo de su corazón los herejes recibían de buen grado la persecución: decían que «el miedo nos indujo a la sinceridad en el examen de la verdad... el estímulo del temor sacudió nuestra negligencia». Además, éste era el método del propio Cristo. ¿Acaso él, «con mucha violencia», no había «coaccionado» a Pablo para incorporarlo al cristianismo? ¿No era éste el sentido del texto de Lucas, 14:23: «Oblígalos a venir»? Agustín fue el primero que atrajo la atención sobre este pasaje y sobre otros textos cómodos para ser exhibidos a través de los siglos por los apologistas cristianos de la fuerza. También tenía la inclinación inquisitorial: «La necesidad de dureza es mayor en la investigación que cuando se inflige el castigo»; y también: «... generalmente es necesario usar más rigor cuando se practica la inquisición, de modo que cuando salga a luz el delito pueda haber lugar para demostrar clemencia.» También por primera vez usó la analogía con el Estado; incluso apeló a la ortodoxia del Estado, en alianza necesaria y perpetua con la Iglesia en la eliminación de los disidentes. La Iglesia revelaba, el Estado castigaba. La palabra esencial era *disciplina* —muy frecuente en sus escritos—. Si se anulaba la disciplina, sobrevenía el caos: «Derríbense las barreras creadas por las leyes y la descarada capacidad de los hombres para hacer daño, su ansia de autocomplacencia, se desplegarán plenamente. El rey en su reino, el general con sus tropas, el marido con su esposa, el padre con su hijo no podrán impedir, con amenazas ni castigos, la libertad y el desnudo y dulce sabor del pecado.»

Aquí, expresada por primera vez, tenemos la apelación de la Iglesia perseguidora a todos los aspectos autoritarios de la sociedad, incluso de la naturaleza humana. Y por otra parte, Agustín no actuó exclusivamente en el plano intelectual. Era uno de los principales obispos, que cooperaba activamente con el Estado en la tarea de imponer la uniformidad imperial. Tenemos un bosquejo de su persona en Cartago, en el año 399, cuando llegaron los agentes imperiales para clausurar los santuarios paganos; allí aparece predicando a las turbas excitadas: «¡Abajo los dioses romanos!» Quizá todavía más siniestro es el contacto de Agustín con los elementos autoritarios de España, que ya era un centro del rigorismo cristiano y la violencia ortodoxa. Allí, en 385, el obispo de Ávila, Prisciliano, notable asceta y predicador, había sido acusado de gnosticismo, maniqueísmo y depravación moral; fue juzgado de acuerdo con la ley imperial referida a la brujería, en Burdeos, y se lo obligó a comparecer ante el tribunal imperial de Tréveris. Sometidos a tortura, él y sus compañeros confesaron que habían estudiado doctrinas obscenas, celebrado reuniones con mujeres depravadas durante la noche y habían rezado desnudos. Pese a las protestas de Martín de Tours, un importante obispo galo, fueron ejecutados, convirtiéndose en el primer caso que conocemos de la masacre de «herejes» y de la caza de brujas bajo los auspicios cristianos. El episodio suscitó indignación, sobre todo la de Ambrosio, y provocó una reacción. Pero no terminó con la persecución religiosa en España; por el contrario, fue el comienzo. España ya estaba presenciando pogromos de judíos por la época en que Agustín se convirtió en obispo. Veinte años después estaba manteniendo correspondencia con Pablo Orosio, el feroz cazador español de herejes, sobre el mejor modo de eliminar a los herejes no sólo en España sino en el extremo opuesto del Mediterráneo, en Palestina.

Agustín modificó el enfoque de la ortodoxia frente a la divergencia en dos aspectos fundamentales. El primero, al que ya nos hemos referido, fue la justificación de la persecución constructiva: el concepto de que no debía expulsarse al hereje, sino obligarlo a retractarse y someterse, o bien destruirlo —«oblígales a venir»—. Su segunda aportación fue en cierto sentido más siniestra, porque implicó la censura constructiva. Agustín creía que era deber del intelectual ortodoxo identificar la herejía incipiente, obligarla a manifestarse y denunciarla, y por lo tanto obligar a los responsables a abandonar por completo su línea de investigación o aceptar la condición de herejes.

Éstas fueron las prácticas que Agustín usó contra Pelagio y sus partidarios. Con seguridad Agustín conoció brevemente a Pelagio en la gran confrontación de Cartago, en 411, donde estuvo éste. Pero los dos hombres nunca se reunieron ni hablaron. Tenían más o menos la misma edad y ambos habían ido a Roma —Pelagio desde Britania— casi simultáneamente. Pero Pelagio había permanecido en su país; era un laico piadoso y culto, que gozaba de mucho prestigio en los círculos ascéticos de alta cuna. Tenía muchos partidarios poderosos en la aristocracia y un grupo de seguidores ricos, jóvenes y sinceros. En esencia, Pelagio era un reformador. Oponiéndose a la tendencia predominante de su tiempo, volvía los ojos hacia Orígenes y la idea del cristianismo como una gran fuerza moral que modificaba y mejoraba la sociedad, ayudando a los hombres a ser más meritorios, socialmente más útiles y responsables. Pensaba que podía eliminarse la fuerza apremiante de las costumbres sociales paganas y del pasado —el cristianismo debía convertirse en un factor activo, perfeccionador, no sólo en los ciudadanos imperiales, sino en los bárbaros que habitaban fuera de sus fronteras y los semibárbaros que estaban en su propio territorio—. Los cristianos ricos debían entregar su dinero a los pobres, dar un buen ejemplo, llevar vidas ejemplares. A semejanza de Orígenes, creía que un alma nunca estaba totalmente perdida. El camino que llevaba al progreso del individuo estaba abierto a todos. Era erróneo afirmar que «los mandatos de Dios son demasiado difíciles de cumplir». La caída de Roma, que lo movió a huir, primero a África y después a Oriente, más liberal, no lo había desalentado. Confirmaba la necesidad de la reforma, de la creación de nuestras estructuras. Lo que importaba era la potencialidad del hombre, su libertad para elegir el bien y las maravillosas virtudes con que Dios lo había dotado, que a veces estaban sepultadas muy profundamente pero que esperaban ser reveladas. Pelagio tenía un sentido clásico de los recursos y la autoridad de la mente humana. Dada su condición de colonial latinizado, quizá tenía más fe en las cualidades que habían forjado el imperio que lo que era el caso de su atemorizada clase gobernante del siglo V. Después del saqueo de Roma escribió, en 414, a Demetrias, una mujer adinerada y piadosa, un mensaje de esperanza y aliento. Por supuesto, argumentó que el hombre podía salvarse, tanto en el otro mundo como en éste.

Imputamos al Dios del conocimiento la culpabilidad de una doble ignorancia; no saber lo que ha hecho, y no saber lo que ha ordenado. Como si, olvidado de la fragilidad humana, que él determinó, hubiese impuesto a los hombres mandamientos que ellos no pueden afrontar... de manera que Dios parece haber buscado no tanto nuestra salvación como nuestro castigo... Nadie conoce mejor la medida de nuestra fuerza que quien nos dio nuestra fuerza; y nadie tiene mejor entendimiento de lo que está al alcance de nuestro poder que quien nos dotó con los recursos mismos de nuestro poder. Él no quiso mandar nada que fuese imposible, porque es justo, y no condenará a un hombre por lo que éste no pudo evitar, porque es santo.

El cristiano debía mostrar fortaleza heroica, como Job. Debía tener compasión, debía «sentir el dolor de otros como si fuese el suyo propio y sentirse conmovido hasta las lágrimas por el pesar de otros hombres».

El joven Agustín quizá no habría discrepado con muchas de estas afirmaciones. Sus escritos más tempranos exhiben una insistencia en el libre albedrío que estaba cerca de la posición de Pelagio. Después, como obispo y perseguidor militante, Agustín adquirió su propio y sombrío determinismo. Extrajo de la Epístola de Pablo a los Romanos una teoría de la gracia y la elección que no era muy distinta de la de Calvino. «Ésta es la predestinación de los santos», escribió, «la presciencia y la preparación de los beneficios de Dios, en virtud de la cual quienes son liberados ciertamente están liberados. ¿Y dónde queda el resto abandonado por el justo juicio de Dios como no sea en esa masa de perdición, donde quedaron los hombres de Tiro y Sidón, que también eran capaces de creer, si hubiesen visto esas maravillosas obras de Cristo?» Cada hecho tenía su carga de significado exacto como acto intencional de Dios, un sentido de compasión para el elegido o de juicio para los condenados. Un «decreto divino» había determinado «un número invariable de elegidos» que estaban «inscritos permanentemente en el archivo del padre». ¿Qué papel representaban en este proceso los esfuerzos del hombre? Muy reducido. El Deuteronomio advertía: «No digas en tu corazón "mi fuerza y el poder de mi mano ha traído esta gran maravilla", porque debes recordar al Señor tu Dios, pues Él es quien confiere la fuerza para realizar grandes cosas.» Agustín se sintió profundamente impresionado por un caso que llegó a sus oídos, el de un hombre de ochenta y cuatro años, de piedad ejemplar, que había llevado una vida de observancia religiosa con su esposa durante un cuarto de siglo y después, de pronto, compró para su placer una bailarina y así perdió la eternidad. ¿No se manifestaba aquí la mano de Dios, la fatal ausencia de gracia, sin la cual la voluntad humana era impotente?

La atención de Agustín fue orientada hacia Pelagio en primer lugar por Jerónimo, que aún estaba consagrado a la tarea de destruir la creencia de Orígenes en la perfectibilidad del alma y que instantáneamente identificó en Pelagio a un origenista moderno. Agustín vio en Pelagio una forma de arrogancia, una rebelión contra una deidad inescrutable, en vista de que destacaba impropiamente los poderes del hombre. A juicio de Agustín, el deber del hombre era obedecer la voluntad de Dios, según ésta se expresaba a través de su Iglesia. Escribió: «Da lo que tú matas y mata lo que quieras.» Observó intencionadamente que Pelagio «no pudo soportar estas mis palabras». Y después, Jerónimo lo estimuló —un toque característico—, pues ¿acaso Pelagio, «ese perro corpulento, cargado de potaje escocés», no había negado el pecado original? A juicio de Agustín, el pecado original era importante no tanto por sí mismo sino porque influía sobre la teoría del bautismo, que para los africanos, implicados en el problema donatista, era una prueba crucial de la ortodoxia. En realidad, es difícil determinar cuándo, antes de Agustín, la Iglesia había aceptado el pecado original como cuestión de fe. Tertuliano había usado la frase (en efecto, era un concepto muy africano), pero había negado específicamente que los niños nacieran en pecado. Después, la práctica del bautismo de los niños había llegado a ser común y tendía a generalizarse.

Una vez que Agustín concentró la atención en la cuestión del bautismo, pareció decidirse a expulsar de la Iglesia a Pelagio y sus seguidores, o a imponerles una sumisión abyecta. Ni siquiera se ha aclarado que Pelagio se opusiera al bautismo de los niños; como sucede siempre en el caso de los hombres tachados de herejes, sólo sobreviven fragmentos de sus obras, englobados en las correspondientes refutaciones. Parece que su discípulo Celestio fue el primero que propuso el tema del bautismo y, sometido a presión, insistió en que la cuestión era sencillamente un tema discutible: «Sobre el tema del pecado original y su transmisión, ya he dicho que escuché a muchas personas de posición reconocida en la Iglesia católica negarlos totalmente; y en cambio muchas lo afirman; por lo tanto, puede sostenerse con justicia que es tema de indagación, pero no herejía. Siempre he sostenido que los niños requieren el bautismo. ¿Qué más quiere él?» Lo que Agustín quería era lo que ya había conseguido en el caso de los donatistas, la condena absoluta seguida por la sumisión total y supervisada por la vigilancia oficial. No quería discutir. «Lejos debe estar de los gobernantes cristianos de la comunidad terrenal que alienten dudas acerca de la antigua fe cristiana... deben mostrarse ciertos y firmemente asentados en esta fe, y más bien imponer a hombres como vosotros la disciplina y el castigo apropiados.» Y también: «Aquellos cuyas heridas están ocultas no por esa razón deben desentenderse del tratamiento del médico... Es necesario enseñarles y, en mi opinión, esto puede hacerse con la mayor facilidad cuando la enseñanza de la verdad tiene la ayuda del temor a la severidad.»

Agustín persiguió a Pelagio y a sus seguidores. Consiguió que los condenasen dos veces en África. Pelagio, un reformador que ansiaba ayudar a la Iglesia y que se sentía profundamente desesperado ante la posibilidad de que sus esfuerzos se viesen frustrados por las acusaciones de herejía, fue a Oriente, a la atmósfera intelectual mucho más libre de Palestina, donde aún era posible el debate. Entretanto, ofreció seguridades y confesiones de fe a todos los concilios o sínodos que las pidieron y al obispo de Roma. Roma se inclinaba a aceptar la palabra de Pelagio; contaba con el respaldo de familias poderosas y hay pruebas de que éstas pudieron influir durante un tiempo sobre las autoridades imperiales de aplicación. Pero prevaleció la voluntad de los africanos. Ejercieron eficaz presión, primero sobre el obispo de Roma y después sobre el emperador. Finalmente apelaron al soborno directo: ochenta hermosos corceles númidas, criados en las propiedades episcopales de África, fueron despachados a Italia y distribuidos entre los diferentes comandantes de la caballería imperial, cuyos escuadrones, en última instancia, impusieron la teoría de la gracia de Agustín. Se dijo a las autoridades imperiales que los pelagianos eran perturbadores de la paz pública, peligrosos innovadores, hombres ansiosos de despojar a los ricos y redistribuir la propiedad, no más aceptables que los donatistas para los ortodoxos de la Iglesia y el Estado. Las células pelagianas en Britania y España, Sicilia, Rodas y Palestina, fueron identificadas y destruidas.

Algunos pelagianos devolvieron los golpes a Agustín. Un joven partidario, Julián de Eclanum, se enredó en una vivaz polémica con el colérico y anciano obispo. En estos cambios de ideas, por desgracia fragmentarios, Agustín aparece bajo una luz ingrata, como un hombre astuto que cae muy bajo con el fin de atraer al vulgo, que aprovecha sin escrúpulos el prejuicio popular, un antiintelectual, un individuo que odia la cultura clásica, un orador para la turba y un obseso sexual. Decía que, en la infinita sabiduría de Dios, los genitales eran los instrumentos de la transmisión del pecado original: «*Ecce unde*. ¡Ése es el lugar! ¡Ése es el lugar de donde partió el primer pecado!» Adán había desafiado a Dios y, en cada hombre que nacía, la vergüenza del movimiento incontrolable de los genitales era un recordatorio del delito original de desobediencia y un castigo apropiado para el mismo. ¿Acaso no sucedía que todos los hombres, preguntaba a su temerosa congregación, se avergonzaban de los sueños lascivos? Por supuesto, así era. En cambio, la línea argumental de Julián parece una demostración recta de razonamiento clásico elemental:

Me preguntáis por qué no estoy dispuesto a aceptar la idea de que existe un pecado que es parte de la naturaleza humana. Contesto: es improbable. Es falso. Es injusto e impío. Consigue que parezca como si el demonio fuese el creador de los hombres. Viola y destruye el libre albedrío... al afirmar que los hombres son tan incapaces de virtud que en la matriz misma de sus madres están poseídos por antiguos pecados... y, lo que es repugnante tanto como blasfemo, esta visión que manifestáis se apoya, como la prueba más concluyente, en la decencia común con la cual cubrimos nuestros genitales.

Julián explicaba que el sexo era una especie de sexto sentido, una forma de energía neutral que podía usarse bien o mal. «¿De verdad?», replicó Agustín. «¿Ésta es vuestra experiencia? Entonces, ¿no haréis que vuestras parejas casadas se abstengan de ese mal, me refiero, por supuesto, a vuestro bien favorito? ¿Entonces consentiréis en que se metan en la cama siempre que lo deseen, siempre que los agite el deseo? Lejos estará de ellas postergarlo hasta la hora de acostarse... si éste es el tipo de vida conyugal que lleváis, no mezcléis vuestra experiencia con el debate.»

La vida de Agustín concluyó sombríamente. Los vándalos cayeron sobre África en 429, y Agustín murió al año siguiente en su ciudad episcopal, que ya estaba sitiada. «Vivió para ver las ciudades asaltadas y destruidas», escribió su biógrafo Posidio, «las iglesias vacías de sacerdotes y ministros, las vírgenes y los monjes dispersos, algunos muriendo en la tortura, otros por la espada, otros capturados y perdidas la inocencia del alma y el cuerpo, y la fe misma sometida a cruel esclavitud; presenció cómo cesaban los himnos y las alabanzas divinas en las iglesias, cómo a menudo los propios edificios eran incendiados y ya no se pedían los sacramentos o, si se pedían, era difícil hallar a los sacerdotes que los administrasen.» En la *Ciudad de Dios* Agustín ya había comparado la vulnerable ciudadela terrena con el reino imperecedero del cristianismo. El hombre debía fijar sus objetivos en el segundo: nada podía esperarse en la tierra. En su última obra, que quedó inconclusa, examinó la teodicea y el problema general del mal. Escribió que era insensato suponer, como hacían los pelagianos, que Dios era equitativo en un sentido humano. Su justicia era tan inescrutable como otro aspecto cualquiera de su naturaleza. Las ideas humanas de equidad eran como «rocío en el desierto». El sufrimiento humano, merecido o no, era consecuencia de la cólera de Dios. «Para los mortales, esta vida es la ira de Dios. El mundo es un Infierno en pequeña escala.» «Ésta es la visión católica: una visión que puede mostrar a un Dios justo en tantos sufrimientos y en tales agonías de los niños pequeños.» El hombre sencillamente debe aprender a aceptar el sufrimiento y la injusticia. Tampoco podía hacer nada para evitarlo. Si Pelagio había representado al cristiano como un hombre adulto, un hijo que ya no se apoyaba en el Padre y, en cambio, podía ejecutar libremente su mandato —*emancipatus a deo*, como él mismo dijo—, para Agustín la raza humana estaba formada por niños impotentes. Usaba a cada momento la imagen del pequeño amamantado. La humanidad dependía absolutamente de Dios. La raza estaba postrada y no existía ninguna posibilidad de que pudiese elevarse por sus propios méritos. Eso era pecado de orgullo, el pecado de satán. La postura humana debía ser de total humildad. Su única esperanza estaba en la gracia de Dios.

De este modo, Agustín salva la distancia entre el optimismo humanista del mundo clásico y la desalentada pasividad de la Edad Media. La mentalidad que él expresó había de convertirse en la perspectiva dominante del cristianismo, que así abarcaría a toda la sociedad europea durante muchos siglos. La derrota de los pelagianos sería un hito importante de este proceso. Es difícil determinar hasta qué punto el pesimismo maniqueo de Agustín fue el responsable de esta sombría coloración del pensamiento cristiano; ciertamente, si comparamos su filosofía con la de Pablo, se advierte que Agustín, y no Pelagio, fue el heresiarca más grande de todos, en cuanto a su influencia. Pero en la época de Agustín la sociedad cristiana ya estaba desplazándose en esta dirección. Al aceptar el Estado de Constantino, la Iglesia había iniciado el proceso de la conciliación con un mundo del cual hasta ese momento se había mantenido separada. Había postergado la construcción de la sociedad perfecta hasta el momento siguiente a la *parousia*. Agustín aportó una ideología para esta variación del curso, pero él mismo no lo inició. Poco después de empezar a escribir su *Ciudad de Dios*, en 389, hubo en Constantinopla una extraña serie de episodios. Después de una marea alta y una sucesión de temblores de tierra, un funcionario del ejército imperial afirmó que Dios le había revelado que la ciudad sería destruida. Durante el siglo II un hombre que difundiese tales supersticiones habría sido perseguido: precisamente por eso el Estado había actuado contra los obispos montanistas y los «que hablaban en lenguas». En 398, la secuencia de los hechos fue muy distinta. El funcionario habló con un obispo, que pronunció un sermón alarmista. Al atardecer, una nube roja se aproximó a la ciudad; los hombres pensaron que estaban oliendo azufre y muchos corrieron a las iglesias para pedir el bautismo. Durante la semana siguiente hubo otras alarmas, que culminaron en un éxodo general de los habitantes de la ciudad, dirigidos por el emperador en persona. Durante varias horas Constantinopla quedó desierta, mientras sus aterrorizados habitantes permanecían en los campos, a unos ocho kilómetros de distancia. Esas estampidas humanas habrían de convertirse en un rasgo característico de la Europa medieval. El incidente de Constantinopla en 398 fue una indicación de que la época clásica había terminado y de que los hombres habitaban ahora un universo mental distinto.

TERCERA PARTE

Señores mitrados e íconos coronados
(450 - 1054)

El 23 de diciembre del año 800 se celebró una prolongada reunión en la Cámara del Consejo Secreto del palacio de Letrán de Roma. Entre los presentes estaba el jefe franco Carlomagno, el papa León III, eclesiásticos y generales francos, lombardos y romanos, y dos monjes francos de Tours, Witto y Fridugis, que representaban a su abate, Alcuino de Yorkshire. Se debatieron dos cuestiones. Primero, el Papa, que había sido agriamente criticado, acusado de diferentes crímenes y vicios, y casi asesinado por sus enemigos, ¿podía continuar desempeñando el cargo?; segundo, ¿la cristiandad occidental continuaría reconociendo el dominio imperial del emperador de Constantinopla? En la primera cuestión, el papa León se humilló ante el franco Carlos, pronunció una serie de juramentos en el sentido de que era inocente de las acusaciones y, finalmente, se le permitió «justificarse».

El segundo punto de la agenda era más trascendente. Después de la desaparición del último emperador «occidental» en 478, el Occidente cristiano había reconocido al emperador de Constantinopla como la única autoridad internacional. Aunque su poder era legítimo, en la práctica no tenía vigencia al oeste del Adriático. Italia, Galia, Alemania y la misma Roma estaban en poder de los ejércitos francos. ¿No era un axioma de sentido común, así como una idea formulada repetidas veces por las Escrituras, que un soberano debía gobernar además de reinar? ¿El gran Carlos no era el verdadero amo del Occidente? Además, el trono de Constantinopla estaba vacante. Diez años antes, el ocupante había sido arrestado por su feroz madre y, ciego, había muerto por las heridas. No todos reconocían a la «emperatriz»; ciertamente, no la reconocían los francos, cuyo antiguo sistema de leyes prohibía que una herencia pasara a una mujer si había pretendientes varones. Por lo tanto, había sólidos argumentos en favor de la idea de que se otorgase a Carlos alguna forma de dignidad imperial. Sin duda, era el monarca más grande de Occidente, quizás del mundo entero. Como había destacado el abate Alcuino, de hecho el principal asesor de Carlos, los ingleses habían creado un sistema en virtud del cual el más poderoso y eficaz de sus muchos reyes recibía el título de *bretwalda*, y recibía el homenaje y la obediencia de todos los restantes. Este argumento, que formulaba la idea en los términos germánicos que Carlos podía asimilar, fue nuevamente formulada por los dos delegados de Alcuino en el consejo. Parece que sus efectos fueron concluyentes. Carlos aceptó convertirse en emperador occidental y, según parece, ese mismo día se realizaron ceremonias de homenaje.

Dos días más tarde, en la gran basílica de San Pedro, Carlos y sus generales celebraron la Navidad, y el papa insistió en ejecutar un rito romano en virtud del cual depositó una corona sobre la cabeza de Carlos; después se postró en un acto de veneración al emperador, mientras la multitud de romanos presentes entonaba una monótona serie de aclamaciones rituales. Carlos se desconcertó ante la extraña representación oriental, que era totalmente ajena a cuanto se conocía al norte de los Alpes, con su trasfondo germánico, y le pareció sospechoso que la corona, la misma que él había conquistado con sus propias realizaciones, le fuese presentada por el obispo de Roma como si se tratara de un regalo. Carlos dijo después que, de haber sabido lo que sucedería, se habría negado a asistir ese día a la misa en San Pedro. Cuando unos años después designó a su hijo mayor sucesor en el trono imperial, insistió en ceñirle personalmente la corona. El desacuerdo acerca de la ceremonia de la coronación reflejaba elementos antiguos sobre su significado exacto, y éstos habrían de provocar ecos durante siglos en la historia europea. Los historiadores discuten todavía acerca del modo exacto en que se realizó la coronación de Carlomagno y de lo que significó para los interesados. Lo que no puede negarse es que fue uno de los hechos fundamentales en la evolución de la sociedad occidental y la civilización cristiana. Veamos ahora la larga serie de hechos interrelacionados que llevaron a esta escena y sus vastas y ramificadas consecuencias.

Entre la muerte de Agustín en la sitiada Hipona y la coronación de Carlomagno hay un intervalo de casi cuatro siglos. Son los siglos en que se formó la historia de Europa medieval y también de la Iglesia cristiana como sociedad mundial. La conversión de Constantino había alineado al Imperio romano con la Iglesia cristiana en una asociación de cooperación. Como era una institución anterior, el imperio era la entidad que menos había cambiado; en ciertos aspectos, casi nada (había reemplazado una religión oficial por otra). Pero la Iglesia había cambiado mucho. Se había adaptado a su función oficial e imperial, había adoptado formas y actitudes mundanas y aceptado una gama de responsabilidades seculares; con el emperador había adquirido un protector y gobernador sobre el que podía ejercer influencia pero no un control directo.

Por lo tanto, la Iglesia, al unirse con el Estado romano imperial, inevitablemente se vio influida por los cambios que sobrevinieron en ese Estado durante los siglos V y VI. De hecho, el imperio se dividió en dos partes. En Oriente el gobierno consiguió mantener un sistema comercial y una moneda sólida basada en el oro; por lo tanto, pudo pagar ejércitos regulares y así mantuvo sus fronteras. El proceso de integración de la Iglesia y el Estado, iniciado por Constantino, continuó hasta que los dos llegaron a ser inseparables; en la práctica, el Imperio bizantino se convirtió en una forma de teocracia, en la que el emperador desempeñaba funciones sacerdotales y semidivinas, y la Iglesia ortodoxa era un departamento oficial que estaba a cargo de los asuntos espirituales. Esta conjunción se mantuvo durante mil años, hasta que los restos del imperio fueron arrasados por los turcos otomanos, a mediados del siglo XV.

Después de las últimas décadas del siglo IV, el sector occidental del imperio careció de un sistema económico coordinado que permitiese cierta supervisión y, por lo tanto, la aplicación de impuestos a cargo de un gobierno central. Como éste no podía recaudar impuestos, las autoridades no estaban en condiciones de mantener una moneda y pagar a las legiones. En realidad, hubo un vacío de gobierno. Después de 476 no se eligieron otros emperadores occidentales; excepto durante un período, a mediados del siglo VII, en que Constantinopla consiguió restablecer su autoridad en Italia, España y África del Norte, el antiguo sistema imperial de gobierno fue inoperante en Occidente. Bizancio tenía una armada poderosa. Hasta las conquistas árabe-musulmanas de fines del siglo VII, el Imperio bizantino tenía superioridad naval en todo el Mediterráneo. Esto significaba que ejercía el control del Adriático y, desde Ravenna y a lo largo de la costa oriental de Italia, mantenía una conexión residual con Occidente. En su carácter de obispo de Roma, el Papa gobernaba lo que era un ducado del imperio y pagaba impuestos en concordancia. La totalidad de Occidente se convirtió en área de asentamiento tribal en donde los reinos semibárbaros existían detrás de fronteras fluctuantes. En estas circunstancias, la Iglesia occidental se convirtió en el legatario residual de la cultura y la civilización romanas, y en el único canal por donde ellas podían llegar a las nuevas sociedades e instituciones europeas. De esta forma, afrontó un desafío y una oportunidad más graves que en tiempos de la conversión de Constantino. Tuvo la posibilidad de recrear *ab initio* el marco secular de la sociedad y de hacerlo a semejanza de su propia imagen cristiana. Fue el único organismo internacional organizado que mantuvo ideas, teorías, una jerarquía depurada y tecnologías culturales superiores, en un mundo vacío que tenía poco fuera del tribalismo. Más aún, la Iglesia, en los escritos de san Agustín poseía un esbozo —aunque fuera pesimista— del modo en que debía funcionar una sociedad terrenal cristianizada.

Por lo tanto, durante estos cuatro siglos la Iglesia actuó como un «vehículo» de la civilización más que, según había sucedido en su período de formación, como el mecanismo religioso-cultural helenístico que había «llevado» el judaísmo cristiano a un contexto universalista romano. El gran mérito de la Iglesia latina —la razón principal de su éxito— fue que no estaba sujeta a determinado contexto racial, geográfico, social o político. Exhibía los signos de su desarrollo, pero todavía era auténticamente universalista; en la Iglesia de san Pablo: «todo para todos los hombres». Sin embargo, es importante apreciar los factores de continuidad, así como los de discontinuidad, entre el mundo romano de san Agustín y el mundo bárbaro-cristiano que le siguió.

Las grandes confederaciones tribales no desmembraron el imperio occidental sino que más bien ocuparon un área que ya había perdido su fuerza institucional unificadora. No hubo catástrofe súbita; ni siquiera hubo una serie de catástrofes. El proceso fue económico, más que militar y político. Los artesanos tribales diestros —carpinteros, jardineros, herreros, etc.— habían estado emigrando al imperio durante siglos, en busca de retribución en dinero o de salarios más elevados. Se habían incorporado al ejército romano, como individuos y como unidades. Este movimiento de pueblos fue aceptado e, incluso, institucionalizado. Parece que se acentuó durante el siglo V y adoptó algunos de los aspectos de una migración tribal hacia el territorio romano poblado. Pero los participantes habían mantenido un contacto prolongado con la civilización romana. Algunos de sus jefes eran aliados de Roma. La mayoría estaba formada por cristianos, en el sentido de que eran arrianos, pues el gran misionero cristiano Ulfila, un godo que había llevado la nueva fe a su pueblo a mediados del siglo IV, había sido arriano. Tanto los vándalos, que poblaron África del Norte, como los distintos agrupamientos tribales de carácter godo —los visigodos en España y Galia meridional, los ostrogodos en Italia— eran arrianos. Este aspecto se convirtió prontamente en la principal diferenciación entre los «bárbaros» y los romanos, que aceptaban la doctrina trinitaria formulada por Agustín.

Los tribales también eran arrianos hambrientos. La mayoría buscaba comida más que botín. No había alimentos en Roma cuando Alarico la ocupó en 410; la mayor parte de los excedentes de alimentos provenía de África del Norte y, cuando las tribus podían comprar u obtener comida pacíficamente, rara vez apelaban a la violencia. Asimismo, ansiaban conseguir tierras. Por ejemplo, en Galia una serie de terratenientes galorromanos se alejó; pero en ciertos casos se les pagó su propiedad y los títulos fueron transferidos de manera regular. El número total de extranjeros que llegó fue relativamente reducido y, en general, estos pobladores se ajustaron a los detalles del régimen de posesión. Los nombres de lugares godos en Galia meridional son personales más que topográficos e indican un elevado nivel de continuidad cultural. Más aún, los colonos aceptaron los idiomas locales, pues las distinciones fundamentales entre el francés, el italiano y el español ya habían comenzado a perfilarse mucho antes de la «era de los bárbaros». Los godos y vándalos no pudieron, y probablemente, no quisieron resistirse al movimiento que los empujaba hacia la romanización. El latín y las lenguas romances se convirtieron en la lengua materna de la segunda y las siguientes generaciones.

Por lo tanto, el ambiente en el que la Iglesia se encontraba ahora en conjunto no era hostil. En general, los arrianos no perseguían; se mostraban tolerantes con los cristianos ortodoxos, así como con los judíos y otras sectas. Entre la Iglesia y los «bárbaros» había cierto *rapport*. En muchos casos, es posible que las ciudades romanizadas hayan visto a los godos como hombres que venían a salvarlas de las exacciones de los recaudadores imperiales de impuestos con centro en Ravenna; y los godos respetaban muchos aspectos de la civilización romana. En las ciudades y los pueblos los obispos suministraban el factor natural de estabilidad y liderazgo local. Se identificaban con la conservación de un pasado meritorio, la continuidad del gobierno y la tradición romana de paz y orden. Éstas eran características atractivas también a los ojos de los godos. Por supuesto, hubo cierta lucha; incluso una serie de ciudades romanas católicas fue destruida: Aquileia fue un ejemplo trágico. Pero la mayoría sobrevivió y el obispo católico era su principal residente y el determinante de las decisiones. Organizaba las defensas, dirigía la economía de mercado, presidía la justicia, negociaba con otras ciudades y otros gobernantes. ¿Quiénes eran esos obispos? Por supuesto, miembros de la antigua clase gobernante romana. Las familias romanas de la aristocracia, los terratenientes y el mundo oficial habían venido infiltrando los niveles superiores de la Iglesia desde el siglo IV, quizás incluso antes. Este movimiento se aceleró durante el siglo V: el episcopado subromano o posromano en Italia y Galia perteneció esencialmente a la clase alta. Paulino, amigo de Agustín, provenía de una rica familia de Burdeos. Había sido cónsul, después gobernador de Campania a los veinticinco años; vendió su patrimonio en Aquitania, luego se convirtió en obispo de Nola y representó un papel importante en la resistencia a Alarico. Otro ejemplo fue Eleuquerio, consagrado obispo de Lyon en 434, que había sido senador. Asimismo, Sidonio Apolinaris, obispo de Clermont desde 470, era un rico e importante terrateniente, yerno de un emperador, y había sido prefecto de la ciudad y presidente del Senado. Mediante el episcopado, el mundo romano proyectaba sobre su sucesor bárbaro elementos de continuidad administrativa y formaba una fuerza de reagrupamiento que mantenía unida a parte de la civilización urbana. En ciertos casos, los obispos organizaron la resistencia «civilizada» contra los «invasores». Pero era más frecuente que negociaran con ellos y, a su tiempo, se convirtieron en sus consejeros. Los arrianos, por lo menos en el caso de los godos y los vándalos, nunca pudieron crear un episcopado de prestigio y decisión semejantes. Ésta fue una de las razones por las que el cristianismo ortodoxo de Occidente con el tiempo pudo desarrianizar a las tribus, un proceso que comenzó en el siglo V y continuó durante los doscientos años siguientes. Casi simultáneamente, el cristianismo ortodoxo comenzó a penetrar en las tribus totalmente paganas que vivían más al norte (los francos de Francia septentrional, los borgoñones de Francia oriental). La cristianización de los francos se remonta a las décadas iniciales del siglo VI, en un momento en que los godos todavía eran mayoritariamente arrianos. El obispo monárquico, más o menos enlazado con un sistema internacional que confería autoridad, pero al mismo tiempo capaz de actuar con decisión y flexibilidad en el área claramente definida de su jurisdicción, era un funcionario impresionante y casi imperial, que actuaba con mucha pompa y abarcaba los mundos espiritual y secular, y representaba la institución ideal para esta transición de culturas y sociedades.

De este modo la Iglesia salvó a las ciudades, o más exactamente salvó a las que continuaron siendo obispados o se convirtieron en tales.

Esta afirmación es válida sobre todo para las ciudades que, en concordancia con la práctica romana, eran también centros tribales. Sobre una enorme extensión de Europa occidental, el funcionamiento del episcopado aseguró la continuidad urbana. A menudo el cambio de sede de la residencia episcopal fue el factor que determinó el crecimiento de una ciudad, su decadencia o su eclipse (así fueron creadas Maastrich y Lieja). Las catedrales de las ciudades y los pueblos fueron durante esta época, y después por mucho tiempo, de hecho, las únicas iglesias de la diócesis. El obispo era el primer magistrado de la ciudad y casi siempre el más influyente. Sólo él presidía las ceremonias bautismales: los baptisterios tempranos estaban siempre en las catedrales. Las catedrales también poseían reliquias, que cumplian la función de imanes. En Occidente, la moda de las peregrinaciones comenzó en la época merovingia, a principios del siglo VI, y tendió a acentuar de manera dramática la importancia de las ciudades episcopales como objetos o escenarios del culto. Era norma que las catedrales de los siglos V y VI se construyeran sobre las murallas de las ciudades, generalmente como parte integral de las fortificaciones. Los obispos ciertamente tenían mucho que ver con la milicia local y a menudo la mandaban; de hecho, en ciertas ciudades —Angers es un ejemplo— el obispo era denominado oficialmente el *defensor civitatis*. Donde un culto cristiano llegaba a relacionarse con determinada ciudad, era probable que la ciudad misma se extendiese. Se formaron «aldeas» cristianas alrededor de las tumbas de los «santos» sepultados en las afueras, más allá de los muros originales. Pronto se procedió a la construcción de monasterios. Los dos agrupamientos se convirtieron en el núcleo de los «burgos», los que llevaron a la expansión progresiva de las ciudades y a la construcción de nuevos muros que abarcasen la totalidad. Es lo que sucedió en París, Tours, Reims, Metz, Ruán, Le Mans, Poitiers, Châlons y muchos otros lugares. En algunos casos, los propios monasterios se convirtieron en el núcleo aislado de un nuevo centro urbano. De diferentes modos, el episcopado preservó y fortaleció las ciudades, las que a su vez aumentaron el poder y la influencia del episcopado, y por lo tanto de la religión, de la que éste era la columna vertebral.

Por supuesto, el más grande de los obispos fue el de Roma. Roma era también la ciudad más grande. A principios del siglo V tenía ocho puentes sobre el Tíber, catorce acueductos, 4.000 estatuas, 1.797 palacios privados, 46.602 *insulae* o edificios de pisos, y veinticuatro iglesias. Tenía más de una veintena de excelentes bibliotecas públicas, así como docenas de bibliotecas privadas. Esta gran ciudad, aunque signada por la decadencia económica, sobrevivió sin sufrir un desastre cuando desapareció la administración romana central. No hubo un «saqueo» ejecutado por los bárbaros. El poeta Rutilio Namatiano, de fines del siglo V, dijo a los romanos: «De lo que era antes un mundo os ha quedado una ciudad.» En su tiempo todavía se mantenía intacta, lo mismo que alrededor del año 500, cuando el monje africano Fulgencio, más tarde obispo de Ruspe, la visitó y escribió: «Cuán maravillosa debe ser la celestial Jerusalén si esta ciudad terrenal puede sobrevivir con grandeza tal.» El daño sufrido por la estructura de Roma sobrevino a mediados del siglo VI, cuando fue asediada y saqueada varias veces durante los intentos del emperador Justiniano de reincorporar Italia al Imperio bizantino. La ruina de los antiguos edificios se vio completada en 664, cuando el emperador Constancio II realizó la última visita imperial: la despojó no sólo de las estatuas de metal restantes, sino de las partes metálicas de los edificios, las tejas y los techos de bronce y plomo que impedían el paso de la lluvia, y las agarraderas de metal y las uniones que mantenían unidas las gruesas paredes, pues se extrajo todo este material para fundirlo y producir armamento. La destrucción de Roma clásica fue un acto de los bizantinos, no de los bárbaros. De todos modos, se demoró en la medida suficiente para permitir que Roma sobreviviese en la nueva era y afirmase su condición de principal ciudad cristiana, el centro de atracción del mundo latino occidental.

Si en general los obispos cristianos salvaron la distancia existente entre el mundo romano y el mundo en ascenso de la Edad de las Tinieblas, en todo caso el obispo de Roma representó un papel especial. Por ejemplo, León I fue quien negoció con Atila en 452, y consiguió que éste se retirase a Europa central. De generación en generación, los obispos de Roma constantemente afirmaron su dominio sobre la ciudad misma y los alrededores, y por lo tanto, a su vez, su influencia en Italia entera. Gozaban de ciertas ventajas prácticas: grandes propiedades, cuidadosamente administradas, que les permitían realizar, cuando era político y necesario, las distribuciones gratuitas de alimentos que habían sido una función principal del imperio tardío. Habían contado, desde el siglo IV, con una organización administrativa, formada por una cancillería que se ajustaba al modelo imperial romano, una biblioteca y un archivo de registros. De hecho, el obispo de Roma poseía los elementos de un gobierno relativamente perfeccionado, así como también disponía de personal administrativo. Las principales familias romanas, por ejemplo los Anicii y los Sémacos, habían sobrevivido; este estrato social, con sus tradiciones de autoridad y decisión, suministraba obispos no sólo a la propia Roma sino a muchas otras sedes italianas, que entonces se veían confirmadas como apéndices de la ciudad. Así como la clase superior romana estuvo asociada con el paganismo oficial, ahora se hallaba vinculada con la cristiandad. Las principales familias afirmaban derechos de propiedad sobre los primeros santos; por ejemplo, los Anicios adoptaron a santa Malania, de principios del siglo V, y los Turcios adoptaron a san Mario, aunque con el argumento de que uno de sus antepasados lo había sentenciado a muerte. En muchos casos, las familias ricas legaban su futuro a la Iglesia, pues transferían sus tierras a fundaciones eclesiásticas, que luego eran administradas por sus descendientes, ya que de ese modo las propiedades de la familia estaban más seguras y evitaban los impuestos. Naturalmente, tales familias intentaron controlar el papado; otro tanto hizo Oriente, que extendió largos tentáculos desde Constantinopla. Por su parte, el papado luchó enérgicamente tanto para preservar su independencia en un mundo difícil como para extender su autoridad doctrinaria y canónica sobre una Iglesia dispersa.

Tenemos imágenes ocasionales de estos obispos de la Edad de las Tinieblas en Roma. Gelasio I, que ocupó el cargo durante el período 492-496, refleja la importancia de la administración y de la mera tenacidad burocrática en la persecución del poder. Había sido secretario de sus dos predecesores; en considerable medida era un hombre de organización, proveniente de la cancillería; incluso como papa «solía redactar documentos de puño y letra». Debemos esta última observación a Dionisio Exiguo, a quien Gelasio elevó a un alto cargo en la sede papal, con la misión de imponer orden en el caos. Dionisio inventó la cronología que todavía usamos en Occidente y que parte del nacimiento de Cristo, y fue quien calculó una fecha exacta para la Pascua. Él y Gelasio ordenaron las extensas listas de santos y mártires de la Iglesia, eliminando reclamaciones espúreas —muchas de ellas formuladas por importantes familias romanas que representaban amenazas para la autoridad papal— y organizando un calendario autorizado. También clasificaron todos los decretos de los sínodos occidentales, agregándoles decisiones importantes de Oriente, en traducciones latinas, y unificando de ese modo la enseñanza de la Iglesia oriental y occidental en un mismo cuerpo de ley canónica.

El hecho de que el obispado de Roma tuviese una lista exacta y autorizada de santos, así como de fechas y calendarios científicos, y contase con un sistema de referencias, con autoridades, en relación con todas las cuestiones que influían sobre la doctrina, la práctica y la disciplina de la Iglesia fue una enorme ventaja en la relación con los obispados de todo Occidente; de esta forma éstos volvieron cada vez más los ojos hacia Roma, no sólo porque veneraban a san Pedro y su santuario, sino porque Roma conocía las respuestas a los interrogantes. ¿Adónde, si no, podía mirarse?

La burocracia cumplía funciones materiales tanto como eclesiásticas. Gelasio tenía un registro completo no sólo de los documentos eclesiásticos sino de las tierras y las rentas de sus sedes. Llevó a esos siglos peligrosos los métodos y los conocimientos expertos de la eficiente administración romana de la propiedad. Sobre esta tradición continuaron trabajando sus sucesores más cuidadosos. Por ejemplo, hacia fines del siglo VI tenemos otra imagen de un obispo de Roma, Gregorio I. La historia posterior lo llamó «el Grande», pero parece que no fue popular mientras vivió, e incluso mucho tiempo después. Era un hombre duro y práctico, a quien se había educado en los conceptos de la administración eficiente. Casi con seguridad provenía de la familia Anicio. Su abuelo, Félix III, había sido el predecesor de Gelasio. Su padre, Giordano, era un adinerado abogado que estaba a cargo de la administración de la propiedad episcopal. Gregorio nació alrededor de 540 y se convirtió en prefecto de la ciudad cuando alcanzó los treinta y tres años; más tarde invirtió parte de su patrimonio en un monasterio de la familia, levantado alrededor de la casa de sus padres, sobre la Colina Celiana. Ocupó el trono papal, probablemente porque era el mejor candidato disponible (ya poseía las órdenes de diácono) en 589, un momento de terribles desastres para Roma. El esfuerzo bizantino enderezado a recuperar a Italia finalmente había sido abandonado. Los lombardos ahora ocupaban el norte y los obispos de Roma ya volvían los ojos hacia los francos como posibles protectores. Roma y su obispado habían sufrido mucho durante y después de las guerras de Justiniano. A fines del siglo V, las rentas papales provenientes de la provincia de Picenum alcanzaban a 2.160 *solidi*; hacia 555 habían descendido a 500 o menos. Más tarde soportó un asedio lombardo y durante el año en que Gregorio ascendió sufrió la inundación y la epidemia de peste.

Como Gelasio, Gregorio había sido secretario de su predecesor. Era un hombre de indudable fuerza espiritual, pero su interés y su talento esenciales estaban en la administración. También, como Gelasio, era un individuo duro. Un papa eficaz tenía que serlo durante ese período; más aún, Sabiniano, sucesor de Gregorio, fue odiado porque se negó a entregar cereales gratuitos de los almacenes papales —la turba abucheó y apedreó su procesión fúnebre—. Ningún contemporáneo escribió una vida piadosa de Gregorio. No se le menciona en la serie de anales biográficos de los papas llevados por entonces. En cambio, tenemos una reseña del siglo IX compilada por Juan el Diácono, que utilizó fuentes y tradiciones más antiguas. Gracias a frescos casi contemporáneos a él, destruidos más tarde, descubrió que Gregorio tenía mediana estatura, la cabeza grande y calva, los ojos castaños claros y las cejas largas, finas y arqueadas; tenía la nariz aguileña, los labios gruesos y rojos, el cutis moreno, a menudo sonrojado hacia el final de la vida. Un tanto parecido a san Pablo, carecía de dignidad o apostura personal, y decía de sí mismo que era «un mono obligado a representar el papel de león». También se quejaba de su mala salud, la digestión difícil, la gota y los accesos de malaria, que aliviaba con vino de resina procedente de Alejandría. Pero, como muchos clérigos de escasa salud, tenía una voluntad fuerte y mucho sentido común y carácter práctico. Era apropiado que hubiese nacido en la Edad de las Tinieblas, cuando la Iglesia no podía darse el lujo de los adornos frívolos y tenía que concentrar sus esfuezos en las cosas esenciales. Se rodeó de monjes laboriosos. Creía que el futuro estaba en las «nuevas naciones» que se extendían al norte de los Alpes. La tarea del obispo de Roma era incorporarlas a la cristiandad, integrarlas en el sistema eclesiástico. No tenía sentido lamentar la suerte del imperio. «El águila», escribió, «tiene la cabeza calva y perdió las plumas... ¿Dónde está el senado, dónde está el antiguo pueblo de Roma? Han desaparecido.» Era inútil especular sobre refinamientos doctrinarios. Como dijo uno de sus sucesores inmediatos, el debate acerca de la «voluntad» de Cristo —en ese momento el tema de moda en Constantinopla— era para los gramáticos, no para los eclesiásticos activos; la filosofía era para las «ranas que croan». Gregorio predicaba una religión evangélica básica, desprovista de complejidad y elegancia clásicas; y envió a sus monjes a enseñarla a los salvajes y toscos guerreros de habla germana, los hombres de largos cabellos que guardaban el futuro en sus fuertes brazos.

Entretanto, el propio Gregorio concentró la atención en la creación de un patrimonio papal para la administración eclesiástica de Italia. Desarrolló y amplió la beneficencia sistemática que siempre había sido un rasgo de la Iglesia cristiana. Pero también reunió fondos para reparar los acueductos. Lo vemos aplicando sus considerables energías a cuestiones como la cría de caballos, la matanza del ganado, la administración de los legados, la exactitud de las cuentas, el nivel de las rentas y el precio de los arrendamientos. Intervino directamente en la administración de propiedades dispersas en todo el territorio de Italia, en África del Norte, Cerdeña y Sicilia. Obligó a sus campesinos a pagar un impuesto sobre el matrimonio, los servicios fúnebres, más un impuesto agrario que debía pagarse tres veces al año. Todos los administradores papales debían ser clérigos, o por lo menos estar tonsurados. Gregorio no creó precisamente este sistema, pero lo amplió y fortaleció enormemente. Encontró un clero romano que ya poseía una estructura de casta y un atuendo peculiares. Tenían una manta con ribetes blancos o *mappula*, calzaban sandalias negras lisas o *campagi*, y usaban *udones* o medias blancas, prendas heredadas todas del senado y la magistratura imperiales. También en este caso vemos que el clero imitaba la apariencia tanto como la función de la Roma imperial. El clero romano ya estaba organizado en colegios, de acuerdo con la jerarquía. Gregorio extendió este sistema a las regiones y las provincias, a los abogados legos y los *defensors* que administraban los pueblos y las propiedades papales. El notario superior se convirtió en canciller lateranense y concibió las fórmulas estándar de la correspondencia papal; de esta forma, en tiempos de Gregorio el *scrinium* papal ya era una poderosa estructura burocrática. Poco después aparecerían los sacerdotes-cardenales y los diáconos-cardenales, y formarían los peldaños superiores del clero romano. En todos los aspectos esenciales, la matriz administrativa del papado medieval ya existía.

Hemos visto, por lo tanto, que en el episcopado dirigido por el obispo superior de Roma la cristiandad poseía una institución eficaz que le permitió transmitir ideas y procedimientos del mundo romano a la nueva y dinámica sociedad bárbara de Europa. ¿Cuáles eran exactamente estos procedimientos y esas ideas? Los más importantes se centraban en el concepto y la aplicación de la ley. El legalismo había sido siempre la gran fuerza de los romanos; era también una fuerza que no disminuyó —en ciertos aspectos aumentó— a medida que declinó su poder militar relativo. Durante el siglo IV la Iglesia se había comprometido cada vez más en el proceso de elaboración de la ley. Gran parte de la primera gran recopilación de leyes, el Código Teodosiano de mediados del siglo V, fue fruto de la labor de la Iglesia. Por supuesto, no se distinguía entre derecho secular y eclesiástico; cuando administraba y transmitía uno, la Iglesia difundía automáticamente el otro. En 539 el derecho imperial nuevamente fue codificado; en 533 se agregaron comentarios, o *digesta* o *pandecta,* además de nuevas leyes denominadas más tarde *novellae*, y el conjunto formó el Corpus Juris Civilis, o derecho civil justiniano, al que se agregaron los digestos de derecho canónico del propio papado. Con esto, la Iglesia de la primera parte de la Edad de las Tinieblas contó con un cuerpo de derecho escrito enorme y muy perfeccionado, pudo transmitirlo al mundo bárbaro cuando y como fue posible o apropiado, y desarrollarlo para sus propios propósitos administrativos.

Sin embargo, tuvo importancia más directa e inmediata la tradición codificadora que los propios códigos imperiales habían creado y que la Iglesia pudo entonces aplicar a fines diferentes. En su carácter de sociedades paganas, todas las confederaciones tribales poseían amplios y antiguos cuerpos de derecho consuetudinario, no escrito pero memorizado, y modificado lenta y ocasionalmente a la luz de la variación de las necesidades. Cuando la Iglesia entró en contacto con estas sociedades bárbaras y las indujo a aceptar el bautismo o, en el caso de los arrianos, la comunión integral con Roma, sus obispos casi inmediatamente adoptaron medidas con el fin de vincular las costumbres legales cristianas con los códigos legales paganos que estaban vigentes. Esto era necesario, en primer lugar, para garantizar la protección de las actividades misioneras de la Iglesia; por ejemplo, debían asignarse elevados *wergilds* a los obispos y los sacerdotes. En virtud de estos arreglos se dio forma escrita al derecho consuetudinario, dividido en capítulos, y se agregaron cláusulas específicas *ad hoc* favorables a los fines cristianos. Los obispos misioneros repasaron las costumbres con los ancianos de los tribunales tribales, las anotaron imponiéndoles cierto orden, las leyeron en voz alta al rey y después volvieron a escribirlas con sus rectificaciones y enmiendas.

El proceso a menudo siguió de cerca los pasos de la conversión. Así, en Inglaterra, la misión despachada por Gregorio el Grande desembarcó en Kent en 597; entre esta fecha y 616, año en que falleció Etelberto, el rey de Kent y *bretwalda* inglés, se anotó y promulgó un código de noventa leyes. Aunque se alude a los temas cristianos, hay poco que sea específicamente cristiano en los detalles del código; está en inglés antiguo y es, con mucho, el más antiguo cuerpo de derecho escrito de todas las lenguas germánicas que ha llegado hasta nosotros. En resumen, estamos en una etapa temprana de desarrollo. Es muy probable que otros códigos germánicos semejantes aparecieran entonces, y antes, redactados bajo la guía de la Iglesia y con un contenido esencialmente precristiano. Pero después el latín se impuso a las lenguas germánicas en la mayoría de los casos —excepto en Inglaterra— y la importancia del ingrediente cristiano aumentó constantemente. Ya durante el siglo VI la Iglesia había realizado la codificación de muchas leyes consuetudinarias francas. La Lex Salica, como se la denominó, ha llegado a nosotros en un formato del siglo IX, con un prefacio del siglo VIII; pero fue concebida inicialmente como una recopilación de costumbres destinadas al estudio y la consulta del clero en el curso de sus actividades misioneras y, por lo tanto, se escribió en latín. Gradualmente, a medida que se corregía y revisaba, se convirtió en el cuerpo principal de derecho escrito utilizable por toda la sociedad franca. También en Italia la Iglesia preparó una recopilación de costumbres en 643, durante el reinado del rey Rotario, a la que se conoce con el nombre de Edicto de Rotario. Fue escrita en latín, no en lombardo, y está formada por 388 capítulos o títulos, con una introducción y una lista de reyes lombardos. La introducción afirma que el rey ha decidido corregir la ley según él la conocía, enmendarla, enriquecerla y, donde fuera necesario, limitarla. Es significativo que esta última oración fuese extraída de la séptima Novella de Justiniano. De hecho, en este código hay no sólo elementos romanos sino un basamento formal en el derecho romano. Rotario era arriano, pero es evidente que su corte había sido influida por el clero católico, su código indica que su pensamiento político y legal estaba alcanzando un nivel moral que era sin duda el resultado de la influencia cristiana.

En estos códigos legales, y en todo el complejo movimiento de intercambio cultural que estaba en la base de los mismos, vemos a la Iglesia ejerciendo su influencia en el punto más formativo y sensible del cuerpo político entero de las nuevas sociedades germánicas, su derecho consuetudinario fundamental. Al transformar la ley memorizada en ley escrita, los clérigos misioneros casi imperceptiblemente comenzaron a cristianizarla y, por lo tanto, a cristianizar a las sociedades que la obedecían. Aquí, por vez primera, la cristiandad no se superpone a la sociedad, sino que se combina con sus costumbres, en una etapa en que éstas están sometidas a un proceso de rápido desarrollo. Por supuesto, en algunos aspectos hay una sólida comunidad de intereses. Tanto la Iglesia como las razas germánicas exaltaban el papel de la familia; en este punto la cristiandad tenía mucho más en común con los francos que con la sociedad romana. Por lo tanto, los códigos legales reflejan ese vínculo. En otros aspectos había discrepancia: la sociedad germánica se adhería profundamente al feudo de sangre, cuyos destrozos y ramificaciones teñían la totalidad de la conducta social y pública; la Iglesia estaba igualmente ansiosa de eliminarlo, mediante un sistema de multas fijadas y cobradas por vía legal. En los primeros códigos legales escritos percibimos de qué modo se establecieron compromisos en éste y en otros puntos, de tal forma que la Iglesia empujó lentamente a la sociedad laica en el sentido de los arreglos en el tribunal, más que en el combate.

Asimismo, la Iglesia poseía un peculiar instrumento legislador propio: el sínodo episcopal o concilio. Fue utilizado por los nuevos reinos en una etapa sorprendentemente precoz. El primer concilio de la Iglesia franca del cual tenemos noticia fue celebrado en Orléans en 511, y no está claro hasta qué punto los elementos seculares intervinieron. Pero estos concilios se ocupaban del bienestar general de la población, así como de asuntos puramente eclesiásticos. Orléans asignó directamente a los obispos la responsabilidad fundamental del suministro de auxilios a los pobres. Un concilio celebrado en Tours en 567 extendió la responsabilidad por los pobres a la comunidad entera y determinó que se financiara mediante el diezmo. En Mâcon, en el año 585, se ordenó a todos que depositaran sus diezmos en el tesoro del obispo; de ese modo se convirtió en una especie de impuesto sobre los réditos, una parte destinada a los pobres. Lo que es más, en esta asamblea oímos hablar por primera vez de asilos para los pobres u «hospitales» anexos a la catedral o a los edificios episcopales. Aquí vemos a la Iglesia avanzando directamente hacia el centro de la escena, para cumplir una función de gobierno nueva y ejecutiva, cabe presumir que respondiendo a instrucciones del rey, que seguramente presidía esos encuentros legislativos. Sabemos un poco más acerca de los concilios análogos celebrados en la España visigoda, los que llegaron a ser un aspecto fundamental del gobierno después de que el rey Recaredo, en 587, pasara del arrianismo al catolicismo. Este monarca inició la práctica de convocar en Toledo, su ciudad principal, a grupos de obispos y otros eclesiásticos, con quienes se reunía la totalidad de los principales nobles y funcionarios de la corte, generalmente bajo la presidencia del rey. Los clérigos formaban la mayoría de los presentes, pero los temas debatidos y decididos abarcaban la gama entera de la actividad secular tanto como clerical, y los señores laicos aplicaban sus sellos y sus firmas a las decisiones junto a los obispos. De hecho, estos concilios eran parlamentos de Estado. Por lo tanto, desde un período muy temprano vemos que la Iglesia no sólo se convierte en parte de la estructura gobernante de los reinos europeos, sino que determina el esquema de sus procesos legislativos. Más aún, la Iglesia es la entidad que patrocina y posibilita la innovación. En estas sociedades primitivas, conservadoras y pospaganas, la cristiandad representó el progreso y el futuro.

Si en la mente de los bárbaros se identificaba a la Iglesia con el futuro, ésta también se afirmó como el custodio y el intérprete del pasado de estos pueblos. Las tribus tenían sus historias en verso memorizadas, del mismo modo que tenían memorizadas sus leyes consuetudinarias; en el proceso de pasarlas a la forma escrita, los escribas eclesiásticos inevitablemente les confirieron una coloración cristiana, aunque a menudo ésta fuese más bien superficial. Pero lo que es más importante, desde el principio la Iglesia poseyó el monopolio de la redacción de textos de historia. Esta cuestión fue absolutamente fundamental para el éxito con que logró promover una impresión tan profunda en la sociedad de la Edad de las Tinieblas, ya que la cristiandad era esencialmente una «religión del libro», es decir, una religión histórica. Enseñaba que habían sucedido ciertas cosas y que sucederían otras. Lo primero era cuestión de historia, en la forma de las Escrituras; lo segundo cuestión de profecía, originada en diferentes fuentes, entre ellas la no menos importante autoridad de la propia Iglesia. La enseñanza y la interpretación apropiadas de la historia eran por lo tanto esenciales para la misión evangelizadora de la Iglesia. En cierto sentido, la Iglesia estaba bien armada para cumplir esta función, porque podía apoyarse en una tradición doble: el estilo histórico de redacción del Antiguo Testamento y la historiografía más perfeccionada de Roma. Mediante el empleo de estas técnicas, los autores cristianos utilizaron las memorias ancestrales colectivas de sus confederaciones tribales para elaborar reseñas históricas de sus orígenes nacionales, en las que la cristianización aparecía como el factor determinante y en las que se señalaba el momento en que el pueblo pasaba de la existencia primitiva y bárbara (y moralmente reprensible) a la civilización y las oportunidades de salvación. Por consiguiente, se modificó la historia tribal no sólo para adaptarla a las premisas cristianas en la vida actual, sino para atribuir más peso a la mecánica cristiana de la redención.

Un buen ejemplo de esta historia «constructiva» escrita con vistas a influir sobre el presente es la historia de los francos, que data de la segunda mitad del siglo VI y fue escrita por Gregorio, que se convirtió en obispo de Tours en 573. Gregorio era un aristócrata galo-romano del sur, por cierto típico, de los que «transportaban» elementos de la civilización romana a las tribus a través de la institución episcopal. Los francos se habían convertido directamente al catolicismo y por lo tanto se los veía como aliados naturales de la ortodoxia (contra el arrianismo) y, más aún, desde las últimas décadas del siglo VI, como aliados del propio papado. Gregorio no disponía de textos escritos como material de trabajo y contaba sólo con versiones míticas de los orígenes francos. Consideraba a los francos como los salvadores de Galia y, por consiguiente, se consideraba en libertad de exponer la historia temprana de este pueblo como un progreso intencionado hacia el cristianismo y la unidad, a su juicio estrechamente relacionados; con este fin, predató la conversión de Clodoveo, el primer rey franco cristiano (un episodio que en realidad corresponde a alrededor de 503) para demostrar que sus conquistas eran el resultado de la cristianización. Dice que mientras Clodoveo estaba en Tours recibió un legado del emperador Anastasio, que otorgó al rey el título de cónsul —«y desde ese día fue exaltado como cónsul de Augusto»—. Tenemos aquí un ejemplo de un escritor cristiano que retrospectivamente asigna legitimidad oficial a una estirpe real bárbara, e incluso le confiere una forma de linaje imperial, en el que la Iglesia y la cristianización constituyen los instrumentos transmisores.

Con posterioridad, la historia de los lombardos fue escrita por Pablo el Diácono, que nació en Pavía en 775 y pasó un tiempo en la corte lombarda y en la de Carlomagno. Pablo rastrea la historia lombarda desde el momento en que la tribu salió por primera vez del Báltico hasta la muerte del rey Liutprando, en 744. El tema no es la victoria de los lombardos sino la victoria del catolicismo, y Pablo invita a sus lectores lombardos a ver su imagen reflejada en un espejo romano. Las tribus no tenían historia escrita. Ésta era, por así decirlo, la recompensa y la consecuencia de la civilización; la actividad consistente en leer y escribir historia era en sí misma romana; para un lombardo, concebir su propia persona en un contexto histórico era ser romano; y ser católico era ser romano. Estas historias asumieron y destacaron un triple proceso de identificación: el de la cristiandad con Roma, el de Roma con la civilización. En este marco era fácil incluir el regocijo patriótico por los actos heroicos de los antepasados tribales. De modo que estas historias tribales cristianizadas fueron muy populares y desplazaron a la poesía pagana como fuente principal del autoconocimiento popular; sobreviven en muchos manuscritos e incluyen una obra maestra: la *Historia de la Iglesia y la nación inglesas* de Beda, escrita una o dos generaciones antes de la historia lombarda de Pablo el Diácono. Beda era un historiador demasiado grande para reacomodar el pasado en términos cristianos. Por consiguiente, su libro no es una historia nacional; es una reseña franca del modo en que el cristianismo llegó a Inglaterra y el progreso posterior de la Iglesia inglesa. Pero el efecto es más o menos el mismo. Incluso puede afirmarse que en cierto sentido tiene aún más éxito cuando destaca la importancia del proceso de cristianización, pues Beda demuestra que, desde el momento de la conversión, la historia del pueblo inglés y de la Iglesia inglesa que actúa en el seno de aquél son prácticamente la misma cosa. Idéntica conclusión está implícita en la *Res Gestae Saxoniae*, la historia de los duques otonianos de Sajonia y Franconia, escrita por Widukind, un monje de Corvei. La obra fue dedicada a Matilde, hija de Oton I y abadesa de Quidlinburg en las montañas Harz, sede del poder otoniano; fue escrita a la luz de la coronación de Otón como primer emperador sajón. Aquí tenemos, entonces, la historia tribal sajona presentada como un relato del éxito de la cristiandad.

Estas historias tribales básicas fueron sólo un elemento, aunque durante mucho tiempo el más importante del dominio global que el cristianismo ejerció sobre la visión total del pasado. Los monjes cristianos también escribieron vidas de santos, extraídas de modelos orientales, las que a su vez fueron usadas como prototipos de la vida de los santos y obispos notables francos, lombardos, sajones e ingleses; a partir de principios del siglo IX tenemos las primeras biografías seculares sobre la excelente vida de Carlomagno por Einhard; en este caso, el modelo fue Suetonio, pero la atmósfera y las premisas morales son cristianas y no existe una clara línea divisoria entre la vida de un gran rey y la hagiografía. Más o menos por la misma época hallamos continuaciones de las historias fundamentales, por ejemplo en Borgoña la *Crónica* de Fredegarius, y en la región parisiense la *Historiae Francorum*. A su vez, éstas ceden el sitio a los anales monásticos y reales. Los anales fueron escritos inicialmente por las abadías y las catedrales monásticas, para calcular la fecha de la Pascua; en la práctica, eran calendarios lunares. Después, año tras año fueron incorporados hechos importantes y los anales llegaron a ser gradualmente más detallados y permanentes. Los anales reales de Francia y las crónicas anglosajonas en Inglaterra se convirtieron en registros casi oficiales de los hechos, compilados por los monjes en casas patrocinadas por el gobierno; a estos hechos pronto se agregaron los registros de la actividad oficial concreta, depositados en los archivos de las abadías y las catedrales, y ajustados hasta cierto punto al modelo de los archivos papales que venían llevándose desde el siglo IV y que se basaban a su vez en la práctica imperial romana. En Francia, alrededor de cuarenta diplomas, constancias permanentes de concesiones a las comunidades eclesiásticas y a laicos, han llegado a nosotros desde los tiempos merovingios, es decir, el período entre los años 500 y 750. En tiempos de Carlomagno, estos documentos fueron recopilados y archivados sistemáticamente, lo mismo que los cartularios, es decir, las ordenanzas reales originadas en la discusión de los asuntos públicos, y la correspondencia real. En 791 el propio Carlomagno ordenó que toda la correspondencia entre él, sus predecesores y la corte papal fuese recopilada; se reunió en un enorme volumen, denominado *Codex Carolinus*. Por supuesto, toda esta tarea estuvo a cargo de clérigos. En cada etapa de la redacción, la recopilación, la transmisión y la preservación de la historia de la Edad de las Tinieblas —y de su documentación y compilación— la Iglesia fue la fuerza activa y supervisora. El hombre de la Edad de las Tinieblas veía su pasado como veía su futuro, pero exclusivamente por los ojos cristianos. Para él no había otro modo de ver la historia que como la realización de propósitos divinos.

Por consiguiente, la Iglesia dio instituciones, leyes e historia a la sociedad bárbara: pero en sí mismos estos aspectos no habrían sido suficientes para explicar la extraordinaria intensidad de la penetración alcanzada por la cristiandad durante el período que va del 400 al 800 d.C. Debía existir también un factor económico, un medio que permitiese a la Iglesia realizar una contribución concreta y fundamental al bienestar de la sociedad, y que fuese un aporte que únicamente la Iglesia podía hacer. De todos modos, tenía que hacerlo para justificar su existencia, pues la Iglesia era una institución muy costosa y absorbía una proporción cada vez más elevada del producto bruto en relación con sus propios propósitos intrínsecos. Las confederaciones tribales que llenaron el vacío del poder romano en Occidente eran sociedades de subsistencia y comenzaron a desplazarse porque padecían hambre. Para tener éxito en este medio, la Iglesia debía ser vehículo de técnicas económicas superiores.

Ya hemos visto en qué forma esforzada trabajaron los primeros papas en su condición de administradores de propiedades. Al parecer, se apoyaron en la premisa que se refleja en la norma de san Ambrosio: los oficios y el comercio eran males necesarios, pero explotar la tierra era una actividad honrosa a los ojos de Dios. La Iglesia no se dedicó a la artesanía, en todo caso no lo hizo en gran escala; pero por lo menos desde el siglo IV fue un propietario terrateniente. En todo el territorio de Occidente los obispos administraban grandes propiedades; los papas de espíritu práctico como Gelasio y Gregorio I dieron el ejemplo. Establecieron un factor de continuidad entre el tipo más eficaz de administración imperial romana de los fundos y la «explotación superior» de los dominios señoriales de la Edad Media, sobre todo, por ejemplo, en Galia, donde las unidades agrícolas variaron muy poco en muchos casos. A los ojos de los bárbaros, los eclesiásticos eran agricultores «modernos», que llevaban cuentas, planeaban previamente, invertían. La Iglesia también tenía un instrumento legal básico, el título de propiedad agrario de estilo romano, que incluía el concepto de la propiedad libre. Según parece, en las sociedades germánicas primitivas no existía ese tipo de tenencia. Cuando la Iglesia fue recibida por primera vez en las cortes francas, insistió en que la tierra otorgada para levantar iglesias y otros edificios fuese entregada en posesión perpetua y que la transacción fuese asentada en el tipo de escritura que se acostumbraba. Por supuesto, los laicos se mostraron impresionados y sintieron envidia, pues la propiedad libre asentada por escrito tenía ventajas inconmensurables sobre otra forma cualquiera de tenencia. El resultado fue un fenómeno con el cual ya hemos tropezado en el imperio del siglo IV: los magnates laicos transferían sus tierras a la propiedad de la Iglesia como forma de inversión de familia, con el fin de evitar los impuestos. Beda, que escribió durante la tercera década del siglo VIII, llamó la atención sobre esta tendencia, a la que con acierto consideró perjudicial para la Iglesia tanto como para el Estado. Más dinámico, desde el punto de vista económico, fue el desarrollo, siguiendo el ejemplo de la Iglesia, de las propiedades casi libres en el laicado, sobre todo en el caso de la tierra marginal y recuperada. Asimismo, la extensión de las tierras efectivamente trabajadas por la Iglesia aumentó enormemente; en Europa occidental y central la Iglesia se convirtió en el terrateniente más importante.

Este proceso no hubiese existido, o no habría durado, si los clérigos no hubiesen demostrado que eran mejores que el promedio de los agricultores y los administradores de tierras. El desarrollo del monaquismo fue la causa principal de este proceso y la figura fundamental en este caso es también Gregorio el Grande. Él fue quien primero percibió la importancia económica del tipo apropiado de regla y organización monásticas, pues debe recordarse que no existía una razón intrínseca que determinase que los monjes se asociaran con la agricultura. Por el contrario, los primeros monjes cristianos de quienes tenemos noticias, y que corresponden al siglo III, eran ascetas que se refugiaban en el desierto para llegar a la santidad a través del hambre; es casi seguro que estaban repitiendo un esquema anterior de carácter precristiano. Han llegado a nosotros muchas biografías primitivas de los monjes más antiguos, pero la mayoría está formada por obras que son pura ficción. Es sin duda el caso de la vida de san Barlaam, que probablemente nunca existió mientras que la vida de Joasaph se basa en la de Buda. Según el cálculo cristiano, el monje prototípico fue san Pablo de Tebas. Es posible que existiera ya que sabemos que los primeros monjes se instalaron en los desiertos egipcios, no lejos del Nilo. San Jerónimo, que escribió una vida, en general imaginaria, de Pablo, dice que vivió ciento trece años cerca de Tebas, se cubría con hojas de palma y durante sesenta años fue alimentado por un cuervo, que le traía media hogaza de pan diaria. Cuando falleció, en 347, dos leones cavaron su tumba y después dieron la bienvenida a su sucesor, san Antonio. También san Antonio fue una persona histórica, aunque oscura; se nos dice que vivió más de noventa años como un solitario, después de renunciar a sus posesiones en la juventud; que nunca aprendió a leer o a escribir, jamás se cambió de ropa ni se lavó la cara y murió en 356, a la edad de ciento cinco años.

Más o menos por esta época hallamos comunidades monacales primitivas en el desierto. Ammon, discípulo de Antonio, convenció a más de 5.000 individuos de que se le unieran en el desierto de Nitre, al sureste de Alejandría. Estos monjes eran casi todos analfabetos de la clase baja. Había individuos arruinados que huían de los impuestos, proscritos que habían desertado del servicio militar, bandoleros que escapaban de la justicia, esclavos que se habían separado de sus amos. Algunos abrigaban la esperanza de alcanzar cierta reputación de santidad (y quizás incluso riqueza) mediante una conducta excéntrica: tenían más en común con los faquires hindúes que con los monjes según los entendemos. Así, Macario de Alejandría afirmaba que no había escupido en el suelo desde su bautismo. Durante siete años comió únicamente verduras crudas, se abstuvo de ingerir pan tres años, no durmió veinte noches seguidas, se expuso siete meses a los mosquitos de los pantanos y ayunó cuarenta días, permaneciendo en un rincón de su celda sin hablar ni moverse, e ingiriendo sólo repollo crudo los domingos. Vivió hasta los cien años, había perdido la dentadura y le quedaban unos pocos pelos donde antes tenía la barba. Macario tuvo muchas aventuras exóticas o milagrosas con animales. Era también el caso de todos los excéntricos de éxito. San Gregorio y san Malo salvaban a los condenados arrancándolos del infierno. San Malo también transformó una piedra en un cáliz de cristal de roca, para celebrar la misa. San Martila y san Frontus usaban el cayado de san Pedro para resucitar a los muertos, y san Huberto fue convertido por un ciervo al que estaba persiguiendo (entre los brazos de su cornamenta había una cruz). San Gildas ordenó a un monstruo peligroso que muriese y éste obedeció cortésmente; una anécdota análoga se refería a san Hilarión, ante cuyo mandato una boa constrictora se quemó en las llamas.

No es fácil separar los hechos de la invención. Los primeros cenobitas, es decir, monjes que vivían en comunidades, al parecer fueron agrupados por Pacomio, que tenía un monasterio de un centenar de individuos en Taberna, sobre el extremo más ancho del Nilo. Jerónimo ofrece una reseña circunstancial de la vida de este grupo: «Los monjes del mismo oficio se agrupan bajo un superior, es decir, los tejedores, los fabricantes de esteras, los sastres, los carpinteros, los abatanadores y los zapateros... cada semana se presenta al abate un informe del trabajo realizado.» Tenemos otras crónicas del siglo IV referidas a los monjes tejedores de canastos, pero ninguna que hable de agricultores. A principios del siglo IV Hilarión introdujo en Siria el movimiento monástico: pero también allí los monjes eran anacoretas o solitarios, o vivían en grandes comunidades mal organizadas, sustentados por la caridad o en peor situación aún. Se destacaba la autotortura o la privación dramáticas. El propio Hilarión comía solamente media medida de lentejas diarias, y después sólo pan, sal y agua; más tarde, hierbas silvestres y raíces, y cuando sobrepasó la edad de sesenta y cuatro años no volvió a tocar el pan. Los monjes sirios demostraron particular ingenio en la invención de tormentos. Uno cargaba un hierro tan pesado para contener su tendencia a desviarse que tenía que avanzar apoyado en las manos y las rodillas. Otro ideó una celda que lo obligaba a vivir doblado. Un tercero pasó diez años en una jaula que tenía la forma de una rueda. Algunos monjes vivían encaramados en árboles; otros que comían pasto vivían en los bosques y se alimentaban como animales salvajes; algunos estaban completamente desnudos, salvo un taparrabos de espinas. Varias de estas extrañas figuras han sido bien auténticas. Podemos afirmar con razonable certidumbre que Simón Estilista fue un analfabeto, nacido en la frontera de Siria alrededor de 389. Fue expulsado de un monasterio por su excesivo ascetismo y vivió en una cisterna, donde se encerraba sin alimentos durante la Cuaresma. Su cadena, unida a una piedra, le impedía caminar más allá de unos pocos metros. Los testigos afirmaban que el hueco entre la piel y la cadena estaba infestado de gusanos. Vivía cerca de Antioquía, sobre una columna, al principio de tres metros de altura y después de unos veinte metros. Su plataforma tenía dos yardas cuadradas: allí se postraba 1.244 veces diarias y, en la Cuaresma, además se encadenaba a un poste. Tenía una escala para las ocasiones especiales, pero normalmente se comunicaba mediante un canasto. Falleció en 459, después de haber pasado treinta y siete años sobre su columna, desde donde predicaba regularmente y, según se decía, administraba curas para corregir la infertilidad. El emperador despachó 600 hombres para recuperar su cadáver, que estaba en poder de los beduinos, y sobre su tumba se construyó una iglesia alrededor de los años 476-490, con los restos de la columna en el patio central. Todavía hoy pueden verse las ruinas. Estos monjes alcanzaban notoriedad e incluso celebridad en su condición de ascetas individuales, o bien se convertían en molestias públicas por diferentes razones y las autoridades los expulsaban. A veces se comportaban como *claques* episcopales y hombres de acción en las elecciones y los concilios eclesiásticos, como vimos en páginas anteriores. Otras veces se reunían en grandes establecimientos a orillas del desierto y vendían objetos a los viajeros y los visitantes. Carecían de objetivos económicos. Ciertamente, fueron uno de los lujos espirituales que una sociedad rica podía costearse, o por lo menos se costeaba. Incluso cuando Basilio, obispo de Cesarea, a partir de aproximadamente el año 360 asignó una base más organizada al monaquismo oriental, éste continuó siendo una forma esencialmente parasitaria. Sus recopilaciones de reglas escritas, las más antiguas que conocemos, con su tendencia a atribuir especial importancia al sentido común y la moderación (aunque no se permitía que los monjes se peinasen los cabellos), en general fueron adoptadas y se difundieron en todo el imperio oriental. Se dice que entre los siglos VIII y IX 100.000 monjes vivían bajo la regla de san Basilio. En algunos casos estos monasterios tenían escuelas y, por lo tanto, cumplían una función educacional. Pero rara vez trabajaban la tierra. Los monjes se agrupaban en grandes casas urbanas o en grupos de casas de los campos lejanos, el caso del Monte Athos. Vivían de la caridad, aunque cumplían unas pocas funciones sociales, y la mayoría era desesperadamente pobre. Como los monjes de los primeros tiempos, se los reclutaba en las clases más pobres, e incluyendo a muchos analfabetos; de hecho, la mayoría nunca alcanzó la condición sacerdotal ni recibió las órdenes. No era un esquema de organización que indujese a los laicos acaudalados a transferir sus tierras y a crear propiedades de familia bajo el régimen clerical. Cuando los monjes eran dueños de la tierra, tampoco llevó a la explotación o a la administración eficiente del campo.

El Imperio bizantino podía permitirse este fenómeno, mientras que el Occidente empobrecido no estaba en la misma situación. De ahí que el monaquismo oriental nunca superase realmente sus formas iniciales. Por la época en que el imperio se derrumbó, durante el siglo XV, dicho monaquismo ya tenía formas muy estables; de este modo los monjes ortodoxos incluso hoy conservan las características esenciales que poseían en tiempos de san Basilio. Es posible que esquemas análogos hubiesen perdurado en Occidente si la estructura imperial romana se hubiese mantenido firme. El monaquismo llegó a Occidente siguiendo las rutas comerciales del Mediterráneo; así entró en Marsella, después remontó el valle del Ródano y se internó en Galia. La inspiración parece haber sido la vida de san Antonio, un trabajo popular de Atanasio, que llegó a Galia en el año 336 y fue la base de muchas copias. Los primeros monjes occidentales eran ascetas y excéntricos, como su modelo oriental, pero tendían a comprometerse mucho más activamente en la vida de su sociedad. El más famoso de todos, san Martín de Tours, que falleció en 397, imitó el tipo oriental de asiento cenobita: él y sus ochenta compañeros vivían en cavernas cavadas en los riscos del río, en Marmoutier, y se describía al propio san Martín, pese a que antes había sido oficial militar, como un hombre de apariencia plebeya, menudo, mal vestido y despeinado. En cambio, a diferencia de los orientales, parece que fue un misionero rural que predicó contra el paganismo, el que produjo milagros evangélicos y atacó los santuarios con un hacha. Protestó enérgicamente contra las ejecuciones de los priscilianos españoles y es probable que representara un papel en la política eclesiástica de alto nivel. En todo caso, sabemos que cuando se presentó al emperador Valentiniano y éste rehusó ponerse de pie en un gesto de respeto ante el santo, «el fuego cubrió el trono y el emperador sufrió quemaduras en la parte del cuerpo que descansaba sobre el asiento».

La vida de San Martín, escrita por un acaudalado bordelés llamado Sulpicio Severo, fue el primer ejemplo de la aretología occidental, es decir, el panegírico de las virtudes que, en definitiva, se convirtió en un tratado muy influyente. Al mismo tiempo que el nombre y los milagros de Martín popularizaron el culto monástico; solamente en Francia hay casi 3.900 parroquias que ostentan diferentes formas de su nombre: Martinge, Martigny, Martignac, Martincourt, Martineau, Martinet, Dammartin, etc. El desarrollo de las leyendas sobre Martín coincidió con la introducción de lo que puede denominarse la teoría monástica regular en Francia, por obra de Juan Casiano, un escita de la Dobrudja que organizó dos monasterios, uno para los hombres y otro para las mujeres, en la región de Marsella. Casiano era un erudito, un contemporáneo más joven que Agustín que siguió un prudente curso medio entre el pelagianismo y el determinismo agustiniano, visitó una serie de monasterios occidentales para adquirir experiencia y anotó sus reflexiones acerca de la vida monástica en una serie de *Instituciones* y *Conferencias*. Por supuesto, era asceta: sabemos que él y sus amigos cenaron con cierto abate Sereno y cada uno consumió tres aceitunas, cinco guisantes secos, dos ciruelas pasas y un higo, más un poco de sal. No obstante, deseaba escapar de la autoprivación sin propósito ni dirección que caracterizaba al monaquismo oriental. Propuso un objetivo a los monjes: convertir y educar.

Por consiguiente, cuando se desplazó hacia el norte, a través de Galia, el estilo egipcio de monaquismo adquirió, en el curso del siglo V, una finalidad cultural, y precisamente en esta condición transformada atrajo el interés de los ascetas cristianos de la clase alta en las regiones dominadas por los celtas (Britania, Gales, Irlanda y Escocia). Irlanda había sido cristianizada desde Gales, probablemente por un britano romanizado llamado san Patricio, en el siglo V, y existía una forma rudimentaria de sistema eclesiástico «normal», con obispos y diócesis. Recién a partir de aproximadamente el año 540 sabemos de la existencia de los primeros monjes irlandeses. Irlanda mantenía contactos comerciales con el valle del Loira y enviaba zapatos a cambio de vino y aceite; cabe presumir que éste fue el modo en que los irlandeses por primera vez incorporaron la idea monástica. Arraigó con mucha rapidez por una serie de razones económicas y sociales, y en lugar de ser una actividad cristiana marginal, se convirtió en la forma religiosa dominante. Irlanda nunca había tenido ciudades; más aún, apenas tenía aldeas. En medida considerable era todavía una sociedad nómada y tribal. Además, el monaquismo del siglo VI incluía un ingrediente móvil tendiendo a desplazarse entre puntos de referencia fijos, y el mar era el más importante medio de comunicación. En cada tribu una familia principal podía fundar una abadía, más una serie de casas dependientes, y conservar ciertos derechos sobre las mismas. Los abates casi siempre eran miembros del clan o familia tribal gobernante; las posiciones monásticas, que incluían tierras, derechos de pesca y otras formas de subsistencia, abarcaban enormes extensiones. Por lo tanto, la búsqueda monástica de distanciamiento y soledad, exportada de Egipto a través de Galia, armonizaba perfectamente con la geografía y el estilo de vida de una economía precaria sobre la periferia de Europa. Los más antiguos asientos monásticos irlandeses, revelados por una exploración aérea en 1969, eran pequeños, primitivos y numerosos, y estaban muy dispersos: se parecían más a santuarios que a abadías. De hecho eso eran: hitos religiosos que cubrían el área de la actividad tribal. Encontramos así que un santuario como Skellig Michael, formado por seis estrechas celdas y un pequeño oratorio levantado sobre una pirámide de piedra de unos 200 metros de altura estaba situado en una pesquería tribal a once kilómetros mar adentro en el Atlántico, sobre el sudoeste de Irlanda. El monaquismo irlandés se integró totalmente con la sociedad local. En realidad, era la Iglesia en Irlanda.

El monaquismo egipcio había sido hasta cierto punto una rebelión contra la organización eclesiástica y contra el sistema episcopal en particular. San Martín y sus seguidores mostraron la misma inclinación. Creían que el episcopado y las órdenes eran algunas de las armas con las que el demonio atacaba a los individuos religiosos. Los monjes irlandeses compartían esta creencia. La Iglesia irlandesa nunca adoptó conscientemente una actitud de rebeldía contra la ortodoxia. Es notable que cristianizó al pueblo sin un sólo caso de martirio y sin que hubiese casos registrados de herejía o persecución interna; no hubo en absoluto violencia. Se mantuvo la jerarquía de los obispos: sólo ellos podían cumplir ciertas funciones, por ejemplo la bendición del crisma bautismal y la ordenación. Pero eran funcionarios, no jefes. Se esperaba de ellos que se sometieran y obedeciesen al abate que, por supuesto, representaba el liderazgo tribal. No puede afirmarse que el abate se comportara como un gran personaje. Una de las razones por las que los monjes primitivos rechazaban el sistema episcopal era que se identificaba con las manifestaciones exteriores de la sociedad mundana. Se consideraba una falta, incluso un pecado, que un clérigo, o aun un abate o un obispo, montasen a caballo. Al proceder así se elevaban por encima del hombre común y negaban el principio de humildad. A veces, san Martín usó un asno, que utilizaba en los viajes largos: eso era tolerable, pues Cristo había hecho lo mismo. El abate tampoco debía participar en comidas ceremoniales con los jefes seculares o incorporarse de cualquier otro modo a un mundo de vanagloria. Él y sus hombres debían vivir lo más cerca posible del nivel de subsistencia que armonizara con la buena salud y debían predicar el evangelio a pie, «según el modo de los apóstoles».

Por lo tanto, el monaquismo irlandés fue un reto insidioso a la Iglesia de la primera Edad de las Tinieblas y a su dominio sobre la sociedad. A semejanza de las sectas de tipo montanista, preconizaba el retorno a la pureza cristiana primitiva, pero a diferencia de ellas no era posible atacarla con el argumento del error doctrinario. Como sucedía con los monjes orientales, era antinómica, en el sentido de que esquivaba el sistema jerárquico normal de la Iglesia. Pero a diferencia de los orientales, no se mostraba pasiva ni extática. Por el contrario, los monjes irlandeses mostraban un tremendo dinamismo cultural. Poseían un conocimiento enorme de las escrituras y estaban maravillosamente dotados en las artes. Combinaban una exquisita erudición latina con una tradición cultural más viva que se remontaba a la civilización de La Tène, del siglo I. Sus rudimentarias casas de piedra eran modestas por fuera, pero en su interior guardaban verdaderos tesoros. Tenían mucho que enseñar a Europa occidental; sobre todo eran nómadas. En la región occidental de las Islas Británicas, y de hecho en la totalidad de Europa occidental, durante los siglos VI y VII las comunicaciones eran marítimas. Los monjes celtas eran todos marinos; viajaban por agua y vivían de pescado. El casi mítico san Brendan, que fundó el monasterio de Clonfert en Galway y falleció alrededor de 580, al parecer realizó una notable serie de viajes, cuyo relato fue traducido al francés, al normando, al provenzal, al alemán, al italiano y al noruego. Era frecuente sepultar en el mar a los monjes: el monje galés Gildas, equivalente británico de Gregorio de Tours, aunque historiador mucho menos dotado, pidió al morir que lo depositaran en una embarcación y lo llevasen al mar. Lo que es más, las relaciones entre los clanes abarcaban los mares. De esta forma, la misión de san Columba desde el Ulster hasta las islas occidentales de Escocia, donde fundó el gran monasterio de Iona, fue casi exactamente consecuencia de la política de los clanes. Desde Escocia occidental los monjes celtas avanzaron hacia el este y el sur; en el curso de un siglo describieron un gran arco alrededor de los límites noroccidentales de las Islas Británicas y llegaron al reino inglés de Northumbria a principios del siglo VI; allí, Aidán de Iona fue invitado por la corte de Northumbria a fundar una casa hermana en Lindisfarne, el año 634.

Mientras tanto, los irlandeses se habían desplazado mucho más hacia el este. San Columbano, nacido alrededor de 540, fue como Columba un líder tribal irlandés, jefe de un monasterio de familia. Era un hombre corpulento, con grandes ideas, y conocía bien el latín. Había leído a Virgilio, a Plinio, a Salustio, a Horacio, a Ovidio y a Juvenal, así como a los Padres, e incluso conocía un poco el griego; le encendía la ardiente pasión de difundir su propia y austera forma de cristianismo. En 575 llegó a Britania con un barco cargado de monjes. Vestían largos hábitos blancos y nada más; llevaban cayados curvos y guardaban los libros litúrgicos en bolsas de cuero impermeable; alrededor del cuello tenían botellas de agua y bolsitas con reliquias sagradas y hostias consagradas.

Fue una de las más notables expediciones de la historia. Columbano falleció en 615, y él y su séquito, así como los seguidores inmediatos, ya habían difundido el monaquismo celta sobre una enorme extensión de Francia, Italia y los Alpes, y habían fundado alrededor de cuarenta monasterios, entre ellos Rebais, Jumièges, Saint Gall, Bobbio, Fontenelle, Chelles, Marmoutier, Corbie, Saint Omer, Saint Bertin, Remiremont, Hautvilliers, Montienrender, Saint Valéry-sur-Somme, Solignac, Fontaines y Luxeuil; muchos de ellos se convertirían en glorias de la Edad Media. Columbano sintió desagrado por la Europa que halló entonces. A medida que viajaba hacia el este a través de Galia observó que «la virtud es cosa casi inexistente». Llegó a la conclusión de que los últimos vestigios de la antigua civilización habían desaparecido. Se vio en la necesidad de combatir la moral relajada más que la ignorancia, y de enseñar disciplina en lugar de gramática. La norma que estableció para sus nuevos establecimientos fue muy severa y el castigo corporal era una medida dura y frecuente.

Todo esto estaba muy bien: el éxito de Columbano indica la atracción que su misión ejerció. Pero sus actividades atrajeron por primera vez firmemente la atención de las autoridades eclesiásticas sobre la naturaleza del monaquismo celta, es decir, la atención de los obispos occidentales en general y del obispo de Roma en particular. Los monjes irlandeses no eran herejes, pero sin duda eran heterodoxos. En primer lugar, no tenían buena apariencia. Su tonsura estaba equivocada. Como era natural, Roma tenía «la tonsura de san Pedro», la coronilla afeitada. Los orientales tenían la tonsura de san Pablo, es decir, estaban completamente afeitados; si deseaban asistir a una reunión en Occidente tenían que esperar hasta que les creciera un anillo de cabellos antes de partir. Pero los celtas no se parecían a nada de lo que era conocido sobre la tierra: tenían los cabellos largos atrás y, sobre la parte delantera afeitada, un semicírculo de cabello que corría de una oreja a la otra, dejando una faja a través de la frente. Más grave era su negativa a celebrar la Pascua de acuerdo con los cálculos realizados por Roma. En la religión del Mediterráneo había una serie de sistemas calendarios discrepantes; el que usaban los celtas no coincidía con ninguno de éstos. La cuestión era más importante de lo que puede parecernos. Calcular la fecha exacta de la Pascua era el ejemplo más obvio del problema de cálculo temporal, es decir, del esfuerzo humano para orientarse en relación con los acontecimientos. Se habían mantenido disputas litúrgicas acerca de la Pascua incluso desde el siglo II y muy probablemente en los lejanos conflictos entre los gentiles y los cristianos judíos. En Europa occidental, las sociedades bárbaras cristianizadas poco antes habían adaptado, de la corte para abajo, su sentido de la rutina anual con el fin de armonizar con el año cristiano. La discrepancia acerca del acontecimiento más importante y sobrecogedor del año no sólo era indecorosa sino siniestra. ¿Cómo podía reclamar unidad la Iglesia si ni siquiera podía coincidir en la fecha de la resurrección, que era el núcleo de su creencia?

Detrás de estas discrepancias, que reflejaban no tanto una actitud de intencionado desafío de parte de los celtas, como un distanciamiento en los detalles durante un período en que se había perdido contacto con Roma y Galia, había una diferencia mucho más fundamental acerca de la naturaleza de la Iglesia. En cierto sentido, se establecía una analogía con los donatistas. ¿La Iglesia debía abrazar y reflejar a la sociedad, mientras la transformaba, como había enseñado Agustín y como aún suponían Roma y el episcopado galo? ¿O era una alternativa de la sociedad? El monaquismo celta, tan bien adaptado a su estructura económica y social nativa, parecía proponer normas imposibles en regiones de cultura asentada. Incluso en Northumbria había parecido que Aidán rechazaba la integración: invitado, en su condición de principal eclesiástico, a cenar en la corte, «su costumbre era reunirse con uno o dos empleados y consumir una comida escasa, dándose prisa para ir con ellos a leer o escribir». Lo mismo sucedía con el problema del uso de los caballos, un símbolo práctico de ideas antagónicas —las que en definitiva se relacionaban con el problema general de la riqueza, la jerarquía y la actitud de la Iglesia en el mundo— en donde los celtas y Roma se tocaban. En términos inmediatos, Columbano no toleraba la supervisión o la interferencia de los obispos locales en las casas monásticas que él había fundado en las correspondientes diócesis. Convocado para defenderse ante una conferencia episcopal celebrada en Châlons el año 603, rehusó, fue declarado rebelde y fue expulsado de Galia. Pasó a Italia, donde fundó más monasterios, sin resolver la cuestión.

Como vemos, la penetración celta en Europa tuvo gran importancia cultural; en términos eclesiásticos, amenazó debilitar al episcopado, la institución más antigua y fundamental de la Iglesia, y la que ya estaba integrándose con las sociedades bárbaras, y determinar un tipo distinto de Iglesia, en el que el ideal monástico sería la norma. De este modo se promovería una división entre la sociedad clerical y la secular, y por lo tanto sería imposible la realización del sueño agustiniano. Por supuesto, ese reto siempre había estado implícito en el concepto de la vida monástica (era el antiguo principio del retraimiento, que se remontaba a los esenios). Pero el monaquismo celta lo expuso de una forma nueva y atractiva.

La respuesta de Roma fue incorporar, disciplinar y contener así el movimiento monástico. El proceso insumió varias generaciones, pero la iniciativa decisiva provino de Gregorio I, un contemporáneo más joven que Columbano, que era obispo de Roma cuando los celtas se mostraban más activos en la Galia oriental. No está aclarado por qué Roma hasta ese momento se había negado a patrocinar un tipo definido de monaquismo y había permitido que el movimiento se desarrollara sin guía. La respuesta es sin duda que Italia estuvo sumida en una turbulencia demasiado grave durante la mayor parte de las décadas medias del siglo VI. De hecho, las perturbaciones accidentales que siguieron al derrumbe del imperio restaurado de Justiniano en Italia y las invasiones lombardas fueron los factores que aportaron una política monástica a Gregorio. De acuerdo con una crónica posterior de Gregorio, Benito de Nursia nació alrededor de 480, en una familia acaudalada, y se educó en Roma. Primero en Subiaco y más tarde en Monte Cassino, cedió parte de la propiedad de la familia para fundar un monasterio de acuerdo con una regla que él mismo ideó. Falleció en 547; unos treinta años más tarde, cuando los lombardos invadieron Italia, algunos de los monjes de Monte Cassino huyeron a Roma con la copia autografiada de la regla escrita de puño y letra por Benito. La entregaron a Gregorio, que se sintió muy impresionado. No sólo escribió la biografía de Benito, la que llegó a ser famosa, sino que hizo todo lo que estaba al alcance de su poder, que era muy considerable, para promover la regla benedictina como norma del monaquismo de Occidente.

El gran mérito del sistema de Benito es el sentido común. Ocupa hábilmente un terreno intermedio entre la severidad y la decencia. Los monjes debían ocupar lechos separados, excepto los más jóvenes, a quienes debía «dispersarse entre los mayores». Había que vestirlos adecuadamente, de manera que estuviesen abrigados, con dos túnicas y dos capuchas cada uno; se les suministraba un colchón, una manta de lana, una manta interior y una almohada, zapatos, medias, cinturón, cuchillo, lapicero y tabletas para escribir, aguja y pañuelos. Fuera de esto, no existía la propiedad individual, «ni un libro, ni tabletas, ni un lapicero... nada en absoluto» y los lechos debían ser revisados con frecuencia en búsqueda de posesiones privadas. Correspondía alimentar bien pero con sencillez a los monjes: dos platos cocidos por día, una libra de pan, una pinta de vino, frutas y verduras de la estación, pero nada de carne, por lo menos de bestias cuadrúpedas. En cambio, los monjes enfermos debían recibir una dieta especial, ya que era necesario mantenerlos sanos. «Ante todo y por sobre todo, debe cuidarse de los enfermos.» «Todos los huéspedes serán recibidos como si fueran el propio Cristo»; para ellos debía organizarse una cocina especial (usada también por el abate). Los monjes debían pasar el tiempo entre el trabajo manual y la lectura de obras sagradas cuando no estaban asistiendo a los servicios divinos. Debían «practicar constantemente el silencio, sobre todo durante la noche». Mascullar era el «peor pecado» y «la ociosidad es el enemigo del alma». Se castigaban las infracciones a las reglas mediante el retiro de la comunión; el abate y los hermanos más ancianos y más sabios debían tratar de reconciliar al excomulgado; pero «el castigo del látigo» sería usado si era necesario y «el cuchillo del cirujano» (la expulsión) era el último recurso; con respecto a los jóvenes, correspondía «castigarlos con ayunos especiales u obligarlos con severos golpes».

De hecho, poseemos la forma original de la regla benedictina. En tiempos de Carlomagno, Teodemar, el entonces abate de Monte Cassino, tenía una copia realizada directamente a partir del texto ológrafo de Benito, que le fue enviado a Aix; allí se preparó una excelente copia, que todavía se conserva. Es quizás una pieza única en la esfera de los textos antiguos, una copia separada del original por un sólo intermediario. Está escrita en latín vulgar —la lengua vernácula contemporánea en Italia central— y destinada a hombres relativamente sencillos. No concibe el monasterio como un gran centro del saber, o incluso como algo más que un lugar de piedad y trabajo esforzado. Pero uno advierte exactamente por qué atrajo a un espíritu práctico como Gregorio. En ese documento no hay ni un átomo de excentricidad. No reclama una virtud heroica. Abunda en cláusulas referidas a excepciones, cambios y suavizamiento de sus reglas; pero al mismo tiempo insiste en que, una vez formuladas, es necesario respetar las normas. El monje debe someterse a un horario y siempre debe estar haciendo algo, aunque se trate solamente de comer y dormir para permitirle que vuelva a trabajar. «La ociosidad es el enemigo del alma»; tal es la clave, que se hace eco del consejo de Pablo a los cristianos primitivos mientras esperaban la *parousia*. Además, la regla exudaba la universalidad que siempre había sido el propósito de la cristiandad católica, de Roma y, sobre todo, del propio Gregorio como papa misionero que deseaba convertir al mundo y a la sociedad. La regla prescinde de las clases y el tiempo, no arraiga en determinada cultura o en cierta región geográfica, y acomoda a todas las sociedades que permitan su aplicación.

El apoyo de Gregorio a la regla benedictina y los esfuerzos vigorosos que él y sus sucesores realizaron para asegurar su adopción general, incorporaron una institución inmensamente poderosa y flexible a la tarea de cristianizar a las sociedades conversas de Europa y evangelizar a los paganos. Los nuevos monjes nunca estuvieron del todo apartados de la sociedad ni del todo integrados en ella; canalizaron el ansia ascética pero permitieron prestar servicios útiles al hombre y la Iglesia; su regla era compatible con la dirección papal y la estructura episcopal. Sobre todo, y esto atrajo especialmente al eficiente administrador de propiedades que había en Gregorio, podían realizar una decisiva contribución económica.

No debemos imaginar que la regla benedictina se convirtió inmediata y generalmente en la norma. Ya era bien conocida en el siglo VII, pero no llegó a ser la regla exclusiva hasta los siglos IX y X. En general, cuando fundaban una nueva casa cada abate solía concebir su propia regla. Así, Agustín, enviado a Kent por Gregorio para evangelizar a los ingleses paganos en 597, formuló sus propias normas para la casa que él mismo fundó en Canterbury. Un abate o un obispo fundador quizá desearan aprovechar diferentes tradiciones. En Whitby, fundado por el obispo Wilfrid, se mezclaron las tradiciones romanas e irlandesas. También los fundadores reales a menudo adoptaban actitudes eclécticas. Benito Biscop, fundador de Wearmouth y Jarrow en conjunción con los reyes de Northumbria, 674-681, escribió: «No podéis suponer que mi corazón ignorante os impuso esa regla. La aprendí de diecisiete monasterios, que conocí durante mis viajes, y en general aprobé.» Pero agregó que creía que la regla de Benito tenía especial autoridad, y en efecto, a partir de mediados del siglo VII, suministró la estructura básica de la abrumadora mayoría de las nuevas fundaciones monásticas y, sobre todo, de las que contaron con generosas dotaciones de los reyes y los magnates terratenientes.

De esta forma, una parte considerable y cada vez más grande de la tierra cultivable de Europa pasó a poder de hombres muy disciplinados que se habían consagrado a una doctrina de trabajo esforzado. Eran hombres instruidos y sabían llevar cuentas. Quizá trabajaban ajustándose a un horario diario y a un calendario anual exacto, aspectos que eran extraños para los agricultores y los terratenientes a quienes reemplazaban. Cultivaron la tierra de un modo organizado, sistemático y tenaz. Como propietarios, evitaron los accidentes representados por la muerte, la minoría de edad, la administración a cargo de viudas indefensas, las ventas forzosas o la transferencia de la propiedad a causa del delito, la traición y la locura. Lograron realizar una explotación permanente. Produjeron excedentes y los invirtieron en la forma de obras de drenado, desmonte, cría de ganado y producción de simientes. Por supuesto, los anteriores sistemas monásticos a veces habían originado cierto impulso económico. Por ejemplo, en los Vosgos, donde Columbano fundó un monasterio en Annegray, sus monjes comenzaron el proceso de desmonte de los bosques. Pero el monaquismo celta fue un instrumento cultural más que agrario. La transformación sobrevino cuando la regla benedictina o del tipo benedictino se injertó sobre las formas anteriores. Así, la fundación de Fontenelle, a orillas del Sena inferior, cerca de Ruán, inicialmente una secuela del movimiento celta de Columbano, se convirtió en una importante colonia agrícola después de adoptar una disciplina regular, a mediados del siglo VII. En menos de tres generaciones convirtió un área de matorrales y pantanos en tierra cultivable de primera calidad y, además, se volvió un centro muy próspero. En el oeste, el noroeste y el centro de Europa, el desmonte de bosques y el drenado de los pantanos fueron los principales hechos económicos de la totalidad de la Edad de las Tinieblas. En cierto sentido, determinaron toda la historia futura de Europa y fueron la base de su supremacía mundial. La operación fue tan enorme y fue ejecutada durante un período tan prolongado —casi un milenio— que ningún sector de la sociedad puede reclamar el crédito exclusivo: fue un esfuerzo colectivo. Pero los monasterios encabezaron el movimiento y durante mucho tiempo lo mantuvieron. Entre los principales desmontadores estaban las abadías de Jumièges, Saint Riquier, Saint Bertin, Corbie, Stavelot, Plum, Murcach, Luxeuil, Moissac, Saint Benoît-sur-Loire, todas fundaciones merovingias, destinadas a perdurar entre las principales abadías europeas hasta la época de la Revolución Francesa. La continuidad y la permanencia de estas fundaciones, la fusión de la duración de la vida individual en la colectividad eterna, llevaron a una adaptación especialmente buena en el proceso de lenta transformación del bosque, el matorral y el pantano en la tierra arada y el prado. Los grandes abates aportaron el dinamismo de la ambición individualista: a semejanza del propio Gregorio, provenían de la clase gobernante, que daba administradores natos, hombres cuyas cualidades magistrales les permitieron representar un papel en la creación de Europa comparable con la función de los líderes de la industria durante el siglo XIX.

Sobreviven algunas constancias de estos esfuerzos. De fines del siglo VIII y principios del IX procede el *Políptico del abate Irminón*. Un políptico era una agrimensura o inventario de la tierra eclesiástica y, en este caso, se refería a la abadía parisiense de Saint Germain-des-Prés, que tenía amplias propiedades en el área ahora ocupada por el cinturón suburbano parisiense. En toda la extensión de este único documento, el abate acumuló un caudal sorprendente de información sobre los veinticuatro señoríos que el mismo incluye; se enumera cuidadosamente todo, hasta el último huevo y la pieza suelta de madera para el techo. El políptico indica el modo óptimo de usar la fuerza total de trabajo en las hectáreas utilizables. En muchos casos, la Iglesia comprobó que se obtenían resultados más eficientes poblando los señoríos con *coloni,* es decir, campesinos arrendatarios. De este modo, la Iglesia encabezó el movimiento de eliminación de la esclavitud y la producción agraria con esclavos, un método que se caracterizaba por su tremenda improductividad. Nunca se había opuesto de lleno a la esclavitud, aunque siempre había destacado que la manumisión era un gesto meritorio. De hecho, el monasterio demostró que la esclavitud era innecesaria desde el punto de vista económico y que, incluso, era indeseable. Por supuesto, se requería una supervisión atenta: los registros de Saint Germain demuestran que cuanto más cerca de París estaba la propiedad, con más eficacia se la trabajaba. Por eso mismo se establecieron filiales más alejadas; a su vez, a menudo éstas se convirtieron en casas importantes, y con esto comenzó un nuevo ciclo de crecimiento. Los monjes también pasaron a nuevas regiones, donde podía cultivarse la vid. La Iglesia necesitaba vino para celebrar la misa; la liturgia le confirió una jerarquía decisivamente más elevada que la cerveza, de modo que los monjes promovieron el cultivo de los viñedos al norte y al este, y los francos recibieron el vino como parte de su herencia romana (y cristiana). Los monjes innovaron en otras cuestiones. Los vemos inaugurando el empleo sistemático y en gran escala de cercos, parapetos y zanjas. Fundaron ciudades —por ejemplo Laval, creada por los monjes de Marmoutier— y promovieron mercados para colocar sus excedentes.

Las grandes abadías galas correspondieron principalmente a los siglos VI y VII. Al este del Rin, el monaquismo siguió los pasos de la conversión y la expansión carolingia, sobre todo durante los siglos VIII a IX, cuando se crearon enormes fundaciones monásticas en el corazón de Europa, donde todavía hoy florecen de diferentes modos. Paralela a este desarrollo monástico, y a menudo actuando en conjunción con él, hallamos la expansión de las propiedades episcopales que habían sido fundadas durante los siglos IV y V. En muchas provincias el obispo era el verdadero amo, que gobernaba desde su ciudad episcopal. Los obispos eran los iguales, casi los superiores, de los principales magnates terratenientes, éstos inferiores únicamente a los reyes y los emperadores. Los abates estaban sólo un paso detrás. Por supuesto, en ciertas áreas, y sobre todo en Inglaterra, era difícil distinguir entre los dos, pues las catedrales generalmente eran fundaciones monásticas y los monjes formaban el capítulo. Juntos, los obispados y las abadías constituían el núcleo de la economía agraria europea. Los obispos y los abates eran la elite innovadora de la sociedad. Pero esta situación no duró. Las propiedades eclesiásticas alcanzaron su momento culminante a mediados del siglo IX y después tendieron a reducirse. Los saqueadores procedentes de Escandinavia en definitiva fueron demasiado poderosos y tenaces tanto para el decadente Estado carolingio como para la Casa de Wessex en ascenso. No podían proteger las propiedades de la Iglesia, y los obispos y los abates no podían protegerse por sí mismos. Entró en acción el señor y soldado, laico y profesional, de pesada armadura. En muchos casos los ataques vikingos destruyeron propiedades monásticas en gran escala; durante el siglo X se fundaron señoríos laicos en los territorios que habían sido otrora propiedades del episcopado. Por ejemplo en Maine, el obispo de Le Mans fue remplazado, como principal magnate territorial, por los Vizcondes, que más tarde florecerían bajo la Casa de Plantagenet. Tanto los obispos como los abates restauraron su riqueza, pero lo hicieron sobre todo basándose en los diezmos y los gravámenes aplicados al traslado de la propiedad más que a la explotación de la tierra. De todos modos, los monjes continuaron representando un papel precursor en la agricultura. Gracias a los cartularios de una serie de abadías —Saint Aubin d'Angers, La Trinité de Vendôme, Saint Vincent du Mans, Marmoutier, para citar ejemplos de una sola región francesa— tenemos pruebas de que los monjes continuaban trabajando esforzadamente en el desmonte de tierras durante el siglo XI, después de los peores ataques vikingos.

En realidad, desde fines del siglo XI hubo una segunda gran oleada de iniciativa monástica en la agricultura, con la creación del tipo cisterciense de casa benedictina. Los cistercienses afirmaban ser los únicos seguidores auténticos de san Benito, en la dura y auténtica sencillez del monaquismo primitivo. Es significativo que interpretaran en términos económicos este retorno a un pasado idealizado. La población aumentaba rápidamente en el siglo XI, y más aún en el XII; la tierra comenzaba a escasear. Los reyes y los grandes magnates que antes habían donado a la Iglesia enormes extensiones de tierras marginales y sin mejorar ya no podían hacer otro tanto. Si eran generosos, asignaban a las nuevas fundaciones fragmentos y parcelas más que propiedades enteras. La riqueza aumentaba deprisa y hubo, por ejemplo, más fundaciones en el período 1060-1120 que en cualquier otro momento anterior. Pero los nuevos recursos monásticos estaban formados por pequeñas parcelas, a menudo muy alejadas unas de otras, y por rubros que aportaban un ingreso monetario. Por ejemplo, el señor que fundó el priorato de Saint Mont, en Gascuña, lo dotó con los beneficios de cuarenta y siete iglesias, un poblado, siete señoríos, cuatro pequeñas parcelas de tierra, un viñedo, seis parcelas cultivables, un bosque, un sector con derechos de pesca y diferentes rentas pequeñas y peajes. Todo esto originaba un ingreso, pero no asignaba a los monjes un verdadero papel económico. Los cistercienses no querían saber nada con este tipo de arreglos. Aceptaban únicamente la propiedad agraria y reclamaban la posesión plena. Más aún, no estaban dispuestos a aumentar sus ingresos diciendo misas y cumpliendo otras funciones sacramentales en beneficio de los laicos; por el contrario, sus reglas estipulaban que debían levantar sus casas lejos de las ciudades, los castillos y otras fuentes de tentación.

Por consiguiente, quizá por casualidad o tal vez respondiendo a un plan consciente, asumieron la función de una frontera y extendieron las áreas de cultivo y pastoreo mucho más allá que todo lo que se había intentado hasta ese momento en Europa. En una sociedad que estaba expandiéndose, solamente las tierras marginales ofrecían oportunidades de desarrollo; los cistercienses se convirtieron en los apóstoles agrarios de la colonización interna de Europa. Otros individuos se consagraron a esta tarea; pero los cistercienses trabajaron en gran escala y con una organización y un brío tremendos. La mayoría de ellos eran aristócratas, los hijos menores de los magnates. Se consideraban ellos mismos una elite pequeña y pura. Su disciplina era feroz. Formaron una gran fuerza promotora, se convirtieron en administradores destacados y así prosperaron enormemente. Su expansión durante el siglo XII es un fenómeno económico casi sin igual en la historia. La primera casa fue fundada en 1108; veinte años más tarde había siete. Hacia 1152 había 328 y, hacia fines del siglo, 525. De este modo en sólo un siglo se habían ampliado enormemente los recursos europeos disponibles, sobre todo en España y Portugal (donde estaba Alcobaça, el monasterio más grande del mundo), Hungría, Polonia, Suecia, Austria, Gales, Inglaterra septentrional y la frontera escocesa. Un monasterio, Goldenkron, en Bohemia, abarcaba casi 1.000 millas cuadradas y su explotación agrícola implicó la creación de setenta aldeas. Pero los cistercienses también podían destruir aldeas si sus propósitos espirituales y económicos lo exigían. Por ejemplo, arrasaron tres aldeas para crear la abadía de Revesby en Lincolnshire, en el año 1142: los campesinos perturbaban la soledad y no eran necesarios para el trabajo en las tierras de la abadía. Los cistercienses eran totalmente implacables. Como a los *kibbutzim* israelíes, a los que se asemejaban en ciertos aspectos, no se les permitía gastar dinero en sus propias personas o adornar sus iglesias con ornamentos costosos, de modo que ahorraban dinero e invertían los excedentes. Mantenían una fuerte cadena de autoridad de la cima a la base: un capítulo general trienal, las visitas frecuentes y, gracias al favor papal, la libertad total respecto de la autoridad local, laica o eclesiástica. Dirigían con total autonomía sus asuntos y, si así lo deseaban, podían funcionar como comunidades económicas nacionales e incluso internacionales. El monasterio que se veía en dificultades económicas podía ser auxiliado rápidamente por otra casa de la misma orden, o bien se procedía a una rápida liquidación de sus actividades, se detenían las pérdidas y la fuerza de monjes se desplazaba a una región donde se obtenían mejores ingresos. Una abadía podía obtener capital líquido de los fondos centrales cuando había una oportunidad. Por ejemplo, en Fountains observamos el proceso regular de unificación de las propiedades mediante la compra de las parcelas intercaladas tan pronto los terratenientes vecinos se veían en dificultades.

Los reglamentos cistercienses sin duda estaban concebidos con vistas a la actividad agraria y explicaban los procedimientos con mucho detalle: «Las porquerizas pueden estar a dos o incluso tres leguas de una granja; pero aunque se deje en libertad durante el día a los cerdos, se guardarán por la noche.» Sobre todo, los reglamentos se ocupaban del problema de la fuerza de trabajo, y durante más de un siglo lo resolvieron íntegramente. Ya hemos visto que los primeros benedictinos prosperaron al remplazar la fuerza de trabajo esclava por arrendatarios campesinos. Hacia el siglo XII e incluso hacia el XI, el empleo de servicios de la fuerza de trabajo suministrada por los campesinos estaba convirtiéndose en un método cada vez más ineficiente de explotación de los grandes dominios. Los cistercienses los eliminaron por completo. En cambio, aprovecharon el aumento de la población y el número enorme de jóvenes sin tierra y sin trabajo, de doce años o más, para crear una orden complementaria de hermanos legos. Estos jóvenes y hombres eran analfabetos y, si continuaban en esa condición, no podían aspirar a la jerarquía monástica integral. Pero en otros aspectos eran monjes y recibían la misma alimentación y el mismo vestido que los monjes «auténticos»; además, si se comportaban bien, recibían la seguridad total de la salvación, algo que todos los monasterios ofrecían, pero que en general concedían sólo a un número relativamente reducido de individuos educados de alta cuna.

Estos *conversi*, como se los llamaba, formaban un grupo muy nutrido, que a veces superaba a los cistercienses oficiales en la proporción de tres o cuatro a uno. Aportaban a las propiedades de la abadía una fuerza de trabajo amplia, muy disciplinada, que no mantenía esposas y familia, y que no reclamaba salarios. En la práctica, eran esclavos bien dispuestos y muy motivados, la fórmula laboral perfecta para el cultivo de unidades extensas y bien definidas de tierra sin desarrollar. De ahí el éxito enorme de la orden en su función de colonizadora de la frontera.

A diferencia de su contraparte de Oriente, el monaquismo occidental fue un movimiento de la clase alta. O más bien puede afirmarse que tendió a reflejar la jerarquía natural de la sociedad. Los abates y los priores fueron reclutados en las familias de los jefes tribales, o más tarde de los grandes terratenientes; los monjes, que tenían que ser individuos educados, provenían esencialmente de la clase terrateniente. Los hijos de los campesinos analfabetos, pertenecientes a las órdenes menores o en general a ninguna orden, ejecutaban las tareas serviles. Además de sus inquietudes espirituales, una abadía tendía a funcionar como una gran casa señorial, sólo que de un modo más ordenado y eficiente, y su propósito era extraer de la tierra el beneficio económico máximo. Pero como la abadía, a diferencia de la casa señorial, era una institución relacionada con el saber, pronto adquirió y desarrolló una función social suplementaria, la de portadora de la cultura. No tuvo ese papel en el imperio bizantino, que contaba con escuelas y universidades seculares, o lo cumplió en una medida muy limitada. Ciertamente, san Benito o incluso Gregorio I no vieron a los monjes como conservadores o precursores culturales. Pero ésos llegaron a serlo, y suministraron el canal principal por donde el saber y las artes del mundo antiguo llegaron a la Europa de la Edad de las Tinieblas, y se combinaron con sus propias culturas nativas.

Debe destacarse que la Iglesia cristiana del Imperio Romano no era una institución cultural. Por el contrario, aún estaba haciendo todo lo posible por demostrar su respetabilidad cultural un siglo después de la conversión de Constantino. Áreas enteras de las artes y las letras continuaron exclusivamente en manos paganas hasta la destrucción del imperio occidental. La Iglesia no tenía escuelas o centros del saber propios. Las universidades y las academias públicas eran dirigidas por el Estado y generalmente se encontraban en manos de los paganos. Incluso en Oriente, donde el paganismo fue eliminado con rapidez mucho mayor, la educación continuó siendo incumbencia del Estado. Cuando nuevas universidades remplazaron a las academias paganas, su propósito esencial fue educar al servicio civil. De ningún modo enseñaban teología. En Oriente la Iglesia ortodoxa nunca pudo afirmar el monopolio de la educación.

La situación era diferente en Occidente. Durante los siglos V y VI desapareció el sistema público de educación. Esta situación ofreció a la Iglesia una oportunidad única de capturar por la base a la sociedad. Se le ofrecía la perspectiva no sólo de imponerse absolutamente en el campo de la educación, sino de recrear el proceso entero, el contenido y el propósito de la educación en un marco cristiano. En cierto sentido, Agustín había visto y preparado este proceso. Como no sabía griego, había esbozado el perfil de un sistema cristiano latino de conocimiento en el que todos los aspectos de la creatividad humana y la actividad intelectual estaban relacionados con la creencia cristiana. Concibió la matriz que continuó desarrollándose durante la Edad Media. Pero, ¿cómo se transmitiría este saber? Es extraño que durante el siglo V, cuando las instituciones romanas estaban derrumbándose, según parece no se intentó la creación de escuelas cristianas. La primera de las sugerencias en este sentido fue formulada en 536, cuando Casiodoro, un destacado laico católico que era secretario del rey ostrogodo Teodorico, pidió al papa Agapito que fundase una universidad cristiana en Roma: «Viendo que las escuelas estaban atestadas de estudiantes ansiosos de conocer las letras seculares», exhortó al Papa «a recolectar suscripciones y crear escuelas cristianas antes que seculares en la ciudad de Roma, dotadas de profesores, como se ha hecho durante tanto tiempo en Alejandría». Comenzó a ejecutarse el proyecto, pero se derrumbó en el curso de las guerras godo-bizantinas, las que finalmente destruyeron el sistema oficial de educación e incluso lo que restaba de la civilización romana en Italia. Hacia la época en que Gregorio el Grande subió al trono papal, Occidente había descendido a un nivel cultural en conjunto aún inferior.

Sin embargo, se había salvado algo. Boecio, otro rico católico del siglo VI y ministro en la corte de los godos, había logrado —antes de que fuese ejecutado durante una persecución a los godos arrianos— traducir al latín las obras completas de Platón y Aristóteles. Sus manuscritos fueron copiados varias veces y proliferaron lentamente. Durante los períodos más sombríos, el propio Casiodoro creó una institución cristiana en Squillace, Calabria, donde los laicos o los monjes educados copiaban manuscritos de textos usuales. En un intento por desarrollar las ideas de Agustín, Casiodoro preparó un curso de estudio enciclopédico, tanto secular como divino, para los ascetas cristianos. Así, por primera vez, se agrupaba una parte considerable del saber disponible con una finalidad cristiana y en un contexto monástico. Durante las dos generaciones siguientes el sistema de Casiodoro fue adoptado en Sevilla, bajo la dirección del obispo Leandro, amigo de Gregorio el Grande, y de su sucesor, el obispo Isidoro. Sevilla ya se había convertido en lugar de reunión de los refugiados cristianos eruditos y, con la conversión de la corte arriana, fue posible organizar un centro de cultura cristiano. Durante un período de veinte años Isidoro y sus ayudantes compilaron una amplia reseña del saber humano, organizado etimológicamente y acrecentado con las obras y comunicaciones de Boecio y Casiodoro, así como con muchos otros elementos. Su propósito era en parte ayudar a los reyes visigodos y en parte educar a sus propios sacerdotes y monjes. Casi por accidente fundó una civilización, o en todo caso un sistema educacional. Su obra, publicada en 636, describe primero las siete artes liberales: gramática, retórica, dialéctica, aritmética, geometría, música y astronomía; después, las artes que dependen de aquéllas, es decir, la medicina, el derecho y la cronología; luego pasa a la Biblia y su interpretación, y a los cánones y oficios de la Iglesia. La parte central se ocupa de Dios, de los vínculos que unen a Dios con el hombre, de las relaciones del hombre con el Estado y de la anatomía humana. Finalmente, se traslada a los animales y la naturaleza inanimada. Tenemos aquí una *summa* del saber humano en la que la doctrina y la enseñanza cristianas, y el papel de la Iglesia, ocupan precisamente el centro del universo intelectual e irradian hacia los rincones más remotos. Isidoro completa la revolución agustiniana: ahora la Iglesia abarca todos los aspectos de la sociedad y contiene las respuestas a todos los interrogantes.

Las *Etimologías* de Isidoro, compiladas en veinte libros por Braulio, obispo de Zaragoza, se convirtieron en la base de toda la enseñanza de Occidente durante 800 años. Determinaron el método y el contenido de la educación, del nivel primario al universitario. Todo lo que se enseñó después fue a lo sumo una modificación de lo que él escribió: para la mente medieval era imposible desbordar este sistema. Por supuesto, este rasgo correspondía a la naturaleza de la obra, que fue esencialmente una operación de rescate; el equipo de ayudantes de la investigación registró la literatura que entonces estaba disponible, y que después y desde hace mucho tiempo ha desaparecido por completo. Isidoro fue un enorme canal de comunicación con el mundo antiguo, en realidad, el único nexo hasta el momento en que fue posible establecer un acceso independiente a los textos antiguos, primero a través de los transmisores árabes durante el siglo XII y después directamente con Oriente en el siglo XV.

Durante los siglos VII y VIII los monjes fueron los únicos agentes que permitieron la difusión del corpus isidoriano a través de la Europa bárbara. Fueron los únicos grupos de hombres educados que disponían del tiempo y los recursos necesarios para actuar como transcriptores profesionales. La transcripción de manuscritos fue practicada primero por los monjes en Tours, bajo la dirección de Martín, a fines del siglo IV. Pero la mayoría de los *scriptoria* monásticos se basaron en el modelo establecido por Casiodoro en Squillace a mediados del siglo VI. El material principal en Occidente fue el pergamino, el más duradero, pero también el más caro y el que podía trabajarse con mayor dificultad. Es más, la materia prima podía obtenerse en todas partes —de la oveja, el becerro o la cabra—, a diferencia del papiro, que procedía de Egipto, o el papel, traído de Oriente, pero que en general no fue asequible antes del siglo XII. El pergamino podía lavarse y, después de raspado, se usaba nuevamente. El método utilizado era reunir cuatro láminas plegadas, es decir, ocho hojas de dieciséis páginas entre anverso y reverso, que formaban un *quaternio* o copiador. Se entregaba uno de éstos a cada escriba, que debía transcribir el material en el mismo número de páginas. Podía haber hasta veinte en un *scriptorium*. Cada uno se sentaba sobre un banco o taburete, los pies sobre un apoyo, y escribía sobre las rodillas; un pupitre al frente sostenía el libro que era copiado y en una mesa lateral se colocaban las plumas, la tinta, el cuchillo, el raspador, los compases y la regla. Los escribas trabajaban en silencio absoluto (el dictado de la obra original y las cartas se realizaban en otra habitación), pero se comunicaban con la posteridad con *graffiti* marginales: «Cristo, favorece mi obra»; «Sólo tres dedos están escribiendo: el cuerpo entero sufre»; «Esta obra es lenta y difícil»; «Ahora ha caído la noche y es hora de cenar»; «El escriba tiene derecho al mejor vino.» Los irlandeses eran muy propensos a escribir sobre los márgenes. En un manuscrito irlandés del siglo IX, que reproduce un texto de Casiodoro acerca de los salmos, hallamos lo siguiente: «Grato es el resplandor del sol que hoy se derrama sobre estos márgenes. Cómo parpadea.»

Durante los siglos VII y VIII, los *scriptoria* alcanzaron un alto nivel de actividad, sobre todo en Canterbury, Rippon, Wearmouth, Jarrow, York y Lindisfarne de Inglaterra; en Bangor, Burrow y Kells de Irlanda; en Autun, Luxeuil, Corbie, Saint Medard-de-Soissons de la Galia; y más hacia el este y el sur, en Echternach, Saint Gall, Bobbio y Noantola. El trabajo era muy lento. Se decía que Columba de Iona era un copista tan veloz que terminó el *Libro de Durrow* en doce días, a la velocidad de veinte o treinta páginas diarias. De hecho, no es posible que fuese el responsable de este manuscrito, que corresponde a un siglo después de su tiempo. Un *scriptorium* monástico necesitaba un año entero para producir una Biblia de primera clase. Una vez realizada la copia, el jefe de los copistas reunía todos los textos, los ordenaba, releía y recopilaba, y después entregaba el códice agrupado con el fin de que se encuadernase con piel. A menudo se encuadernaban en un volumen varias obras más breves. La producción era escasa, juzgada con los niveles modernos. Corbie producía bastante más de cincuenta códices, pero era una producción excepcional. Sabemos de bibliotecas que contenían treinta y tres, dieciocho, cincuenta volúmenes. En el siglo VIII una biblioteca que tuviera cien libros era un centro destacado. Pero hubo un lento crecimiento: hacia el siglo IX la biblioteca de Saint Rémy en Reims, que contaba con la protección real, poseía seiscientos volúmenes. Y muchos de estos libros fueron producidos de manera que durasen. Un pequeño Evangelio de san Juan correspondiente al siglo VII, copiado en Wearmouth o Jarrow, y que probablemente fue el ejemplar del propio Beda y ahora está en Stonyhurst, sobrevive en excelentes condiciones con su encuadernación original roja, de piel de cabra.

Los monjes eran vehículos, no creadores de la cultura. Los más instruidos y emprendedores —Beda de Jarrow es un ejemplo apropiado— se interesaban en las traducciones y los comentarios bíblicos, en la cronología y en la composición histórica. En el siglo IX surgieron otros centros monásticos de historiografía. La abadía de Saint Denis, cerca de París, llegó a relacionarse estrechamente con la corona francesa y la historia de los hombres que la habían ceñido. Uno de sus monjes, Hincmar, autor de una versión en parte inventada de la relación de la abadía con la corona, fue elevado a la dignidad de arzobispo de Reims y, desde ese cargo, convirtió a la abadía de Saint Bertin en el centro principal de la historia francesa (especialmente la real) y de los registros en el mismo idioma. Una obra semejante podía ampliar la capacidad de una mente esclarecida. Hincmar, en el período que va del año 861 a 882, convirtió los sencillos y desnudos *Anales de Saint Bertin* en una descripción abundante y colorida; a semejanza de Beda que lo había hecho antes que él, utilizó todos los recursos de la Iglesia para obtener información, que se difundió en todo el dominio de Francisco. Pero no hubo un intento real de convertir la historia objetiva en un arte especulativo, creador o interpretativo; sus escritos estuvieron claramente limitados por las convenciones bíblicas y clásicas, y por ciertos modelos latinos destacados. Las principales abadías fueron las universidades de la Edad de las Tinieblas, pero el programa era limitado y el propósito intelectual, humilde. Juan Casiano, que tanto hizo para determinar las perspectivas culturales del monaquismo occidental, había sostenido que la etapa de la exploración creadora de la doctrina cristiana estaba cerrada; todo lo que restaba hacer era completar el proceso. No podía concebirse la existencia de otro Jerónimo u otro Agustín. Esta convicción se originó parcialmente en el sentimiento de que la obra ya había sido ejecutada; también por un inmenso sentimiento de inferioridad respecto del mundo clásico que ya había desaparecido. Los monjes de los siglos VIII y IX creían que bajo los romanos la humanidad había poseído prácticamente la suma del conocimiento humano determinable y que casi todo se había perdido después; todo lo que podía hacerse era transmitir fielmente lo que se había preservado. Agustín, que escribía al borde de la catástrofe, había asignado un papel esencialmente humilde y pasivo a la mente humana en la sociedad cristiana total. Al destruir al pelagianismo, había anulado la tradición que implicaba especular acerca de los primeros principios y había prohibido la práctica del reexamen crítico de las conclusiones aceptadas; «Roma ha hablado; el debate está terminado», éstas fueron sus palabras textuales. La consecuencia de su enseñanza fue que se aplicó la frase en un contexto mucho más amplio que lo que él quizás hubiera deseado. Su mensaje a la Edad de las Tinieblas fue interpretado así: «El mundo antiguo y los Padres han hablado: el debate ha concluido», entendiendo por debate el proceso entero de adquirir conocimientos a través del pensamiento y la experimentación. No correspondía a los monjes, por aptos que fuesen, desafiar las conclusiones del pasado. Debían limitarse a transmitir y, donde era necesario, a traducirlos.

Puede alegarse que, a la larga, la civilización se ha beneficiado con la humillación intelectual de estos siglos. Gran parte del mundo antiguo sobrevivió gracias a la intensa reverencia de un puñado de hombres frente a las reliquias literarias del pasado. Los monjes antepusieron a su propia vida la preservación de los textos que habían llegado a sus manos y consideraron que su reproducción era infinitamente más importante que su propio trabajo creador. Así, un *Mediceus* de Virgilio, que data de fines del siglo V y que probablemente estuvo en poder de Casiodoro, fue conservado en varias órdenes monásticas, llegó a Bobbio y ahora está en la Biblioteca Lorenciana de Florencia. Los monjes sostenían que cuanto más elevado fuera el número de copias que ellos lograban producir, más probable era que por lo menos una sobreviviese, y tenían razón. En el siglo VIII el *scriptorium* de San Martín de Tours transcribió un Livio del siglo V; la copia sobrevivió y el original se perdió. Hacia el fin de su vida, Beda estaba exhortando a su escriba a «escribir con más rapidez». Había un sentimiento de sombrío apremio en la tarea, pues los hombres creían que, por horrible que hubiese sido el período que siguió a la decadencia de Roma, las cosas empeorarían en lugar de mejorar, y había muchos elementos que confirmaban esa idea. Una de las razones principales que indujeron al rey Alfredo, hacia fines del siglo IX, a exigir que todos los textos latinos esenciales se tradujesen al inglés fue su convicción de que los difíciles tiempos inminentes destruirían todo el saber latino y que, incluso si no se llegaba a la destrucción de los originales, nadie estaría en condiciones de leerlos.

Por lo tanto, en los siglos VIII y IX prácticamente todos los textos antiguos se volvieron a copiar, a menudo muchas veces, y así pudieron salvarse. Gran parte de esta labor fue ejecutada en los grandes monasterios alemanes (Lorsch, Colonia, Witzburg, Reichenau, Saint Gall y otros). Se destacó el monasterio de Fulda, el centro de la historiografía al este del Rin, al que debemos, por ejemplo, textos esenciales de Tácito, Suetonio, Amiano, Vitruvio y Servio, a través de los cuales los hombres medievales conocieron a Virgilio. Fulda tenía vastísimos recursos y reclutó un elevado número de hombres de cualidades destacadas. Uno de sus monjes en el siglo IX, Hrabano Mauro, más tarde arzobispo de Maguncia, formó una enciclopedia del saber recibido, sobre el modelo de la que había producido Isidoro de Sevilla; uno de los alumnos de Hrabano, Servato Lupo, más tarde abate de Ferrières, se convirtió en la figura más cercana al concepto moderno de un erudito antes de John de Salisbury, en el siglo XII. Pero la obra de estos dos monjes de Fulda es esencialmente derivada. La enciclopedia de Hrabano no contiene conceptos originales; la principal contribución de Servato fue compilar un cuerpo de leyes bárbaras para el duque de Friuli. Estas obras eran útiles, pero carecían de sentido creador. Es más, no debemos pensar que los monjes estaban preocupados principalmente en la transmisión de los clásicos. Ninguna de las obras seculares griegas fue conservada en el texto original. Se estudió y copió incluso a los padres griegos en las traducciones latinas. La literatura profana en latín ocupó sólo una fracción del tiempo disponible. El trabajo de los *scriptoria* estaba centrado abrumadoramente en los padres y, sobre todo, en Ambrosio, Agustín, Jerónimo, Gregorio el Grande y más tarde Beda, en las biblias y vidas de los santos, y en las obras litúrgicas, es decir, las sacramentales, los leccionarios y los evangelarios, los misales (el sacramental más el leccionario), los antifonarios o libros de cantos, y los himnarios. Había también una producción masiva de salterios (ordines), martirologios, pontificaciones —es decir, libros referidos a las funciones del obispo— y penitenciales. Quizá tan sólo uno de un centenar de manuscritos preparados durante estos siglos tuviese una función o un interés que no fuese directamente cristiano.

El elemento cristiano impregnaba no sólo la palabra escrita sino todos los elementos de la cultura. La idea del arte secular prácticamente desapareció, lo mismo que la educación secular. Como en el caso del derecho, hallamos cierta mezcla de elementos bárbaro-paganos y clásico-paganos que forman nuevos estilos homogéneos en los que se advierte el propósito y el saber cristianos, y los agentes de la transformación son monjes en todos los casos. Este proceso se manifiesta más claramente en la Northumbria de fines del siglo VII. La fusión de las actitudes monásticas romanas y celtas, ya señalada, tuvo su semejante en la cultura. Benedicto Biscop, la figura clave, era un noble de Northumbria que había viajado a Roma y que, con total conciencia (alentado por la corte), fundó sus dos monasterios con el propósito de elevar tanto el nivel cultural como el religioso. En Roma había visto los productos de los «ateliers» imperiales bizantinos, que producían para el consumo interno, tanto como para la exportación, una amplia gama de artículos de lujo: refinados evangelios con letras de oro sobre fondo púrpura, sillas episcopales de marfil, vestiduras y colgaduras de seda, y relicarios preciosos. Benedicto trajo de Galia albañiles que sabían «construir en el estilo romano» y vidrieros que sabían trabajar el vidrio de color; de Roma tomó prestado a Juan, archicantor de San Pedro, con el fin de que enseñara a cantar y a leer en voz alta a sus monjes ingleses. Además de libros, importó reliquias, vestiduras, cálices e íconos. En el lapso de una generación Northumbria estaba produciendo no sólo la obra de Beda sino que estaba copiando el más elevado nivel de artesanía; uno de sus manuscritos, el *Codex Amiatinus* de Wearmouth-Jarrox, fue inspirado por una copia de la gran Biblia de Casiodoro, pero se vertió en el estilo vernáculo local; en 716 lo llevó a Roma el abate Ceolfrid y la presentó al Papa como un ejemplo espectacular de la habilidad inglesa. Ahora se encuentra en la Biblioteca Laurenciana de Florencia y es una de las glorias de la Edad de las Tinieblas. Cerca de allí, en Lindisfarne, la artesanía era esencialmente celta. Había un taller de orfebrería de primera calidad, que producía dibujos y utilizaba técnicas basadas en una tradición pagana de una antigüedad de 600 años. Esos colores y formas pagano-célticas fueron transferidos a la iluminación de manuscritos, sobre todo en los grandes *Evangelios de Lindisfarne*, en los que la grandiosa letra inicial del folio 149r, rodeada por sus 10.600 puntos, es una versión bidimensional de una pieza de joyería, que pudo haber sido trabajada para una princesa pagana celta. También dos grandes artefactos irlandeses contemporáneos, el Cáliz de Ardagh y el Broche Tara, corresponden de cerca a las formas de los *Evangelios de Lindisfarne*. El trabajo pagano de imaginería abstracta reaparece en un contexto cristiano en el *Libro de Durrow*, del siglo VII, una obra en donde la coloración es limitada y primitiva, y en el *Libro de Kells*, del siglo IX, donde la influencia bizantino-romana ha agregado brillo policromático a la estructura básica de carácter pagano-celta. Quizás el aspecto más espectacular fue el desarrollo del lenguaje cristiano-celta completamente nuevo de la cruz de piedra. El arte de la piedra en Irlanda se remontaba al período La Tène del siglo I d.C. El recurso cristiano de la cruz dio a la tecnología pagana la oportunidad de desarrollar un arte mundial propio y original, con una multitud de períodos y escuelas, y una elaboración cada vez más acentuada del mensaje transmitido. Con el tiempo, lo que llegamos a ver en estas altas cruces de piedra es una teología grabada en la piedra, que comunica una serie de complicados conceptos religiosos del Mediterráneo en un vernáculo artístico puramente celta. Las cruces se alzaban al costado del camino, en la totalidad de las áreas occidentales de las Islas Británicas, allí donde los caminos confluían y los hombres se reunían, como dedos apuntados que eran al mismo tiempo admonitorios y benignos, testigos mudos de la cristiandad que se manifestaban intensamente a los ojos de los individuos.

Las cruces de piedra del mundo celta simbolizan la intensa y total identificación entre el arte y la cristiandad que fue un rasgo tan sorprendente y poderoso de estos siglos. La cristiandad no fue sólo un vehículo de cultura; a través de los monjes de hecho se convirtió en cultura. En la culminación de la época Wearmouth-Jarrow había más de 700 monjes en las dos casas y todos eran individuos instruidos; cada uno poseía una habilidad disciplinada: este caudal sin duda representó una proporción enormemente elevada de la cultura total y el talento de un pequeño reino semibárbaro. Asimismo, una proporción muy elevada de los recursos económicos disponibles en Northumbria seguramente estaba invertida en esta empresa. En realidad, el monaquismo demostró suma eficacia en la tarea de persuadir a estas sociedades occidentales nacientes de la necesidad de consagrar una parte dramática de su riqueza y sus habilidades a los fines culturales. Si, como hemos visto, los monjes realizaban prodigios al ampliar la extensión total de tierras usadas para los cultivos y los prados, también garantizaban que los excedentes agrícolas, o por lo menos una parte importante de los mismos, se consagrasen al arte y el saber, y no se dilapidasen en el consumo. De ese modo, arrancaron a Europa del pozo que era el mundo posromano, y lo hicieron de dos modos diferentes pero complementarios. Más aún, a causa del carácter internacional de su organización, aseguraron que la transmisión y la difusión de esta cultura se realizara del modo más rápido posible. También aquí el cristianismo gravitó directamente. Las órdenes monásticas eran esencialmente el producto del intenso entusiasmo religioso local. Donde esta cualidad se destacaba más, la consecución de un elevado nivel de actividad cultural se manifestó con más rapidez. De estos centros caracterizados por el dinamismo cultural partieron los monjes, impulsados por su ansia de conquistar prosélitos.

De este modo, las Islas Británicas pudieron representar un papel que en absoluto guardaba relación con sus recursos económicos o demográficos. Irlanda comenzó a «exportar» eruditos al Continente y a Britania en una etapa muy temprana. El irlandés Dicuill, quizá monje de Iona, redactó la más antigua reseña geográfica escrita en territorio franco, titulada *Liber de Mensura Orbis Terrae*, que incluyó una descripción del elefante enviado a Carlomagno en el año 804 por Harum-al-Rashid y notas acerca de Islandia y las Faroe, según parece visitadas por Dicuill. Había un círculo irlandés en Lieja a mediados del siglo IX, dirigido por Sedulio Scoto o Scotigena, que incluso sabía un poco de griego —en esta época monopolio de los irlandeses en Europa occidental— y cuyos escritos forman un conjunto, desde la teoría política a numerosos poemas en latín, algunos deliciosamente humorísticos. Hubo un círculo semejante en Laon y Reims, durante el siglo IX, bajo la dirección de

«Juan el irlandés» o Johannes Scotus Erigena, cuyo conocimiento del latín y el griego era destacado para esta época, y cuya obra titulada *Acerca de la división del Universo* es un ambicioso intento de elaborar una teoría filosófica y teológica de la creación y los orígenes del universo. Junto a los irlandeses, los monjes ingleses fueron los grandes transmisores culturales de los siglos VIII y IX. Tenemos un ejemplo temprano en Wilfrid, obispo que identificó totalmente su cargo y su religión con la grandeza cultural, y que fue un activo misionero en la Costa Frisia y aún más en Bonifacio, cuya misión inglesa a Germania llevó la cristiandad a Europa septentrional y central, y determinó la fundación de centros culturales como Fulda, el monasterio favorito de Bonifacio. Quizá la más importante de estas líneas culturales de transición fue la cadena que se extendía desde Wearmouth-Jarrow (a su vez, como hemos visto, unida con Roma, y a través de Roma con Bizancio) hasta la escuela arzobispal de Lyon, durante el siglo VIII, y de York a los territorios francos. En esta última etapa el agente más grande de todos los transmisores culturales fue Alcuino, descrito por Einhard, biógrafo de Carlomagno, como «el maestro del rey, apodado Albino, diácono, pero sajón de Britania por nacimiento y el hombre más sabio de su tiempo». Ya lo vimos actuando en la coronación de Carlomagno y volveremos a encontrarlo. Alcuino, primero como director de la escuela del palacio y más tarde como abate de San Martín de Tours, el monasterio más reverenciado de Francia, se convirtió en el principal asesor cultural y religioso —las dos funciones eran inseparables— de Carlomagno.

Sin duda, en el espíritu de un hombre como Alcuino el deseo de difundir la fe, de comprenderla plenamente a través de la instrucción y el conocimiento de las escrituras y las disciplinas auxiliares, y de perfeccionarla y celebrarla mediante el arte, era todo parte de la misma visión cristiana, cuya intensidad y cuyo brillo eran productos de la convicción personal. El nivel cultural estaba relacionado directamente con la intensidad de la fe. Alcuino fue el hombre que impregnó la mente de Carlomagno con el fervor misionero de *De Civitate Dei*, de Agustín, y fue Alcuino quien le mostró una copia de la carta de Gregorio el Grande al rey Etelberto de Kent, sobre el tema de la conversión en relación con la raza. En 789 Alcuino indujo al rey a emitir la *Admonitio Generalis*, un enunciado magistral de la política de la Iglesia, basada en anteriores capitularios francos y en recopilaciones canónicas romanas, y que aborda casi todos los temas. Era una visión imperial romana —podríamos decir que una visión agustiniana— de una sociedad cristiana que vivía en paz consigo misma, unida bajo su rey y temerosa sólo de la injusticia. El artículo 62 dice: «Que la paz, la concordia y la unanimidad reinen entre todos los pueblos cristianos y entre los obispos, los abates, los condes y todos nuestros restantes servidores, grandes y pequeños; pues sin paz no podemos complacer a Dios.» Pero quizás es incluso más notable la función fundamental que la cultura representó en esta visión. El artículo 72 trata de la creación y el mantenimiento de escuelas monásticas y catedralicias, y de la transcripción y la corrección de los textos bíblicos y litúrgicos. De éste y de otros documentos se desprende claramente que Carlomagno, dirigido por la Iglesia, era el medio principal que permitiría crear la sociedad cristiana perfecta. La Iglesia había aportado a los gobernantes de los bárbaros occidentales cierta conciencia de su herencia clásica y les había inspirado un ansia de preservarla y transmitirla casi tan intensa como la que podían sentir los hombres del imperio tardío y los que siguieron, por ejemplo, Casiodoro y Boecio. No obstante, ahora se concebía esa herencia en su totalidad como un concepto cristiano y, como el impulso cultural estaba cristianizado, aparecía vinculado con la política y los objetivos cristianos. Carlomagno construyó y dotó escuelas, porque necesitaba un clero instruido para convertir a los frisios, los sajones, los eslavos y los avaros, con quienes debían convivir; y porque necesitaba más sacerdotes para el mundo franco, que nominalmente ya era cristiano. Al enseñar la fe, fue necesario contar con enormes cantidades de textos exactos y estandarizados. Por lo tanto, hubo que promover la creación de un potencial humano instruido que revisara los textos y los copiase con exactitud y economía. Se trajo material de Lombardía, pero más aún de Inglaterra. Alcuino utilizó los recursos de las escuelas catedralicias y los monasterios ingleses que, gracias a sus vínculos directos con Roma, se habían convertido en cámaras de compensación de los manuscritos. De Roma llegaron a Canterbury, Jarrow, York y Malmesbury versiones «fidedignas» y allí las copiaron para uso de los misioneros ingleses en el extranjero y para exportarlas a los centros francos. Lo importante del *Codex Amiatinus* que Ceolfrid llevó a Roma fue no sólo su belleza sino su exactitud. Otros importantes manuscritos ingleses fueron despachados a las bibliotecas monásticas de Corbie, Tours, Saint Denis, Utrecht, Echternach, Maguncia, Lorsch, Amorbach, Witzburg, Salzburgo, Reichenau y, por supuesto, Fulda. Allí se realizaron nuevas copias. Acompañaron a los textos bíblicos y devocionales unos pocos manuscritos de obras seculares, que habían sido recomendadas por Casiodoro por entender que eran útiles para los fines espirituales; también su consejo acerca de la copia atenta de los manuscritos, la técnica que permitía descubrir posibles enmiendas y las reglas de ortografía, la encuadernación y la conservación de los libros. Este último trabajo estaba contenido en una circular que fue enviada a todas las casas religiosas, y que cabe presumir fue escrita por Alcuino y despachada por la cancillería de Carlomagno; en ese trabajo se exhortaba a los destinatarios a cultivar las letras como la iniciación apropiada en las escrituras. Otra carta general enviada por Alcuino y Carlomagno señalaba que el rey había organizado una fuerza de tareas para «corregir con todo el cuidado posible» la Biblia entera, «degradada a causa de la ignorancia de los copistas». Alcuino estuvo a cargo de este esfuerzo; y el gran códice que englobaba los resultados fue el material que, como hemos visto, llegó a manos de su amo en Roma el día de Navidad del año 800. En cierto modo, la Biblia revisada y corregida de Alcuino resume con bastante fidelidad las limitaciones de la cultura cristiana de la Edad de las Tinieblas, un esfuerzo concienzudo y, dada la situación, heroico, con el fin de recobrar tanto como fuera posible la comprensión del pasado; pero una ausencia casi total de deseo de alcanzar nuevas fronteras.

Estos estudiosos de la Edad de las Tinieblas creían que Dios había fijado límites definidos a los conocimientos que el hombre podía adquirir sin pecado en este mundo. Al aceptar tales límites, actuaban motivados por el miedo así como por el respeto al pasado. Sin duda, eran hombres temerosos y supersticiosos.

La Iglesia cristiana de Alcuino a fines del siglo VIII era todavía, en ciertos aspectos esenciales, la misma Iglesia de las Cartas de Pablo a los corintios, alrededor de los años 50 a 60 d.C. Pero en otros sentidos era muy distinta. Si el cristianismo se había «imperializado» en el siglo IV, hasta cierto punto se había «barbarizado» en Occidente durante los tres siglos que comienzan alrededor del año 500. No se había creado nada que fuese exactamente nuevo, pero ciertos elementos que ya estaban presentes en la «cristiandad imperial» se vieron enormemente inflados y por lo tanto transformados. De ellos, de lejos el más importante fue el culto de las reliquias. La popularización de este culto por Ambrosio en la Milán del siglo IV fue un hecho decisivo de la historia cristiana. Las reliquias pronto se convirtieron en el factor individual más importante de la devoción cristiana y durante unos 800 años conservaron ese carácter. Eran la única defensa práctica del cristiano contra el sufrimiento inexplicable y las actividades permanentes y malignas de los demonios. Se creía que los santos se comunicaban con el mundo a través del contacto con sus restos terrenales. Las reliquias irradiaban cierta forma de energía, más o menos como una pila nuclear, y por eso mismo eran peligrosas al mismo tiempo que útiles. La gente se acercaba aterrorizada a las reliquias y éstas a menudo se vengaban de los profanos y los escépticos. De ellas se desprendía un sentido de poder sobrenatural que recorría constantemente el mundo y que el individuo podía activar si apelaba a los canales litúrgicos y sacramentales apropiados.

Se había aceptado, por lo menos desde los tiempos imperiales, que «la época de los milagros» había concluido, en el sentido de que los jefes cristianos, a diferencia de los apóstoles, ya no podían difundir el Evangelio con la ayuda del poder sobrenatural o en todo caso como regla general. Desde la época de los montanistas en adelante, la Iglesia había eliminado a los que afirmaban que eran capaces de producir milagros y hablar en lenguas diferentes. Se había desarrollado una teoría alternativa. Como dijo Gregorio I: «Ahora, hermanos míos, cuando veis que ya no se obtienen tales signos, ¿acaso no creéis?» y contestaba: «No es así, pues la Santa Iglesia produce cotidianamente ahora en el espíritu todo lo que los Apóstoles entonces obtenían en el cuerpo... Y ciertamente esos milagros son más grandes por su condición de espirituales: tanto más grandes, cuanto que no elevan los cuerpos sino las almas de los hombres.» De todos modos, se admitía que en ciertos casos excepcionales había milagros, siempre relacionados con los santos, si vivían, o con sus reliquias después de la muerte. Todos aceptaban esto, tanto en la teoría como en la práctica. Por ejemplo, Beda era un hombre culto que sabía usar la evidencia y que no excluía las explicaciones naturales (el súbito desencadenamiento, el fin de las tormentas en el mar y cosas así). A su juicio, los milagros tenían un propósito moral y didáctico. En su *Vida de san Cutberto*, una de las biografías más influyentes de la Edad de las Tinieblas y la Edad Media, describió de qué modo las criaturas del aire y el mar —incluso el aire y el mar mismos— obedecían al santo. El hombre, dice Beda, originariamente ejercía ese dominio sobre el ambiente, pero lo había perdido a causa del pecado original; sin embargo era posible que los individuos lo recuperasen si demostraban virtud excepcional. Beda demostró que los grupos de milagros realizados por hombres santos fortalecían y promovían la conversión de Inglaterra. Nunca describe un milagro solamente para admirarlo. Debe promover la obra de Dios. Siempre «verificaba» sus fuentes e insistía en qué las anécdotas debían provenir de personas fidedignas. Al describir las visiones del infierno que manifiesta Fursey, un santo irlandés que vivió entre los anglos del este en la década de 630, Beda escribe:

Todavía vive en nuestro monasterio un hermano anciano que relata que un hombre muy veraz y piadoso le dijo que había visto al propio Fursey en el reino de los anglos del este y había escuchado estas visiones de sus propios labios. Agregaba que, pese a que era un invierno muy frío y caía una intensa helada, y aunque Fursey se cubría sólo con una delgada prenda mientras relataba su historia, estaba transpirando como si se encontrase en mitad del verano, a causa del terror y la alegría intensos que sus recuerdos le provocaban.

A causa de la fe absoluta en los milagros operados por los santos, la posesión de reliquias llegó a ser para la gente común el aspecto más importante de la religión. Era el único nivel de la actividad religiosa en que el laicado y el clero estaban en el mismo nivel. Las reliquias tenían diferentes propósitos prácticos. De hecho eran indispensables para decir misa y estaban agregadas al altar. Representaban un papel fundamental en el sistema judicial, en relación con los juramentos y los combates judiciales. Los reyes las portaban en combate: el poder y el impulso originados en el culto de las reliquias y su influencia directa sobre el éxito militar fueron algunas de las razones por las que los jefes bárbaros se mostraron dispuestos a abrazar el cristianismo. Guillermo I entró en acción en Hasting llevando alrededor del cuello una serie de reliquias entregadas por el Papa, en la condición de campeón de la ortodoxia y la reforma; una generación más tarde, el descubrimiento de la Santa Lanza imprimió un poderoso ímpetu a la primera Cruzada. Las peregrinaciones a los lugares en que se guardaban reliquias importantes, comunes a partir del siglo IV, se convirtieron en el motivo principal de los viajes realizados durante más de mil años y determinaron la estructura de las comunicaciones y, a menudo, la forma de la economía internacional. No era sólo que las ciudades se desarrollaran alrededor de las reliquias: también se organizaban ferias regionales, nacionales e incluso internacionales, en fechas que coincidían con el desfile anual de las reliquias importantes. Por ejemplo, un factor principal de la prosperidad de Francia septentrional fue la gran feria que se originó en una procesión conjunta de las reliquias de Saint Denis y Notre Dame.

Las reliquias eran mucho más valiosas que todos los metales preciosos. En la práctica, eran el eje más importante del más elevado arte de los metales en la Edad de las Tinieblas. Un ejemplo adecuado es la Sagrada Imagen de Santa Foy en Conques. Foy era al parecer una jovencita de doce años, martirizada durante la última persecución romana de 303.

Algunos de sus restos fueron llevados a la abadía en 866 y muy pronto originaron milagros, atrajeron a los peregrinos y determinaron valiosas donaciones. Alrededor de 985, las reliquias fueron incluidas en una estatua de oro, a la que después se adhirieron donaciones en la forma de esmeraldas, ágatas, perlas, piezas de ónix, zafiros, amatistas, cristales y antiguos camafeos romanos; el cráneo de la jovencita, envuelto en plata, fue puesto en una cavidad que estaba en la espalda de la estatua. El siglo X produjo elevado número de estos lujosos relicarios, por ejemplo la caja de oro con forma de pie, confeccionada en la orfebrería de Tréveris, que albergó las sandalias de san Andrés; o un relicario de la Virgen Bendita de sesenta centímetros de altura, fabricado con madera cubierta con hojas de oro y producido en Essen para la abadesa que era nieta del emperador Otón I, y que es probablemente la más antigua figura de cuerpo entero de la Virgen que ha llegado a nosotros. La mayoría de estos maravillosos objetos ha desaparecido, saqueados y fundidos durante el siglo XVI. Así, en Rochester hubo un grupo de sillas plegables, de plata, regaladas por la madre del rey Haroldo, y un cuerno de marfil regalado por Guillermo el Conquistador. La abadía de Reading tenía una bella estatua de Nuestra Señora; de ella un visitante procedente de Bohemia escribió en el siglo XV: «Nunca vi nada semejante, ni veré jamás nada que se compare con ella, aunque vaya hasta los confines de la tierra.»

Una parte enorme de los activos líquidos de la sociedad estaba invertida en las reliquias y sus preciosos engastes. Era un modo de guardar con seguridad el dinero. Una buena colección de reliquias —o incluso un objeto destacado— atraía peregrinos y por lo tanto riqueza a una abadía o una iglesia episcopal. Los reyes formaban colecciones tan importantes como las que había en las principales iglesias, para fortalecer su prestigio o su autoridad. Llevaban consigo sus mejores reliquias dondequiera que iban y, de ese modo, aseguraban su propia permanencia en el ámbito del poder espiritual. El primitivo reloj-candelabro que, según afirma el obispo Asser, inventó el rey Alfredo se usaba para mantener una luz perpetua frente a su colección de reliquias de viaje. Esas colecciones debían ser amplias para impresionar al público. A semejanza de las modernas colecciones nacionales de arte, había ciertos «imperativos» y era necesario que incluyesen una sección transversal de los santos locales. Es una lástima que no sepamos más de las grandes colecciones de la Edad de las Tinieblas. Pero sobreviven inventarios detallados de los siglos siguientes. Tenemos un catálogo completo de la colección formada por la abadía de Reading, fundada poco antes, entre las décadas de 1120 y 1190. Estaba formada por 242 rubros e incluía el zapato de Nuestro Señor, sus pañales, sangre y agua de su costado, pan procedente de la Comida de los Cinco Mil y la Última Cena, el velo y la mortaja de Verónica, los cabellos, la cama y el cinturón de Nuestra Señora, las varas de Moisés y Aarón, y distintas reliquias de san Juan Bautista. Este agrupamiento no era tan impresionante como podría parecer, pues, por supuesto, las reliquias eran minúsculos fragmentos; todas las que acabamos de enunciar podían comprarse fácilmente en Constantinopla durante el siglo XII y la mayoría casi seguramente estaba falsificada. Los cabellos de Nuestra Señora eran muy usuales. Cabe presumir que las reliquias inglesas de Reading eran auténticas. Se mantenían actualizadas —otro aspecto importante— y se contaba con una espléndida lista de cosas de santo Tomás de Becket, reliquias de Bernardo de Claravalle, san Malaquías de Armagh, los populares niños santos Guillermo de Norwich y Roberto de Bury, ambos al parecer asesinados por judíos en el curso de ritos «anticristianos», y —esto era una rareza— la cabeza, el maxilar, los vestidos, una costilla y cabellos de santa Brígida, «descubiertos» poco antes en Downpatrick en 1185. Sin embargo, el principal tesoro de Reading era la mano de Santiago, la misma que su benefactora la emperatriz Matilde había robado de la capilla imperial alemana y que en otras épocas había sido una de las posesiones imperiales en Constantinopla. Casi tan bueno como este artículo era la «cabeza» de san Felipe (es decir, un hueso incluido en una cabeza de oro), agregada tiempo después por el rey Juan. Pero todo esto era parte del botín de la Cuarta Cruzada, que saqueó Constantinopla y fue una importante fuente de reliquias de primera mano.

El inconveniente de las reliquias era que, dado su valor, no cabía separarlas del delito. Hubo varias fases agudas de falsificación de reliquias: en Siria y Egipto durante la época que siguió a Constantino, en la Alemania del siglo VIII durante la inflación de las reliquias en la época carolingia, cuando los vendedores ambulantes italianos vendieron grandes cantidades a los francos, y a principios del siglo XIII, cuando el saqueo de Bizancio aportó a Europa occidental muchas reliquias «auténticas» e incluso un número más elevado de otras falsificadas poco antes. Pero hubo fraudes en enorme escala y en todos los períodos. En 761 el papa Pablo I protestó en un decreto porque «muchos de los cementerios de los santos mártires de Cristo y los confesores, lugares muy antiguos, instalados fuera de los muros de Roma, han sido muy descuidados y ahora, a causa de las devastaciones de los impíos lombardos, están en ruinas, pues estos hombres del modo más sacrílego los profanaron, abrieron las tumbas de los mártires y saquearon los cuerpos de los santos». Eso era una vieja historia: Gregorio I descubrió que algunos monjes griegos habían estado exhumando durante la noche cadáveres de personas comunes en Roma, y cuando fueron arrestados e interrogados dijeron que se proponían llevar los huesos a Constantinopla para presentarlos como reliquias de los santos. Por lo menos, los monjes tuvieron honestidad suficiente para insistir en la utilización de huesos romanos.

Sucesivos papas trataron de contener los peores abusos: en el caso de las reliquias importantes era necesario que se aplicase el sello personal del Papa, como garantía de autenticidad. Pero los papas tenían un enorme interés creado en este tráfico. Roma constantemente «descubría» cuerpos, más o menos como san Ambrosio. Así, en el siglo IX halló el cadáver de santa Cecilia, después que el papa Pascual tuvo una visión milagrosa. En muchos casos se encontró que la carne de estos cadáveres estaba intacta, o casi intacta. A los ojos de Roma, eso era un signo de santidad. Pero Constantinopla creía lo contrario: la negativa de la carne a descomponerse era un signo seguro de herejía; podía permanecer así 1.000 años o hasta que la persona fuese absuelta debidamente. Sin embargo, esta violenta discrepancia en un aspecto fundamental del culto en la práctica no modificaba la situación, pues todo lo que Constantinopla despachaba a Occidente estaba formado por huesos y fragmentos de vestidos. Con respecto a los «descubrimientos» de la propia Roma, viajaban al norte y al oeste, enviados a los soberanos poderosos a cambio del apoyo diplomático o militar. En 826 el emperador Luis el Piadoso ejerció presión muy intensa sobre el Papa con el fin de que éste le entregase el cuerpo de san Sebastián, que fue llevado en triunfo a Soissons; cuando el Papa cedió estallaron disturbios populares en Roma. También en 834 la turba romana vociferó su protesta cuando el Papa vendió las reliquias de san Alejandro y san Justino a una delegación de Freising, que a su vez le entregó «una noble y majestuosa pila de cosas preciosas». Diez años después, Sergio II vendió al abate Varcuard de Prum las reliquias de san Crisanto y santa Daría. En el lugar de donde venían estas reliquias, había muchas más.

Los altos dignatarios de la Iglesia y el Estado no sólo compraban y vendían reliquias sino que justificaban el robo franco y la piratería. Había ladrones profesionales de reliquias, por ejemplo Alfredo, canónigo de Durham, que visitó piadosamente a Jarrow todos los años, hasta que consiguió hurtar el cuerpo de Beda y lo depositó en Durham, al lado de la figura de san Cuthbert. Durham se vio despojada de reliquias por sus propios obispos, Etelrico y Etelvino, que se sucedieron, transfiriendo algunos de los tesoros de la catedral a su abadía nativa de Peterborough. Los reyes, los obispos y los abates a veces utilizaban a delincuentes profesionales o ellos mismos se aventuraban en el campo del delito, apelando al poder que pudiesen esgrimir o fuese necesario. Los hombres no distinguían entre la fuerza política y militar, y la fuerza espiritual generada por los huesos santos. Por ejemplo, un hombre ambicioso como el rey Knut corrió ciertos riesgos en esta esfera, del mismo modo que puso en juego sus reinos y su vida en combate, ya que las posibles recompensas lo justificaban. En 1020, el abate Etelstam de Romsey, instigado por el obispo de Dorchester y con el consentimiento de Knut, envió una expedición naval a Sohan para robar el cuerpo de san Félix: casi se entabló una batalla naval con los monjes de Ely. Tres años más tarde, el arzobispo Etelnoth, con la ayuda de Knut, abrió el sarcófago de san Elfeah en San Pablo, utilizando palanquetas, mientras los sirvientes reales montaban guardia para impedir la acción de los ciudadanos irritados. Knut salió medio desnudo de su baño para intervenir en la incursión y empuñó personalmente el timón de la embarcación que transportó el cadáver, sobre una tabla, a través del Támesis; luego, bajo la protección de una escolta armada, el grupo llegó a Canterbury, donde se procedió a la nueva inhumación. Knut también instigó el robo de san Mildred, hurtado de Thanet y llevado igualmente a Canterbury. Esos incidentes no eran travesuras ni tonterías, sino importantes actos de Estado, relacionados con el poder, el privilegio, la autoridad, la jurisdicción, las esperanzas y los temores de gobernantes primitivos.

Durante el siglo XII observamos las primeras dudas sobre ciertos aspectos del sistema. Alrededor de 1120, Guiberto, abate de Nogent, escribió su obra *Reliquias de los santos* y en ella sostuvo que muchos de los cultos de los santos eran espurios; dio el ejemplo de un joven caballero que se convirtió en objeto de culto por la única razón de haber fallecido en Viernes Santo. Una generación más tarde el papa Alejandro III convirtió en monopolio papal todo el asunto de la canonización. Guiberto también destacó los aspectos del sistema que sin duda eran fraudulentos. Las Iglesias de Constantinopla y Angeli afirmaban que tenían la cabeza de san Juan Bautista. En ese caso, ¿había sido un hombre de dos cabezas? Ely y Saint Albans afirmaban que tenían en su poder los huesos de san Dunstan; Odense, en Dinamarca, formulaba la misma pretensión. Un obispo o un abate rico podía ser engañado fácilmente. El obispo Odo de Bayeux fue estafado por los monjes de Corbeil, que afirmaron estar vendiéndole el cuerpo de san Exupéry, aunque en realidad le entregaron el cadáver de un campesino. ¿Cómo podía explicarse que las reliquias duplicadas, o las que eran por completo fraudulentas, parecieran eficaces como foco de poder espiritual? Por supuesto, a estas alturas de la situación el sistema estaba declinando. En el siglo XIII la eucaristía se convirtió en el centro de la devoción popular y los santos tenían que ser nuevos y espectaculares para inspirar cultos importantes.

Mientras tanto, el culto de las reliquias había cambiado la faz de Europa. La reliquia más importante era el cuerpo de san Pedro, que según había creído la opinión cristiana, por lo menos desde mediados del siglo II, estaba enterrado en el lugar de la Iglesia vaticana que lleva su nombre. Se entendía que la posesión del cuerpo era la «prueba» definitiva de que Pedro era el primer obispo de Roma. Se estableció la siguiente cronología: en el año 34 d.C. Pedro se convirtió en obispo de Antioquía, en 40 trasladó su sede a Roma, en 59 consagró como sucesores a Lino y Cleto. Nadie refutaba estos asertos. Se presumía que Pedro había fundado un linaje episcopal que después nunca se había interrumpido. Más aún, el cuerpo de Pablo estaba también en Roma. Estas reliquias convertían a Roma en una fundación apostólica por partida doble, la única fuera de Jerusalén que no era una fuerza en la política de la Iglesia. León el Grande, papa desde 440 hasta 461, destacó el hecho de que Pedro y Pablo, los apóstoles más poderosos, habían remplazado a Rómulo y Remo como protectores de la ciudad. De esta forma, Roma heredó, de manera cristianizada, parte de la invencibilidad de la ciudad imperial. Pero era evidente que Cristo había deseado que, a través de su Iglesia, Roma representase también un papel internacional de carácter particular. De ahí el famoso texto de Mateo 16:18. Como hemos visto, Roma ya ejercía su autoridad sobre otras iglesias en el siglo II. Pero el texto acerca de Pedro no representó ningún papel antes de alrededor de 250; fue invocado primero en la controversia con Cartago sobre el bautismo, pero desde los tiempos del papa Gelasio, contemporáneo de Ambrosio, y el comienzo de la época del culto de las reliquias, a fines del siglo IV, se convirtió en un texto fundamental, invocado con frecuencia en conjunción con la «presencia» de Pedro en la ciudad. A partir de este período comenzaron a aparecer recopilaciones de cánones y de decisiones de los sínodos y los concilios. Cuando se suscitaban dudas, era natural que se apelase a la ciudad de Pedro y que se ofreciese un dictamen que todos debían considerar autorizado. Durante siglos, esta consolidación de la unidad centrada en Roma fue una devoción espontánea a san Pedro, más que el resultado de la actividad papal, que era mínima. Se fundaron monasterios y obispados, se procedió a canonizar a santos, se establecieron reglamentos y se reunieron concilios locales bajo la dirección de los reyes, todo sin referencia a Roma. Las designaciones de obispos y abates se resolvían en el lugar mismo. Cuando se le informaba, Roma se limitaba a confirmar lo que se había hecho. Pero había un elemento residual de autoritarismo, siempre manifiesto en la teoría y a veces en la práctica. Era una combinación del papel especial de san Pedro y del legado original de Roma como capital fundadora del imperio. Todos los papas que consideraban deseable o posible ejercer su autoridad lo hacían basándose en Pedro. Gelasio II, papa de 492 a 496, afirmó que la «sede del bendito Pedro tiene el derecho de desatar lo que ha sido atado por las decisiones de otros obispos cualesquiera». Por lo tanto, las recopilaciones de cánones y decretos conciliares fundadas en Pedro tenían más autoridad que cualquier otra. También el sistema de los metropolitanos, establecido desde temprano en Oriente, se afirmó lentamente en Occidente. Los obispos individuales de Galia o España pedían un veredicto o un consejo más al obispo de Roma que a su propio metropolitano. A partir de la época de Dámaso, los papas trataban tales peticiones de acuerdo con los criterios de los antiguos «rescriptos» imperiales, y en su técnica y su estilo imitaban a la cancillería imperial. Las cartas papales comenzaron a adoptar la forma de decretos y los papas partieron del supuesto de que ejercían un poder jurídico basado en su fundación histórica. Más aún, Roma transformó el sistema de los metropolitanos en parte de su legado imperial. La iglesia metropolitana inglesa de Canterbury había sido fundada directamente desde Roma, como resultado de los esfuerzos de Gregorio I, y siempre había mantenido una relación especial con el papado. El Papa confirió al arzobispo de Canterbury un *pallium*, o esclavina de piel, la misma que los emperadores habían depositado inicialmente sobre los hombros de los legados cuando los designaban. Desde el siglo VII la práctica comenzó a extenderse a otros metropolitanos, y estuvo acompañada por una confesión de fe, que el arzobispo debía hacer al Papa como testimonio de su ortodoxia, pues Roma era el custodio de la perfección del credo.

Desde las últimas décadas del siglo IV, Roma se había convertido en centro de peregrinación y había separado gradualmente a Jerusalén de esta función. En consecuencia, las prácticas litúrgicas romanas, más que las muy diferentes de Jerusalén, tendieron cada vez más a ser la norma, por lo menos en Occidente. En 416 Inocencio I arguyó que, como Roma había llevado el evangelio a todas las provincias latinas —una afirmación que no era del todo cierta— éstas debían adoptar automáticamente la liturgia romana. Tal cosa no sucedió, por lo menos hasta la época de Carlomagno, que adoptó la práctica romana en todos sus dominios como cuestión de política oficial. En realidad, muchas figuras poderosas de la Iglesia temprana se habían opuesto a la uniformidad litúrgica. Existía, por ejemplo, el rito ambrosiano en Milán; incluso Agustín, que creía firmemente en la unidad, el centralismo y el autoritarismo en las cuestiones eclesiásticas, defendió la ventaja de los ritos regionales. Pero los papas tenían niveles elevados en la esfera de la música y el espectáculo y era natural que los que acudían a Roma desearan imitar estos usos en sus propias iglesias.

Lo que es más, ¿acaso todo lo que era romano no estaba aprobado por San Pedro? Sería difícil exagerar de qué modo, para los espíritus de la Edad de las Tinieblas, su presencia y su poder permanente dominaban la ciudad. Desde la época de Dámaso se convirtió en el propósito de todos los cristianos, cuando tal cosa era posible, realizar el viaje a Roma. Los papas alentaban estas peregrinaciones. Dámaso fue el primero que abordó la catalogación oficial de los mártires de las catacumbas; bajo sus sucesores continuaron estos y otros esfuerzos encaminados a sistematizar la peregrinación. Se recogía el aceite de las lámparas de las catacumbas en pequeñas *ampullae*; estos santuarios eran visitados, siguiendo el movimiento de las agujas del reloj o el inverso, y los frasquitos se rotulaban en concordancia (algunos rótulos del siglo VI han llegado a nosotros). A partir del siglo VII hay guías; conocemos dos de ellas: son extrañamente detalladas y exactas. El papado organizó albergues para los peregrinos, pero diferentes «naciones» establecieron también los suyos; así, los ingleses tenían una serie denominada, en su propia lengua, el *borough* (más tarde el borgo).

Los escritos de Gregorio el Grande, que se cuentan entre los más leídos a lo largo de este período, popularizaron el elemento supersticioso de la presencia y los milagros de Pedro. Gregorio escribió a la emperatriz: «Los cuerpos de los apóstoles Pedro y Pablo resplandecen con milagros tan grandes y nos sobrecogen de tal modo que nadie puede ir a rezar allí sin un temor considerable.» Relataba dos anécdotas de trabajadores que habían muerto después de acercarse demasiado a los cuerpos. Como en el caso de la tumba de Tutankamón, la proximidad podía ser fatal. El lugar era oscuro, misterioso, poblado por ruidos y exhalaciones extrañas; en realidad, los peregrinos no podían llegar al sepulcro subterráneo, pero desde arriba descendían pañuelos y collares de oro, objetos que luego recuperaban transformados en reliquias sagradas y poderosas. Todos creían que san Pedro estaba allí, en el sentido físico de la expresión. Dominaba todas las actividades de su sede. Sus restos protegían esos derechos y golpeaban a los que intentaban usurparlos. En cierto sentido, era más real que el Papa, que cumplía simplemente la función de vicario. Una peregrinación no era una actividad simbólica: era una visita real a San Pedro. Cuando el abate Ceolfrid de Jarrow llevó a Roma la espléndida Biblia que los monjes habían iluminado, estaba dedicada, dijo Beda, no al Papa sino al cuerpo de san Pedro. Pedro no sólo irradiaba poder desde su tumba, sino que intervenía activamente en los asuntos de la Iglesia si era necesario. Cuando el papa León el Grande presentó su «Tomo» al Concilio de Calcedonia como enunciado autorizado de la doctrina cristológica y trinitaria, afirmó que la obra estaba inspirada directamente por Pedro; ciertamente, Juan Mosquio, teólogo del siglo VII, creía que el tomo había recibido sus correcciones finales de la propia mano milagrosa de Pedro. En la gráfica descripción que ofrece Beda del sínodo Whitby, que se reunió en 664 para fijar la fecha de la Pascua, muestra que el rey de Northumbria optó por Roma y no por Iona, porque creía que san Pedro guardaba literalmente las llaves de la entrada al Cielo y, por lo tanto, era mucho más poderoso que san Columba. Pedro no era una reliquia extática sino una presencia activa y ejecutiva, que adoptaba decisiones. Cuando partió a cumplir su misión en Germania, san Bonifacio prestó juramento «ante ti, san Pedro, y ante tu vicario». Pedro podía manifestar su desagrado y castigar. En 710 el Papa, en su carácter de funcionario imperial en Roma, acusó de rebelión al arzobispo de Ravenna y ordenó que le arrancasen los ojos. Se afirmó que la sentencia provenía directamente de san Pedro, que la imponía porque el arzobispo había desobedecido a su vicario. De hecho, se creía que si bien las reliquias de Pedro actuaban desde la tumba, su persona terrenal había sido confiada al Papa en ejercicio, que actuaba sustitutivamente.

La evidencia reseñada más arriba sugiere que hasta el siglo VIII no empezó a comprenderse y proclamarse plenamente la importancia absoluta de la relación de San Pedro con Roma. A medida que aumentaban la reputación y el poder permanente de Pedro, ¿no era perfectamente natural que los hombres creyesen que los tiempos precedentes lo habían reconocido, no sólo en teoría, sino en un sentido absolutamente práctico? La cuestión pasó gradualmente al primer plano en el curso del siglo VIII, como resultado de una serie de factores que estaban modificando la relación de Roma con el mundo político externo. El primero fue una ruptura fiscal con el Imperio bizantino, y sobrevino en los años que siguieron a 726. En su condición de duque bizantino y gobernante de parte de los territorios imperiales en Italia, el obispo de Roma había pagado impuestos a Constantinopla por lo menos desde la segunda mitad del siglo V. La recaudación de estos impuestos se había visto resentida, sobre todo a partir de los terribles destrozos infligidos a Italia por las fuerzas de Justiniano en su prolongado esfuerzo, en definitiva inútil para restablecer el poder imperial. Cuando en 726 se realizó un ajuste de precios de los impuestos bizantinos, el Papa sencillamente se negó a pagar y después no lo hizo nunca. De este modo, el papado se encontró privado de una relación política y defensiva formal con una potencia importante. Luego de haber renunciado a Bizancio, poco dispuestos a confiar en los lombardos, los papas volvieron cada vez más los ojos hacia el poder en ascenso de los francos, más allá de los Alpes. Los francos se habían convertido directamente al cristianismo católico, en una actitud semejante a la de los ingleses. Como resultado de los esfuerzos misioneros ingleses que culminaron en las grandes campañas de san Bonifacio, el cristianismo estaba extendiéndose rápidamente del otro lado del Rin, y el poder franco crecía en concordancia. ¿Por qué este gran poder católico en ascenso no podía suministrar la protección que Bizancio ya no podía ofrecer? Pero la transferencia de la alianza de Bizancio a los francos implicaba que el papado era un poder independiente, que tenía libertad para pasar de una jurisdicción a otra. De aquí partió la teoría de que las regiones de Italia central controladas por Roma tenían un significado especial, pues eran el núcleo de un Imperio romano renovado, sobre el cual el Papa ejercía su control. Pareció que esta actitud resolvía un problema histórico que durante mucho tiempo había sido desconcertante. ¿Por qué Constantino transfirió su capital a la Nueva Roma a tan poca distancia de su conversión? La respuesta podía ser únicamente que él deseaba, como testimonio de su nueva fe, transferir la Antigua Roma y su dependencia a San Pedro, como una suerte de regalo directo. En cierto momento del siglo VIII esta explicación halló expresión escrita en la forma de una «carta» de Constantino al papa Silvestre I, con fecha 30 de marzo de 315. Como muchas otras falsificaciones cristianas, ésta fue muy probablemente un intento sincero de los empleados de la cancillería papal de documentar una transacción que —de eso habían conseguido convencerse— se había concertado efectivamente. La carta enumeraba los regalos del emperador al obispo de Roma como vicario de San Pedro: la preeminencia sobre todas las sedes patriarcales, incluida Constantinopla (esto fue un error, porque Constantinopla no existía en 315) y todas las iglesias restantes; el palacio imperial de Letrán y las insignias imperiales de Roma, y todos los poderes imperiales en Roma, Italia y las provincias occidentales. Se dijo que Constantino depositó el documento sobre el cuerpo de san Pedro, con el carácter de un regalo personal.

La *Donación de Constantino* pareció poner a disposición del Papa, en su carácter de vicario de San Pedro, la totalidad de las provincias occidentales del imperio. En un solo movimiento ofrecía la clave necesaria para completar el arco de la sociedad cristiana total. En Occidente la Iglesia había impuesto características cristianas al derecho, había adquirido un papel dominante en la economía agraria y había establecido el monopolio de la educación y la cultura. Ahora, tenía la oportunidad de integrar el sistema fundamental de gobierno con la enseñanza y la práctica cristiana convirtiendo al gobernante en funcionario de la teología cristiana.

La teoría ya estaba allí. La idea de Melquisedec, el rey-sacerdote, estaba presente en el Antiguo Testamento. En su esfuerzo por separar a la cristiandad de los zelotas judíos y de demostrar que no era en absoluto una amenaza para el Imperio romano, Pablo había escrito un pasaje tras otro, insistiendo en que la autoridad establecida contaba con la sanción divina: «No existe otro poder que el de Dios: los poderes existentes son emanación de Dios.» El príncipe, insistía Pablo, «es el ministro de Dios ante ti para el bien. Pero si tú haces el mal, debes temer; pues no porta en vano la espada; pues es el ministro de Dios, un vengador que descarga su cólera sobre quien hace el mal». El concepto de Pablo acerca del gobernante como figura eclesiástica armonizaba fácilmente, o quizás estaba destinado a eso, con la convención pagana del emperador divino o semidivino, el pontífice supremo. Cuando el emperador modificó su adhesión religiosa, los ideólogos cristianos se mostraron por demás ansiosos de que conservara su pontificalismo regio, de modo que pudiese descargar todo el peso del Estado en favor de la eliminación de la herejía y el cisma, y el mantenimiento de la ortodoxia católica. Así, Agustín explicó que, cuando un emperador ordenaba lo que estaba bien, el propio Cristo impartía la orden. Afirmó que los emperadores ejercían este poder sagrado de desempeñar funciones casi episcopales. Como hemos visto, el obispo Eusebio creía que Constantino había tenido razón al verse él mismo como obispo. A principios del siglo V, este césaro-papismo cristiano era la doctrina oficial del imperio: Honorio y su hermano imperial Arcadio emitieron decretos que equiparaban la herejía con la traición, y viceversa; en el siglo siguiente el Código Justiniano definió al emperador como juez del dogma y el mérito de los sacerdotes, y su autoridad sobre la Iglesia se extendió a todos los asuntos, salvo el contenido espiritual efectivo de las funciones sacerdotales. En el Concilio de Constantinopla (448), Teodosio fue aclamado por los obispos como pontífice-emperador; y en el de Calcedonia (451), Marciano fue denominado «sacerdote y rey». Los patriarcas y los metropolitanos orientales muy pronto se adhirieron a este esquema en la condición de subordinados. Pero también Roma aceptó la idea del emperador-sacerdote. Aunque defendía la dignidad sacerdotal, León I dijo a Marciano que oraba para que Dios «pueda daros, además de la corona real, también la vara sacerdotal». En Roma, así como en Constantinopla, se dispensó a la dignidad real el tratamiento que corresponde al origen y a la institución de carácter divino. Honrar al emperador era una forma de servicio religioso. Cuando en el año 438 se promulgó en Roma el Código Teodosiano, los senadores entonaron: «A través de ti tenemos nuestros honores, a través de ti nuestra propiedad, a través de ti todo» en un total de veintiocho veces; hubo quince aclamaciones repetidas más o menos análogas, con un total general de 352 elogios cantados rítmicamente, que fue el modelo de las posteriores letanías cristianas dirigidas a Dios, Jesús y la Virgen María. El pontífice regio de Constantinopla estaba rodeado por una compleja estructura de veneración. De acuerdo con una descripción del siglo X realizada por Liutprand, obispo de Cremona, se desprende que el emperador era levitado sobre un trono accionado por máquinas ocultas, de manera que la impresión fuese más profunda; y al lado del trono había leones mecánicos que rugían y restallaban la cola cuando se acercaba un visitante.

El papado adoptó parte del ceremonial imperial. En el palacio de Letrán había una combinación de los arreos y el simbolismo de la corte oriental con formas tomadas antes del senado y la magistratura romanos. La música representó un papel importante, y los órganos —los primeros de Occidente— fueron importados de Constantinopla para mejorarla. Los funcionarios papales se ajustaban a una jerarquía rigurosa; una complicada serie de antecámaras llevaba a la sala del trono papal; el Papa mismo era saludado con una profunda *proskynesis* al pie de su trono. A fines del siglo VII vemos por primera vez un alto y blanco tocado papal, llamado *phrygium* o *camelaucon*, que después evolucionó para convertirse en la tiara; se afirma que fue regalado a Silvestre por Constantino para reemplazar a la corona temporal, que habría disimulado la tonsura. Los manuales litúrgicos que han sobrevivido, por ejemplo el *Ordo Romanus*, y que describen las estaciones formales cuando el Papa celebraba misa cierto día en determinada iglesia romana, nos ofrecen un ceremonial completamente estructurado, ejecutado con mucho cuidado, centrado en la glorificación de la persona papal, en concordancia con la práctica cortesana bizantina, más que con la misa misma. A medida que se agravó la ruptura con Bizancio, el papado fortaleció sus pretensiones referidas a la adquisición independiente de poder subrayando sus relaciones con la divinidad. A partir de 727 la misma Bizancio se dividió en la cuestión de la iconoclastia, que se convirtió en la política oficial de Constantinopla. El papa Gregorio II condenó la iconoclastia, y en 729 los nexos políticos entre Roma y el imperio de hecho quedaron cortados; bajo Juan VII, en la iglesia de Santa María Antica fueron pintados frescos que mostraban al Papa recibiendo los símbolos no del emperador, sino de la propia Virgen Bendita, ataviada y coronada como emperatriz.

Aunque el papado podía desafiar a Bizancio, que parecía cada vez más lejana y débil, y adoptar los elementos externos de la propia soberanía, carecía de los medios físicos para comportarse como poder soberano. Necesitaba protección y, a partir de principios del siglo VIII, volvió cada vez más los ojos hacia el poder que comenzaba a elevarse al norte de los Alpes. El deseo del papado en el sentido de una alianza estrecha con la principal autoridad secular de Europa occidental coincidió con el ansia análoga de los reyes bárbaros de obtener la más alta sanción cristiana a su autoridad. Bajo el paganismo estos linajes reales habían afirmado que descendían de dioses míticos. Luego llegó la cristianización; y cuando esta estirpe se interrumpía, a causa de la falta de herederos, de la derrota en combate o de la pobreza, la nueva casa real que venía a remplazarla necesitaba la introducción de una ceremonia religiosa, como iniciación a los poderes de la realeza. La gracia sacramental se derramaba sobre el nuevo rey como sustituto de la sangre real que no tenía.

Una forma primitiva de servicio cristiano destinada a señalar el ascenso de los reyes sin duda se desarrolló en Occidente ya durante el siglo VI; y es posible que en España en 672 un rey fuese ungido en el curso de una ceremonia cristiana. Pero en el siglo VIII los acontecimientos transformaron la situación. Hacia la década de 740 los reyes merovingios de los francos de hecho perdieron su poder. Se habían separado de sus propiedades y por lo tanto ya no podían recompensar con tierras a sus partidarios. El poder efectivo estaba en manos de los mayordomos hereditarios del palacio. El jefe de la casa, Pipino, preguntó al Papa si un rey que en la práctica no podía cumplir sus obligaciones en verdad era rey. El Papa contestó, con ayuda de abundantes citas bíblicas, que un rey debía gobernar para reinar. Tan pronto recibieron esta respuesta, Pipino y los eclesiásticos de la corte procedieron. Cortaron los rizos reales del último merovingio y su hijo; luego los tonsuraron a ambos y los encarcelaron en un monasterio. Pipino fue ungido rey en 751 por el arzobispo Bonifacio, en su carácter de enviado especial del Papa con *plenitudo potestatis*; y tres años más tarde el propio Papa viajó al norte para repetir la ceremonia. No está absolutamente aclarado cómo interpretaron los interesados la función del ungimiento. Es posible que sirviese para absolver a Pipino del voto de fidelidad al monarca caído. En todo caso es seguro que tanto el rey como el Papa consideraron que la intervención sacramental cristiana en cierto modo anulaba la magia de la antigua estirpe y la transfería a la nueva.

Ahora el Papa se había convertido en hacedor de reyes. La rápida expansión de los dominios francos durante la segunda mitad del siglo VIII y el desarrollo de la teoría papal basada en una falsificación, la *Donación de Constantino*, sugerían que el Papa podía asumir ahora el papel de hacedor de emperadores. Quizá la palabra «hacedor» es exagerada. El Papa era más un funcionario sacramental que un agente determinante. Con el eclipse del poder bizantino en Italia, el papado se había perfilado, bajo Pablo I, como el legatario residual reconocido de la autoridad imperial en el centro y conservaría esa posición hasta 1870. Pero el papado mismo afrontaba una violenta lucha de facciones locales. En 768, cuando Pablo falleció, el duque local Toto de Nepi se apoderó del palacio de Letrán y protagonizó un golpe en unión de sus tres hermanos, uno de los cuales, llamado Constantino, fue proclamado Papa. El primicerius Cristóbal, que se opuso al golpe, fue cegado y mutilado en la plaza frente al palacio de Letrán y pocos días más tarde murió a causa de sus heridas. Apremiado por las amenazas del duque Toto, el obispo Jorge de Palestina, que era el vicechambelán, de mala gana concedió las órdenes clericales a Constantino, que era laico. Pero dos papas rivales fueron designados en rápida sucesión y el golpe fracasó en una atmósfera de sangre y barbarie. Uno de los hermanos fue dejado ciego y su principal partidario clerical sufrió el mismo castigo; además le cortaron la lengua; Constantino fue retirado de su palacio, sentado de costado sobre un caballo con pesos unidos a los pies, encerrado en un monasterio, donde le arrancaron los ojos, y fue arrojado a los pies de uno de los papas rivales, Esteban III, que le dijo que todas las órdenes que había recibido carecían de valor. Como resultado de este episodio, se publicó un decreto que declaraba que «bajo sanción de anatema ningún laico o persona de cualquier otra condición se atreverá a asistir armado a una elección papal; y la elección debe estar en manos de los sacerdotes conocidos y los líderes de la Iglesia y de todo el clero». El propósito era apartar al papado de la política local. De hecho, el papado ya estaba derivando, como todo lo demás en Occidente, hacia la órbita del Estado carolingio. El propio Carlomagno fue a Roma por primera vez en 774. Protegido por su poderosa sombra, el papa Adriano I pudo dar, por primera vez bajo el papado, un gobierno interno estable a la ciudad. Durante su pontificado de veintitrés años se procedió a la reorganización de las propiedades papales y se le devolvieron al cargo la dignidad y el decoro. Adriano se convirtió en amigo personal de Alcuino, principal consejero de Carlomagno, si no del propio rey; de modo que cuando en 795 Adriano falleció, Carlos «lloró como si hubiese perdido a un hijo o a un hermano muy amado». Pero a los ojos de Carlomagno, Adriano nunca fue más que un obispo de jerarquía superior, a quien debía tratarse como un funcionario eclesiástico oficial. En 799, cuando el papado nuevamente afrontó dificultades, León III fue secuestrado y evitó por poco que le dejaran ciego, era natural que Carlomagno interviniese y juzgase. Así volvemos a la famosa y ambigua coronación de la Navidad del año 800, con la que comenzamos esta parte de la obra. Fue la culminación lógica de una serie de tendencias: el crecimiento del poder franco en Occidente, la eliminación de Bizancio, el predominio eclesiástico de Roma y sus pretensiones de ser el legatario residual del imperio en Occidente, y lo último pero no lo menos importante, el desarrollo de la realeza sacramental.

Sin embargo la ambigüedad estaba en la función del Papa, como advirtió instantáneamente Carlomagno, cuando el carácter de la ceremonia lo tomó por sorpresa. ¿El Papa estaba ofreciéndole el imperio o se limitaba a reconocer su posición *de facto* al imponer el sello sacramental y de ese modo convertirla en posesión *de iure*? Para decirlo de otro modo, cuando Carlomagno recibía la corona de manos del Papa, ¿en cierta medida estaba reconociendo la superioridad papal frente a su propia jerarquía imperial? León III había adornado el palacio de Letrán con un enorme cuadro mural de Cristo, flanqueado de un lado por Constantino y Silvestre, y del otro por Carlomagno y León. Ese cuadro esquivaba el problema. En el siglo VIII la teoría tendía a reflejar el hecho de que el Papa necesitaba la protección franca y por lo tanto era inferior. Los eclesiásticos reales formulaban una distinción entre el emperador oriental, que siempre había sido coronado por la Iglesia desde 457, pero no era ungido, y el rey occidental, que recibía el ungimiento. La Iglesia occidental había recibido el ungimiento directamente del Antiguo Testamento; cuando Samuel ejecutó la ceremonia, «el espíritu del Señor recayó sobre David». Por consiguiente, el rey se convirtió en *Christus Domini*, el Ungido del Señor. Era el ser supremo en la Tierra. Uno de sus obispos dijo a Carlomagno en 755: «Mi rey, recuerda siempre que eres el representante de Dios, tu monarca. Has sido puesto para guardar y gobernar a todos sus miembros, y deberás rendir cuentas el Día del Juicio. El obispo ocupa un lugar secundario, porque es nada más que el Vicario de Cristo.» En una carta a Carlomagno, en 799, Alcuino lo dijo de otro modo:

Hasta aquí han existido tres posiciones en el mundo de la más elevada jerarquía: el Papa, que gobierna la sede de San Pedro, es el príncipe de los apóstoles, como su vicario... la dignidad imperial y el poder secular de la segunda Roma [Bizancio]... y la dignidad real, en que la dispensa de Nuestro Señor Jesucristo os ha puesto como gobernante de los dos restantes, por la sabiduría más distinguida, en la dignidad de tu dominio más sublime. Sólo de ti depende la seguridad entera de las Iglesias de Cristo.

Es evidente que, cuando la coronación de 800 unió los roles segundo y tercero, la autoridad de Carlomagno se vio confirmada y realzada. Sus deberes gobernantes abarcaron a todo el pueblo cristiano. Alcuino reconoció a Carlomagno como *sacerdos* además de *rex*, como Melquisedec. Era el jefe de la Iglesia tanto como del Estado. Le dijo: «Tú trabajas para depurar y proteger a las Iglesias de Cristo de las doctrinas de los falsos hermanos de adentro, tanto como de la destrucción de los paganos afuera. El poder divino armó a Su Majestad con estas dos espadas en la derecha y en la izquierda.» Asimismo, esta figura semejante a Melquisedec naturalmente designaba obispos y otros dignatarios eclesiásticos; se desarrolló la teoría para proteger a la Iglesia, por lo demás indefensa, frente a la nobleza laica. Este aspecto fue subrayado, por ejemplo, por Thietmar, obispo de Merseburgo a principios del siglo XI: «Nuestros reyes y emperadores, vicarios del gobernante supremo en esta nuestra peregrinación, son los únicos que disponen la designación de obispos, y es justo que ejerzan autoridad antes que otros hombres sobre sus pastores; pues sería errado que esos pastores a quienes Cristo convirtió en príncipes a semejanza de sí mismo estuvieran bajo el dominio de nadie excepto los que están por encima de otros hombres por la gloria de la bendición y la coronación.» Por lo tanto, el emperador-rey ungido se elevaba por encima de cualquier otro tipo de gobernante secular; se completó la teoría con una descripción de las funciones complementarias del sacerdote y el rey. «Tanto el sacerdote como el rey en sus cargos», como dijo un escritor anglo-normando de fines del siglo XI, «exhiben la imagen de Cristo y Dios; el sacerdote de cargo y naturaleza inferiores, es decir, humanos; el rey en lo superior, lo divino.»

Por consiguiente, con la coronación de Carlomagno el dominio cristiano de la sociedad humana de Occidente llegó a ser completo, por lo menos en teoría. Tanto el papado como los eclesiásticos decididos de la corte carolingia vieron en la nueva estructura de poder que ellos habían promovido no sólo una restauración del Imperio de Roma en toda su gloria, sino una reconstrucción interior de todos los aspectos de la sociedad, destinada a producir un modelo del reino cristiano en la Tierra. Carlomagno realizaría la visión agustiniana. Fue quien suministró gran parte del impulso. Era un hombre muy inteligente y, en muchos aspectos, un individuo de mente clara. Percibió la relación íntima entre el gobierno eficaz, la cultura y el cristianismo. Pero de estos tres aspectos, es indudable que el último prevalecía en su mente. Carlomagno era sobre todo un hombre religioso. Aceptó plenamente la misión agustiniana que la Iglesia descargó sobre sus hombros. Einhard describe los esfuerzos que hacía para educarse, para mejorar su saber y practicar la vida cristiana: «... trataba de escribir, y solía depositar tabletas y hojas de pergamino bajo sus almohadas, de manera que a ratos perdidos, cuando estaba descansando, podía practicar dibujando letras. Pero comenzó a escribir demasiado tarde y los resultados no fueron muy buenos... Consagró mucha atención a la lectura correcta y el salmodiado, pues era un experto, pese a que jamás leyó en público, y cantaba sólo al unísono o para sí mismo». Su objetivo, sobre todo durante las últimas décadas de su vida, fue ampliar enormemente el potencial humano educado de su imperio, crear un clero que fuese capaz no sólo de evangelizar a los nuevos cristianos que él había sometido a su dominio, sino de profundizar por todas partes el conocimiento de la cristiandad. Aceptaba la definición que ofrecía Alcuino del rey como una suerte de vínculo instantáneo entre el Cielo y la Tierra: «La virtud del rey es la prosperidad de su nación, la victoria de su ejército, la serenidad de la atmósfera, la fertilidad de la tierra, la bendición de los hijos, la salud del pueblo.» Los obispos, los abates, los sacerdotes y los monjes eran los principales agentes del rey. Se seleccionaba a los funcionarios reales en el seno del alto clero, y Carlomagno y sus sucesores ampliaron y desarrollaron el uso de los concilios eclesiásticos como órganos legislativos y ejecutivos. Casi todos los asuntos estaban sometidos a la supervisión de estos órganos. De este modo, un concilio celebrado en Francfort el año 794 y otro en Arlés en 830 se ocuparon de los pesos y las medidas, y de otras cuestiones comerciales. El Concilio de París, en 829, atacó la práctica de los señores de obligar a las personas que dependían de ellos a vender trigo y vino a precios fijos, y sancionó un caudal considerable de leyes similares para proteger a los débiles frente a los fuertes. En 816, Aquisgrán decretó la construcción de casas para los viajeros sin recursos, las viudas y las muchachas pobres, y contempló la creación de hospitales de aislamiento y colonias para leprosos. Sucesivos concilios decretaron e impusieron el pago obligatorio de diezmos, de modo que nació un sistema de parroquias viables desde el punto de vista financiero.

Por intermedio de la Iglesia, la época carolingia legisló con sumo detalle todos los aspectos de la conducta, y especialmente las relaciones económicas, sexuales y de familia. Se realizó un esfuerzo enorme, decidido y permanente para lograr que la conducta real de los individuos armonizara con la enseñanza cristiana. Los obispos organizaron tribunales, que abarcaron áreas cada vez más amplias del matrimonio y la herencia. Realizaban visitas para asegurarse del cumplimiento de las leyes. Muchas de éstas trataban los problemas de la disciplina y la conducta del clero, en un intento de asegurar que, en el nivel parroquial, el que realmente importaba, se suministrara y aplicase la enseñanza apropiada. Por primera vez oímos hablar del sermón como instrumento regulador. Una forma que conservaría su fuerza legal en ciertos países hasta bien entrado el siglo XIX, se estableció firmemente por primera vez durante este período.

El sistema era groseramente insatisfactorio en muchos aspectos. De esta época proviene el extraordinario embrollo de las leyes cristianas referidas al matrimonio, un problema que, en cierto sentido, todavía hoy nos molesta. El Estado carolingio también se mostró tímido frente a la esclavitud. Ninguna de sus leyes impugnó o atacó la condición de la esclavitud, ni siquiera cuestionó la compatibilidad de esta condición con los principios cristianos. Se limitó a considerar el trato dispensado a los esclavos, su manumisión y su matrimonio, y en este último punto apoyó al propietario, pues el Concilio de Châlons, celebrado en 813, decretó que los matrimonios de esclavos que eran de propiedad de diferentes amos carecían de validez, a menos que los propietarios consintieran. Además, había máculas repulsivas en esta sociedad cristiana. La legislación codificó buen número de anteriores decretos españoles y romanos antijudíos, y éstos, entre otras cosas, prohibían que los judíos ocupasen cargos públicos o poseyeran esclavos cristianos, los obligaban a permanecer en sus casas durante las festividades cristianas y castigaban con la excomunión al cristiano que compartiese la comida con una familia judía; se desechaba como fornicación el matrimonio entre cristianos y judíos. La sociedad cristiana que los gobernantes carolingios y otros cristianos contemporáneos trataron de conformar era en muchos aspectos incorregiblemente tosca; sus orígenes raciales, o incluso paganos, no pudieron ser eliminados. A pesar del carisma de las cosas romanas, por lo menos en la cristiandad septentrional, la Iglesia se germanizó en lugar de romanizarse la sociedad. El derecho era más germánico que romano; en las diócesis la organización eclesiástica tendió a armonizar con el sistema popular germano; donde los reinos tenían carácter feudal, también la Iglesia se feudalizó. En Inglaterra, el rey trataba a sus arzobispos, obispos y abates del mismo modo que a sus condes y barones; de hecho, los prelados eran sus servidores, y él otorgaba y controlaba (y también protegía) los beneficios y las propiedades; por ejemplo, era significativo que pudiese conceder el rango de obispo sin el cargo o el beneficio. Si en un sentido la sociedad era una teocracia, en otro era también una tiranía real.

Era una época muy dura y, de alguna manera, la sociedad tenía que fijarse objetivos modestos. Tenemos una visión del modo en que la Iglesia enfocaba la santidad secular en una pequeña biografía de Odo, segundo abate de Cluny, que relata la historia de san Geraldo de Aurillac, quien murió a fines de la primera década del siglo X. Geraldo era conde, un importante terrateniente y soldado; se vio impedido a renunciar a la vida secular a causa de la opinión pública, apoyada por la misma Iglesia. No se sabe muy bien por qué en general se lo consideró un santo. El propio Odo advirtió esta dificultad. Criticó a quienes lo «elogiaban indiscretamente, y decían que Geraldo era poderoso y rico, pero vivía bien, y ciertamente es un santo». Pero reconoce que no puede hallar muchas pruebas de que haya realizado milagros o formulado profecías válidas. Continúa diciendo en un tono que puede parecer un tanto tímido al lector moderno: «Hay muchas pruebas de las cosas maravillosas que hizo Geraldo, pues es sabido que conservó las cosas que le dieron sus padres y los reyes... que acrecentó su propiedad sin perjudicar a nadie... que elevó su jerarquía pero de todos modos continuó siendo pobre de espíritu.» Por lo menos según lo presenta Odo, Geraldo fue una figura conservadora, de opiniones un tanto ásperas y severas. Se enfureció cuando supo que la gente usaba el agua con que se lavaba para obtener curas: «dijo que si un siervo lo hacía, había que mutilarlo, y si era un hombre libre, debía ser reducido a servidumbre... la gente tomó en serio sus amenazas de mutilación, pues sabía que Geraldo no cedería cuando llegase el momento de aplicar el castigo». Hasta donde podemos entender el asunto, Geraldo no hizo más que tratar con justicia a las personas que dependían de él, y eso según las normas muy imperfectas de su tiempo. En el siglo X eso era tan raro que originaba una reputación de santidad. Es una pequeña y escalofriante anécdota.

Está claro que las expectativas del hombre de la Edad de las Tinieblas no eran elevadas. La propia época carolingia fue un episodio relativamente breve de orden entre repetidos colapsos de la sociedad. El profundo pesimismo que los cristianos extrajeron de los hitos de Agustín tendía a reflejar las incertidumbres de la vida según ellos la conocían. Se fortaleció durante este período un intenso sentimiento de la inutilidad de la vida terrenal y esta actitud persistió mucho después de que los horizontes se habían ampliado, exactamente hasta el Renacimiento. Lo vemos sobre todo en las cartas de la dotación y en los documentos que justifican las donaciones de propiedades a la Iglesia. Por ejemplo, en 1126 Esteban, conde de Boulogne, donó tierras a la abadía de Furness, «viendo que los lazos de esta nuestra época están destruyéndose y descomponiéndose día a día, y viendo también cómo la pompa provisional de este mundo, con las flores y las rosadas guirnaldas y las palmas de los florecientes reyes, los emperadores, los duques y todos los hombres acaudalados, en efecto se marchitan de día en día; y también cómo la muerte los reúne a todos en una mezcolanza, y los empuja prestamente hacia la tumba...» A Otón, obispo de Bamberg, le preguntaron por qué fundaba monasterios cuando ya había tantos, y contestó: «El mundo entero es un lugar de exilio; y mientras vivamos en esta vida somos peregrinos del Señor. Por lo tanto, necesitamos establos y posadas espirituales, y lugares de descanso como los monasterios para los peregrinos. Además, el fin de todas las cosas está cerca y el mundo entero se apoya en la maldad; por lo tanto, es bueno multiplicar los monasterios en bien de los que quieren huir del mundo y salvar el alma.»

Sin embargo, a pesar de estas limitaciones, los intentos de crear una sociedad totalmente cristiana no eran innobles y no carecieron totalmente de éxito. Hay algo que impresiona enormemente, que es casi heroico en la labor de hombres como Carlomagno y Alfredo. La teoría cristiana de la realeza les había asignado el papel de un gigante: hicieron todo lo posible para estar a la altura de la exigencia. La teoría agustiniana concibió a la humanidad cristiana y sus instituciones como una entidad completa, totalmente integrada, casi orgánica. Durante este período se hizo un esfuerzo consciente para cristalizar esta concepción y se realizaron verdaderos progresos. Nunca antes ni después una sociedad humana se ha acercado más a ese funcionamiento propio de una unidad completamente comprometida con un programa perfeccionista de conducta. Después, nunca el cristianismo intentaría realizarse tan íntegramente como institución humana y divina. Por supuesto, el experimento tuvo consecuencias profundas y duraderas. Echó los cimientos de los conceptos complementarios de Cristiandad y Europa. Proyectó, en general, las orientaciones que seguirían las instituciones y la cultura europeas. Determinó embrionariamente muchos de los aspectos del mundo en que ahora vivimos. Estamos en lo cierto si consideramos que la cristiandad total de la época carolingia fue una de las grandes fases de formación de la historia humana.

Pero en tanto que ideal, contenía los elementos de su propia destrucción. Conducía irresistiblemente a la disolución de la antigua herencia cristiana del siglo IX, pues la unidad vertical de la sociedad carolingia, por deseable que fuese, era incompatible con la unidad geográfica de la Iglesia cristiana. Tanto el Imperio carolingio como el Imperio germánico de Otón, que le sucedió en el siglo X, eran totalmente contrarios a la teoría del Estado bizantino y su Iglesia. Los gobernantes bizantinos podían ser inducidos, *in extremis*, a reconocer a los emperadores occidentales por razones de política práctica; pero el reconocimiento sincero, en el más profundo sentido de la palabra, era imposible, pues ese paso habría implicado la destrucción de la teoría bizantina del gobierno, e incluso de su cosmología. Bizancio se veía a sí misma como una entidad coterminal no sólo con la cristiandad sino con la civilización, de hecho, con legitimidad moral y cultural. El *Libro de Ceremonias* utilizado en la corte imperial, que era un manual de teoría política fundado en la etiqueta, presuponía la existencia de una jerarquía de estados subordinados, que en obediente armonía giraban alrededor del trono del supremo autócrata de Constantinopla; su autoridad, en función de su ritmo y su orden, reproducía el movimiento armonioso del universo establecido por el Creador. Los bizantinos denominaron *oikoumene* a esta concepción. El emperador era el vicepresidente de Dios en la Tierra, y el imperio, la prefiguración del reino celestial. La comunidad imperial, supranacional, era el custodio designado por Dios de la verdadera fe ortodoxa, hasta los últimos días y el advenimiento del Anticristo, que precedería a la *parousia*. La filosofía oficial bizantina era una ordenada combinación de Roma, el helenismo y la cristiandad. Prevalecía sobre el imperio de la Navidad de 800 porque suponía específicamente que los bizantinos habían heredado todo lo que importaba en Roma, incluso si momentáneamente no eran dueños de la ciudad; se autodenominaban *Rhomaioi* y reclamaban exclusivamente la herencia de la tradición imperial romana. Por consiguiente, una teoría reconciliadora basada en la idea de los dos imperios no los impresionaba. Podía tener sentido lógico o geográfico que los papas hablasen de «romanos» y «griegos», pero a juicio de los bizantinos esa actitud implicaba negar tanto la fe como la historia. Liutprand de Cremona dice que en 968, cuando los legados llegaron a Constantinopla con una carta dirigida al «Emperador de los griegos», en la que el Papa se refería a Otón I como «el augusto emperador de los romanos», los bizantinos se ofendieron: «¡Qué audacia, llamar Emperador universal de los romanos, y "Emperador de los griegos" al uno y único Nicéforo, el grande y augusto, y afirmar que una pobre y bárbara criatura es el "Emperador de los romanos"! ¡Oh cielo! ¡Oh tierra! ¡Oh mar! ¿Qué haremos con estos bellacos y criminales?»

Es más, el ascenso de los francos se vio acompañado por un constante desgaste del poder militar bizantino y, por lo tanto, de su influencia política y eclesiástica durante toda la época del Mediterráneo. En el siglo VII, los errores doctrinarios que habían conducido al cisma monofisita en definitiva finalmente produjeron sus efectos negativos: la totalidad de la enorme área en que prevalecía el concepto monofisita sucumbió rápidamente a la nueva versión islámica, que no sólo absorbió estos territorios sino que se extendió a lo largo de la costa de África del Norte y penetró en España. Hacia el 700, el cristianismo había perdido más de la mitad de su territorio, incluidas las antiguas iglesias patriarcales de Alejandría, Antioquía y Jerusalén. Prácticamente no había contacto ni intercomunión a través de la nueva línea islámica; cuando los primeros cruzados se relacionaron con los cristianos de Antioquía, a fines del siglo XI, éstos no conocían siquiera la sucesión de los papas después de 681. En ciertos aspectos, la pérdida de los antiguos patriarcados acercó a Constantinopla y Roma. Bizancio aún controlaba parte de Italia, a partir de Ravenna, y el dominio del emperador se extendía hasta Marsella. Roma estaba en considerable medida bajo la influencia oriental: entre 654 y 752 sólo cinco de un total de diecisiete papas fueron de origen romano: tres fueron griegos, cinco sirios, tres provenían de la Sicilia de habla griega y uno de otro lugar de Italia. El emperador griego visitó Roma en 663, en la condición de gobernante legal; en 680 los legados papales que asistieron a un concilio en Constantinopla coincidieron en condenar las enseñanzas de cuatro patriarcas y un papa; en 710 el propio Papa realizó una visita amistosa a Constantinopla, pero éste fue el límite de la actitud ecuménica. Fuera de Roma, muy pocos cristianos occidentales hablaban griego; existía un arraigado prejuicio contra las costumbres litúrgicas griegas. De modo que cuando en 668 el Papa designó arzobispo de Canterbury al griego Teodoro de Tarso, envió con él a un africano, Adriano, para verificar que Teodoro «no introdujese en Inglaterra costumbres griegas contrarias a la verdadera fe». Los grandes cambios sobrevinieron en la primera mitad del siglo VIII. El poder bizantino se retiraba rápidamente de Italia y de todo el escenario del Mediterráneo occidental; los musulmanes presionaban hacia el norte, los lombardos hacia el sur. Los papas dejaron de pagar los impuestos imperiales y se negaron categóricamente a acompañar a Constantinopla en el problema de la iconoclastia; desde la década de 750 volvieron la mirada hacia el norte, hacia la casa franca de Pipino, en busca de protección. El papa Zacarías, que falleció en 752, fue el último de los papas griegos.

Además, la creación de la conexión franca, si bien garantizó la seguridad del Papa contra los lombardos, los déspotas locales e incluso Bizancio, privó a Roma de gran parte de su libertad de acción. Los eclesiásticos decididos y lúcidos que aconsejaban a Carlomagno querían imponer la unidad en Occidente; era parte de su sueño de una sociedad cristiana total. Por su parte, el rey veía a la Iglesia y la conexión romana como un instrumento del poder oficial y una fuerza unificadora en un imperio que estaba expandiéndose velozmente. Por consiguiente, el acuerdo universal en cuanto al rito y la doctrina era esencial. En el comienzo mismo del reinado de Carlomagno, en 769, el bautismo, las plegarias y la misa de estilo romano cobraron fuerza de ley; se insistió en la práctica romana con respecto al modo de cantar, la administración de los sacramentos y el atuendo, incluso el uso de sandalias. Y una vez que se adoptaron las formas romanas en los territorios carolingios, los papas perdieron el derecho a modificarlas. En Nicea se celebró un Concilio en 787 para resolver la escisión iconoclasta; el Papa envió legados que aceptaron el compromiso. Pero no hubo representantes de la Iglesia occidental. Carlomagno denunció el resultado del Concilio, porque lo consideró una afrenta a su dignidad y a la jerarquía de la Iglesia occidental. Él y sus sacerdotes de la corte produjeron *Libri Carolini*, una diatriba violentamente antigriega, que calificó los resultados del Concilio de «estúpidos, arrogantes, erróneos, criminales, cismáticos y desprovistos de sentido o elocuencia... un nauseabundo pozo del Infierno». Se ha conservado el ejemplar de Carlomagno: incluye exclamaciones que reflejan su aprobación («¡mira!»), que por su orden fueron anotadas en los márgenes. Los francos no sólo denunciaron el Concilio —que en definitiva, fue la última reunión universal de la Iglesia, un hecho poco sorprendente— sino que llamaron la atención sobre una nueva diferencia doctrinaria entre los latinos y los griegos. Fue la inserción, en el credo, de la formulación agustiniana *Filioque*, que subrayaba la divinidad integral de Cristo al insistir en que el Espíritu Santo procedía del Hijo tanto como del Padre. Incorporaron a este concepto el credo, que ahora se convirtió en material estándar y obligatorio en todas las misas celebradas en los territorios francos. El papado aconsejó enérgicamente que no se insertara el *Filioque*, pues sabía que la formulación no podía ser aceptada en Constantinopla. Pero se desechó el consejo y en el siglo IX se comenzó a insistir en que era esencial para alcanzar un enunciado auténtico y completo de la doctrina. Cuando en 1014 Roma finalmente insertó el credo en su propia misa, por insistencia del emperador alemán Enrique II, se incluyó el *Filioque*. A esta altura de las cosas, Roma estaba convencida de que ella misma había incorporado la frase y de que ésta se remontaba a una antigüedad inmemorial. En 1054, cuando sobrevino la ruptura definitiva con Oriente, los legados papales ignoraban hasta tal extremo la historia verdadera que acusaron a los griegos de haber omitido intencionadamente el *Filioque* de su credo varios siglos antes.

Mientras tanto, en Europa se habían desarrollado otros conflictos. Las conquistas islámicas del siglo VII habían clausurado el mundo al sur y al este del Mediterráneo tanto para Roma como para Constantinopla. Pero en ambas perduraba el impulso universalista; ambas habían comenzado a mirar hacia el norte en busca de conversos mucho antes de que las tropas musulmanas alcanzaran el estrecho de Gibraltar. La creación del Imperio franco en el siglo VIII y su penetración en Europa central por razones políticas y militares, con grandes ansias de hacer prosélitos y su propia y peculiar eclesiología, ardorosamente defendida, enfrentó a los misioneros occidentales con los griegos, que habían estado avanzando hacia el norte y habían estado penetrando por los Balcanes. De este modo, el siglo IX se convirtió en una época de intensa rivalidad misionera. La presencia de dos Iglesias cristianas en la región de Europa central, cada una tratando de convertir a reyes y naciones, y de ampliar su esfera de influencia, ayuda a aclarar el oscuro tema de la razón que indujo a las sociedades paganas a adoptar el cristianismo. En general, disponemos de muy escasa información sobre este tema. Parece que los primeros conversos francos estuvieron guiados por consideraciones de carácter militar, más o menos como el propio Constantino: un ejército cristiano tenía más probabilidades de ganar una batalla. Otro factor fue la incapacidad de las sociedades paganas germánicas para producir una explicación satisfactoria de lo que sucedía después de la muerte, en contraste con la certidumbre de salvación ofrecida por el cristianismo.

Un pasaje famoso de la *Historia de la Iglesia y la Nación Inglesas* sugiere de qué forma tan intensa utilizaban este punto los misioneros cristianos. Sin embargo, los gobernantes que contemplaban la perspectiva de incorporar a su tribu o nación al cristianismo tenían no sólo que consultar sus propios sentimientos sino que también debían tener en cuenta el impacto probable de la nueva religión sobre todos los aspectos de su sociedad. El cristianismo llevado a los francos en las primeras décadas del siglo VI y a los ingleses hacia el final del mismo siglo era un asunto relativamente sencillo; en sus instrucciones a Agustín de Canterbury, Gregorio el Grande había destacado que la enseñanza debía ser flexible y en lo posible conjugarse con las costumbres vigentes. Pero hacia el siglo IX la idea de una sociedad cristiana total había cobrado forma: la fe no sólo tenía respuestas, sino respuestas definitivas y obligatorias a los problemas de casi todos los aspectos de la conducta y los arreglos humanos. Una sociedad pagana que abrazaba el cristianismo estaba abrazando un modo de vida completamente nuevo. Es más, en extensas regiones de Europa central y los Balcanes dichas sociedades podían elegir entre dos formas cada vez más separadas de la práctica cristiana, cada una con sus propias consecuencias culturales y geopolíticas.

Afortunadamente contamos con una imagen única de este dilema, según se manifestó a los ojos de un monarca bárbaro, gracias a la conservación de dos documentos. En la década de 850, el naciente Estado de Bulgaria, que temía tanto al imperialismo carolingio como al bizantino, pareció inclinarse hacia un curso profranco, y a principios de la década de 860, parece que su rey, Boris I, iba a aceptar el cristianismo de manos de los francos. En 864 una poderosa demostración militar y naval de los bizantinos lo llevó a cambiar de idea y en 865 se convirtió en cristiano ortodoxo. El clero ortodoxo llegó a muchos de los territorios de Boris y esta rápida incorporación de nuevas costumbres provocó la rebelión de la antigua aristocracia búlgara; el movimiento fue reprimido con cierta brutalidad por Boris. En consecuencia, éste escribió al patriarca de Constantinopla, Focio, para solicitarle una Iglesia autónoma, es decir, un patriarcado equivalente a los cinco que ya existían. La respuesta de Focio, que también se ha conservado, fue extensa pero insatisfactoria; en 866 Boris se orientó hacia Roma y envió al Papa una carta en la que pedía se respondiese a ciento seis preguntas. El papa Nicolás I se sintió muy complacido, despachó a dos obispos y respondió a todas las preguntas. Su respuesta, que ha llegado a nosotros, es uno de los documentos más fascinantes de la Edad de las Tinieblas.

Boris no se refirió a problemas teológicos. Le preocupaba la conducta, no la creencia. Sus interrogantes reflejan las tensiones provocadas en la sociedad búlgara por la recepción del cristianismo y sobre todo por el ritualismo riguroso de los griegos ortodoxos. ¿Los bizantinos tenían derecho de prohibir que los búlgaros se bañasen los miércoles y los viernes, de tomar la comunión sin usar sus cinturones, de comer la carne de los animales sacrificados por eunucos? ¿Era cierto que los griegos no podían dirigir plegarias públicas pidiendo la lluvia o hacer el signo de la cruz frente a una mesa antes de una comida? ¿Y que los laicos debían permanecer de pie en la iglesia, con los brazos cruzados sobre el pecho? («No, no, no», dijo el Papa.) ¿El clero griego tenía derecho a negarse a aceptar el arrepentimiento de alguno de los rebeldes paganos? («Por supuesto que no», dijo el Papa.) En la cuestión de las pretensiones eclesiásticas bizantinas, el Papa negaba que Constantinopla fuese el segundo patriarcado por orden de jerarquía; según afirmó, no era en absoluto una fundación apostólica y su importancia era puramente política. Rechazaba despectivamente la afirmación bizantina de que sólo su imperio podía producir el santo crisma. Por lo demás, el Papa rechazaba la petición de Boris de convertir en patriarcado a Bulgaria. Por el momento debía contentarse con un arzobispo.

Las preguntas de Boris nos acercan a las realidades de la influencia cristiana sobre la sociedad pagana de la Edad de las Tinieblas, sobre todo por referencia a la vida cotidiana, más que otro documento cualquiera que haya sobrevivido. ¿Cuántas veces al año se debe ayunar? ¿Cuándo es necesario desayunar en los días que no son de ayuno? ¿El sexo es permisible los domingos? ¿Uno debe tomar la comunión todos los días de la Cuaresma? ¿Qué animales y qué aves puede ingerir un cristiano? ¿Las mujeres deben cubrirse la cabeza en la iglesia? ¿Se puede trabajar los domingos y los días festivos? ¿Qué debe hacerse cuando una campaña militar coincide con la Cuaresma? ¿O cuando la noticia de un ataque enemigo interrumpe la plegaria? ¿Cómo pueden cumplir sus deberes religiosos los soldados en campaña? ¿La caridad cristiana es incompatible con el castigo impuesto a los asesinos, los ladrones y los adúlteros? ¿Podía usarse la tortura? ¿Los criminales podían pedir asilo en la iglesia? ¿Cómo debía tratarse la desobediencia o la cobardía en el ejército? ¿Qué podía decirse de los guardias de fronteras que permitían la fuga de los fugitivos (había una alternativa para la sentencia de muerte)? ¿Qué debía hacer un oficial con un soldado cuyas armas y el caballo no pasaban el examen antes del combate? ¿El derecho penal contrariaba la ética cristiana? (El Papa adoptaba el criterio general de atemperar la justicia con la compasión.) ¿Como debía tratarse a los inveterados adoradores de ídolos? ¿Había que obligarlos a aceptar el cristianismo? (El Papa aconsejaba usar la persuasión bondadosa.) ¿Cómo debía concertarse una alianza con una nación amiga? ¿Qué sucede si un Estado cristiano falta a un tratado solemne? ¿Un país cristiano podía firmar un tratado con otro pagano? (El Papa vacilaba un poco: los tratados internacionales dependían de las costumbres del país en cuestión; en caso de dificultad había que pedir el consejo de la Iglesia; la alianza con un país pagano era permisible, siempre que se hicieran esfuerzos para convertirlo.)

Boris también deseaba saber qué pensaba Nicolás de las costumbres búlgaras prohibidas por los griegos. ¿Estaba bien usar como estandarte la cola de un caballo, pedir augurios, realizar encantamientos, entonar cantos ceremoniales y bailar danzas antes del combate y tomar juramento sobre una espada? («Por desgracia, no», dijo el Papa.) ¿Las piedras milagrosas podían curar, o los amuletos colgados del cuello proteger de la enfermedad? («Ciertamente, no.») ¿El culto de los antepasados era permisible? (No, los búlgaros no debían rezar por los padres muertos si habían fallecido como paganos.) Entre las costumbres aprobadas por Nicolás estaba el consumo de aves y animales sacrificados sin derramar sangre, la práctica según la cual el gobernante comía solo, sobre una mesa elevada (el Papa creía que esto era una muestra de malos modales más que un acto pecaminoso) y diferentes tipos de atuendo; Nicolás no objetaba el uso de pantalones.

La lucha por el alma de Bulgaria envenenó las relaciones entre Roma y Constantinopla. Fueron expulsados primero los griegos y después el clero latino. El patriarca Focio afirmó que los misioneros latinos eran «hombres impíos y execrables venidos de las sombras de Occidente»; eran como relámpagos, granizadas violentas o jabalíes salvajes que venían a pisotear las viñas del Señor. Entre otras falsas prácticas que intentaban imponer a los indefensos búlgaros estaban el ayuno los domingos, una Cuaresma más breve, el clero célibe ¡y la extraña teoría de que sólo los obispos podían confirmar! Esto era inaceptable: «Incluso el más mínimo descuido de la tradición provocó el menosprecio total frente al dogma.» Por supuesto, la enseñanza de *Filioque* era herejía sin paliativos. Las dos partes se reunieron en un concilio, pero sin resultado. La disputa cobró carácter jurisdiccional, basada en las fronteras provinciales que anteriormente habían sido parte del sistema romano de gobierno y que ahora carecían de significado. El papado acusó a los griegos de utilizar el soborno en gran escala para conquistar a los búlgaros. Es muy posible que esta acusación fuese cierta. A los ojos de los búlgaros, Bizancio parecía mucho más rica y poderosa que Roma; además, estaba más cerca. La combinación de estos factores decidió la actitud búlgara y, a su vez, ésta arrastró prácticamente a todo el mundo eslavo.

De todos modos, la penetración ortodoxa en Europa suroriental y oriental no fue únicamente cuestión de proximidad. En un tema, el empleo de la lengua vernácula en los servicios cristianos y los escritos sagrados, los griegos se mostraron mucho más flexibles que los latinos. En Europa central y el norte de los Balcanes, los misioneros latinos llegaron al lugar antes que los griegos y desde temprano habían reconocido la importancia de trabajar usando la lengua eslava vulgar. Durante la primera mitad del siglo IX, los sacerdotes francos tradujeron unos pocos textos cristianos del latín al eslavo y los transcribieron con caracteres latinos (los eslavos carecían de alfabeto). Estos textos incluían formularios para el bautismo y la confesión, el Credo y el Padrenuestro. De hecho, los misioneros tendían a usar el vernáculo, lo mismo que hicieron en un mundo más extenso durante los siglos XVI y XVII. Al principio, la actitud del papado fue ambivalente. Adriano II emitió entre los años 867 y 868 una bula que autorizaba el empleo de la liturgia eslava. Juan VIII prohibió provisionalmente el eslavo en 880, pero en una carta a los moravos dijo: «Ciertamente no se opone a la fe y la doctrina que se cante la misa en lengua eslava, o se lea el Santo Evangelio o las Lecciones Divinas del Nuevo y el Antiguo Testamento bien traducidas e interpretadas, o que se canten los restantes oficios de las horas, pues quien creó las tres lenguas principales, el hebreo, el griego y el latín, también creó todas las restantes para su propio loor y gloria.» De todos modos, éste fue en la práctica el último pronunciamiento papal en favor del vernáculo. Los gobiernos francos, en su búsqueda casi ideológica de la unidad y la estandarización, fueron enérgicos latinistas; arguyeron con pasión que, si bien el hebreo y el griego podían ser permisibles en el servicio divino de Oriente, solamente el latín era la lengua litúrgica y de las escrituras en Occidente. Este argumento, promovido por los dueños políticos de Roma, también atraía intensamente al ingrediente autoritario que siempre estaba presente en el pensamiento papal, y después de Juan VIII todos los papas prohibieron el uso de las lenguas locales. De este modo, la Iglesia occidental se encerró en el mundo del latín, del que emergería recién en el siglo XX. De nuevo, como en el caso del *Filioque*, fueron los ideólogos francos más que el propio papado los que imposibilitaron el compromiso.

La misma escuela de pensamiento existía del lado bizantino. Desde el punto de vista cultural, los griegos eran mucho más arrogantes que los latinos. Probablemente una mayoría de ellos se oponía enérgicamente a la liturgia y las escrituras en lengua vernácula. Escritores como Anna Comnena y el arzobispo Teofilacto de Ochrid consideraban necesario disculparse ante sus lectores, incluso porque mencionaban los nombres propios de origen «bárbaro». El latín mismo fue considerado (por el emperador liberal Miguel III) una lengua bárbara y escita. En el siglo XIII, Miguel Choniates, metropolitano de Atenas, dijo que los latinos necesitarían más tiempo para apreciar «la armonía y la gracia del idioma griego que los asnos para gozar de la lira, o los escarabajos estercoleros para saborear el perfume». La existencia de una literatura polémica indica que, durante este período e incluso mucho después, el tema fue controvertido y que los conservadores adoptaron la teoría de las «tres lenguas» y denunciaron por herética la liturgia eslava.

Pero el gobierno se inclinaba mucho más al pragmatismo. Podía citar a san Pablo: «Pues si la trompeta emite un sonido incierto, ¿quién se preparará para la batalla? Y así vosotros, si no pronunciáis con la lengua palabras que puedan entenderse fácilmente, ¿cómo se sabrá lo que se habla, pues habréis hablado al aire?... Pues si rezo en una lengua desconocida mi espíritu ora, pero mi comprensión es estéril...» Y otras cosas como éstas. Ciertamente, el problema se había manifestado antes, en el caso de los godos; san Juan Crisóstomo, el más reverenciado de los patriarcas orientales, había dictado una norma notablemente liberal y se había regocijado porque los godos entonaban las letanías en su propia lengua: «La enseñanza de los pescadores y los fabricantes de tiendas resplandece en la lengua de los bárbaros con más luminosidad que el sol.»

Además, el gobierno bizantino tenía una tradición de diplomacia multilingüe y empleaba a un gran número de lingüistas de alta cuna en su servicio civil. En la década de 860, Miguel III eligió para su misión ante los eslavos a dos hermanos: Metodio, que era gobernador provincial, y Constantino (que se llamó Cirilo después de convertirse en monje), que era profesor oficial de filosofía. Habían nacido en Tesalónica, eran hijos de un alto oficial y anteriormente habían cumplido misiones diplomáticas. Cuando Miguel decidió transferirlos a la labor misionera, en 862, les dijo: «Sois ambos nativos de Tesalónica, y todos los tesalocenses hablan eslavo puro.» Reconoció que los intentos precedentes de crear un alfabeto eslavo viable habían fracasado por diferentes razones técnicas. Constantino-Cirilo, que era un consumado lingüista y bibliófilo, al parecer inventó en menos de un año una forma de eslavo escrito, de modo que cuando los hermanos partieron en su misión en 863 pudieron llevar con ellos selecciones de los Evangelios previamente traducidas y, a su debido tiempo, Constantino tradujo al eslavo, de acuerdo con su biógrafo contemporáneo, «todo el oficio eclesiástico, los maitines, las horas, las vísperas, las completas y la misa». Parece que adaptó el alfabeto de su dialecto local de Macedonia meridional, que entonces era comprendido mucho más al norte.

Los más antiguos manuscritos eslavos corresponden a dos formas de escritura: la glagolítica y la cirílica. Los estudios coinciden ahora en que Constantino inventó la escritura glagolítica; la cirílica, así denominada por su creador, se desarrolló más tarde, gracias a la labor de los discípulos de Metodio, probablemente en Bulgaria, en un intento de adaptar la escritura uncial griega del siglo IX a las peculiaridades fonéticas de la lengua eslava. El glagolítico es más complicado y es posible que se desarrollara a partir de la escritura griega minúscula, con el agregado de adaptaciones semíticas y quizá coptas. Fue una creación muy específica y original, que dio a Constantino el derecho de figurar entre los grandes filólogos. Excepto media docena de letras, el cirílico es poco más que una adaptación del alfabeto griego; por consiguiente, tuvo el mérito de la sencillez y de una estrecha relación con la escritura que poseía más prestigio y tenía más alcance. Incluso hoy, los libros eclesiásticos de los eslavos, los búlgaros, los servios y los rusos ortodoxos están impresos en una forma levemente simplificada del cirílico y sus alfabetos modernos se basan en él. También los rumanos lo utilizaron hasta fines del siglo XVII. Al mismo tiempo, las traducciones realizadas por los hermanos pusieron los cimientos de un nuevo idioma literario, denominado antiguo eslavo religioso por los estudiosos modernos. Después del griego y el latín, se convirtió en la tercera lengua internacional de Europa, el idioma literario común de los rusos, los búlgaros, los servios y los rumanos.

Bizancio derrotó a Roma en la mayor parte del mundo eslavo porque se mostró dispuesta a establecer un compromiso en relación con la cuestión cultural. Pero es necesario repetirlo: la fuente de la intolerancia occidental estaba en los francos, más que en el Papa, por lo menos inicialmente. En la década de 860 tanto el papa Nicolás I como su sucesor, Adriano II, tenían vivos deseos de apoyar la misión de Constantino y Metodio, separarla de la tutela bizantina y ponerla bajo la jurisdicción eclesiástica romana. Los hermanos fueron invitados a Roma; allí falleció Constantino-Cirilo (está enterrado en San Clemente) pero se suministró una bula (868) a Metodio, autorizando en ella el empleo de la liturgia eslava; se le confería autoridad, en nombre del Papa, sobre una enorme extensión de Europa central. La política papal era utilizar la misión para imponer su control a Europa central a expensas tanto de los francos como de los griegos. Esa estrategia fue frustrada intencionadamente por el clero franco; en 870 consiguieron que Metodio fuera detenido, que fuera condenado por un sínodo a causa de sus «irregularidades» de estilo griego y que fuera encarcelado. El Papa necesitó más de tres años para obtener su libertad. La misión fue finalmente empujada hacia los brazos de Bizancio cuando los francos reavivaron el tema del *Filioque*. Para Metodio, como por lo demás para los francos, éste era el punto determinante de la herejía, así que Metodio no tuvo más alternativa que renunciar a su conexión con Roma e identificarse con la Iglesia griega. Los francos liquidaron el asunto cuando forzaron al papado a renunciar a la idea de una liturgia eslava. En verdad, había que pagar un precio por el experimento franco de creación de una estructura social y una cultura cristianas. Esta empresa confirió a la sociedad occidental un maravilloso sentido de unidad y coherencia; imprimió mucho dinamismo a la sociedad occidental y este rasgo es la fuente del influjo europeo sobre el mundo. Pero implicó cierto grado de intolerancia doctrinaria, litúrgica, y en el fondo cultural y social, y esta orientación imposibilitó la creación de una Iglesia ecuménica. Se obtuvo la unidad profunda a expensas de la unidad amplia. La penetración cristiana en todos los aspectos de la vida de Occidente significó la creación de una estructura eclesiástica muy organizada, disciplinada y particularista, que no podía permitirse la concertación de un compromiso con los desvíos orientales. Más aún, el sesgo imperioso de la Iglesia carolingia poco a poco tiñó las actitudes del papado y rigió a la postura romana mucho después de que el propio Imperio carolingio desapareciera. Durante los siglos X y XI Roma utilizó, en sus enfrentamientos con Constantinopla, argumentos que habían sido concebidos por la corte franca en los siglos VIII y IX, y a los que en ese momento aquélla se había opuesto, o bien había intentado moderar.

En esta etapa es conveniente desarrollar la historia completa de la disputa. Quizá la ruptura definitiva era inevitable desde el momento en que los papas se comprometieron con la creación de un imperio en Occidente. El imperio occidental tenía que absorber al oriental o viceversa; ciertamente, dos imperios cristianos, en esencia rivales por la misma herencia, significaban, si ambos sobrevivían, dos formas de cristianismo. Así, la coronación realizada en 800, que determinó que la sociedad cristiana total de Occidente fuese concebible, en definitiva tuvo un efecto fatal para la unidad de la cristiandad y representó un hito decisivo en el camino que llevaba al cisma. En 1054 los legados papales fueron a Constantinopla para dialogar; el propósito era desarrollar una acción conjunta contra un enemigo común: los normandos de Italia meridional. El episodio sirvió solamente para reunir las diferentes vetas de conflicto en una masa envenenada, que incluía desde el empleo del griego, de pan con levadura para la comunión, a su práctica del ayuno los sábados. Aunque parezca paradójico, la reapertura del Mediterráneo al tráfico cristiano, que fue un rasgo propio de mediados del siglo XI, vino a acentuar el antagonismo ya que permitió un contacto más estrecho entre Oriente y Occidente y por lo tanto determinó que ambas partes cobrasen conciencia de las innumerables diferencias que se habían formado durante los tres siglos precedentes. Una de las evidencias llegó a ser muy clara en 1054: el papado, antes conciliador, ahora tendía absolutamente a la disciplina, la obediencia y la uniformidad.

El encuentro de 1054 también reveló una modificación de la práctica papal, la que después se mantuvo constante durante los 400 años siguientes. Hacia mediados del siglo XI, el papado tenía cada vez más conciencia de los peligros representados por la existencia de un imperio occidental. Deseaba mantener buenas relaciones con el Imperio griego, para usarlo a su tiempo como contrapeso. Por lo tanto, en 1054, el papado presentó un conjunto de propuestas tales como el apoyo papal al Imperio griego a cambio de la sujeción de la Iglesia griega al Papa. Éste escribió con calidez al emperador y lo llamó *serenissimus* (en cambio el emperador occidental, Enrique III, era *carissimus*); la carta que le dirigió al patriarca, en contraste, fue severa e inflexible. Roma era la madre y su cónyuge era Dios; Constantinopla era una hija perversa y corrupta; la Iglesia que discrepase con Roma era «confabulación de herejes, un conventículo de cismáticos y una sinagoga de Satán». Este doble enfoque de nada sirvió. De todos modos, continuó siendo esencialmente la línea de Roma hasta el momento en que la conquista turca de mediados del siglo XV logró que toda la disputa llegase a ser anticuada. Para Roma era la única táctica posible. Estaba excluida la posibilidad de un compromiso con el patriarca. Por una parte, los griegos no creían que los bárbaros latinos pudiesen afrontar una discusión teológica seria. Hubiera sido posible superar este obstáculo: durante el siglo XIV algunos intelectuales griegos tradujeron los clásicos de la teología latina medieval, y después los eclesiásticos orientales pudieron discutir en condiciones de igualdad. Pero el papado nunca quiso aceptar el debate. Los latinos, con su tradición autoritaria, no querían la discusión: los papas ya se habían pronunciado. Creían que reconocer que había cuestiones pendientes equivalía a renunciar a su posición. Como Pascual II escribió al emperador Alejo en 1112: «La causa de la diversidad de la fe y la costumbre entre los griegos y los latinos no puede ser eliminada a menos que se una a los miembros bajo una sola dirección. ¿Cómo es posible discutir problemas entre organismos antagónicos cuando uno rehúsa obedecer al otro?» La otra alternativa era la conquista. Por lo menos en teoría, Roma podría haber dirigido las cruzadas contra Bizancio y haberles asignado la misión de destruir la herejía y el cisma, en lugar de liberar a Jerusalén. Pero hacia el siglo XI, el período en que este proyecto podría haber sido militarmente posible, Roma evitaba acrecentar el poder de cualquiera de las fuentes de la autoridad secular de Occidente. ¿Quién habría sido el beneficiario de una conquista en Oriente? Los Hohenstaufen, los Angevinos o los Capetos. Roma les temía a todos.

De ahí que los papas se aferraran a su política, que consistió en tratar de separar al emperador del patriarca. Jamás existió la más mínima esperanza de éxito. Por mucho que el emperador oriental deseara conseguir la ayuda y el dinero de Occidente a cambio de la sumisión eclesiástica, no podía entregar a su Iglesia. En su imperio había un sector amplio y bien informado de opinión teológica laica que era más fuerte que él y el patriarca unidos, y que se oponía totalmente a la idea de ceder ante Roma. En 1274, en el Concilio de Lyon, el emperador Miguel Paleólogo se sometió *in extremis* a Gregorio X y aceptó el *Filioque*. El vicario del Papa en Sicilia, Carlos de Anjou, que abrigaba la esperanza de dirigir un ataque contra Constantinopla, se enfureció tanto ante la noticia que arrancó de un mordisco el extremo superior de su cetro. La reacción del clero y el pueblo bizantinos fue mucho más violenta. El emperador intentó imponer brutalmente el acatamiento a su acto de rendición. El orador público fue flagelado y exiliado. Se ordenó que uno de los principales teólogos fuese flagelado diariamente por su propio hermano hasta que se sometiera. Se encarceló y dejó ciegos a cuatro parientes del emperador; otro murió en prisión; arrancaron la lengua a los monjes. Incluso hoy los monjes del Monte Athos sostienen (falsamente) que Miguel visitó el lugar, saqueó tres monasterios rebeldes y masacró a sus monjes, enterrando vivos a muchos de ellos. Todo fue en vano: cuando Miguel falleció fue sepultado como hereje en suelo no consagrado y se restableció la ortodoxia en 1283, cuando volvió a repudiarse el *Filioque*. De todos modos, el papado insistió en su política. El Papa obtuvo otro gesto de sumisión del emperador oriental en Florencia en el año 1439. De nuevo los griegos aceptaron incluir la desdichada palabra y reconocer que el «*Filioque* ha sido agregado legal y razonablemente al credo». Finalmente se proclamó la sumisión, en 1452, ante una apática congregación reunida en Santa Sofía. En esta ocasión, la promesa papal de ayuda contra los turcos fue tan insincera como la aceptación griega de la posición del primado de Roma. Seis meses después la ciudad había caído y el imperio oriental ya no existía.

La gran Iglesia africana, cuyo foco estaba en Cartago, en definitiva se perdió a causa de fatales divisiones sobre los poderes sacramentales de los obispos. Siria y Oriente, y mucho más, se perdieron porque no fue posible, o siquiera duradero, un compromiso sobre la definición de la Trinidad y la naturaleza de Cristo. Bizancio sufrió graves tropiezos y la cristiandad europea continuó dividida, porque Oriente y Occidente no pudieron coincidir en un medio institucional que resolviera las diferencias relativamente triviales. Cristo había fundado una Iglesia universalista que sería todo para todos los hombres, pero era también una Iglesia con una visión intensa, que engendraba certidumbres inconmovibles. Cuanto más se realizaba la visión, más intensas eran las certidumbres y menos probable parecía que la universalidad pudiera basarse en la unidad. La idea agustiniana de una Iglesia autoritaria, compulsiva y total era incompatible con el espíritu ecuménico. De ahí que el intento de infundirle sustancia en los tiempos carolingios condujera a la división con Oriente. Ahora veremos de qué modo el impulso agustiniano en el seno de la Iglesia occidental demostró ser demasiado poderoso para sus lazos de unidad y cómo fragmentó a la sociedad cristiana.

CUARTA PARTE

La sociedad total y sus enemigos
(1054 - 1500)

«La antigüedad relata que los laicos muestran un espíritu hostil frente al clero», escribió el papa Bonifacio VIII en 1296, «y ese hecho está demostrado claramente por la experiencia actual». Después de formular esta melancólica reflexión en su bula *Clericis laicos*, Bonifacio pasó a exponer una serie de pronunciamientos destinados a garantizar que la guerra continuase. Los clérigos no debían pagar impuestos; se excomulgaría a quienes los pagaban y a los funcionarios seculares que recibían el dinero de ellos. Las universidades que defendían la práctica de los gravámenes aplicados al clero serían puestas bajo interdicción; los que estaban sometidos a las sentencias de excomunión o interdicción no serían absueltos, excepto en el momento de la muerte, sin la autoridad expresa del papado. Cuatro años después de este belicoso pronunciamiento, Bonifacio formuló otro, *Unam Sanctam*, que trataba de definir las pretensiones de su casta. Según escribió, la cristiandad contempla dos espadas, la espiritual y la temporal:

Ambas, la espada espiritual y la espada material, están en poder de la Iglesia. Pero la segunda es usada para la Iglesia, la primera por ella; la primera por el sacerdote, la última por los reyes y los capitanes, pero según la voluntad y con el permiso del sacerdote. Por consiguiente, una espada debe estar sometida a la otra, y la autoridad temporal sujeta a la espiritual... Si, por consiguiente, el poder terrenal yerra, será juzgado por el poder espiritual... Pero si el poder espiritual yerra, puede ser juzgado sólo por Dios, no por el hombre... Pues esta autoridad, aunque concedida a un hombre y ejercida por un hombre, no es humana, sino más bien divina... Además, declaramos, afirmamos, definimos y pronunciamos que es absolutamente necesario para la salvación que toda criatura humana esté sujeta al Pontífice romano.

Una de las grandes tragedias de la historia humana —y la tragedia fundamental de la cristiandad— es la quiebra del armonioso orden mundial que se había desarrollado en la Edad de las Tinieblas sobre una base cristiana. Los hombres habían coincidido, o por lo menos había parecido que coincidían, en una teoría global de la sociedad que no solo alineaba la virtud con la ley y la práctica, sino que asignaba a cada uno sus tareas exactas, orientadas cristianamente. No era necesario esgrimir argumentos o promover divisiones, porque cada uno ratificaba los principios que eran la base del sistema. Tenían que hacerlo. La incorporación a la sociedad y la aceptación de sus reglas estaba asegurada por el bautismo, que era obligatorio e irrevocable. Los que no estaban bautizados, es decir, los judíos, no eran en absoluto miembros de la sociedad; se les concedía la vida, pero por lo demás carecían de derechos. Los que de hecho renunciaban a su bautismo por infidelidad o por herejía sufrían la muerte. Con respecto al resto, había acuerdo total y compromiso absoluto. Los asuntos que provocaban las discusiones entre los hombres eran de poca entidad, comparados con las enormes áreas de acuerdo total que abarcaban casi todos los aspectos de la vida.

Pero estos menudos puntos de diferencia eran importantes y tendían a agrandarse. Eran fallos de la teoría de la sociedad y se reflejaban en su imaginería. Si la sociedad era un cuerpo, ¿quién conformaba su cabeza dirigente? ¿Era Cristo, que de ese modo dirigía personalmente ambos brazos: uno, los gobernantes seculares, que esgrimía la espada temporal, el otro la Iglesia, que empuñaba la espiritual? Pero si Cristo dirigía, ¿quién era su vicario terrenal?

En esta cuestión no había verdadero acuerdo. Los papas habían venido afirmando que eran los vicarios de san Pedro desde los primeros tiempos. Después, tendieron a elevar sus pretensiones y se autodenominaron vicarios de Cristo. Pero también los reyes, y *a fortiori* los emperadores, afirmaron poseer un vicariato divino derivado de su coronación; a veces provenía de Dios Padre y otras de Cristo; cuando se trataba del primero, el vicariato de Cristo, puesto que en cierto modo era inferior, aparecía relegado a la Iglesia. Ahora bien, nada de todo esto debió haber importado en lo más mínimo, puesto que la orientación vicarial en todos los casos provenía de la misma fuente, el Cielo, y puesto que presumiblemente no había desacuerdo entre el Padre y el Hijo y san Pedro, para nada importaba quién era vicario de quién. La orientación era la misma y todos debían obedecer. Desafortunadamente, la experiencia demostró que eso no siempre sucedía. De manera que la teoría cristiana formuló una respuesta para esta cuestión. Podía haber emperadores, reyes, papas y obispos perversos. Representaban la obra del demonio, que bien podía ingeniárselas, de tanto en tanto, para lograr que uno de sus propios secuaces ocupase dichos cargos. Pero esta situación pronto llegaba a ser manifiesta; en ese caso, Dios disponía que se descubriese a estos individuos, se los juzgase y destronase. Sin embargo, un proceso semejante implicaba un tribunal. ¿El tribunal de quién? Ahí estaba la dificultad. En la Edad de las Tinieblas y la Edad Media todos los individuos de cierta importancia tenían su propio tribunal y allí juzgaban a los subordinados. En verdad, no podía decirse de un hombre que era libre si no tenía su tribunal. Ciertamente, no podía ser del todo libre si su tribunal no ejercía la autoridad suprema. Como el emperador germánico Enrique III dijo con bastante crudeza a mediados del siglo XI: «Pues quienes gobiernan las leyes no son gobernados por las leyes, pues la ley, como dicen generalmente, tiene una nariz de seda, y el rey tiene una mano de hierro, y es larga y puede torcer la ley del modo que le place.» ¿Quién tenía el tribunal supremo, el rey y emperador o el papa? ¿Quién podía juzgar y deponer a quién? Equivalía a preguntar quién era la cabeza del cuerpo: la discusión exhibía un carácter circular. Y como esto no podía resolverse mediante la argumentación, de hecho estaba determinado por el equilibrio de las fuerzas.

Durante la última parte del siglo XI el equilibrio favoreció considerablemente al brazo secular. Carlomagno había juzgado al papa León III y le confirmó en el cargo después del juicio. En una carta a León, que se ha conservado, lo trata bastante ambiguamente sólo como al jefe de sus obispos. Y los obispos eran funcionarios reales. Ayudaban a la función de gobierno, desempeñaban labores como jueces, recaudaban impuestos, viajaban como emisarios reales a lugares distantes de los dominios, ocupaban lugares en las flotas y los ejércitos reales, y allí representaban papeles definidos, y lo que es quizá más importante, ayudaban a legislar al rey o emperador. Tenían suntuosas dotaciones de tierras que les permitían cumplir estas tareas. En ese carácter, apoyaban al trono; tenían tierras y castillos en fideicomiso para garantizar el bienestar del monarca y la comunidad. Por eso mismo era natural que el rey o emperador los nombrara; lo hacía en el curso de una ceremonia que destacaba la dependencia de los obispos. En efecto, el rey o emperador controlaba y supervisaba a la Iglesia. Más de la mitad de la legislación carolingia se refiere a cuestiones eclesiásticas, desde la forma de la barba del obispo hasta el destino de los hijos bastardos del clero.

Este sistema perduró mucho después de que el Imperio carolingio comenzara a decaer y mucho después de que el título imperial, en 963, fuese conferido a la nueva estirpe salia de Sajonia. Los emperadores germánicos, como sus predecesores francos, administraron sus territorios a través de los obispos, los arzobispos y los abates oficiales, a quienes designaban y juzgaban. El sistema fue básicamente el mismo en España, Inglaterra y Francia. De hecho, el gobernante era el jefe de la Iglesia. Al parecer, la ambigüedad se resolvió en favor del monarca. Por supuesto, no administraba concretamente los sacramentos, pero en todos los demás aspectos era el pontífice, es decir, un sacerdote. Tal era uno de los sentidos de su coronación. Los reyes y los obispos a quienes vemos entronizados en el Tapiz de Beauvais, de fines del siglo XI, son casi intercambiables. En las ocasiones ceremoniales vestían de modo semejante. En 1022, el emperador Enrique II regaló a la abadía de Monte Cassino un códice del Evangelio; una de las ilustraciones lo muestra sentado mientras juzga: usa una esclavina, como los papas y los patriarcas, la misma prenda que Roma enviaba a los arzobispos de Occidente como símbolo de su autoridad.

El orden de las coronaciones reales era asombrosamente análogo al que se usaba en la coronación de un obispo. Ambas comenzaban con una procesión ritual del elegido en dirección a la iglesia, precedida por reliquias; se procedía al mismo interrogatorio formal para garantizar la ortodoxia del obispo rey. Después seguía el ungimiento de la cabeza, el pecho, los hombros, los dos brazos y la mano (en el caso del rey), y la cabeza y los brazos (en el caso del obispo). Después, se entregaba a ambos el anillo y el báculo, y el rey recibía además la espada de Estado, el palio, los brazaletes y el cetro. Ambas ceremonias concluían con el beso de la paz y la misa mayor. Las vestiduras y las sandalias eran casi exactamente las mismas y, por ejemplo, el anillo recibido por los emperadores sálicos ha sido descrito en diferentes ocasiones como «episcopal» o «pontifical». El emperador se asemejaba a un obispo, con la diferencia de que tenía obligaciones mucho mayores; por eso mismo se ampliaba la ceremonia. Un famoso e influyente sermón del siglo XI, atribuido generalmente al reformista Pedro Damián, describe la coronación real como el quinto sacramento de la Iglesia, y la consagración episcopal como el cuarto.

Por lo tanto, el rey era un eclesiástico, y la función real, un cargo clerical. Podía desempeñar otros. A partir de Enrique II los salios representaron el papel de canónicos en Estrasburgo; Conrado II en Worms, Neuhausen y Eichstatt; Enrique III en Colonia, Basilea y Freising; Enrique V en Lieja; Enrique IV fue canónico de Spier y sufragáneo de Echternach. En general estos puestos estaban a cargo de representantes, pero si el emperador se encontraba en el lugar asumía personalmente las obligaciones. En efecto, la función eclesiástica del gobernante no era meramente simbólica, sino real, sobre todo en la condición de juez eclesiástico. Wipo, capellán de Conrado II, escribe en la biografía de su señor: «Aunque ignoraba las letras, de todos modos impartía prudente instrucción a cada clérigo, y lo hacía no sólo afectuosa y cortésmente en público, sino también con apropiada disciplina en secreto.» Presidía los sínodos, por sí mismo o conjuntamente, y en una ocasión con el Papa. Castigaba a los obispos y otorgaba privilegios a los establecimientos religiosos. Su hijo, Enrique III, mostró celo en la reforma de la Iglesia y parece que no aceptó limitar sus propias atribuciones a las cuestiones eclesiásticas. En su carácter de «jefe de la Iglesia», presidió en Sutri en el año 1046 un sínodo que depuso a dos papas, aseguró la abdicación de un tercero y eligió a otro. Tres años más tarde él y el destacado papa reformador León IX presidieron conjuntamente el innovador Concilio de Maguncia y también el Concilio de Constanza, donde aparece «ascendiendo los peldaños del altar» junto con León.

No obstante, en el curso de pocas décadas la armonía que presidía las relaciones entre la Iglesia y el Estado, basada en la aceptación papal de la jerarquía más amplia y superior del monarca, quedó totalmente destruida. Nunca fue posible restaurarla. El rey pontifical Enrique IV se vio cuestionado por un pontífice recio, en la forma del papa Gregorio VII. La disputa comenzó durante la década de 1070, cuando Enrique, que había servido al trono en su juventud, comenzó a reparar el desgaste del poder que había sobrevenido durante su minoría de edad, y sobre todo a afirmar su derecho pleno a designar obispos en la Italia imperial. El Papa negó enérgicamente el poder de Enrique para consagrar obispos con el anillo y el báculo; la disputa pronto se convirtió en una confrontación que abarcó todos los aspectos de la autoridad de la Iglesia y el Estado, y culminó con la excomunión de Enrique, la elección que él promovió del antipapa, la guerra franca, la sumisión del rey en Canosa y luego el prolongado e indeciso período de desgaste.

¿Cómo se llegó a esto? ¿Por qué el papado intentó bruscamente invertir una situación que por lo menos tenía el mérito de la tradición y la viabilidad? Poca duda cabe de que Gregorio VII fue el agresor, pues Enrique IV se limitaba a hacer lo que todos sus predecesores habían hecho. Parece que Enrique era un hombre piadoso y sincero (Ebo, biógrafo de Otón, obispo de Bamberg, dice que Enrique usaba tanto su salterio que el ejemplar «estaba arrugado y era casi ilegible»). Pero eso carecía de importancia; más bien podría afirmarse que un emperador piadoso quizás acarreaba dificultades a sus sucesores. Los esfuerzos de Conrado II y, sobre todo de Enrique III en el sentido de mejorar el rol de la Iglesia, en Roma y otros lugares —el modo concienzudo en que cumplían sus obligaciones pontificales— contribuyeron mucho a crear un cuerpo reformado de clérigos que muy pronto negó a Enrique IV el derecho a ejercer tales obligaciones. El período de mediados del siglo XI fue de bonanza para Europa. Había concluido la peor fase de las incursiones vikingas procedentes del norte y de las sarracenas originadas en el sur; la cristiandad occidental ya no era un bocado que corriera peligro de ser devorado por las fauces de los bárbaros y los infieles, sino una sociedad dinámica. La producción de alimentos aumentaba; lo mismo podía decirse de la población y el comercio; en el Mediterráneo circulaban ideas nuevas. Había un incremento de los libros y el saber, y también de la educación, lo cual significaba una expansión del clero. Se procedía al reexamen de los antiguos registros y derechos, y se restablecía el uso de textos olvidados. Muchos documentos de los archivos papales eran incompatibles con la idea de un rey pontifical y del Papa como un mero funcionario sacerdotal del imperio. A la *Donación de Constantino* había seguido una sucesión de complicadas falsificaciones, sobre todo los llamados «decretales seudoisidorianos», que vinieron a fortalecer todo tipo de reclamaciones clericales. Había pronunciamientos papales perfectamente auténticos, de Gelasio, Gregorio el Grande, Nicolás I y otros, que podían ser citados como precedentes de casi todo lo que el papado decidiera proponer.

También había sobrevenido un cambio real en las posiciones relativas de poder. Durante los siglos X y XI el poder de la corona frente a otros elementos de la sociedad —los potentados laicos y eclesiásticos— declinó lentamente en la totalidad de Europa occidental. El proceso fue muy acentuado en la Francia del siglo X, y en Alemania e Italia durante el siglo XI. El poder reposaba esencialmente en la extensión de tierra que la corona mantenía en relación con los súbditos. Esa relación descendió en todas partes. Por ejemplo, disminuyó en Inglaterra, hasta que fue contenida e invertida violentamente por la conquista de Guillermo I, que le asignó un quinto de todas las tierras del país. La corona continuó perdiendo terreno en todos los países. Así, por ejemplo, los reyes ejercían menos control sobre los funcionarios locales, que asignaban carácter hereditario a sus derechos. Los reyes no siempre podían proteger a la Corona. Eran demasiado pobres para recompensar los servicios militares o para dotar a las fundaciones eclesiásticas. De hecho, a menudo tenían que organizar incursiones contra los ingresos de la Iglesia para sobrevivir; en el curso de sus viajes oficiales tendían a obligar a los obispos y las abadías a concederles hospitalidad, sin darles a cambio costosos regalos: parecían y eran una carga cada vez más pesada. En Francia, Alemania e Italia los duques y otros potentados, más que los reyes, se convertían cada vez más en los responsables de la designación de los obispos. Ese estado de cosas determinó que la simonía fuese un fenómeno inevitable y difundido.

Durante la década de 1040 los emperadores tuvieron fuerza suficiente para restablecer el orden en Roma y posibilitaron la iniciación de un movimiento reformador. Éste pronto escapó a su control. Quizás eso era inevitable. La calidad del alto clero no podía mejorar si no se distinguía claramente a su personal de los magnates seculares brutales y materialistas. En 1057 el cardenal Humbert, inspirador principal de los reformadores romanos, afirmó en su *Adversus Simoniacos Libri Tres* que los obispos eran elegidos por el clero, por petición del pueblo, y que su consagración estaba a cargo de los obispos de la provincia apoyados en la autoridad del metropolitano: no se mencionaba la designación o el consentimiento real. Asimismo, el decreto de 1059 acerca de la elección papal estableció que la designación dependía en primer lugar de los obispos-cardenales, y luego de los restantes cardenales; la participación del clero y el pueblo se limitaba a la ratificación. La intención era diferenciar drásticamente entre el clero y los laicos, y en el seno del clero entre las distintas jerarquías; y sobre todo, lograr que el clero se independizara del control secular. Si el emperador replicaba: «sí, pero los obispos realizan tareas seculares como parte del Estado», la respuesta era la misma de san Pablo: «Nadie que esté al servicio de Dios participa en asuntos seculares.» Pero si el emperador a su vez replicaba: «en ese caso, ¿por qué los obispos deben tener feudos como los poderosos seculares?», se le contestaba que esas tierras habían sido entregadas libremente a la Iglesia y, por lo tanto, se habían convertido en propiedad de Dios. Un obispo debía proteger su patrimonio; como dijo san Anselmo: «No me atrevería a comparecer ante la sede judicial de Dios mostrando disminuidos los derechos de mi sede.» En resumen, la Iglesia insistía en que deseaba los derechos y los privilegios del mundo material, pero sin someterse a los criterios de ese mundo o asumir sus cargas. Gregorio VII reveló claramente el problema cuando negó de plano el poder del emperador para designar o investir obispos, por importantes que pudieran ser sus posesiones temporales para el gobierno del imperio. Rechazó la idea del emperador como rey-sacerdote. Insistió en que existía una diferencia antigua y absoluta entre los clérigos y los laicos. Y negó el derecho de «los emperadores, los reyes y otras personas laicas, hombres o mujeres» para atreverse, «contrariamente a los estatutos de los santos padres», a designar personas en los obispados y abadías. Tales actos eran nulos y se excomulgaba a sus perpetradores.

La política papal determinó que el imperio tradicional fuese inviable. Si el emperador no podía utilizar los obispados y las abadías, y los recursos de éstos, en el ejercicio del orden administrativo, la autoridad de hecho caía en manos de los príncipes imperiales y el dominio se disolvía. Gregorio no se dejó conmover por este argumento; más bien aceptó las consecuencias y extrajo de ellas algunas conclusiones radicales. El Estado sin la Iglesia era nada. Así como el espíritu animaba al cuerpo, así la Iglesia en definitiva determinaba los movimientos del Estado. Ciertamente, al cumplir sus funciones provisionales, el Estado se limitaba a ejercer la autoridad que le había delegado la Iglesia. Habiendo desechado la idea de un rey pontifical, la sustituyó por el pontífice real y así puso de cabeza la antigua teoría imperial del gobierno. Volvió los ojos directamente hacia el pasado en busca de inspiración. Sobre todo, se volvió hacia la época de Constantino. Es fascinante observar de qué modo, durante el período de la reforma gregoriana, aparecen en los mosaicos y las decoraciones murales italianos comentarios gráficos de la *Donación de Constantino*, ejecutados por orden o bajo la inspiración del Papa. Algunos de estos frescos han desaparecido, pero los conocemos gracias a dibujos del siglo XVI. La Cámara del Consejo Secreto del Palacio de Letrán —la habitación misma donde cierta vez Carlomagno juzgó a un León III astuto pero atemorizado— estaba ahora cubierta por pinturas de varios papas, Gregorio incluido, que aparecían sentados en actitud triunfal, los pies apoyados en los cuerpos postrados de sus enemigos seculares vencidos.

A decir verdad, Gregorio no se sentía del todo complacido con la *Donación*: se presentaba como el regalo de Constantino y por lo tanto admitía una interpretación imperial. A su juicio, la primacía y todo lo que se deducía de ella provenía del propio Cristo. En cierto momento de fines de la década de 1070, ordenó que se insertara en su libro copiador un enunciado de las pretensiones papales, las que según parece dictó a su secretario. Era una teoría del gobierno mundial del Papa. Es significativo que comenzara con un enunciado en el sentido de que nadie podía juzgar al Papa. En la práctica, era el único hombre auténticamente libre porque, mientras su propia jurisdicción era universal e incondicional, el único tribunal ante el cual estaba obligado a comparecer era el celestial. A partir de este concepto se deducía inevitablemente la teocracia mundial. La Iglesia romana, continuaba Gregorio, nunca ha errado y nunca puede errar. Había sido fundada únicamente por Cristo. El Papa y sólo el Papa podía deponer y restaurar obispos, dictar nuevas leyes, crear nuevos obispados y dividir los anteriores, trasladar obispos, convocar concilios generales, revisar sus propios dictámenes, usar las insignias imperiales, deponer emperadores y absolver de sus juramentos de fidelidad a los súbditos. Todos los príncipes debían besar sus pies y sus legados tenían precedencia sobre los obispos. Las apelaciones ante la corte papal automáticamente inhibían los juicios de otro tribunal cualquiera. Finalmente, un papa debidamente ordenado se convertía en santo *ex officio* por los méritos de san Pedro. Gregorio fue un innovador colosal por referencia a la teoría papal, pero en un aspecto fue un individuo anticuado: aún creía en la presencia casi física de san Pedro cavilando sobre los destinos papales. Cuando excomulgó a Enrique IV escribió: «Bendito Pedro... te complace profundamente que el pueblo cristiano, que te ha sido consagrado, me obedezca especialmente, porque tú me concediste tu autoridad.» Las pretensiones papales exhibían una tendencia natural a inflarse y pronto el vicariato de Pedro, sobre el que Gregorio insistía tan intensamente, no pareció bastante impresionante. Hacia la década de 1150 los papas se habían asignado el antiguo título imperial de Vicario de Cristo; y hacia la década de 1200 Inocencio II insistía: «Somos los sucesores del Príncipe de los Apóstoles, pero no somos su vicario, ni el vicario de un hombre o un apóstol, sino el Vicario del propio Jesucristo.»

La agresiva formulación de la nueva teoría papal del gobierno mundial equivalía a una agresión física al cargo del emperador y a la estructura político-religiosa sobre la que aquél se basaba. La estructura era tenue; de todos modos estaba derrumbándose. No podía resistir y en definitiva no resistió una decidida guerra papal de destrucción. No existía base real para el compromiso. O bien el Papa era el principal obispo del emperador o el emperador era designado por el obispo y se convertía en su marioneta. El primer sistema era viable; de hecho, había funcionado. El segundo no: un emperador-títere no podía recabar los medios financieros y militares necesarios para mantener el sistema imperial de gobierno. Si se desataba una guerra de desgaste, una de las dos instituciones debía desaparecer en cuanto instrumento eficaz.

Los contemporáneos no comprometidos contemplaron con desaliento la disputa. Concordaba con las teorías pesimistas del universo, basadas en las tradiciones de la profecía judía, que circulaban en diferentes formas y habían sido incorporadas a los trabajos de análisis históricos. Por ejemplo, alrededor de mediados del siglo XII el alemán más culto de su tiempo, Otón, obispo de Freising, escribió una enorme crónica de la historia mundial, titulada *Las dos ciudades*. Como sugiere el nombre, el pensamiento que estaba en la base del libro era agustiniano y Otón aceptaba la opinión de Agustín en el sentido de que la historia era una serie de fases, que reflejaban el plan de Dios sobre el destino humano y culminaban en un apocalipsis y el juicio final. Otón pensaba que el prolongado período entre Constantino y el reino de Enrique III había sido una época de santidad y armonía porque el imperio y el papado habían podido cooperar. Después, Gregorio VII y Enrique IV habían destruido la estructura unitaria; siguieron la herejía y el cisma, y Otón percibía otros presagios de la inminente disolución. Sin duda el poder del mal estaba aumentando, el mundo se hallaba en el umbral de la muerte y pronto resonaría la última trompeta: «Estamos aquí», escribió, «instalados por así decirlo en el fin de los tiempos».

Pero Otón era sensible a la persuasión. En 1152 su joven sobrino Federico Barbarroja, jefe de la casa de Staufen, se convirtió en emperador. Pocos años más tarde él y sus consejeros revelaron a Otón el gran plan que habían concebido con vistas a la renovación del Imperio germánico, sobre la base de la creación de una nueva serie de feudos territoriales administrados directamente por agentes imperiales, que aportarían al emperador el poder económico y político que podrían independizarlo por completo del apoyo papal. En definitiva, Federico y su corte convencieron a Otón de la necesidad de modificar su sombrío pronóstico. Otón no sólo cambió el texto de su *Crónica* sino que, más importante todavía, comenzó a escribir una biografía de Federico, la *Gesta Frederici Imperatoris*, en la que describió el comienzo de un nuevo renacimiento de la humanidad, posibilitado por el glorioso ascenso de la familia Staufen.

En total contraste con su *Crónica*, escribió en el prefacio: «Creo que quienes escriben en estos tiempos en cierto sentido son individuos benditos, porque después de la turbulencia del pasado han comenzado la inaudita calma de la paz.»

La evolución del pensamiento histórico y político de Otón de Freising indica la importancia que los hombres le asignaban a la idea de armonía en la regulación del mundo cristiano. Esto tampoco es sorprendente. Si había algo equivocado en la dirección suprema de la sociedad cristiana total, ¿cómo podía funcionar el organismo global? ¿Una ruptura de esa clase no gravitaba sobre todos los aspectos de la vida humana? Una situación así debía ser el preludio de la disolución total, el fin del mundo. Sin embargo Otón se mostró absurdamente optimista cuando supuso que una nueva casa real podía reconstruir el orden del mundo sobre una base permanente. Los Staufen eran individuos muy dotados; pero eran humanos y, por lo tanto, vulnerables. Sus cuerpos de carne y hueso no eran rivales para la institución impersonal del papado. Los accidentes, las muertes, las minorías de edad, estas fatales debilidades del poder secular medieval no encerraban los mismos terrores en el caso de los ancianos hombres de la tiara. No es casualidad que la disputa comenzara como resultado de una minoridad imperial o que el papado desarrollara una venganza personal contra los miembros del clan Staufen y que por lo menos en dos ocasiones descendiera a planear el asesinato. Federico Barbarroja murió ahogado y su hijo, Enrique VI, como consecuencia de la disentería, ese implacable asesino del Mediterráneo. Los papas no siempre estaban dispuestos a esperar el castigo de Dios. Una ferocidad sin límites fue del principio al fin el rasgo distintivo de esas luchas a muerte entre los papas y los emperadores. En 1197 el Papa organizó una conspiración para asesinar a Enrique VI, en complicidad con su esposa repudiada, Constanza de Sicilia; la conspiración fue descubierta y se arrestó a algunos de los participantes. Enrique obligó a Constanza a presenciar la muerte de estos hombres; a Jordano de Sicilia se le aplicó sobre la cabeza una corona al rojo vivo, fijada al cráneo con clavos; otros fueron quemados en la pira, flagelados o cubiertos de alquitrán y quemados.

Pero Enrique VI falleció el mismo año y la minoría de edad de su hijo Federico II coincidió con el pontificado de Inocencio III, el más formidable de todos los papas-abogados medievales. Éste avanzó los últimos pasos en el sutil proceso evolutivo que se remontaba a los últimos tiempos romanos y que continuó a través de Gelasio I, Nicolás I y Gregorio VII. Después de Inocencio III, el pontificado triunfalista de Bonifacio VIII y otros fueron solamente una hipérbole. Inocencio III puso al papado en el centro de los movimientos mundiales. Citó a Nicolás I: «El mundo es una *ecclesia*.» El Papa tenía no sólo el derecho sino la obligación de examinar a la persona escogida como rey de los romanos y emperador electo. La Iglesia romana enunciaba la ley fundamental de toda la cristiandad. Él, y no el emperador, era Melquisedec, que «con el Señor a su derecha aplasta a los reyes el día de su cólera». Gracias a la dispensa divina, Italia prevalecía sobre todas las restantes regiones. La autoridad del gobierno central de Roma se extendía sobre toda la *societas christiana*, cuyos gobernantes subordinados deben someterse a los juicios del Papa en los conflictos que mantenían unos con otros. La Iglesia universal, escribió en su *Deliberatio*, ejercía plenos poderes en todos los aspectos del gobierno, pues las cuestiones temporales necesariamente se subordinaban a las espirituales: «Por mí los reyes reinan y los príncipes imparten justicia.» En la consecución de estas metas, el papado tenía derecho a utilizar todas las armas espirituales disponibles, sobre todo la excomunión y la interdicción, y a emplear todos los recursos del privilegio espiritual. Por lo tanto, el mundo tendía a dividirse no en hombres buenos y malos sino en papistas y antipapistas. Markward de Anweiler, que lealmente intentó defender las pretensiones de Staufen en Italia y Sicilia durante la minoridad de su señor real, fue excomulgado así por Inocencio:

> Excomulgamos, anatematizamos, maldecimos y lo condenamos, como perjuro, blasfemo, incendiario, como infiel y como criminal y usurpador, en nombre de Dios Padre Todopoderoso, y del Hijo, y del Espíritu Santo, por la autoridad de los benditos apóstoles Pedro y Pablo, y por la nuestra propia. Ordenamos que en adelante quien le facilite ayuda o favor, o le suministre a él y a sus tropas alimento, vestido, naves, armas o cualquier otra cosa que pueda aprovecharle, sufra la misma sentencia; más aún, el clérigo, sea cual fuere su orden o dignidad, que se atreva a rezar el servicio divino para él, sepa que ha incurrido en la pena correspondiente a un individuo de su rango y su orden.

Estas afirmaciones aún podían inspirar terror. En el siglo XIII los hombres medievales que luchaban por los grandes objetivos a menudo oscilaban imprevisiblemente entre la impiedad y la violencia groseras y bárbaras y la más abyecta superstición. Tenemos una imagen del malhadado emperador Otón IV, creado como títere papal y después renegado y víctima papal, muriendo de disentería; a causa del horror que le inspiraban las llamas del Infierno, ordenó que su cuerpo débil y enflaquecido fuese «enérgicamente azotado»; pero aún así se aferró, balbuceante, a las insignias imperiales que eran también poderosas reliquias que irradiaban fuerzas espirituales: el estandarte-crucifijo presentado a Enrique II, la corona, la Santa Lanza, que tenía engastado un clavo de la Verdadera Cruz y que había sido reforzada por una faja de plata por Enrique IV, y el diente engastado en oro de Juan Bautista. Pero el efecto neto de las excomuniones y las contraexcomuniones, el vuelco del poder espiritual en la batalla mundana, había de provocar cierta confusión en los participantes y, sobre todo, en los agentes secundarios o los inocentes, que no sabían a qué temer más, si al imperialista armado o a un clérigo papista maldiciente. Además, era muy frecuente que el poder espiritual legítimo pareciese fracasar. Así, las tropas antiimperiales de Milán, misteriosamente derrotadas en Cortenuovo por las tropas excomulgadas de Federico II, «volvieron sus talones contra Dios» como consecuencia del hecho, pusieron cabeza abajo los crucifijos en sus iglesias, arrojaron inmundicias sobre los altares, expulsaron al clero y se atiborraron de carne en la Cuaresma.

En muchos sentidos, cada vez más numerosos, la disputa parecía un factor de subversión de todo el orden natural y moral. Para desvalorizar al emperador, Inocencio III reforzó el poder de los príncipes germánicos y sobre todo el de los eclesiásticos; éstos dejaron de ser uno de los principales apoyos de la autoridad central y, en cambio, atendieron al progreso egoísta de sus principados. Asimismo, otros monarcas y poderes se incorporaron a las coaliciones papales, y se creyó que la humillación de la autoridad imperial justificaba cualquier arreglo por artificial que fuese. La teoría del poder papal plenario significaba que se suspendían y carecían de vigencia todas las leyes morales o escritas en el caso del Papa, pues él estaba sujeto sólo al juicio celestial. Así, Gregorio IX, que llegó a ser papa en 1227 y persiguió a los herejes, los antinómicos y los desviados con implacable ferocidad, afirmó que la ley moral no era aplicable a su campaña contra el imperio; su conducta frente a Federico II no podía ser juzgada inmoral o antiética, ya que sus métodos no guardaban relación con las normas de la conducta común de la humanidad, pues estaban sujetos solamente al juicio que le merecieran a Dios. Para subrayar la idea, en 1239 presentó las reliquias de dos guardianes inatacables de la ciudad papal: «las cabezas de los apóstoles Pedro y Pablo» fueron llevadas «en solemne procesión» a través de Roma y, en presencia de una enorme multitud, Gregorio se quitó la tiara y la depositó sobre la cabeza de san Pedro.* El Papa actuaba obedeciendo las instrucciones de Pedro; ¿pues acaso Pedro podía equivocarse?

Pocos años más tarde, en 1246, Inocencio IV, sucesor de Gregorio, fue casi seguramente cómplice del intento de asesinato de Federico II, el Ungido del Señor; la conspiración fracasó —los participantes fueron cegados, mutilados y quemados vivos— pero la campaña papal no se calmó. Los observadores, e incluso los participantes, la consideraban un conflicto escatológico, como en los libros apocalípticos del Antiguo Testamento; el Anticristo recorría la Tierra; aquí no era cuestión de matices, de táctica política, de toma o daca, de compromiso y de maniobra, sino un conflicto definitivo entre el bien absoluto y el mal absoluto. Desde el punto de vista del credo, Federico era rigurosamente ortodoxo, aunque sus amplias lecturas y el conocimiento del mundo —sobre todo del Oriente y el Islam— habían engendrado en él un espíritu de tolerancia especulativa. Pero la propaganda papal, preparada no por mezquinos escribas clericales sino personalmente por los papas, presentaba al jefe de la sociedad terrenal como la perversidad encarnada. El Papa afirmaba que Federico había convertido un altar sagrado de una iglesia de Apulia en una letrina pública, había usado las iglesias como burdeles y practicado francamente la sodomía; había blasfemado al denominar «tres impostores» a Cristo, Moisés y Mahoma; había negado el nacimiento de la Virgen y había dicho de la eucaristía: «¿Cuánto durará este galimatías?» Era «una bestia colmada de palabras blasfemas... con los pies de un oso, la boca de un león enfurecido, el resto del cuerpo con la forma de una pantera... inventor de mentiras, ignorante de la modestia, inmune al sonrojo de la vergüenza... un lobo con piel de oveja... un escorpión con una picadura en la cola... un dragón formado para engañarnos... el des-

---

* Aunque se suponía que Pedro estaba sepultado bajo el altar mayor de San Pedro, su cabeza, así como la de san Pablo, engastadas en magníficos relicarios, estaban guardadas en la Basílica Lateranense, así como el Arca del Acuerdo, las Tablas de Moisés, la Vara de Aarón, una urna de Maná, la túnica de la Virgen, el cilicio de Juan el Bautista, los cinco panes y los dos peces tomados de la Comida de los Cinco Mil y la mesa usada en la Última Cena. La cercana capilla de San Lorenzo en el Palacio Lateranense se vanagloriaba de contar con el prepucio y cordón umbilical de Cristo, preservados en un crucifijo de oro y joyas lleno de aceite.

tructor de la Tierra». Deseaba convertir en desierto al mundo entero y se regocijaba cuando lo llamaban «Anticristo». Negaba la fe, y su objetivo era destruir la doctrina cristiana. Era «maestro de la crueldad... corruptor del mundo entero... una serpiente venenosa... la cuarta bestia del Libro de Daniel, con los dientes de hierro y las uñas de bronce».

En el siglo XII aparecen los comienzos de una literatura antipapal, inspirada por la escisión cada vez más profunda entre el reclamo de poder espiritual (y por lo tanto material) y la pobreza espiritual de tantos de sus propios actos. Si la Iglesia tenía el monopolio de la educación, en realidad nunca había ejercido el monopolio de la literatura. Para decirlo de otro modo, los sectores seculares de la sociedad podían expresarse, incluso si la mano que escribía era la de un clérigo. Una extensa línea de pensamientos y de recuerdos fragmentarios se remontaba hasta el concepto romano imperial de la autoridad terrenal, antes de que se impusiera el dominio total del cristianismo. En cierto modo, el retorno a la Roma imperial era un modo de evitar una sociedad cristiana compulsiva que lo abarcaba todo. En el siglo X, poco después de que en 962 Otón I infundiera nueva vida al título imperial en Roma, una monja del monasterio real de Gandersheim, Hrotswitha, escribió una serie de historias ideológicas en verso y seis «dramas» en prosa métrica, presuntamente con el propósito de crear una alternativa cristiana para Terencio; entre esas piezas estaba incluida *Gallicanus*, ambientada en la corte de Constantino. En la última parte del siglo XII tenemos una pieza de propaganda imperial de los Staufen, el *Ludus de Antichristo*, escrita para Federico Barbarroja —es posible que Otón de Freising interviniese en el asunto—; la obra no es sólo pro germánica (y por lo tanto antifrancesa y antigriega) sino claramente antipapal. Al reflexionar acerca del modo en que el papado pasaba de un emperador a un antiemperador y después volvía al primero, bajo Inocencio III, el poeta Walther von der Vogelweide denunciaba la duplicidad papal: «Dos lenguas encajan mal en una boca.»

Federico II replicó con su propia propaganda a los feroces ataques de Gregorio IX e Inocencio IV: un papado materialista, una Iglesia «temporal», era una cosa contraria a la razón y a la naturaleza. Al referirse a los príncipes eclesiásticos germánicos, denunciaba a los sacerdotes «que aferran la lanza en lugar del báculo... uno se autodenomina duque, otro margrave, y otro conde. Uno de ellos organiza falanges, otro cohortes, y otro incita a los hombres a hacer la guerra... Así son hoy los pastores de Israel: no son sacerdotes de la Iglesia de Cristo, sino lobos rapaces, bestias salvajes que devoran al pueblo cristiano». Con respecto al Papa señala: «De él, en quien todos los hombres esperan hallar consuelo al cuerpo y al alma, proviene el mal ejemplo, el engaño y la fechoría.» En la propaganda de Federico encontramos por primera vez la afirmación de que el monstruoso crecimiento del poder papal imponía una reforma fundamental de la Iglesia. Apelaba a los cardenales (1239) como «sucesores de los apóstoles», iguales al Papa, que debían reclamar «participación igualitaria en todo aquello que quien preside sobre la sede de Pedro propone como ley o promulga oficialmente».

De esta forma Federico anticipó los intentos de retornar al sistema conciliar como contrapeso al poder del pontífice regio. También argumentó, sobre todo en sus cartas a otros príncipes, que las pretensiones papales no afectaban solamente al emperador y, que en cambio, eran un ataque al concepto total de la autoridad secular y la libertad del monarca. Excomulgado, escribió a los reyes europeos, advirtiéndoles que el papado los amenazaba a todos: «¿Acaso el rey de Inglaterra no ha visto a su padre, el rey Juan, excomulgado hasta que tanto él como su reino pasaron a la condición de tributarios?» El clero estaba formado por «sanguijuelas insaciables». Inocencio III había utilizado a los barones contra el rey Juan, luego los había abandonado y ayudado a aplastarlos. «Disfrazados con piel de ovejas, estos lobos voraces envían legados aquí y allá para excomulgar, suspender y castigar, no como sembradores de la simiente, es decir, la palabra de Dios, sino para arrancar dinero, cosechar y recoger todo lo que ellos no sembraron.» Apeló al concepto de la cristiandad primitiva: «Un hombre puede levantar una iglesia sólo sobre el cimiento establecido por el propio Señor Jesús»; advirtió a los príncipes que debían también unirse: «Cuidad vuestra propia casa cuando se incendia la del vecino.» Escribió a su cuñado Ricardo de Cornwall: «Cierto, comienza con Nosotros [el imperio], pero acabará con todos los restantes reyes y príncipes... por lo tanto, reyes, defended la justicia de vuestra propia causa en nosotros.» Los argumentos de Federico anticiparon directamente el desarrollo de la teoría secularista en el siglo siguiente por Marsilio de Padua, de acuerdo con la cual, según explicó en su obra *Defensor Pacis*, las ambiciones del papado se habían convertido en la causa principal de la guerra y el disolvente de la unidad social cristiana: «La causa singular que en el pasado ha provocado la discordia civil en los principados y las comunidades, y que se extenderá a otros estados si no se contiene, es la creencia, el deseo y el esfuerzo mediante el cual el obispo romano y sobre todo sus colaboradores clericales apuntan a apoderarse de cada soberanía secular y así posesionarse de su riqueza temporal.»

Federico II se anticipaba a su tiempo en estos esfuerzos casi desesperados por levantar defensas eclesiásticas y seculares contra el aprovechamiento papal del poder espiritual para movilizar fuerzas divisionistas en el seno de la sociedad. La victoria papal sobre los Staufen fue total. Federico II murió aún en libertad, pero después la «cría de víboras», como los papas la llamaban, fue exterminada. Su hijo Manfredo había sido derrotado y muerto en la batalla de Benevento (1266), y había sido enterrado sin ceremonias religiosas; por orden del papa Clemente IV, los restos denominados por él «el pútrido cadáver de ese hombre pestilente», fueron exhumados nuevamente y vueltos a enterrar fuera de los límites del reino de Sicilia, ahora reino papal. Conradino, el último emperador, de dieciséis años, cayó en manos del Papa dos años más tarde, y (de acuerdo con una versión) Clemente observó, cuando ordenó su muerte: «Vita Conradini, mors Caroli [Carlos de Anjou, el representante papal]. Vita Caroli, mors Conradini.» El joven fue ejecutado en Nápoles. El fin de los Staufen fue inexorable. Beatriz, hermana de Manfredo, fue retenida en prisión dieciocho años; sus tres hijos bastardos nunca actuaron —uno aún vivía en 1309 y había estado cuarenta y cinco años bajo la custodia papal—. De los hijos y los nietos de Federico, diez murieron a causa de la violencia papal o en las mazmorras papales.

No debemos creer que la lucha entre la Iglesia y el Estado fue librada únicamente en el más alto nivel. Los papas combatieron a los Staufen no sólo como pretendientes rivales al dominio supremo sino como a los jefes de una casta. El desafío clerical al laico se manifestaba en la sociedad entera. No es casualidad que Gregorio VII hablase y escribiese con particular acritud cuando se refería a los laicos. Por supuesto, se había manifestado tensión entre los sectores clericales y seculares de la cristiandad desde épocas muy tempranas. La exaltación de la casta clerical siempre había estado relacionada con el desarrollo de la autoridad en la disciplina de la Iglesia y con la ortodoxia en el dogma. Durante el siglo II, el montanismo había sido una protesta contra estos tres aspectos y, al adherirse al montanismo en el siglo III, Tertuliano se convirtió en el primer anticlerical cristiano orgánico. En la Europa de la Edad de las Tinieblas parece que ese antagonismo se atenuó casi por completo. Como hemos visto, el clero estaba representando un papel destacado en la reconstrucción de la sociedad; sus actitudes estaban integradas con las de la sociedad, y eso en el plano económico, legal y constitucional. Pero comenzaban a manifestarse signos de tensión. Una de las características más saludables de la sociedad carolingia fue el intento, utilizando los recursos de la Iglesia, de formar al laico educado —el propio Carlomagno intentó dar el ejemplo—. No mucho después de su muerte los monasterios se quejan y afirman que su tarea no era educar a los hombres, a menos que éstos desearan ser monjes. Sin embargo, las escuelas monásticas y catedralicias eran de hecho las únicas utilizables. La imposibilidad de la educación laica para avanzar con el mismo ritmo que la clerical fue quizá la causa básica de la escisión. Lo que diferenció cada vez más a los clérigos del laicado fue el uso del latín. En Oriente, donde nunca se manifestaron las mismas tensiones entre clérigos y seculares, el idioma social y el litúrgico eran los mismos, y se desarrollaron conjuntamente. En Occidente se separaron. Hacia el siglo VIII nadie aprendía el latín como lengua vernácula, pero las obras cultas, devocionales o litúrgicas no se escribían en otro idioma. El latín se convirtió en la lengua clerical. Así, la prueba de la capacidad para hablarlo o escribirlo se constituyó en la prueba habitual de los que aspiraban a la jerarquía clerical (y al privilegio correspondiente). Se convirtió en el rasgo distintivo de la civilización y, por lo tanto, en signo de arrogancia. A los ojos del clericalista consciente de su propia jerarquía, el laicado estaba formado por patanes que dedicaban su vida al trabajo o por matones armados. Para el clero que podía leer a Agustín era irritante comprobar que en el nivel más elevado sus asuntos dependían de la voluntad de un analfabeto como Conrado II. Por supuesto, «analfabeto» quería decir que no sabía latín. Por consiguiente, Enrique I de Inglaterra, que sabía latín, recibía la calificación de *beauclerc* (excelente sacerdote). En el fondo del movimiento clericalista había una magnitud abrumadora de esnobismo cultural y también, en un aspecto más realista, un sentido de superioridad: los clérigos atendían todos los aspectos administrativos del gobierno, dirigían las cancillerías y la hacienda, y mantenían cuentas y registros de toda clase.

En un sentido, este último punto es el más importante: la Iglesia disponía del potencial humano instruido y las técnicas necesarias para producir formas de gobierno más perfeccionadas que todo lo que estaba al alcance del mundo secular. En la Edad de las Tinieblas estos elementos habían sido puestos a disposición de los estados tribales bárbaros; por ejemplo, la Iglesia había mantenido constantemente sus antiguas tradiciones de legislación canónica especial, las que se remontaban al siglo IV. El papado contaba con la estructura legal y administrativa más antigua de Europa occidental. La esencia del renacimiento carolingio y del imperio de Otón que siguió a aquél, había sido la identidad de propósitos de la Iglesia y el Estado, expresada en los códigos legales y la legislación conciliar, que se ocupaba de las dos entidades. En este sistema, la Iglesia siempre había ocupado una posición privilegiada. Sin duda, las leyes inicialmente habían adoptado la forma escrita, con el fin de contemplar específicamente la protección de los clérigos y su propiedad. Por ejemplo, en Inglaterra los clérigos nunca habían sido entregados por completo a los amables cuidados de los tribunales seculares. Aunque podía formularse contra ellos toda suerte de acusaciones ante los jueces ordinarios, se establecían castigos especiales para los ofensores clericales; y cuando se los acusaba de delitos capitales, el juicio estaba siempre a cargo de un obispo. Los obispos presidían con frecuencia los tribunales de los condados; sólo después de la conquista normanda se prohibió a los obispos y los archidiáconos atender casos en los cien tribunales (inferiores). Es más, la legislación real convirtió los delitos eclesiásticos en delitos seculares; el derecho canónico, así como el derecho secular, fue reconocido en los tribunales condales. Por consiguiente, en la Inglaterra anglosajona el clero ya era una clase privilegiada en el ámbito jurídico; lo mismo podía decirse, con distintas variaciones, de otros países europeos.

Sin embargo, este sistema de privilegio aún estaba sometido al control real, es decir, secular. El efecto de las reformas eclesiásticas de mediados del siglo XI y de la revolución gregoriana que siguió, fue introducir una cuña en el sistema legal conjunto y dividirlo en dos corrientes legales diferenciadas. En la década de 1050, la administración papal protagonizó una expansión formidable. Comenzó a actuar una primitiva Ley de Parkinson. Aumentó el número de clérigos utilizables por el Papa; por lo tanto, aumentó el trabajo para ocupar el tiempo disponible. Había más clérigos que conocían el derecho canónico, así que se confeccionaron compilaciones de éste y se enviaron a todo el mundo cristiano; fueron usadas localmente y se promovieron apelaciones ante Roma; y el derecho canónico se amplió gracias a una utilización más intensa del mecanismo legislativo clerical. A medida que se ensanchó el derecho canónico y que se convirtió en un cuerpo más sutil y perfeccionado, y a medida que se constituyó en un sistema internacional uniforme, en el que el papado era el tribunal supremo de apelaciones, estaba destinado a separarse cada vez más del sistema secular de cada nación. Diferentes sistemas implicaban diferentes tribunales; y si los tribunales clericales juzgaban los delitos eclesiásticos, ¿no debían ocuparse también de los clérigos cuando cometían otro tipo cualquiera de delito? La respuesta clerical afirmativa fue formulada con la mayor convicción, puesto que a sus ojos el derecho canónico era sin duda un sistema superior; se remontaba a los tiempos romanos y, en efecto, se basaba en los principios romanos de jurisprudencia. Aquí se manifestaba nuevamente el esnobismo cultural. Una razón por la cual Gregorio VII abordó con reservas la *Donación de Constantino* fue que aparecía en un documento secular y los reformadores canónicos se atenían al principio de que la Iglesia no podía aceptar un concepto legal que se basara exclusivamente en la documentación secular: debía buscarse la confirmación en los archivos clericales.

Se manifestaba también un sentimiento de intenso goce en los revolucionarios del partido clerical. Estaban arrancando a la humanidad del sombrío pasado para llevarla a un mundo nuevo y radiante de eficacia administrativa. ¡Fuera el gobierno de los analfabetos y de las bárbaras leyes populares! Era una opinión compartida por muchos, y por supuesto, sobre todo por los clérigos. El desarrollo de una corte y una cancillería papales eficientes no sólo facilitó el ejercicio de la autoridad clerical-papal, sino que atrajo asuntos y litigantes. Desde fines del siglo XI todos los índices de la actividad del papado y la Iglesia central comenzaron a elevarse bruscamente. El «gran» gobierno y las pretensiones papales avanzaron de la mano: la reclamación de poder se expandió *pari passu* con la capacidad administrativa para ejercerlo. Por ejemplo, en Inglaterra no habían existido consejos legislativos hasta 1070 (excepto uno en 786); en el período 1070-1312 hubo entre veinte y treinta. Occidente había tenido escasa participación en los concilios generales tempranos pero entre 1123 y 1311 hubo siete. La correspondencia papal aumentó en concordancia (aun descontando los efectos de un índice más elevado de conservación de los documentos durante el período ulterior) y pasó de una periodicidad de uno anual bajo Benedicto IX (1033-1046) a treinta y cinco hasta 1130, 179 bajo Alejandro III (1159-1181), 280 hacia el comienzo del siglo XIII y 3.646 a principios del siglo XIV. Prácticamente todos estos asuntos eran legales. Por supuesto, el siglo XII fue una época de descubrimiento y expansión jurídicos de carácter general. Todos los restantes tribunales, en especial el tribunal real, estaban desarrollándose velozmente. Pero la ley canónica, que irradiaba desde Roma, fijó el ritmo de la marcha y se mantuvo holgadamente a la cabeza.

El período preparatorio de la explosión canónica insumió alrededor de setenta años, de 1070 a 1140; más tarde, en sólo una década, de pronto se convirtió en un hecho universal de la existencia. Vimos de qué modo los conceptos de la cristiandad penetraron profundamente en todas las grietas de la sociedad durante el período carolingio; ahora, un sistema legal controlado por el papado repentinamente ocupó el primer plano de la experiencia de cada individuo. Comenzó a ordenar amplias áreas de la vida común con un acopio grande y costoso de detalles legales: la administración de los sacramentos y todos los restantes aspectos de la faceta estrictamente religiosa de la existencia, los derechos, los deberes, los pagos y las obligaciones del más humilde sacerdote parroquial y su congregación, el vestido, la educación, la ordenación, la jerarquía, los delitos, los castigos de los clérigos, la caridad, las limosnas, la usura, los testamentos, los cementerios, las iglesias, las plegarias, las misas por los muertos, los entierros, el matrimonio, la herencia, la legitimidad, el sexo y la moral. Hasta la década de 1040 los papas tenían sólo una idea imprecisa de lo que sucedía en el nivel más elevado de lugares como Inglaterra, el norte de Alemania o España; cien años más tarde, en 1144, vemos que Lucio II escribe a los arzobispos de Hereford y Worcester para ordenarles que, uniendo esfuerzos, resuelvan una disputa acerca de una iglesia parroquial de la diócesis de Lichfield.

La revolución jurídica fortaleció enormemente las manos del papado, porque para el hombre medieval la posibilidad de dispensar efectivamente justicia era un signo importante de poder. El crecimiento del derecho papal fue una causa del reclamo de soberanía total del papado y, al mismo tiempo, el medio que permitió someter o aplastar a sucesivos emperadores. Por otra parte, convirtió gradualmente al papado, y por lo tanto al conjunto de la Iglesia, en un tipo completamente distinto de institución. Se transformó no tanto en una sociedad divina sino en una entidad de carácter legal, una sociedad legal cada vez más divorciada de la sociedad papal que la rodeaba. Sus coberturas verbales ya no fueron las Escrituras, sino el derecho canónico. Alrededor de 1140 apareció el gran *Concordia Discordantium Canonum*, conocido como *Decreta*, compilado por Graciano. En cierto sentido, fue la última de una extensa línea de recopilaciones canónicas más primitivas; aportó una exposición sistemática del vasto cuerpo del antiguo derecho eclesiástico y lo hizo de un modo tan exhaustivo que los posteriores esfuerzos destinados a codificar el pasado fueron superfluos. Distinguía entre la ley necesaria, según se formulaba en la escritura, y la ley conveniente, enunciada por la Iglesia en defensa de la disciplina y el cuidado de las almas. La primera era inmutable; la segunda podía suavizarse, de diferentes modos y con muchas finalidades distintas; y este poder de dispensa era una función intrínseca de la organización papal.

La teoría de Graciano y la práctica del tribunal papal fueron, por lo tanto, la culminación de un prolongado proceso que comienza en el siglo II y por el cual la Iglesia se interpuso entre el código de conducta formulado con sentido divino en las escrituras, y las obligaciones y las prescripciones aplicadas realmente a la cristiandad. Por consiguiente, se tendió a remplazar la teología pastoral con la interpretación y la administración jurídica, como preocupación principal de la Iglesia. A partir de Gregorio VII, todos los papas destacados fueron abogados; la corte papal, o *curia*, se convirtió esencialmente en una organización legal, donde hacia el siglo XIII trabajaban más de cien expertos, además de otros abogados que cuidaban los intereses de los reyes, los príncipes y los principales eclesiásticos. La mayoría de los consejeros del Papa era especialista en derecho canónico. Como observó amargamente Roger Bacon, por cada teólogo que actuaba en el entorno de Inocencio IV había veinte abogados. Los papas tendían a enredarse en los asuntos legales. San Bernardo, papista y clericalista, pero al mismo tiempo un hombre que mantenía constantemente en primer plano la función pastoral básica de la Iglesia, creía que la preocupación del papado por el tema legal era obsesiva: «¿Por qué permanecéis desde la mañana hasta la noche», escribió a Eugenio III en 1150, «atendiendo litigantes? ¿Qué fruto se extrae de esas cosas? Sólo pueden crear telarañas». No se hizo caso de sus advertencias. El hábito del litigio impregnó gradualmente a la Iglesia entera. Las instituciones eclesiásticas tendieron a concebir principalmente en términos jurídicos sus relaciones con el mundo laico y las de cada una con las restantes. Los pleitos librados con más acritud y duración fueron batallas entre sectores del clero. Uno de estos combates medievales entre los monjes de San Agustín, Canterbury y su arzobispado, provocó enconadas confrontaciones durante quince años, y sucesivos papas se vieron obligados a redactar setenta cartas. Exasperado, Inocencio III escribió: «Me sonrojo cuando oigo hablar de este mohoso asunto.» Pero, ¿cuándo la ley no había generado moho?

Las telarañas de san Bernardo continuaron extendiéndose. En efecto, cuando preguntó qué ventaja había en el legalismo, la respuesta fue naturalmente que había dinero y poder. Un tribunal eficaz —y el tribunal papal fue el mejor de la Edad Media— originaba ingresos e imponía a grandes y a pequeños la necesidad de solicitar sus veredictos. Las relaciones legales del Papa con un rey, un duque o un arzobispo podían incluir una docena de casos o aún más simultáneamente, algunos trascendentes, muchos triviales, y todos debían ser ponderados por ambas partes cuando contemplaban el panorama de la política total. Gran parte de la capacidad práctica del Papa para salirse con la suya provenía del poder de su corte para actuar. Por lo tanto, el Papa no podía evitar los detalles. Pensar principalmente en términos legales equivalía a pensar principalmente en términos seculares. Los papas se enredaron cada vez más en las consideraciones jurídicas y diplomáticas, y en el esfuerzo por mantener unidas sus propiedades de Italia central como una base segura de sus actividades internacionales ramificadas. En resumen, se parecieron a todos los demás gobernantes. La reforma gregoriana, que intentaba mejorar el nivel moral de la Iglesia separando al clero de su papel de apoyo al Estado, concluyó a causa de una lógica inexorable, sumergiendo a la Iglesia mucho más profunda e integralmente en el mundo secular. Ciertamente, la Iglesia se convirtió en un mundo secular por derecho propio.

En ese sentido —en cuanto institución separada y rival— debía chocar con el Estado en todos los planos. Por supuesto, los clérigos y los seglares eran en ambos casos cristianos y compartían no sólo premisas mayores sino también muchas de las menores. Pero estaban enredados en un conflicto de leyes y esta situación podía agravarse brutalmente a causa del choque de las personalidades. El caso destacado fue la trágica disputa de Enrique II con Tomás Becket. Enrique tenía sólo veintinueve años cuando designó a su canciller Becket principal funcionario eclesiástico de su reino en 1162. Abrigaba la esperanza de que esta combinación de deberes contribuiría a suavizar las dificultades que inevitablemente se originaban en el choque de los dos sistemas jurídicos. Después de todo, «cuando terminaba el trabajo, el rey y él se divertían como niños de la misma edad; en el salón o en la iglesia se sentaban juntos; juntos salían a cabalgar...». En realidad, esta descripción contemporánea omite señalar que Becket tenía dieciséis años más que el rey y que ya era un hombre de rasgos definidos. Probablemente ejerció una influencia negativa sobre el joven monarca: una insistencia obstinada en el reconocimiento inequívoco de los derechos y la inclinación a las posturas extravagantes caracterizó las actitudes de Enrique mientras Becket fue su principal consejero. Durante la década de 1160 Enrique, que estaba madurando, adoptó gradualmente una actitud mucho más conciliadora frente al mundo e intentó seducir a sus antagonistas antes que acallarlos a gritos o aplastarlos. Cambió, se convirtió en maestro de la *realpolitik*. Becket continuó en la misma actitud: un hombre obstinado y a veces histérico, con una pasión actoral por el drama ruidoso.

Sobre este trasfondo personal, la Inglaterra de Enrique sintió el primer impacto pleno de la revolución papal. En tiempos del Conquistador, escribió Eadmer, «todas las cosas, tanto espirituales como temporales, dependían del asentimiento del rey»; un concilio de obispos no podía «dictar una ordenanza o una prohibición a menos que fuesen agradables a los deseos del rey y que primero hubiesen sido aprobadas por él»; un obispo no podía, sin el acuerdo del rey, «adoptar medidas o excomulgar a uno de sus barones o funcionarios por incesto o adulterio u otro delito fundamental o, incluso cuando la culpabilidad era notoria, aplicarle un castigo de disciplina eclesiástica». Ése era todavía el mundo de la Edad de las Tinieblas. Durante los reinados de Guillermo II y Enrique I se había manifestado un antagonismo cada vez más intenso entre el rey y el clero superior, y durante el turbulento período del reinado de Esteban la Iglesia había avanzado cada vez más sobre el territorio legal que correspondía al rey. Por otra parte, hay sobradas pruebas de que era posible un compromiso. La curia papal no era una organización monolítica; a menudo la curia estaba dividida, o a veces imponía una dirección colectiva que limitaba a un pontífice impetuoso. Juan de Salisbury, al observar que las decisiones de Eugenio III a menudo después aparecían revocadas, explica este hecho afirmando que: «Eugenio se inclinaba demasiado a confiar en su opinión personal cuando imponía sentencias.» En un plano local, las autoridades eclesiásticas tenían sus propios motivos para evitar una prueba de fuerza. Por ejemplo, el arzobispo Teodoro, predecesor de Becket, miraba con malos ojos las apelaciones a Roma, a menos que los litigantes «estén dominados por una necesidad de la cual no pueden liberarse a través de sus propios esfuerzos». Creía que «las transgresiones de las personas maliciosas pueden ser castigadas más eficazmente por quienes poseen un conocimiento íntimo de los méritos de las partes en cuestión»; reprendió al obispo de Chichester porque había apelado a Canterbury: «Que las disputas de vuestra jurisdicción lleguen a nosotros es un signo de debilidad o negligencia.»

En realidad, todo dependía de que los interesados asignaran a la creación de una sociedad armoniosa más importancia que a la persecución lógica de los derechos. Esto era cierto sobre todo en el caso de los clérigos delincuentes, por referencia a los cuales el rey y Becket llegaron a chocar. Todos los que ocupaban cargos de autoridad en la sociedad estaban interesados en la preservación de la ley y el orden, quizá pueda afirmarse que la Iglesia más que todos, pues era más vulnerable al aumento general de la ilegalidad, del tipo que Enrique II afrontó durante los primeros años de su reinado. La profesión clerical, si así puede llamarse, se había ampliado enormemente durante el siglo precedente. Quizás una de cada cincuenta personas podía afirmar con más o menos razón que había tomado las órdenes. Y de éstas más o menos una de cada seis presumiblemente tendría dificultades con la ley. Muchos no eran clérigos más que en un sentido legal. A menudo tomaban las órdenes menores para educarse y luego pasaban a servir a los amos laicos; nunca habían tenido la intención de ser ordenados sacerdotes. Muchos clérigos del servicio secular vivían como laicos y después se casaban. Incluso los sacerdotes parroquiales a menudo vivían como los campesinos: «sus casas y chozas», como escribió Giraldo Cambrensis, «están ocupadas por amantes entrometidas, cunas que crujen, pequeños recién nacidos y mocosos chillones». Los párrocos a menudo trabajaban para el señor local durante la semana, a cambio de sus pequeñas huertas; generalmente tenían una participación doble en el dominio comunal y mantenían niños, toros, carneros y caballos de la parroquia.

En estas condiciones, era inevitable un nivel considerable de delitos cometidos por los clérigos. ¿Por qué debían tener el derecho de ser juzgados sobre la base de un sistema legal distinto y mucho menos severo? Era evidente que la Iglesia había tenido mucho más éxito afirmando los derechos reclamados por los reformadores que imponiendo al clero normas superiores y una disciplina más firme. En efecto, cuanto más ardiente era el apoyo a la primera cuestión, más tendían a ignorar la segunda. Becket era un ejemplo apropiado. En su condición de arzobispo, no se interesó en la labor pastoral y nunca demostró mucho entusiasmo en la creación de un clero virtuoso. Los esfuerzos enderezados a imponer a los clérigos el uso del atuendo clerical o a prohibir el matrimonio y las concubinas no tuvieron éxito. Los tribunales eclesiásticos exhibían muchos defectos, sobre todo en los casos graves, a causa de lo que el arzobispo Teodoro denominó «la sutileza de las leyes y los cánones». Enrique II permitió de mala gana que la Iglesia tratase, por ejemplo, el caso del archidiácono Osberto de York, acusado de envenenar a su arzobispo. Lamentó el asunto tanto por razones de principio como por sus efectos prácticos. Después de un año de postergaciones y polémicas, no se llegó a un veredicto y el caso fue apelado en Roma. A su tiempo, el archidiácono fue exonerado y se lo obligó a colgar los hábitos, pero por lo demás no sufrió castigo y veinte años más tarde aún afirmaba que el juicio había sido impropio. Por lo que sabemos, casi seguramente era culpable.

El episodio de Becket comenzó realmente cuando Enrique regresó a

Inglaterra, en 1163, y se le informó que los clérigos habían cometido más de cien asesinatos desde la coronación en 1157. Había también elevado número de casos de robos comunes y robos con violencia cometidos por clérigos. Enrique quizás hubiera demostrado más simpatía con las pretensiones absolutistas de Becket si éste hubiera demostrado más criterio en la administración de los tribunales eclesiásticos. Pero a menudo los veredictos de estas cortes parecían intolerables a un rey consagrado a la tarea de eliminar la ilegalidad. Un canónigo de Bedford había matado a un caballero y después, ante el tribunal, insultó enfurecido al juez, que era una autoridad local: la ofensa era doblemente capital y sin embargo Becket se limitó a desterrar al hombre. Por otra parte, un clérigo de Worcestershire había seducido a una joven y después asesinado al padre; Becket ordenó marcar al clérigo. Este veredicto podía merecer cuatro objeciones: era inapropiado, era una sentencia desconocida para el derecho canónico, de hecho era una usurpación de la autoridad real y contrariaba absolutamente la argumentación del propio Becket en el sentido de que los clérigos no debían padecer mutilaciones, un castigo usual en los tribunales reales «para que no se deformase en el hombre la imagen de Dios». En una conferencia celebrada con el rey para discutir el problema general de la justicia aplicada a los ofensores clericales, Becket argumentó que la degradación, la privación del hábito y la pérdida de la jerarquía privilegiada eran suficientes. Defendió la tesis de una casta especial: «A causa de sus órdenes y su peculiar cargo, el clérigo tiene como rey sólo a Cristo... Y como los clérigos no están sometidos a los reyes seculares sino a su propio rey, el Rey del Cielo, deben gobernarse por su propia ley; y si son transgresores deben ser castigados por su propia ley, que tiene su propio medio de coerción.» Cuando el conflicto se manifestó francamente, Becket adoptó una posición todavía más «gregoriana»: «Los reyes cristianos deben someter su gobierno a los eclesiásticos, no imponerlo a éstos... Los príncipes cristianos deben obedecer los dictados de la Iglesia, más que preferir su propia autoridad, y los príncipes deben inclinar la cabeza ante los obispos en lugar de juzgarlos.»

La mayoría de los obispos ingleses desaprobó la actitud de Becket y su táctica durante la disputa. La elección de Becket había tenido aspectos impropios; se habían respetado las formas, pero en realidad su persona había sido impuesta a la Iglesia en 1162 por la presión del justicia mayor real, Richard de Lucy. Existía la impresión de que, a causa de la naturaleza de su designación, Becket estaba ansioso de demostrar a los monjes de su propio capítulo que era independiente de la voluntad real. Cuando se repasan los numerosos documentos clericales que rodean el drama de Becket se observa una actitud de resentimiento en muchos de sus aliados nominales ante sus posturas y su intransigencia. Su asesinato fue el más alto crimen de Estado de toda la Edad Media; determinó que se lo canonizara casi inmediatamente; su santuario se convirtió, después de la propia Roma y de Santiago en Compostela, en el más celebrado de Europa. Hasta la Reforma, santo Tomás fue el santo inglés representado con más frecuencia, en su país y en el exterior, y el número de niños ingleses a quienes se dio su nombre fue más elevado que el de cualquier otro grupo. Sin embargo, no sirvió bien a la cristiandad. Enrique II a menudo utilizó palabras que después lamentó: no es posible que pretendiese que las palabras coléricas dirigidas a sus caballeros fuesen tomadas en serio. Como señala Juan de Salisbury, amigo de Becket, había utilizado una expresión análoga por lo menos en una ocasión, en 1166: «Eran todos traidores que no podían demostrar el celo y la lealtad necesarios para desembarazarlo de la persecución de un hombre». En realidad, la expresión «un hombre» es significativa: Enrique creía que estaba combatiendo no tanto contra el sistema como contra un individuo irritante que estorbaba el intento sincero de aplicar el sistema sobre la base de un compromiso. Cuando la disputa culminó, Becket de hecho estaba aislado; el martirio fue un modo espectacular y teatral de salir del callejón sin salida en que él mismo se había metido. Los actos de los cuatro caballeros fueron una serie de confusos tropiezos. El propósito que los indujo a ir a Canterbury no se aclaró: Becket los obligó a elegir entre matarlo o regresar a la corte con la actitud de un grupo de tontos. Edward Grim, uno de los que asumieron la defensa biográfica de Becket, en realidad reconoció este punto: «Quien durante tanto tiempo había anhelado el martirio ahora veía que se le ofrecía la ocasión de abrazarlo.» Otro, William Fitzstephen, agrega: «De haberlo deseado, el arzobispo fácilmente hubiera podido dar un paso a un lado y salvarse mediante la fuga, pues el tiempo y el lugar le ofrecieron la oportunidad de escapar sin ser descubierto.»

Los colegas episcopales de Becket seguramente vieron con bastante cinismo su canonización y la desordenada e inmediata popularidad de sus reliquias. Uno de ellos, personalmente bien dispuesto hacia Becket, fue Juan aux Bellesmains, obispo de Poitiers. Juan opinó que el arzobispo había sido «siempre un ejecutor de su propia voluntad y su opinión... fue una gran desgracia y un inmenso perjuicio y un peligro para la Iglesia que se hubiese llegado a designarle uno de sus gobernantes». El propio Juan aux Bellesmains se había opuesto a las Constituciones de Clarendon de Enrique II, por entender que exageraban la defensa de los derechos reales; y había protegido con éxito a un clérigo, acusado de traición, frente a la pretensión de juzgarlo en un tribunal real; sin embargo, se había mantenido en excelentes términos con Enrique (así como con la curia), fue elevado a la dignidad de arzobispo de Lyon y vivió armónicamente con la Iglesia y el Estado hasta los ochenta y tantos años, un período suficientemente largo para permitirle recibir la visita respetuosa de Inocencio III. A los ojos de hombres como Juan, el peligro real de Becket no era sólo que irritaba a monarcas decentes como Enrique, que estaban perfectamente bien dispuestos hacia la Iglesia, sino que los gestos en el estilo de Becket, premiados con la palma del martirio, tendían a crear una atmósfera de opinión clerical que obligaba a otros prelados a insistir en los derechos eclesiásticos más de lo que ellos mismos consideraban prudente.

Habla mucho en favor de la sagacidad práctica de Enrique y el papa Alejandro III que la escisión provocada en la sociedad por el asesinato pronto quedara reparada. Desde el punto de vista práctico, Becket no consiguió nada con su muerte. Alejandro apoyó las decisiones de Enrique en relación con los obispados vacantes —fieles partidarios del rey—, denunciados por Becket como «archidiablos», «esos hijos de la fornicación» y «ese notorio cismático»—. En Canterbury, Enrique designó al hombre que deseaba, es decir, Richard, prior de Dover, que dio la importancia principal a la reforma del clero y la cooperación con el Estado. Alejandro apoyó entusiastamente la política de Enrique relacionada con la conquista de Irlanda y amenazó con la excomunión a quien se negara a ayudar a «este rey católico y muy cristiano». En la cuestión de las apelaciones a Roma, era evidente que Enrique no las rechazaba en principio; sólo deseaba controlarlas. Cuando el cardenal Vivian, legado papal, llegó a Inglaterra en 1176, «sin autorización del rey», Enrique, de acuerdo con el cronista Roger de Howden, envió a los obispos para advertirle que «a menos que estuviese dispuesto a atenerse a la voluntad del rey no se le permitiría seguir adelante». El cardenal juró «que en el curso de su legación no haría nada hostil a [Enrique] o a su reino»; después, Enrique le dispensó grandes honores y el legado siguiente puso cuidado en conseguir de antemano la autorización del rey para desembarcar. A Enrique le agradaban los eclesiásticos rectos y espirituales; profesaba antipatía a los que, según él decía, «abrazaban el mundo con los dos brazos». A menudo promovió a hombres de quienes podía haberse esperado que le provocasen dificultades, por ejemplo, Baldwin de Ford, a quien primero designó obispo de Worcester y más tarde de Canterbury. Enrique II fue uno de esos soberanos medievales, de ningún modo raros, que sinceramente deseaban que la sociedad cristiana funcionara, que creían que una Iglesia y un clero superior activos y vigorosos e incluso militantes eran necesarios para el bienestar material tanto como espiritual de la nación. Tales gobernantes, que continuaban la tradición carolingia, estaban dispuestos a cooperar con la Iglesia incluso después de que ésta los despojó de gran parte de su jerarquía teórica y su poder como servidores ungidos del Señor. Pero por supuesto que ninguno de ellos, por bien dispuesto que estuviese, podía haber aceptado el criterio ilustrado por las bulas de Bonifacio VIII que hemos citado al comienzo de esta sección. El resultado fue que, después del siglo XII, era poco usual que incluso los monarcas más serios y laboriosos consagrasen gran parte de sus energías a reformar la Iglesia y mejorar su actuación pastoral, propósitos que habían sido fundamentales para las actividades incluso de los mediocres monarcas cristianos de la Edad de las Tinieblas. Por el contrario, el interés del gobernante ahora se centraba en la tarea de bloquear a la Iglesia y desviar hacia propósitos seculares la mayor parte posible de sus recursos de dinero y de personal.

Esto podría no haber importado tanto si los obispos hubiesen preservado su propia jerarquía. En Europa occidental y septentrional conservaron gran parte de su riqueza, pero en otros aspectos se convirtieron en las víctimas principales de la disputa papal con el poder secular. Desde el momento mismo del ascenso del obispo monárquico durante el siglo II, el episcopado había sido la institución fundamental de la cristiandad. La calidad y el dinamismo del clero y, por lo tanto, el nivel de la conducta cristiana dependían sobre todo de la existencia de obispos capaces, santos y vigorosos. Sin buenos obispos, el papado de hecho no podía ejercer ninguna influencia real sobre la sociedad. Por ejemplo, después de la capitulación del rey Juan de Inglaterra ante el papado, por lo menos en teoría Inocencio III asumió la jefatura virtual de la Iglesia inglesa. Pero no hizo ni podía hacer prácticamente nada para promover la reforma. No contaba con la estructura ni con el potencial humano administrativo que podían permitirle una supervisión detallada. De modo que el consejo que ofreció a sus legados fue casi siempre hacer lo que el rey deseaba. También, en teoría, hacia principios del siglo XIII el papado había ganado la batalla por la designación de los obispos. El propósito de la campaña había sido mejorar la calidad del personal episcopal. De hecho, en todo caso esa calidad descendió. En la práctica, los gobernantes locales y el Papa se dividieron las designaciones. Ambos estaban motivados por consideraciones que no eran la selección de los mejores hombres. A los reyes no les agradaba especialmente tener clérigos como ministros de Estado, pues no era posible juzgarlos en los tribunales reales por peculado, traición y otros delitos semejantes; por otra parte, no podían pagar a los laicos y era posible recompensar con obispados y otros beneficios a los ministros clericales. Las razones de carácter financiero casi siempre ganaban la batalla. De ahí que alrededor de la mitad de los obispados fueran a parar a manos de funcionarios reales, cortesanos y otros poderosos. También el Papa necesitaba recompensar a sus clérigos y partidarios. Su participación en los empleos variaba, pero podía llegar a la tercera parte. La división del botín episcopal no se subordinaba a un sistema formal, sino a los regateos personales entre el papado y el representante real.

Las designaciones reales podían ser lamentables. El Príncipe Negro entregó el obispado de Coventry y Lichtfield a su amigo analfabeto Robert Stretton, pese al hecho de que la profesión de obediencia canónica del candidato tuvo que ser leída por otro en su nombre. El Papa y el arzobispo de Canterbury provocaron un escándalo, pero en definitiva tuvieron que ceder. A su vez, ciertas designaciones papales eran igualmente impropias o peores. En 1246, con el propósito de «liberar» a la Iglesia de los Hohenstaufen, Inocencio IV prohibió las elecciones episcopales en el Rin inferior sin la autorización de la Santa Sede. Al año siguiente designó en Lieja a Enrique, hermano del conde de Gueldre, que tenía sólo diecinueve años y era analfabeto. Fue enviado a Lieja simplemente para promover los propósitos políticos y militares del papado. En su condición de obispo, era elector imperial, y uno de sus primeros actos fue contribuir a la elección del conde de Holanda como rey de Alemania opuesto a los Staufen. Se le permitió permanecer en las órdenes menores, «con el fin de que participase con más libertad en los asuntos de la Iglesia en Alemania», es decir, con el propósito de que pudiese dirigir a las tropas en el combate. También se le otorgaron dispensas con el fin de que concediera diezmos a los partidarios del Papa, mantuviese vacantes los beneficios y asignase los ingresos al reclutamiento de tropas. Contaba con clérigos expertos y un delegado dedicado íntegramente a realizar el trabajo esencial de la diócesis, y así, durante veinticinco años, descargó sus obligaciones políticas y militares. Juzgado por sus registros episcopales, parece un diocesano modelo. De hecho, era un canalla, y a su tiempo, cuando los Staufen fueron aplastados, dejó de ser útil: en 1273 Gregorio X le acusó de dormir con abadesas y monjas, procrear catorce bastardos en veintidós meses y suministrar beneficios a todos. Caído en desgracia, retornó a su vocación natural: se dedicó al bandolerismo.

Hombres así eran excepciones. El problema con la mayoría de los obispos, en esa división entre las designaciones reales y las papales, era su característica de individuos mundanos y mediocres. A menudo practicaban el ausentismo, porque se ocupaban con los asuntos reales o papales. Incluso si no eran funcionarios, rara vez se comportaban como diocesanos activos. No siempre tenían la culpa de esta situación. Se esperaba de los obispos que se desplazaran con pompa y ceremonia. Por lo tanto, una visita episcopal se convertía en pesada carga financiera para el clérigo inferior. Odo Rigaud, arzobispo de Ruán en 1247-1276, era un prelado ejemplar de acuerdo con las normas contemporáneas, pero viajaba con un séquito montado de ochenta personas y en 1251 este hecho originó una protesta conjunta al Papa de todos los obispos de Normandía. Guillermo de Longchamp, obispo de Ely, era otro notorio ofensor por referencia a esta cuestión, aunque la principal queja que él provocaba era el número de sus sabuesos y halcones (estas aves tenían una dieta especialmente cara). Las visitas podían estar a cargo de los becarios generales o los archidiáconos, pero era probable que éstos infligieran ofensas igualmente dolorosas. Inocencio III recibió el informe de que el archidiácono de Richmond llevó consigo noventa y siete caballos, veintiún sabuesos y tres halcones. Hubert Walter, arzobispo de Canterbury, estableció un límite máximo: un arzobispo no podía tener más de cincuenta hombres y caballos; los obispos, treinta; los archidiáconos, siete, y ninguno podía presentarse con sabuesos o halcones. Esa escala nunca fue respetada. La situación era igualmente mala 200 años más tarde. Cuando se criticó al arzobispo Kempe de York porque visitaba su diócesis sólo durante dos o tres semanas por vez, con intervalos de diez a doce años —esto sucedía a mediados del siglo XV—, replicó que había intentado entrar en un archidiaconato, el mismo que ninguno de sus predecesores había visitado durante 150 años, pero le dijeron que era demasiado pobre y le preguntaron si estaba dispuesto a aceptar, en cambio, un arreglo.

En realidad, no es del todo seguro que el hombre medieval deseara un episcopado auténticamente devoto. Perduraba la idea carolingia de que la Iglesia y el Estado debían combinarse para imponer la moral cristiana; los intentos de infundirle vida no eran populares en ningún sector social. En rigor, el obispo gozaba del derecho a realizar visitas episcopales a los laicos tanto como al clero. Podía entrar en la casa de un señor e instalar allí su tribunal para examinar la moral del propietario o someter a una aldea entera a su inquisición sexual y financiera. Robert Grosseteste, el devoto y valeroso obispo de Lincoln a mediados del siglo XIII —quizás el más admirable de todos los diocesanos medievales—, tomó en serio el concepto de sociedad cristiana y sus propios deberes frente a ella. Entre 1246 y 1248 realizó una visita exhaustiva. Entre las preguntas que formuló a grupos locales estaba la siguiente: «Si un laico cualquiera se muestra notoriamente orgulloso o envidioso o avaro o propenso al pecado de depresión en la ociosidad o rencoroso o glotón o lascivo.» Parece que éste fue el esfuerzo más integral encaminado a la elevación y la aplicación de las normas morales del que tenemos noticia; es tan desusado que llega a parecer intolerable. La reacción de las autoridades seculares fue característica. En 1249 se convocó al obispo con el fin de que compareciese personalmente ante el rey, para «explicar por qué obligaba a hombres y a mujeres mal dispuestos, bajo pena de excomunión, a comparecer ante él bajo juramento con grave perjuicio de la corona». El rey se quejó de que dichos encuentros interrumpían las actividades legítimas de sus súbditos y les impedían cumplir sus deberes. El obispo no tuvo el apoyo del Papa, que lamentó su entusiasmo moral, y cierta vez tuvo un sueño en que Grosseteste le reprendía y «le asestaba un tremendo golpe con su báculo».

La mayoría de los obispos no quería ensuciarse las manos haciendo visitas a los laicos. Para imponer la ley moral crearon el cargo de deán rural. Éste se ocupaba de los casos locales de fornicación, calumnia, falta de pago de los diezmos, perjurio, incumplimiento de la palabra, usura, brujería, herejía, verificación de testamentos y blasfemia. Los deanes detestaban la ejecución de estas tareas, que no recibían remuneración. Contrataban ordenanzas o convocadores que entregaban los avisos episcopales. Se pagaba a estos hombres de acuerdo con los resultados, pero a menudo practicaban la extorsión y merecían el odio general. De modo que los obispos apelaron a los mayordomos. En todo caso, en la práctica sólo los pobres y los humildes tuvieron que someterse al ideal cristiano, o más bien sólo ellos sufrían castigo cuando no se subordinaban. Los poderosos no permitían que los obispos, y mucho menos los deanes rurales, controlasen su moral. Alrededor de 1310 el deán de Crewkerne entregó una admonición episcopal a sir Alan Ploknet, y se encontró aferrado por el cuello y obligado a comerse la carta del obispo, con sello y todo. El mismo principio se aplicó a la tarea de disciplinar al clero. El clero que en efecto desempeñaba las funciones eclesiásticas vivía de estipendios, era pobre, y cabía intimidarlo sin demasiada dificultad. El alto clero o los que tenían varios cargos —las dos categorías a menudo eran sinónimas—, que eran los que más probablemente infringirían el derecho canónico o darían un mal ejemplo, podían lidiar con los obispos en los tribunales. Como los obispos debían pagar el costo de esos juicios, que incluso a veces derivaban a Roma, dejaban en paz a los ofensores. De este modo, el desarrollo del derecho canónico, en teoría destinado a mejorar la moral del clero, determinó que dicho progreso fuese más difícil.

La desvalorización del obispo fue, para el conjunto del clero, quizá la consecuencia más negativa del programa reformista del papado. A partir del siglo XI los obispos perdieron su poder y su independencia en cuestiones como la liturgia, la canonización, la inspección de las abadías y los conventos, y las definiciones de la ley y la doctrina. No eran más que líneas de comunicación con el Papa. De ahí que los hombres que aspiraban a cambiar y mejorar la sociedad, a promover una revolución cristiana, en general ya no intentaran ocupar los obispados. Estos cargos fueron en cambio a manos de los hijos más jóvenes de los grandes potentados territoriales y de los funcionarios civiles de éxito. Los obispados conservaron su riqueza y su jerarquía nominal. Muchos de los 500 obispos de la Iglesia latina podían afirmar que ocupaban tronos cuya antigüedad se remontaba al siglo II, o en todo caso eran más antiguos que cualquiera de las casas reales seculares. Por eso, había que tratar al episcopado como a una de las instituciones fundamentales de la sociedad occidental. Cuando se realizaron intentos de reformar la Iglesia durante el siglo XV, comenzando por el papado, era natural que la atención se volviese hacia los obispos y hacia una reconstitución del sistema conciliar, con el fin de ejecutar la tarea. Pero los obispos demostraron que eran incapaces de resolver el problema. Entre la corona y el papado habían destruido la tradición antes poderosa de la iniciativa y el liderazgo episcopal. En los concilios del siglo XV, los obispos tendieron a votar por nacionalidades, como respuesta a las instrucciones reales, o en el supuesto interés de Roma. Se había perdido la idea de actuar independientemente como un cuerpo colegiado internacional. Se había roto el resorte de una institución cuyos orígenes se remontaban a la época del Nuevo Testamento.

La destrucción de la independencia episcopal sin duda fortaleció la autoridad papal en el seno de la Iglesia, pero el principal beneficiario fue el Estado. El obispo Ambrosiano era un auténtico control que se ejercía sobre el poder real, así como sobre el poder del Papa. Cuando el obispo quedó reducido a un funcionario de elevada dignidad, el Papa quedó como una eminencia solitaria, frente a frente con el mundo secular. Ciertamente, podía decirse que la política papal había creado este espíritu secular y lo había convertido en enemigo. La sociedad cristiana de, por ejemplo, el siglo IX había sido una entidad. No existía entonces nada semejante a un «mundo clerical» y un «mundo secular». Las reformas gregorianas habían originado la idea del Estado secular al despojar al gobernante de sus funciones sacerdotales. Durante un tiempo este hecho robusteció el poder de la Iglesia, o pareció que lo robustecía. La superioridad del sector sacerdotal en la sociedad se acentuó y el sector laico se vio desplazado al mismo tiempo que la monarquía. Se manifestó cierta tendencia a equiparar al clero con «la Iglesia». A la larga, este hecho fue fatal para el concepto entero de la sociedad cristiana. El sector laico inicialmente quedó a la defensiva, pero más tarde reaccionó desarrollando sus propios modos de pensamiento fuera de los supuestos del mundo cristiano clerical. Estos modos eran extraños al cristianismo y, en definitiva, hostiles a él. Nuevamente la idea de una casta clerical militante, con todas las ventajas del saber superior y de las técnicas legales y administrativas perfeccionadas, inicialmente se llevó todo por delante. Fue el primer gran sindicato. Pero el mundo secular aprendió de sus métodos. En el siglo XII la justicia real estaba una generación o dos por detrás del derecho canónico, pero pronto salvó la distancia que los separaba. El antiguo imperio estaba destruido, pero los reyes ocuparon su lugar. Aprendieron a manejar las técnicas legales y administrativas papales, y las copiaron. La militancia del interés clerical determinó en definitiva la reacción del interés secular, representado por la corona. Así nació el anticlericalismo.

Consideremos el caso de Inglaterra. Había mantenido siempre una peculiar relación de afecto con el papado. Los ingleses creían que debían su fe y su civilización a la misión de Gregorio el Grande y se sentían agradecidos. La concesión del palio a los arzobispos ingleses era considerada como un señalado favor. Muchas iglesias inglesas fueron designadas con los nombres de los santos Pedro y Pablo, y eso era un tributo a Roma; desde un período muy temprano hubo una iglesia inglesa, Santa María, levantada en la ciudad eterna y sostenida con un impuesto inglés especial, «el penique de Pedro». No había otro país que pagase un impuesto parecido. Fue inicialmente un regalo voluntario de los reyes ingleses, y en el siglo X se convirtió en obligación que el pueblo pagaba. La primera nota ácida se deslizó en tiempos de Gregorio VIII, cuando éste escribió a Guillermo I para destacar que el pago del impuesto estaba retrasado. Guillermo reconoció que había que pagar, pero en adelante los ingleses consideraron que dicho arreglo era una carga. Se recaudaba mucho más de lo que se enviaba a Roma, pues la corona retiraba su parte. En el siglo XII el impuesto quedó fijado en la cifra anual de 299 marcos de plata, pero se pagaba esporádicamente, cuando se presentaba la oportunidad; a menudo se retenía para irritar al Papa y, en general, era tratado como un recurso de la maniobra diplomática. Cuando a mediados del siglo XIV el papado reclamó perentoriamente su pago, Eduardo III apeló al Parlamento, que se apresuró a declarar que el impuesto era ilegal e inconstitucional; nunca se repitió el pago.

Si una corona y la estirpe real que la ceñía eran en sí mismas seguras, tenían poco que temer de una guerra declarada con el papado. El Papa podía imponer una interdicción, pero era difícil aplicarla. Cuando Inocencio III disputó con el rey Juan, algunos obispos ingleses permanecieron en sus puestos; los cistercienses se declararon exentos, «repicaron sus campanas, entonaron sus cantos y celebraron el oficio divino con las puertas abiertas». Juan continuó desempeñando sus obligaciones eclesiásticas normales, y pagó sus caridades: 3 marcos a los Templarios, 15 libras a los canónigos de Trentham, y otros. La interdicción se prolongó seis años y parece que el rey gozó del apoyo general. Es cierto que la excomunión de Juan en 1209 agrió las cosas. Pero el principal perdedor fue la Iglesia inglesa. Las sumas provenientes de las tierras eclesiásticas pagadas al tesoro pasaron de 400 libras en 1209 a 24.000 en 1211, y estas sumas no incluyeron las pérdidas de los cistercienses, que llegaron a más de 16.000. En total, Juan recibió más de 100.000 libras, que le permitieron financiar triunfales campañas en Gales, Escocia e Irlanda. Si Juan no hubiese irritado, por otros problemas, a un amplio sector de los barones, su sumisión al Papa habría sido por completo innecesaria. Sin duda, en general un rey que atendía con prudencia su frente interior siempre podía luchar contra el papado hasta llevar a éste a un punto de equilibrio, incluso si los papas estaban en la culminación de su poder, como ocurría bajo Inocencio III.

De esta forma, aunque las pretensiones papales se ampliaron, lo que los papas en realidad obtuvieron apenas justificó la creciente hostilidad que sus reclamaciones despertaron. Esta observación fue aplicable sobre todo a las asignaciones papales de beneficios extranjeros. Por ejemplo, entre 1216 y 1272 en Inglaterra hubo seis designaciones papales directas en obispados; durante el reinado de Eduardo II, trece de un total de veintiocho; y después de 1342 esa forma se convirtió en la regla (John Trilleck, designado obispo inglés que no debió su designación a la decisión papal). Pero eso no significó que el poder del Papa estuviese aumentando, sino todo lo contrario. Sucedió sencillamente que se aplicó el sistema de acuerdo con los deseos de la corona. Había una fórmula regular, que veremos, por ejemplo, aplicada a la designación del obispo de Norwich en 1446:

> Puesto que el Señor y Papa ha designado recientemente para la iglesia de Norwich... a Walter Lyhert, electo de Norwich, bachiller en teología, y le ha designado obispo y pastor de ese lugar, según nos informan las bulas del Señor y Papa, que nos fueron dirigidas... Y como el obispo ha renunciado ante nosotros franca y expresamente a todas las palabras y a cada palabra contenidas en las bulas, que son perjudiciales para nosotros y nuestra corona, y se ha sometido humildemente a nuestra gracia; deseando actuar en este asunto graciosamente con él, hemos recibido la lealtad del obispo y le hemos restituido las temporalidades del obispado...

En este caso, como prácticamente en todos los restantes, el rey designaba al candidato y el Papa lo nombraba, pero de todos modos el obispo se veía obligado a renunciar a todo lo que fuese perjudicial en la designación. Asimismo, el clero que viajaba a Roma se veía obligado a prestar un juramento estándar, y en ese sentido es típico el que prestó el abate de San Agustín, Canterbury, en 1468: «... que vos no haréis ni intentaréis que se haga en la corte de Roma o en cualquier otro lugar más allá del mar nada que pueda ser dañino o perjudicial al rey nuestro señor soberano, o a su corona, o a cualquiera de sus súbditos; ni haréis nada o intentaréis nada que sea o pueda ser contrario a las leyes de esta tierra». Había un cúmulo de estatutos muy severos que respaldaban la posición real en el sentido de que las decisiones del Papa, o cualquier cosa que se hiciera en su nombre en la Iglesia inglesa, ante todo debía pasar por el filtro de la estructura real. Excepto en la doctrina, el rey era el jefe efectivo de la Iglesia inglesa mucho antes de que Enrique VIII afirmara esa posición mediante un estatuto parlamentario.

Ésa era la posición en prácticamente todos los países occidentales.

En algunos es difícil identificar un período en el que el papado realizara avances con éxito en el control real de la Iglesia nacional. En España, por ejemplo, la corona había mantenido el control desde los tiempos de los visigodos. Los concilios del siglo VI, los más antiguos ejemplos de cooperación entre la Iglesia y el Estado en la Europa bárbaro-cristiana, muestran que la Iglesia actuaba en realidad como un departamento del Estado, esencialmente subordinada a él. Los reyes y no los obispos gobernaron España, y con ésta a la Iglesia española. La posición no cambió en nada que fuese esencial a lo largo de la Edad Media. Así, un examen de los sínodos y los concilios celebrados en Castilla y Aragón durante el siglo XIII, en momentos en que podríamos suponer que encontraríamos el predominio del papado, de hecho muestra un sometimiento casi total del clero al Estado y la política real. El Estado protegía e incluso mimaba a la Iglesia; pero era una Iglesia cautiva. En el siglo XV, y todavía más en el XVI, el dominio de la corona se acentuó, lo mismo que en otros lugares de Europa, a causa de los concordatos y acuerdos formales, que detallaron los derechos respectivos de la corona y el papado de tal modo que quedó bien claro que el interés del Estado ocupaba el lugar supremo. El hecho de que las posiciones diplomáticas y políticas de los Habsburgo españoles en general coincidían con los objetivos papales, o de que la corona española podía coincidir por completo con las posiciones doctrinarias del papado y las aplicase en sus territorios, no modifica la decisión absoluta del Estado español de controlar la escena eclesiástica, con exclusión total de la acción papal independiente. La Inquisición española fue esencialmente un órgano de poder real y una de sus funciones fue «proteger» a la Iglesia española de la influencia de entidades externas incluyendo el papado. De ahí que el dominio de la Iglesia por la corona fue quizá más total en España durante el siglo XVI que en cualquier otro Estado europeo, incluidos los que tenían un sistema protestante, erasmista.

También Francia dejó de ser un campo apropiado para la penetración papal una vez que la monarquía comenzó a afirmarse como fuerza dominante desde principios del siglo XIII. Los papas a menudo usaron el poder francés para aplastar a los Staufen. Podría afirmarse que de ese modo remplazaron a un amo posible por otro real. El papado, que había contribuido a crear el imperio occidental como fuerza protectora en el siglo VIII, lo destruyó en el XIII sin haber adoptado disposiciones de largo alcance para contar con otra fuente de ayuda. Pero el papado continuaba necesitando protección, y, *faute de mieux*, tenía que mirar hacia uno o hacia otro de los Estados-nación. La elección fue generalmente Francia hasta que, en el siglo XVI, se desplazó en dirección a España y Austria. Los reyes franceses, como los emperadores más exigentes antes que ellos, tendieron a considerar al Papa como su obispo principal, más que como un poder independiente. De esta forma, a medida que avanzaba el siglo XIII, se fue estableciendo una distancia cada vez mayor entre la inflación de las pretensiones papales y la deflación de su verdadera autoridad. Por ejemplo, en 1298 se pidió a Bonifacio VIII que arbitrase entre Eduardo I de Inglaterra y Felipe el Hermoso de Francia acerca de las disputas que mantenían respecto de Gascuña. Fueron designados procuradores y el Papa emitió una serie de bulas; pero a último momento, presionado por Francia, se vio obligado a reconocer que actuaba, como él mismo dijo, «sencillamente como una persona privada, como el señor Benedicto Gaetani».

Sin duda puede afirmarse que la carrera del señor Benedicto Gaetani llegó a revelar la falta de base de la pretensión papal. Antes de él, las pretensiones papales aún exhibían cierta fuerza misteriosa y la tenaz posibilidad de que pudieran realizarse. Después de Benedicto, fue evidente que la institución había alcanzado su desarrollo máximo como fuerza física en la política europea y que en adelante sólo podría declinar. Bonifacio publicó *Clericis laicos* en Francia en el año 1296 y en Inglaterra al año siguiente. Eduardo I contestó ordenando a los jueces que retirasen la protección de los tribunales a los clérigos que rehusaban pagar impuestos, y al mismo tiempo ordenó a las autoridades que secuestrasen y retuviesen las tierras eclesiásticas. En Francia, Felipe el Hermoso prohibió la exportación de moneda. De esta forma, el mundo secular respondió con medidas materiales a las amenazas espirituales del clero: era un recordatorio de que el clero necesitaba de la justicia real tanto como los reyes necesitaban la absolución clerical y de que el papado no podía sobrevivir sin el metal amonedado francés e inglés despachado a Roma, del mismo modo que las coronas de Francia e Inglaterra no podían gobernar sin imponer gravámenes al clero. Bonifacio no hizo caso de estas advertencias y así culminó la disputa con Francia. El Papa emitió una serie de bulas en Francia: *Ausculta fili*, dirigida directamente al rey; *Super Petri solio*, que amenazaba con la excomunión; *Salvator mundi*, que retiraba todas las concesiones y favores papales precedentes, y *Ante promotionem*, que ordenaba a todos los prelados franceses que acudiesen a Roma para celebrar un concilio, con el propósito de preservar las libertades de la Iglesia. En 1302 Felipe obtuvo de los Estados Generales franceses el apoyo unánime a su política antipapal. En abril de 1303 Bonifacio emitió un ultimátum que amenazaba con la excomunión y una interdicción hacia septiembre. En junio, Felipe consiguió que Bonifacio fuese acusado en la corte de Louvre con los cargos de elección ilegal, simonía, inmoralidad, violencia, irreligión y herejía, y el tribunal autorizó a la corona a apoderarse del Papa. Guillermo de Nogaret, que había formulado los cargos en representación de Felipe, arrestó al Papa en Anagni el 7 de septiembre, un día antes de que expirase el ultimátum, y al efecto utilizó hombres reclutados entre los enemigos del Papa en Roma y en las proximidades. Bonifacio pronto fue liberado, pero falleció en octubre. Fue el fin de la inspiración papal. El papado había descubierto nuevamente que el poder secular, por inferior que fuese, era necesario para la protección de la Santa Sede. Dos años después, el papado pasó de los desórdenes de Roma a la tranquilidad y la comodidad de Aviñón, bajo el paraguas del poder francés. Siguió la «cautividad babilónica», el Gran Cisma, la época conciliar y, a su debido tiempo, la restauración de un papado independiente. Mientras tanto, había surgido el Estado nacional y secular, y la sociedad cristiana total había dejado de existir.

Podría preguntarse: después de la derrota decisiva de las pretensiones papales por los monarcas seculares, ¿por qué el sistema clerical, que irradiaba del papado, continúa sobreviviendo tanto tiempo? La respuesta no es sencilla. Por supuesto, el sistema era intrínsecamente sólido y estaba ramificado. Era el único sistema internacional europeo que poseía una dirección centralizada y un tentáculo en cada aldea. Sus raíces calaban muy hondo y dominaba un área enorme de la conducta humana. En tiempos de Bonifacio, el sistema canónico ya había alcanzado su desarrollo total —sólo faltaba agregar algunos detalles— y habría sido sumamente difícil desarraigarlo. Entendía en una serie de cuestiones que no eran abordadas por el derecho y la autoridad seculares. El mecanismo destinado a remplazarlo no estaba preparado y habría sido necesario improvisarlo. Por ésta y por otras razones, los reyes se oponían al cambio. Mientras el papado en la práctica estuviese dispuesto a concertar con ellos un acuerdo, no tenían inconveniente en permitir que el debate teórico quedase sin resolver y no fuese discutido. En conjunto, era más sencillo y más barato tratar directamente con el papado que con un clero nacional incontrolado. Por referencia a los impuestos aplicados al clero, que era el tema que más preocupaba a los reyes, el Papa y el rey coincidían en dividirse los despojos, como lo habían hecho en relación con la designación de los obispos, y llegaron al mismo acuerdo con respecto a los beneficios menores. Por supuesto, la corona se apropió cada vez más de la parte del león, pero probablemente se habría llegado de todos modos a ese desenlace. El mantenimiento del sistema de derecho canónico dominado por el Papa permitía que tales transacciones se realizaran digna y legalmente, por lo menos en la forma externa. No había nada cristiano, o incluso religioso, en tales arreglos. Era en todo sentido moral y socialmente inferior al ideal carolingio de los clérigos y los laicos, cada uno en el papel que se le había asignado, cooperando para crear una ciudad terrenal agustiniana basada en los preceptos de la escritura. De hecho, con el nuevo sistema los principales clérigos y laicos conspiraban para explotar a la Iglesia principalmente con fines mundanos. De un modo o de otro todas las clases poseedoras se beneficiaban. Mientras las diferentes coronas considerasen deseable mantener las instituciones y las doctrinas de la Iglesia, y defender su propiedad y sus privilegios, no había muchas posibilidades de cambio. A su debido tiempo y en ciertas áreas, los reformadores convencieron a los gobernantes de que su deber religioso era corregir la situación; pero ésa fue una historia distinta.

De todos modos, aunque el sistema perduró, ya no excitó la imaginación popular. En la Edad de las Tinieblas, la Iglesia había representado todo lo que era progresista, esclarecido y humano en Europa; como hemos visto, realizó una enorme contribución material a la resurrección de la civilización entre las cenizas y a la elevación de las normas. Había creado un continente de acuerdo con una imagen benigna (con todas sus imperfecciones). En el siglo XI, incluso en el XII, la Iglesia —que ahora era esencialmente el clero— todavía conservaba su identificación con el cambio orientado hacia el progreso. En ciertos niveles, las reformas gregorianas sin duda eran populares. Por diferentes razones, muchas categorías de personas vieron con buenos ojos la aparición de un poder que remplazaba a la corona o, más generalmente, de una oposición clerical al señor secular de la región. Después, entre 1150 y 1250, sobrevino un cambio fundamental. La justicia real mejoró y los tribunales señoriales pasaron a segundo plano. Las fuentes clericales de ingreso comenzaron a ser consideradas como exacciones y los privilegios clericales como abuso. En cuanto institución jerárquica, la Iglesia dejó de ser mirada con afecto y respeto; como era un fenómeno poderoso, continuó inspirando reverencia y temor, pero la obediencia que concitaba estaba teñida con un elemento cada vez más acentuado de hostilidad.

Sobre todo, comenzó a relacionarse a la Iglesia oficial con las exacciones de carácter financiero. Tenemos indicios de esta actitud incluso a fines del siglo XII. Después, durante las décadas iniciales del siglo XIII, aparece la primera evidencia real, en el nivel más bajo, de una actitud de resistencia al pago de los diezmos; y en los círculos más educados se manifiesta el anticlericalismo simple. Uno de estos episodios ocurrió en 1238, durante la visita de un legado papal a Oxford. Comenzó amistosamente y los clérigos que eran alumnos hicieron lo que según la intención debía ser una visita de cortesía al alojamiento del legado. Pero hubo un malentendido idiomático y el mayordomo italiano del legado les negó groseramente la entrada. La atmósfera cambió de inmediato y la hostilidad latente se manifestó. Los estudiantes se abrieron paso por la fuerza. Un pobre capellán irlandés, que casualmente había llegado a pedir limosna por la puerta del fondo, recibió en la cara una fuente de agua hirviendo arrojada por el hermano del legado. Comenzó una batalla general y los clérigos gritaban: «¿Dónde está ese usurero, ese simoníaco, ladrón de rentas y devorador insaciable de dinero que, pervirtiendo a nuestro rey y subvirtiendo a nuestro reino, nos saquea para llenar los cofres de los extranjeros?» El legado tuvo que huir para salvar la vida y hubo complicadas consecuencias legales que duraron mucho tiempo.

Este tipo de incidentes era desusado en el siglo XIII. El gran cambio sobrevino durante los cien años siguientes. Incluso a principios del siglo XII casi nadie cuestionaba la supremacía espiritual del Papa o la validez de sus actos legislativos y sus designaciones, mientras que hacia principios del siglo XIII la *plenitudo potestatis* papal y todo el sistema eclesiástico medieval eran cuestionados francamente y con frecuencia. Por supuesto, la intensidad y el contenido de la crítica variaban de un lugar a otro. Por ejemplo, Inglaterra alcanzó la mayoría de edad lingüística y cultural en el siglo XIV, y la xenofobia cada vez más acentuada, alimentada por la guerra con Francia, identificó con la causa francesa al papado y por lo tanto a la Iglesia como institución internacional. Era usual decir: «El Papa es francés, pero Jesucristo es inglés.» Por otra parte, la identificación del papado con Francia en el siglo XIV no determinó que aquél fuese más popular para los franceses sino todo lo contrario. El papado nunca se recuperó realmente del traslado a Aviñón. Perdió la magia de la conexión imperial. Lo que es mucho más importante, dejó de estar asociado con el poder que irradiaba del fallecido apóstol Pedro. Es cierto que, hacia el siglo XIV, el culto de las reliquias había decaído mucho —por la época en que los papas retornaron a Roma prácticamente estaba extinguido— o quizá sea más apropiado afirmar que las reliquias ya no inspiraban convicción total ni auténtico miedo, y más bien apelaban a la superstición residual de todos. Por otra parte, los papas de Roma eran un hecho metafísico, superior a todo lo demás; en Aviñón, eran sencillamente una institución.

En 1300, 200.000 personas habían acudido al jubileo de Roma; los cristianos iban a Aviñón sólo para tratar asuntos. Aviñón funcionaba con una eficiencia mucho mayor que la antigua *curia* romana. Era una estructura más centralizada. Aviñón generaba más actividad misionera que Roma y mucha más diplomacia. Era una corte brillante, que contaba con la presencia de treinta cardenales residentes, cada uno con su palacio. Pero carecía por completo de atmósfera espiritual. El parlamento inglés la denominaba oficialmente «la pecadora ciudad de Aviñón». Centraba su interés en el poder, la ley y el dinero. Petrarca escribió:

> Aquí reinan los sucesores de los pobres pescadores de Galilea. Han olvidado absolutamente sus orígenes... Babilonia, el centro de todos los vicios y el sufrimiento... no hay piedad, ni caridad, ni fe, ni reverencia, ni temor de Dios, nada que sea santo, nada justo, nada sagrado. Lo único que se oye o se lee tiene que ver con la perfidia, el engaño, la dureza del orgullo, la desvergüenza y la orgía desenfrenada... en resumen, todas las formas de la impiedad y el mal que el mundo puede mostrar se reúnen aquí... Aquí se pierden todas las cosas buenas, primero la libertad y después sucesivamente el reposo, la felicidad, la fe, la esperanza y la caridad.

Durante el régimen de Aviñón, la estructura central de la Iglesia se convirtió esencialmente en una organización recaudadora de dinero. Solamente en Francia había veintitrés recaudadores papales, cada uno con su personal, distribuidos en los trece arzobispados; en la actual Biblioteca Vaticana se conservan veintidós enormes volúmenes manuscritos que contienen peticiones y cartas referidas a las designaciones resueltas mediante decretos papales; este rubro era la fuente principal de la riqueza papal.

Las fuentes en realidad son demasiado fragmentarias para permitir cálculos exactos de lo que recibían la Iglesia en conjunto y el papado en particular. En Inglaterra, el clero, que representaba el uno por ciento de la población, poseía alrededor del veinticinco por ciento del producto bruto nacional. Ése era el porcentaje aproximado. En ciertas regiones de

Francia y Alemania, la Iglesia era más rica y poseía de un tercio a una mitad de todos los bienes raíces. El papado recibía alrededor del diez por ciento del ingreso de la Iglesia, en la forma de anatas; también recibía enormes sumas directamente del público. La mente popular suponía que la Iglesia era incluso más acaudalada que de lo que se desprende de estos datos. Por ejemplo, en 1376 una petición presentada en la Cámara de los Comunes decía que las sumas recibidas del clero inglés por el papado en la forma de las anatas equivalía al quíntuplo de las rentas de la corona inglesa. Sin duda, la afirmación es absurda. Pero es evidente que a principios del siglo XV la imagen de la Iglesia tenía un carácter financiero más espiritual. En todo caso, Adán de Usk, un endurecido abogado eclesiástico de Gales, se sintió impresionado por su primera visita a Roma alrededor de 415: «En Roma todo se compra y se vende. No se otorgan beneficios por merecimientos, sino al mejor postor. Aquel que tiene dinero lo guarda en el banco del mercader, para facilitar su propio ascenso... Si bajo la antigua dispensa, los milagros cesaban cuando los sacerdotes estaban corrompidos por la venalidad, temo que sucederá lo mismo bajo la nueva; el peligro golpea cotidianamente a las puertas mismas de la Iglesia.»

En general, este tipo de crítica solía provenir del clero. A los laicos no les importaba de qué modo los clérigos conseguían sus designaciones o si eran hombres decentes que cumplían con sus deberes. Pero había ciertas exacciones que afectaban a todas las clases y provocaban un resentimiento profundo y cada vez más intenso. La mayoría de ellas comenzó a manifestarse cada vez con más fuerza y así todos acabaron considerándolas abusos durante los siglos XIII y XIV. Quizá la peor fue el gravamen funerario, un subproducto clerical del impuesto feudal o derecho funerario. Es posible que en su origen fuera una carga voluntaria, como era el caso de muchos de los pagos recibidos por la Iglesia; o tal vez se basaba en el supuesto de que el muerto no había llegado a pagar todos sus diezmos y, por lo tanto, la Iglesia debía recibir la segunda posesión por orden de importancia como compensación. Carecía de base en el derecho secular. Además, tenía enormes variaciones. Una forma común era que la familia del muerto entregase la cama o la ropa de cama del desaparecido al cura de la parroquia. Esta costumbre estaba provocando resentimiento incluso a principios del siglo XIII. Inocencio III escribió a sus legados franceses en 1204: «Advertid al clero que no practique una exacción gravosa ni muestre una inoportunidad deshonrosa en relación con la ropa de cama que llega con los cadáveres a las iglesias;

por otra parte es necesario inducir a los laicos, mediante la advertencia diligente, de modo que mantengan en estas cuestiones esa elogiable costumbre.» ¿Por qué era elogiable? Hubiera sido difícil pensar un medio más eficaz para escandalizar que esa exacción compulsiva arrancada a la familia de los deudos. Lo que la hacía tan odiosa era que se aplicaba a los muy pobres. El abate de Schwanheim podía reclamar ese gravamen «a quien quiera que tuviese en su dominio tierra suficiente para apoyar sobre ella un taburete de tres patas». En el Continente, algunas abadías podían reclamar hasta un tercio de los bienes del fallecido. No había nada semejante en Inglaterra. Pero el vicario de Morstow reclamó «el mejor traje de cada feligrés que fallecía en dicha parroquia», y el rector de Silverton, «la segunda posesión por orden de importancia o la primera». Ciertos terratenientes clericales obtenían un doble gravamen, como señor y como rector; de esta forma, el abate de la abadía de Gloucester reclamaba de sus arrendatarios «la mejor bestia como señor y otra como rector». Se imponía el gravamen a la muerte de la esposa y también a la del marido; si un marido fallecía lejos de su hogar, podía ser gravado en dos parroquias. A veces, en una parroquia tanto el rector como el vicario reclamaban su parte.

Los impuestos funerarios eran tan odiados y provocaban tantas dificultades que las autoridades seculares trataron de eliminarlos. Sin embargo, hacia la última parte del período medieval la Iglesia como organización se mostraba totalmente insensible a este tipo de apelación; estaba imbuida de la filosofía del derecho canónico, que tendía a insistir en que el abandono de un derecho consuetudinario en realidad podía ser pecado. Pierre Albert, gran prior de Cluny, defendió estos gravámenes en el Concilio de Basilea, 1431-1443, pero no pudo presentar ninguna justificación intrínseca, basada en la escritura o el derecho natural, y se apoyó por completo en la costumbre: «Y así esta costumbre comenzó como un cachorro de león, y aparece primero como un aborto y después se reanima con las lamidas de su madre... Esto se ha visto avivado por un curso inexorable del tiempo y por el consentimiento, fuese tácito o a través de la mera entrega y el pago de la cosa.» De hecho, a menudo se negaba el pago de los gravámenes funerarios; en ese caso, podía suceder que el clero tuviese que obtenerlos mediante la fuerza. Esto provocaba disturbios, como lo sabemos por los informes elevados a las autoridades. También podía suceder que un hombre realizara transferencias de propiedad antes de la muerte, pero la ley a menudo las anulaba (la Iglesia estaba a cargo de los testamentos). En Zurich, un hombre debía caminar sin bastón, muletas o ayuda siete pies desde su casa si deseaba realizar una transferencia válida. Pero el método más usual de aplicación era sencillamente negar sepultura hasta que se entregaban los artículos. Pierre Albert reconocía que en este caso podía hablarse de simonía, pero agregaba: «En situaciones así, que se entierre primero el cadáver y después se promueva acción contra los herederos.» Las figuras importantes de la Iglesia ansiaban defender la costumbre, entre otras cosas porque representaba una parte importante del ingreso del clero mal pagado, que no tenía acceso al sistema de varios cargos en manos de una sola persona. Como dijo un abogado del siglo XVI: «Los curatos amaban los gravámenes funerarios más que su propia vida»; y «por consiguiente en muchos lugares se originaron grandes divisiones y rencores entre [el clero y el laicado]». El abuso continuó e incluso se agravó hasta la Reforma. En 1515 el Parlamento peticionó a Enrique VIII y le informó que los sacerdotes «diariamente rehúsan tomar y recibir los cadáveres de las personas fallecidas... salvo el caso de la joya más valiosa, la mejor prenda, el lienzo u otra cosa de las mejores que se les entregue anticipadamente». Después de un grave escándalo, Enrique VIII (1529) reglamentó los derechos por el servicio fúnebre y los abolió totalmente en el caso de las personas fallecidas que tuviesen menos de diez marcos de bienes muebles; pero las dificultades no cesaron hasta que esta norma fue anulada totalmente. «Hubo pocas cosas en este dominio que provocasen tanta inconveniencia», escribió un isabelino, «en el pueblo, que lo que era el caso cuando se soportaban [los gravámenes funerarios].»

Esos gravámenes provocaron disputas con el clero en todos los niveles de la sociedad. En general, los habitantes urbanos solían originar más problemas que los campesinos. La negativa de un londinense a entregar como gravamen el atuendo mortuorio de su hijo llevó al notorio «asesinato en la Torre de Lollard» en 1515, un auténtico presagio de la Reforma inglesa. Sin embargo, los habitantes urbanos del final de la Edad Media no eran precisamente enemigos de la Iglesia. Mantenían un número enorme de clérigos, casi veinte veces más *per capita* de población que hoy. Se pagaba a la mayoría de estos clérigos mediante aportes voluntarios o con fondos extraídos de las dotaciones. Un examen de los testamentos urbanos demuestra que por lo menos los habitantes acaudalados de las ciudades dejaban un enorme porcentaje de su propiedad para que fuese aplicado a propósitos religiosos u obras de caridad. Las sumas que ellos aportaban a la construcción y reconstrucción de sus iglesias parroquiales durante los siglos XIV y XV eran enormes. Por ejemplo, la gran mayoría de las actuales iglesias medievales inglesas fue reconstruida en el estilo perpendicular, a partir de 1320 (generalmente las naves) en contraste con los presbiterios, que eran responsabilidad del rector. Tampoco puede afirmarse que gastaban su dinero sólo en la estructura de piedra: los feligreses instalaban magníficos tirantes, vigas de arco (*waggon-beams*), techos encofrados (*angel-and-hammer beams*), biombos de presbiterio (*parclose*), púlpitos de roble tallados, estrados, sombreretes y escaños, y retablos y efigies de alabastro; usaban también prodigiosas cantidades de cálices, vestiduras, manteles de altar, campanas, crucifijos, lámparas e incensarios, a juzgar nada más que por los objetos que han sobrevivido. Cabe afirmar que los laicos de las ciudades y las grandes aldeas gastaban más que el propio clero en la construcción y el adorno de las iglesias durante la última parte de la Edad Media. Pero el dinero se gastaba esencialmente en aspectos de la religión que tenían una relación directa con la vida de los propios individuos y a la distancia de un tiro de piedra de sus casas y talleres: en la iglesia parroquial, o aún más en millares de capillas y corporaciones religiosas a las que los interesados pertenecían (solamente Norwich tenía 164 corporaciones en 1389). Podía afirmarse que era una forma egoísta de la religión; ciertamente, la tendencia general de la cristiandad durante estos siglos —bajo la dirección del clero como casta— se orientaba hacia la búsqueda egoísta de la eternidad. El clero usaba sus privilegios y el laicado su dinero (cuando lo tenía) para comprar los medios mecánicos de la salvación. La idea de una comunidad cristiana anónima, tan potente en épocas anteriores, pasó a segundo plano.

Un ejemplo destacado de esta tendencia fue la construcción, el mantenimiento y el funcionamiento de las catedrales medievales. Sobre estas instituciones se han difundido muchas leyendas. En primer lugar, no fueron construidas por el clero o por la comunidad, sino por trabajadores profesionales sobre una rigurosa base financiera. Lo demuestran claramente los registros de obra que se han conservado, así como otros documentos. Algo que vale la pena destacar es el papel que representaron los clérigos; así, el Cartulario de Gloucester dice: «En 1242 fue terminada la nueva bóveda sobre la nave de la iglesia, no por la ayuda ajena de trabajadores profesionales, como antes, sino con las manos vigorosas de los monjes que residían en el lugar.» Durante la construcción del nuevo coro en Lincoln (1191-1200), el trabajo del maestro constructor, Geoffrey de Noiers, y del obispo Hugo el Borgoñés, «muchas veces afrontó la pesada carga de la piedra tallada o de la cal de la construcción». Sin embargo, éstos eran casos excepcionales. El obispo o el capítulo (o ambos) proponían el plan de construcción y se designaba a un miembro del capítulo en el cargo de *custos operis* o mayordomo, pero sus obligaciones eran meramente administrativas. Elías de Derham, que había sido maestro constructor, diseñador y Guardián de las Obras de Enrique III en Winchester, más tarde fue designado canónigo de Salisbury y puesto a cargo de la construcción de la catedral del lugar, el único caso de una catedral construida de una sola vez, en el espacio de una vida (veinticinco años); pero incluso así, *cementarius*, o maestro constructor, durante la mayor parte del período de construcción, fue un laico profesional, cierto Roberto. De hecho, el maestro constructor era el diseñador, el constructor y el supervisor. El maestro Roberto construyó San Albans en el período que siguió a 1077; el maestro Andrés, la nave de Old Saint Paul's, a partir de 1127; Guillermo de Sens, el coro de Canterbury, desde 1174; Guillermo Ramsey trabajó en Canterbury y Lichfield durante el segundo cuarto del siglo XIV; Guillermo de Colchester construyó la torre central de York a partir de 1410 y Tomás Malpinton trabajó en la abadía de Westminster, de 1423 a 1434. A veces, los maestros carpinteros representaban papeles fundamentales; un ejemplo destacado fue Guillermo Hurley, que construyó el famoso Octógono de Ely en la década de 1320. Pero los maestros constructores, que pueden ser identificados en unos 300 casos, fueron casi siempre los hombres que importaban. Eran grandes figuras. Viajaban con mucha pompa acompañados por un séquito, como podemos comprobar por sus gastos, y a veces se les otorgaban propiedades señoriales, o bien se los eximía del servicio de jurados o de otras obligaciones enfadosas. No era raro que poseyesen canteras de piedra y que actuasen como arquitectos consultores de una serie de catedrales y de importantes construcciones eclesiásticas y seculares. Estas grandes figuras, traídas de muy lejos, podían provocar el resentimiento local: cuando Enrique IV prestó a York su real maestro constructor, alrededor de 1410, los habitantes locales «conspiraron para matarlo y matar a su ayudante» (en efecto, el ayudante fue asesinado).

La construcción era una actividad puramente secular. Sobre todo en Exeter y York, los registros de obra administran detalles acerca de períodos prolongados (aunque hay vacíos importantes). En Inglaterra, excepto durante el período normando, en el que se procedió a la conscripción de la fuerza de trabajo sajona (por ejemplo en Durham), los trabajadores eran todos profesionales y tenían que unirse a las logias. En muchas regiones de Europa central y España se utilizaba la conscripción de la fuerza de trabajo; también se procedía así con los artesanos en Inglaterra, pero sólo para el trabajo en las fundaciones reales y las fortalezas. No hay pruebas de que se apelara a la compulsión en el caso de los edificios eclesiásticos que no tenían carácter real. Por supuesto, no se consideraba el trabajo voluntario no especializado, pues las corporaciones no lo habrían permitido. Los capítulos de las catedrales o los monjes tenían que pagar las tarifas vigentes. No era un trabajo dictado por el amor. Ciertamente, se realizaban esfuerzos constantes e intensos para establecer normas y horarios de trabajo, y cumplirlos. Lo demuestra la supervivencia —sobre todo en Ely, Winchester y Gloucester— de millares de «marcas identificatorias» en las piedras, un método que permitía reconocer a los albañiles y contar y controlar su trabajo. El registro de obra de York de 1370 observa: «Todos los tiempos y las horas de los hombres serán revelados por una nómina, ordenada en consecuencia»; debían estar en el lugar de trabajo «tan temprano como pudiesen ver eficazmente a la luz del día y permanecerán trabajando realmente el día entero, tanto tiempo como puedan ver eficazmente para ejecutar la tarea». Se les concedía una hora al mediodía para comer, y «todos sus tiempos y sus horas serán revelados por una campana establecida en consecuencia»; se «castigaba [al perezoso] reduciéndole la paga». Este documento fue redactado en 1344, después de un informe al capítulo que revelaba negligencia, ociosidad e indisciplina, una situación en la que todos estaban comprometidos, del maestro constructor y el maestro carpintero para abajo. El maestro reconoció que había perdido el control; los hombres se mostraban díscolos y se insubordinaban; se habían promovido huelgas entre los trabajadores; había robos de madera, piedra, cal y cemento; el descuido y la incompetencia habían provocado considerable daño.

Los principales costos estaban representados por los salarios y la compra y el transporte de piedra y madera. Había que pagar todo esto a los precios de mercado. Sin duda, la corona a veces contribuía permitiendo que los artículos voluminosos viajaran sin pagar peaje. Guillermo I, generoso benefactor de la Iglesia, autorizó al obispo Walkeleyn de Winchester a cortar en el bosque de Hempage toda la madera que sus hombres pudiesen retirar en cuatro días con sus noches; se enfureció cuando el obispo llevó «una tropa innumerable» y arrasó gran parte del bosque. Esa generosidad llegó a ser casi desconocida en la Edad Media posterior. El dinero y los recursos reales fueron consagrados exclusivamente a fundaciones que llevaban el nombre del rey, otro ejemplo de la tendencia cada vez más acentuada a centrar la religión en el propio interesado. La construcción de catedrales implicaba la recaudación de enormes cantidades de dinero en efectivo. Los acaudalados obispos de la corte, por ejemplo Stapleton de Exeter o Wykeham de Winchester, suministraban grandes sumas. Pero la mayor parte del dinero debía obtenerse mediante la venta de privilegios espirituales. La construcción del sector del coro de San Pablo durante el siglo XIII fue financiada con indulgencias de cuarenta días, vendidas en todo el país, inclusive en Gales. El registro de obra de Exeter correspondiente al período 1349-1350 incluye un pago de ocho chelines a un escriba que redactó 800 indulgencias, vendidas a las personas que contribuyeron al fondo de la construcción. También podía obtenerse dinero mediante castigos financieros; el sistema fue examinado críticamente en un libro que publicó en 1450 Tomás Gascoigne, el canciller de Oxford fieramente ortodoxo pero reformista. Afirma que, en los esfuerzos desesperados por recaudar fondos para York, la más grande y la más costosa de todas las catedrales inglesas, las parroquias fueron «entregadas» a recaudadores profesionales, que se apropiaban de una considerable proporción de los ingresos. También hubo misiones mendicantes directas, dirigidas por *quaestores*, muy usadas por York, y también propensas al abuso; se formaron corporaciones de benefactores destinadas a recaudar sumas regulares; se recompensaba a los miembros con privilegios, exenciones y cosas por el estilo. Los privilegios, el derecho de conceder indulgencias y otras atracciones espirituales debían solicitarse a Roma (o Aviñón) y también había que pagarlos. De esta forma giraban los engranajes de la Iglesia. No se daba nada por nada. Incluso de este modo, solía suceder que se agotaba el dinero destinado a la construcción; es la razón principal por la cual se necesitaba tanto tiempo para terminar las catedrales: un siglo para la nave de Old Saint Paul's, 150 años para la nave de la abadía de Westminster; se realizaron trabajos importantes de construcción en York de 1220 a 1475, es decir más de 150 años, y en Lichfield de 1195 a 1350.

De todos modos, ¿cuál era la función de la catedral? Inicialmente había sido la única iglesia de la diócesis, o en todo caso la única donde podían administrarse todos los sacramentos. Después, las catedrales tendieron a convertirse además en santuarios de reliquias valiosas (que permitían recaudar dinero). Thomas Becket pagó póstumamente gran parte de la reconstrucción de Canterbury en un período posterior de la Edad Media. El cuerpo de Eduardo II, brutalmente asesinado y, a juicio de muchos, martirizado, pagó el maravilloso coro flamígero de la abadía de Gloucester. Entre las más populares se contaban Cuthbert en Durham, Etheldreda en Ely, Guillermo de Perth en Rochester, Swithun en Winchester y Wulfstan, y Osvald en Worcester. Una catedral sin un santo muy conocido se privaba de una importante fuente de ingresos; por eso se realizaban esfuerzos con el propósito de conseguir que Roma canonizara a las personas sepultadas en esos recintos, pero Roma tenía que ser seducida y pagada. Incluso así, había santuarios de muchos santos no oficiales cuya jerarquía nunca había sido regularizada por Roma; por ejemplo, el obispo Button en Wells, que curaba el dolor de muelas, y en York, el arzobispo Richard Scrope, ejecutado como rebelde. Casi todas las personas reales o principescas que acababan trágicamente tenían probabilidades de ser veneradas, al margen de sus méritos reales; de este modo, Tomás, conde de Lancaster, ejecutado por Eduardo II en 1322, concitó un culto entusiasta en San Pablo hasta que el rey, irritado, ordenó que retiraran sus restos.

Estos lugares estaban casi siempre en el coro o el santuario, separados del resto de la catedral por grandes puertas de hierro. Se abrían sólo en determinadas ocasiones, cuando se permitía la entrada del público en grupos mediante el pago de una suma. Fuera de esto, el pueblo nunca pasaba de la nave. Sin duda, es difícil ver a las catedrales como servidoras del conjunto de los cristianos. Se construían esencialmente para el clero y las clases superiores, y hasta cierto punto para los habitantes acomodados de la ciudad. El brazo del coro era una capilla reservada exclusivamente para los canónigos en una catedral secular o para el convento en una monástica. El laicado no participaba en los servicios, incluso cuando estaba de pie en la nave (que carecía de bancos o sillas) era difícil ver el altar mayor a causa del biombo o *pulpitum*. A veces no se construía la nave, como en Beauvais. Generalmente formaba un amplio vestíbulo para el coro y se empleaba con fines profesionales. No estaba destinada al culto de los laicos excepto donde, como sucedía en unas pocas catedrales, la construcción había obligado a demoler una iglesia parroquial. En tal caso, se instalaba un altar y éste funcionaba. Pero la mayoría de las naves eran lugares amplios, vacíos y sucios, y no tenían adornos profusos como los que aparecían en el sector «clerical» del edificio. Con frecuencia se usaban en el comercio. En 1554, bajo el reinado de la sanguinaria María, la corporación de la ciudad de Londres prohibió que se usara la nave de San Pablo como atajo para transportar barriles de cerveza o cargas de frutas y pescado del río a los mercados.

En algunos casos el público podía llegar a los cruceros. Pero era más frecuente que éstos y otras partes de la catedral estuviesen ocupados por las capillas individuales, pagadas con los fondos que aportaban personas acaudaladas con el fin de que se rezaran misas diarias por sus almas; a estos lugares sólo podían entrar las familias de los donantes. Las capillas poco a poco ocuparon todo el espacio vacío, unidas con otros altares destinados a rezar misas por los muertos —también era necesario pagar éstas—. De hecho, a partir del siglo XIV las catedrales se convirtieron en una acumulación de capillas y altares bajo un mismo techo, destinados a la sucesión interminable de misas por las almas de los benefactores laicos y eclesiásticos. Incluso hacia principios del siglo XIII, antes de que se popularizaran las misas conmemorativas, Durham había acumulado más de 7.000 anuales, y más tarde se calculó que sumaban decenas de miles. También del siglo XIII data la práctica de sepultar a los laicos y los eclesiásticos adinerados en el interior del recinto. Hasta ese momento había sido algo desusado, excepto en el caso de los fundadores; incluso los primeros reyes y reinas de Kent fueron sepultados afuera, en los terrenos de San Agustín, en Canterbury. Después, en 740, el papado decretó que los arzobispos podían ser sepultados en su catedral; más tarde se amplió la norma, hasta que alrededor de 1250 se convirtió en asunto de dinero (así, los ricos y los individuos de alta cuna se amontonaron en el interior). Sobre la base de la confirmación ocular del hecho de que el dinero podía contar en el otro mundo tanto como en éste, aumentó la altura de las dramáticas almenas del edificio, y las necesidades de la arquitectura de la piedra —la piedra paulatinamente sustituyó a la madera— en medida considerable impusieron la forma; la magnitud se convirtió, por así decir, en arrogante afirmación del poder y la particularidad de la clase clerical y de sus benefactores laicos, cuyos huesos estaban sepultados abajo. La vanagloria condujo a la longitud en Inglaterra (la nave de San Pablo tenía 175 metros; Winchester, 158) y a la altura en Francia (comenzando con Notre Dame, alrededor de 1165, con 33 metros, para aumentar bruscamente con cada catedral sucesiva de la Isla de Francia; Chartres, 34; Reims, 37; Amiens, 42, y la culminación en Beauvais, 46). En el siglo XVI, cuando las reliquias se vieron desacreditadas y en Europa septentrional se prohibieron las misas por los muertos, las catedrales perdieron gran parte de su finalidad y los reformadores radicales no supieron qué hacer con ellas. Ese desconcierto no podía extrañar; el análisis de la construcción, el crecimiento y el funcionamiento de las catedrales explica muchas de las razones por las cuales sobrevino la Reforma.

La «cristiandad mecánica», como podemos denominarla, por lo tanto estuvo dirigida en las ciudades principalmente hacia el ciudadano «respetable» y, sobre todo, hacia el benefactor acomodado. ¿Qué podemos decir del campo? La abrumadora mayoría de las iglesias parroquiales, como indican documentos del tipo del *Domesday Book*, eran propiedad privada y se esperaba que diesen ganancia. Que el campesinado estuviese bien servido por los sacerdotes dependía en medida muy considerable de la fertilidad del suelo y el nivel general de prosperidad. Los sacerdotes tendían a concentrarse en las ciudades o en los distritos rurales más prósperos. En teoría, se presumía que todos los adultos debían conocer los elementos fundamentales de la fe. Un decreto carolingio temprano estableció lo siguiente: «Que todos los hombres están obligados a aprender el Credo y el Padrenuestro, o profesión de fe.» Los castigos en el caso de los varones consistía en que se los «golpeaba o se les prohibía toda bebida que no fuese el agua» y, en el caso de las mujeres, «los azotes o el ayuno». No era posible cumplir estas órdenes, pues el clero instruido escaseaba o no estaba dispuesto a vivir en los distritos rurales. La mayoría de los sacerdotes rurales estaba formada, a su vez, por individuos ignorantes, aunque teóricamente debían ser personas instruidas. Éste es un tema que provocó amargas quejas tanto en los dignatarios visitantes como en otros de todos los países a lo largo de la Edad Media. En 1222, de diecisiete sacerdotes que estaban subordinados al deán y el capítulo de Salisbury, cinco no podían construir la primera oración de la primera colecta del canon. Abundaban estos ejemplos. Guillaume le Maire, obispo de Angers a principios del siglo XIV, se quejó de que entre sus sacerdotes había «muchas personas despreciables de vida abyecta, absolutamente indignas por el saber y la moral... cuyas vidas execrables y la ignorancia perniciosa provocan escándalos infinitos, determinan que los laicos desprecien los sacramentos de la Iglesia y que en muchos distritos los laicos consideren a los sacerdotes más viles y más despreciables que los judíos». Era un problema de pobreza y de educación. Los obispos bien podían quejarse: ¿por qué no hacían algo? La selección y la instrucción del clero eran responsabilidad del obispo; sin embargo, ninguno construyó un seminario a lo largo de la Edad Media; no hubo nada semejante hasta el siglo XVI y, por lo que sabemos, tampoco ningún obispo aplicó fondos diocesanos al aumento de los estipendios de los sacerdotes más pobres, con el fin de mejorar su «vida abyecta», pese a que esos fondos destinados a equiparar situaciones habían sido empleados en épocas anteriores de la Iglesia.

La verdad es que la Iglesia tendía a mostrarse hostil a los campesinos. Había muy pocos santos campesinos. Los autores clericales de la

Edad Media destacan la bestialidad, la violencia y la avaricia del campesino. Tenemos pocas imágenes auténticas de la vida campesina en los documentos; la mayoría de los críticos clericales utilizaban estereotipos populares. El clericalismo era cada vez más un fenómeno urbano en la etapa posterior de la Edad Media. No era usual ver a un sacerdote en los distritos rurales. Juana de Arco provenía de una familia piadosa, pero es interesante observar en su declaración que el clero gravitó sobre su vida con muy escasa frecuencia. El principal elemento común de la Iglesia y el campesino era la devoción a las reliquias. En las aldeas se usaban para prestar juramento y para toda suerte de finalidades. Además, los campesinos apreciaban los esfuerzos de la Iglesia para evitar los desastres naturales.* Los sacerdotes parroquiales exorcizaban y maldecían las tormentas, y trataban de expulsar los enjambres de langostas mediante excomuniones y procesiones. En un formulario monástico que data del período comprendido entre 1526 y 1531, hallamos un servicio para eliminar las orugas y los «gusanos de las palmeras» de la diócesis de Troyes, con la condición de que el campesino pagara sus diezmos. Los documentos aluden a menudo a la excomunión (y el ahorcamiento) de animales a causa de delitos antisociales. En 1531 un abogado y canónigo francés, Chassenée, defendió esta práctica en su trabajo *Excommunicatione Ani-*

---

* Los campesinos también se beneficiaban con los días festivos, que fueron aumentando a lo largo de la Edad Media. El código legal de Alfredo, alrededor de 890, incluía doce días en Navidad, catorce en Pascua, una semana a mediados de agosto y tres días más. Era obligatorio «concederlos a todos los hombres libres, pero no a los esclavos o a los trabajadores que no eran libres». Hacia el siglo XII se incluyó a todos los trabajadores agrícolas, y sumaban de treinta a cuarenta días libres; los registros señoriales demuestran que el sistema se aplicó gradualmente, aunque ciertos días eran más sagrados que otros, y más sagrados para algunas personas que para otras. La tendencia fue hacia el aumento del número de días (primero se exigieron vigilias, después octavas); después de la Peste Negra, cuando la fuerza de trabajo comenzó a escasear, los «servidores», a quienes hasta entonces no se había pagado la mayoría o la totalidad de los días santos, ahora debieron ser pagados por algunos y más tarde por todos. El sistema era enormemente complicado y guardaba escasa o ninguna relación con las necesidades de la agricultura. Valga lo dicho en relación con la teoría de que las festividades cristianas meramente reproducían las paganas de carácter inmemorial. Véase Barbara Harvey, «Works and *Festa Ferianda* in Medieval England», *Journal of Ecclesiastical History* (1972). La idea de los días festivos para los trabajadores perduró después de la Reforma y reapareció en la «Gran Fiesta Nacional», en la que el cuáquero William Benbow, en 1832, basó la primera teoría de la Huelga General. Véase Patrick Renshaw, *The General Strike* (Londres, 1975).

malium Insectorum. Afirmó que a menudo había sido eficaz y mencionaba el caso de las anguilas expulsadas de los lagos, los gorriones de las iglesias y cosas así. Las orugas y otras pestes semejantes se reirían si se las enjuiciaba en un tribunal secular; por lo tanto, había que castigarlas «con el dolor del anatema, al que temen más, pues son criaturas obedientes al Dios que las creó». Pero, agregaba, debía cumplirse la ley y designarse un abogado que alegase en defensa de los animales. En ciertos casos, se suministraban parcelas de terreno baldío y se las sentenciaba a trasladarse a ese lugar.

Pero sobre todo, lo que el campesino deseaba de la Iglesia era la esperanza de la salvación. Ésta era la razón abrumadora por la que la cristiandad remplazó al paganismo: el cristianismo tenía una teoría muy bien definida acerca de lo que sucedía después de la muerte y del modo de alcanzar la felicidad eterna. Esta cuestión atraía a todas las clases y era el factor que permitía que la Iglesia mantuviese la unión social. Pero también este aspecto de la cristiandad varió sutilmente en el curso de los siglos, rompiéndose el equilibrio en favor de las clases poseedoras; sin duda se convirtió en el rasgo fundamental de la religión mecánica. Como hemos visto, inicialmente se atribuyó al bautismo el carácter de preludio de una *parousia* inminente. Sólo poco a poco, a medida que la *parousia* retrocedió, la Iglesia tuvo que afrontar el problema del pecado después del bautismo y del segundo arrepentimiento (o el tercero y los actos subsiguientes). Más aún, cabe afirmar que el problema nunca se resolvió satisfactoriamente. Se convino en que el pecado después del bautismo debía ser confesado de un modo u otro. Ambrosio creía que era posible la confesión pública, la confesión ante un sacerdote o la de carácter íntimo, ante uno mismo. Si la confesión se realizaba frente a un sacerdote, éste intentaría interceder ante Dios; pero los confesores (aquí Ambrosio citaba a Orígenes) carecían de poder para hacer nada excepto orar y aconsejar. Los formularios concretos de la Iglesia estaban redactados sólo en vista de la confesión y el castigo públicos. Pero se incorporó una excepción en el caso de las adúlteras, que podían perder la vida si confesaban en público; y estas excepciones o concesiones se multiplicaron. En 459 León I prohibió la lectura de confesiones en público; dijo que era suficiente confesar ante Dios y luego ante un sacerdote o un obispo, que rezarían por el pecador. En tiempos de Gregorio el Grande se aceptaba que la confesión era necesaria para la remisión del pecado y que estaba en manos de los sacerdotes, pero aparentemente la acompañaba una ceremonia pública. En su forma madura, la confesión auricular fue probablemente un subproducto de la conversión de las tribus germánicas. Se afirmó mucho más lentamente en Europa meridional. Por supuesto, la mayoría de la gente la prefería en lugar de la humillación pública; el principal obstáculo que se opuso a su expansión fue la escasez de sacerdotes. En 813 el Concilio de Châlons estableció que las confesiones privadas a Dios o a un sacerdote eran igualmente eficaces; las confesiones retrasadas o en el lecho de muerte eran populares, como lo había sido anteriormente el bautismo. La confesión auricular como forma estándar y como sacramento se desarrolló *pari passu* con la teoría papal y clericalista a fines del siglo XI y durante el XII, y estuvo visiblemente relacionada con ambas. La primera formulación de la base sacramental correspondió a los escolásticos parisienses y, sobre todo, a Pedro Lombardo, que se basó en un trabajo agustiniano falsificado (en realidad, Agustín no trató el problema). Algunas falsificaciones atribuidas a Isidro representaron un papel importante en la evolución de la teoría afín del «Poder de las Llaves». La falsificación más destacada estuvo en los *Capitularios de Benedicto el Levita*, un supuesto documento de Clemente I, que relataba su ordenamiento como obispo de Roma y en el que Pedro formalmente le traspasaba el poder de las llaves; se ponía en boca de Pedro la afirmación de que los obispos eran las llaves de la Iglesia, pues ejercen el poder de abrir y cerrar las puertas del Cielo. Por lo tanto, en el siglo XII la confesión en privado a un sacerdote era la única forma utilizada todavía en Occidente, excepto en ciertos monasterios, donde la más antigua tradición de la confesión pública se prolongó un tiempo. En 1198, el Concilio de París publicó el primer código sinodal de instrucciones destinadas a los confesores; en el Concilio Lateranense de 1216 Inocencio III estableció que la confesión auricular era obligatoria para todos los cristianos adultos. A lo largo de la Edad Media persistió sin resolverse la discusión acerca del carácter de la confesión, es decir, si era una institución humana o divina; más tarde, en el siglo XVI, la actitud de los reformadores en el sentido de que no era un sacramento endureció la posición de los papistas, y el Concilio de Trento la declaró divina.

Es indudable que la insistencia de Inocencio III en la confesión frente a un sacerdote, en privado, se originó en su decisión de luchar por todos los medios disponibles contra las desviaciones y las herejías. Esta medida permitió que la Iglesia adoptase tácticas mucho más flexibles y las adaptase a problemas, a lugares y a hombres determinados. Mientras la confesión pública era una forma de tosca democracia, el confesor cuidadosamente elegido venía a fortalecer la jerarquía social. Recibir la confesión de un rey, un duque o un arzobispo era una actividad clerical sumamente especializada y, para atestiguarlo, han llegado a nosotros muchos manuales; estos trabajos nos suministran, entre otras cosas, percepciones reveladoras de la teoría política medieval. El desarrollo del «confesor privado» fue una indicación más de que, a los ojos de la Iglesia, los cristianos no siempre eran iguales ni siquiera en los temas espirituales.

El principio tendió a extenderse también a la penitencia, o más especialmente a los métodos de cumplirla. La promesa cristiana de salvación, que ejerció una atracción tan enorme en el mundo del Mediterráneo y después sobre los bárbaros septentrionales, estaba compensada por una horrorosa teoría de la alternativa que esperaba a los pecadores. Como habían argumentado algunos de los primeros Padres, la existencia del Infierno contribuía a justificar el Cielo; en todo caso, a juicio de las mentes poco cultivadas lograba que la salvación pareciese aún más verosímil. Nunca hubo acuerdo absoluto acerca del número de individuos que se salvarían. Orígenes había pensado que, en definitiva, todos podrían redimirse; pero esta opinión fue condenada por un concilio del siglo VI y la tendencia de la Edad de las Tinieblas fue reducir drásticamente las posibilidades. Hacia el siglo XIII la opinión oficial se había estabilizado: Tomás de Aquino creía que «pocos» se salvarían y «muchos» serían condenados; la mayoría de los siguientes predicadores medievales situaba la proporción de los salvados en uno por mil, o incluso uno por diez mil. Por lo tanto, en vista del desarrollo de la teoría del Infierno y el escaso número de los salvados, naturalmente aumentaba la dificultad por obtener la remisión plena del pecado. Las penitencias en la Edad de las Tinieblas eran casi increíblemente arduas. Lo mismo que los delitos seculares, se basaban en el principio de la compensación, pero no a la víctima, sino a Dios. ¿Y cómo podía compensarse plenamente a un Dios ofendido? El único modo de lograrlo era inflar el concepto de la autodenegación. De este modo, la mayoría de las penitencias tempranas se centraron en períodos interminables de ayuno; Wulfstan de York habla de un hombre sentenciado a ayunar, descalzo, los lunes, miércoles y sábados, por el resto de su vida, a usar sólo una prenda de lana y a cortarse los cabellos tres veces al año. El ayuno a menudo estaba acompañado por peregrinaciones obligatorias o por visitas a elevado número de santuarios. El parricidio —un delito bastante usual en la Edad de las Tinieblas— era castigado con el exilio: el penitente, cargado de cadenas, tenía que salir a peregrinar hasta que las cadenas se gastaban tanto que se desprendían.

Había muchos problemas prácticos relacionados con la penitencia. La costumbre exhibía enormes variaciones. Los penitenciarios escritos discrepaban absurdamente y los expertos rivales se insultaban profusamente. Pedro Damián se mostró extremadamente violento en su crítica a los confesores que tomaban a la ligera la sodomía; pensaba en el penitenciario concebido en el siglo VIII por el arzobispo Egbert de York, una forma usual en Inglaterra, formada por «reniegos teatrales», «los encantamientos del demonio» y «un monstruo creado por el hombre, con la cabeza de un caballo y los cascos de un macho cabrío». Además, era casi imposible cumplir muchas penitencias. Cuanto más sincero el arrepentimiento, con mayor seriedad el penitente afrontaría la tarea que se le había impuesto; con frecuencia un hombre podía pasarse el resto de su vida aterrorizado ante la posibilidad de haber fallado. ¿Y si fallecía antes de cumplida la penitencia? Con mucha lentitud, la Iglesia adoptó la teoría del purgatorio para resolver esta dificultad.

La práctica dura e incluso cruel de la Edad de las Tinieblas, consistente en aplicar castigos desmedidos, no sólo confirió credibilidad a la idea de la salvación; en cierto sentido dio credibilidad al conjunto de la sociedad cristiana. La flagelación grupal de un rey o un arzobispo desnudos era la prueba sugestiva de la igualdad espiritual ante Dios y el hombre. Pero en cuanto los expertos clericales hallaron medios mecánicos que les permitían suavizar todos los rigores de la penitencia, comenzó a formarse un orificio cada vez más ancho en la trama de la convicción cristiana. Era demasiado fácil descubrir esa clase de recurso: el fallo real del derecho canónico era que atentaba constantemente —más o menos como los abogados modernos especialistas en derecho impositivo— contra las cláusulas igualitarias de la cristiandad. También reestructuró las jerarquías y las pirámides sobre bases espirituales democráticas e introdujo el nexo dinerario en el supuesto mundo del futuro. El abogado del derecho canónico siempre estaba en lucha con la muerte, esa niveladora, y siempre la derrotaba, por lo menos para satisfacción de la curia papal.

En el siglo VII aparecen por primera vez los hombres que aceptan cumplir las penitencias de otros a cambio de una remuneración. Se prohibió esta práctica; más aún, al principio la Iglesia se opuso a cualquier tipo de conmutación. La primera excepción aceptada fue la penitencia sustitutiva sin pago. Un hombre podía cumplir la penitencia de otro por motivos que se relacionaban con el afecto (o el miedo, o la esperanza de un favor futuro). Así, vemos un caso temprano en que un hombre poderoso cumplió una penitencia de ayuno de siete años en el lapso de tres días con la ayuda de 840 partidarios. Una vez que se aceptaba una forma cualquiera de la penitencia sustitutiva, se comprobaba que era imposible evitar la intervención del dinero. ¿Acaso la distribución de limosnas no era una forma de penitencia? Se alegaba que en ese caso se pagaba a Dios, o a los servidores de Dios que realizaban los propósitos divinos, de modo que el acto no era reprensible. Al principio, la Iglesia se opuso también a la distribución penitencial de limosnas, por entender que era, para el rico, un modo fácil de llegar al Cielo. Pero pronto fueron hallados textos que servían como justificación: «El rescate de la vida de un hombre está en sus riquezas» (Proverbios, 13:8); y «Haceos amigos del Mammón de la impiedad, de modo que cuando llegue vuestra caída, él pueda recibiros en moradas eternas». Este último pasaje fue sumamente útil; casi podría decirse que había sido concebido por un ingenioso abogado del derecho canónico para servir a sus propósitos profesionales. De esta forma, el sistema de las penitencias pronto se transformó en un medio que permitía desviar hacia las dotaciones eclesiásticas la riqueza de los pecadores acaudalados. Un caso temprano fue el del anglosajón Wulfin, que mató a seis sacerdotes; realizó un viaje de penitencia a Roma y allí se le dijo que estableciera una fundación para siete monjes que rezarían eternamente por él. Otro caso, correspondiente al siglo X, fue el de Eadwulf, canciller del rey Edgardo. Amaba tanto a su hijito que lo hacía dormir entre él mismo y su esposa; una noche ambos estaban borrachos y asfixiaron al niño. Eadwulf propuso marchar a Roma en la condición de peregrino descalzo; se le dijo que, en cambio, reparase una iglesia.

La idea de las fundaciones eclesiásticas como expiación de los pecados graves se convirtió en un rasgo sorprendente de los siglos X, XI y XII. Explica por qué tantas abadías y prioratos recibieron donaciones de hombres perversos. De ese modo, un período de pillaje e ilegalidad se distingue también por la notable abundancia de nuevos monasterios: es el caso de Inglaterra durante el reinado de Esteban. Los cistercienses estuvieron entre los principales beneficiarios de este síndrome. Es cierto que un barón salteador también podía verse obligado a cumplir personalmente una penitencia física, pero después del siglo XII observamos que disminuye constantemente el número de estos casos. El proceso mecánico había prevalecido. Por supuesto, sus diferentes formas proliferaron. En 1095 Urbano II, en su campaña destinada a difundir la idea de la primera Cruzada, afirmó que una cruzada a Tierra Santa era un sustituto de cualquier otra penitencia e implicaba la remisión total del pecado. Sin duda esto suponía una cruzada real y azarosa, y el privilegio o la indulgencia llegaban rodeados de condicionamientos muy cuidadosos y de terroríficas penas si un hombre renegaba. Durante el siglo XII las cruzadas fueron la única fuente de indulgencias, excepto algunos raros casos individuales. Pero por supuesto, estos raros casos individuales (es decir, los que beneficiaban a los ricos, a los influyentes, al clérigo astuto) eran siempre los que destruían el principio. A comienzos del siglo XIII, Inocencio III extendió las indulgencias concedidas al cruzado a todos los que se limitaban a ayudar con dinero y consejo. Cincuenta años más tarde, Inocencio IV concedió indulgencias sin condiciones relacionadas con el servicio en las cruzadas, aunque por supuesto sólo en circunstancias especiales. Hacia fines del siglo XIII, se otorgaban las indulgencias a los príncipes seculares sobre la base de razones políticas. Poco después, se permitió que los individuos comprasen indulgencias plenarias a sus confesores cuando estaban al borde de la muerte; esto significaba que podían entrar inmediatamente en el Cielo, si morían en estado de gracia, después de la confesión plena. Durante los primeros seis meses de 1344, Clemente VI otorgó este privilegio a doscientas personas solamente en Inglaterra; les costó menos de diez chelines a cada una. El Papa justificó su actitud diciendo: «Un pontífice debe hacer felices a sus súbditos.» A esta altura de la situación, la idea ya se había ampliado con el fin de promover el comercio de la peregrinación a Roma. Bonifacio VIII otorgó una indulgencia plenaria a todos los pecadores que se habían confesado y que en el curso del año del jubileo de 1300, y por cien años en el futuro, visitaran las iglesias de los Santos Apóstoles en Roma. En 1343, Clemente VI redujo el período a lapsos iguales de cincuenta años y observó: «Una gota de la sangre de Cristo habría bastado para redimir a la raza humana entera. De la abundante superfluidad del sacrificio de Cristo proviene un tesoro que no debe esconderse en una servilleta o enterrarse en un campo, sino que ha de ser utilizado. Este tesoro ha sido confiado por Dios a sus vicarios en la tierra.» El período se redujo a un tercio de siglo en 1389, y a un cuarto en 1470, y a partir de principios del siglo XV fue concedido a muchas iglesias locales en ocasiones especiales.

En este punto se desplomó el dique y las indulgencias se vendían en casi todas las ocasiones eclesiásticas por sumas triviales; también eran regalos de papas indulgentes o emocionales. Tenemos la versión de un testigo ocular acerca de cierta ocasión en 1476, cuando Sixto IV, en el apremio del momento, otorgó indulgencias plenarias a las monjas franciscanas de Foligno, utilizables cada vez que confesaran sus pecados. Por supuesto, esta actitud implicaba destruir absolutamente y para siempre el concepto de la penitencia física. Los cardenales que acompañaban al Papa reclamaron enérgicamente el mismo privilegio y él lo concedió generosamente. A esta altura de las cosas, la inflación estaba acarreando el descrédito del sistema. Ya había desvalorizado por completo los jubileos romanos. Es significativo que los ricos continuaran dotando a las costosas capillas individuales y que de ese modo garantizaran que se rezaran perpetuamente plegarias y misas en beneficio de sus almas, aunque la fácil disponibilidad de las indulgencias plenarias hubiese determinado que tal generosidad fuese innecesaria. Por supuesto, aquí el factor de la riqueza de clase interviene nuevamente. Las indulgencias perdieron su valor tan pronto como llegaron a ser asequibles a todos los pobres; el camino que llevaba a la salvación a un hombre era más seguro si él pagaba centenares o millares de misas, o mejor aún si invertía su riqueza de tal modo que los fieles monjes rezaran por su persona mientras durase el mundo. Por consiguiente, el sistema mecánico de la religión proyectó hacia la eternidad todas las divisiones materialistas del mundo transitorio.

Sin embargo, sería errado caracterizar a los siglos medievales como un lento descenso hacia las formas puramente automáticas de la vida religiosa. El cristianismo conservó una sorprendente dinámica y grandes cualidades de expresión espontánea; la sabiduría teológica de Cristo, cuando suministró una serie entera de matices a la experimentación futura, se demostró en repetidas ocasiones, a medida que nacieron nuevas formas de la acción cristiana y que florecieron y decayeron. Pero como siempre, había tensión entre tales innovaciones y el orden vigente; en efecto, a medida que aumentaron las pretensiones de la casta clerical y que el derecho canónico, que las respaldaba, adquiría un carácter más dominante, la contención del impulso religioso existente en el sistema eclesiástico llegó a ser cada vez más difícil. Ciertamente, la Iglesia intentó, mediante la creación de nuevas instituciones, conferir un aspecto ortodoxo a todas las formas de la experiencia religiosa. El modo tradicional había tenido su eje en la vida monástica, en la actitud que implicaba retirarse del mundo. Hemos visto de qué modo el sistema benedictino había transformado este impulso en un instrumento social amplio y sumamente productivo, que se convirtió en uno de los pilares de la cultura y la economía de la Edad de las Tinieblas: el monaquismo y la Iglesia eran entidades casi coextensivas. Tanto éxito tuvo la regla benedictina, que absorbió todas las restantes formas del monaquismo y hacia 1050 era la norma.

Pero después, y unidas a la expansión de la clase clerical, la educación, la población, la riqueza, las ciudades y la complejidad social, nacieron nuevas formas de la vida religiosa regular. Como hemos visto, los cistercienses fueron en parte un retorno a la primitiva severidad benedictina y en parte un desarrollo de las técnicas económicas monásticas. Más o menos por la misma época aparecieron los canónigos regulares de San Agustín, que actuaron en los nuevos suburbios que se habían formado alrededor de las ciudades amuralladas de la Edad de las Tinieblas; vivían en casas pequeñas y modestas, con dotaciones que representaban un tercio de las que tenía un benedictino; costaba 3 libras anuales mantener a un canónigo de Agustín y por lo menos 10 libras a un benedictino. Administraban escuelas urbanas, leproserías, hospitales, enfermerías y cementerios. Actuaban como confesores, capellanes y predicadores; bautizaban y decían misa por los muertos. Eran seres ubicuos y maestros de todos los oficios clericales, y florecían en número enorme; hacia el siglo XIII probablemente había más casas agustinianas que las que podían hallarse en cualquier otra orden, aunque la mayoría estaba formada por residencias pequeñas. A principios del siglo XIII se les unieron las dos principales órdenes de frailes, los franciscanos y los dominicos. Ambas formularon votos de pobreza y ambas, sobre todo los franciscanos, afirmaron que vivían de lo que podían mendigar. Pero los dominicos, como los canónigos de Agustín, pertenecían a la clase media (a veces a la clase alta) y eran individuos muy instruidos; su función principal era suministrar predicadores eficaces y ortodoxos, que podían actuar prestamente en una región infectada de herejía. Los franciscanos fueron la única orden religiosa reclutada principalmente en las clases inferiores y durante mucho tiempo incluyeron una elevada proporción de legos (y analfabetos). Los frailes eran un grupo esencialmente urbano; su número era muy elevado en Francia meridional, España e Italia; pero había conventos donde había ciudades. Hacia principios del siglo XIV, los dominicos tenían 600 casas, con un total de 12.000 frailes; y los franciscanos, 1.400 casas con 28.000 frailes.

En conjunto, hacia esa fecha, había ocho tipos principales de órdenes religiosas y alrededor de una veintena de subtipos. La mayoría tenía las correspondientes organizaciones destinadas a las mujeres. Aproximadamente un quinto de toda la riqueza de la sociedad pasaba por sus manos. Por supuesto, gran parte de ella retornaba a la sociedad. Prestaban una amplia diversidad de servicios, muchos de ellos gratuitos, y colectivamente ofrecían a los cristianos piadosos la posibilidad de consagrarse a casi todas las formas de la vida religiosa. Estas órdenes religiosas hubieran querido ser un elemento esencial de la cristiandad en tanto que religión establecida y obligatoria, y de la reputación del clero como clase privilegiada. De hecho, hacia el siglo XIV, no eran ninguna de las dos cosas. Por el contrario, en el mejor de los casos eran una cantidad negativa, y en el peor, un motivo de vergüenza, e incluso un escándalo. ¿Por qué?

En teoría, en todas las casas religiosas, incluso en las menos rigurosas, la disciplina era muy estricta. El evangelio del trabajo reinaba por encima de todo; el tiempo de los miembros de la orden se consagraba a actividades muy detalladas y existían amplias posibilidades de inspección y realización de visitas. En todo caso, la mayoría de las reglas tenía un carácter que era opresor hasta el límite de la neurosis. Existía la convención de que los monjes, incluso en la intimidad, no debían hacer nada que ofendiese los sensibles gustos de los ángeles, a los que se les atribuía la condición de seres muy elegantes. En sus *Reglas para los novicios*, Hugo de San Víctor prohíbe escuchar con la boca abierta, pasar la lengua sobre los labios mientras se trabaja, hacer gestos, enarcar el ceño al hablar, girar los globos oculares, inclinar la cabeza, sacudirse los cabellos, alisarse la ropa, mover innecesariamente los pies, torcer el cuello, hacer muecas, reír, contraer las fosas nasales e incurrir en «todas las contorsiones labiales que desfiguran la apostura de la cara de un hombre y la decencia de la disciplina». Asimismo, se detallaba puntualmente la apostura corporal de las monjas en casi todas las actividades. Se flagelaba tanto a los monjes como a las monjas por faltas relativamente pequeñas, sobre todo si murmuraban cuando eran reprendidos. En el caso de las monjas brigitenses de Syon, en Middlesex, el castigo corporal era imperativo para todas las faltas, por pequeñas que fuesen, que la monja no hubiese declarado por iniciativa propia y que hubieran sido observadas después. Cinco latigazos era la norma, «pero si la falta es del tipo más grave o ellas muestran el más mínimo signo de rebelión, las personas encargadas del castigo no se detendrán hasta que la abadesa les ordene detenerse». También de Syon ha llegado hasta nosotros una tabla de signos usada por las hermanas y los hermanos (que vivían en casas separadas) que indican que se imponían las reglas del silencio. Pero cuando las reglas se multiplicaban, el espíritu tendía a huir del claustro; el hombre medieval tenía un talento extraordinario para imponerse reglas y después esquivarlas. Giraldo Cambrensis observó, alrededor de 1180, que los monjes de Canterbury gesticulaban «profusamente» con las manos y los brazos, y murmuraban para evitar el lenguaje manifiesto, y en todo eso demostraban «una frivolidad y una licencia poco edificantes», al extremo de que parecían «una compañía de actores y bufones». Creía que habría sido mejor «hablar modestamente en un lenguaje humano sencillo que usar ese torpe palabrerío de signos y susurros frívolos».

Éste no es más que un minúsculo ejemplo del menosprecio que la familiaridad con las cosas sagradas origina inevitablemente y que es inseparable de la vida religiosa. Pero las causas esenciales del fracaso de las órdenes monásticas eran más profundas y poseían carácter económico y social. En Europa septentrional y central, donde los benedictinos eran más fuertes y ricos, y donde el papel económico de los monjes era más importante, estaban completamente integrados con el sistema de propiedad de la tierra. El abate era y tenía que comportarse como un pilar de la sociedad feudal. Las grandes abadías estaban casi siempre en las rutas usadas por el rey y su séquito, y tenían que agasajar a los monarcas y a los miembros de su corte; más tarde, a los parlamentos o estados generales. Los abates casi siempre provenían de las clases sociales más altas. Hacia el siglo XII ya contaban con su propia estructura, su personal y sus edificaciones (sobre todo la cocina), que les permitía dispensar hospitalidad en gran escala a los ricos. De hecho, estaban al frente de algo que era una combinación de hotel de lujo y centro cultural. Por supuesto, al principio no eligieron esta función. Pero la utilización de las abadías benedictinas (y sobre todo de las fundaciones reales) por los gobiernos con fines oficiales se remonta a una fecha muy temprana. Tampoco puede afirmarse que el papado reformado realizara el más mínimo intento de modificar el sistema; por el contrario, el papado creó sus propias formas de aprovechamiento, sobre todo a través de la obligación impuesta a los abates electos de viajar a Roma para ser confirmados. Tomás de Walsingham se queja de los «horribles gastos», los «generosos regalos» y la necesidad de «untar la palma de los examinadores», es decir, los funcionarios papales que examinaban las credenciales del abate. Se conservan muchas listas detalladas de exacciones de la curia. El nuevo abate de San Albans en 1302, Juan IV, pagó «al Señor y Papa, por una visita privada, 3.000 florines, o 1.200 marcos de ley; por una visita pública, 1.008 marcos de ley... Además, por la mano de Corsini en el asunto de la obtención de las bulas, y por la redacción de las bulas la primera vez,

63 *gros tournois*; al Maestro Blondino, que corrigió la carta anulada, 2 florines; al escriba, la segunda vez, 60 *gros tournois*; al Maestro P., con el fin de que se registrasen cuanto antes, 4 *gros tournois*; por tres cartas rogatorias, 65 *gros tournois*; a los empleados que sellaron las bulas, 12 florines y 2 *gros tournois*...». Y así sucesivamente. El total sumó más de 1.700 libras esterlinas; y poco más de siete años después Juan falleció y su sucesor tuvo que pagar otras 1.000 libras esterlinas, más las primicias. A su debido tiempo, San Albans concertó con Roma una póliza de seguro, de modo que pagó veinte marcos anuales; y en el siglo XV esos montos formaban un capital. Pero las exacciones de Roma no impedían que los mandatarios recientemente electos realizaran sus propias celebraciones. Todo el alto clero (y especialmente los obispos) ofrecían monstruosos festines inaugurales en el período último de la Edad Media. En 1309, cuando el prior de Canterbury asumió el cargo, recibió a 6.000 invitados, que consumieron 53 *quarters* de trigo, 58 de malta, 11 toneles de vino, 36 bueyes, 100 cerdos, 200 lechones, 200 ovejas, 1.000 gansos, 793 capones, gallinas y pollos, 24 cisnes, 600 conejos, 16 hormas de queso de cerdo, 9.600 huevos, etcétera, con un costo de 287 libras esterlinas.

A partir del siglo XII los abates soportaron encendidas críticas porque vivían como grandes terratenientes. Los críticos objetaban sobre todo que cazaban, una actividad que, más que cualquier otra, era el rasgo distintivo de la jerarquía y el comportamiento de la clase alta. En el Canon 15 del Cuarto Concilio Lateranense, Inocencio III estableció: «Prohibimos la caza a todo el clero. Por lo tanto, que no presuman de mantener sabuesos o halcones.» Esa exhortación, repetida con frecuencia, fue por completo ineficaz. Los abates alegaban que, si tenían que agasajar a los grandes, necesitaban mantener el deporte de la caza. Guillermo Clown, abate agustiniano de Leicester, fue el compañero de caza favorito de Eduardo III (y el modelo del monje disoluto de Chaucer); Eduardo lo visitaba una vez al año en lo que es ahora la región de Quorn, donde el abate mantenía una soberbia jauría de galgos para el acoso de las presas. Cuando se lo criticaba, Clown decía que su casa le imponía mantenerse a la altura de los poderosos. El abate Littlington de Westminster también mantenía galgos, y en 1368 ofrendó la imagen de cera de un halcón, depositada sobre el altar, para obtener la recuperación de su mejor ave de presa. Los obispos a quienes se encomendaba la tarea de visitar las casas monásticas no se esforzaban mucho para corregir este abuso. Más aún, si la abadía estaba en una región conveniente, aprovechaban la oportunidad para cazar también ellos. Algunos obispos y abates se abstenían conscientemente de la caza; prácticamente todos, en su condición de miembros de la clase poseedora, aplicaban con la máxima severidad las leyes referidas a esta práctica, paradigmas del sistema social. Por ejemplo, en 1376 vemos a Tomás Hatfield, obispo de Durham, que en nombre de su amigo sir Philip Neville ordena a todo el clero de su diócesis que pronuncie sentencias de excomunión contra los que robaron el halcón favorito de sir Philip; dos años después excomulgó a los «hijos de la iniquidad, de nombre desconocido», que «con grave peligro para sus almas... han sustraído subrepticiamente de nuestro bosque de Weardale ciertas aves llamadas halcones Merlín en lengua vulgar». Si los obispos no aplicaban las normas, ¿quién lo haría?

Hacia el siglo XIII las abadías benedictinas prácticamente habían dejado de ser instituciones espirituales. Se habían convertido en sinecuras colegiadas reservadas sobre todo a los miembros de las clases superiores. El abate y sus gastos absorbían alrededor de la mitad de los ingresos, a veces mucho más; en San Gallen, en el año 1275, el abate gastó 900 marcos de un total de 1.042. Las dotaciones nuevas habían disminuido drásticamente durante el siglo XII. En general, las abadías ya habían perdido su función económica de avanzada y sus ingresos se mantenían en el mismo nivel. Por lo tanto, disminuyó el número de monjes. La Iglesia de Cristo en Canterbury, que tenía 120 monjes en 1120, contaba con menos de 80 en 1207. Las grandes abadías germánicas presenciaron una disminución todavía más acentuada, y Fulda pasó de 200 en el siglo X a 20-30 en los siglos XIII y XIV; San Gallen y Reichenau descendieron de 100 a 10, o incluso menos. Por referencia a esta última, Benedicto XII se quejó de que «a nadie se recibe como monje a menos que sea de noble cuna por ambas ramas de la familia». Por supuesto, tales aspirantes traían consigo sus respectivas «dotes». Llegó a ser muy difícil conseguir plaza en un «buen» monasterio benedictino. Si se trataba de una persona ajena a la nobleza, tenía que tener contactos, dinamismo y dinero. Los monjes benedictinos plenos rara vez eran miembros de la clase trabajadora y pocas veces de la clase media hacia el final de la época medieval. Se mantenía intencionadamente bajo el número de miembros. Además de Canterbury, por lo menos tres casas benedictinas tenían más de 100 monjes a principios del siglo XII; alrededor de 1500 Canterbury era todavía la principal abadía, con 70 monjes, pero las seis casas siguientes tenían 60 o menos individuos, tres menos de 50. Eversham, que tenía 67 monjes en 1086, descendió a 38 en 1416 y contaba con 33 en el momento de la disolución.

Estos monjes tenían sus propias habitaciones, sus despachos y sus criados. Vivían como los decanos universitarios o los administradores de grandes propiedades. Casi nunca realizaban trabajos manuales y, hacia el siglo XIII, tenían dificultades cada vez mayores para mantener la rutina integral de los servicios; no había monjes suficientes y los que pertenecían a la institución tenían cosas más mundanas que hacer. Los intentos de reformas, a veces enérgicos, tropezaron con el inconveniente insalvable de que el monasterio benedictino había cambiado totalmente como institución económica y social (y por lo tanto espiritual). Hay una reseña muy completa del Mont Saint Michel, parte de la encuesta acerca de la propiedad monástica promovida por Benedicto XII en 1338. Hacia este período los monjes habían abandonado la explotación muy concentrada de los dominios y se limitaban a administrar las propiedades en la condición de *rentiers*. Podía ser que estuviesen muy atareados, pero habían perdido su función. De los 90 monjes, 50 estaban dispersos, generalmente en parejas, para atender 22 propiedades del priorato. Vivían como caballeros rurales célibes, aunque sus gastos eran relativamente reducidos, pues en efecto insumían 40 libras esterlinas anuales, solventaban el esplendor y la hospitalidad de la casa principal; por ejemplo 1.700 libras esterlinas en comida, 500 en prendas de vestir, 460 en reparaciones, 500 en impuestos, 300 en pleitos judiciales y 120 en concepto de combustible. El rubro individual más abultado era el vino: 2.200 libras esterlinas.

Hacia esta época, el ideal benedictino había desaparecido casi por completo. Los monjes tenían cuartos individuales, pues se habían dividido los dormitorios. Tomaban las comidas en sus propias habitaciones y los criados de la abadía llevaban el alimento preparado en las cocinas. Agasajaban a sus visitantes. Se les pagaba estipendios. Las reglas sobre el silencio y la dieta de hecho habían desaparecido. Se tomaban fiestas pagas, que se pasaban en una de las casas rurales del abate; o se alojaban con familias y amigos. La mayoría estaba formada por parásitos poco emprendedores de la clase alta. Era casi imposible corregirlos eficazmente. Como había observado Benedicto XII, «a causa del poder de sus parientes, no puede impedirse que estos monjes cometan actos ilegales, ni cabe forzarlos a observar las reglas de la orden». En realidad, algunas personas muy decididas lo intentaron y trataron de imponer reformas. En 1421 Enrique V propuso eliminar, en los establecimientos especiales destinados a los abates, todo lo que fuese una exhibición excesiva, las ropas llamativas o lujosas, los períodos festivos muy largos, el consumo de carne y las comidas extravagantes, las habitaciones privadas para comer y dormir, y todo lo que fuese contacto con mujeres; también impuso límites rigurosos a los pagos en dinero y las visitas a los parientes y los amigos. De todo esto no salió nada. Los obispos carecían del poder necesario para imponer cambios radicales, y estaban atemorizados por la perspectiva de enredarse en juicios costosos. Los abates habían perdido mucho tiempo antes la autoridad necesaria para promover la reforma interna. Tenemos una imagen reveladora de lo que sucedió en Thornton, en 1440, después de una visita del obispo de Lincoln, Guillermo Anwick, un religioso que propugnaba la reforma: «En un capítulo que reunió a todos se realizó una discusión sobre los defectos que era necesario corregir... pero cuando alguno se quejaba de ciertas cosas debía afrontar inmediatamente terribles réplicas de otros, y el abate dijo, juntando las manos: "¡Desdichado de mí! ¿Qué haré? Estoy destrozado"; y si no se lo hubiesen impedido apelando a la fuerza, habría huido como un loco de la casa donde se celebraba el capítulo.»

En ciertos aspectos, los conventos de monjas representaban un problema todavía más grave. Muchos eran sumamente rigurosos. Pero los más laxos eran también los más aristocráticos. Allí iban a parar viudas y vírgenes de las clases superiores por diferentes razones que no eran religiosas, y las monjas no veían motivo para sacrificar ninguna de las comodidades a las que estaban acostumbradas. En la práctica, era imposible impedir esta actitud, por lo menos si la dotación económica de la institución soportaba dicha situación; desde el punto de vista de las autoridades, era más grave la costumbre de sobrepasar los límites que se observaba en las monjas de elevada cuna. Por ejemplo, los obispos ingleses estuvieron más de doscientos años tratando inútilmente de mantener a las monjas en sus claustros; todavía se esforzaban penosamente en alcanzar ese objetivo cuando Enrique VIII disolvió todas las órdenes. Las mujeres célibes de la clase alta, que vivían comunitariamente y tenían pocas ocupaciones, tendían a convertirse en personas excéntricas cuyo control era muy difícil. Hay cierto acento de exasperación en la carta que el gran Guillermo de Wykeham dirigió a la abadesa de Romsey en 1387: «... prohibimos estrictamente a todas... que en adelante os atreváis a llevar a la iglesia aves, galgos, conejos u otras cosas frívolas que fomentan la indisciplina... a causa de los perros de caza y otros sabuesos que viven en el recinto del monasterio, las limosnas que deberían ser entregadas a los pobres desaparecen y la iglesia y los claustros están groseramente mancillados,... y a causa del estrépito desordenado a menudo se perturba el servicio divino... ordenamos rigurosamente y os exhortamos, Señora Abadesa, a que retiréis completamente a los perros».

Pero las monjas a menudo desafiaban a los obispos, incluso a los obispos respaldados por las autoridades seculares. Cuando un obispo de Lincoln entregó una bula papal disciplinaria en uno de los conventos de su diócesis, las monjas lo persiguieron hasta la entrada y le arrojaron la bula a la cabeza, diciendo que jamás la cumplirían. Johann Busch, el gran reformador agustiniano, que recibió del Concilio de Basilea el encargo de someter a las monjas y los monjes recalcitrantes, dejó una descripción gráfica de su lucha con las monjas de Wennigsen, cerca de Hannover, a mediados del siglo XV. Dijo que ellas habían abandonado la pobreza, la castidad y la obediencia, según parece con la complicidad del obispo de Minden; pero cuando, acompañado por funcionarios locales armados, les leyó la acusación, «las monjas de pronto se tumbaron sobre el pavimento del coro, los brazos y las piernas extendidas en la forma de una cruz, y cantaron a pleno pulmón, del comienzo al final, la antífona *En medio de la vida estamos muertas*». El propósito de esta ejecución de parte del servicio fúnebre era invocar una muerte perversa que debía recaer sobre los intrusos. Busch tuvo que apelar a la violencia física para que las monjas se sometieran y tropezó con la misma oposición a la reforma en siete de veinticuatro conventos de monjas de esta diócesis.

Pocos de los nuevos tipos de organización religiosa formados en la Edad Media central estaban realizando un aporte positivo a las normas y la moral cristianas durante el siglo XV. Hacia fines del siglo XIII los cistercienses habían abandonado su función precursora en la agricultura. Su número disminuyó; los que quedaron eran casi todos administradores y recaudadores de rentas. Las barreras que habían levantado contra los lujos que inevitablemente se insinuaban en la vida de los monjes que pertenecían a una orden bien dotada, poco a poco fueron desmanteladas. El vino se suministraba primero a los enfermos; después, todos los días festivos especiales; después, los domingos; después, también los martes y los jueves; después, cotidianamente; más tarde, se elevó la ración a una pinta. Los cistercienses eran incluso más aristocráticos que los benedictinos. Esas órdenes «rurales» provocaban la antipatía de la clase media urbana. Pero más tarde los habitantes urbanos miraron con sospecha también a las órdenes urbanas. Por lo menos en teoría, los franciscanos se aferraban a sus votos de pobreza, pero pronto procedieron a eliminar a los legos que actuaban en sus filas. En 1239 el hermano Elías, último general lego, fue depuesto, acusado de ascender a los legos a cargos de autoridad; tres años más tarde se adoptó una nueva constitución, que convirtió a la orden en bastión del clericalismo. Por su parte, los dominicos se encargaron del manejo rutinario de la estructura antiherética de la Iglesia, sobre todo de la Inquisición. También invadieron las universidades, las que durante el siglo XIII remplazaron a los monasterios como centros de la cultura occidental. Los franciscanos imitaron el ejemplo. Pronto estas dos órdenes comenzaron a rivalizar agriamente por el predominio de la escena universitaria, y, por ejemplo en París y Oxford, suministraban del diez al quince por ciento de la población universitaria total. Gracias a ellas, las universidades dejaron de ser centros de formación de abogados y administradores financieros para convertirse en focos de filosofía y teología. Ambas órdenes estaban dispuestas a financiar la carrera universitaria de los reclutas inteligentes. De ahí que muchos estudiosos considerasen conveniente abandonar la sórdida carrera para obtener beneficios clericales y unirse a los frailes (son ejemplos apropiados el científico Roger Bacon y el teólogo Alejandro de Hales). Durante los siglos XIII y XIV la mayoría de los grandes nombres universitarios fueron frailes: Alberto Magno, Tomás de Aquino y Eckhart entre los dominicos; Buenaventura, Duns Scoto y Guillermo de Ockham entre los franciscanos. Nada de esto tenía importancia desde el punto de vista del propósito original de los fundadores. Pero costaba mucho dinero. De ahí que ambas órdenes, y sobre todo los franciscanos, adquiriesen reputación de inescrupulosidad. Se entendía que los frailes no tenían muchos escrúpulos en las cuestiones relacionadas con los testamentos y los legados, y en la tarea de persuadir a los crédulos hijos de los ricos de la conveniencia de incorporarse a la orden. Podía decirse que el laico de fines del Medioevo tendía a considerar ociosos a los monjes y estafadores a los frailes.

Había excepciones. Las monjas brigitenses mantenían elevada reputación. De los cartujos, una de las órdenes de clausura más rigurosas, rara vez se afirmó que exhibiesen una conducta relajada. Es significativo que tales grupos fueran los únicos que resistieron la disolución durante la Reforma protestante. El resto se adaptó, a menudo con agradecimiento, a la libertad y las pensiones. En verdad, el sistema del clero regular había sobrepasado los límites en que aún podía hablarse de reforma, salvo que se concibiera ésta con un criterio sumamente drástico. Era excesivo el número de hombres y mujeres que tomaban los votos por razones nada espirituales o sin prever las consecuencias. Y una vez tomados los votos, era muy difícil abandonarlos, a menos que uno tuviese contactos encumbrados o mucha riqueza. De esta forma, una gran parte del clero regular de fines del Medioevo estuvo formado por santos renuentes cuyo propósito principal era vivir con la mayor comodidad posible. Es imposible reformar a los hombres (o a las mujeres) y obligarlos a la piedad contra su voluntad. En ausencia del principio voluntario, el movimiento monástico estaba destinado a convertirse en motivo de vergüenza para la cristiandad. Además, había excesivo número de casas, algunas demasiado pobres, otras demasiado ricas. Racionalizar la estructura de estas instituciones habría acarreado un prodigioso caudal de litigios; sólo el papado podría haberlo hecho sin apelar a la fuerza. Los papas hubieran debido disolver las principales órdenes en el siglo XIV, para reorientar sus recursos hacia nuevos fines. En cambio, las aprovecharon financieramente (este aspecto era siempre tentador). Pero de todos modos señalaron el camino. A principios del siglo XIV el papado, por petición de la corona francesa, disolvió a los Caballeros Templarios. La lección no fue olvidada. Durante la Guerra de los Cien Años la corona inglesa incautó los llamados prioratos extranjeros —retoños ingleses de las abadías francesas— por razones patrióticas. También se utilizaron recursos legales en el seno de la Iglesia para obligar a grupos de formaciones eclesiásticas a formar otras nuevas y más prometedoras. Por ejemplo, el cardenal Wolsey era aficionado a este tipo de operación canónica; uno de los expertos legales empleados por él fue Tomás Cromwell, que suministró servicios análogos, aunque en escala mucho más amplia, a Enrique VIII. Así, las disoluciones monásticas durante la Reforma del siglo XVI fueron aplicadas a partir de procedimientos establecidos en el seno de la Iglesia, que más tarde fueron usados por los monarcas católicos, por ejemplo, en Austria, durante el siglo XVIII. El sistema monástico y sus adaptaciones urbanas habían representado un papel de suma importancia entre los siglos VI y XII; pero jamás recuperaron su espíritu prístino después de la reforma radical, que en algunos países católicos se retrasó hasta el siglo XIX; incluso entonces, sobrevivió sólo en escala muy reducida, como un pequeño movimiento minoritario en el seno de las comunidades cristianas más conservadoras. Como elemento importante de la sociedad y la economía occidentales su momento culminante había pasado, a semejanza, por ejemplo, de la explotación agraria de los dominios y la armadura de cota de mallas.

Un aspecto que seguramente debe parecer extraño al historiador es que ni la cristiandad occidental ni la oriental crearon órdenes misioneras. Hasta el siglo XVI el entusiasmo cristiano, que adoptó tantas otras formas, nunca se orientó institucionalmente por este canal. La cristiandad continuó siendo una religión universalista. Pero su espíritu propagandístico se expresó durante la Edad Media en distintas formas de violencia. Las cruzadas no fueron iniciativas misioneras sino guerras de conquista y experimentos primitivos de colonización; las únicas instituciones cristianas específicas que ellas originaron, las tres órdenes caballerescas, fueron cuerpos militares.

La importancia asignada a la violencia fue un rasgo especialmente acentuado en Occidente. Los cristianos orientales tendieron a seguir las enseñanzas de san Basilio, para quien la guerra era una práctica vergonzosa. Era la actitud de la tradición cristiana original: la violencia era aborrecible para los cristianos primitivos, que preferían la muerte antes que la resistencia; cuando intentó interpretar a Cristo, Pablo ni siquiera trató de defender el uso legítimo de la fuerza. También fue san Agustín quien imprimió a la cristiandad occidental el impulso papal en este sentido. Como siempre, movido por su profundo pesimismo, le interesaba tomar la sociedad según la hallaba y tratar de reconciliar sus vicios con el comportamiento cristiano. Los hombres luchaban; siempre habían luchado; por lo tanto, la guerra tenía cierto lugar en el esquema cristiano de la conducta, y ese lugar debía ser determinado por los teólogos morales. A juicio de Agustín, siempre era posible hacer la guerra, con la condición de actuar siguiendo el mandato de Dios. Esta formulación del problema era doblemente peligrosa. No sólo justificaba la existencia de la guerra «justa», concepto que se convirtió en lugar común de la teología moral cristiana, sino que desacreditaba al pacifista, cuya negativa a librar una guerra definida como «justa» por las autoridades eclesiásticas se convirtió en desafío a los mandatos divinos. De esta forma, el encarcelamiento moderno del objetor de conciencia arraiga profundamente en el dogma cristiano estándar. Lo mismo puede decirse de la anomalía de dos Estados cristianos, cada uno de los cuales libra una guerra «justa» contra el otro. Lo que determinó que la enseñanza agustiniana fuese incluso más corruptora fue la asociación en su mente entre la «guerra por mandato divino» y el esfuerzo afín de convertir a los paganos y destruir a los herejes, el síndrome de «obligarles a venir». No sólo podía justificarse la violencia; era especialmente meritoria cuando se la orientaba contra los que afirmaban otras creencias religiosas o ninguna.

La Iglesia de la Edad de las Tinieblas se limitó a desarrollar las enseñanzas de Agustín. León IV dijo que quien muriese en combate por la defensa de la Iglesia recibiría una recompensa celestial; Juan VIII creía que una persona así siempre merecía ser incluida en la categoría de los mártires. Nicolás I agregó que incluso los que estaban sometidos a sentencia de excomunión o a otro castigo eclesiástico podían portar armas si lo hacían para oponerse al infiel. Es cierto que también en la Iglesia existía un movimiento pacifista. Pero, aunque parezca paradójico, fue encauzado de modo que reforzara la idea de la violencia santificada. El motivo que le daba sustento era la necesidad de proteger a los campesinos inocentes de la brutalidad sin sentido de los señores enredados en diferentes disputas. Los obispos de Aquitania, cuando se reunieron en 898, dijeron que el deber de la Iglesia era garantizar la inmunidad de esa pobre gente. En el año 1.000, Guillermo el Grande, obispo de Guienne, convocó a un concilio de paz en Poitiers y allí se amenazó con la excomunión a todos los que intentaran resolver disputas mediante la fuerza de las armas. Los terratenientes prestaron diferentes juramentos en asambleas públicas, y los sacerdotes y las congregaciones gritaban: «Paz, paz, paz.» Se procedió a la organización de ligas de la paz y se pidió a todos los varones mayores de quince años que jurasen que tomarían las armas contra los que la destruyesen. Pero las turbas de campesinos interpretaron la campaña como la autorización para destruir castillos, por lo que después de estos incidentes fueron masacrados, y con ellos 700 clérigos. A lo largo del siglo XI la Iglesia trató de mantener vivo el movimiento por la paz, pero los papas, a su tiempo, cedieron a la tentación de desviar lo que ellos consideraban que era la belicosidad incorregible de la sociedad occidental hacia las cruzadas contra el infiel.

La idea de los cristianos católicos sobre el ejercicio de la violencia en gran escala contra el infiel cuadraba mal con la escritura. Tampoco tenía mucho sentido desde el punto de vista práctico. El éxito del Islam se originó esencialmente en la incapacidad de los teólogos cristianos para resolver el problema de la Trinidad y la naturaleza de Cristo. En los territorios árabes, la cristiandad había infiltrado el paganismo, pero generalmente en la forma monofisita, y ni el catolicismo oriental ni el occidental pudieron establecer un compromiso con los monofisitas durante los siglos VI y VII. Los árabes, empujados por la sequía, de todos modos casi seguramente habrían apelado a la fuerza para expandirse. Según estaban las cosas, Mahoma, que era monofisita, unió los problemas teológicos y económicos para crear una forma de religión monofisita que era sencilla, notablemente impermeable frente a la herejía y que incluía la doctrina de la espada para atender las necesidades prácticas de los árabes. Esta religión atraía intensamente a un enorme sector de la comunidad cristiana. La primera gran victoria islámica, sobre el río Yarmuk en 636, fue obtenida porque 12.000 árabes cristianos —coptos, jacobitas y otros— casi siempre preferían a los musulmanes antes que a los católicos. Cinco siglos después de la conquista islámica, Miguel el Cirio, patriarca jacobita de Antioquía, explicó fielmente la tradición de su pueblo cuando comentó: «El Dios de la venganza, el único que es Todopoderoso... trajo desde el sur a los hijos de Ismael para liberarnos de las manos de los romanos.» Por la misma época, un cronista nestoriano escribió: «Los corazones de los cristianos se regocijaron ante el dominio de los árabes. Quiera Dios fortalecerlo y darle prosperidad.» Los musulmanes monofisitas y los cristianos monofisitas nunca se fusionaron ideológicamente, pero, a diferencia de los judíos, no mantuvieron la separación racial y cultural. El esquema religioso se congeló: los musulmanes árabes toleraban a todos los Hijos del Libro, pero no permitían la expansión de sus rivales. Los cristianos eran mayoría solamente en Alejandría y en ciertas ciudades sirias. En general, preferían el dominio árabe musulmán al dominio griego cristiano, pese a que había períodos de dificultad y persecución. Nunca hubo una reclamación masiva de los cristianos sometidos al dominio musulmán en el sentido de ser «liberados».

Tres factores confluyeron para determinar las cruzadas militantes. El primero fue el desarrollo de las «guerras santas» en pequeña escala contra los musulmanes en la escena española. En 1063 Ramiro I, rey de Aragón, fue asesinado por un musulmán y Alejandro II prometió una indulgencia a todos los que lucharan por la Cruz para vengar la atrocidad; la idea fue desarrollada en 1073 por Gregorio VII, que ayudó a formar un ejército internacional para realizar la campaña en España, garantizando canónicamente que los caballeros cristianos podrían conservar las tierras que conquistasen, siempre que reconocieran que el reino español pertenecía a la sede de San Pedro. El expansionismo papal, unido al apetito colonial de conquista de tierras, aportó así enérgicos motivos políticos y económicos. En segundo lugar, había una tradición franca, que databa de alrededor del año 800, en el sentido de que los monarcas carolingios tenían el derecho y el deber de proteger los Lugares Santos de Jerusalén y a los peregrinos occidentales que los visitaban. Ese derecho gozaba del reconocimiento de los califas musulmanes, que hasta fines del siglo XI preferían la interferencia franca a lo que consideraban que era la penetración mucho más peligrosa de Bizancio. A partir del siglo X aumentaron la frecuencia y la importancia de las peregrinaciones occidentales. Eran episodios muy bien organizados por los monjes de Cluny, que construyeron abadías en el camino para ofrecer hospitalidad. Había tres rutas terrestres bien definidas a través de los Balcanes y Asia, además de la ruta marítima, más costosa; y existían complejos hospicios en la propia Jerusalén. Los musulmanes permitían que los señores poderosos llevasen escoltas armadas; otros peregrinos se les unían; de este modo, los cristianos occidentales se desplazaban en grandes contingentes armados; por ejemplo, en 1064-1066, 7.000 germanos, muchos de ellos armados, viajaron juntos a Jerusalén. En realidad, no había mucha diferencia física entre una gran peregrinación y una cruzada.

Sin embargo, lo que realmente originó la cruzada fue la decisión casi inconsciente, a fines del siglo XI, de unir la idea española de arrebatar tierras al infiel con la práctica de la peregrinación masiva y armada a Tierra Santa. Esto último provino del tercer factor, el gran aumento de la población occidental durante los siglos XI y XII y la consiguiente hambre de tierra. La agricultura cisterciense de avanzada en las fronteras fue una solución. Las cruzadas fueron otra: representaron la primera gran ola de las migraciones coloniales europeas. En realidad, la cruzada arraigaba profundamente en la cosmología cristiana. La concepción de Ptolomeo acerca de un océano circunambiental habría sido aceptada por los Padres y reconciliada con la Biblia en la Enciclopedia de Isidoro. Los tres continentes aparecían asignados a los hijos de Noé después del Diluvio: Sem representaba a los judíos, Jafet a los gentiles y Cam a los africanos o negros. El comentario de Alcuino acerca del Génesis dice: «¿Cómo se dividió el mundo entre los hijos y los nietos de Noé? Se entiende que Sem obtuvo el Asia, Cam el África, y Jafet Europa.» Después, el pasaje trata de demostrar, sobre la base de las Escrituras, que la Europa de Jafet estaba destinada por la divinidad a ser expansionista tanto a causa de su nombre como de su carácter. En el curso de una generación después de Alcuino, a principios del siglo IX, hallamos que la «cristiandad», entidad a la que se considera coextensiva de Europa, tiene derechos y privilegios especiales, incluso el derecho a expandirse. Se usaron (siglo IX) frases como la «defensa de la cristiandad» contra los sarracenos y en el siglo XI Gregorio VII se refirió a los «límites de la cristiandad» y a la Iglesia como el «ama de la cristiandad entera».

La idea de que Europa era una entidad cristiana, que había adquirido ciertos derechos inherentes sobre el resto del mundo a causa de su fe y de su deber de extenderla, armonizaba perfectamente con la necesidad de hallar una salida tanto a su afición a la violencia como al exceso de su población. El famoso sermón de Clermont, en el que el papa Urbano II predicó la Primera Cruzada en 1095, sobrevive en una serie de textos diferentes. Por ejemplo, el texto de William de Malmesbury no debe ser interpretado como las palabras textuales de Urbano, sino más bien como una expresión del espíritu que originó el movimiento de las cruzadas. Contiene algunas frases sorprendentes, que son el presagio auténtico de la expansión y el colonialismo europeos: «¿Puede alguien tolerar que nosotros [los europeos] ni siquiera compartamos igualitariamente con los musulmanes la tierra habitada? Ellos han convertido a Asia, que es un tercio del mundo, en su patria... Se han apoderado por la fuerza de África, la segunda porción del mundo, durante más de 200 años. Resta Europa, el tercer continente. ¡Qué pequeña proporción del mismo está habitada por nosotros los cristianos!». Por supuesto, agregaba, «En cierto sentido el mundo entero es el exilio del cristiano», pero en otro «el mundo entero es su patria». En todo caso, concluía, «en esta tierra —se refería a Europa cristiana— apenas es posible alimentar a los habitantes. Por eso agotáis sus bienes y provocáis interminables guerras entre vosotros mismos».

Por consiguiente, las cruzadas fueron hasta cierto punto un extraño episodio a medio camino entre los movimientos tribales de los siglos IV y V y la migración transatlántica masiva de los pobres en el siglo XIX. De acuerdo con Anna Commena, la corte bizantina se alarmó cuando supo que «todo el Occidente y todas las tribus bárbaras que habitan allende el Adriático y hasta las Columnas de Hércules estaban avanzando como un todo a través de Europa hacia el Asia, llevando consigo familias enteras». Esto no era cierto, pero el número era elevado, sobre todo en las dos primeras generaciones del movimiento de las cruzadas. Pedro el Ermitaño encabezó una muchedumbre de 20.000 hombres, mujeres y niños, y cabe presumir que ésta incluía muchas familias que llevaban consigo todos sus bienes terrenales. La mayoría de esta gente era muy pobre; no habían podido conseguir tierra arrendada o labores agrícolas durante un período de agudo y prolongado exceso de fuerza de trabajo y deseaban asentarse. Por supuesto, lo mismo podía decirse de los caballeros más decididos. La mayoría de éstos no tenía dinero ni tierras. Godofredo de Bouillon, duque de la Baja Lorena, que se perfiló como el jefe de la Primera Cruzada, afirmaba descender de Carlomagno, pero tenía su ducado como un cargo, no un feudo, y es posible que corriese peligro de verse despedido: de ahí su cruzada. Fuera de Raimundo de Tolosa, todos los cruzados que se instalaron en la Tierra Santa eran pobres; los ricos, como Esteban de Blois o los condes de Flandes y Boulogne, regresaron a Europa tan prontamente como el honor lo permitió.

Por lo tanto, desde el principio las cruzadas se caracterizaron por las depredaciones y la violencia, cuyo origen era tanto racial como religioso. Las reuniones de masas de cristianos, al margen del propósito que las promovía, invariablemente representaban un peligro para las comunidades judías de las ciudades europeas. Los gobernantes locales casi siempre trataban de protegerlos, respondiendo a sus propias e interesadas razones financieras; pero carecían de fuerza para controlar a las nutridas bandas de cruzados. Para los cruzados cristianos sobre todo los judíos eran odiosos: creían que habían ayudado a los paganos romanos a perseguir a los primeros cristianos y que habían colaborado con las conquistas islámicas.* Hombres como Godofredo de Bouillon mediante el terror obligaron a las comunidades judías a aportar sumas considerables con el fin de financiar el transporte de los cruzados; en 1096 las turbas pasaron a la masacre: 12 judíos fueron asesinados en Spier, 500 en Worms, 1.000 en Maguncia, 22 en Metz, etc. Algunos grupos se dispersaban después de atacar a los judíos, pero la gran mayoría continuó avanzando a través de los Balcanes y Anatolia. Al parecer no discriminaban entre cristianos y musulmanes. De esta forma, en las aldeas atacadas alrededor de Nicea por la banda de Pedro el Ermitaño, los cristianos no latinos murieron en gran número y se dijo que sus niños pequeños habían sido asados en asadores. Cuando caían ciudades, incluso por la acción de las fuerzas regulares de

---

* La teoría del antisemitismo comenzó a manifestarse en el siglo II, cuando los teólogos primero predijeron que el Anticristo sería un judío de la tribu de Dan. Al mismo tiempo, el cuerpo de ritual desarrollado durante la diáspora impidió que los judíos se mezclaran con los gentiles, y así se acentuó el misterio. En la literatura y el arte cristianos se asignaban rasgos judíos a Satán; se creía que los judíos celebraban torneos secretos como soldados del Anticristo y que en esas ocasiones cometían asesinatos rituales. El préstamo de dinero llegó más tarde. Estaba al alcance de los judíos en virtud de las cláusulas negativas del derecho canónico, pero el prestamista de dinero judío fue un fenómeno relativamente breve; después del siglo XII los judíos operaron solo en pequeña escala, principalmente como propietarios de casas de empeño. En el Concilio Lateranense de 1215 se les prohibió poseer tierras y desempeñar todas las funciones militares y civiles. Hubo innumerables dramas, ceremonias y juegos antisemitas. Sabemos de una ceremonia de Semana Santa en la Tolosa del siglo XI, que se titulaba «Castigar al judío», porque un miembro importante de la comunidad fue castigado tan severamente durante el episodio que le retiraron moribundo de la catedral. Véase D. A. Bullogh, «Games People Played: dramma and ritual as propaganda in Medieval Europe», *Transactions of the Royal Historical Society* (1974).

cruzados, era costumbre matar por lo menos a algunos habitantes no latinos, sin que importase su religión. Las personas de piel oscura, incluso las que sencillamente vestían prendas llamativamente distintas, corrían peligro. La caída de Jerusalén fue seguida por una prolongada y repulsiva masacre de musulmanes y judíos, hombres mujeres y niños. El episodio determinó un efecto fundamental porque endureció las actitudes islámicas frente a los cruzados. Lamentablemente no fue el único. En 1101 fue capturada Cesarea, se autorizó a los soldados a saquearla a su gusto y todos los habitantes musulmanes fueron muertos en la Gran Mezquita; hubo una masacre similar en Beirut. Estos episodios salpicaron las cruzadas del principio al fin. En 1168, durante la campaña franca en Egipto, hubo masacres sistemáticas; entre los muertos había muchos cristianos coptos y el efecto fue la unión de los egipcios de todas las religiones (y todas las razas) contra los cruzados.

Por supuesto, la hostilidad de los cruzados se dirigió principalmente hacia los musulmanes (en 1182 incluso hubo incursiones contra las rutas de peregrinos musulmanes del mar Rojo, y entonces, para horror del Islam, fue hundido un barco cargado de peregrinos con todos los que estaban a bordo). Pero desde el principio los cruzados aprendieron a odiar casi con la misma intensidad a los bizantinos, y en 1204 finalmente atacaron y ocuparon Constantinopla, «para honor de Dios, el Papa y el imperio». Se dijo a los soldados que podían saquear durante tres días. En Santa Sofía se arrancaron las colgaduras y el gran iconostasio de plata fue dividido en pedazos y robado. Se instaló a una prostituta sobre el trono del patriarca y la mujer cantó una grosera canción francesa. Los libros y los íconos sagrados fueron pisoteados, las monjas fueron violadas y los soldados bebieron de los cálices el vino del altar. La última de las grandes cruzadas internacionales, en 1365, se agotó en un absurdo saqueo de la ciudad de Alejandría, donde predominaban los cristianos; se asesinó a los nativos cristianos tanto como a los judíos y musulmanes, y hasta los comerciantes latinos vieron saqueadas sus casas y sus tiendas. El racismo de los cruzados se ensañó especialmente en todo lo que fuese un signo de una cultura extraña. Cuando Trípoli cayó en sus manos, en 1109, los marineros genoveses destruyeron la biblioteca de Banu Ammar, la más rica del mundo musulmán. En general, el efecto de las cruzadas fue debilitar el contenido intelectual del Islam, destruir las posibilidades de un arreglo pacífico con la cristiandad y llevar a los musulmanes a una actitud mucho menos tolerante: las cruzadas fosilizaron al Islam en una postura fanática.

También infligieron un daño incalculable a las iglesias orientales, ortodoxas o monofisitas. Uno de los primeros actos de los cruzados después de la ocupación de Jerusalén fue expulsar a los ortodoxos y a los miembros de otras sectas cristianas no latinas, y se torturó a los sacerdotes ortodoxos para obligarlos a revelar los fragmentos de la Verdadera Cruz. No se realizó el más mínimo intento de establecer un acuerdo con los cristianos que no reconocían plenamente a Roma. Perdieron sus iglesias y sus propiedades, fueron expulsados de sus obispados y patriarcados y, en el mejor de los casos, fueron tolerados; incluso los cristianos maronitas, que mantenían relaciones con Roma, fueron tratados como ciudadanos de segunda clase en los Estados que los latinos crearon durante el siglo XII. Incluso entre los latinos, la condición de nativo era un obstáculo para el ascenso en la Iglesia, sobre todo porque se crearon únicamente escuelas elementales, y las escuelas dirigidas por sectas no latinas no fueron reconocidas. La única excepción fue el historiador Guillermo, obispo de Tiro. Obtuvo un obispado pese al hecho de que había nacido en «ultramar», como se denominaba a los Estados de los cruzados; pero lo consiguió porque había estudiado veinte años en Francia e Italia.

Sobre todo, no se realizó ningún esfuerzo por convertir a los musulmanes. Los cristianos latinos gobernaron a la población conquistada como una elite colonialista. En cierto sentido, el experimento refuta la teoría de que la cristiandad medieval fue destruida por el clericalismo, pues los Estados latinos, que eran proyecciones de la sociedad cristiana total existente más allá de los mares, estaban gobernados por laicos. Hubo allí en diferentes ocasiones unos 300 clérigos latinos, pero, aunque gozaban de buenos ingresos, poseían escaso poder y estaban por completo bajo el control de los señores laicos. Todos los grandes errores fueron cometidos por laicos. La actitud de la Iglesia no ayudó a crear una sociedad latina viable en Oriente. Los laicos se mostraron mucho más dispuestos que los clérigos a adoptar las costumbres y el vestido orientales, a aprender el idioma y a integrarse con los nativos. En cambio, los papas prohibieron a los caballeros cristianos el matrimonio con musulmanas, incluso aunque los hijos fuesen educados como cristianos latinos. Esta actitud, en definitiva, fue fatal. La razón principal por la que los cruzados no se expandieron en el siglo XII y en el siglo XIII vieron su reino reducido a una porción insignificante fue que eran muy pocos. En la primera década de las cruzadas, de 1095 a 1105, alrededor de 100.000 personas de todas las edades, todas las clases y los dos sexos pasaron a Tierra Santa; diez años más tarde casi todos habían muerto. Dejaron muy pocos hijos. Hay algunas pruebas en el sentido de que el parto era menos peligroso en ultramar que en Europa occidental. Pero los niños francos no vivían mucho y la tasa de mortalidad de los varones era sobremanera elevada. Según parece, muchas parejas francas fueron totalmente estériles. De esta forma, las familias de colonos francos tendían a desaparecer después de una generación o dos. En el siglo XII hubo una segunda ola de colonos y después una tercera. También éstos fueron diezmados. No hubo un proceso permanente de refuerzo de la emigración, como Occidente aprendió a promover en el siglo XVII, cuando pobló América. La mayoría de los emigrantes eran demasiado pobres. Apenas podían pagar la ruta terrestre, en la que vivían de la caridad; pero este camino nunca fue seguro. La ruta marítima, controlada por Venecia, Génova y otros estados-ciudades italianos, era demasiado cara para la mayoría. Los que viajaban en barco tenían que dormir sobre sus cofres, que también se convertían en sus ataúdes si morían. Cada uno disponía de un espacio de un metro ochenta por sesenta centímetros, marcado con tiza. Las condiciones eran horrorosas; incluso así, pocos podían pagar el pasaje. ¿Por qué los Estados marítimos no crearon formas más baratas de transporte masivo? La respuesta es que prefirieron dedicarse al comercio sumamente lucrativo, anticipando de ese modo las compañías coloniales de mercaderes aventureros que se desarrollaron a fines del siglo XVI. Obtenían enormes ganancias transportando armas para los musulmanes: durante los siglos XIII y XIV eran las principales exportaciones de los cristianos a sus enemigos ideológicos. También dirigían el comercio egipcio de esclavos en representación de los musulmanes. Comparado con esto, el transporte de emigrantes cristianos para conferir viabilidad a las colonias representaba un negocio mediocre. Por supuesto, la propia Iglesia, utilizando sus enormes recursos, hubiera debido financiar la emigración. Pero parece que nadie concibió la idea, como tampoco se habló de crear órdenes misioneras, para conseguir mediante la palabra lo que los caballeros evidentemente no atinaban a lograr con la espada. La totalidad del movimiento de las cruzadas estaba maniatado por la pobreza intelectual. En los barones de ultramar y sus dóciles clérigos no había nada que mereciese el nombre de elite intelectual. Tampoco podían realizar aportes económicos. No intentaron promover un orden agrario de avanzada al estilo de los cistercienses. La mayor parte de la tierra continuó siendo trabajada por musulmanes y los excedentes eran aprovechados por los barones latinos. De esta forma, la región de ultramar padeció una crónica escasez de dinero; se mantenía con un enorme déficit y Occidente debía solventarlo. Esta situación originó críticas cada vez más enérgicas. Por ejemplo, Matthew Paris afirmó que solamente los hospitalarios tenían 19.000 propiedades rurales en Europa. Esto no era cierto, pero es evidente que se necesitaba una considerable inversión agraria en Occidente para mantener la actividad de un solo caballero en Tierra Santa. Pese a su riqueza, las dos órdenes militares principales nunca pudieron mantener una fuerza de más de 600 caballeros. Un número más o menos similar de caballeros provenía del reclutamiento feudal de los barones en ultramar. Estos 1.200 caballeros (como máximo) estaban apoyados por un total, en cada ocasión, de unos 10.000 sargentos. Ninguno de estos hombres podía ser remplazado inmediatamente. No había reservas. Los cruzados construyeron enormes castillos, cuya captura era muy difícil cuando estaban bien guarnecidos y abastecidos. Sin embargo, si guarnecían los castillos, no podían salir al campo con un ejército. Si hacían esto último, debían desguarnecer los castillos; si el ejército sufría una derrota grave, no había con qué reemplazarlo, los castillos caían y los reinos latinos eran insostenibles. En definitiva, eso fue más o menos lo que sucedió.

Después del siglo XII, la idea de la cruzada perdió su atracción para Occidente. La población ya no aumentaba con el mismo ritmo y en Francia el excedente tendía, en cambio, a derivar hacia las ciudades; en Germania, dirigida por los caballeros teutónicos, que habían trasladado sus actividades a Prusia y Polonia, presionaba hacia el este. Alrededor de 1310 la población en realidad descendió y desde mediados del siglo XIV se observó en Europa una aguda escasez de fuerza de trabajo. La población no comenzó a aumentar significativamente otra vez hasta el siglo XVI, cuando se reanudó la emigración, pero ahora hacia el oeste. Sin embargo, la decadencia de la cruzada respondió no sólo a factores demográficos. Hacia fines del siglo XII, por lo menos algunos europeos rechazaban la tosca teología popular del movimiento de las cruzadas. Wolframe von Eschenbach, el autor laico de *Parsifal*, también escribió, alrededor de 1210, el *Willehalm*, que trata de las cruzadas, pero cuyo tono difiere considerablemente de la *Rolandslied*, de mediados del siglo XII, una obra que asentaba acríticamente la ética de las cruzadas y se regodeaba con la idea de masacrar como ganado a los paganos. En la *Willehalm*, la esposa del héroe es una sarracena conversa; declara que los infieles son hijos de Dios, y exhorta: «Oíd el consejo de una sencilla mujer y rescatad la obra de Dios.» Aquí el eje es antiagustiniano. El autor subraya que todos tienen un alma que merece ser salvada y que la Iglesia tiene una misión universalista; el poema es universalista en otro sentido: quizá todos pueden ser salvados, ¿quién sabe? Gran parte de la teología es afín al pelagianismo, la herejía por excelencia del laico. Es extraño el modo en que las antiguas batallas del siglo V continúan librándose a lo largo de toda la historia cristiana. En la Edad Media posterior, el esfuerzo de las cruzadas occidentales fue tanto literario como militar. Por ejemplo, a juicio de Ramon Llull, una cruzada era una iniciativa misionera; él mismo trató de llevar a la práctica esa creencia y fue lapidado en Bougie, África del Norte, en 1315. Llull provenía de Mallorca, una precursora temprana de la cruzada marítima ibérica contra el paganismo en el mundo entero. Por supuesto, a esta altura el papado hacía mucho que había desvalorizado el ideal de las cruzadas, al adaptarlo a sus propios fines internos de carácter político y financiero. El mecanismo legal de las cruzadas era demasiado tentador para salvarse de los abusos. El hombre que seguía a la Cruz gozaba de la protección de los tribunales. Podía evitar el pago de las deudas y los impuestos. En cambio, después que se había predicado una cruzada se realizaban cuidadosas investigaciones para comprobar que la gente había cumplido sus votos. A quienes renegaban se los castigaba canónicamente. El papado se apresuró a usar este método contra los Hohenstaufen. Federico II fue excomulgado primero porque no se incorporó a la cruzada y después porque se unió a ella sin autorización del Papa; también fue denunciado por infiel porque demostró que, con los sarracenos, podía obtenerse más mediante la negociación que apelando a la fuerza. Más tarde, la misma arma fue usada contra Enrique III de Inglaterra, que no pudo cumplir su voto de salir en la cruzada hacia mediados del verano de 1256: Alejandro IV conmutó la pena, pero a cambio Enrique tenía que suministrar tropas para la campaña papal anti-Hohenstaufen en Italia y pagar además 135.541 marcos, para que la excomunión y el interdicto no se llevaran a cabo. Inglaterra no pudo pagar; el resultado fue una crisis constitucional y el famoso Parlamento de Oxford de 1259; el episodio fue un hito importante en la paulatina ruptura de las relaciones de Roma con Inglaterra.

En realidad, es una esquematización engañosa interpretar la cruzada sencillamente como un enfrentamiento entre la Europa cristiana y el Oriente musulmán. El problema básico de la Iglesia institucional fue siempre cómo controlar las manifestaciones del entusiasmo religioso y desviarlas hacia canales ortodoxos y constructivos. El problema se agravaba enormemente cuando comprometía a elevado número de personas. ¿En qué punto la piedad de las masas llegaba a ser incontrolable y, por lo tanto, se convertía en herejía? Era un problema que exigía un juicio sumamente ajustado, un dilema tan antiguo como el de los montanistas. En esencia, una cruzada era nada más que una muchedumbre de cristianos armados y fanáticos. Tan pronto su número sobrepasaba la cifra de 10.000 era imposible controlarla y, a lo sumo, cabía guiarla. Podía usarse para atacar a los musulmanes, o arrojarla sobre los judíos o los herejes; o bien podía convertirse en una turba hereje y antinómica y aplastar las estructuras de la sociedad establecida. Este temor estaba siempre en el fondo de la mente de las autoridades clericales y seculares. En la Edad de las Tinieblas, Occidente había estado relativamente libre de la herejía. La Iglesia se refugiaba en la tradición autoritaria de Agustín, pero a veces surgían figuras extrañas: casi siempre laicos, que continuaban espontáneamente la tradición montanista. Gregorio de Tours habla de un predicador libre de Bourges, que se autodenominaba Cristo, reunió un ejército de partidarios y acumuló botín en nombre de Dios. Él y sus hombres finalmente se presentaron ante el obispo de Le Puy, completamente desnudos, saltando y haciendo cabriolas. El jefe fue muerto allí mismo y su compañera, llamada María, torturada hasta que reveló «los diabólicos recursos que ellos usaban». Este tipo de incidentes llegó a ser más común cuando se desarrollaron las peregrinaciones de larga distancia. Los peregrinos traían de regreso extrañas ideas y cultos religiosos del Oriente, donde las herejías dualistas o gnósticas siempre habían florecido e incluso eran anteriores al cristianismo. Y así, el hombre de Bourges fue un ejemplo del líder carismático de humilde cuna que a menudo encabezaba las peregrinaciones masivas, las mismas que durante el siglo XI se convirtieron en cruzadas populares. Pedro el Ermitaño era un arquetipo de este género. El fenómeno cobró dimensiones enormes y peligrosas en el siglo XI, a causa del rápido crecimiento de la población, la intensificación de los viajes y la difusión de las ideas, así como por la influencia de las reformas gregorianas. La visión gregoriana de una Iglesia pura e inmaculada suscitó muchas expectativas que no serían satisfechas. Sobre todo el clero sencillamente no podía producir los resultados, por referencia a la piedad y el entusiasmo pastoral, que Gregorio había parecido prometer. De ahí que, como en el caso de los montanistas originales, los activistas cristianos tendiesen a volverse contra el clero y a tomar por su cuenta la reforma religiosa o el renacimiento de la religión.

Era una amenaza mortal para la Iglesia. Concebimos equivocadamente a la cristiandad institucional del Medioevo como una estructura inmensamente sólida y estable. Pero en ciertos aspectos era mucho más vulnerable que el poder civil, a su vez una entidad frágil. Al igual que el gobierno civil, la rutina regular de la cristiandad organizada podía derrumbarse fácilmente; era frecuente que los dos se desintegraran al mismo tiempo cuando estaban sometidos a presión. El sistema cristiano era complejo y se desorganizaba con relativa facilidad; la conjunción accidental de dos o más de una enorme serie de fuerzas podía provocar repentinamente la descristianización de una amplia región. De esta forma, en el curso de una gira de predicación en Francia meridional, san Bernardo de Claraval observó en 1145 que era usual una serie de herejías y que en las grandes áreas el catolicismo, según él lo entendía, había desaparecido. Por supuesto, donde las turbas antinómicas podían barrer las instituciones eclesiásticas, la autoridad establecida deseaba excluirlas de las instituciones de la cristiandad, de ser posible enviándolas a Oriente, de donde pocos regresarían. Estas cruzadas masivas o peregrinaciones armadas generalmente se encontraban a cargo de *prophetae* no autorizados o montanistas, y eran una forma de milenarismo popular, sumamente heterodoxo, pero hasta cierto punto controlado o canalizado por la autoridad. A veces atacaban a los judíos, a quienes lo mismo que a los musulmanes se consideraban demonios, pero que eran más accesibles. Si no había judíos o musulmanes al alcance de la mano, casi siempre, tarde o temprano, esta gente se volvía contra el clero cristiano. De ahí el vivo deseo de enviarlos a Jerusalén.

Sin embargo, es indudable que los cruzados que retornaban traían consigo la herejía. El dualismo de los bogomilas de los Balcanes, que tenían vínculos que se remontaban a los gnósticos, llegó a Italia y la Renania a principios del siglo XII y de ahí se extendió a Francia. Una vez que los viajes de larga distancia se convirtieron en hechos rutinarios, fue inevitable que se difundiesen diferentes herejías, y las cruzadas suministraron medios de comunicación precisamente al tipo de gente que tomaba en serio las ideas religiosas y que emocionalmente era propensa a adoptar posturas heréticas. El dualismo fue siempre atractivo porque explicaba el papel de los demonios, que existían por todas partes. También era fácil representar como el mal a la Iglesia visible a causa del fracaso evidente de su teodicea, es decir, la vindicación de la justicia divina por referencia a la existencia del sufrimiento. Los bogomilas negaban que Cristo hubiese creado una Iglesia organizada; por consiguiente, la enseñanza católica acerca de las imágenes, los santos, el bautismo de los niños y la inmaculada concepción, más muchos otros asuntos, eran falsos. Estas ideas se difundieron rápidamente en Occidente a mediados del siglo XII; una vez que se vio debilitada la creencia en el sistema de confesión, el arrepentimiento, la penitencia y la redención ofrecido por la Iglesia —lo que no costó mucho—, las únicas garantías espirituales fueron los signos externos de castidad, pobreza, ascetismo y humildad, virtudes que en general era evidente que la Iglesia no poseía, mientras que los herejes sí.

El término «cátaro» fue aplicado inicialmente a los herejes de Europa septentrional alrededor de 1160. También se los denominó publicanos, paterines (en Italia), bougres o búlgaros en Francia, arrianos, maniqueos o marcionitas. Alrededor de Albi se denominó albigenses a los cátaros. La confusión acerca de los nombres revela también cierta confusión respecto a las ideas, pero en esencia todas estas herejías eran iguales. Apuntaban a remplazar al clero corrupto por una elite perfecta. Donde eran bastante numerosas, como en Francia meridional, organizaron iglesias y obispados, y formaron una Iglesia alternativa. Se «perfeccionaba» a muy pocos miembros de la secta —quizá de 1.000 a 1.500 en todo el Languedoc alrededor de 1200—. La mayoría estaba formada por «creyentes», que se casaban, hacían una vida normal, y «recibían el *consolamentum*» sólo en el lecho de muerte, con lo que morían «en manos de los Hombres Buenos».

Los cátaros eran personas bien organizadas y ordenadas. Elegían obispos, recolectaban fondos y los distribuían; llevaban vidas admirables. A diferencia de la mayoría de los carismáticos, no era posible dispersarlos con una enérgica carga de caballería. Se llevaban bien con las autoridades locales. La única evangelización eficaz contra ellos provino de grupos igualmente pobres, por ejemplo los Pobres de Lyon, fundado por un ex mercader lionés llamado Valdo alrededor de los años 1173 a 1176. Estos hombres afirmaban creencias rigurosamente ortodoxas, pero aplicaban literalmente el concepto de la pobreza apostólica y existían al margen de la estructura de organización de la Iglesia. Por consiguiente, el clero consideró una amenaza a los valdenses. Como dijo Walter Map, después de conocer algunos en Roma en 1179: «Andan en parejas, descalzos, vestidos con prendas de lana, desposeídos de todo, manteniendo todas las cosas en común como los Apóstoles... si los aceptamos, seremos eliminados.» Fueron excomulgados tres años más tarde. Ciertamente, no escaseaban los hombres dispuestos a defender la ortodoxia, pero proponían normas que implicaban denunciar las estructuras y el personal existentes en la Iglesia y, por lo tanto, constituían un remedio más grave que la enfermedad. Pese a sus muchas limitaciones, Inocencio III advirtió muy claramente la esencia de este problema y fue el único papa que realizó un intento sistemático de resolverlo. Su creación de las órdenes franciscana y dominica —la primera para derrotar a los herejes en su propio juego de pobreza apostólica, la segunda para predicar conceptos ortodoxos en términos populares— intentó encauzar las fuerzas cristianas volcánicas en beneficio de objetivos institucionales. Sin embargo, el dilema no podía resolverse mediante una operación única. Era permanente, endémico en la cristiandad. Por ejemplo, si se permitía que los franciscanos viviesen prácticamente en armonía con su idealismo, se descontrolaban; si se les imponía cierto control, pronto perdían su idealismo y se corrompían. En el curso de dos generaciones, la totalidad del experimento con los frailes se convirtió en fracaso; en el curso de tres generaciones, fue un factor negativo.

Restaba la solución agustiniana: la fuerza. En cierto sentido, fue una recapitulación de los siglos IV y V. La Iglesia se sintió aterrorizada ante la veloz desintegración de la cristiandad en Francia meridional. No era concebible la coexistencia pacífica de la ortodoxia y la herejía: los obispos ortodoxos no podían actuar y se corría el peligro inminente de que el derrumbe se extendiese pronto a otras regiones. Es notable que donde existía un poder real fuerte y centralizado que apoyaba a la Iglesia organizada, la herejía fue débil o incluso no existió (por ejemplo, en la Inglaterra contemporánea). La herejía arraigó en las regiones en que la fuente definitiva de la autoridad secular no aparecía clara y donde el poder secular estaba dividido o era lejano. Así, movida por el temor, la Iglesia tendió a apelar al poder secular existente fuera del área infectada. La eliminación de una herejía se convirtió en cruzada, una actividad que prometía beneficios concretos y que destacaba las diferencias de lenguaje y cultura, las fuerzas del racismo y el aguijón de la codicia por las tierras. Las cruzadas albigenses, organizadas a partir de 1208 y precursoras de muchas otras cruzadas papales de carácter «interno», fueron predicadas por cistercienses de la clase alta, es decir, por los principales individuos encargados de imponer disciplina a los campesinos. Los herejes eran la chusma: si no se trataba de eso renunciaban a su jerarquía de clase privilegiada. Inversamente, la cruzada representaba la oportunidad de elevarse en la escala social; esta posibilidad beneficiaba a los hijos más jóvenes, a los aspirantes a la dignidad de caballero y a cualquier tipo de soldado profesional que alentase la aspiración de incorporarse a la nobleza. Estos cruzados recibían una indulgencia plenaria por cuarenta y cinco días de servicio, más una moratoria por referencia a sus deudas y a los intereses devengados; si tenían tierras, podían gravar tanto a sus vasallos como al clero. La Iglesia se reservó el derecho de redistribuir entre los cruzados más fieles las tierras confiscadas de los herejes derrotados. De esta manera, la cruzada atrajo a los elementos más sórdidos del norte de Francia y el resultado fue horroroso. En 1209 Arnoldo Aimery se regocijó ante el Papa porque la captura de Béziers había sido «milagrosa» y porque los cruzados habían asesinado a 15.000 personas, «sin demostrar compasión por la jerarquía, la edad o el sexo». Los prisioneros fueron mutilados, cegados, pisoteados por los cascos de los caballos y utilizados para practicar tiro al blanco. Esos ultrajes provocaron una resistencia desesperada y por lo tanto prolongaron el conflicto. Fue una divisoria de las aguas en la historia cristiana. Por supuesto, originaron muchas críticas incluso en la época misma en que tuvieron lugar. Peter Cantor preguntó:

> ¿Cómo supone la Iglesia que examinará con este juicio extraño los corazones de los hombres? ¿Y cómo es que no se concede a los cátaros una pausa legítima para pensar y, en cambio, se los quema inmediatamente?... Ciertas matronas honestas, que rehusaron satisfacer la lascivia de los sacerdotes... fueron anotadas en el libro de la muerte y acusadas de cátaras... en cambio, se sangró la bolsa de los cátaros ricos y se les permitió huir. Un solo hombre, porque era pobre y débil, y confesó fielmente en todos los puntos la fe de Cristo y dijo que esa confesión era su esperanza, fue quemado, pues afirmó en presencia de los obispos reunidos que rehusaría someterse a la prueba del hierro candente a menos que ellos pudiesen probarle primero que al hacerlo no estaba atentando al Señor y cometiendo pecado mortal.

Unos pocos años más tarde, Inocencio III abolió la prueba precisamente con estos argumentos. De un modo más general, el tipo de crítica formulada por Cantor condujo a la armonización de un sistema inquisitorial de carácter regular, que sería eficaz aunque estaría menos expuesto a los abusos cometidos al amparo de los métodos fanáticos aplicados hasta ese momento. Desde el siglo XI los gobernantes seculares habían quemado a los que se negaban obstinadamente a aceptar las disposiciones cristianas vigentes; la Iglesia se había opuesto a la pena capital y sucesivos concilios decretaron la confiscación de la propiedad, la excomunión, la cárcel o la flagelación, la marcación y el exilio. Pero en la década de 1180 la Iglesia comenzó a atemorizarse profundamente ante la difusión de la herejía; luego imitó el ejemplo del Estado, aunque mantuvo la ficción legal de que los herejes convictos e irredentos simplemente se veían «privados de la protección de la Iglesia», que (según ellos mismos decían) «se relajaba»; a partir de ese momento, el poder civil estaba en libertad de quemar a los herejes sin cometer pecado mortal. El relajamiento estaba acompañado por una petición formal de compasión; de hecho, ésta carecía de sentido y el funcionario civil (las autoridades y otros) no tenían más alternativa que quemar, pues de lo contrario ellos mismos se verían denunciados como «defensores de herejes», y afrontarían personalmente los peligros del sistema.

La codificación de la legislación contra la herejía insumió más de medio siglo, aproximadamente de 1180 a 1230, cuando culminó en la creación de un tribunal permanente con personal formado por frailes dominicos, que trabajaban sobre una base estable en colaboración con el episcopado y gozaban de un generoso caudal de autoridad. El sistema permanente fue concebido como una reforma; de hecho, incorporó todos los abusos de la práctica anterior y agregó otros. Poseía cierta lógica maligna. Como se negaba al hereje la inhumación en tierra consagrada, los cadáveres de los que habían sido condenados póstumamente (un episodio muy frecuente) tenían que ser exhumados, arrastrados por las calles y quemados en el foso destinado a los deshechos. Las casas en que ellos vivían eran demolidas y se convertían en cloacas o en montículos de residuos. Era difícil obtener condenas para el delito de pensamiento, por lo que la Inquisición usaba procedimientos prohibidos en otros tribunales y, por lo tanto, se infringían las cartas municipales, las leyes escritas y consuetudinarias, y prácticamente todos los aspectos de la jurisprudencia establecida. Se reservaban los nombres de los testigos hostiles, se utilizaban informantes anónimos, se permitía que los enemigos personales formularan acusaciones, se negaba a los acusados el derecho de defensa o de tener abogado defensor, y no había apelación. El propósito era sencillamente obtener condenas a toda costa; se creía que sólo de ese modo sería posible sofocar la herejía. Por lo tanto, no se nombraba a los declarantes; todo lo que un sospechoso podía hacer era presentar una lista de sus enemigos; se le permitía presentar testigos para demostrar que dichos enemigos existían, pero no con otros fines. En cambio, la acusación podía usar la evidencia de delincuentes, herejes, niños y cómplices, todos ellos generalmente prohibidos en otros tribunales.

Una vez que la herejía infectaba una región y el sistema comenzaba a actuar, gran número de personas quedaba enredado en su maraña. Los hijos de herejes no podían heredar y la mancha tenía cierto carácter sustitutivo; los nietos no podían gozar de beneficios eclesiásticos, a menos que denunciaran con éxito a alguien. Todos, desde la edad de catorce años (las niñas desde los doce) debían prestar juramento público cada dos años en el sentido de que continuaban siendo buenos católicos y también debían denunciar a los herejes. Los que no se confesaban o recibían la comunión por lo menos tres veces al año despertaban automáticamente las sospechas; la posesión de las Escrituras, cualquiera que fuese el idioma, o de breviarios, libros de horas y salterios en lengua vernácula, estaba prohibida. La tortura no se usó regularmente hasta cerca de fines del siglo XIII (excepto en el caso de los funcionarios seculares que no tenían relación con la Inquisición), pero podía mantenerse encarcelados a los sospechosos y se les convocaba repetidas veces, hasta que cedían; el propósito de la operación era obtener confesiones o denuncias. Cuando se aplicaba, la tortura estaba sometida a restricciones canónicas; si no producía nada la primera vez, estaba prohibido repetirla. Pero estas normas admitían modificaciones; Francis Pegna, el principal comentarista de la Inquisición, escribió:

> Pero si, habiendo torturado razonablemente (*decenter*), él no confiesa la verdad, se le aplicarán otras clases de tormentos, diciéndole que soportará todos éstos hasta que confiese la verdad. Si incluso esto fracasa, puede asignársele un segundo o un tercer día, sea *in terrorem* o incluso en verdad, para la continuación (no la repetición) de la tortura; pues las torturas no pueden repetirse a menos que surjan nuevas pruebas contra él; después, ciertamente pueden, pues contra la continuación no hay prohibición.

Pegna dijo que cabía abstenerse de torturar a las embarazadas, por temor a los abortos: «debemos esperar hasta que haya dado a luz el hijo», y a los niños que no hubieran alcanzado la pubertad, mientras que los ancianos debían ser torturados con menos severidad. En general, los métodos eran menos horrorosos que los usados por diferentes gobiernos seculares, aunque corresponde agregar que, por ejemplo, los abogados ingleses comunes negaban claramente que la tortura fuese legal, excepto en caso de negativa a alegar.

Una vez que se acusaba a la víctima, era prácticamente imposible evitar el castigo: el sistema no lo permitía. Pero el número de ejecutados era relativamente reducido: menos del diez por ciento de los que podían correr esa suerte. La prisión perpetua era usual en el caso de los que se habían «convertido» impulsados por el miedo a la muerte; podía acortarse la pena si se denunciaba a otros. Los actos de simpatía en favor de los herejes recibían el castigo de la cárcel o la peregrinación; había también multas o flagelamientos, y se exigía algún tipo de penitencia a todos los que tenían contacto con los infectados, aunque se hubiesen relacionado sin conocimiento del asunto y con inocencia. El castigo más leve era la obligación de usar cruces de lienzo amarillas, una pena muy desagradable porque impedía que un hombre contratado consiguiese empleo; por otra parte, quien se abstenía de usarla era tratado como relapso en la herejía. Un período en la cárcel de hecho era inevitable. Por supuesto, había escasez de espacio en las prisiones pues el confinamiento solitario era la norma. Una vez que la Inquisición llegaba a una región, la prisión del obispo pronto quedaba colmada; después la del rey; más tarde, había que adaptar viejos edificios o construir nuevos. El alimento era responsabilidad del propio detenido, aunque se suponía que el obispo suministraba pan y agua en los casos de pobreza. A las autoridades seculares no les agradaban estas prisiones atestadas, pues las aterrorizaba la perspectiva de la fiebre en las cárceles y la peste, así que quemaban a muchas más personas de lo que autorizaba la Iglesia. El sistema se salvó del horror absoluto sólo gracias a las acostumbradas debilidades medievales: la corrupción, la inercia y la simple incompetencia administrativa.

Donde el sistema fue usado contra una comunidad entera, como en Languedoc, provocó resistencia. Hubo disturbios, asesinatos y la destrucción de archivos. Muchos países no aceptaron en absoluto la actividad de la Inquisición. Pero en España se convirtió en instrumento oficial, casi una institución nacional como las corridas de toros, un misterio para los extranjeros pero algo popular entre los nativos. Es sorprendente la frecuencia con que se quemaba a individuos admirables, aunque excéntricos, no sólo sin que se suscitaran protestas públicas sino con la aprobación general. Así, los *Fraticelli*, una escisión de los franciscanos en el siglo XIV que se opuso a la propiedad clerical y reafirmó las prácticas apostólicas de su fundador, fueron perseguidos y quemados en Europa entera, pero sobre todo en su Umbría nativa y en la Marca de Ancona; las multitudes que asistían a la destrucción de estos hombres se mostraban apáticas o tendían a creer que el antinominismo recibía su merecido castigo. En la Edad Media el ejercicio implacable y severo de la autoridad casi siempre podía contar con el respaldo de la mayoría. Las víctimas de las llamas generalmente morían gritando a causa del sufrimiento y el terror, y por eso mismo parecían confirmar la justicia del procedimiento.

La totalidad de la sociedad cristiana de la Edad Media se basaba en una intensa creencia en lo sobrenatural. Tendía a vivir de su propia energía nerviosa. Como carecía de un sistema que le permitiera determinar científica y objetivamente la verdad, la sociedad a menudo estaba desconcertada. La heterodoxia actual podía convertirse en la ortodoxia del futuro, y viceversa. El entusiasmo de la fe derivaba fácilmente hacia la histeria y entonces adquiría un sesgo violentamente destructivo. En cada santo había un hereje que pugnaba por manifestarse; y a la inversa. El Cristo de un hombre era el Anticristo de otro. La Iglesia oficial era una entidad convencional, ordenada, jerárquica, comprometida en la defensa de la sociedad existente, con todas sus disparidades e injusticias. Pero había también, por así decirlo, una anti-Iglesia, rebelde, igualitaria y revolucionaria, que rechazaba a la sociedad y sus valores, y amenazaba destruirla. Tenía su propia tradición de profecía revolucionaria, heredada de los judíos y prolongada en el cristianismo a través del Libro de la Revelación, que ocupó un lugar en el canon porque se creía que había sido escrito por san Juan. En los primeros tiempos, el milenarismo había sido prácticamente la teoría política oficial de la Iglesia. Pero el momento escatológico había retrocedido y, cuando el cristianismo se convirtió en la religión oficial del imperio, el milenarismo fue mirado con malos ojos. Agustín, el ideólogo de la Iglesia oficial, en su *Ciudad de Dios* presentó la Revelación como una mera alegoría espiritual; el milenio ya había comenzado con Cristo y se había realizado en la forma de la propia Iglesia, pero esto no cerraba la discusión, contra lo que él había esperado. Los cristianos continuaron creyendo en el milenio, la venida del Anticristo, las batallas cósmicas, los dragones gigantescos y las conmociones totales de la sociedad, y había interminables series de signos que presagiaban estos hechos. Para bien o para mal, el concepto del apocalipsis era parte del canon y estaba unido con artículos básicos de la creencia cristiana cuya eliminación ya era imposible. Más aún, el cuerpo escatológico se enriqueció gradualmente con varios textos sibilinos; no tenían jerarquía canónica, pero eran populares, y los predicadores, los escritores y los teólogos los utilizaban mucho. Todos destacaban la batalla futura entre Cristo y el Anticristo. La idea podía ser reinterpretada de modo que acomodase a casi cualquier situación política y se identificase con los reyes y los emperadores, incluso con los papas, buenos o malos. Todos los signos podían encontrar su propio lugar.

La tradición enfrentaba a la Iglesia oficial con un problema casi insoluble. Si ella adoptaba una actitud discreta, los milenaristas exigían la reforma. Pero si la Iglesia intentaba promover la reforma, como sucedió bajo Gregorio VII, también esto debía agitar a las fuerzas milenaristas latentes. La tradición de la predicación laica nunca había desaparecido del todo. Los laicos respondían animosamente a los esfuerzos destinados a mejorar el sacerdocio y trataban de asumir la dirección del mismo. Gran parte de la efervescencia heterodoxa del siglo XII fue el resultado indirecto de la campaña gregoriana. Por ejemplo, en la Renania inferior había regiones en que las formas del «revivalismo» heterodoxo coexistieron con la Iglesia oficial más o menos durante toda la Edad Media. Es un error creer que cada uno tenía su lugar en la sociedad. Por el contrario, entre las ordenadas corporaciones de las ciudades y la jerarquía feudal del campo había un inmenso caos colmado de desplazados, desposeídos, enfermos crónicos o tullidos, mendigos, leprosos, siervos fugados. Quizás un tercio de la población no correspondía a las categorías oficiales y, en cambio, era la materia prima de enormes multitudes que se formaron y dispersaron misteriosa y rápidamente. Los monjes o los sacerdotes desertores que habían perdido el favor de la Iglesia formaban un nutrido grupo que podía suministrar liderazgo y cierto conocimiento ambiguo. Una vez que una turba de este carácter se ponía en marcha era difícil detenerla. Por ejemplo, en 1251 y como reacción ante el fracaso de la Cuarta Cruzada, un monje húngaro renegado llamado Jacob predicó una cruzada anticlerical y enseñó que quien asesinara a un sacerdote obtendría méritos. Reunió un ejército de millares de hombres y atravesó las ciudades del norte de Francia. Pudo ocupar lugares como París, Orléans y Amiens prácticamente sin hallar oposición y saqueó los conventos de los frailes; en Tours agrupó a los dominicos y a los franciscanos, y los hizo caminar por las calles a latigazos. Luego fue asesinado y su turba se dispersó con la misma rapidez con la que se había reunido. Casi todos los episodios notables originaban esos estallidos: la predicación de una cruzada, una mala cosecha, el hambre, el descontento de los trabajadores, la derrota en una batalla o que no se realizara un milagro prometido. Las autoridades podían hacer muy poco una vez que comenzaba un movimiento masivo. Al llegar a este punto, tenían que esperar hasta que los excesos de la turba provocasen una reacción popular, por lo menos en el seno de la burguesía, o hasta que pudieran reunir un ejército regular. De ahí que la Inquisición cumpliese la función de un instrumento de alerta temprana: exploraba, controlaba e identificaba a los alborotadores antes de que ellos pudiesen reunir y movilizar una turba. Si este sistema fracasaba, no existía más alternativa que desencadenar una cruzada interna. De esta forma, los recursos odiosos como la Inquisición o la cruzada contra los «herejes» fueron vistos por muchos —no sólo los ricos, sino todos los que deseaban la estabilidad— como defensas indispensables contra la descomposición social y el terrorismo de las masas.

La Iglesia y el régimen secular no podían abordar radicalmente estos fenómenos destruyendo su base de credulidad. ¿Acaso la propia Iglesia no se basaba en la credulidad? Si se destruía la creencia, ¿dónde quedaba la sociedad cristiana total? En cualquier caso, los papas y los reyes no podían esquivar el ambiente intelectual que ellos compartían con todos los fanáticos de mirada desorbitada y con todos los faquires del milenarismo. La profecía, que era la base de estos movimientos, no sólo constituía un factor ortodoxo por referencia a las Escrituras sino que era científicamente respetable. Los analistas de las profecías estaban entre los hombres más cultos de la época y eran parte de una tradición de saber que se extendía desde los Reyes Magos hasta Newton, incluyendo prácticamente a todos los intelectuales de la sociedad occidental hasta mediados del siglo XVII. No es casual que el más influyente de todos los inventores medievales de sistemas proféticos, Joaquín de Flora (fallecido en 1202), fuera también el más erudito, sistemático y «científico». No era un rebelde, sino un elegante abate calabrés, protegido de tres papas, un hombre cuya conversación complació a Ricardo Corazón de León en su viaje durante la Tercera Cruzada. Flora agrupó las diferentes fuentes proféticas, paganas, cristianas, bíblicas y astronómicas; las examinó con un cuidado mucho mayor que lo que había hecho nadie anteriormente y dedujo de ellas sus propias proyecciones hacia el futuro. El método era esencialmente el mismo que usó el determinismo histórico marxista, y ejerció la misma fascinación hipnótica. Joaquín calculó que el Anticristo aparecería en el seno de la Iglesia y ocuparía un alto cargo (una idea nueva y fascinante). Sobre la base del análisis y la proyección históricos, dedujo que la «última era» sobrevendría en el marco de la historia (es decir, no después de las Cuatro Últimas Cosas) y se caracterizaría por la paz universal, en cuyo marco decaerían las instituciones que son necesarias en un mundo turbulento. Para los marxistas, las analogías son turbadoramente cercanas.

Los hombres leían a Joaquín con la misma atención y el mismo entusiasmo con que leían a los historiadores más imaginativos, por ejemplo Otón de Freising. Creían que Dios deseaba que fuese posible descubrir el futuro y que era obligación de la sociedad prepararse para eso. Roger Bacon, quizás el mejor científico auténtico de la Edad Media, escribió al Papa (alrededor de 1267):

> Si la Iglesia examinara las profecías de la Biblia, los dichos de los santos, las sentencias de la Sibila y de Merlín y de otros profetas paganos, y se sumasen las consideraciones astrológicas y el saber experimental, sin duda podría actuar útilmente contra la venida del Anticristo... Pues no todas las profecías son irrevocables, y en los Profetas se dicen muchas cosas acerca del advenimiento del Anticristo que sucederá sólo por la negligencia de los cristianos. Estas cosas cambiarían si los cristianos indagasen esforzadamente cuándo llegará él, y buscasen todo el saber que él usará cuando venga.*

Este pasaje, que representa el más alto saber convencional del siglo XIII, implica cierto grado de control posible sobre el universo, actual y futuro, que armoniza con la teoría de la monarquía papal ilimitada, la que entonces se aproximaba a su cenit. Se origina en las mismas premisas que el desordenado triunfalismo de Bonifacio VIII, citado al principio de esta sección. Pero ni el papado ni la Iglesia en general tenían un dominio firme de la sociedad cristiana total ni siquiera durante el siglo XIII. Más tarde, el dominio que en efecto tenía se debilitó. Más o menos por esta época, la sociedad cristiana unificada comenzó a disolverse y las diferentes formas de la heterodoxia cobraron carácter endémico; descubrirlas y castigarlas llegó a ser parte de la actividad rutinaria de la Iglesia y el Estado. Todas las formas de expresión religiosa inquieta-

---

* La profecía influyó sobre la expedición italiana de Carlos VIII, que se creía un «segundo Carlomagno». Lutero identificó a su protector, Federico de Sajonia, como «el buen tercer Federico». Se representó a Carlos V como «el buen rey que corregirá a la Iglesia». Colón compiló una colección de profecías acerca de la restauración de la Edad de Oro y la inquietud humanista común. Los nuevos descubrimientos geográficos y las invenciones como la imprenta rápidamente fueron incorporados a los antiguos sistemas proféticos. Véase Marjorie Reeves, *The Influence of Prophecy in de Later Middle Ages: a Study in Joachimism* (Oxford, 1969).

ban a las autoridades; de ninguna podía decirse que no implicaba el riesgo del descontrol. Durante gran parte del tiempo no hubo un solo papa que actuase como vigilante y supervisor, sino dos, a veces tres. Por ejemplo, Juana de Arco no fue víctima del nacionalismo inglés; sólo ocho de los 131 jueces, asesores y otros clérigos relacionados con su proceso eran ingleses. Fue más bien la víctima de una guerra civil francesa que exhibió una dimensión teológica más amplia. Una de las cosas que despertaron sospechas fue que encabezaba sus cartas con las palabras «Jhesus María», prueba de un culto a Jesús que no tenía la aprobación del papa Martín V sino la del antipapa Calixto. No nos sorprende saber que uno de los jueces que inicialmente la condenaron, Jean le Fèvre, fue también juez en su rehabilitación; o que Tomás de Courcelles, que aconsejó que se la torturase durante el interrogatorio, fue ascendido a deán de Notre Dame el año en que se la rehabilitó y vivió para pronunciar el panegírico fúnebre del héroe de Juana de Arco, es decir, el delfín, Carlos VII.

Como la sociedad cristiana era total tenía que ser compulsiva; y porque era compulsiva no tenía más alternativa que declarar la guerra a los inconformistas. De esta modo, en la baja Edad Media la sociedad cristiana se vio desbordada por la multiplicidad de sus enemigos. Si Joaquín no era un profeta «aceptable», pronto tuvo que soportar una masa de interpretaciones y comentarios que se convirtieron en la pequeña moneda corriente de los milenaristas rústicos y los carismáticos de aldea. Un rasgo de la profecía medieval era que los reyes o emperadores «durmientes» se despertarían y restablecerían la armonía o arrasarían todo, según que uno creyese que el Papa era el vicario de Cristo o el mismo Anticristo. Aparecían hombres que afirmaban ser Arturo o Carlomagno o el primer emperador latino de Constantinopla, o el emperador Federico II, reunían partidarios, se los perseguía y después se los ahorcaba o quemaba. La refutación por obra de los hechos al parecer no conseguía conmover la creencia de los hombres en la profecía; los años decisivos iban y venían: 1260, 1290, 1305, 1335, 1350, 1360, 1400, 1415, 1500, 1535; nada sucedía como se había previsto, pero de todos modos los hombres creían. Muchos de estos pretendientes publicaron complicados manifiestos sociales, con un propósito igualitario o distributivo. La mayoría comenzaba o concluía en el anticlericalismo.

La histeria religiosa se manifestó en casi todas las formas imaginables de la conducta ofensiva. Por ejemplo, la autoflagelación había sido un rasgo de ciertas sectas paganas refinadas que fueron absorbidas por el cristianismo en el siglo IV. La vemos aparecer en la Italia del siglo XI y más tarde, en enorme escala, en la segunda mitad del siglo XII; luego se extendió por Europa entera y se convirtió en un fenómeno endémico. Los flagelantes marchaban formando procesiones, dirigidos por sacerdotes, con banderas y cirios, y pasaban de una ciudad a otra, desfilando frente a la iglesia parroquial y flagelándose durante horas y más horas. Los flagelantes germánicos, con sus ritos, sus himnos y sus uniformes, eran especialmente feroces; usaban látigos de cuero con puntas de hierro; si aparecía una mujer o un sacerdote, se estropeaba el rito y había que recomenzar; culminaba con la lectura de una «carta celestial», y luego los espectadores empapaban pedazos de tela en la sangre y los guardaban como preciadas reliquias. La Iglesia tenía una actitud ambivalente frente a los flagelantes. En 1384 Clemente VII había alentado la flagelación pública en Aviñón y centenares de personas de ambos sexos participaron. San Vicente Ferrer, pilar de la ortodoxia española, el dominico antisemita y agitador de la chusma, encabezó un grupo de flagelantes que recorrió España, Francia e Italia, siguiendo las instrucciones de una visión que tuvo en 1396. Estaban la flagelación ortodoxa, la flagelación herética y también la flagelación, al parecer, secreta. En términos generales, si participaban ambos sexos se permitía. Casi todos los movimientos oficiosos de flagelantes de sexo masculino acabaron en el anticlericalismo, la herejía o la violencia. Después, se convocaba a la Inquisición y había ejecuciones.

El cristianismo también tuvo su tradición ortodoxa de pobreza apostólica y su teoría de que en el estado prístino el mundo era igualitario y justo, antes de que la irrupción del pecado determinase el gobierno de los fuertes y la degradación de los débiles. Hacia el período último de la Edad Media, muchos movimientos milenaristas se lanzaron a una carrera frenética a partir de estos conceptos. Adoptaron dos formas principales y algunos combinaron ambas. El primer grupo, denominado generalmente los «espíritus libres», estaba formado por antinómicos de un tipo con el que san Pablo había tenido que lidiar en Grecia. Creían ser perfectos y estar por encima de las normas morales. El abate de San Víctor, místico ortodoxo del siglo XIV, escribía indignado acerca de ellos: «cometían violaciones y adulterios y otros actos que otorgan placer corporal; a las mujeres con quienes pecaban y a las personas sencillas a quienes engañaban, prometían que tales pecados no serían castigados». Algunos enseñaban que se había creado a las mujeres con el fin de que las usaran los hermanos del Espíritu Santo; si una matrona mantenía relaciones íntimas con uno de los hermanos, podía recuperar su virginidad perdida; esto estaba relacionado con la creencia de que habían descubierto el modo exacto en que Adán y Eva hacían el amor. A menudo eran arrestados porque intentaban seducir a respetables esposas de la clase media o porque comían en las tabernas y se negaban a pagar. «Creen que todas las cosas son propiedad común», observó el obispo de Estrasburgo en 1317, «y de allí extraen la conclusión de que el robo es legal para ellos». A menudo se ejecutaba a estos hombres, y a veces se hacía con repulsiva crueldad. Pero aquellos espíritus libres no eran seres fraudulentos o antisociales. En Flandes y el valle del Rin, un grupo ortodoxo, los Hermanos del Espíritu Libre, formó uno de los movimientos religiosos más importantes y admirables de la Edad Media final; sus miembros dirigían escuelas y hospitales para los pobres, y se consagraban a diferentes tareas relacionadas con el bienestar social. Los espíritus libres femeninos, o beguinas, aunque no eran precisamente monjas, pues no vivían en conventos, trabajaban en los ambientes pobres de las ciudades renanas —en cierto momento hubo 2.000 solamente en Colonia— y eran modelos de piedad y ortodoxia. Roma no miraba con buenos ojos estas formas de conducta religiosa, pues no armonizaban con las categorías vigentes. De manera que los obispos y la Inquisición vigilaban de cerca y a menudo procedían a dispersar a los grupos de hermanos o de beguinas que parecían inclinados a caer en la heterodoxia.

La segunda categoría amplia combinaba la igualdad milenarista con un ataque franco al clericalismo y la Iglesia oficial. La creencia de que el milenio era inminente era la señal para el ataque a los ricos: había que derribarlos en un apocalipsis terrenal antes de arrojarlos a las llamas eternas en el otro mundo. Estas ideas fueron expresadas en los sermones de John Ball durante la Rebelión Campesina en Inglaterra; reaparecen constantemente en Francia y Alemania durante los siglos XIV, XV y XVI. En Bohemia, la única región de la cristiandad latina donde la heterodoxia se afirmó eficazmente antes del siglo XVI, los igualitarios formaron el ala radical de los husitas después de 1419; tenían fondos comunes y comunidades del tipo del *kibbutz*. Estos movimientos eran el reverso de la moneda agustiniana: formaban la «sociedad alternativa» a la sociedad cristiana total de la que Agustín había sido el teólogo y que triunfó en Occidente durante el período carolingio. Pero por supuesto, decía la argumentación, la sociedad cristiana ortodoxa en todos los aspectos ha traicionado sus orígenes y ha aceptado las normas del mundo; por consiguiente, era la sociedad, no de Cristo sino del Anticristo, y su derrocamiento sería el preludio de la *parousia*.

A medida que la cristiandad latina comenzó a resquebrajarse bajo el peso cada vez más agobiante de los enemigos que actuaban en su seno, se fortaleció la posibilidad de que esas sociedades alternativas se afirmaran, aunque fuese brevemente. Hubo estallidos igualitarios en Germania durante la década de 1470, y de nuevo en 1502, 1513 y 1517. Mientras Lutero sostenía su debate teológico con Roma y varias ramas del protestantismo se afirmaban como religiones cristianas oficiales, reflejando las necesidades sociales como el catolicismo había hecho desde el siglo IV, los esfuerzos por derrocar totalmente a la sociedad y remplazarla por una nueva forma social cristiana fueron desarrollados vigorosamente por marginales religiosos. Estos hombres y sus movimientos nos dicen mucho sobre el cristianismo y sus deformaciones. Su inspiración correspondía a menudo al mundo cristiano primitivo; a veces eran precristianos. Hablaban con la voz auténtica de los montanistas o los donatistas, perseguidos por la fuerza unida del cristianismo ortodoxo y el Imperio romano; ciertamente, eran un eco del rigorismo moral de los esenios, también víctimas de una combinación de sacerdotes oficiales con el orden secular vigente. Eran una parte indudable de la tradición cristiana, plasmada por una de las matrices que Cristo había implantado en las mentes humanas durante el siglo I. Pero les faltaba el equilibrio de la visión cristiana integral. Ofendidos por la perversidad de la sociedad cristiana oficial, ansiosos por remplazarla, terminaron sencillamente tratando de destruirla e incluso de caricaturizarla. Abrazaron la violencia, negaron la cultura, desvalorizaron la vida humana y adoptaron sistemas morales absolutamente arbitrarios e inestables. Un caso de este género fue Tomás Müntzer, nacido en Turingia (región donde abundaba la flagelación ilícita) alrededor de 1488, un sacerdote educado que leía griego y hebreo. Sus creencias eran una combinación de extremismo husita, libertinaje del tipo «espíritu libre» y escatología ortodoxa. A su juicio, el luteranismo era sencillamente una traición del intento de reformar la Iglesia, apenas un compromiso más con el impío Mammón. En julio de 1524 predicó en presencia de Juan, duque de Sajonia, y de otros nobles germánicos un sermón que fue quizás el más notable de toda la era de la Reforma, sobre la base de un texto del Libro de Daniel, la piedra angular de la estructura milenarista. «Líbranos del mal» fue interpretado por Müntzer como «líbranos del gobierno anticristiano de los impíos». La sociedad, dijo a su principesco auditorio, estaba siendo pulverizada entre la Iglesia y el Estado en el odioso reino terrenal de la cristiandad feudal y papal. Pero el sacerdocio real del hombre común destruiría eso y los príncipes debían unirse al pueblo en el esfuerzo por derrocar al Anticristo.

Vemos aquí a los íconos coronados de la Edad de las Tinieblas, a los sacerdotes ungidos, remplazados por el pueblo soberano. Si Gregorio VII, Inocencio II o Bonifacio VIII habían visto la disputa por el poder mundial como una lucha entre el Papa y el emperador, o el Papa y el rey, ahora había un nuevo candidato al cargo de Vicario de Cristo: el proletariado. La reclamación del poder fue realizada con la misma arrogancia que en su momento demostró Gregorio VII y estuvo acompañada por una despreocupada aceptación de la violencia como factor necesario y resultado del mandato divino. Müntzer tenía la marca del zelota que había provocado la ruina de Jerusalén. Firmaba sus cartas con la Espada de Gedeón y la frase «Tomás Müntzer, el Martillo». Era un sacerdote-guerrero bíblico. «Que la espada del santo no se enfríe» era su lema; su signo heráldico era una cruz roja y una espada desnuda (un ejemplo temprano del uso de un emblema político ardiente). Lutero era el mero propagandista de las clases gobernantes, «la carne sin espíritu, acostumbrada a la vida muelle de Wittenberg», el doctor mentiroso, el dragón, el archiateo. Los ricos eran ladrones; la propiedad, un robo; «el pueblo se liberará y sólo Dios será Señor sobre él». Müntzer percibía que la guerra de clases sería ganada tan sólo mediante una tremenda y sangrienta convulsión, una especie de apocalipsis premonitorio antes del verdadero, cuando, como Joaquín había profetizado, las instituciones humanas decaerían y la *parousia* señalaría el comienzo del gobierno eterno y perfecto. Por consiguiente, la violencia era necesaria para su escatología. Es otro ejemplo de abuso del texto «oblígalos a venir», grabado en el corazón de todos los inquisidores. Exactamente como Agustín, Müntzer utilizó la parábola del trigo y la cizaña para justificar la destrucción y la persecución: «El Dios vivo está afilando su hoz en mí», dijo funestamente, «de modo que después yo pueda cortar las rojas amapolas y los acianos azules». Cuando el agustiniano o el milenarista se impone, el hombre paciente y razonable, el reformista, el liberal de espíritu pelagiano aprende a temblar.

Müntzer desencadenó una revuelta campesina, como anteriormente habían hecho tantos milenaristas; pero fue ejecutado antes de que pudiese fundar su sociedad posapocalíptica. Una década después, en 1534, los milenaristas se apoderaron de la ciudad germana de Munster y la retuvieron hasta el verano siguiente. No fue de ningún modo la primera vez que los fanáticos cristianos se apoderaban de una ciudad de Occidente; hay muchos ejemplos, sobre todo en Francia septentrional y Flandes, a partir del siglo XII. Pero Munster es el primer caso en que contamos con documentación adecuada y, por lo tanto, sabemos lo que era vivir bajo el terror igualitario medieval. El episodio comenzó el 25 de febrero de 1534, cuando los extremistas religiosos capturaron al consejo municipal y su líder, Juan Mathijs, anunció una dictadura popular cristiana. Se identificó a los impíos: uno, un herrero de espíritu crítico, fue muerto inmediatamente por Mathijs, y el resto fue expulsado. «Id, vosotros impíos, y no regreséis nunca.» Al mismo tiempo, se aceptó la entrada de una serie de refugiados extremistas, que formaron una fuerza de policías y guardaespaldas de los directores. Luego, la población entera fue rebautizada, se fortificó la ciudad; la totalidad de los habitantes, el dinero, el oro y los objetos valiosos fueron secuestrados y socializados, y la vivienda redistribuida sobre la base de la necesidad. Mathijs fue muerto en el curso de una salida, y su sucesor, Juan Beukels, actor e hijo de una sierva soltera, reconstruyó el régimen sobre una base más formal. Atravesó desnudo la ciudad, se entregó a la plegaria y luego anunció una nueva constitución: él mismo era el rey mesiánico, o «Juan de Leiden», asistido por doce ancianos o jueces, que formaban un comité de seguridad pública. Se establecería un nuevo código moral. Todos los libros, excepto la Biblia, serían quemados. Una extensa lista de delitos, que incluían la blasfemia, los juramentos, el adulterio, la insubordinación, las quejas y cualquier forma de desobediencia, merecían el castigo de la ejecución instantánea. Se establecía el control de la fuerza de trabajo y la poligamia obligatoria. El régimen era violentamente antifemenino. Beukels creía que un hombre que dependía sexualmente de una esposa estaba manejado «como un oso atado a una cuerda»; las mujeres «por todas partes han estado imponiéndose» y era hora de que se sometieran a los hombres. Por lo tanto, las mujeres que se resistían a la poligamia debían ser ejecutadas, y las mujeres solteras tenían que aceptar al primer hombre que las reclamase. Beukels organizó competencias para comprobar quién podía atrapar a más esposas. Sus talentos histriónicos y el hecho de que Munster estuviese habitada por gran número de hábiles artesanos, le permitió organizar su corte, en la que era «el rey de la virtud» y el «gobernante de la Nueva Sión», con pompa considerable. Ordenó reformar las vestiduras clericales para convertirlas en atuendos reales y diseñó para su propio uso una manzana dorada u orbe; se acuñó una nueva moneda de oro, con la inscripción «La palabra se ha hecho carne y mora entre nosotros». Su harén de esposas, todas menores de veinte años, y sus cortesanos estaban elegantemente vestidos; el «rey» organizó representaciones teatrales y banquetes universales, en uno de los cuales distribuyó la comunión y después presidió personalmente una ejecución, pues se sentía inspirado para actuar de este modo. Este ostentoso terror fue particularmente duro para las mujeres: cuarenta y nueve fueron muertas por infringir el decreto acerca de la poligamia; se mantuvo este régimen dividiendo la ciudad en doce secciones, cada una controlada por un «duque» y veinticuatro guardias, que realizaban ejecuciones y descuartizamientos diarios. El «rey» abrigaba la esperanza de que, gracias al envío de misioneros apostólicos armados con propaganda impresa en su imprenta, podría formar una confederación de ciudades comunistas cristianas. Pero después de unos pocos y breves éxitos, el plan se derrumbó; la propia Munster fue traicionada y retomada por el obispo, y Beukels fue paseado como un animal de circo hasta enero de 1536, cuando lo torturaron públicamente hasta la muerte con el empleo de tenazas al rojo vivo.

Las atrocidades perpetradas tanto por los milenaristas como por los cristianos ortodoxos en esta ocasión más o menos se equipararon, pues cada uno de los bandos ansiaba «obligarlos a venir». En las etapas posteriores de la comuna de Munster, el ingrediente cristiano llegó a ser mínimo e incluso virtualmente desapareció; pero por otra parte, no se destacaba del otro lado de las barricadas. Los intentos de realizar sociedades cristianas perfectas en este mundo, tanto los promovidos por los papas como los que están a cargo de revolucionarios, han tendido a degenerar en el terror rojo o en el terror blanco. Tanto las teocracias pontificales como las dictaduras del proletariado usan métodos compulsivos que incluyen la suspensión del imperio de la ley, la tortura, el asesinato judicial, la represión de la verdad y la exaltación de la mentira. De esta forma, la «sociedad alternativa» a menudo exhibió una inquietante analogía de rasgos con la sociedad a la que intentaba remplazar. Pero los milenaristas, en sus esfuerzos por escapar a lo que ellos creían era la degradación de la visión cristiana original, no se sintieron desalentados ni fueron advertidos por los fracasos anteriores. Reaparecieron en Inglaterra, durante el período que siguió al derrocamiento de la tiranía de los Estuardos, en la década de 1650. El teólogo puritano Richard Baxter escribió:

> Decidieron encender la luz natural, con el nombre de *Cristo en los Hombres*, y deshonrar y denigrar a la Iglesia, las Escrituras, el Ministerio actual, y nuestro Culto y Ordenanzas; y llamaron a los

hombres a escuchar a Cristo en su interior. Pero además conjuraron una Maldita Doctrina del *Libertinaje*, que los condujo a una Vida de abominable suciedad. Enseñaron... que Dios consideraba no los Actos del Hombre Externos, sino los del Corazón, y que para los Puros todas las cosas son Puras (incluso las cosas prohibidas). Y así, autorizados por Dios, pronunciaron las más repugnantes Palabras de Blasfemia, y muchos de ellos cometieron usualmente fornicaciones. Al extremo de que una Matrona muy Celebrada por su Santidad y Sobriedad, pervertida por ellos, se convirtió en una Prostituta tan desvergonzada que fue paseada en la Carreta por las calles de Londres.

Estos extremistas eran profetas o *Ranters*, que tenían mucho en común con los joaquinitas, o también con Tertuliano. Tales elementos siempre aprovecharon la oportunidad de una crisis o de un proceso de desintegración social para impulsar soluciones apocalípticas o extraordinarias, morales o económico-políticas. La guerra civil inglesa fue una de estas ocasiones. Como dijo un crítico ortodoxo (1651): «No es cosa nueva que Satán siembre Herejías y engendre Herejes, pero nunca abundaron tanto como en los últimos tiempos. Solían asomar uno por uno, pero ahora brotan en racimos y manojos (como langostas del pozo sin fondo)... y se arrojan en enjambres sobre nosotros, como las Orugas de Egipto.» Más recientemente, la orientación específicamente cristiana, siempre la primera víctima cuando el milenarismo deriva hacia el terror, había tendido a pasar a segundo plano o a desaparecer por completo. Sin embargo, los milenaristas, de Tertuliano en adelante, siempre habían adoptado una actitud anticlerical, una característica compartida con los profetas modernos y apocalípticos no cristianos, como Marx, los comuneros parisienses de 1870, los trotskistas, los maoístas y otros buscadores de una perfección ilusoria en este mundo. Los Daniel seculares del siglo XX tienen credenciales que se remontan a las Escrituras y su estirpe es cristiana.

Este análisis de la cristiandad medieval expone por lo tanto dos tipos de experimento social en la conformación de la sociedad sobre la base de principios morales: un experimento ortodoxo y la alternativa radical que él provocó. Ambos tienden a fracasar porque los dos, de diferentes modos, son excesivamente ambiciosos; y en el intento de evitar el fracaso cada tipo de experimento tiende a traicionar sus principios cristianos. Una de las grandes tragedias de la historia, quizás inevitable, fue la transformación de la reforma gregoriana en una obsesión institucional con el poder; también una tragedia de la historia que es perpetua pero igualmente fatal es la progresión del milenarismo al abandono total de los valores morales. Pero afortunadamente la cristiandad incluye más que estas dos matrices imperfectas; durante los siglos XVI y XVII asistimos al ascenso y la lucha por la supervivencia de una tercera fuerza: el humanismo cristiano.

QUINTA PARTE

La tercera fuerza
(1500 - 1648)

En cierta ocasión, entre 1511 y 1513, dos de los principales eruditos europeos hicieron una visita al santuario de Santo Tomás Becket en Canterbury. Uno era Juan Colet, deán de San Pablo y fundador de su nuevo colegio de segunda enseñanza; el otro era el holandés Erasmo, autor del principal manual espiritual para los legos cristianos y de una sátira muy admirada contra la Iglesia, el *Elogio de la locura*. En uno de sus *Coloquios* posteriores, Erasmo dejó un relato de la visita de ambos, y habría sido difícil concebir un episodio menudo pero más acerbo, en víspera de la Reforma, que esta confrontación entre el santuario del triunfalista clerical martirizado y los dos entusiastas apóstoles del Nuevo Saber. Ambos eruditos eran hombres piadosos y su visita fue reverente, pero el relato de Erasmo aclara que se sintieron profundamente extrañados por lo que vieron. Las riquezas que adornaban el santuario eran deslumbrantes. Erasmo las consideró incongruentes, desproporcionadas, tesoros «frente a los cuales Midas o Creso habrían parecido mendigos»; treinta años más tarde, los agentes de Enrique VIII extraerían de ese tesoro 4.994 onzas de oro, 4.425 de plata dorada, 5.286 de plata común y veintiséis carretadas de otros tesoros. Colet irritó al sacristán que los acompañaba cuando sugirió que santo Tomás habría preferido que toda esa riqueza fuese entregada a los pobres. Agregó el insulto a la injuria cuando se negó a depositar un beso reverente sobre un reliquia especial, el brazo de san Jorge, y al reaccionar con «un silbido de desprecio» ante un viejo pedazo de tela presuntamente empapado en la sangre de santo Tomás. A dos millas de la ciudad, fuera del asilo de ancianos de Harbledown, la impaciencia del deán con la «cristiandad mecánica» fue puesta nuevamente a prueba cuando un mendigo autorizado los roció con agua bendita y propuso que besaran el zapato de santo Tomás: «¿Estos estúpidos pretenden que besemos el zapato de todos los buenos hombres que jamás vivieron?», preguntó enfurecido. «¿Por qué no nos proponen besar sus escupitajos o sus excrementos?» Después de este memorable encuentro, los dos hombres cabalgaron de regreso a Londres.

Por la época en que se realizó esta visita, ya era evidente que la antigua Iglesia medieval, la sociedad total que se remontaba a los tiempos carolingios, estaba desintegrándose. Un año antes más o menos, Johann Geiler, de Estrasburgo, uno de los últimos grandes predicadores de la Edad Media, había pronosticado la disolución en su último sermón ante el emperador Maximiliano: «Puesto que ni el Papa ni el emperador, o los reyes o los obispos están dispuestos a reformar nuestra vida, Dios enviará un hombre con ese fin. Abrigo la esperanza de ver ese día... pero soy demasiado viejo. Muchos de vosotros lo veréis; y cuando llegue el momento os ruego que penséis en estas palabras.» Era cierto que el mismo papado, la Iglesia como institución, había demostrado que no deseaba o no podía dirigir el proceso de reformas. Pero otras corrientes trabajaban incansablemente. Las universidades cristianas, que se habían originado en la sociedad total y la sostenían con su sistema metafísico, se encontraban en estado de cambio e incertidumbre. El método universalista de santo Tomás de Aquino, con su superestructura lógica que aportaba respuestas a todos los interrogantes humanos concebibles, había sido desechado por los nominalistas en el siglo XIV; éstos enseñaban que muchos de los elementos fundamentales del cristianismo no podían ser demostrados mediante la lógica, de modo que era necesario aceptarlos con fe ciega; durante el siglo XV los estudiosos se consagraron cada vez más al reexamen de las credenciales fundamentales del cristianismo: las Escrituras, los documentos de la Iglesia, los escritos de los primeros Padres. En la década de 1450 Lorenzo di Valla, secretario del papa Nicolás V, demostró que la *Donación de Constantino* y muchos otros textos esenciales eran falsificaciones. Creó y popularizó nuevas técnicas destinadas a facilitar la evaluación crítica de la literatura sacra. Los cambios políticos que sobrevivieron en esta época en el mundo del Mediterráneo atrajeron la atención de los eruditos europeos sobre elevado número de libros antiguos, sagrados y profanos, griegos, latinos y hebreos, que no habían sido examinados sistemáticamente durante siglos. Si los correspondientes custodios bizantinos y judíos se habían contentado con la preservación de estos textos, los estudiosos renacentistas italianos, como Valla, Marsilio Ficino y Pico della Mirandola, los trataron como claves del futuro, los cotejaron y ordenaron, y los usaron como patrones de medida del saber occidental convencional.

En esta nueva escuela no se separaba el saber religioso del secular ni existía el deseo de separarlos. Ficino consideraba que Platón, cuyas obras fundamentales podían consultarse ahora en el original griego, pertenecía a una serie de intérpretes de la cuestión de la divinidad, una nómina que comenzaba con Zoroastro y se prolongaba a través de Hermes Trismegisto y Pitágoras, un antiguo saber que anticipaba y confirmaba el cristianismo. Al mismo tiempo, la gama entera de la erudición hebrea, preservada intacta en España durante siglos, se convirtió en un caudal accesible a Occidente gracias a Mirandola, que unió la teosofía cabalística judía con la cosmología neoplatónica. Su alumno, el hebraísta Johann Reuchlin, produjo la primera gramática hebreo-cristiana en 1506 y trató de impedir que la Inquisición dominica destruyera sistemáticamente los libros judíos que comenzaban a aparecer. De esta forma, el Nuevo Saber chocó por primera vez con la Iglesia establecida. Pero el conflicto era inevitable. Ahora, los hombres podían estudiar los textos griegos y hebreos originales, y compararlos con la versión recibida en latín y considerada sacrosanta durante siglos en Occidente. Valla, que trabajaba con el Nuevo Testamento en griego, señaló muchos errores en la Vulgata de san Jerónimo —fueron los primeros atisbos de la moderna erudición acerca de las Escrituras—. Cuando los hombres comenzaron a mirar los textos con criterios diferentes, advirtieron muchas cosas que los incomodaron o entusiasmaron. El mensaje del Nuevo Saber de hecho era éste: gracias a la acumulación del saber alcanzaremos una verdad espiritual más pura. Ficino, Pico y Reuchlin sugirieron que existía, por así decir, una religión natural, que detrás de las diferentes experiencias filosóficas y religiosas existía cierta unidad. Su verdad esencial se expresaba del modo más perfecto en el cristianismo. En el curso de los siglos, los agregados habían oscurecido esta verdad: el Nuevo Saber podría volver a descubrirla y depurarla.

Por consiguiente, el nuevo movimiento intelectual fue puesto al servicio de la reforma de la Iglesia, una cuestión que había desconcertado a papas, concilios, obispos y reyes durante más de un siglo. Se identificó la ignorancia con el pecado; al conocimiento, con la Reforma. Este principio podía manifestarse de muchos modos: denunciando los documentos fraudulentos, presentando textos completamente exactos y auténticos, examinando de nuevo estos textos a la luz del nuevo conocimiento para descubrir su verdadero sentido, y, una vez establecido definitivamente el sentido de las Escrituras, eliminando de la vida y de las actividades de la Iglesia todas las creencias y las prácticas que carecían de autoridad bíblica o de la sanción de la Iglesia primitiva. El efecto de este movimiento, si se permitía que progresara sin obstáculos, era depositar el bienestar y el futuro de la Iglesia en manos de los eruditos empíricos, o quizás incluso en manos de un público más amplio. La difusión del Nuevo Saber de hecho coincidió con el desarrollo técnico de la imprenta. La coincidencia aseguró la aceleración de ambos movimientos. Los primeros libros impresos de Occidente fueron producidos en Maguncia entre 1454 y 1457, por la época en que Valla estaba anotando el Nuevo Testamento griego. Hacia 1500 había 73 imprentas en Italia, 51 en Alemania, 39 en Francia, 24 en España, 15 en los Países Bajos y 8 en Suiza. La más importante de las firmas, dirigida por Aldo Manucio en Venecia, estaba dedicada casi por completo a la publicación de los clásicos griegos recuperados; a pesar de sus formas extraordinariamente elegantes, el trabajo se desarrolló con mucha rapidez: durante los veinte años de 1494 a 1515, se produjeron veintisiete *editiones principes* de autores griegos y obras de referencia; cuando Aldo falleció, en 1515, no faltaba imprimir ninguno de los principales autores griegos. Se imprimieron estas obras en cantidades muy considerables y a precios que eran bastante inferiores incluso a las copias manuscritas de extensión similar y baja calidad. El rápido desarrollo de la imprenta, con su tremenda concentración en las obras de interés fundamental para la religión y la Reforma, representó un problema completamente nuevo para las autoridades eclesiásticas y oficiales que tradicionalmente controlaban la difusión del saber. Censurar e impedir la circulación de libros impresos era esencialmente lo mismo que controlar manuscritos, pero la diferencia de velocidad y escala era absolutamente fundamental. Se necesitó por lo menos una generación de censores para resolver el asunto y en realidad nunca pudieron ejercer el mismo grado de supervisión eficaz que habían demostrado en los días que precedieron a las impresiones baratas.

Erasmo nació en 1466, en este nuevo marco de erudición y comunicación. Provenía de un medio que era esencialmente el de la época anterior. Era hijo bastardo de un sacerdote y una lavandera. Tal era el destino común de muchas personas contemporáneas. Esta situación demostraba la renuencia de la Iglesia a aprobar el matrimonio clerical y su incapacidad para eliminar el concubinato. Probablemente la mitad de los hombres ordenados tenían «esposa» y familias. Más allá del Nuevo Saber y los debates teológicos, el celibato clerical era, a su propio modo, el problema individual más importante de la Reforma. Era un gran problema social y, como otros factores, tendía a inclinar la balanza en favor de la Reforma. En general, la única esperanza del hijo de un sacerdote era incorporarse él mismo a la Iglesia, y de esta forma, con renuencia o sin mucho entusiasmo, profesaba votos de los que después podía arrepentirse: el mal tendía a autoperpetuarse. Muchos miles de hombres (y mujeres) estaban atrapados en este aprieto, eran miembros descontentos e incómodos de una clase privilegiada, sentenciados de por vida a un papel espiritual para el cual no tenían vocación y —puesto que no existían seminarios— tampoco formación. Erasmo fue uno de ellos. Después de su nacimiento los padres no continuaron conviviendo. En un fragmento autobiográfico, escrito cuando ya era mundialmente famoso, ocultó su bastardía, lo que sugiere que esa condición aún le irritaba. Su educación fue irregular. Los Hermanos de la Vida Común, una orden fundada por Gerardo Groote, fueron una de las congregaciones idealistas de más éxito de la baja Edad Media. Eran individuos auténticamente pobres y realizaban con mucha seriedad su labor social; en ciertos aspectos, se anticiparon a los reformadores protestantes por la importancia que atribuyeron a la Biblia y su desagrado frente a las formas complicadas del culto, por ejemplo el canto polifónico. Pero Erasmo recibía enseñanza en un grupo de 275 varones reunidos en una sala, con un solo maestro; el programa en general estaba limitado a versos y proverbios latinos destinados a condicionar el pensamiento, por ejemplo «Los prelados de la Iglesia son la sal de la tierra». Tenía dieciocho años cuando fallecieron sus padres y no vio otra alternativa que incorporarse al clero como agustiniano; pronto lo lamentó y dedicó los treinta años siguientes a liberarse de los vínculos clericales de carácter legal, pues sabía que si lo deseaban, sus superiores podían arruinar su carrera de erudito y escritor obligándolo a vivir en estricta subordinación a las reglas de su orden. Fue uno de los muchos miles que, incluso siendo miembros de la orden clerical privilegiada, emocionalmente estaban consagrados a promover su destrucción.

Erasmo tuvo la buena fortuna de convertirse en secretario del obispo de Cambrai, que lo envió a la Universidad de París. Aquí también se encontró con el antiguo mundo medieval. El Collège de Montaigu era conocido por los parisienses como «la hendidura entre los cachetes del trasero de la Madre Teología». Era un edificio antiguo, ruinoso, húmedo y sucio; la comida era repugnante, los dormitorios hedían a orina y los castigos físicos eran frecuentes. Erasmo ya tenía veintiséis años y detestaba el lugar; la misma reacción tuvo Rabelais, que quería incendiarlo. Sin embargo dos de sus ex alumnos, Ignacio de Loyola y Juan Calvino, admiraron sus austeridades y recordaron con beneplácito el tiempo que habían pasado allí; con esto vemos una de las grandes divisiones del siglo XVI, la que separó a los humanistas de los puritanos. El trabajo en la universidad subrayaba el lado mecánico de la religión. En la Universidad de Lovaina, donde Erasmo estuvo un tiempo, en 1493, los profesores y los estudiantes discutían estos temas: ¿Cuatro rezos de cinco minutos en días consecutivos tienen más posibilidades de ser atendidos que un rezo de veinte minutos? ¿Un rezo de diez minutos, en beneficio de diez personas, es tan eficaz como diez rezos de un minuto? El debate duró ocho semanas, un lapso mayor que el que Colón necesitó para llegar a América el año precedente, es decir, 1492. La transformación intelectual de Erasmo sobrevino en 1499, cuando fue a Inglaterra; en Oxford oyó la clase de Colet acerca de la Epístola de san Pablo a los Romanos. Colet no sabía griego, pero había estado en Florencia y había asimilado el espíritu de Valla, Ficino y los neoplatónicos. En sus clases se desentendió de los interminables y sucesivos comentarios, procedió a examinar nuevamente el texto de Pablo y a descubrir su sentido real como exposición de la fe cristiana. De esta forma, no por primera ni por última vez, la Epístola de Pablo a los Romanos provocó una revelación espiritual y un nuevo enfoque de la vida cristiana. Erasmo decidió proceder personalmente a un nuevo examen de las Escrituras y a aprender griego con el fin de trabajar eficazmente. Para sostenerse y sostener sus estudios comenzó a escribir libros.

Durante casi cuatro décadas, hasta su muerte en 1536, la producción de Erasmo cubrió un enorme campo, que incluyó la vida cristiana, la teoría y la práctica de la educación, el estado de la Iglesia y la sociedad y el sentido de las escrituras, además de incluir ediciones eruditas de textos sagrados y patrísticos. De éstos, sin duda el más importante fue su edición griega del Nuevo Testamento, que permitió que el texto original (aunque fuese en una forma imperfecta) llegase por primera vez a los cristianos latinos. Erasmo se convirtió en un erudito de elevado nivel académico; fue también un popularizador y un periodista que comprendió la importancia de la comunicación. Deseaba que sus libros fuesen pequeños, manuales y baratos, y fue el primer escritor que percibió todas las posibilidades de la imprenta. Trabajó deprisa, a menudo en la propia imprenta, escribiendo y corrigiendo inmediatamente las pruebas. Le estimulaba el olor de la tinta de imprimir, el incienso de la Reforma. En consecuencia, la difusión de sus obras fue sorprendente. Su primer éxito, los *Adagios* (1500), fue una recopilación de citas latinas usadas para enseñar la lengua, pero también refleja la filosofía de Erasmo; se reimprimió constantemente y poco a poco se convirtió en una recopilación de más de 4.000 ensayos breves, que influyeron sobre la sociedad del mismo modo que habían influido los toscos proverbios de la primera educación de Erasmo. Su *Enchiridion*, o manual del laico, publicado inicialmente en 1503, fue reimpreso en 1509 y 1515, y después todos los años; hacia la muerte de Erasmo había sido traducido al checo, el alemán, inglés, francés, español, italiano y portugués. Su *Elogio de la locura*, de 1511, mereció treinta y nueve ediciones antes de 1536; algunas fueron muy importantes (un impresor parisiense, cuando supo que quizá se prohibiese el libro, se apresuró a tirar una edición de 24.000 ejemplares). Se ha calculado que, en ciertos años, de un quinto a un décimo de todos los libros vendidos en Oxford, Londres y París correspondían a Erasmo. En la década de 1530, circulaban 300.000 ejemplares del Nuevo Testamento griego y más de 750.000 de sus otras obras. Era un fenómeno nuevo, un *best-seller* mundial viviente. Recibía tanta correspondencia que cuando vivía en Amberes, por entonces la ciudad más rica de Europa, el cartero solía detenerse en su casa antes de ir al Municipio.

El emperador Carlos V designó consejero político a Erasmo, y el papa Pablo III le ofreció un capelo cardenalicio. Varias ciudades europeas importantes le ofrecieron su libertad y lo invitaron a vivir en ellas como ciudadano de honor. Pero si Erasmo hubiese intentado formular sus opiniones una generación más tarde, sin duda habría sido perseguido por los Habsburgo y excomulgado por el papado; en efecto, en 1546, apenas una década después de su muerte, el Concilio de Trento declaró que la versión del Nuevo Testamento de Erasmo era anatema; en una sesión posterior el papa Pablo IV dijo que era «el jefe de todos los herejes» y reclamó que se quemaran sus obras completas. Además, hacia esta época la presencia sin limitaciones de Erasmo habría sido incómoda en la mayor parte de la Europa reformada. En realidad, Erasmo navegó sobre la cresta de la ola del Nuevo Saber, que parecía ofrecer oportunidades ilimitadas de progreso espiritual e intelectual, y que presagiaba una reforma integral de la sociedad, dirigida desde adentro por un movimiento universal y voluntario. Esta rosada perspectiva se vio anulada en las décadas intermedias del siglo y lo que en realidad sucedió fue muy distinto: la división del cristianismo con arreglo a criterios obligatorios y oficiales. Se formaron dos campos armados: uno reformado a medias, que basaba sus afirmaciones exclusivamente en la escritura y el otro, no reformado, que se basaba exclusivamente en la autoridad; entre ellos había un abismo infranqueable, colmado con las víctimas de la guerra y la persecución. De hecho, el resultado fue casi la antítesis total del sueño de Erasmo.

Aquí encontramos una de las tragedias históricas fundamentales del cristianismo, de Europa y del mundo. El sueño de Erasmo no era totalmente utópico. Todos los hombres coincidían en que la fe era una unidad. La mayoría admitía que debía existir un sistema unitario de conocimiento. Se consideraba universalmente a la sociedad no sólo como una unidad sino como una unidad orgánica.

¿Por qué los dos primeros aspectos no podían penetrar armónicamente al tercero? En cierto sentido, el propósito de estos reformadores renacentistas era simplemente actualizar el ideal de la sociedad carolingia, usar el Nuevo Saber para corregir las imperfecciones y los abusos acumulados. Casi todos los hombres coincidían en que la Reforma estaba retrasada. El sorprendente éxito de las obras de Erasmo sugiere que había también un amplio consenso de hombres educados en relación con el tipo de sugerencias que él estaba formulando. Veamos ahora cuáles eran estas sugerencias, hasta dónde coincidían con los programas de los reformadores protestantes y en qué discrepaban.

Como todos los reformadores sin excepción, Erasmo comenzó ignorando la existencia de una clase clerical privilegiada. Se veía a sí mismo como un laico y no distinguía entre los individuos ordenados, como Colet, y los amigos laicos, como sir Tomás Moro. Esta actitud era usual en los hombres del Nuevo Saber, que estaban interesados en las mismas cosas y se guiaron por las mismas consideraciones, al margen de la condición de cada uno. En el caso de eruditos importantes como sir John Cheke y Jacob Sturm, a menudo no es fácil saber si estamos ante individuos ordenados o se trata de laicos. El *Enchiridion* de Erasmo, aunque está dirigido específicamente a los laicos, es un enunciado general de sus opiniones que podría servir, y en efecto sirvió con la misma eficacia a los clérigos. Desde el punto de vista intelectual, Erasmo pertenecía a la tradición de Tertuliano y Pelagio, que consideraban normal y deseable que los laicos educados representasen un papel integral en la dirección de la Iglesia y se negaban absolutamente a aceptar el papel exclusivo del clero.

La aparición del laicado que hablaba latín estaba cerrando la brecha que se había abierto en el siglo VIII y que se había ensanchado, sobre bases ideológicas, por la acción de Gregorio VII y sus sucesores. Este proceso se había desarrollado durante cierto tiempo, sobre todo en las grandes ciudades; Erasmo era, en gran medida, producto de la nueva educación urbana y hablaba en nombre de los miembros de la clase media, podría decirse que fue el primer habitante urbano realmente orgánico de Occidente a partir del siglo V. Durante el siglo XV la dificultad práctica de reformar eficazmente al clero había obligado a los laicos a invadir esferas, sobre todo en el área de la educación, monopolizada antes por los clérigos. La Iglesia todavía afirmaba el derecho a controlar la enseñanza, pero aumentaba gradualmente el número de escuelas sostenidas y dirigidas por laicos. En 1510, cuando Colet fundó San Pablo, Erasmo observó: «Con los ingresos y la administración entera no se designaron sacerdotes, ni al obispo, ni al capítulo, como lo denominan, ni nobles; sino a varios ciudadanos casados de sólida reputación.» Cuando le preguntaron la razón, dijo que si bien no había nada seguro en los asuntos humanos, creía que en ellos había menos corrupción. A semejanza de Colet, Erasmo pensaba que los habitantes urbanos equilibrados, laboriosos, de nivel medio eran la elite cristiana, la mejor esperanza de Reforma. Casi todos los reformadores sostenían esta opinión. Rechazaban la afirmación de que los clérigos tuviesen derechos especiales. Lutero glosaba Gálatas 3:28: «No hay sacerdote ni laico, canónico ni vicario, rico ni pobre, benedictino, cartujo, frailes menores o agustinianos, pues no se trata de esta o aquella jerarquía, de este grado o aquella orden.» Como dijo Nicholas Ridley: «San Pedro designó sacerdotes a todos los hombres.» William Tyndale, típico reformador de la década de 1520, escribió: «Tú que te desempeñas en la cocina y no eres más que ayudante de cocina... sabes que Dios te puso en este puesto... si comparas hecho con hecho, hay diferencia entre lavar los platos y predicar la palabra de Dios; pero ninguna que complazca a Dios, ninguna en absoluto...» Como afirmó poco después John Knox: «Digo que éste es el punto en que todos los hombres son iguales.» Y por lo que se refiere al culto, «en vuestras propias casas todos vosotros sois obispos y reyes».

Esta degradación del papel clerical estaba relacionada con la creencia, también compartida por Erasmo con todos los reformadores, de que no podían existir intermediarios entre el alma cristiana y las Escrituras. Todos deseaban que la Biblia fuese totalmente asequible, y en traducciones en vernáculo. El acceso a la Biblia, en la lengua original o en cualquier otra, nunca había sido una cuestión debatida en Oriente. En Occidente el clero había comenzado a sostener un derecho exclusivo de interpretación e incluso de custodia de la Biblia ya durante el siglo IX; a partir de aproximadamente 1080 hubo frecuentes manifestaciones del Papa, de los concilios y de los obispos en las que prohibían no sólo las traducciones en vernáculo sino la mera lectura, por los laicos, de la Biblia en general. En cierto sentido éste era el aspecto más escandaloso de la Iglesia latina medieval. A partir de los valdenses, los intentos de escudriñar la Biblia se convirtieron en prueba que permitía presumir la herejía —sólo por eso un hombre o una mujer podían ir a la hoguera— e inversamente, los heterodoxos estaban cada vez más convencidos de que la Biblia era incompatible con las pretensiones papales y clericales. A partir del siglo XIII comenzaron a circular muchas versiones del Nuevo Testamento en varios idiomas. Desde fines del siglo XIV la posibilidad de que el público accediese a la Biblia se convirtió en el tema principal de disputa entre la Iglesia y sus críticos, por ejemplo los lolardos y los husitas. Las autoridades no permitieron ninguna Biblia popular, excepto en Bohemia, que de hecho se había separado de Roma hacia 1420; por lo demás, estas versiones en vernáculo nunca fueron eliminadas realmente.

Con la aparición de la imprenta, los esfuerzos de los censores fueron inútiles. Alemania señaló el camino. Por la época en que Lutero produjo su propio Nuevo Testamento, en 1522, había catorce versiones impresas distintas en alemán y cuatro en holandés; ninguna presentaba el *imprimatur* del censor o había sido producida en una imprenta monástica, pero de hecho se había abandonado el esfuerzo por prohibir su circulación. Erasmo no sólo saludó esta situación, sino que quiso extender el principio promoviendo la existencia de un laicado completamente instruido que tuviese acceso irrestricto a todos los escritos sagrados: «Consideremos quiénes fueron los oyentes del propio Cristo. ¿No formaban una multitud promiscua?... ¿Cristo se siente ofendido porque lo leen personas como las que él eligió como oyentes? En mi opinión, el campesino debe leerlo, lo mismo que el herrero y el albañil, e incluso las prostitutas, los disipados y los turcos. Si Cristo no negó su voz a esta gente, tampoco yo les negaré sus libros.» Creía esencial que «cada uno escuchase el Evangelio en su lengua natal e inteligible» en lugar de «murmurar los salmos y los padrenuestros en latín, sin comprender sus propias palabras».

Para Erasmo, como para todos los reformadores, la Biblia era, por lo tanto, el centro de la comprensión cristiana, si se presentaba en su forma auténtica. Coincidía totalmente con ellos en que rechazaba de hecho *in toto* el cristianismo mecánico: las indulgencias, las peregrinaciones, los privilegios especiales, las misas por los muertos, la actividad entera destinada a obtener la salvación mediante «méritos» adquiridos artificialmente y, en general, a cambio de dinero. Escribió: «Quizá crees que todos tus pecados desaparecen con un papelito, un pergamino sellado, con la donación de una pequeña suma o de una imagen de cera, con una breve peregrinación. Te engañas por completo.» ¿Quién había promovido el engaño? Principalmente el papado. Y no podía extrañar: el papado era una entidad corrupta, que necesitaba urgentemente la reforma. Su obra *Elogio de la locura* fue el resultado de una visita a la Roma de Julio II, el escandaloso papa-soldado que asaltaba fortalezas revestido con su armadura. En la Roma de Julio, escribió Erasmo, «puede verse a un fatigado anciano que se comporta con energía juvenil y sin prestar atención al trabajo y los gastos, sólo con el propósito de derogar las leyes, la religión, la paz y las instituciones humanas». Nadie podía abrigar la esperanza de llegar al Cielo utilizando el mecanismo de la Iglesia: «Sin ceremonias, quizá no seas cristiano; pero esas ceremonias no te hacen cristiano.»

Entonces, ¿dónde estaba el camino de la salvación? Erasmo coincidía con los reformadores en que era necesario estudiar la Biblia. Concordaba con la práctica de la devoción privada, sobre todo la plegaria. El hombre se salvaba mediante el conocimiento de Dios, obtenido directamente, no por mediación de una institución. Pero precisamente aquí su pensamiento se separaba del que afirmaban los luteranos y los calvinistas posteriores. En su condición de erudito y crítico de textos, Erasmo había aprendido a desconfiar de la teología, cuyas conclusiones dogmáticas se basaban a menudo, como él lo había descubierto, en lecturas defectuosas del texto. Esta desconfianza provocaba una violenta reciprocidad en los teólogos, que negaban acaloradamente el derecho de los estudiosos de los textos a pronunciarse en relación con los problemas «teológicos» y que se aferraban fieramente a sus viejos textos, por corruptos que los mismos fuesen. En sus propias investigaciones, Erasmo se había visto obligado a eliminar el famoso versículo trinitario de 1 Juan 5:7, pues no estaba en el manuscrito griego. Esta cuestión lo llevó a dudar del proceso de razonamiento y lógica metafísicos que permitía que los escolásticos elaborasen certidumbres exactas para todas las situaciones teológicas. En su comentario sobre Hilario de Poitiers se pregunta: «¿No es posible mostrar amistad con el Padre, el Hijo y el Espíritu Santo e incluso así ser incapaz de explicar filosóficamente la diferencia entre ellos y entre la Natividad del Hijo y la procesión del Espíritu Santo?» Era una pregunta razonable pero también audaz: en realidad,

Erasmo estaba diciendo que eso valían las disputas que condujeron al arrianismo, al cisma monofisita y al Islam, y que lo mismo valía para la palabra fatídica que había dividido a Oriente y Occidente desde 1054 y había determinado que el mundo cristiano perdiese a Bizancio. Continuaba después desechando la importancia de muchas especulaciones y definiciones teológicas, y reafirmando en cambio las virtudes que Jesús había esbozado en el Nuevo Testamento, que a juicio de Erasmo eran la esencia del cristianismo: «No seréis condenados si no sabéis si el Espíritu proviene del Padre y el Hijo tiene uno o dos principios, pero no evitaréis la condenación si no cultiváis los frutos del espíritu: el amor, la alegría, la paz, la paciencia, la bondad, la virtud, la tolerancia, la piedad, la fe, la modestia, la continencia y la castidad.»

Erasmo sostenía que la Iglesia necesitaba una teología reducida al mínimo absoluto. La cristiandad debía basarse en la paz y la unanimidad, «pero apenas es posible sostener éstas a menos que definamos lo menos posible». En muchos aspectos «debe permitirse que cada uno siga su propio criterio, porque reina gran oscuridad en estas cuestiones». Debía alentarse a los hombres que buscaban la verdad, de modo que retornaran a las fuentes de las Escrituras y a la patrística. Quizás era conveniente designar una comisión de hombres instruidos que redactasen una fórmula de la fe. Pero ésta debía ser breve, sólo «la filosofía de Cristo», referida principalmente a las virtudes morales. «Todo lo que tiene que ver con la fe», escribió, «debería resumirse en muy pocos artículos, y lo mismo había que hacer por referencia a todo lo que se relaciona con el modo cristiano de vida». Después, debía permitirse que los teólogos, si éstos así lo deseaban, elaborasen sus propias teorías y que los fieles las creyesen o las ignorasen. Con respecto a la mayoría de los puntos contenciosos, Erasmo reconocía sin rodeos: «Si yo fuera el juez, no me atrevería a privar de su vida a un hombre ni arriesgaría la mía.»

Por supuesto, también en esto Erasmo atacaba esencialmente el punto de vista clerical con su ansia de definir y su necesidad de una respuesta autorizada para todos los problemas concebibles. Creía que no era el deseo o la intención de Dios iluminar la totalidad en esta vida. Ese tipo de agnosticismo era aborrecible para la Iglesia plasmada por san Agustín y organizada por Gregorio VII e Inocencio III, para quienes la extensión de la definición y el refuerzo de la autoridad eran el único criterio del crecimiento y el progreso. Parecía aborrecible también al papado, pero además desagradaba a los reformadores protestantes. En el fondo, Erasmo creía en la reforma moral pura y simple: si se transformaba e iluminaba el espíritu moral de la Iglesia, a su tiempo se resolverían todos los problemas institucionales e incluso doctrinarios de la cristiandad. Sin embargo, para decirlo con las palabras de san Pablo, la Iglesia debía convertirse otra vez en un «hombre nuevo». A juicio de Lutero, una reforma moral era igualmente urgente. Pero carecería de sentido y sería transitoria a menos que pudiese realizarse en el contexto del cambio institucional y de drásticas rectificaciones doctrinarias. Sin duda la reforma moral no sólo era inútil sino quizá peor, a menos que se hallaran las ecuaciones teológicas justas. Ante todo, teníamos que entender de qué modo el hombre se justificaba ante Dios y éste era un problema teológico. Era necesario no simplificar la doctrina sino conferirle exactitud, y eso implicaba no una menor definición sino una mayor.

A partir de esta discrepancia fundamental, se ensanchó el área de discordia. Si la definición teológica no era esencial e incluso podía ser indeseable, se deducía naturalmente que uno no debía tratar de imponer la uniformidad o forzar las conciencias. Erasmo detestaba la atmósfera de cacería de brujas engendrada por la Inquisición y la búsqueda interminable de una certidumbre ilusoria incluso en los detalles. «En otros tiempos la herejía implicaba sólo que uno se desviaba de los Evangelios, o los artículos de la fe, u otra cosa de autoridad análoga. Ahora gritan "¡Herejía!" casi por cualquier cosa. Todo lo que no les complace, o lo que no entienden, es herejía.» Esto debía desembocar en el desorden permanente. Sin embargo, «las obras de la mente y la caridad exigen la paz universal». Los reformadores deberían mostrarse menos temerarios cuando reclaman el cambio; los que desean quemar gente en la pira deberían ser menos intolerantes. Ambos deberían prodigar la caridad mutuamente. La persecución era un delito contra la caridad. Y era estéril: «Las mentes vigorosas no soportarán la compulsión. Practicar la compulsión es típico de los tiranos; soportarla, típico de los asnos.» En las ciudades en que los hombres discrepaban acerca de la religión, ambas partes debían mantener su terreno y todo debía quedar librado a la conciencia del individuo hasta que el tiempo ofreciera la oportunidad de un acuerdo. Mientras tanto, debía sofocarse la sedición franca, pero corrigiendo los abusos manifiestos; y la tolerancia debía extenderse hasta que se reuniese un concilio universal y alcanzara la reunificación sobre una nueva base sostenida por la fe.

Esta fórmula eirénica fue siempre mal vista por Roma; inicialmente atrajo a Lutero y a otros rebeldes, pero después se la consideró un obstáculo para la consolidación de su posición y un avance sobre lo que se entendía que era su derecho indudable a imponer las doctrinas y las instituciones en las regiones sometidas a su influencia. Esto se relacionaba con otro punto de discrepancia, quizás el más importante: Erasmo deploraba la actitud de Lutero, que pedía la ayuda de los príncipes alemanes para imponer la Reforma. Abrigaba la intensa sospecha del habitante urbano progresista frente al poder principesco; la idea de que el gobernante de cada Estado definiera la religión de sus súbditos sobre la base de sus propias predilecciones personales le parecía detestable. Erasmo relacionaba el dominio de los príncipes o los reyes con la guerra y la destrucción:

> El águila es la imagen del rey: ni bella, ni musical, ni apropiada para comer, pero sí carnívora, rapaz, una bandolera, una destructora, solitaria, odiada por todos, una peste... ¿Acaso las ciudades nobles no fueron levantadas por el pueblo y destruidas por los príncipes? ¿Acaso un Estado no se enriquece por la laboriosidad de sus ciudadanos y sufre el saqueo a causa de la codicia de sus gobernantes? ¿Acaso las leyes buenas no son sancionadas por los representantes del pueblo y violadas por los reyes? ¿No puede afirmarse que la comunidad ama a la gente mientras los monarcas planean la guerra?

Erasmo era pacifista. No aceptaba la doctrina de la «guerra justa». Cuando era un niño de ocho años había visto cómo quebraban en la rueda a 200 prisioneros de guerra frente a las puertas de Utrecht, por orden del obispo. Su obra *Dulce bellum inexpertis* fue el primer libro de la historia europea consagrado totalmente a la causa del pacifismo. Meditó varios planes de creación de organismos internacionales de hombres sabios que arbitrarían entre los gobernantes en disputa y creía que un papado despolitizado quizás pudiera cumplir este papel. Habló al gran público internacional de lectores: «Apelo a todos vosotros, considerados cristianos: conspirad juntos en este modo de pensar. Demostrad cuánto puede hacer la unidad de las masas contra la tiranía de los poderosos.» Creía que si cada Estado optaba por su propia forma religiosa a instancias del gobernante, la guerra sería inevitable: «La prolongada guerra de palabras y escritos acabará en golpes.» Como escribió al duque de Sajonia: «Tolerar las sectas puede pareceros un gran mal, pero aun así es mucho mejor que una guerra religiosa. Si el clero otra vez consigue enredar a los gobernantes, será una catástrofe para Alemania y la Iglesia... ruina y sufrimiento por doquier, y destrucción con el falso pretexto de la religión.»

Los últimos veinte años de la vida de Erasmo, durante los cuales vio formarse las nubes de la guerra religiosa, representaron un paso del optimismo al miedo. En 1516 había publicado el Nuevo Testamento griego con un comentario que incluía la mayor parte del programa que, según la opinión coincidente de los hombres progresistas, era esencial para la reforma. En general, la obra fue aclamada y el papa León se mostró entusiasta. En febrero de 1517 Erasmo escribió a su amigo Wolfgang Capito: «Ahora casi deseo volver a ser joven, y por esta razón preveo el advenimiento de una edad de oro; más claramente, vemos que las mentes de los príncipes, como si estuvieran inspiradas, consagran todas sus energías a la persecución de la paz.» Dos meses más tarde, no mucho antes de que Lutero pasara a ocupar un lugar prominente con su tesis, escribió al Papa: «Me congratulo de esta nuestra época, que promete ser una edad de oro como jamás existió.» Saludó a León en vista de «la concordia pública y perdurable de la cristiandad».

Antes de fines de 1517 Erasmo había cambiado de idea: «Temo que se aproxime una gran revolución [en Alemania].» No proponía objeciones serias a las tesis luteranas originales de Wittenberg. Entre bambalinas, trató de proteger a Lutero de la cólera de las autoridades y exhortó a ambas partes a la moderación. Pero ya en 1518 adoptó la posición de que ambos acabarían volviéndose contra el saber, porque les obsesionaba la teología. Escribió al mismo Lutero: «Intento mantenerme neutral para contribuir en todo lo que puedo al renacimiento del saber. Y me parece que se consigue más con una cortés modestia que con la impetuosidad.» Este consejo fue desechado. Lutero, si bien al principio se mostró respetuoso, por lo menos públicamente, con el sabio europeo, lo vio como «un escéptico orgulloso», un hombre de poca fe: «las condiciones humanas prevalecen en él mucho más que las divinas». En privado, Erasmo desechó a Lutero como «un godo», un hombre del pasado, pero también, de un modo siniestro, como el presagio de un futuro horroroso: «el árbol que produce el fruto venenoso del nacionalismo». Lo enfurecía verse acusado de culpabilidad por asociación, y aún más que algunos lo creyeran el autor de las diatribas de Lutero. Arrastrado sin quererlo él mismo a la controversia, se vio atacado por el ortodoxo Edward Lee, más tarde arzobispo de York; se sintió profundamente avergonzado por el contraataque con que sus amigos respondieron a Lee: «Tú, basura, si no ruegas el perdón de Erasmo, arrojaré tu nombre, como un pedazo de estiércol, más allá de las fronteras de la posteridad, de modo que la gente pueda recordar eternamente tu error.» Éste era exactamente el tipo de trifulca teológica que Erasmo detestaba y en la que Lutero y sus antagonistas chapoteaban ahora sin recato. Lutero invitó a la cristiandad a «lavarse las manos en la sangre de estos cardenales, papas y otras heces de la Sodoma romana» y por su parte, los teólogos papistas de Lovaina reclamaron la ejecución de «ese pedo pestilente de Satán cuyo hedor llega al Cielo».

Erasmo trató de mantenerse al margen de esta riña ingrata, que contrariaba directamente su concepto acerca del modo en que debía realizarse la Reforma. Pero la amplia difusión de los conceptos deterministas de Lutero sobre la salvación, con los que discrepaba por completo, lo obligaron a aclarar su posición. En su *Discusión del libre albedrío* (1524), rechazó la idea de la predestinación y destacó la capacidad del hombre para utilizar sus propios recursos en procura de la salvación (aquí resonaba la voz de Pelagio, la auténtica sabiduría del mundo clásico). Cuando Lutero publicó una réplica característicamente grosera, Erasmo consideró que había llegado el momento de una reprensión: «¿En qué vuestras calumniosas acusaciones de que soy ateo, epicúreo y escéptico contribuyen a vuestra argumentación?... Me conmueve terriblemente que vuestra naturaleza arrogante, insolente y rebelde haya levantado en armas al mundo... Desearía que mostraseis mejor disposición, que no estuvieseis tan maravillosamente satisfecho con la que ya tenéis. Deseadme lo que os plazca, excepto vuestro carácter.» Para Lutero, él era ahora «una serpiente», «un pedazo de estiércol», el «insano destructor de la Iglesia», «el hombre que inflamaba las bajas pasiones de los jovencitos»; y dijo a los miembros de su círculo que había visto a Erasmo caminando «tomado del brazo con el demonio en Roma».

Mientras Lutero consolidaba su posición, y los poderes seculares —tal como Erasmo había temido— se comprometían en el asunto, el anciano erudito se mantenía distanciado de los reformadores. En *Hyperaspistes*, 1526-1527, volvió a subrayar su alegato en favor de una teología mínima: «En la literatura sagrada hay ciertos santuarios en los que, respondiendo a la voluntad de Dios, no debemos internarnos.» Sostuvo lo que él denominó «religión natural». Se negó a romper con Roma: «Soportaré esta Iglesia hasta que encuentre una mejor... no navega mal quien sigue un curso medio entre dos males.» Concentró sus esfuerzos en atacar la persecución y la Inquisición y en propugnar la coexistencia pacífica. Exhortó al compromiso al emperador Carlos V en asuntos como la eucaristía en las dos formas, el casamiento del clero y la sanción de leyes de tolerancia. Vivió sus últimos años en varias ciudades libres, entre ellas Basilea y Friburgo, y abrigó la esperanza de que estos centros urbanos evitasen la devastación religiosa que se avecinaba: «Soy ciudadano del mundo, conocido por todos y para todos extranjero.» Se sintió dolorosamente impresionado por la ejecución de su amigo Tomás Moro por orden de Enrique VIII. ¿Qué había sucedido con el joven rey de talento esclarecido que él había conocido? ¿Por qué Moro había incurrido en el absurdo de desafiarlo en relación con un punto discutible? ¿El mundo estaba enloqueciendo? Entre sus últimas obras está *Sobre la dulce concordia de la Iglesia*, un alegato en favor de la tolerancia mutua, un foco de benignidad, buena voluntad y moderación. Fue violentamente atacada por ambas partes.

Sin duda, Erasmo contaba con un enorme público en Europa. En cierto momento existió la posibilidad real de que su enfoque de la Reforma concitara el consenso y fuese aplicado. Tenía admiradores en un espectro muy amplio de la opinión. Por ejemplo, en 1518 el polemista ortodoxo Johann Eck había escrito: «Con excepción de unos pocos monjes y supuestos teólogos, todos los hombres instruidos son partidarios de Erasmo.» El reformador moderado Oecolampadio escribió en 1522: «No queremos la Iglesia católica ni la luterana. Queremos una tercera Iglesia.» Todavía en 1526, el canciller imperial Mercurio Gattarina dijo que veía a la cristiandad dividida en tres partes: la romana, la luterana y la que perseguía sólo la gloria de Dios y el bienestar humano, que era el partido de Erasmo y al que él se sentía orgulloso de pertenecer. El propio Erasmo aludió a «la tercera Iglesia». Pero para construirla era necesario que prevaleciese un estado de ánimo eirénico, y esas posibilidades desaparecieron a medida que se ensanchó la distancia que separaba a Roma de Alemania y que se definió el frente de batalla.

Al mismo tiempo, es erróneo explicar el movimiento luterano como una catástrofe que impidió la aplicación de un programa como el de Erasmo en un marco de unidad cristiana. Las cuestiones debatidas eran mucho más complicadas. Erasmo poseía una mente moderna; en ciertos aspectos, era una ventaja, porque le permitía manifestarse en armonía con la opinión progresista de las ciudades más prósperas y le suministraba un público realmente internacional. Concebía la reforma como un movimiento internacional originado en el seno de la Iglesia y conducido por la elite. Sin embargo, poseer una mente moderna era en ciertos aspectos una desventaja, porque inducía a Erasmo a considerar superficialmente las realidades del poder y el modo concreto de hacer las cosas. Lutero, «el godo», el hijo tosco pero astuto de un buen minero de estaño, estaba mucho más cerca de los pensamientos de los hombres comunes de todas las clases, en cuanto éstos se oponían a los intelectuales, y tenía ideas mucho más claras acerca de las fuerzas y los sentimientos que inducían a los hombres a la acción a principios del siglo XVI y de las instituciones que en efecto tenían gravitación.

En general, los gobernantes de los estados apoyaron las reformas de la Iglesia, dentro de ciertos límites y de acuerdo con sus necesidades individuales. El papado se oponía a la Reforma porque era costosa con referencia a los ingresos y al poder que genera ingresos. Aquí había un choque de intereses. Pero podía resolverse, y durante los siglos XIV y XV había sido resuelto gracias a la actitud del papado que, como hemos visto, cedía constantemente a los gobernantes partes de su soberanía eclesiástica. Los Estados estaban adquiriendo más fuerza comparados con la Iglesia; el papado, para impedir su propio debilitamiento cada vez más acentuado, intentaba crear una base de poder con sus propios Estados de Italia central. Podemos observar este proceso bajo Julio II, a quien Lutero, durante una visita a Roma, denunció como «un chupasangre» y «un animal de cruel violencia». Quizá lo era, pero al preferir el papel de un comandante militar y un rey al de un pontífice, se ajustaba a cierto criterio lógico. Antes de su elección había prometido una capitulación, repetida después, en el sentido de que convocaría un concilio dentro de los dos años siguientes con el propósito de realizar reformas. Pero Julio comprendió que en un concilio universal no controlado por él se vería obligado a desmantelar gran parte de la estructura financiera del papado sin obtener nada a cambio. Prefería concertar sus propios acuerdos bilaterales con los príncipes, con el objeto de restablecer el carácter de monarquía universal del papado. Pero la presión ejercida por el rey francés, por el emperador y dentro del seno de la Iglesia con el fin de que se convocara un concilio reformador no se debilitó. En 1511 nueve cardenales (el más destacado era Carvajal, que dos veces había sido legado papal en Alemania) dieron el paso desusado (aunque no sin precedentes) de convocar por cuenta propia un concilio, después de recibir el asesoramiento de juristas eminentes y con el apoyo tácito de Luis XII y el emperador Maximiliano. Julio respondió enérgicamente excomulgando y exonerando a los nueve hombres, a quienes calificó de «hijos de las sombras» y «auténticos cismáticos», y rápidamente convocó su propio concilio, el Quinto Lateranense de 1512. Este concilio, el último de la Iglesia indivisa, fue nada más que una maniobra y los contemporáneos lo vieron bajo esa luz; no estaba destinado a ejecutar reformas; más aún, concentró los esfuerzos en el árido tema, tan apreciado por los teólogos de viejo cuño, de la condición exacta del alma entre la muerte del cuerpo y el Juicio Final. Pero se caracterizó por la firma de un nuevo concordato con Francia, que otorgó a la monarquía francesa prácticamente todo lo que ésta reclamaba respecto al control de la Iglesia francesa, y posibilitó que la corona francesa ejecutara sus propias reformas, si así lo deseaba, aliviando por lo tanto la presión de Francia sobre el papado. De hecho, Julio se había salvado mediante un acuerdo bilateral, a costa del conjunto de la Iglesia.

Pero el acuerdo fue costoso y agravó los problemas financieros del papado, que ya eran apremiantes. La escasez de dinero tiende a provocar crisis constitucionales en todos los Estados y el papado no fue una excepción. Su ingreso por esta época se elevaba a medio millón de ducados, menos de la mitad del que tenía Venecia. Los papas más honestos tendían a ser los más endeudados. La honestidad costaba cara: la Reforma costaba dinero. Esta cuestión era un aspecto que los reformadores no comprendían. Alejandro VI, el peor de los papas, mantuvo una posición solvente; la mayoría de sus predecesores y sus sucesores inmediatos estaba desesperada. Pero se suponía universalmente que todos los papas eran muy ricos —no debemos subestimar nunca el poderoso efecto de la ignorancia de los secretos de Estado en la historia—. En 1517 el arzobispo Alberto de Maguncia, de veintisiete años, hermano del elector de Brandeburgo, había comprado a Roma una serie de dispensas muy costosas que le permitían mantener varias sedes; para pagarlas, concertó con Roma otro acuerdo que lo autorizaba a proclamar en Alemania entera una indulgencia destinada a la construcción de San Pedro. El arzobispo realizaba una exposición permanente y lucrativa de reliquias, alrededor de 9.000 artículos, que incluía los cuerpos enteros de algunos santos, un hueso de Isaac, el maná traído del desierto, un fragmento de la zarza ardiente de Moisés, un jarro de Canaán (en su interior había vino), un pedazo de la corona de espinas y una de las piedras que habían provocado la muerte de san Esteban. Pero el elector de la cercana Sajonia, Federico el Sabio, también tenía su colección de reliquias, unos 17.433 fragmentos de huesos, exhibida para recaudar dinero, y el cuerpo entero de uno de los Santos Inocentes. Federico entendió que su venta de indulgencias y la exposición del arzobispo estaban rivalizando; además quería detener la exportación de oro y plata amonedados. Por lo tanto, prohibió la venta en sus territorios y se enfureció cuando algunos súbditos se limitaron a cruzar la frontera para comprarlas. En este momento Lutero, monje agustino de treinta y cuatro años, intervino fijando sus «Noventa y cinco tesis contra las Indulgencias» sobre la puerta de la iglesia del castillo de Wittenberg. «El Papa», dijo, haciéndose eco del error que entonces prevalecía: «Tiene más riquezas que todos los restantes hombres; ¿por qué no construye la iglesia de San Pedro con su propio dinero, en lugar de usar el dinero de los cristianos pobres?» Así, desde la primera frase de su protesta, Lutero se alineó con el interés de su gobernante secular.

Esto no implica afirmar que Lutero no fuese sincero; por el contrario, la ardiente franqueza del monje determinaba la intensidad de su atracción. Su enfoque de la reforma, en su condición de profesor de las Escrituras en la universidad, inicialmente se ajustó a la posición de Erasmo, en cuanto se basaba en el rechazo de la metafísica medieval y el retorno a los textos de las Escrituras. Como él mismo dijo cinco meses antes de fijar sus tesis: «Ahora nadie acudirá a escuchar una conferencia, a menos que el conferenciante enseñe mi teología, la teología de la Biblia y san Agustín y de todos los auténticos teólogos de la Iglesia. Estoy seguro de que la Iglesia nunca se reformará si no nos desembarazamos del derecho canónico, la teología escolástica, la filosofía y la lógica según se estudian hoy.» Pero la referencia a Agustín es significativa. Se relaciona casi exclusivamente con la doctrina de la predestinación elaborada por Agustín a partir de una lectura de la Epístola de san Pablo a los Romanos hacia el fin de su vida. También Lutero había estado leyendo esa epístola. El momento de la conversión le llegó mientras estaba en el retrete, «el Espíritu Santo me dispensó este arte cuando yo estaba en la [cloaca]», según él mismo dijo, cuando entendió por primera vez el significado de la frase «los justos vivirán por la fe». Para Lutero ésta era la respuesta integral a la superestructura del cristianismo sacramental y mecánico construido por la Iglesia. Las Escrituras decían claramente que el hombre se salvaba por la fe, no por las obras buenas (el hecho de que realizara obras buenas era nada más que la confirmación externa de su conciencia de que estaba salvado).

El concepto era extraño a Erasmo, y lo mismo puede decirse del entusiasmo y la convicción absoluta con que Lutero lo manifestó. A diferencia de Erasmo, su mente rechazaba la duda y abrazaba la certidumbre. De ahí la importancia que asignó a la teología como el medio para descubrir la verdad, y la necesidad que sentía de crear un sistema que fuese una alternativa a la fe católica. Aquí aparecía la división de los caminos: los partidarios de Erasmo creían en la reforma moral; los luteranos (y más tarde los calvinistas), en una nueva teoría del cristianismo.

Había también una diferencia personal que es por lo menos tan importante como la anterior. A diferencia de Erasmo, Lutero era un evangelista. Creía que había recibido la verdad y la misión de difundirla. Esta certidumbre explica su enorme y obstinada voluntad, que parece irradiar de la cabeza poderosa que observamos en sus retratos, y su carácter implacable, que provocaba el estremecimiento de Erasmo. Lutero era no tanto un intelecto como una gran fuerza, en realidad, una gran fuerza espiritual. Quizá su rasgo más sorprendente era su capacidad para orar, consecuencia de su educación en un buen monasterio. Le agradaba pasar tres horas diarias rezando, las manos unidas, frente a una ventana abierta. Algunos de los sermones acerca de la plegaria son sorprendentes por su sencillez y naturalidad. «Realizo una cosa grande cuando rezo», dijo, y la observación trasuntaba convicción. La importancia atribuida a la oración íntima como verdadera alternativa para el cristianismo mecánico fue el elemento individual más poderoso de la atracción concreta que Lutero ejerció sobre los laicos de todas las clases, y eso en lugares muy alejados de Alemania; su concepto de las plegarias cotidianas hogareñas fue el sustento de la devoción a la familia con la que asoció su desdeñoso repudio del celibato clerical y que se reflejó en su propio y cálido círculo personal. Lutero evangelizaba concentrando la atención en unos pocos mensajes relativamente simples, que se difundían mediante la repetición incansable y una energía furiosa. A partir de 1517, cuando por primera vez comenzó a escribir, compuso un libro cada quincena (más de cien volúmenes a su muerte). Los treinta escritos iniciales, entre 1517 y 1520, sumaron un tercio de millón de ejemplares; sus principales opúsculos merecieron veintenas de ediciones.

Los tres más importantes fueron publicados en 1520, el año que precedió a la excomunión formal de Lutero y al comienzo del cisma protestante. La *Cautividad babilónica de la Iglesia* incluía la crítica esencial de la Reforma a la Iglesia y el programa bíblico concreto. *Acerca de la libertad de un cristiano* delineaba la doctrina de la justificación mediante la fe, que es la esencia del luteranismo. Por último, *A la nobleza cristiana de la nación alemana*, definía los medios mediante los cuales podía establecerse y de hecho se afirmaba la nueva religión. Al convocar a los príncipes alemanes con el fin de que reformasen la Iglesia en virtud de su cargo, Lutero estaba dando un paso que habría intimidado a Erasmo; pero al proceder así respondía a una tradición constitucional cristiana perfectamente firme. El supuesto medieval era que la sociedad respondía a una unidad fundamental. Era apropiado, incluso obligatorio, que el clero rechazara el *regnum* de la autoridad laica y convocase a los cristianos para corregirla. La inversa también era válida, y podía pedirse al *regnum* que corrigiese al *sacerdotium*. Ambos pertenecían a la sociedad, es decir, a la Iglesia. El clero había fracasado manifiesta y repetidamente en la ejecución de su tarea, que era eliminar los abusos; por lo tanto, debía recurrirse al otro poder de la Iglesia. Cuando convocó a los príncipes con el fin de que asumieran la obra de la Reforma, Lutero no entendió —y nadie supuso que lo entendiera— que estaban apelando al Estado secular desde el seno de la Iglesia cristiana; se trataba sencillamente de que apelaba desde la autoridad clerical a la autoridad civil, ambas en el marco de la cristiandad.

Pero, como lo habría comprendido Erasmo, había un monstruoso peligro en el criterio que Lutero adoptó y aplicó consecuentemente. Hacia la segunda década del siglo XVI, el poder del Estado estaba aumentando visiblemente en Europa entera; desplazar la autoridad clerical y confiar la jefatura de la Iglesia y el arbitraje de la doctrina a los gobernantes seculares era vigorizar de manera gigantesca un proceso que ya estaba cargado de peligros para otros elementos de la sociedad. Significaba también cierto grado de dependencia respecto de los príncipes, lo que implicaba ratificar ciegamente el orden social que ellos representaban, un orden social que necesitaba cambios y reformas tanto como el clerical. Estas consecuencias se manifestaron inmediatamente cuando, en 1524, la explosión detonada por la protesta luterana se mezcló inexplicablemente con el descontento económico y adoptó la forma de una rebelión campesina. Naturalmente, esto es lo que tendió a suceder en toda la sociedad. Era difícil separar un ataque eficaz a un aspecto de la autoridad de un desafío a otro aspecto. De esta manera, hacia fines del siglo XIV, Wyclif y su movimiento habían perdido la totalidad de sus poderosos aliados seculares cuando los campesinos se levantaron y aterrorizaron a todo el orden vigente. Una vez que Wyclif fue condenado por asociación con la revolución milenarista, la Iglesia pudo perseguir a su antojo a los partidarios de aquél. Esta tendencia de los milenaristas anárquicos a dominar y, por lo tanto, a arruinar los movimientos reformistas fue una de las razones por las que la Iglesia había permanecido tanto tiempo sin ser reformada. Lutero estaba decidido a evitar este destino. Vio que podía salvar su reforma únicamente sacrificando a los campesinos. Por consiguiente, no sólo se diferenció de los milenaristas y los extremistas, sino que incluso ordenó a los príncipes que los aplastasen. En su terrible escrito *Contra las hordas de campesinos asesinas y ladro-*

nas, se identificó totalmente con el orden vigente y conservador y con la contrarrevolución. Pidió a los príncipes «que blandiesen sus espadas, para liberar, salvar, ayudar y compadecer a las pobres gentes obligadas a unirse a los campesinos, pero con respecto a los perversos, aplastad, apuñalad y masacrad a todos los que podáis». «Estos tiempos son tan extraordinarios que un príncipe puede ganar el cielo más fácilmente mediante el derramamiento de sangre que con la plegaria.» «No deseo luchar por el evangelio con la violencia y el asesinato.» «No es posible razonar con un rebelde: la mejor respuesta es golpearle en la cara hasta que le brote sangre por la nariz.»

Mediante esta implacable defensa de la cruzada anticampesina, Lutero evitó el callejón sin salida que llevó al baño de sangre milenarista de Munster y demostró que su buena fe social como reformador conservador lo convertía en un hombre con quien los príncipes podían negociar. Después, Lutero siempre se mantuvo cerca de sus apoyos seculares. En 1529 los príncipes reformadores presentaron su «protesta» contra los poderes católicos en la Dieta de Spier; dos años más tarde el movimiento protestante adquirió una organización militar mediante la formación de la Liga Schmalkáldica, ampliada en 1539 de modo que incluyera una amplia región de Alemania. A partir de este momento ya no fue posible exterminar al movimiento luterano; el papado y sus aliados seculares afrontaron la necesidad de elegir el compromiso o el cisma permanente.*

El consenso abrumador de los estadistas seculares era que podía concertarse un compromiso para llegar a la reconciliación y que para obtenerlo debía convocarse a un concilio universal. Ésta fue la política del emperador Carlos V desde el principio de la controversia. Su propósito principal fue la reunificación de Alemania, y advirtió que esto podía realizarse únicamente mediante la restauración de la unidad religiosa. Sin embargo, para la corona francesa el propósito era la división permanente de Alemania y por consiguiente Francia aplicó toda su influencia para imposibilitar la realización de un concilio satisfactorio. Clemente VII

---

* El protestantismo debió su supervivencia a los turcos. Los Habsburgo concedieron preferencia a la defensa de Hungría antes que a la represión de los protestantes. Los protestantes lo sabían y aprovecharon el flujo y reflujo de la agresión otomana para obtener concesiones. «La consolidación, la expansión y la legitimación del luteranismo en Alemania hacia 1555 debe atribuirse al imperialismo otomano más que a cualquier otro factor.» Stephen A. Fischer-Galati, *Otoman Imperialism and German Protestantism, 1521-55* (Harvard, 1959).

y su sucesor, Pablo III, también estaban decididos a evitar un concilio que, como ellos advertían, debía terminar con la destrucción del poder papal; y su táctica de dar largas tuvo éxito. Hacia 1539, Lutero y su Iglesia estaban seguros, y el propio Lutero ya no tenía interés en un compromiso, o más bien no creía que el papado pudiese ser llevado a concertar un compromiso, bajo ninguna circunstancia. Los protagonistas principales se habían retirado del diálogo. Pero en ambos bandos había muchos que aún creían que era posible salvar la distancia. Según ellos veían las cosas, en ciertos aspectos Lutero era más católico que muchos de sus antagonistas católicos romanos. Al principio de la polémica, Johann Eck había elegido intencionalmente discutir con Lutero el tema de la autoridad papal más que el de la gracia, los sacramentos y la naturaleza de la Iglesia. Algunos laicos piadosos, por ejemplo su protector, Federico el Sabio, dijeron que no podían entender dónde él había sido refutado sobre la base de la escritura. Sucedió lo mismo con la doctrina luterana de la justificación mediante la fe. Completamente al margen de Lutero, el cardenal Contarini había llegado a las mismas conclusiones ya en 1511. Había otros ejemplos de teólogos católicos que adoptaban esta posición como consecuencia de un reexamen de los escritos de san Pablo. Un caso de este tipo fue el cardenal Pole, que se convirtió en arzobispo de Canterbury cuando la reina María Tudor intentó restablecer el catolicismo en Inglaterra durante la década de 1550. Otros eirenicistas del lado católico incluían la figura de Pierre Favre de Saboya, el primer jesuita que fue a Alemania y uno de los primeros compañeros de Ignacio de Loyola. Este sacerdote propuso una política de amor y amistad con los herejes y la búsqueda de la armonía doctrinaria. Del lado protestante, Melanchthon y Bucer buscaron consecuentemente posiciones intermedias. Antes de la muerte de Erasmo, algunos pastores luteranos apelaron a él: «Abrigamos la esperanza, gran hombre, de que seáis el futuro Salomón, cuyo juicio privará de algo a cada parte, y así acabará con la discordia.» Había muchos grandes reformadores que creían que una división de la Iglesia era un hecho trágico y evitable, así como había muchos católicos que estaban profundamente turbados por la teología del mérito preconizada por la Iglesia y por su enseñanza acerca del empleo de los sacramentos, y que ansiaban abrazar las rectificaciones luteranas. Como resultado de estas presiones de ambas partes, durante el período que va de 1539 a 1541 se celebraron una serie de coloquios. En todo caso, éstos aportaron la respuesta a la pregunta: ¿la escisión de la Reforma era evitable?

El primer encuentro, celebrado en Hagenau en 1540, fracasó a causa de una preparación inadecuada. Hubo otra reunión en Worms; allí la discusión fue transferida a una dieta reunida en Regensburgo en marzo de 1541; pero mientras tanto, en la segunda mitad de diciembre de 1540, se habían celebrado conversaciones secretas. Entre los que participaron estaban Gropper, eirénico católico y humanista; el canciller imperial Granvella, Bucer y Capito. Gropper ya había comenzado una reforma en la diócesis de Colonia, en representación del arzobispo, y temía que la misma se viese amenazada por los extremistas católicos y luteranos. Ya había presentado, en su *Enchiridion Christianae Institutionis* (1538), un concepto de la justificación que estaba cerca del que afirmaba Contarini y que, según esperaba, reconciliaría las posiciones católicas y protestantes. Tanto Contarini como el canciller eran partidarios de Erasmo. Contarini fue designado legado papal en el coloquio mismo. Asistió colmado de buena voluntad, convencido de que la justificación era el corazón del problema y de que una vez que se resolviese ese asunto, otras cuestiones, por ejemplo la autoridad papal y los sacramentos, ocuparían su lugar. A semejanza de Lutero, había llegado al concepto de la justificación a través de Agustín y no percibía cuál podría ser la oposición católica al mismo: «He llegado realmente a la firme conclusión», escribió en 1523, «de que nadie puede justificarse con sus obras... uno debe volverse hacia la gracia divina que puede obtenerse mediante la fe en Jesucristo... Por lo tanto, como la base del edificio luterano es válida, no debemos decir nada contra ella y en cambio es necesario que la aceptemos como verdadera y católica, más digo, como el fundamento de la religión cristiana». (La Inquisición suprimió estos pasajes en la edición veneciana de las obras de Contarini correspondiente a 1584.) El coloquio fue inaugurado por Carlos V en persona, que expresó la esperanza de que fuera posible restablecer rápidamente la unidad en presencia de la renovada presión turca. Contarini dijo: «Cuán grande será el fruto de la unidad y cuán profunda la gratitud de toda la humanidad.» Bucer replicó: «Ambas partes han fallado. Algunos hemos destacado puntos secundarios y otros no han reformado debidamente los abusos obvios. Con la voluntad de Dios en definitiva hallaremos la verdad.»

En este contexto amistoso, Contarini y Gropper presentaron su compromiso mediador (que ya había sido elaborado) de la doble justificación, es decir, la justificación imputada y la inherente, la fe y el amor. El hombre cristiano es justo en un doble sentido, por la fe y la gracia, y porque ejecuta las obras de amor; lo primero es más seguro, dado que el hombre es imperfecto. Cuando se aceptó esta fórmula, Pole, que estaba presente, comentó: «Al observar esta unión de la opinión, sentí una complacencia tal como ninguna armonía sonora podría haberme inspirado; no sólo porque veo la aproximación de la paz y la concordia, sino porque estos artículos son la base de toda la fe cristiana.» Por desgracia, el coloquio naufragó después en el tema de la presencia real en la eucaristía. Contarini se desconcertó a causa de su propia ignorancia de la enseñanza protestante. No era una situación sorprendente: la enseñanza protestante variaba. Todas las corrientes creían, en un sentido o en otro, en la presencia real. Ninguna aceptaba la formulación técnica de la transustanciación, concebida por Tomás de Aquino en el siglo XIII. Bucer, Melanchthon, Calvino y Zwinglio tendían todos a proponer fórmulas distintas. Lutero enseñaba que había una presencia real y corporal del cuerpo y la sangre de Cristo, «en, con y bajo» los elementos. Zwinglio negaba que se ingiriese y bebiese el cuerpo. Calvino estaba a medio camino entre los dos. La posición de Lutero era esencialmente la de san Agustín (como en el caso de la justificación); su objeción a la formulación de Tomás de Aquino era más metodológica que sustancial. De hecho, aceptaba la doctrina católica; como él mismo dijo, «Prefiero beber sangre con los papistas que sólo vino con los zwinglianos». Pero Lutero no estaba presente en Regensburgo. Creía que el esfuerzo para unirse con Roma a medio camino era inútil y boicoteó los coloquios. Carlos V había estado dispuesto a aceptar una sencilla declaración en el sentido de que Cristo estaba real y verdaderamente presente, y dejar el tema técnico de la transustanciación a un concilio general. El grupo de príncipes que formaba el centro estaba dispuesto a aceptar lo que se había convenido y a construir sobre esa base. Pero los extremistas de ambos bandos se impusieron. Contarini partió de Regensburgo decepcionado y desconcertado.

Los factores políticos —los franceses, los duques bávaros y el papado por una parte, y por otra la Liga Schmalkáldica de Lutero y el Elector de Sajonia— tuvieron tanto que ver como la teología con este fracaso. Fue la última oportunidad de concertar un compromiso. Cuando cinco años más tarde el concilio general se reunió en Trento, Contarini había muerto, los moderados se habían dispersado, la Iglesia católica era un resto desafiante e intransigente que ya no pensaba en otra cosa que en el fuego y la espada, y Carlos V desesperaba de la unidad. Lutero falleció durante la primera sesión y el hecho apenas llamó la atención, salvo para motivar brutales expresiones de pesar porque ya no era posible quemarlo.

Además, por esta época el propio movimiento protestante estaba irremediablemente dividido: ya no existía un frente unido con el cual el catolicismo pudiese negociar. Por supuesto, Lutero no había sido el único reformador activo, ni siquiera el primero. Zwinglio, que llevó la reforma a Zurich en 1522, afirmó haberle precedido y predicaba una doctrina más radical. A diferencia de Lutero, no profesaba reverencia al pasado; no tenía el «sentimiento» del catolicismo, y la transformación exterior de Zurich fue más integral: la «Cena del Señor», establecida por Zwinglio en 1525 tenía poco que ver con la liturgia medieval. En Estrasburgo el principal reformador, Martín Bucer, trató de promover una reconciliación entre las ideas de Lutero y Zwinglio; el intento fracasó, pero en el proceso Bucer originó un extenso cuerpo de doctrina salvacionista, y su alumno Juan Calvino extrajo de ella una alternativa clara y coherente para el tipo de cristianismo reformado de Lutero. El luteranismo era una postura esencialmente conservadora en la esfera de la doctrina y la estructura, una forma de catolicismo estatal, despojado de sus aspectos mecánicos, reducido y simplificado, pero no esencialmente distinto del cristianismo medieval. En las regiones luteranas, la reorganización estuvo a cargo de las autoridades seculares, y eso por petición de Lutero; se practicaba la inspección sistemática de todas las iglesias y, sobre esa base, se creó en 1542 un consistorio en Wittenberg; en la práctica se trataba de un tribunal eclesiástico de abogados y teólogos designados por el príncipe, y este cuerpo vino a remplazar la jurisdicción de los obispos y se extendió gradualmente. De ese modo, se obtuvo la unificación de la administración eclesiástica y secular. En cambio, el calvinismo no fue una operación unificadora, promovida por y a través de la estructura oficial existente, sino un experimento radical de teocracia, un intento de reducir el organismo medieval del Estado-Iglesia a sus presuntos orígenes primitivos.

Calvino procedía del noroeste de Francia y era hijo de un abogado clerical; su propia formación en París, Orléans y Bourges fue esencialmente jurídica y canónica. Pero, después de Erasmo, fue el más erudito de los reformadores, y quizás es significativo que su primera obra fuera un comentario acerca de *De Clementia*, de Séneca, un trabajo acentuadamente elitista por el tono y que aprobaba la doctrina estoica del destino predeterminado; Calvino viene a ilustrar la teoría de que las creencias dogmáticas de un hombre tienden a reflejar las predisposiciones emocionales de su entorno familiar. Hacia 1533, cuando tenía veinticuatro años, había rechazado el catolicismo, y en el curso de los tres años siguientes utilizó la obra de Bucer y Lutero para elaborar no meramente una nueva *summa* del dogma cristiano sino un sistema entero de gobierno estatal y eclesiástico. Sus *Institutos de la religión cristiana* fueron revisados constantemente hasta su muerte en 1564; pero en todos los aspectos esenciales formaban una obra completa hacia 1538, cuando por primera vez comenzó a aplicarlos en Ginebra. Calvino era un hombre de gran inteligencia, una persona decidida y que confiaba en sí misma; según decía, había «recibido de Dios más amplio esclarecimiento que otros». Pero el factor decisivo de su sistema era la excomunión, una cuestión en la cual todos los miembros masculinos de su familia habían llegado a ser expertos. Trabajó sobre el redescubrimiento por Lutero de la predestinación agustiniana y llevó el asunto a su conclusión final. Comenzó con una duplicación: los hombres no sólo estaban predestinados para la salvación sino también para la condenación. Satán y los demonios actuaban por mandato de Dios: «No pueden concebir un mal ni, cuando lo concibieron, ingeniárselas para realizarlo, ni habiéndolo concebido pueden levantar siquiera un dedito para ejecutarlo, salvo y en la medida en que Dios lo manda.» Dios preestablece los más minúsculos hechos o actos, buenos o malos, desde toda la eternidad, de acuerdo con su plan; planea salvar a algunos, mediante la gracia (pues todos los hombres son perversos y merecen la condenación), y planea condenar a otros. «Si preguntamos por qué Dios se compadece de algunos y por qué abandona a otros, no tenemos otra respuesta sino que le place proceder así.» «Además, la perdición de estos hombres procede de la predestinación divina de tal modo que la causa y la sustancia del asunto aparecerán en ellos... Por lo tanto, el hombre cae, como Dios le ha ordenado hacer, pero cae a causa de su depravación.»

Esta terrible doctrina de la elección o condenación llegó a ser más aceptable por el hecho de que se demostraba la elección mediante la comunión con Cristo, es decir, en la práctica, por la incorporación a una congregación calvinista: «Quien se encuentra a sí mismo en Jesucristo y es miembro de su cuerpo gracias a la fe, tiene la seguridad de su salvación.» Mientras un hombre evitara la excomunión, estaba seguro. Aquí tenemos tanto la fuerza como la debilidad del calvinismo: si uno no acepta el horrible argumento de la doble predestinación, es una forma aborrecible; si la acepta, es casi irresistible.

La organización terrenal se desprendía de este sistema teológico. Con el fin de mantener puros a los elegidos y descubrir y excomulgar a los que estaban destinados a la condenación, la sociedad calvinista necesitaba un proceso de vigilancia. Los consejos electos de cada ciudad designaban a los ancianos, funcionarios encargados de la disciplina que trabajaban en estrecha relación con los pastores; su deber era imponer el código moral, «cuidar la vida de todos e... informar a la compañía quiénes serán los encargados de aplicar la rectificación fraternal». Se reunían con los pastores en consistorios y sus excomuniones pasaban a los magistrados, que aplicaban la ley. Calvino no pudo imponer de manera «perfecta» su teocracia a Ginebra, pues los principales ciudadanos insistieron en que un magistrado presidiera los consistorios y, por lo menos en teoría, se prohibía que los pastores ejercieran la jurisdicción civil. En cambio, logró que se exonerase a los que se le oponían, por entender que eran «los libertinos»; fueron expulsados y, en ciertos casos, torturados y ejecutados; el sistema, según lo aplicó Calvino, quizá fue la estructura que se aproximó a la idea de una sociedad cristiana total mucho más que todo lo que el catolicismo había conseguir realizar antes. Por ejemplo, un consistorio de 1542 trató el caso de una mujer que se había arrodillado junto a la tumba de su marido y rezado «*Requiescat in Pace*», el de un orfebre que fabricó un cáliz, el de un hombre que criticaba a los refugiados franceses «santos» que estaban en la ciudad, el de una mujer que trató de curar a su marido atando alrededor de su cuello una avellana con una araña, el de una mujer de sesenta y dos años que se casó con un hombre de veinticinco, el de un barbero que tonsuró a un sacerdote, el de un hombre que criticó a la ciudad porque se ejecutaba a la gente a causa de sus opiniones religiosas, y otras cosas de este tipo. Como había deseado hacer el obispo Grosseteste en la Lincoln del siglo XIII, los pastores realizaban una visita anual a cada casa para descubrir faltas. Se ocupaban de los precios elevados, las bebidas fraudulentas, las tasas de interés, los honorarios de los médicos, los sastres y otros artesanos, y elaboraban códigos urbanos y otros reglamentos. De un modo extraño, y en escala más reducida, los consistorios calvinistas se asemejaban a los concilios carolingios (estaban motivados por el mismo concepto agustiniano de la creación de la ciudad de Dios sobre la Tierra).

Por consiguiente, hacia mediados del siglo XVI había tres formas de religión oficial en Occidente: el catolicismo papal, la cristiandad estatal (luteranismo) y la teocracia calvinista. Todas, por lo menos teóricamente, perseguían propósitos universalistas: cada una preveía un futuro, y hasta cierto punto trabajaba para realizarlo, en que sus doctrinas e instituciones serían impuestas a toda la cristiandad. Cada una estaba vinculada orgánicamente con el Estado en que existía. Cada una era una religión compulsiva, que exigía el monopolio del ministerio cristiano donde tenía poder. En su condición de heresiarca, Lutero había comenzado reclamando tolerancia y también «libertad de conciencia» (una expresión nueva). No deseaba «triunfar mediante el fuego sino gracias a los escritos». Entre sus propuestas condenadas por Roma estaba ésta: «Quemar herejes contraría la voluntad del espíritu.» El poder secular debía «ocuparse de sus propios asuntos y permitir que cada uno creyese esto o aquello según pudiese y según decidiera, y no usar la fuerza con nadie en relación con esta cuestión». Al principio, incluso exhortó a los príncipes a mostrarse tolerantes con los milenaristas, los anabaptistas y otras personas del tipo de Munster, «porque es necesario que haya sectas y la palabra de Dios debe entrar en liza y librar batalla». Esta moderación temprana no sobrevivió a la dependencia cada vez más acentuada de Lutero respecto de los príncipes. Tan pronto sus doctrinas se afirmaron con el carácter de una religión oficial, fue necesario eliminar todas las restantes formas del cristianismo, por lo menos como expresiones francas. Hacia 1525 había prohibido la misa, «porque esta blasfemia tiene que ser reprimida por la correspondiente autoridad», y esta prohibición pronto se extendió a otras formas de protestantismo: «Un príncipe secular debe ocuparse de que sus súbditos no sean conducidos a la disputa por predicadores rivales, de modo que se formen facciones y se provoquen disturbios y, por el contrario, en cada lugar debe existir una sola clase de predicación.» Hacia 1527 Lutero había pasado a la intervención positiva más que defensiva para asegurar la uniformidad mediante la organización de inspecciones eclesiásticas oficiales, y en 1529 llegó aun más lejos y negó la «libertad de conciencia». «Incluso si la gente no cree, debe obligársela a asistir al sermón, en cumplimiento de los Diez Mandamientos, con el fin de aprender por lo menos las formas externas de la obediencia.» Dos años más tarde convino en que los anabaptistas y otros extremistas protestantes «deben ser ejecutados por la autoridad civil».

En cambio, Calvino nunca había afirmado que las conciencias debían ser libres. ¿Cómo era posible que la sociedad perfeccionada de los elegidos tolerase en su seno a los que desafiaban sus normas? La respuesta obvia a los críticos era expulsarlos de la ciudad después de excomulgarlos. Si intentaban protestar, había que ejecutarlos. Pero Calvino descubrió que la ejecución también era útil para engendrar terror y así promover el acatamiento. Una de sus formas favoritas de imponerse a un antagonista era obligarlo a quemar públicamente, con sus propias manos, los libros que había escrito (Valentín Gentilis salvó la vida sometiéndose a esta indignidad). Se mostraba especialmente severo con aquellos que se rebelaban contra el gobierno del propio Calvino y que usaban el Nuevo Saber para cuestionar la doctrina de la Trinidad.

Uno de ellos era el polímata Miguel Servet, un vasco partidario de Erasmo que trabajó y escribió en muchas regiones de Europa como impresor, geógrafo, astrólogo, médico y cirujano. Tenía una mente enciclopédica y pasión por la novedad, fuese ésta científica o religiosa. En 1546 envió a Calvino varios de sus escritos y le solicitó su opinión. Calvino escribió a un amigo: «Servet acaba de enviarme... un extenso volumen de sus desvaríos. Si consiento, vendrá aquí [a Ginebra], pero no daré mi palabra; pues si viniera, y si mi autoridad de algo vale, no toleraré que escape vivo.» En 1553 Servet, que había llegado a ser prior de una confraternidad católica en Viena, publicó su obra *Christianismi restitutio*, con las iniciales MSV; en ella demostraba, sobre la base de las Escrituras, que Cristo era solamente humano. La Inquisición católica de Lyon fue alertada acerca de esta obra por Guillermo de Trie, calvinista y amigo de Calvino, que señaló que MSV era la sigla de Miguel Servetus Villanovanus; el mismo denunciante suministró documentos, entre ellos cartas de Servet a Calvino, para demostrar su culpabilidad. Parece que Calvino participó en este plan para lograr que Servet fuese quemado por la Inquisición. Éste escapó de la Inquisición, pero huyó nada menos que a Ginebra, y allí poco después lo identificaron en la iglesia y lo entregaron al consistorio de Calvino. Fue condenado a muerte bajo el Código Justiniano, que se aplicaba todavía incluso en las ciudades protestantes como base para perseguir a los herejes. Fue quemado, contra el consejo de Calvino, que deseaba una simple ejecución. Este asesinato judicial de un estudioso distinguido provocó las protestas de algunos reformadores, sobre todo en Italia.* Camilo Renato denunció el asunto en un extenso

---

* Uno de los que protestaron, protegido tras un seudónimo, fue David Joris: escribió que la verdadera Iglesia «no es la que persigue sino la perseguida». Murió pacíficamente en Basilea en 1556, pero tres años después su secreto fue descubierto y los protestantes de Basilea usaron todos los ritos prescritos por la Inquisición para realizar un procedimiento judicial póstumo. Félix Platter dejó un testimonio ocular: «En la Plaza de los Franciscanos había un catafalco con el cuerpo exhumado. Se amontonaron haces de leña frente al Steinenthor, el lugar habitual de las ejecuciones; allí el verdugo puso el ataúd y, después que lo destrozaron, pudo verse al muerto, vestido con un manto barato y un gorro puntiagudo de terciopelo, con un ribete escarlata. El cadáver estaba bastante bien conservado y aún era posible reconocerlo.»

poema: «Se ha erigido una fiera pira donde queríamos descubrir un paraíso.» Pero la ejecución en la pira fue aprobada de antemano por la mayoría de los cantones protestantes suizos y más tarde defendida por muchos intelectuales protestantes, por ejemplo, Teodoro Beza, profesor de griego en Lausana: «¿Acaso hay un crimen más grave y más abominable entre los hombres [que la herejía]?... sería imposible hallar una tortura suficientemente grande para castigar la enormidad de tal fechoría.» Cuatro meses después de la muerte de Servet, Calvino publicó su propia *Declaratio orthodoxae fidei*: «Uno debe olvidar a la humanidad entera cuando Su gloria está en juego... Dios no permite siquiera que ciudades y poblaciones enteras se salven, y en cambio hará arrasar los muros y destruir la memoria de los habitantes y arruinar todas las cosas como signo de Su absoluta abominación, no sea que el contagio se difunda.»

Si tanto los luteranos como los calvinistas (así como los católicos) perseguían activamente a los extremistas antinómicos, también se oponían y odiaban unos a otros. Los calvinistas afirmaban que los luteranos prácticamente no se habían reformado, sino que eran romanistas disfrazados con atavíos divinos. Los luteranos jamás reconocían que los calvinistas fueran una religión «legal». Clasificaban a los calvinistas en el grupo de los anabaptistas y creían que su negación de la presencia real era un falseamiento escandaloso de la fe católica. Algunos luteranos, por ejemplo Policarpo Leyser, opinaban que los errores calvinistas eran peores que los romanos. Los luteranos no suministraron ayuda militar para proteger al calvinismo de Roma y sus aliados —un factor que limitó el progreso de la Reforma—. Los tres partidos, es decir, los calvinistas, los luteranos y los católicos, se acusaban mutuamente de practicar la doble contabilidad: de reclamar tolerancia cuando eran débiles y de perseguir cuando eran fuertes. El católico Jorge Eder escribió en 1579: «En los distritos dominados por los protestantes jamás se tolera a los católicos; son humillados públicamente, son expulsados de sus hogares y sus tierras, y son exiliados con sus esposas e hijos... Pero apenas un Estado-miembro católico del imperio actúa del mismo modo... todos se excitan, se indignan y se acusa al príncipe católico de quebrar la paz religiosa.» El luterano Daniel Jaconi (1615) escribió: «Mientras los calvinistas no ejercen el poder... se muestran agradables y pacientes; aceptan la vida en común con nosotros. Pero apenas son los amos de la situación no toleran una sola sílaba de la doctrina luterana.» Jorge Stobaeus, príncipe-obispo de Lavant, escribió al archiduque Fernando de Austria (1598): «Confiad la administración de una ciudad o provincia sólo a católicos; permitid que sólo los católicos participen en las asambleas; publicad un decreto exigiendo que todos declaren por escrito la fe católica, y en caso de negativa exhortadlos a buscar otro país donde puedan vivir y creer como les plazca.»

De hecho, desde el principio cada uno de los tres grupos principales trató de usar toda la estructura del Estado, donde podían controlarla, para imponer un monopolio religioso. En 1555, después de años de lucha indecisa, se institucionalizó el sistema en la Paz de Augsburgo, que «congeló» el esquema religioso existente tres años antes y que en la práctica permitió que cada príncipe, o príncipe-obispo, de Alemania determinase la religión practicada por sus súbditos. El principio fue definido más tarde como *cuius regio, eius religio*. No había nada especialmente nuevo en este concepto, del cual puede afirmarse que era un retorno al tribalismo, pues en las sociedades tribales los reyes tradicionalmente habían determinado la forma de religión de la tribu. Por supuesto, implicaba la premisa, aún usual, de que las creencias religiosas no podían estar separadas de otras actitudes fundamentales de la sociedad: no era posible tener dos religiones rivales, del mismo modo que no cabía tener dos códigos legales opuestos o dos monedas o dos ejércitos. Puesto que los hombres no podían coincidir, el monarca tenía que resolver la cuestión. De todos modos, ¿no podía decirse que esto era natural, incluso que estaba establecido por Dios? ¿Acaso en su coronación el gobernante no recibía la gracia sacramental precisamente con este fin? Entonces, el monarca pontifical, a quien Gregorio VII y sus sucesores habían sacado su investidura, volvió de nuevo a su reino clerical. Se negó al súbdito la libertad de conciencia y se la concedió al príncipe. Pero esto significaba que en ciertos casos los súbditos a quienes el príncipe había impuesto el luteranismo más tarde descubrían que el sucesor imponía el calvinismo, o el príncipe se «convertía». El landgrave Mauricio de Hesse-Cassel se convirtió al calvinismo en 1604 y dijo a un ministro luterano: «Tengo el derecho de ejercer el poder episcopal en mi Estado... Mis predecesores juzgaron los asuntos religiosos de acuerdo con la palabra de Dios. A mi vez, ejerzo el mismo derecho que ellos.» Asimismo, el hijo y heredero de luterano podía convertirse en católico cuando heredaba el trono, con lo que obligaba a sus súbditos a regresar a Roma.

Por supuesto, en la práctica los príncipes hasta cierto punto tenían que contemplar los deseos de sus principales súbditos. Pero, ¿dónde se detenía el proceso de la consulta? ¿En qué nivel de la escala social un hombre tenía importancia suficiente para conseguir que se tuviesen en cuenta sus opiniones religiosas? Éste era un punto en que el siglo XVI se mostraba cada vez más inseguro. Asimismo, ¿qué sucedía si los círculos gobernantes de una sociedad discrepaban profundamente? En la mayoría de los principados germánicos fue posible alcanzar cierto consenso. En España, la corona católica, a través de su instrumento, la Inquisición, exterminó al protestantismo en la década de 1550. En los Estados italianos, el protestantismo realizó escasos progresos en el ámbito de la aristocracia y el problema no se manifestó realmente, salvo en Venecia. Pero en Francia, bajo una monarquía católica, la aristocracia se dividió. Las grandes familias, como los Guisa y los Montmorency, eran intensamente católicas y controlaban Lorena. Las ciudades como París, Burdeos y Tolosa también eran católicas. Pero el príncipe de Condé era protestante calvinista o hugonote, lo mismo que Coligny, el Gran Almirante; en la misma situación estaban los Borbones de Navarra. Los hugonotes representaban alrededor de un décimo a un quinceavo de la población total, pero eran mayoría en regiones del Orleanesado, Normandía, Navarra, el Delfinado y muchas ciudades. Entonces, ¿cómo podía aplicarse el principio a Francia? Se suscitó un áspero debate entre los protestantes acerca del grado en que estaban justificados si empuñaban las armas contra el gobernante legal. En una carta dirigida al rey de Navarra, Beza opinó que era «el destino de la Iglesia de Dios» «soportar los golpes y no asestarlos»; pero agregaba: «recordad que éste es un yunque que ha quebrado martillos». Un abogado hugonote, en espera de su ejecución en 1559, manifestó que el monarca que obligaba a sus súbditos a vivir contra la voluntad de Dios era ilegítimo. Pero, ¿quién había de definir «la voluntad de Dios»? Ahí estaba el nervio de la discusión. Cuando fue consultado, Calvino dictaminó que la resistencia a la persecución era admisible si la encabezaba el principal magistrado o el príncipe de la sangre. De ahí la importancia en Francia de figuras como Condé, Coligny y Navarra, que posibilitaban una religión que a los ojos de los protestantes era teológicamente legítima: los 2.000 consistorios hugonotes de Francia se convirtieron en organización civil y militar, además de religiosa. Se aplicó el mismo principio en otros lugares. En 1559 el sector principal de la nobleza escocesa, enardecido por John Knox, alumno de Calvino, se alzó en armas contra el gobierno católico. Después de muchas vacilaciones, la corona inglesa decidió que también esta rebelión era legítima y legal, y la apoyó. Y en la década de 1560 los Países Bajos españoles se levantaron contra los Habsburgo católicos que aplicaban una política de persecuciones, utilizando como justificación su antigua estructura constitucional diciendo que se alzaban en defensa de sus leyes, costumbres y cartas tradicionales. Su jefe era un príncipe de la sangre, es decir, Guillermo el Silencioso, príncipe de Orange, y cuando él fue asesinado, su «gobernación» fue ofrecida a la reina de Inglaterra, ungida protestante.

De esta manera, las teorías que determinaron las divisiones religiosas en Europa, aunque partieron de un mismo concepto básico —el poder sacerdotal del príncipe— siguieron cursos cada vez más divergentes y conflictivos. El resultado fue el movimiento hacia la guerra civil en el ámbito de los Estados y la guerra internacional entre ellos. Esto era absurdo, pues el propósito mismo de la búsqueda de la unidad religiosa en los Estados era evitar la guerra civil. Por lo tanto, en Francia, donde era posible alcanzar la unidad, se perfiló un movimiento hacia una idea alternativa, la de un Estado no sectario, cuya tarea era presidir el conjunto e imponer cierto grado de coexistencia pacífica a las religiones rivales. Era una solución política, y se denominó *politiques* a sus defensores. Pero también contaba con cierto apoyo de individuos de convicciones religiosas. El jurista luterano alemán Felipe Camerario explicó en su obra *Meditaciones históricas* (1591): «Si el príncipe apoya a un partido y pisotea el otro... las sediciones serán inevitables... Así, es igualmente cierto que las guerras civiles cesarán si el príncipe se interpone con la espada desenvainada entre las dos partes, sin inclinarse a la derecha ni a la izquierda, salvo con el propósito de decapitar, sin excepción, a todos los instigadores del disturbio, la sedición y la facción.» Pero esto implicaba que el propio Estado y quienes lo dirigían, debían tener una actitud neutral en religión, algo que era casi inconcebible para las mentes del siglo XVI, incluso del siglo XVII. De modo que en Francia, después de varios experimentos de coexistencia pacífica con el acompañamiento de tres guerras religiosas, en la década de 1590 se concertó un acuerdo, en virtud del cual los hugonotes se convirtieron en beneficiarios de un edicto de tolerancia, firmado en Nantes, y su jefe y rey, Enrique IV, abrazó el catolicismo. Pero la monarquía continuó siendo católica, y cuando Luis XIV, biznieto de Enrique, adoptó una forma más militante de papismo, se revocó el edicto y el sistema se derrumbó.

Además, si se aceptaba el principio de la coexistencia pacífica, ¿qué extensión podía dársele? El luteranismo alcanzó cierta forma de respetabilidad internacional en 1555, el calvinismo se convirtió en religión oficial del Estado (en Escocia) en 1562. ¿Qué actitud se adoptaría frente a los reformadores más radicales? ¿Dónde estaba el límite? Las diferentes formas de protestantismo proliferaron instantáneamente y en todos los lugares en que se atenuaba la persecución oficial. Un reformador, el tejedor veneciano Marcantonio Varotto, en 1568 se reincorporó disgustado a la Iglesia católica y explicó: «Salí de Moravia porque durante los dos meses que estuve allí vi tantas religiones y sectas... cada una con su catecismo, y todos querían ser ministros, todos pugnaban en diferentes direcciones y todos afirmaban que eran la verdadera Iglesia. En un pequeño lugar llamado Austerlitz, hay alrededor de 14 sectas diferentes.» La *Inquisición evangélica* de Jorge Eder (1573) enumera cuarenta sectas; incluía a los munzeritas, los adamitas, que corrían desnudos; los subrepticios Hermanos del Jardín; los Testigos Manifiestos; los demoníacos, que creían que el demonio se salvaría el Día del Juicio; los libertinos, que cohabitaban libremente; los Hermanos Gimientes; los Silenciosos, que prohibían la predicación; los agustinianos, que creían en el sueño del alma; diferentes grupos de munsteristas y de paulistas, que afirmaban poseer los originales de las Epístolas de Pablo; los asesinos de sacerdotes; los anticristianos, que veneraban a una prostituta mítica; y los judaizantes. Algunos eran violentamente antisociales y otros ni siquiera eran cristianos. De hecho, todos los estados los prohibieron y persiguieron. Polonia fue el más liberal. En 1573 la nobleza polaca promulgó la Confederación de Varsovia acerca de la libertad religiosa:

> Como en nuestro Estado hay amplia discrepancia en las cuestiones relacionadas con la religión cristiana, y con el fin de impedir los fatales estallidos que se han visto en otros reinos, nosotros, que discrepamos en asuntos de religión, nos comprometemos, por nuestro bien y el de nuestra posteridad, a perpetuidad, con nuestro juramento, nuestra fe, el honor y la conciencia, a mantener la paz entre nosotros mismos en la cuestión de las diferencias religiosas y los cambios promovidos en nuestras Iglesias; nos comprometemos a abstenernos de derramar sangre, a evitar los mutuos castigos mediante la confiscación de los bienes, la pérdida del honor, la cárcel o el exilio; no prestaremos ayuda en este asunto de ningún modo a ninguna autoridad o a ningún funcionario y, por el contrario, nos uniremos contra quien quiera derramar sangre por esta razón, incluso si pretendiese actuar en virtud de un decreto o una decisión legal.

Era una declaración sorprendente para su tiempo. Fue aplicada con éxito a una amplia gama de creencias sectarias, al menos durante una generación; perdió vigencia porque los nobles o los príncipes en la práctica no podían obligar a sus sucesores; y la Contrarreforma se ocupó de que ellos fuesen católicos. Pero la declaración concedió a todos el derecho de elección. Después, como una nota al pie, añadió que los campesinos debían obedecer a sus señores.

El hecho de admitir que era natural que los campesinos aceptaran la religión de sus señores, del mismo modo que los súbditos se atenían a la de sus príncipes, nos recuerda que estamos tratando con una sociedad en la que la libertad individual era todavía un artículo muy escaso. Debajo de cierto nivel, no se suponía que nadie tuviese opiniones políticas o religiosas. El efecto de la Reforma —y hasta cierto punto una causa de la misma— fue el descenso de este umbral de la responsabilidad individual, de manera que nuevas categorías adquirieron derechos, sobre todo los habitantes urbanos acomodados e instruidos. Es difícil determinar hasta dónde los habitantes más pobres de las ciudades influyeron sobre los hechos y pudieron elegir. La mayoría, como sus superiores sociales en las ciudades, se unieron al movimiento reformista —en este punto no había conflicto de intereses—. Un análisis de los aproximadamente 290 protestantes martirizados durante la persecución mariana en Inglaterra entre 1553 y 1558 demuestra que, aparte de los clérigos, la mayoría eran personas de la clase media o artesanos y vendedores de la baja clase media, que prolongaban una pauta social establecida por los lolardistas a principios del siglo XV. Esto no significa que no hubiera reformadores en las clases sociales más altas, sólo que la corona se mostraba menos dispuesta a explorar sus opiniones o a imponerles cierta uniformidad de creencias religiosas y que, en el caso de las capas más bajas, consideraba esencial dicha uniformidad. De este modo, en Inglaterra, durante el reinado de Isabel, los pares se vieron eximidos de la obligación de prestar juramento con arreglo a la Ley Protestante de Uniformidad (1559); esto significó que podían continuar siendo católicos sin soportar los castigos financieros infligidos a las personas de jerarquía inferior. Más aún, se suponía en general que los campesinos de las propiedades pertenecientes a pares católicos imitarían el ejemplo de sus amos y continuarían siendo católicos, como de hecho hizo la mayoría. Así, incluso en la Inglaterra anglicana persistieron pequeños núcleos de catolicismo durante todo el período en que la ley impuso la uniformidad protestante.

Por lo tanto, es sumamente difícil determinar hasta dónde los cambios religiosos fueron consecuencia de la presión popular y en qué medida se los promovió contra la voluntad popular. Las crisis religiosas del siglo XVI fueron esencialmente una discusión en el seno de las clases altas educadas. El resto de la sociedad representó, en general, el papel de espectadora y seguidora (y víctima). Donde la corona actuó decididamente, como fue el caso en Inglaterra, el resto de la sociedad tendió a imitarla sin protestar excesivamente. Durante la década de 1530-1540, principalmente como consecuencia de la voluntad del monarca Enrique VIII, la antigua Iglesia medieval fue efectivamente destruida en Inglaterra. Este proceso determinó enormes cambios en todos los planos de la sociedad, y las tensiones sociales que fueron su consecuencia se reflejan en la correspondencia de Tomás Cromwell, que estaba encargado de aplicar la política de Enrique. Tenía en todo el país una red de agentes e informantes que lo mantenían al tanto de los nombres de quienes criticaban los cambios y qué argumentos utilizaban. El análisis de estos elementos no sugiere la existencia de un partido «católico» resistente, y menos aún de una corriente «papista». Las cosas podrían haber sido diferentes si el clero regular, que constituía más de un tercio del personal de la Iglesia y controlaba casi la mitad de sus recursos, se hubiese opuesto al programa real. De hecho, sólo una minúscula minoría adoptó esa actitud. La disolución de los monasterios fue aceptada en general con indiferencia en todos los lugares en los que se practicó, es decir, en Inglaterra, Escandinavia y Alemania luterana. En general, el clero parroquial también se mostró pasivo. Era quizá la única fuerza capaz de movilizar a los campesinos conservadores para oponerlos a un gobierno reformador. La única ocasión en que adoptaron esa actitud en Inglaterra fue en Yorkshire y Lincolnshire en 1536: fue la llamada «Peregrinación de la Gracia», en la que el clero que gozaba de beneficios suministró el factor más importante del liderazgo local. Estos clérigos actuaban movidos no por las creencias religiosas sino por temores relacionados con su situación económica: creían que la Reforma les impediría mantener simultáneamente varias parroquias pequeñas, que los monjes desprendidos de los conventos comenzarían a competir por los beneficios, que el efecto de la Ley de las Primicias y los Diezmos los despojaría del ingreso de un año y que las inspecciones episcopales serían mucho más onerosas bajo la Reforma; también creyeron en imprecisos rumores que afirmaban que la corona estaba proyectando apoderarse del dinero de las parroquias. Este alzamiento no fue tanto un esfuerzo para obligar a la corona a modificar su política religiosa como una protesta a causa de problemas económicos.

Ciertamente, cuando consideramos los informes recibidos por Cromwell y, por lo tanto, alcanzamos a ver la Reforma en el plano local, descubrimos no tanto un conflicto religioso o ideológico sino un complicado embrollo de disputas y rencores personales, celos, rivalidades de jurisdicción, pugnas provinciales y simple mala intención. A veces la antipatía suscitada por el propio Enrique provocaba la crítica, pues parece que en general la nación lamentó su divorcio y detestó a Ana Bolena, descrita a menudo como «una prostituta enérgica». Un sospechoso de Worcestershire achacó a Enrique la culpa del mal tiempo y dijo que no volvería a mejorar hasta que «el rey fuese derribado de un golpe o castigado en la cabeza». Un sacerdote galés «manifestó el deseo de poner al rey sobre una montaña del norte de Gales... llamada Snowdon Hill... Tiraría de las orejas del rey hasta que se le ablandase la cabeza». Un londinense dijo: «No doy ni un bollo por el ancho sello del rey, y todas sus cartas no valen un comino.» Tenemos informes de reformadores que se complacían en ingerir enormes cantidades de carne en Cuaresma para molestar a los católicos; pero con mucha frecuencia la disputa provocada por la Reforma parecía vuelta del revés. De esta forma, en Salisbury, el «orgulloso estómago» de un obispo reformador enfureció a la corporación y convirtió el anticlericalismo, normalmente el factor principal del cambio, en una fuerza conservadora. Asimismo, aunque la suspensión del celibato clerical fue una atracción manipulada eficazmente por los reformadores para consumo de muchos sacerdotes (la mayoría de los más jóvenes), algunos continuaron fieles a Roma porque no querían ser obligados a desposar a sus concubinas. Cierto padre Cornewell juró que «él pondría a su hembra frente a la nariz del obispo... veamos quién se atreve a lidiar con ella»; agregó que bastaría que se casara con ella y entonces «el obispo no tendría inconveniente en que yo le sacudiese la cola detrás de cada arbusto».

Los comentarios informados a Cromwell parecen muy alejados del contenido del coloquio de Regensburgo, que se realizaba simultáneamente. Un dominico londinense partidario de la Reforma afirmó que la fe de las nuevas escrituras valía más que «un barco entero cargado con cinturones de frailes y un carro de abono lleno de capuchas de monjes». Una dama partidaria de Enrique creía que los escoceses podrían traer de regreso al Papa, pero «los patanes de Essex los expulsarán de nuevo, y un matorral en Essex valdrá un castillo en Kent». Un papista londinense dijo a los informantes de Cromwell que «no daba un pedo por la Torre». Muchas de estas observaciones fueron recogidas en tabernas. De esta forma, nos enteramos de que cuatro pequeños terratenientes de Coventry se reunieron a beber y más tarde fueron a la plaza del mercado, donde «todos se desvistieron y se aliviaron frente a la Cruz». Uno rompió las proclamas y estatutos de Enrique, los clavó a la Cruz, «e hizo lo mismo con el mencionado Heynes y lo exhortó a limpiarse la cola con ellos», cosa que el aludido hizo. A la mañana siguiente, una vez pasada la borrachera, los cuatro dijeron que no recordaban nada. Estos protestadores y otros que repetían las mismas opiniones se arriesgaban a sufrir la flagelación pública. Sabemos de un pobre hombre que fue sentenciado, de acuerdo con el registro del tribunal, a que «le cortasen las orejas al ras de la cabeza» y a ser atado «a la culata de un carro». Pero en general, las protestas frente a las reformas impuestas a la Iglesia se limitaban a palabras, usualmente bajo la influencia de la bebida.

Por lo tanto, la Reforma en general no fue un movimiento popular; tampoco lo fue la resistencia a la Reforma y, cuando llegó el momento, lo mismo pudo decirse de la Contrarreforma. Por sí misma la opinión pública no determinaba la cuestión en ningún Estado. La voluntad del gobernante o del círculo gobernante era el factor individual más importante. Pero a medida que avanzó el siglo, aumentó la importancia de la opinión pública y los derechos irrestrictos de los gobernantes se vieron limitados cada vez más. Por ejemplo, en Inglaterra ni la reina María ni su medio hermana la reina Isabel pudieron actuar en las cuestiones religiosas con la misma libertad que tuvo el padre de ambas. El intento de María orientado a restablecer el catolicismo en Inglaterra estaba fracasando incluso antes de la muerte de la soberana, en medida considerable a causa del sentimiento antirromano en Londres y el sudeste. El poder y la popularidad de Isabel provinieron en gran parte del hecho de que simpatizaba con este sentimiento. Pero sus parlamentos fueron siempre más reformistas que ella misma, y el arreglo religioso que ella impuso fue más radical que lo que Isabel habría deseado. Así, el supuesto común en Roma y Madrid, y en el ambiente de los exiliados católicos ingleses, en el sentido de que la gran mayoría del pueblo inglés favorecía la causa católica, sin duda es erróneo. La única cifra real que tenemos sugiere lo contrario. En 1564 el Consejo Privado pidió a los obispos que informasen sobre el estado de sentimiento religioso en el país. Las cifras disponibles demuestran que descubrieron la existencia de 431 magistrados bien dispuestos hacia el arreglo anglicano, 264 eran neutrales y 157 hostiles. A medida que el reino avanzó, estas cifras seguramente variaron en favor del régimen y su religión. Es cierto que en el norte los católicos eran más fuertes y eso fue así sobre todo a principios del reinado. Pero durante el alzamiento de 1569 sólo 7.000, de un total posible de 60.000 varones jóvenes y aptos respondieron al llamamiento a alzarse en defensa de la antigua fe y el movimiento mismo fue un fiasco. Incluso en el norte, por ejemplo las ciudades del sudeste de Lancashire y Yorkshire, tendieron a favorecer el arreglo anglicano, y hacia el fin del reinado de Isabel el número de recusantes reales, incluso en Lancashire y Yorkshire, las regiones más católicas, representaba menos del cinco por ciento de la población. En Francia la posición se invertía, pues los hugonotes nunca pudieron sobrepasar el índice del diez por ciento, y sobre todo no pudieron afirmarse en París. Al convertirse en católico, Enrique IV estaba inclinándose ante la opinión pública, por lo menos en el marco de las clases superiores.

Por eso, la voluntad del gobernante y la fuerza en ascenso de la opinión pública en el seno de las clases más acomodadas hasta cierto punto se equilibraron durante la segunda mitad del siglo XVI. Precisamente sobre este trasfondo debemos analizar la acción de la Contrarreforma. Pero el catolicismo papal tenía una ventaja implícita. Durante el siglo XV la reforma de la Iglesia había tendido a caer en manos de las monarquías, las únicas instituciones que querían y podían abordarla. El ejemplo destacado fue España, donde la unión de las coronas de Castilla y Aragón, seguida por la creación de la Inquisición española bajo el control secular de la monarquía, confirió a ésta más poder sobre la Iglesia que lo que otros movimientos seculares habían poseído a partir del siglo XI. En la última década del siglo XV y las dos primeras del XVI, se confió la Reforma a un primado enérgico y erudito, el cardenal Ximénez, que poseía poderes plenipotenciarios sobre la Iglesia española (su primer biógrafo enuncia los títulos de este dignatario: «Arzobispo de Toledo, Cardenal de Sancta Balbina, Gran Canciller de Castilla, Reformador de las Órdenes Religiosas, Inquisidor General, Capitán General de Toda África, Conquistador de Orán, Confesor de Nuestra Señora la Reina, Gobernador de España, Fundador del Gran Colegio de San Ildefonso y la Universidad de Alcalá, y otras obras piadosas»). La combinación de su poder eclesiástico y secular le permitió ejecutar una reforma integral de las órdenes religiosas, que implicó la clausura de muchas casas y la fusión de otras, e imponer un más alto grado de disciplina al clero (sobre todo a los obispos) que lo que podría hacerse en otras áreas de la cristiandad. Esto no fue todo. Ximénez aprendió hebreo y griego, e importó la erudición de la vertiente de Erasmo. La nueva universidad que él fundó en Alcalá repudió los antiguos métodos escolásticos que todavía se aplicaban en Salamanca y Valladolid, enseñó los principios gramaticales y de exposición concebidos por Valla y utilizó los servicios de destacados eruditos en el saber griego y hebreo, por ejemplo Antonio de Nebrija, que se comprometió, como él mismo dijo, a erradicar *las barbari de los ombros de nuestra nación*.* En otras regiones de Occidente no hubo un prelado todopoderoso que se identificase con la Reforma y el Renacimiento; aunque el experimento no sobrevivió mucho tiempo a la muerte de Ximénez, acaecida en 1517, representó el papel de un pararrayos que evitó el ingreso en España de la Reforma antipapal. En efecto, España tenía una Iglesia nacional, con más elevadas normas de disciplina y cuidado pastoral que lo que podía hallarse en otros países. En las Indias tenía un nuevo campo de actividad que atrajo a los miembros del clero que poseían energía y disposición evangélica.

Por consiguiente, la corona española no necesitaba formular reclamaciones eclesiásticas al papado. Controlaba su propia Iglesia, tanto en el territorio metropolitano como en ultramar, y podía ejecutar las reformas que le pareciesen necesarias. La Inquisición era un instrumento popular, dirigido contra los judíos y los moros, que durante la década de 1550 se utilizó eficazmente para erradicar al muy limitado sector protestante existente en España. Más aún, en la década de 1550 los Habsburgo españoles dejaron de asumir la responsabilidad directa del imperio. En su carácter de emperador, Carlos V había tratado de defender la causa católica en Alemania, al mismo tiempo que presionaba al papado con el fin de que realizara reformas que satisficieran a sus súbditos germanos. El esfuerzo había fracasado en ambos aspectos y emponzoñó los últimos años de Carlos como gobernante. Cuando abdicó y dividió

* Una vida contemporánea inédita de Ximénez observó: «Antonio de Nebrija estaba en la imprenta de Alcalá y, a menudo, cuando el cardenal pasaba por la calle que llevaba al Colegio, se dirigía a la imprenta y se detenía un momento a conversar con él desde la calle, mientras Antonio se asomaba a la ventana. El cardenal y su amigo acordaban que durante el resto del día no cesarían de beber vino. Ximénez gastó 50.000 ducados de oro de su propio dinero en su Biblia políglota; se imprimieron 600 ejemplares, de los cuales sobreviven unos 150 (la mayoría se perdió a causa de un naufragio en el viaje a Italia). La fundición griega que usaron fue sin duda la más bella jamás confeccionada.» Víctor Scholderer, *Greek Printing Types, 1645-1927* (Londres, 1927). Acerca de la Biblia políglota, véase Basil Hall, *The Great Polyglot Bible* (San Francisco, 1966), y «The Trilingual College of san Ildefonso and the Making of the Complutensian Polyglot Bible», *Studies in Church History V* (Leyden, 1969).

sus posesiones, Felipe II, que fue su heredero español, se vio liberado del agobio del imperio y de las divisiones que imponía en la acción práctica, y pudo consagrar todos los recursos españoles a preservar la unidad de la cristiandad papal, contra los turcos por una parte y los protestantes por otra. Así, la Contrarreforma ganó un campeón secular decidido, dotado de vastos medios. El oro y la plata del Nuevo Mundo fueron utilizados en la lucha. Felipe II siempre estuvo corto de dinero, a veces se encontró en situación de quiebra. Pero aun así disponía de fondos que triplicaban holgadamente lo que poseían otros estados cristianos; tenía el único ejército permanente realmente eficaz de Occidente y controlaba un estrecho corredor que le permitía desplazar hombres y suministros de España e Italia a los Países Bajos españoles. De esta forma, el poder militar católico dividió en dos partes a Europa y éste fue un hecho estratégico destacado que los protestantes militantes nunca pudieron evitar; además, las flotas españolas controlaban el Mediterráneo occidental y eso garantizaba que Italia entera permaneciera fuera del alcance de los reformadores. Al mismo tiempo, el dinero español vino a financiar los esfuerzos católicos encaminados a contener o invertir el avance protestante allí donde era posible organizarlos.

Por lo tanto, la esencia de la Contrarreforma fue el poder español. No era un movimiento religioso. No tenía un programa concreto, salvo el negativo de eliminar el «error» protestante. No implicaba una reforma fundamental de la Iglesia y no expresaba un cambio de actitud del papado. Entre 1520 y 1542 existió la posibilidad real de que se convocara un concilio, probablemente en Alemania, que de hecho impondría cambios al papado. Carlos V hizo lo posible para promoverlo. La única ocasión en que, según se sabe, perdió los estribos, tuvo que ver con las tácticas dilatorias de Pablo III. Éstas tuvieron éxito desde el punto de vista del papado. Hasta alrededor de 1542 los datos procedentes de los consistorios secretos muestran que muchos de los cardenales habían estado dispuestos a aceptar las reclamaciones protestantes sobre el matrimonio de los clérigos, la comunión con ambas especies, las traducciones de las escrituras a las lenguas vernáculas, la justificación mediante la fe, los días festivos, los ayunos y muchos otros temas de disputa. Un concilio celebrado en relación con estas premisas, y con la asistencia protestante, seguramente desembocaría en la reducción del poder papal. Pero no hubo tal concilio. Después de 1542 se manifestó, en efecto, un desplazamiento de Roma hacia la derecha. Los coloquios habían fracasado. Los protestantes estaban distanciándose y era cada vez más evidente que, no importa cuáles fuesen las perspectivas de un compromiso con los luteranos, era imposible con los calvinistas. Contarini falleció y las sospechas recayeron sobre los hombres de su escuela. En Roma se organizó la Inquisición, bajo la dirección de un fanático papista napolitano, el cardenal Caraffa (después el papa Pablo IV), cuyo lema era: «Un hombre no debe rebajarse mostrando tolerancia frente a cualquier clase de hereje, y menos todavía frente a un calvinista»; y también, «Si mi propio padre fuese hereje, yo juntaría la leña para quemarlo». La nueva atmósfera de Roma era puritana e intolerante, pero no reformista. Se organizó el índice de libros prohibidos y hubo grandes quemas de libros. Se obligó a los judíos a usar la estrella amarilla; Daniel de Volterra, «el pantalonero», fue empleado para vestir los desnudos de la Capilla Sixtina. Los protestantes fueron quemados y se silenció a los liberales.

Sobre este fondo, en 1545 finalmente se reunió en Trento un concilio. A esa altura de los acontecimientos pocos lo tomaban en serio. Se había retrasado veinticinco años y durante ese lapso diferentes formas del protestantismo se habían difundido sobre extensas áreas de Europa. Lutero moribundo observó: «El remedio llega demasiado tarde.» ¿Cómo podía ahora negociar y someterse? «Esto podría haberse hecho hace un cuarto de siglo.» Sus procedimientos eran «una tontería». Bucer, que poseía un espíritu mucho más ecuménico, de todos modos lo desechó como «una broma». Los católicos se mostraron apenas menos agrios. El concilio comenzó a reunirse en marzo, pero casi nadie llegó a tiempo. El día señalado para la inauguración llovió a cántaros y nadie se presentó a la ceremonia. Hacia abril, sólo seis obispos estaban en Trento. La inauguración, postergada de mes en mes, finalmente fue realizada en diciembre, con cuatro cardenales, cuatro arzobispos y solamente veintiún obispos —ni uno solo de los obispos gobernantes de Alemania—. Parece que no hubo un sentimiento de apremio o un sentido de la magnitud histórica, ni espíritu de reforma. Un decreto papal, que ordenaba que los obispos residiesen efectivamente en sus sedes, tema que era uno de los aspectos destacados de la Reforma, había sido casi totalmente ignorado, sobre todo por la mayoría de los obispos presentes. El cardenal Ippolito d'Este, arzobispo de Milán durante veinte años (1520-1550), ni una sola vez visitó la ciudad. El obispo «anfitrión» de Trento, Christoforo Madruzzo, era un símbolo de la Iglesia no reformada. Era apuesto, un individuo de alta cuna, bien relacionado, y siempre vestía el atuendo de terciopelo rojo de un príncipe secular (su birrete escarlata era el único elemento que revelaba la condición de clérigo). Le habían otorgado dos parroquias y una canonjía cuando era adolescente, y después tres canonjías más y un deanato; fue designado obispo a los veintiséis años y cardenal a los treinta. En el primer banquete que ofreció a los padres conciliares, sirvió setenta y cuatro platos diferentes y un famoso vino de Valtellina que tenía cien años, mientras su orquesta privada tocaba. Había allí gran número de damas. Madruzzo bailó con ellas e indujo a otros clérigos a imitarlo; y como era tan escaso el número de obispos que se habían presentado, durante la ceremonia inaugural las damas entraron en el presbiterio de la catedral.

El concilio no mejoró sustancialmente. No se habían realizado labores preparatorias. Seripando, general de los agustinos, dijo que la primera sesión se había caracterizado por la «indecisión, la ignorancia, la increíble estupidez». La primera decisión, el examen simultáneo de la reforma y la disciplina, fue anulada por el Papa, que ordenó que el concilio concentrase los esfuerzos en el dogma; además, vetó una declaración sobre la justificación. El concilio embrolló el tema de las traducciones a las lenguas vernáculas y el decreto que impuso la residencia episcopal fue débil; incluso mientras se discutía, el Papa estaba concediendo exenciones a los cardenales y autorizándolos a mantener varias sedes; uno de los beneficiarios fue el famoso d'Este. Un brote de tifus provocó un debate colérico y dominado por el pánico en 1547, acerca de la transferencia del concilio a Bolonia. Cuando al fin se aprobó la moción, algunos prelados tenían embarcaciones y caballos que los esperaban para alejarse. Apenas escucharon las últimas notas del *Te Deum*, un obispo que ni siquiera se había quitado las vestiduras galopó fuera de la ciudad con todos sus pontificales, entre las burlas de los ciudadanos. En sesiones subsiguientes, que duraron hasta la década de 1560, tanto la asistencia como el decoro del Concilio de Trento mejoraron. Pero la atmósfera no varió esencialmente. A medida que se delinearon los objetivos de Trento, se advirtió que no se referían tanto a la reforma de la Iglesia como al fortalecimiento del poder papal. Así lo demostró su primer historiador, el antipapista veneciano Fra Paolo Sarpi, cuyos tres informantes principales fueron todos testigos oculares bien situados. Incluso los decretos reformistas tuvieron limitado alcance, pues se aplicaron únicamente a Italia o no fueron «recibidos» por las autoridades seculares de Francia, España y otros países. La reforma de las normas clericales fue ciertamente un proceso muy lento: en ciertos aspectos no terminó hasta la última parte del siglo XIX. Pero hubo una acentuada mejora del tono en el papado mismo durante las décadas que siguieron a Trento. El dominico y Gran Inquisidor Miguel Ghislieri, que se convirtió en Pío V en 1565, creó la nueva atmósfera puritana, que implicó la expulsión de las prostitutas de Roma, la imposición de un atuendo clerical riguroso y los castigos brutales en los casos de simonía. El cambio fue generalmente percibido: «Los hombres de Roma han mejorado mucho», escribió el embajador veneciano Tiépolo, «o por lo menos es lo que aparentan».

Donde en efecto Trento promovió un cambio importante fue en la orden a los obispos para que creasen seminarios para la educación del clero. Carlos Borromeo, arzobispo de Milán desde 1560 a 1584, fundó tres en su diócesis e impulsó la creación de un clero educado y residente al insistir en que se alcanzaran niveles mínimos antes de la ordenación y se realizaran después frecuentes inspecciones. Esto era algo completamente nuevo. Puede afirmarse que Borromeo fue el primer obispo católico moderno, como su predecesor Ambrosio fue el primer obispo medieval. Es sorprendente que antes nunca se contemplase la educación de los sacerdotes en vista de sus obligaciones específicas. Éste fue el curso de la Iglesia hasta que se comenzó a imitar, en general, el sistema de Borromeo. Más aún, la creación de seminarios sirvió para proponer el problema entero de la educación cristiana. La Iglesia nunca lo había considerado sistemáticamente. No era necesario. Ella tenía el monopolio total. Ese monopolio se vio amenazado en el siglo XV, cuando los habitantes urbanos acaudalados comenzaron a financiar escuelas fuera del sistema clerical. El laico ingresó decididamente en este ámbito y en todos los ámbitos de la educación, y el Renacimiento alimentó la Reforma porque mostró que el clericalismo era un obstáculo para el saber y la verdad. Así, en el período que va de 1520 a 1550, para citar un ejemplo pequeño pero significativo, una prueba casi infalible de las opiniones religiosas de un erudito era el modo de pronunciar el griego: se identificaba la pronunciación correcta con la Reforma. En las sucesivas generaciones, se manifestó la tendencia cada vez más acentuada de los jóvenes educados a volverse contra Roma. Además, las sociedades protestantes consagraron a la educación una proporción mucho más elevada de los recursos totales, pues una parte considerable de las dotaciones liberadas por la clausura de los monasterios fue asignada a los colegios secundarios y las universidades. Este desafío protestante obligó al mundo católico a tomar en serio la educación y así nació un nuevo tipo de clérigo.

Sin embargo, el éxito con que se afrontó el reto fue en gran parte un accidente. Las luchas religiosas del siglo XVI indujeron a los católicos sinceros a fundar nuevas órdenes. Algunas se afirmaron sólidamente: los capuchinos (franciscanos reformados), los teatinos, los somascos, los barnabitas, los oratorianos; muchas otras abortaron. En Roma prevalecía firmemente la opinión de que la multiplicidad de las órdenes constituía un engorro para la Iglesia, y algunos incluso proponían que se reagruparan en una orden todas las organizaciones religiosas masculinas, con el fin de restablecer la posición monopolista que los benedictinos habían tenido durante la última parte de la Edad de las Tinieblas. Sobre este trasfondo, Ignacio de Loyola creó su nueva orden, la Sociedad de Jesús, en la década de 1530. Era un vasco de mediana edad proveniente de una familia de jefes de la frontera, y sus *Confesiones* (que fueron dictadas) despachan en una sola frase su vida anterior. Como muchos reformadores, era asceta y puritano, y un tiempo vivió como ermitaño; se dejó crecer los cabellos y las uñas, y se abstuvo de ingerir carne. Pero puso de cabeza el proceso de la Reforma, porque convirtió la doctrina luterana de la justificación mediante la fe en el principio de la obediencia absoluta a la Iglesia. A sus ojos, esta cuestión se convirtió en el eje del credo y en la garantía segura de la salvación. Más aún, desarrolló una técnica de autodisciplina, los llamados «ejercicios espirituales», que ocupó el lugar de la «conversión» luterana y podía aplicarse colectivamente. Por lo tanto, Loyola fue parte del nuevo movimiento puritano-reformista, pero por referencia a éste representó una aberración. Provocó la intensa sospecha de la Inquisición, que lo encarceló dos veces, y durante varios años se lo mantuvo en la lista de sospechosos. Tampoco el propio Loyola tenía claridad acerca de los objetivos que perseguía. Comenzó a reunir compañeros desde 1534, pero su idea original era que trabajasen como camilleros y ayudantes de los hospitales de Jerusalén. Después, por razones prácticas, el área de operaciones se trasladó a Venecia. Pero en sus prolongadas negociaciones con la Inquisición y el papado, Loyola reveló que era un activista y organizador astuto, como dijo su sucesor, «un hombre de mucho buen sentido y gran prudencia en las cuestiones prácticas». Insistió en que sus hombres se sometiesen a un entrenamiento excepcionalmente prolongado, durante el cual asimilaban el principio de la obediencia total. Como dijo Alfonso Rodríguez, el gran consuelo del jesuita —el equivalente de la certidumbre calvinista de la «elección»— es «la seguridad que tenemos de que al obedecer no cometemos una falta... uno está seguro de que no comete faltas mientras obedece, porque Dios nos preguntará sólo si hemos cumplido debidamente las órdenes recibidas, y si uno puede contestar claramente a esa cuestión, recibe la absolución total... Dios borra el asunto de nuestra cuenta y lo imputa al superior». Para ilustrar la eficacia de la disciplina jesuita, Juan Polanco relata el caso del novicio mortalmente enfermo que pide al maestro de novicios la autorización para morir, «una actitud que fue motivo de gran edificación». Paradójicamente, la insistencia en la subordinación total de la voluntad no disuadirá a los aptos; desde el principio, Loyola reclutó hombres de capacidad desusada, principalmente procedentes de las clases altas.

La creación de este notable instrumento humano suministró al papado tridentino la posibilidad de reforzar su política educacional. La única orden que hasta ese momento se había especializado en la educación corriente era la que formaban los Hermanos Flamencos de la Vida Común. Los jesuitas solían prestar atención a su propia educación, ¿por qué no podían formar a otros en la fe? La alianza entre el papado y los jesuitas se afirmó durante la primera sesión del Concilio de Trento, y se otorgó a la nueva orden libertad casi ilimitada para extenderse a través de Europa (y en las misiones españolas y portuguesas de ultramar) como propagandistas y educadores. Hacia el año de la muerte de Loyola, en 1576, tenían más de 1.000 miembros y 100 establecimientos. Lo que en realidad hacían era suministrar un servicio educacional a petición. Si un príncipe católico o un obispo-príncipe deseaba una escuela, un colegio o una universidad ortodoxos, organizados y dirigidos eficazmente, apelaba a los jesuitas; el príncipe suministraba los fondos y los edificios; los jesuitas, el personal instruido y las técnicas. De hecho, eran más bien una moderna compañía multinacional que vendía servicios expertos. Aportaban a la actividad de la educación internacional una uniformidad, una disciplina y una organización que eran rasgos completamente nuevos.

Inicialmente los jesuitas se habían propuesto trabajar con los pobres y los enfermos. En realidad, el éxito de su misión educacional los llevó a actuar entre los ricos y los poderosos: se convirtieron en especialistas de la educación de las clases altas. De modo que, sobre todo por casualidad, la Contrarreforma creó un instrumento poderoso, pues incluso concediendo que la determinación de la religión del Estado era todavía en medida considerable una cuestión que el príncipe decidía, y admitiendo que este principio se veía condicionado, en la medida en que la nobleza y las clases más adineradas generalmente influían sobre la decisión del príncipe, ¿acaso existía mejor modo de garantizar la ortodoxia que poner la educación de los bien nacidos en manos de expertos católicos consagrados absolutamente a la fe tridentina? Los jesuitas suministraban educación en todas las etapas, de la escuela primaria a la universidad; complementaban este servicio asignando a los hombres de buena cuna del mundo la función de confesores privados de los grandes. Más aún, trataban de destacar de diferentes modos que la supervivencia de la ortodoxia católica estaba inextricablemente vinculada con la del orden social secular, basado en el privilegio, la jerarquía, la pompa y la ceremonia. Los jesuitas no practicaban la austeridad. Se les permitía usar el breviario más reducido. Actuaban en el mundo. En sus escuelas y colegios, se alentaba a los alumnos con el fin de que representaran piezas teatrales y actuaciones públicas, en un período en que estas funciones estaban estrechamente vinculadas con los ritos de la realeza y los señores. Las piezas jesuitas llegaron a ser famosas: tanto Lope de Vega como Calderón aprendieron de ellas y la escena europea, sobre todo en cuanto se refiere a la dirección escénica y el diseño, debe mucho al teatro jesuita. Sus grandes iglesias urbanas, destinadas a albergar enormes congregaciones para escuchar los sermones de propaganda (muy parecidas a los edificios calvinistas) eran a su vez teatros de las nuevas artes barrocas, de las que ellos se convirtieron en los principales protectores. Alentaron a sus príncipes a proteger a artistas, como El Greco y Caravaggio, que se dedicaron a los temas propios de la Contrarreforma.* Revistieron de carne y sangre los huesos miserables de las reformas tridentinas, de modo que crearon un nuevo universo, en que parecía absolutamente natural e inevitable que un hombre que tenía un interés creado en el orden establecido debía ser no solo católico sino papista militante.

Los jesuitas fundaron un colegio en Padua, la más avanzada de las universidades italianas, ya en 1542, a tres años de su creación como orden. El mismo año, los obispos católicos de Alemania meridional los llamaron con el propósito de que actuasen allí. Los jesuitas fundaron su primera escuela secundaria en Messina el año 1548 y esta iniciativa fue repetida prontamente en toda la extensión de la Europa católica. Durante

---

* El gigantesco cuadro *El entierro del conde de Orgaz* (Toledo) de El Greco ratifica la teoría de la Contrarreforma acerca de la intercesión de la Virgen y los santos en defensa del individuo; también su *Laocoonte* es una alegoría de la Contrarreforma. Pero El Greco a menudo tuvo dificultades a causa de la teología sospechosa de sus cuadros y su negativa a ejecutar las órdenes clericales; lo mismo sucedió con Caravaggio, por ejemplo con su *Muerte de la Virgen* (Louvre). Más tarde, Roma asumió directamente la dirección iconográfica. Véase Ellis Waterhouse, «Some painters and the Counter-Reformation before 1600», *TRHS* (1972).

la década de 1550 concentraron sus esfuerzos sobre todo en Alemania, organizando un cuartel general operativo en la Universidad de Ingolstadt y un colegio germano en Roma (1552) para formar a los clérigos de la Contrarreforma. En el curso de una generación, los alumnos de esta última institución ocupaban muchos de los principales obispados-principados alemanes. Los jesuitas se trasladaron a todas las regiones en que las religiones antagónicas se disputaban el corazón y la mente de los hombres de buena cuna. En 1580 hallamos que el príncipe de Parma, gobernador de los Países Bajos, escribe a Felipe II: «Su Majestad quiso que yo construyese una ciudadela en Maastricht. Consideré que un colegio de los jesuitas sería una fortaleza que tendría más posibilidades de proteger a los habitantes de los enemigos del Altar y el Trono. Lo he construido.»

Los jesuitas no sólo eran más eficaces que las fortalezas; eran más baratos. La Contrarreforma obtuvo sus conquistas más importantes no mediante las armas sino suscitando la lealtad y el entusiasmo de individuos bien situados. Hasta mediados de la década de 1560, el protestantismo, tanto luterano como calvinista, ganaba terreno por doquier en Alemania. Por ejemplo, en Graz la población era casi totalmente protestante, y las escuelas protestantes florecían en las ciudades alemanas tanto del sur como del norte. Más tarde, en 1573, el archiduque Carlos de Austria fundó una escuela jesuita. En 1578 la Dieta de Bruck concedió la libertad religiosa; pero tres años más tarde el duque expulsó a los pastores evangélicos y prohibió que los ciudadanos de Graz asistieran a la escuela municipal protestante. El anciano duque falleció en 1590 y el protestantismo volvió a florecer durante la minoría de edad de su hijo. Pero cuando éste alcanzó la mayoría, el nuevo duque, educado por los jesuitas, anunció: «Prefiero gobernar un país en ruinas que un país condenado», y comenzó a extirpar el protestantismo mediante la fuerza. En 1598 expulsó a todos los pastores y maestros de escuela protestantes, y el año siguiente clausuró las escuelas que no eran católicas. Se completó el proceso una generación más tarde, en 1628, cuando se obligó a 800 familias protestantes principales a salir del país. Las mismas fuerzas actuaron en Baviera y de un modo más espectacular en la Polonia liberal. Allí, Esteban Bátory, elegido rey en 1574 sobre la base de un programa de tolerancia, había permitido el ingreso de los jesuitas como parte de su política consistente en proteger a los dos bandos en disputa. Había 360 en Polonia por la época (1587) en que su sucesor, Segismundo III, católico vehemente, fue elegido. En adelante, sólo los católicos recibieron cargos y se indujo a los nobles católicos a expulsar de sus propiedades a los protestantes. Los tribunales dictaminaron que los protestantes no podían usar las iglesias parroquiales y éstos fueron empujados hacia las salas municipales. Más tarde, en 1607, se provocó a los nobles protestantes con el fin de que se rebelaran; la represión del movimiento señaló el fin de la Reforma. Como informó el nuncio papal: «Hace poco tiempo, podía haberse temido que la herejía se impondría por completo al catolicismo en Polonia. Ahora, el catolicismo está llevando a su tumba a la herejía.»

Los jesuitas representaron un papel importante en el cambio de sentido de la marea en Austria, Baviera, los principados-obispados de la Renania y Polonia. Sus escuelas urbanas alcanzaron señalado éxito en el esfuerzo por apartar a la burguesía de la Reforma y atraerla a la ortodoxia. Pero por supuesto, actuaron principalmente utilizando la influencia de individuos poderosos. El último de sus grandes éxitos fue obtenido en la década de 1680, cuando Le Tellier, confesor jesuita de Luis XIV, finalmente persuadió al monarca de la necesidad de revocar el Edicto de Nantes y (según se dijo) redactó personalmente la revocación. Pero esta influencia no se ejerció en el plano de la moral y la caridad. En el confesionario, los jesuitas y sus poderosos penitentes mantenían una relación del tipo abogado-cliente. La razón por la cual eran confesores populares, desde luego para los grandes, era que tendían a identificar la buena conducta cristiana con la simple prudencia, una suerte de *realpolitik* esclarecida, redimida únicamente por la intención religiosa; como dijo Escobar, uno de sus teólogos morales: «La pureza de la intención puede justificar actos contrarios al código moral y la ley humana.» Adoptaron el papel del abogado por la defensa, que trata de evitar la ley moral antes que interpretarla, y aplicaron el criterio «probabilista» en el sentido de que en los casos dudosos debe otorgarse a los penitentes el correspondiente beneficio. La casuística era para ellos una forma de caridad, un intento de humanizar la ley moral. Pero la generosidad tendía a degenerar en laxitud, pues los confesores jesuitas adoptaban la *déformation professionnelle* de sus clientes mundanos. El cardenal Noris, un experto de la Inquisición, explicó a Cosimo III de Florencia (1692) por qué algunos jesuitas se oponían a la rigurosa moralidad de su general, Tirso González: «Como eran confesores de tantos y tan grandes príncipes europeos, de tantos prelados principescos de Alemania y de tantos cortesanos de alto rango, no deben mostrarse tan severos como desea su general, pues si siguieran su enseñanza perderían sus cargos de confesores en todas las cortes.»

También es evidente que las actividades confesionales jesuitas abarcaron todo el campo político y militar. Como dijo el padre Caussin, confesor jesuita de Luis XIII, en una carta a su general, Vitelleschi, acerca de si una alianza con los turcos era o no justa, para el confesor del rey constituía un asunto de conciencia tanto como político. De hecho, los jesuitas estuvieron, en todas las etapas y en todos los países, profundamente implicados con los aspectos físicos y morales de la Contrarreforma. Se mostraron activos en la Liga Católica de Francia, organizada para librar la guerra civil contra los hugonotes y el rey legítimo Enrique IV; su provincial, Odon Pigenat, era el miembro de la Liga que gobernaba el Consejo de los Dieciséis y el hombre a quien los hugonotes llamaban «el tigre más cruel de París». Los jesuitas organizaron la subversión contra la reina Isabel en Inglaterra e Irlanda, y contra el gobierno de la regencia en Escocia. Representaron un papel principal en la guerra de los Treinta Años, en su iniciación y en la forzada «conversión» de Bohemia, impidiendo una paz de compromiso después de las victorias del ejército protestante sueco al mando de Gustavo Adolfo. En 1626 el nuncio papal en Viena informó a Roma: «[Los jesuitas] prevalecen en todo, e incluso en los principales ministros de Estado... Su influencia siempre fue considerable, pero ha culminado desde que el padre Lamormaini fue designado confesor del emperador.» Gustavo Adolfo observó: «Hay tres L que desearía ver ahorcadas: el jesuita Lamormanie, el jesuita Laymann y el jesuita Laurencio Forer.»

Sobre todo, en general se identificaba a los jesuitas con la idea de que el código moral en cierto modo podía quedar en suspenso cuando estaban en juego los intereses católicos. Los jesuitas no sólo defendieron la guerra como instrumento legítimo contra la herejía, sino que apoyaron el asesinato selectivo de protestantes, sobre todo si ocupaban posiciones importantes. Era una prolongación de sus técnicas educacionales: si no era posible convertir a un gobernante, había que matarlo. Así en 1599, Juan Mariani, cuando aconsejó a Felipe III en la cuestión de la realeza, escribió acerca de los soberanos protestantes: «Es cosa gloriosa exterminar a toda esta raza pestilente y perniciosa eliminándola de la comunidad humana. También se cortan los miembros cuando están corrompidos, de manera que no puedan infectar el resto del cuerpo; y asimismo, esta bestial crueldad de forma humana debe ser separada del Estado y cortada con la espada.»

Los jesuitas fueron un ejemplo sorprendente de elite muy educada y enérgicamente motivada que permitió que las tensiones derivadas del conflicto religioso desdibujaran sus valores morales. No eran un caso aislado. Ciertamente, se trataba de un problema general. Un rasgo trágico pero recurrente del cristianismo es que la persecución intensa de la Reforma tiende a producir, frente a los obstáculos, una actitud implacable que destruye toda la superestructura moral. El papado gregoriano, de virtud tan celosa, engendró algunos de los peores crímenes de la Edad Media. De esta manera, durante los siglos XVI y XVII el deseo de depurar a la Iglesia de sus errores y de recrear una sociedad apostólica desencadenó una serie de consecuencias que no sólo destruyeron la unidad de la cristiandad sino que indujeron a sus diferentes fragmentos a manifestar una ferocidad inigualada unos frente a otros. A partir de la década de 1520 la guerra religiosa fue endémica en Occidente hasta 1648, con una breve pausa durante las dos primeras décadas del siglo XVII. Estas guerras, civiles o internacionales —generalmente ambas cosas— no mostraron aspectos que permitieran rescatarlas y favorecieron la destrucción de la propia fe cristiana, además de los perjuicios infligidos a la vida humana y a la civilización material. Asimismo, se desarrollaron en un período en que la humanidad había redescubierto las riquezas del mundo antiguo y progresaba velozmente en el campo del saber y las técnicas. El efecto del conflicto religioso no fue la interrupción total de este proceso, pero en todo caso lo retrasó y deformó. Se desvalorizó la razón. Se desencadenaron o resucitaron fuerzas sombrías y horribles. El alba prometedora señalada por Erasmo se convirtió en un día tempestuoso en que los hombres razonables y civilizados tuvieron que gritar para conseguir que se oyeran sus voces ahogadas por los vientos de la violencia, la crueldad y la superstición.

Las guerras de religión se basaron en la premisa de que sólo podía tolerarse una sociedad unitaria y de que quienes no se ajustaban a las normas predominantes y los que no podían ser obligados a proceder así, o eran aterrorizados en el mismo sentido, merecían el trato que se da a los ciudadanos de segunda categoría y debían ser expulsados o muertos. De ese modo, se reforzaron o renovaron fuerzas destructivas que ya existían en la sociedad medieval. Por ejemplo, al sur de los Pirineos la eliminación de los herejes protestantes fue presentada como un capítulo más de la lucha contra los judíos, que se remontaba a los tiempos visigodos. Los católicos triunfantes de Castilla habían venido persiguiendo sistemáticamente a los judíos desde el siglo XIV. Muchos habían aceptado el catolicismo, y los conversos, siempre sospechosos, formaban un grupo poderoso en la sociedad española. En España, la Inquisición fue parte del proceso en que los castellanos penetraron y unificaron a toda la sociedad española y fue creada en 1478 para examinar las credenciales de los que se habían convertido. La conquista de los territorios moros terminó prácticamente en 1492 con la caída de Granada; tres meses más tarde la corona ordenó que todos los judíos que aún quedaban salieran del país, y este decreto fue la culminación de doce años de legislación antisemita intensa. De hecho, hasta el cincuenta por ciento, quizás unos 400.000, permanecieron en la condición de conversos forzosos y la resolución del problema judío simplemente exacerbó el problema de los conversos. Los cristianos que tenían sangre judía habían sido y continuaban siendo poderosos en las finanzas, la administración y la medicina. Hacia fines del siglo XV la mayoría de las familias más nobles y ricas de España, incluso la familia real de Aragón, estaba «manchada». Aun así, se sancionó una legislación racial destinada a «purificar» los estratos más altos de la sociedad. Se aprobaron estatutos de *limpieza de sangre* que excluyeron de las universidades y las órdenes religiosas a los descendientes de moros y de judíos (sobre todo a estos últimos). La Inquisición controló eficazmente la aplicación de estas normas y poco a poco amplió su alcance. Torquemada, que puso en marcha el sistema, y su sucesor en la jefatura de la Inquisición, Diego Deza, tenían ambos sangre judía. Pero la Inquisición podía autenticar falsas genealogías y el hecho de que prácticamente todos los individuos de cierta importancia fuesen vulnerables simplemente aumentaba el poder de la institución (las genealogías exactas, que circulaban clandestinamente, eran una forma de literatura subversiva). La Inquisición era el guardián de la raza española; una de las razones de su popularidad en el seno de las masas castellanas era que, en general, sólo éstas poseían limpieza de sangre. En un memorándum dirigido a Carlos V, el historiador Lorenzo Galíndez de Carvajal destacó que la mayoría de los miembros del consejo del monarca estaban «manchados»; entre las excepciones se contaba el doctor Palacios Rubios, «un hombre de sangre pura porque desciende de trabajadores agrícolas».

El efecto de la Inquisición bajo Torquemada fue confundir las cuestiones, en teoría distintas, de la pureza racial y la pureza religiosa. En 1484 Torquemada ordenó en Sevilla que los «hijos y nietos de los condenados [por la Inquisición] no pueden ocupar o poseer cargos públicos, o cargos u honores, o ser promovidos para asumir órdenes, o ser jueces, alcaldes, condestables, magistrados, jurados, mayordomos, encargados de pesos y medidas, mercaderes, notarios, escribientes públicos, abogados, fiscales, secretarios, contables, tesoreros, médicos, cirujanos, tenderos, intermediarios, cambistas, cobradores, recaudadores de impuestos u ocupantes de cualquier otro cargo público». De este modo, se incorporaba una nueva doctrina del pecado original, tanto más anticristiana cuanto que no era posible anularla con el bautismo; las túnicas azafranadas de los condenados (la gran mayoría judíos) debían ser colgadas en las iglesias como reproche perpetuo a sus descendientes —una ley cumplida hasta fines del siglo XVIII—. El sistema de la limpieza de sangre podría haber desaparecido en el siglo XVI bajo el peso de sus propias contradicciones y crueldades. De hecho, la lucha religiosa no sólo prolongó su vida sino que acrecentó inconmensurablemente la autoridad, el poder y la duración de su mecanismo de control, la Inquisición. Mediante un proceso casi mágico, sencillamente se identificó al protestantismo con la sangre impura, es decir, con la mancha judía. El arzobispo Siliceo de Toledo expresó la opinión común en 1547: «Afírmase, y se lo considera cierto, que los principales herejes de Alemania, que han destruido a la totalidad de esa nación... son descendientes de judíos.» En realidad, nadie había dicho tal cosa fuera de España y el propio Lutero era notoriamente antisemita. Pero los españoles de origen judío fueron debidamente identificados por la Inquisición como protestantes y fueron quemados, y estas condenas fueron consideradas la prueba de una premisa infundada. Hacia 1556 Felipe II escribió: «Todas las herejías que han aparecido en Alemania y Francia siempre fueron iniciadas por descendientes de judíos, como hemos visto y todavía vemos diariamente en España.» Así, el protestantismo se incorporó a la estructura de odios del país y el racismo vino a reforzar la ortodoxia doctrinaria. La campaña fue dirigida contra los extranjeros tanto como contra los judíos y los intelectuales españoles. Después de la quema masiva de protestantes entre los años 1559 y 1562, realizada con grandiosas ceremonias frente al rey y otros miembros de la familia real, la mayoría de los protestantes que fue ejecutada estuvo formada por extranjeros, a quienes se atribuían trabajos de conspiración activa para subvertir el Estado. Muchos de ellos eran marinos y comerciantes, procedentes sobre todo de Francia, Inglaterra y los Países Bajos; de ese modo, la rivalidad comercial se reforzaba con el odio doctrinario y la guerra en el mar cobraba una ferocidad distinta.

El proceso tendió a aislar a España (y a sus colonias) del resto del mundo. Los partidarios españoles de Erasmo fueron eliminados u obligados a exiliarse, y una de las primeras víctimas fue Juan de Vergara, que había sido secretario de Ximénez. El gran pedagogo español Juan Luis Vives escribió: «Vivimos en tiempos tan difíciles que es peligroso hablar o guardar silencio.» Rodrigo Manrique dijo (desde el exilio): «Nuestro país es una tierra de orgullo y envidia, y podría agregarse que de barbarie; allí uno no puede producir ninguna forma de cultura sin hacerse sospechoso de herejía, error y judaísmo. Así, se ha impuesto el silencio a los que saben.» El Índice de Libros Prohibidos fue publicado por primera vez en 1551 y fue paulatinamente actualizado y ampliado. La lista de 1559 incluía dieciséis obras de Erasmo, sobre todo su *Enchiridion*, otrora un *best-seller* en España; el Index de 1602 lo clasificaba entre los *auctores damnati*, de modo que en adelante podía citárselo únicamente como *quidam* («alguien»). El Index español era independiente del que aplicaba Roma: prohibía al historiador ortodoxo cardenal Baronio, que había sido elogiado públicamente por el Papa, y también a Tomás Moro, el cardenal Pole y Francisco Borgia, general de los jesuitas. Ciertamente, la estructura entera de la represión era autártica y nacionalista, amenazaba a los más encumbrados como a los más humildes y era impermeable a la crítica papal. En 1559 la Inquisición arrestó a Bartolomé de Carranza, arzobispo de Toledo, y lo mantuvo en sus mazmorras subterráneas de Valladolid durante siete años. En 1565 una legación papal que incluía a tres futuros papas, es decir, Gregorio XIII, Urbano VII y Sixto V, informó a Pío IV: «Nadie se atreve a hablar en favor de Carranza a causa de la Inquisición... y su autoridad no le permite reconocer que encarceló injustamente a Carranza. Los más ardientes defensores de la justicia consideran aquí que es mejor que un inocente sea condenado y no que la Inquisición se vea avergonzada.» Finalmente, Pío V consiguió que Carranza fuese llevado a Roma en 1566, donde fue retenido en la fortaleza de Sant'Angelo. El poder de España impidió hasta 1576 que fuese liberado, solo dieciocho días antes de su muerte.

La Inquisición no sólo era supremamente poderosa (formaba uno de los consejos gobernantes de España); se mostró perdurable, en gran parte porque se autofinanciaba con la propiedad confiscada de los condenados. Como necesitaba dinero para actuar, tenía que obtener condenas. De ahí el empleo de la tortura. Se calcula que en el Tribunal de Toledo, entre 1575 y 1610, alrededor del treinta y dos por ciento de los que por sus «delitos» eran merecedores de tortura, en efecto fueron torturados; entre los que padecieron este tratamiento brutal, de acuerdo con los registros, había mujeres de setenta a noventa años y una niña de trece. Cuando se agotaban los fondos procedentes de las confiscaciones, la Inquisición obtenía dinero vendiendo el cargo de informante o «familiar», que gozaba del privilegio de verse libre de arrestos; en 1641 cada uno costaba 1.500 ducados. Incluso así, la Inquisición finalmente se vio sin dinero a fines del siglo XVIII, y a partir de ese momento comenzó su agonía, aunque no fue abolida efectivamente hasta 1834. La última ejecución española por herejía fue en 1826, cuando un maestro de escuela fue ahorcado porque en los rezos escolares reemplazó la palabra «Avemaría» por «Loado sea Dios». Los estatutos de la limpieza de sangre continuaron en vigor (aunque se aplicaron cada vez menos) hasta 1865.

Mientras en España la intolerancia ortodoxa concentraba sus esfuerzos en los moros y los judíos, y después en una amalgama de judíos, protestantes, extranjeros y personas de «sangre impura», al norte de los Pirineos los judíos habían dejado de ser el blanco principal del odio en el siglo XIII y la atención se orientaba hacia los herejes que huían a las áreas montañosas para evitar la persecución. Casi imperceptiblemente, en esas regiones remotas y atrasadas, la cacería de herejes se amplió para convertirse en la de brujas. En general, las brujas no habían sido perseguidas en la Edad de las Tinieblas, pues se tendía a considerar que creer en su existencia era una superstición pagana. Más aún, Carlomagno aprobó leyes contra la persecución de las brujas. La situación cambió en el siglo XIII con el desarrollo de la Inquisición dominicana, que tendió a crear (a menudo por razones financieras) una nueva categoría de víctimas cuando se le agotaba la anterior. De este modo, en los Alpes se denominó valdenses a las brujas, y en los Pirineos eran gazarii o cátaras. Cuando la cacería de herejes y otros grupos antinómicos llegó a ser endémica a fines de los siglos XIV y XV, la cacería de brujas llegó a elaborar su propia teoría y su metodología, al mismo tiempo que se extendía desde las áreas montañosas para cubrir toda la sociedad.

Los dos principales inquisidores alemanes, pertenecientes a la orden dominicana, que se especializaron en la caza de brujas, es decir, Heinrich Kramer y Jakob Sprender, compilaron una enorme carpeta basada en confesiones arrancadas gracias a la tortura; en 1484 usaron este material para convencer a Inocencio VIII de que emitiese la bula *Summis desiderantes affectibus*, que otorgaba a estos religiosos poderes más amplios; dos años después ambos resumieron sus «comprobaciones» en la gran enciclopedia de las brujas, titulada *Malleus Maleficarum*, que se convirtió en *best-seller*. La combinación de la bula y el libro internacionalizó las técnicas de persecución. Como las formas de interrogatorio que ellos aplicaban ponían palabras en boca de las víctimas y éstas debían repetirlas obligadas por la tortura, los métodos del *Malleus* parecieron verse confirmados por la experiencia de toda la cristiandad. En realidad, no hay motivo para suponer que el fenómeno de la brujería haya existido jamás. El mito estaba a la misma altura que los presuntos asesinatos rituales de los niños cristianos, de los que se acusaba a los judíos durante el siglo XII. Las brujas sencillamente remplazaron a los judíos como destinatarios del miedo y el odio, y la tortura suministró la «prueba» de su existencia y su maldad. Sin duda, la cacería de brujas no podía sobrevivir, ni siquiera convertirse en un movimiento poderoso, sin la tortura. Esta manía europea en realidad data de alrededor de 1468, cuando el papado por primera vez declaró que la brujería era un *crimen exceptum* e impuso la tortura a las acusadas. Una vez autorizada la tortura, las confesiones se multiplicaron, aumentó el número de víctimas y acusaciones, y el movimiento creó su propio impulso. Una vez prohibida la tortura, el proceso se invirtió y el movimiento se extinguió gradualmente. Cuando no se usaba la tortura, como en Inglaterra, los casos eran mucho menos numerosos y las confesiones menos horribles.

El primer gran episodio de cacería de brujas sobrevino en la segunda mitad del siglo XV; luego hubo un período de relativa calma, durante el cual algunos gobiernos adoptaron medidas contra este tipo de persecución. La Constitución imperial de Carlos V, sancionada en 1532, ordenó que se castigase únicamente a las brujas que infligían perjuicios reales; el solo hecho de ser bruja no bastaba para invocar la ley. Erasmo y otros eruditos renacentistas se mostraron sumamente escépticos y pareció que se afirmaba una actitud nueva, que vendría a destruir la base supersticiosa que era el fundamento de la cacería de brujas. Esta actitud más esclarecida se modificó rápidamente cuando estallaron las guerras de religión y se acentuó la persecución de los herejes. Más aún, tanto los católicos como los reformadores tendían a perseguir a las brujas, como perseguían a los anabaptistas, para demostrar su pureza y su fervor doctrinario.

Con excepción de Zwinglio, los reformadores germanos aceptaron la mitología de la brujería. Lutero creía que era necesario quemar a las brujas porque pactaban con el demonio, aunque no perjudicasen a nadie; y consiguió que cuatro de ellas fuesen quemadas en Wittenberg. Los protestantes se basaban en Éxodo 22:18: «No tolerarás que una bruja viva.» Como dijo Calvino: «La Biblia nos enseña que hay brujas y que es necesario matarlas... esta ley de Dios es una ley universal.» De hecho, los calvinistas adoptaron una actitud mucho más dura que los luteranos ante las brujas. En general, los protestantes anglicanos no fueron grandes cazadores de brujas y durante todo el período de 1542-1736 en Inglaterra fueron ejecutadas (en la horca) en un número muy inferior a 1.000, comparado con 4.400 ejecutadas en la Escocia calvinista durante los noventa años a partir de 1590. En Inglaterra, 1645 fue el peor año, cuando los presbiterianos calvinistas asumieron el poder. Donde los calvinistas ingleses podían hacerlo, difundían la cacería de brujas. El obispo Jewel, que había vivido exiliado en Ginebra, llevó consigo esta manía a su regreso, en 1559; en la década de 1590 el calvinista William Perkins pronunció conferencias sobre el tema en el Colegio Emmanuel, de Cambridge, una institución puritana donde se educaron algunos de los Padres Fundadores de Nueva Inglaterra. En todos los lugares en los que el calvinismo adquiría fuerza, se perseguía sistemáticamente a las brujas.

Asimismo, del otro lado de las barreras religiosas, los partidarios de Loyola, el católico puritano, popularizaron entonces la cacería de brujas. El hecho es interesante en sí mismo, pues los jesuitas no siempre se mostraban intolerantes. En su carácter de orden dominada por españoles, hubiera podido esperarse que mostrasen una hostilidad especial hacia los judíos. En realidad, no fue así, porque en España el puritanismo se identificaba con el protestantismo y la judería. Loyola había sido acusado de judaísmo cuando era estudiante, en 1527, sencillamente a causa de sus rigurosas observancias religiosas. Más tarde dijo desafiante que consideraría un honor descender de judíos: «¿Qué? ¡Estar emparentado con Cristo Nuestro Señor y Nuestra Señora la gloriosa Virgen María!» Él y sus primeros tres sucesores en el cargo de general de los jesuitas se opusieron firmemente a los estatutos de limpieza de sangre y al antisemitismo eclesiásticos y, en definitiva, los jesuitas cedieron únicamente porque su actitud estaba destruyendo las posibilidades de reclutamiento en España. De hecho, la actitud moderada de los jesuitas por referencia a los judíos es el problema que está en el fondo de la feroz lucha de 200 años de los jesuitas contra la Inquisición de los dominicos. La regla parecería ser que, en un período de intenso conflicto religioso, todos necesitaban tener un enemigo que pudiese convertirse en obsesión, pero nadie podía afrontar más de uno a la vez. En España, la ortodoxia persiguió a los judíos pero muy rara vez a las brujas. Los jesuitas eran projudíos (hasta cierto punto), pero se destacaban en la caza de brujas. La quema de brujas se agravó en todos los lugares adonde ellos llevaron triunfalmente la Contrarreforma, sobre todo en Alemania, Polonia y el Franco-condado; y los Países Bajos, donde tuvieron menos éxitos, acentuaron la cacería de brujas después de una proclama de Felipe II en 1590, que declaraba a la brujería «el azote de la raza humana». Los jesuitas estuvieron relacionados con la campaña más salvaje, impulsada alrededor de Tréveris por el arzobispo Johann von Schoneburg y su sufragante el obispo Binsfield. Durante el período que va de 1587 a 1593 el arzobispo quemó a 368 brujas en unas veintidós aldeas, y en dos de ellas dejó viva a una sola mujer en cada una. Como en el caso de la campaña de la Inquisición contra los herejes, los funcionarios que se mostraban renuentes podían convertirse en víctimas: de esta manera, Schoneburg consiguió que el rector de la Universidad, Dietrich Flade, juez principal del tribunal electoral, fuese arrestado por excesiva benignidad, torturado, estrangulado y quemado. Los perseguidores alarmaban constantemente a las autoridades con relatos de conspiraciones amplias y cada vez más graves de brujas; tan pronto se les permitía torturar, presentaban no sólo veintenas de víctimas sino centenares de acusaciones, con lo cual justificaban sus pronósticos. A algunos perseguidores se les pagaba de acuerdo con los resultados: Baltasar Ros, ministro del príncipe-abate de Fulda, ganó 5.393 florines por 250 víctimas entre 1602 y 1605.

Aparentemente existió una correlación más o menos estable entre la intensidad de la lucha entre protestantes y católicos, y el número de brujas acusadas y quemadas. Así como se había dado una pausa a principios del siglo XVI, la que concluyó con la Reforma luterana y sus violentas consecuencias, hubo otro respiro poco antes de comenzada la guerra de los Treinta Años, en 1618. Luego, con la reconquista católica de Bohemia y partes de Alemania, los procesos por brujería se multiplicaron. Esta última gran fase de la cacería de brujas fue el producto de la rivalidad entre católicos y protestantes, pues los perseguidores de ambos bandos a menudo identificaban la brujería con las creencias contrarias; en cambio, cada uno extraía del otro elementos teóricos y experiencias prácticas. En Alemania, el terror católico en el marco de la cacería de brujas se asemejó notablemente al terror ejercido por la Inquisición española contra los «judíos protestantes», en el sentido de que podía afectar a todos. Felipe Adolfo von Ehrenberg, obispo de Wurtzburg, quemó a más de 900 personas durante su reinado (1623-1631), incluso a su propio sobrino, a diecinueve sacerdotes y a un niño de siete años. En el obispado y principado bávaro de Eichstatt, 274 personas fueron quemadas solamente en 1629. En Bonn, el canciller así como su esposa, y la esposa del secretario del arzobispo, fueron ejecutados. La peor persecución fue en Bamberg, donde el «obispo de los brujos», Johann Georg II Fuchs von Dornheim, quemó a 600 brujas entre 1623 y 1633. Su canciller, acusado de lenidad, sometido a la tortura implicó a cinco burgomaestres; uno de éstos, arrestado y a su vez torturado, acusó a veintisiete colegas, pero más tarde consiguió enviar una carta clandestina a su hija: «Es todo falsedad e invención, que Dios me ayude... No detienen la tortura hasta que uno dice algo... Si Dios no envía un medio de revelar la verdad, toda nuestra especie será quemada.» La persecución indujo a un jesuita, Friedrich Spee, que había sido confesor de brujas en la persecución de Wurtzburg, a difundir en un manuscrito un ataque a la persecución, bajo el título de *Cautio Criminalis*: «La tortura puebla nuestra Alemania de brujas y perversidades inauditas, y no sólo Alemania sino cualquier nación que lo intente... Si todos no nos hemos confesado brujas, es únicamente porque no todos hemos sido torturados.»

Este revelador documento católico cayó en manos de protestantes, que lo imprimieron en 1631. Pero las denuncias de las enormidades católicas no impedían que los protestantes hicieran lo mismo. Los humanistas en el estilo de Erasmo, como Johann Weyer, habían establecido mucho tiempo atrás la relación entre la tortura y las confesiones. (Su libro fue incluido en el Index.) Como dijo Richard Scott, un admirador de Weyer, en 1584: «Obsérvese con cuánta facilidad es posible obligarlos a confesar lo que nunca hicieron ni está al alcance del hombre hacer.» (El libro de Scott fue quemado por Jacobo I.) Muchos intelectuales compartían la actitud escéptica de Montaigne: «Es atribuir excesivo valor a nuestras conjeturas quemar viva a la gente por ellas»; incluso en las regiones más afectadas, con el tiempo fue posible persuadir a las autoridades judiciales de que suspendiesen la tortura. Como dijo sir George Mackenzie, fiscal supremo escocés: «La mayoría de los apresados después fue torturada de este modo, y esta práctica fue la base de toda su confesión.» Esto siempre había sido evidente para todos los que consideraban el tema con espíritu abierto. Pero mientras los hombres se asesinaron mutuamente a causa de sus creencias religiosas, las brujas fueron víctimas de una amplia persecución. Cuando se interrumpió la lucha principal, con la Paz de Westfalia en 1648, la razón pudo levantar la cabeza otra vez y la rápida difusión de las ideas científicas acerca de los procesos naturales debilitó la base teórica de la cacería de brujas. La brujería dejó de ser una manía internacional, pero ciertas condiciones locales provocaron breves estallidos, en Suecia durante la década de 1660, después de que la reina Cristina desertara en favor de Roma, y en Inglaterra durante la década de 1690. La última ejecución legal de una bruja fue en la Suiza protestante en 1782 y hubo una muerte ilegal en la pira en la Polonia católica once años más tarde.

La identificación de los protestantes con los judíos en España y la persecución en perjuicio de las ancianas en Europa septentrional y central fueron sólo dos de los modos en que el cisma cristiano de los siglos XVI y XVII y la pasión religiosa que el mismo originó dañaron la estructura de la civilización europea y retrasaron el progreso de la razón. Por lo tanto, aquí nos encontramos ante una importante división de las aguas en la historia del cristianismo. En los tiempos romanos, los filósofos y los intelectuales generalmente habían tendido a identificar al cristianismo con el oscurantismo y la superstición, una impresión que se borró a lo sumo gradualmente (y nunca por completo) en el siglo IV. Más tarde, pareció que el cristianismo se asociaba absolutamente con la cultura romana y, después del derrumbe del Estado romano secular en Occidente, aquél injertó eficazmente la civilización del mundo antiguo en las dinámicas sociedades bárbaras de Occidente. Después de este proceso y durante muchos siglos, el cristianismo continuó siendo el foco principal de la cultura y la fuerza impulsora que promovía la innovación económica e institucional. La fuerza de la sociedad cristiana total era esencialmente religiosa y se unía con el bienestar y el vigor de la Iglesia católica. Pero durante los siglos XIII y XIV se manifestó el primer signo de un cambio, es decir, la tendencia de los elementos más progresistas y renovadores de la sociedad a actuar, no en el marco institucional de la Iglesia sino fuera del mismo, y con el tiempo, contra él. La Iglesia dejó de marchar con el progreso y rápidamente se convirtió en obstáculo opuesto a su avance. El cambio de actitud se manifestó tanto en el campo económico como en el intelectual.

Examinemos en primer término la economía. La Iglesia de la Edad de las Tinieblas había sido un instrumento perfecto para la renovación de la economía de Europa occidental sobre una base agraria: contaba con la teoría y con los organismos institucionales necesarios. Sus obispados urbanos también representaron un papel en la fundación de la economía urbana: su ruta de peregrinación y sus centros de reliquias contribuyeron a promover las comunicaciones y el comercio. Pero más lejos no podía llegar. No elaboró una teología del comercio o el capitalismo. No creó órdenes que contribuyesen a las técnicas comerciales del mismo modo que los benedictinos y los cistercienses habían desarrollado las técnicas agrícolas; incluso en la agricultura, desde principios del siglo XIV pasó de la condición de productor a la de *rentier*. Los templarios, que desempeñaron la función de banqueros, fueron la única orden cristiana que realizó un aporte comercial, y fueron reprimidos y saqueados por el papado y la corona, que actuaron coaligados. Durante las cruzadas, que suministraron un foro fundamental a la innovación económica, los mercaderes seculares de las ciudades marítimas italianas fueron los que asumieron el papel de precursores, completamente al margen de la estructura institucional de la Iglesia.

Los protagonistas del incipiente capitalismo de la baja Edad Media no eran irreligiosos —a menudo se mostraban sumamente piadosos— pero tendían a orientar su vida religiosa de acuerdo con sus propias condiciones, al margen de las restricciones y los abusos del cristianismo oficial. Esta combinación de anticlericalismo, puritanismo moderado y devoción al comercio —todo lo que el calvinismo asociaría pronto con la «ética protestante»— fue un fenómeno usual en las grandes ciudades occidentales hacia el siglo XIV. Se refleja, por ejemplo, en la correspondencia de Francesco di Marco Datini, *c.* 1335-1410, que ejerció el comercio durante treinta años en Aviñón y luego en Prato, cerca de Florencia. Sus libros de contabilidad tenían inscritos los Diez Mandamientos y en muchas páginas el epígrafe decía: «En nombre de Dios y la Ganancia.» Este hombre era un católico sincero y, en general, ortodoxo (pese a que en cierta ocasión se unió a una procesión de flagelantes). Pero, a semejanza del deán Colet, no deseaba que el dinero que dejaba a los pobres en su testamento pasara por las manos de la Iglesia, por lo tanto excluyó a los clérigos de su administración. Esto era muy común hacia fines de la Edad Media. Se estableció un número cada vez más elevado de fundaciones cristianas de beneficencia más allá del alcance de los clérigos corruptos; fue parte de la reafirmación del laicado que constituyó la dinámica esencial de la Reforma.

Por lo tanto, hay pruebas abundantes en el sentido de que los elementos progresistas de la comunidad comercial estaban volviéndose contra la Iglesia, como epítome del clericalismo, mucho antes de la Reforma y mucho antes de que el protestantismo concibiese doctrinas específicas que después fueron identificadas como fuerzas generadoras de la mentalidad capitalista y de sus técnicas de concentración de los esfuerzos en el trabajo. Cuando formularon la teoría de la «ética protestante», Max Weber y sus partidarios alegaron que la teología protestante, que convierte en hecho fundamental la justificación mediante la fe y la predestinación, generó «el pánico de la salvación» en los creyentes. A su vez, este sentimiento condujo a la práctica metódica de las obras pías (lo cual promovió en la esfera de la economía las costumbres relacionadas con la laboriosidad y el capitalismo). Las obras pías eran inútiles como medio de alcanzar la salvación, pues ésta ya estaba decidida, pero eran indispensables como signo de la elección, para librarse del temor a la condenación e inducir lo que Lutero denominaba «el sentimiento de la bendita certeza» (la convicción íntima de estar salvado). Weber consideró que el calvinismo era una ideología promotora de la ansiedad que impulsaba a sus víctimas a perseguir el autocontrol y la confianza en el trabajo metódico y el éxito mundanal. Pero no hay pruebas de que el calvinismo u otras formas poderosas del protestantismo promoviesen la ansiedad. Este sentimiento ya existía. Siempre había existido. Orígenes, con su teoría de la salvación universal, siempre había representado una tendencia minoritaria en el cristianismo. Gran número de cristianos había temido al Infierno y sus llamas durante todas las épocas. Estos sentimientos de ansiedad naturalmente tendían a favorecer una actitud laboriosa. Los hombres dominados por la ansiedad calmaban su inquietud en la sociedad medieval pagando misas a nombre propio o comprando indulgencias. Necesitaban trabajar para conseguir ese dinero destinado a la salvación. Pero la ganancia generada de este modo iba a parar a la Iglesia, se usaba en la construcción de edificios ostentosos, en pagar misas y mantener fundaciones de beneficencia. No estaba disponible para la inversión de carácter empresarial. En este sentido, la sociedad medieval no fue una sociedad consagrada al ahorro; más bien, acumulaba sus caudales en el Cielo. Tenía una Iglesia acaudalada, más que empresas capitalistas, como reflejo de su laboriosidad. Además, los mercaderes medievales tendían menos a legar elevadas sumas de efectivo a sus herederos que lo que fue el caso de sus sucesores durante los siglos XVII y XVIII. Se realizaban enormes donaciones para fines que, según afirmó más tarde el protestantismo, eran inútiles y anticristianos. Un cambio porcentual relativamente reducido de estas costumbres podía promover, durante cierto período, una transformación importante de la vida económica. Esto no significa que los protestantes apasionados, sobre todo los calvinistas, tuvieran más probabilidades de alcanzar éxito en los negocios. No se ha demostrado, y probablemente no pueda demostrarse, que los ingleses que en efecto se convirtieron en puritanos y soportaron el «pánico de la salvación» después se convirtieran en empresarios activos o modificaran significativamente sus costumbres comerciales como resultado de su nueva actitud. Los datos extraídos de los diarios individuales, las cartas y las memorias sugieren que la expresión más importante de su nueva fe correspondió al campo cultural y político más que al económico. Es cierto que el espíritu puritano tendió a producir buenos organizadores, pero en ese sentido, actuó en ambos bandos de la disputa religiosa; tanto Loyola como Borromeo fueron organizadores brillantes, como en efecto lo habían sido los primeros benedictinos y cistercienses, y esto completamente al margen de todo lo que pudiera ser una teología salvacionista especial.

Aunque es cierto que el instinto comercial tendió a enfrentar a los hombres con la Iglesia católica, que manifestaba un clericalismo excesivo, no siempre los acercó al protestantismo. En la enseñanza de Lutero no había nada que fuese específicamente favorable al comercio o la industria. Condenó la usura, como la mayoría de los evangelistas católicos; tanto los escritores luteranos como los católicos continuaron atacando todas las formas de la usura hasta bien entrado el siglo XVII. En cambio, los calvinistas no imitaron el ejemplo. Calvino arguyó que el Deuteronomio 23:19 era aplicable sólo a los hebreos y no estaba destinado a poseer validez universal: la única guía era la norma de la caridad. Entre 1564 y 1565 Bartolomeo Gernhard, pastor de San Andrés, en Rudolstadt, se vio obligado a abandonar el cargo porque negó la comunión a dos hombres que habían prestado dinero a interés; en 1587, en Ratisbona, cinco predicadores fueron expulsados porque insistieron en predicar contra la usura. El Parlamento inglés, que incluía mayorías protestantes, aprobó el préstamo a interés en 1545 y nuevamente en 1571; en 1638 el calvinista holandés Claude Saumaise explicó en su trabajo *Acerca de la usura* que el cobro de intereses ahora era necesario para alcanzar la salvación. En todo esto se demuestra que la teoría y la práctica tendían a distanciarse menos (aunque no mucho menos) en el mundo protestante comparado con el católico. Lo que no puede demostrarse es que el calvinismo mantuviera una relación causal con el capitalismo (o en general con el progreso económico) en determinada sociedad. Por ejemplo, pocos países, si algunos merecen ser incluidos en esta categoría, fueron más calvinistas que Escocia entre 1560 y 1700. Sin embargo, es difícil demostrar de qué modo la Reforma favoreció, de un modo o de otro, el ascenso del individualismo económico escocés. Por el contrario, la ética de la «Kirk Session», la dinámica institucional del calvinismo escocés, era análoga a la disciplina grupal de la corporación y el burgo medievales, que se oponían a la competencia; de hecho, las antiguas restricciones a la competencia libre —los privilegios de los burgos reales, los derechos de las corporaciones de mercaderes y artesanos, los puertos reservados a determinadas mercancías, etc.— sobrevivieron intactos por lo menos un siglo después de la reforma escocesa. Sus defensores fueron las clases y las comunidades más favorables a la nueva religión. Estos obstáculos opuestos a la libre empresa duraron más tiempo en la Escocia calvinista que en todas las restantes regiones de Europa y fueron eliminados lentamente después de 1660 por razones que nada tuvieron que ver con la religión. Las legislaciones aprobadas por las corporaciones de mercaderes y por la Asamblea General Calvinista a menudo eran intercambiables por el contenido e incluso por el tono. Lo que el calvinismo, en efecto, aportó fue el cimiento de un buen sistema educacional. En el siglo XVIII llegó a ser el mejor y el más liberal de Europa, pero su florecimiento fue producto del relajamiento del calvinismo; en realidad, la cultura y la economía escocesa florecieron sólo cuando el calvinismo, con todas sus gravosas exigencias, comenzó a aflojar su dominio.

Aquí llegamos al centro de la cuestión. Los elementos progresistas de la economía, que poco a poco llegaron a identificarse con el sistema capitalista, se distinguían no por su adhesión a cierta formulación doctrinaria específica sino por su antipatía a todas las formas muy institucionalizadas y muy clericales del cristianismo. Las encontramos en la última Edad Media en las ciudades más avanzadas de Italia, el sur de Alemania, Flandes y la Renania, y en los puertos marítimos ibéricos como Sevilla y Lisboa. Durante los siglos XIV y XV ya estaban rebelándose contra el clericalismo y el cristianismo «mecánico» (o si eran judíos, contra la aplicación sistemática de las leyes raciales y la Inquisición española). La característica común de estos empresarios era su deseo de que los entusiastas y organizadores religiosos los dejasen en paz y poder escapar de la red formada por el clericalismo y el derecho canónico. Su religión podía ser intensa, pero era esencialmente privada y personal. Por consiguiente, tenía mucho en común con el tipo de piedad religiosa preconizada por Erasmo en su *Enchiridion*; ciertamente, las ideas de Erasmo, que tenían un trasfondo urbano análogo, reflejaban y al mismo tiempo plasmaban las actitudes de la nueva elite económica. Estos hombres acomodados y laboriosos eran individuos educados. Deseaban leer personalmente las Escrituras. No querían que nadie interfiriese o censurase su material de lectura. Desaprobaban la conducta de los clérigos, especialmente de los que pertenecían a las órdenes, porque los juzgaban deshonestos o perezosos, o ambas cosas. Deploraban los agregados supersticiosos del cristianismo medieval y preferían las prácticas más sencillas de la Iglesia «primitiva», las mismas que, según ellos afirmaban, podían percibirse en los Hechos de los Apóstoles y las Epístolas de san Pablo. Creían en el mérito incluso en la santificación de la vida secular; exaltaban el estado conyugal y creían que los seglares espiritualmente eran iguales a los clérigos.

Este tipo de burgués urbano había descubierto la posibilidad de convivir con la Iglesia anterior a la Reforma más o menos del mismo modo que el mismo Erasmo. Sin embargo, después de la década de 1520 la situación cambió. El cristianismo reformado pareció ofrecer una alternativa más viable. En cambio, el catolicismo tridentino reformado llegó a ser menos tolerable. Muchos de los centros urbanos donde el capitalismo anterior al siglo XVI floreció estaban convulsionados por la lucha religiosa y la vida llegó a ser intolerable para los hombres de negocios de espíritu independiente que deseaban que su religión fuese un asunto privado. El siglo XVI presenció numerosos desplazamientos en el seno de la clase empresarial. Los judíos salieron de Sevilla y Lisboa, y se dirigieron a Europa septentrional y central. Los comerciantes de Alemania, la Renania y Francia pasaron a Lisboa y Sevilla. Los italianos avanzaron hacia el norte, desde Como, Locarno, Milán y Venecia, y entraron en la Renania. Los alemanes meridionales huyeron de la Contrarreforma y fueron al norte de Alemania. De ciudades de Flandes, como Lieja, Bruselas y Gante, donde el catolicismo del tipo de la nueva Contrarreforma fue impuesto mediante la fuerza por los tercios españoles, hubo un movimiento hacia Francfort, Hamburgo, Bremen, la Renania y Suiza; y otro movimiento hacia los Países Bajos protestantes, sobre todo después de la caída de Amberes en manos de los españoles, en 1585. Algunos de estos emigrantes eran católicos; entre los protestantes, muchos eran luteranos más que calvinistas. Buscaban paz y tolerancia más que un nuevo sistema doctrinario.

Los gigantes del nuevo capitalismo procedieron de estas comunidades empresarias emigrantes. Uno de ellos fue el calvinista Jan de Willem, que trabajó para Cristián IV de Dinamarca. Él y sus hermanos ayudaron a crear la Compañía Danesa de las Indias Orientales. Provenían de Amsterdam. El rey Cristián también utilizó los servicios de Gabriel y Celio Marcelis para recaudar peajes y diezmos minerales, y obtener préstamos sobre los ingresos, en la condición de contratistas, comerciantes de municiones y exportadores de madera. Ambos eran flamencos y huían de la Contrarreforma. Asimismo, el gran empresario Luis de Geer, que controlaba las industrias del hierro y el cobre de Suecia, abasteció a los ejércitos y las flotas de Gustavo Adolfo y prestó servicios análogos a otros países protestantes, así como a Venecia, Portugal y Rusia; era un calvinista de Amsterdam que provenía originariamente de la Lieja católica. Otras familias calvinistas desplazadas contribuyeron a fundar el Banco de Suecia en 1658. Los banqueros oficiales de Francia bajo Enrique IV y también con Richelieu eran hugonotes (los Rambouillet, los Tallemant y el financiero calvinista de la Brabante católica Jan Hoeufft). El principal asesor financiero e Intendant des Finances de Mazarino, Barthelemy d'Herwarth, era un protestante desplazado. Hans de Witte, refugiado calvinista de Amberes, fue el organizador financiero del emperador Rodolfo II y, más tarde, del generalísimo católico Albert von Wallenstein; en determinado momento controlaba la plata y el estaño del imperio, y abastecía a todos sus ejércitos. Los Habsburgo españoles también utilizaron a protestantes con dichos fines (François Grenus, un calvinista que había emigrado de Suiza a la Renania, mientras los mercaderes de Hamburgo utilizados por España para administrar el comercio del azúcar y las especies eran inicialmente refugiados de los Países Bajos). Muchos de estos capitalistas eran calvinistas, pero sus estilos de vida no reflejaban especialmente su religión. Algunos eran refugiados calvinistas que huían del luteranismo, o viceversa; o seguidores calvinistas de Arminio, que rechazaban el fundamentalismo. Algunos eran católicos del tipo de Erasmo o auténticos independientes en religión.

Los Estados protestantes tendieron a ser los principales beneficiarios de esta serie internacional de movimientos religiosos. Podían tener una religión oficial, pero tendían a mostrarse más tolerantes. Rara vez practicaban la persecución sistemática. No existía en ellos el equivalente de la Inquisición. No eran clericalistas. Permitían que los libros circulasen con más libertad. No agobiaban al comercio con el derecho canónico. Aceptaban la religión «privada» y situaban el matrimonio y la familia en el centro de la misma. Por lo tanto, armonizaban mejor con la comunidad capitalista. En definitiva, las sociedades protestantes parecieron alcanzar mucho más éxito que las católicas a medida que se desarrolló el sistema capitalista. Esta cuestión fue observada ya en 1804 por Charles de Viller en su *Essai sur l'esprit et l'influence de la réformation de Luther*. Durante el siglo XIX se convirtió en lugar común relacionar el éxito económico y la industrialización con el credo protestante, sobre todo cuando se observó que en los países católicos como Francia, Bélgica y Austria la iniciativa empresarial correspondía a los miembros de la minoría protestante. Los jefes católicos y, sobre todo, el Vaticano se alarmaron mucho ante la propaganda protestante que ejecutaba variaciones sobre este tema; fue una de las razones principales por las cuales el Vaticano tendió a condenar todas las formas de «modernismo» y a descubrir la herejía protestante detrás de todas las formas de innovación.

Pero tanto los propagandistas protestantes como el atemorizado Vaticano erraban el tiro. Lo que coartaba el crecimiento de la libertad económica necesaria para permitir el desarrollo capitalista no era cierta teología, sino el institucionalismo cristiano. El capitalismo no podía expandirse en una sociedad cristiana total, fuese ella católica o calvinista. Los capitalistas emigrantes de los siglos XVI y XVII no huían de ciertos dogmas sino de las instituciones que insistían en que los dogmas debían controlar la vida. Adoptaban el criterio de Erasmo en el sentido de que el cristianismo necesitaba un cambio de su moral, no de la teología. El capitalismo aprovechaba la observancia de los Diez Mandamientos, pero entendía que una sociedad dominada por una Iglesia institucional costosa y arrogante era un ambiente hostil. En su aspecto religioso, el capitalismo implicó el paso del cristianismo público al privado. Era un movimiento hacia el libre albedrío y el individuo, y contra la imposición colectiva. La fuerza del clericalismo variaba mucho en los países protestantes, pero ahí era más débil que en los católicos. Por lo tanto, el capitalismo arraigó firmemente por primera vez en las sociedades protestantes. A medida que en el siglo XX ha ido declinando el poder institucional de la Iglesia católica, el capitalismo se ha extendido en los estados otrora clericalistas. Por consiguiente, se consideran las diferentes teorías de la salvación como lo que siempre fueron: una cuestión de importancia marginal en tanto que incentivo económico. Lo importante y lo que para el analista sagaz siempre fue ominoso durante los siglos XVI y XVII, está en el hecho de que las fuerzas económicas progresistas de la sociedad chocaban con su religión institucional. Los empresarios inteligentes abandonaban las regiones en que las instituciones religiosas eran fuertes y buscaban ciudades y países donde fuesen débiles. Estos hombres a menudo practicaban una piedad cristiana personal y privada que era intensa. Sin embargo, la supervivencia a largo plazo del cristianismo parecía imposible sin un marco institucional. Si las fuerzas económicas del futuro tendían a considerar hostiles a las instituciones cristianas y, por lo tanto, actuaban para destruirlas, ¿cuánto tiempo pasaría antes de que la misma fe cristiana se viese dañada por el progreso económico?

Este período también presenció la primera ruptura entre los intelectuales y el cristianismo institucional. Igualmente aquí podemos rastrear la influencia de Erasmo. Todos los que, de ambos lados de la barrera religiosa, trabajaron en favor de un compromiso durante el período de los coloquios, es decir, de 1538 a 1541 —Contarini, Pole, Melanchthon, Bucer—, eran esencialmente partidarios de Erasmo; las actitudes de este pensador continuaron provocando ecos en todos los países, constantemente, durante el siglo del conflicto religioso. Esta «tercera fuerza» nunca se organizó internacionalmente y a menudo actuó, por así decirlo, en la clandestinidad, sobre todo durante los períodos de violencia y persecución intensas. Pero nunca mantuvo un silencio total. Se expresó principalmente de dos formas. Una fue la protesta franca contra los horrores de la guerra religiosa y la perversidad que se reflejaba en el acto de quemar a hombres por sus creencias religiosas. Por ejemplo, la ejecución de Miguel Servet provocó no sólo actitudes de defensa de la persecución por Calvino y Beza sino un ataque vigoroso y elocuente de Sebastián Castellio (1509-1563) al sistema entero de la compulsión. Su protesta fue particularmente valerosa porque si bien era un converso al calvinismo, se sospechaba de su persona tanto en Ginebra como en Basilea y debía sus medios de vida como docente al favor de Calvino. Su trabajo *De Haereticis an sint persequendi?* es menos una argumentación que una recopilación de útiles citas de los Padres y los escritores protestantes, y una serie de enérgicas afirmaciones. «He examinado atentamente qué significa ser hereje y no concibo más que esto: un hereje es un hombre con quien uno discrepa.» «Matar a un hombre no es defender una doctrina; es matar a un hombre.» «Cuanto más conoce un hombre la verdad, menos se inclina a condenar.» «¿Quién no pensaría que Cristo es un moloch o un Dios del mismo género, si deseara que los hombres le fuesen inmolados y quemados vivos?» La invocación era emocional pero eficaz; en todo caso, Calvino y Beza trataron de lograr que fuese despedido de la Universidad de Basilea y los partidarios de estos hombres nunca dejaron de perseguirlo. Pero su actitud provocó reacciones principalmente en las regiones en que ambos partidos eran fuertes y estaban organizados, y la intolerancia era la única alternativa de la guerra. El mejor ejemplo fue Francia, donde la guerra civil llevó al Coloquio de Poissy en 1561 y, al año siguiente, al primero de los edictos de tolerancia. Castellio comentó: «Creo que el propósito y la causa decisiva de esta enfermedad —esta insurrección y la guerra que atormentan a Francia— están en el hecho de forzar las conciencias.» Criticó a ambas partes: «O la víctima resiste y asesináis su cuerpo, o cede contra su conciencia y ase-

sináis su alma.» Aunque los hombres razonables de Francia se esforzaban por crear un sistema de tolerancia, a menudo formaban una pequeña minoría, por lo menos en el sector educado e influyente. En nombre
de los calvinistas ginebrinos, Beza denunció la tolerancia en 1570 como
«una doctrina totalmente diabólica». Defender la libertad de conciencia
es pecaminoso. En 1588, en la Asamblea de los Estados celebrada en
Blois, el obispo de Le Mans trató de sostener que «es necesario amar a
los herejes y atraerlos mediante la instrucción y el buen ejemplo», pero
la Asamblea «gritó indignada» y «se encolerizó tanto que los presentes
hicieron ruidos con las manos y los pies y no le permitieron decir una
palabra». Cuando en 1598 se firmó el Edicto de Nantes, fue denunciado inmediatamente por el papa Clemente VIII como «la peor cosa del
mundo».

De todos modos, hacia fines del siglo XVI las ejecuciones de herejes
en la pira (por su propia condición de herejes) comenzaron a disminuir.
La mayoría de las víctimas de la Reforma fueron muertas sin un propósito definido, en el curso de las guerras de religión. Los hombres se
preguntaban si era posible hallar la forma de terminar la guerra, descu-
briendo una concepción intermedia. Ésta fue la segunda de las dos formas en que trató de manifestarse la opinión liberal. En el campo de los
luteranos, los partidarios de Melanchthon se separaron para formar la
rama «felipista» de la Iglesia, que creía que aún era posible un acuerdo
con Roma. En Colonia, el humanista católico George Cassander formuló en la década de 1560 la idea de los Artículos Fundamentales: «En
las cuestiones esenciales, unidad; en las que no son esenciales, libertad; y
en todas, caridad.» Los protestantes usaban obras católicas, por ejemplo
la *Imitación de Cristo* de Tomás de Kempis; trabajos de Melanchthon,
Bucer e incluso Calvino circulaban en los países católicos, pero prácticamente en todos los casos se suprimía el nombre del autor y se modificaban las obras.

Bajo la superficie, podemos percibir la acción de una «tercera fuerza». Hasta cierto punto estaba relacionada con el descubrimiento renacentista de textos perdidos y, sobre todo, con las filosofías cabalísticas y
herméticas. Esta situación llevó a la creencia, muy difundida entre los
intelectuales liberales del siglo XVI, de que existía un sistema de conocimiento completo y definitivo que debía ser descubierto, que abarcaba
todas las artes y las ciencias y se centraba en el cristianismo. Cuando a su
debido tiempo se desvelara por completo este sistema, resolvería automáticamente todas las disputas y controversias religiosas. Por lo tanto, era

importante que los hombres de buena voluntad e inteligencia coopera-sen. Pero también podía ser peligroso y por lo tanto había que guardar el secreto. Un concepto que emerge constantemente es el de «colegio invisible» de hombres instruidos, una red internacional de eruditos y humanistas. Las sociedades secretas en sí mismas probablemente se originaron en el sector de los intelectuales italianos del siglo XV, y es posible que fueran llevadas a la Europa septentrional por el filósofo hermético Giordano Bruno. En todo caso, él formó un círculo de hombres de actitud parecida en la Alemania luterana.

En los Países Bajos, la sociedad secreta o colegio adoptó la forma de la llamada Familia del Amor. Sus miembros eran cristianos eirénicos, que ostensiblemente se ajustaban a la práctica de la secta cristiana que ejercía el poder en la región en que vivían, pero privadamente se adherían a doctrinas ecuménicas y profesaban verdadera fidelidad a la unidad cristiana de la propia familia. Estos hombres fueron impotentes para impedir los horrores de las guerras de religión o para calmar las pasiones doctrinarias de ambas partes, y se vieron obligados a depender de sus recursos interiores. Como los nacientes capitalistas, creían en una religión privada, del género que proponía Erasmo. De hecho, eran estoicos: las exigencias de la razón eran inevitablemente ineficaces y por lo tanto los individuos instruidos debían refugiarse en la moral privada, aunque externamente se subordinaran e hicieran todo lo posible para servir a la comunidad. Uno de estos círculos, en Amberes, estaba constituido alrededor de Cristóbal Plantin, el tipógrafo real de Felipe II, e incluía a científicos naturalistas, botánicos, geógrafos, cartógrafos, anticuarios, lingüistas, eruditos del hebreo y las lenguas orientales, así como muchos artistas y grabadores.

Algunos de estos humanistas cristianos desarrollaron un activo proselitismo en favor de la tercera fuerza y viajaron mucho; eran los evangelistas de una religión erudita y pietista, más que doctrinaria. Giordano Bruno viajó de Alemania a Inglaterra, donde se relacionó con sir Philip Sidney, la hermana de éste, condesa de Pembroke, y el círculo intelectual de ambos. Para los hombres como Bruno y Sydney, no había una diferencia absoluta entre el saber cristiano y el secular, o entre la teología y las ciencias naturales. Como dijo Sydney, todas las formas del saber «nos conducen y llevan a una perfección tan alta como pueden alcanzar nuestras almas degeneradas, rebajadas por sus anhelos terrenales... y todos, unos y otros, tienen este alcance de saber, y mediante el conocimiento elevan la mente de la mazmorra del cuerpo al goce de su propia y divina esencia». Así como Roger Bacon había aconsejado al Papa combinar la exploración profética y mística con la exégesis bíblica y la investigación científica para descubrir la verdad religiosa, muchos de los científicos más esclarecidos del siglo XVI todavía creían en la comunicación con los ángeles y que apelando a medios cabalísticos o herméticos podían desentrañar los misterios del universo. La ciencia natural aún no había abandonado su caparazón metafísico. Por lo tanto, muchos argumentaban que la paz religiosa era esencial para el descubrimiento científico y también que cada investigación era la clave de la unidad y la reconciliación. El doctor John Dee, principal matemático inglés y amigo de Sydney y Bruno, escribió profusamente acerca de algunos planes encaminados a reunificar a las Iglesias alrededor de un cuerpo coincidente de saber; la unidad de la cristiandad ocupaba un lugar principal en su mente cuando inició una serie de experimentos espiritualistas durante la década de 1580.

En 1583 Dee trasladó sus actividades a la corte del emperador Rodolfo II en Praga, un ámbito que, hasta la victoria de la Contrarreforma en la Montaña Blanca (1620), fue un centro de la actividad de la «tercera fuerza». Carlos V y sus sucesores imperiales se habían esforzado por reunir a Alemania alrededor de un sistema religioso concertado. Maximiliano II se negó a permitir que lo considerasen papista o luterano; insistía en que era «cristiano» y rechazó el último Sacramento católico cuando se lo ofreció en una sola especie. Su sucesor, Rodolfo II, que protegió a Dee, también rechazó los últimos ritos, y no es fácil clasificarlo como católico o como protestante. Detestaba las riñas internas de los protestantes y lo que él entendía que era su mezquindad doctrinaria; por otra parte, se sentía cada vez más alarmado por la militancia de la contrarrevolución y la intransigencia del papado. Sin duda, convenía a sus intereses políticos idear una alternativa mediadora. Pero ésta era también la tendencia de la opinión intelectual de su corte, que fue un centro del Renacimiento tardío.

La tercera fuerza tenía una filosofía y una teoría del conocimiento. Prevalecía la creencia general en un plan divino para Europa, cognoscible sólo mediante la revelación; se consideraba superficial a la sabiduría popular y falible el testimonio desnudo de los sentidos, de modo que era inevitable contar con una guía apropiadamente esclarecida. Con el florecimiento de la filosofía natural, se entendió que la mediación del intelecto instruido había reemplazado a los profetas y a los místicos como medios que llevaban a la revelación de la verdad divina. La filosofía y la ciencia tampoco estaban solas. El arte tenía su propio dominio. La corte de Rodolfo fue el centro de la escuela manierista, la expresión artística del simbolismo muy denso y la mezcla de la razón, la mitología y la mística que caracteriza a los escritos de los herméticos. Las diversiones cortesanas de Rodolfo estaban a cargo de Giuseppe Archiboldo, cuyas grotescas «cabezas compuestas» todavía nos parecen misteriosas y enigmáticas. Si artistas como El Greco proclamaban la doctrina de la Contrarreforma, otros formularon un mensaje eirénico, aunque se veían obligados a disimularlo en un laberinto de símbolos y artificios. A veces podemos percibir la idea que expresaban: así, Pieter Breughel el Viejo, pintor favorito de Rodolfo, atacó la insensata locura de la riña confesional entre católicos y protestantes en su obra alegórica *Combate entre el Carnaval y la Cuaresma*, colgado en la galería privada de Rodolfo. Sin embargo, a menudo el sentido de estas obras, bastante claro para los contemporáneos inteligentes y cultos de la tercera fuerza, ahora es insondable.

Los que adoptaban la postura de evangelistas eirénicos corrían riesgos a ambos lados de la frontera religiosa. En los países protestantes tendían a ser políticamente sospechosos. Las autoridades isabelinas pensaron que Bruno había llegado a Inglaterra como agente papal y de la Contrarreforma, y fue vigilado. Del lado católico existía el riesgo mucho más grave de la Inquisición y la ejecución en la pira. Uno de los que intervinieron en los experimentos de Dee en Praga fue el humanista florentino Francesco Pucci, que aceptó la idea de Dee acerca de una «renovación inminente» del cristianismo, propuesta por hombres instruidos, que desplazaría a las facciones protestantes y católicas. Al respecto escribió un libro, titulado *Forma d'una republica catholica*, que desarrolló muchos temas de la tercera fuerza, incluso la idea de un «colegio» esclarecido e invisible, y una forma ecuménica y universal del cristianismo. Tuvo la temeridad de proponerse llevar la buena nueva a Italia. Llegó hasta Salzburgo, donde fue arrestado, trasladado a Roma, juzgado y quemado. El mismo destino recayó sobre Bruno. Fue a Venecia, donde se sentía bastante seguro. En realidad, fue «delatado» a la Inquisición. La acusación contra él fue que dijo (y las palabras parecen plausibles):

El procedimiento que la Iglesia usa hoy no es el que usaron los apóstoles, pues ellos convertían a la gente con la predicación y el ejemplo de la vida buena. Pero ahora, quien no desea ser católico debe soportar el castigo y el sufrimiento, pues se aplica la fuerza y no el amor. El mundo no puede continuar así, pues sólo hay ignorancia y no existe ninguna religión que sea buena. [Dijo que] la religión católica lo complacía más que cualquier otra, pero también ella necesita una gran reforma. No es buena como está ahora, pero pronto el mundo presenciará una reforma general de sí mismo, pues es imposible que tales corrupciones perduren. Espera grandes cosas del rey de Navarra...

El caso Bruno continúa sumido en un profundo misterio. Algunos documentos fueron descubiertos en 1942, cuando se encontraron entre los efectos de Pío XI, el Papa bibliotecario; pero el *processo* oficial, que indica las razones exactas de su condenación, ha desaparecido. Lo que en efecto sabemos es que Bruno estuvo ocho años en manos de la Inquisición, se retractó dos veces de sus herejías, pero finalmente negó que hubiera sido jamás hereje y fue quemado vivo en el Campo de' Fiori en Roma, en el año 1600. Como todos los que cruzaban y recruzaban las fronteras religiosas, era el destinatario especial de la suspicacia de Roma.* En cierto sentido, las fuerzas de la Contrarreforma, sobre todo los jesuitas, odiaban a los miembros de la tercera fuerza incluso más que a los protestantes militantes. El saber cabalístico y hermético había sido valorado en la Italia pretridentina; por ejemplo, el cardenal Egidio de Viterbo había sido uno de los cabalistas cristianos más grandes. Cuando se celebró el Concilio de Trento la atmósfera se enrareció. Trento incluyó en el Index muchas obras cabalísticas. A Roma no le gustaba una

---

* El duro trato que la Inquisición romana dispensó a Galileo en 1633 estuvo determinado, por lo menos en parte, por la creencia del papa Urbano VIII de que Galileo estaba vinculado más o menos con las herejías de Bruno y que su *Diálogo de los dos grandes sistemas mundiales*, que destacaba la teoría copernicana, estaba colmado de un simbolismo hermético oculto. Menos temerario que Bruno, Galileo se sometió por completo: «Con corazón sincero y fe total abjuro, maldigo y detesto los mencionados errores y herejías»; no es cierto que después agregara «*Eppur si muove*», frase que podría haber provocado su muerte. Lo que hizo fue anotar al margen de su propio ejemplar del *Diálogo*: «En la cuestión de presentar novedades. ¿Y quién puede dudar de que ello llevará a los peores desórdenes cuando las mentes creadas libres por Dios se ven obligadas a someterse servilmente a una voluntad externa? ¿Cuando se les dice que nieguen nuestros sentidos y los sometan al capricho de otros? ¿Cuando la gente de ninguna competencia se convierte en juez de los expertos y se les concede autoridad para tratarlos como les place? Éstas son las novedades que pueden provocar la ruina de la comunidad y la subversión del Estado.» Véase G. de Santillana, *The Crime of Galileo* (Chicago, 1955); y C. A. Ronan, *Galileo* (Londres, 1974).

fuerza ni un sistema de conocimientos que ella no controlara por completo. Las sospechas ortodoxas se acentuaron cuando la tercera fuerza pasó a la clandestinidad y comenzó a formar sociedades secretas. Éstas adoptaron muchas formas, las Fraternidades Espirituales de Holanda y Flandes, los Rosacruces de Alemania y, con el tiempo, en una forma degenerada de fines del siglo XVII, los diferentes movimientos francmasones. Todos provocaron la implacable enemistad del papado, y sobre todo de los jesuitas, y por lo tanto tendieron cada vez más a adoptar una postura anticatólica. Pero en el caso de los jesuitas y la tercera fuerza, se estableció una relación de odio y amor. Los jesuitas también cultivaban la ciencia y el arte, y trataban de subordinarlas a fines religiosos. También estudiaron los textos herméticos y cabalísticos. La amplia obra acerca de la seudoegiptología hermética publicada en 1652 por el sacerdote jesuita Atanasio Kircher fue usada en las misiones jesuíticas; Tommaso Campanella, colega de Bruno, que fue arrestado a causa de acusaciones análogas y mantenido en las prisiones papales más de veinte años, salvó la vida escribiendo propaganda misionera católica.

Pero Campanella y Bruno creían en la idea de una reforma general amplia y global, que sería seguida por una utopía cristiana. En el fondo, el concepto era en realidad una versión complicada y refinada del antiguo «milenario», que sería promovido por un «colegio» de hombres cultos, más que por campesinos o «santos» fanáticos y armados. A semejanza de los milenaristas, los miembros de la tercera fuerza tendían a identificar este acontecimiento maravilloso con determinado monarca. Ciertamente, en este sentido los pueblos del Renacimiento diferían muy poco de sus antepasados medievales: todavía usaban la misma teoría de la historia. La tercera fuerza necesitaba un defensor real, la figura carismática y catalítica que desencadenaría personalmente el proceso promotor de la Edad de Oro. La reina Isabel de Inglaterra era sin duda una princesa adepta a las ideas de Erasmo, culta, con opiniones religiosas moderadas y protectora de eruditos, como el doctor Dee; pero su sexo la descalificaba. Después de 1589 la atención se centró en el nuevo rey de Francia, Enrique IV. Como jefe de la casa de Navarra, Enrique era hugonote; como rey de Francia, consideró necesario abrazar el catolicismo. Pero su política era eirénica más que sectaria y trascendió los marcos institucionales de las grandes religiones cristianas. Le desagradaban los militantes protestantes casi tanto como los fanáticos de la Liga Católica y tendía a mostrarse escéptico sobre los méritos de la religión organizada. Su partidario Montaigne argumentó según estos mismos criterios en elegantes ensayos. ¿Cómo podían los católicos y los protestantes sentirse tan seguros de que poseían la verdad? La arrogancia de ambos grupos era «la nodriza de la opinión falsa». Debíamos reconocer nuestra «incertidumbre, nuestra debilidad y nuestra ignorancia». Con respecto a la persecución de las ideas de terceros, no existían dos opiniones exactamente iguales, «del mismo modo que no existen dos caras iguales». Montaigne era católico, pero creía que ambas partes deformaban cínicamente la religión para acomodarla a su propia causa. «No hay hostilidad que supere a la hostilidad cristiana. Cuán maravilloso es nuestro celo cuando favorece nuestra tendencia al odio, la crueldad, la ambición, la avaricia, la mentira, la rebelión... Nuestra religión ha sido creada para extirpar los vicios: de hecho, los protege, los promueve y los incita.» La coronación de Enrique IV convenció a muchos de que amanecía una nueva era de paz cristiana —fue la razón principal por la cual Bruno creyó que al fin podía regresar sin riesgo a Italia—. En efecto, Enrique impuso la tolerancia religiosa en Francia, pero pasó mucho tiempo antes de que pudiese afirmar realmente su autoridad, y sólo hacia el fin de su vida pudo trabajar en favor de un acuerdo europeo general. Su ministro Sully se refirió al «gran plan» de Enrique en relación con un tratado de paz, y su biógrafo más temprano, Perefixe, escribió que en sus últimos años estaba trabajando para conseguir una comunidad europea cristiana, que debía basarse en la reconciliación de los protestantes y los católicos razonables y liberales en Francia y otros lugares, y en la reanudación de los coloquios. Su coalición internacional de Estados casi seguramente habría sido sobre todo protestante por referencia a la composición, y habría adoptado la forma de una alianza contraria a los Habsburgo; pero eso era inevitable, pues el dinamismo de la contrarrevolución dependía del eje Habsburgo-Papa-jesuitas, y su propósito era la eliminación total de la herejía, una actitud que imposibilitaba la coexistencia pacífica. Por lo tanto Enrique, pese a su condición de católico, era visto en Roma como el Anticristo y su asesinato en 1610 fue juzgado una liberación de origen divino.

Después de la muerte de Enrique, la tercera fuerza tendió a depositar esperanzas en Federico V, el elector palatino y el principal de los electores seculares del imperio, como campeón de la causa ecuménica. Federico contrajo matrimonio con Isabel, hija de Jacobo I; se consideró apropiada esta actitud, pues Jacobo se veía a sí mismo como una figura ecuménica. En 1604 dijo al Parlamento: «Deseo desde el fondo de mi corazón que complazca a Dios hacer de mí uno de los miembros de una unidad cristiana tan general en religión, que sea posible desechar la obstinación en ambos bandos y podamos encontrarnos en el medio, que es el centro y la perfección de todas las cosas.» La propuesta fue transmitida al legado papal en París a través del embajador veneciano Carlo Scaramelli, y así llegó al papa Clemente VIII. La cínica respuesta del Papa, garabateada al dorso de la carta del legado, decía: «Éstas son cosas que me llevan a dudar de que él crea en nada.» La respuesta oficial no fue más alentadora. Jacobo dijo al embajador veneciano en 1606: «El papa Clemente VIII me invitó a adherir a la Iglesia romana. Repliqué que si ellos resolvían las diferentes dificultades en un concilio general, convocado legítimamente, yo me sometería a sus decisiones. ¿Qué creéis que contestó? ¡Echad una ojeada al sello del Vicario de Cristo! Caramba, dijo así: "El rey de Inglaterra no tiene que hablar de concilios. No quiero saber nada con eso. Si él no está dispuesto de ningún otro modo, las cosas quedan como están."» En efecto, como Enrique IV ya había descubierto, había obstáculos que se oponían a un acuerdo ecuménico y que podían ser eliminados sólo mediante la fuerza, es decir, mediante una combinación de fuerzas católicas y protestantes esclarecidas.

Durante el período jacobino pareció que la tercera fuerza podía alimentar excelentes esperanzas. Fue un momento muy favorable para los intercambios intelectuales libres entre eruditos. Se acuñó la frase «la república de las letras», en total armonía con la afirmación de Erasmo: «Soy ciudadano de todos los Estados.» Después de medio siglo de oscuridad y masacres, durante unos pocos y breves años pareció que estaban cayendo otra vez las barreras ideológicas, que la razón y el saber se impondrían a la estrechez y la ignorancia. Bacon, que tenía su propia visión de la «gran instauración» del saber y la ciencia, en 1605 publicó su *Progreso del saber*, y ya estaba trabajando en su *Novum Organum* y en *Nueva Atlántida*, proyectos que afirmaban el sueño milenarista sobre el firme cimiento de la ciencia experimental. Creía que, como en el caso de Grecia y Roma, estaba naciendo una nueva civilización: «Sin duda, cuando despliego ante mí la condición de estos tiempos, en que el saber ha realizado su tercera aparición, es inevitable que llegue a este convencimiento, el de que este tercer período del tiempo superará de lejos los del saber griego y romano, con la única condición de que los hombres conozcan su propia fuerza y su propia debilidad, y tomen uno del otro la luz de la invención, no el fuego de la contradicción.» Los tiempos parecían propicios en otros aspectos. Inglaterra ya no estaba desgarrada por la guerra contra España y la subversión jesuita. En Holanda, Arminio y sus partidarios, por ejemplo, Hugo Grocio, estaban creando triunfalmente una forma nueva y liberal de calvinismo. En Venecia, el combativo fraile Paolo Sarpi había logrado persuadir a las autoridades de la necesidad de desafiar al Vaticano y mantener la Contrarreforma fuera del territorio veneciano, que incluía la gran universidad renacentista de Padua. El embajador inglés sir Henry Wotton consideró que la Venecia de Sarpi bien podía abrazar una forma de anglicanismo. En 1616 Antonio de Dominis, arzobispo de Spalato, se convirtió en anglicano; tres años más tarde publicó en Inglaterra la *Historia del Concilio de Trento*, de Sarpi, obra que reveló la historia interior de cómo el concilio fue manipulado por el papado; el libro fue dedicado a Jacobo I.

Es significativo que Sarpi estuviese relacionado con Christian de Anhalt, principal asesor del elector Federico en su corte de Heidelberg. Al parecer, la idea fue crear un corredor liberal que atravesaría Europa Central, desde Inglaterra a través de Holanda, Alemania, Austria, hasta Venecia, que dividiría en dos a los extremistas de la Contrarreforma y que, en definitiva, con la ayuda de Francia, impondría una organización religiosa eirénica en Europa. El matrimonio de Isabel con Federico era parte de este plan; debía seguir el entronizamiento de Federico como rey de Bohemia y, en definitiva, como emperador de una Alemania reunificada y liberal. Estas esperanzas se reflejaron en la publicación de una serie de manifiestos herméticos o rosacrucenses. El tema de estos manifiestos era el siguiente: la Reforma protestante ha perdido su fuerza y la Contrarreforma católica está avanzando en una dirección errónea. Se necesita una nueva reforma del mundo entero, y esta tercera reforma hallará su fuerza en el evangelismo cristiano, que destaca la importancia del amor fraterno, en las tradiciones herméticas y cabalísticas, y en la atención orientada con espíritu científico de exploración hacia las obras de Dios en la naturaleza.

Para la tercera fuerza de Inglaterra la heroína era, por supuesto, su princesa, Isabel, a quien se atribuía el carácter de un talismán ecuménico y de protectora de las ciencias. Wotton le dedicó un poema, *A su señora la reina de Bohemia*, y John Donne le habló proféticamente:

> *Que seas una nueva estrella que nos presagie*
> *maravillosos desenlaces; y que tú misma seas ese final.*

Donne, deán de San Pablo, fue en muchos aspectos la figura destacada de la tercera fuerza inglesa durante este período breve e ilusorio.

Había pasado del catolicismo al anglicanismo sin profesar enemistad a su antigua fe. Al escribir a su amigo católico Toby Matthew, reconocía que los hombres podían llegar al Cielo siguiendo caminos distintos: «Los hombres van a China tanto por los Estrechos como por el Cabo.» Su biblioteca incluía muchas obras de teología católica, la mayoría impresas en España, y él no ocultaba su ecumenismo: «Jamás aherrojé ni encarcelé la palabra religión, ni... la amuré en una Roma, o un Wittenberg, o una Ginebra; todas son de hecho rayos de un mismo sol... No se oponen tanto como los polos norte y sur.» En 1619, cuando aún se alimentaban grandes esperanzas, Jacobo I envió a lord Doncaster en misión de paz al Palatinado y Bohemia, y Donne fue uno de los miembros principales del séquito. En Heidelberg pronunció un sermón en presencia del elector y la princesa Isabel, que pronto sería la «reina invernal» de Bohemia. El texto no se ha conservado; pero podemos imaginarlo, probablemente sin error, como un manifiesto elocuente de la tercera fuerza.

El sueño ecuménico se disipó con la gran victoria católica en la Montaña Blanca; Federico fue expulsado de Bohemia y su Palatinado, y su magnífica biblioteca fue trasladada a Roma; su princesa soportó un prolongado exilio en Holanda, donde los restos eruditos de la tercera fuerza se reunieron alrededor de ella. Entre sus admiradores posteriores estuvo, sorprendente ironía, el propio Descartes. Católico, educado por los jesuitas, parece que en 1619 se incorporó al ejército del duque de Baviera sin saber muy bien cuál era el sentido de la guerra, y así combatió en el bando vencedor en la Montaña Blanca sin comprender que estaba ayudando a aplastar un gran movimiento intelectual. Más de veinte años después dedicó sus *Principia* a Isabel, y a la larga la mecánica cartesiana representó un papel destacado en la destrucción del institucionalismo religioso.

Pero mientras tanto, la tercera fuerza renacentista, que había estado a un paso de surgir como lo que después se denominó el Iluminismo, fue obligada a pasar a la clandestinidad a causa de la guerra, la persecución, la cacería de brujas, la censura, el sectarismo y el dominio de los sacerdotes. La Contrarreforma atravesó Alemania, triunfante, hasta que intervino Gustavo Adolfo. Las décadas de 1620 y 1630 estuvieron entre las más sombrías de la historia europea. Jacobo I fue agriamente criticado porque no se decidió a ayudar a su yerno con la fuerza británica. El embajador veneciano en Londres informó: «La prosperidad común depende del éxito del Palatino.» Cuando Jacobo rehusó intervenir, Micanzio, amigo de Sarpi, escribió amargamente: «Permanecer contemplando, dubitativo del derecho, y permitirle [al Habsburgo] que pueda acrecentar aún más su poder y logre socavar todos los Estados libres... Si de Inglaterra no llegan resoluciones útiles y éstas bien acompañadas con hechos... los españoles son conquistadores de Alemania y tendrán a sus pies a Italia.» El corredor liberal nunca fue construido: Venecia se rindió a la Contrarreforma. En Holanda, los arminianos fueron expulsados o ejecutados. En Inglaterra, el intento de crear una tiranía real putativa llegó a la censura, la persecución sectaria y la crisis constitucional. Nunca se repitió la oportunidad que permitiera a la tercera fuerza ejecutar la reunificación religiosa de Europa. La paz del agotamiento firmada en Westfalia terminó con la doctrina del derecho del príncipe a determinar la religión de sus súbditos —y por lo tanto con la gran era del poder jesuita— pero también cristalizó las divisiones religiosas europeas, las que en adelante llegaron a ser permanentes. El traje sin costuras de la cristiandad había desaparecido para siempre.

Sin embargo, la tercera fuerza perduró, esperando siempre el milenio de los intelectuales. A fines de 1640, Carlos I de Inglaterra se inclinó ante el Parlamento Largo, se suspendió la censura y Londres estalló en un frenesí de excitación política y religiosa. Nuevamente los hombres creyeron que la «gran instauración» había llegado y que la cristiandad estaba ingresando en la tercera reforma, la definitiva. Vale la pena recordar la fecha: fue última vez que los hombres pondrían un renacimiento del saber y una revolución política en un contexto esencialmente cristiano. Milton creía que todo sin duda estaba ordenado por Dios: los males de Inglaterra, Escocia e Irlanda curarían al mismo tiempo que se promoviera una reforma auténtica que depurase y reuniese a la Iglesia cristiana. Otros pensaban igual. Entre los sobrevivientes de la tercera fuerza originarios del círculo del Palatinado estaba Samuel Hartlib, que dedicó al Parlamento su *Descripción del famoso reino de Macaria*, un plan utópico que respondía al modelo de Moro y Bacon. Afirmó allí que había llegado el momento; abrigaba la esperanza de que la Cámara de los Comunes «pondrá la piedra fundamental de la felicidad del mundo antes de su receso definitivo». Otro sobreviviente del Palatinado, John Amos Comenius, llegó a Londres liberada en 1641 y publicó su trabajo *El camino de la luz*, que actualizó el programa hermético. Pronosticó «un arte de las artes, una ciencia de las ciencias, una sabiduría de la sabiduría, una luz de la luz»; esta estupenda irrupción intelectual y religiosa se realizaría mediante la cooperación internacional y el intercambio de ideas y conocimientos; habría un colegio invisible, o sociedad sagrada, dedicado al bienestar común de la humanidad.

Se comprobó nuevamente que la alborada era ilusoria. La excitación intelectual generada en los meses intensos del invierno de 1640-1641 se vio disipada por la Guerra Civil y los combates sectarios que la siguieron. Después de la década de 1640, muy poca gente creía ya en la posibilidad de una reunificación de la cristiandad y su recreación en el seno de una sola Iglesia. Más aún, la tercera fuerza y la religión institucional se separaron por completo. Por primera vez hallamos una disociación entre la reforma religiosa y el progreso científico. La Reforma y el Renacimiento habían adoptado la misma actitud al pensar que el camino verdadero que llevaba a Dios y los secretos del conocimiento debían ser redescubiertos mediante el examen de los misterios y los secretos del pasado; se había supuesto que el conocimiento del mundo sobrenatural y el conocimiento del mundo natural estaban inextricablemente unidos, que la metafísica comenzaba donde concluía la física y que la teología era en verdad la reina de las ciencias. Éstas eran premisas cristianas inconmovibles; de hecho, premisas que incluso eran anteriores al cristianismo, o más bien habían sido asimiladas por el cristianismo durante el proceso de helenización que señaló el triunfo de la doctrina paulina.

Durante los veinte años de 1640 a 1660 asistimos al primer desafío al concepto de que el saber era indivisible. Podemos observar el episodio en el período formativo de la historia de la Sociedad Real (Royal Society). Por supuesto, la Sociedad fue autorizada durante el reinado de Carlos II, en la Restauración; pero sus orígenes se remontan a los últimos tiempos de la Guerra Civil. Sin duda, no era otra cosa que la materialización del famoso «colegio invisible», reclamado durante tanto tiempo por los herméticos cristianos y los propagandistas de la tercera fuerza. Por el origen, seguramente fue parte de un movimiento científico religioso encaminado a depurar el cristianismo y promover su renacimiento como parte de una «instauración general» del saber. Es lo que se desprende de lo que podríamos denominar la «conexión palatina». En su relato de los primeros encuentros en Londres, en 1645, John Wallis afirma que entre los participantes estaban «el doctor John Wilkins, después obispo de Chester, y más tarde capellán del príncipe elector palatino en Londres», y «el señor Theodore Haak, alemán del Palatinado y después residente en Londres, el mismo que, según creo, suministró la primera ocasión y por primera vez sugirió estos encuentros». Este grupo era sin duda el «colegio invisible» mencionado por Robert Boyle en cartas que datan de 1646 y 1647. Más tarde se reunió en el Colegio Wadham, de Oxford, y en 1659 se trasladó a Londres, antes de obtener definitivamente el reconocimiento y la protección reales y una posición de absoluta respetabilidad. Pero durante sus migraciones y transmutaciones, parece que la embrionaria Sociedad Real desechó totalmente su contexto religioso original. El «entusiasmo» religioso, la adhesión a cierta secta o a determinada confesión —rasgos que podían ser políticamente aceptables un año e ilegales el siguiente— aparecían ahora como obstáculos posibles si se deseaba obtener la aprobación oficial, e incluso tal vez fueran fatales para la supervivencia de la Sociedad. Los miembros fundadores de la Sociedad Real eran todos cristianos sinceros, pero estaban acercándose a la aceptación de que el cristianismo institucional, con sus disputas y sus intolerancias, era una molestia y un obstáculo para la actividad científica. Por lo tanto, decidieron concentrarse exclusivamente en la ciencia y dictaminaron que las cuestiones religiosas no serían discutidas en las reuniones de la Sociedad. De modo que por primera vez estamos ante un intento intencional de separar a las ciencias de la religión y de tratar los dos temas como esferas completamente distintas del conocimiento y la indagación.

Pero los miembros de la Sociedad Real no estaban obligados a respetar estas dicotomías en sus propios estudios, y la mayoría no las respetó. Newton, el más grande de ellos, se aferró a la antigua conexión en gran parte de su obra y sus intereses. Era un mago, exactamente en el mismo sentido que el doctor Dee, y también un gran científico empírico. Aún estaba buscando al único Dios y la unidad divina revelada en la naturaleza. Por ejemplo, creyó que había hallado su sistema del universo esbozado en la lira de Apolo, con sus siete cuerdas. El tipo renacentista de pensamiento que estaba en la base de sus experimentos científicos le indujo a creer que la antigua sabiduría se ocultaba en el mito, que podía descubrirse la verdadera filosofía que se encontraba detrás de la mitología, y que la revelación era un concepto científico tanto como teológico. No previó una guerra futura entre Dios y la ciencia; por el contrario, a su juicio la investigación científica válida era y debía ser la confirmación de la verdad religiosa. De todos modos, una vez que la religión y la ciencia se separaron, como era el caso ahora, debía considerarse la posibilidad de su antagonismo. Éste proyectaba una sombra cada vez más larga sobre el mundo cristiano que surgía de las guerras de religión y comenzaba a construir una nueva teología sobre la base de la razón.

SEXTA PARTE

Fe, razón y sinrazón
(1648 - 1870)

Las dos décadas de 1640 y 1650 forman una de las grandes líneas divisorias de la historia del cristianismo. Hasta este momento, el ideal de la sociedad cristiana total, que abarcaba todos los aspectos de la existencia del hombre, aún parecía realizable y multitud de hombres estaban dispuestos a hacer la guerra, a masacrar, a ahorcar y quemar para realizarlo. La cristiandad estaba dividida, pero cada rival creía que su sistema de creencias en definitiva estaba llegando a ser coextensivo con la humanidad y que ellos mismos habían recibido el mandato divino de apresurar el proceso, costase lo que costase. En cierto sentido, aún estaban hipnotizados por la visión agustiniana concebida más de mil doscientos años antes. En la década de 1650 observamos un cambio: el agotamiento y la duda reemplazan a la guerra y al sufrimiento; la mente europea parece sentirse harta del objetivo inalcanzable y concentra la atención en propósitos más mundanos. Hay un relajamiento enorme, muy retrasado y agradecido del espíritu, como si se hubiese vertido agua sobre las brasas encendidas.

Anthony Wood, que escribe su diario desde el ventajoso puesto de observación de Oxford, ofrece una imagen irónica de la universidad, que retrocede, durante los años 1660 y 1661, de la comunidad republicana a la monarquía parlamentaria, del dominio del calvinismo al conformismo anglicano. Un siglo antes, las hogueras habían ardido fieramente frente al Colegio St. John. Ahora, la atmósfera exhibe un tono menor, mostrando apenas la acentuación de la lucha acostumbrada por los lugares, las becas y la influencia, el grosero intercambio de ofensas e insultos, las bromas bajas y la obscenidad. La época de los mártires había terminado por segunda vez. Wood relata lo que sucedió cuando los anglicanos vencedores devolvieron las vestiduras a los servicios de la catedral. «La noche del 21 de enero de 1661 varios pajes de la Iglesia de Cristo se apoderaron de todos los sobrepellices nuevos entregados a los coristas y los arrojaron a un retrete común perteneciente al Cuadrángulo Peckwater; allí, con largas varas los hundieron en los excrementos. Al día siguiente, cuando se descubrieron las vestiduras se recogieron y lavaron, pero el deán y los canónigos estaban tan encolerizados que protestaron públicamente, diciendo que si llegaban a conocer a la persona o las personas que habían cometido ese acto, no sólo ellas perderían sus lugares y serían expulsadas de la Universidad, sino que además les cortarían las orejas en la plaza del mercado. Los presbiterianos estaban maravillosamente complacidos con este acto, rieron de buena gana entre ellos y algunos a quienes yo oí han afirmado que si llegaban a conocer a la persona que ejecutó este acto heroico le entregarían un premio alentador.»

Por supuesto, el instinto que llevaba a insistir en la pureza doctrinaria, e incluso a perseguir, de ningún modo estaba muerto. El Devocionario oficial inglés de 1662 hacía pocas concesiones a los escrúpulos puritanos; la Ley de Uniformidad destacaba la importancia del obispo monárquico; el «Código Clarendon» dificultaba la vida de todos los que se negaban a aceptar el tipo legal de cristianismo. Esto era difícil pero no imposible. De hecho, el anglicanismo había abandonado el esfuerzo de incluir a todos y había aceptado el concepto de que en su ámbito podía existir un grupo inconformista. La búsqueda de la unidad había terminado en el fracaso y nacía una sociedad pluralista. El retroceso del fanatismo fue lento pero regular y, en definitiva, irresistible. Comenzó a concederse un respeto renuente pero cada vez más acentuado a la opinión privada en las cuestiones religiosas. Ya no se afirmó, ni siquiera en teoría, que el príncipe lo determinaba todo. La Paz de Westfalia, en 1648, señaló realmente el fin del *cuius regio, eius religio.* Cuando en la década de 1680 Jacobo II trató de obligar a Inglaterra a regresar a la fe católica que él abrazaba, tuvo que alejarse y fue sustituido por un soberano parlamentario.

La Gloriosa Revolución de 1688 sumió a la Iglesia anglicana en una confusión ideológica total, de la que el utilitarismo puro era la única salida posible. Siete obispos habían desafiado a Jacobo II, y de ese modo habían abandonado su doctrina de la no resistencia frente a un rey designado *de jure* por inspiración divina. Pero cinco de ellos después se negaron a jurar fidelidad a un monarca *de facto* designado por el Parlamento. ¿Dónde estaba la actitud consecuente? La mayoría de los anglicanos se inclinó por una actitud pragmática; el arzobispo Sharp, de York, desechó con desprecio a los no juramentados: «Qué humor indescriptible provocar un desgarro y un cisma en la Iglesia, por un mero punto de Estado.» Así, siguió la primera Ley de Tolerancia y después, una vez afirmada la corona y simplemente por comodidad constitucional sobre la cabeza de un monarca que merecía confianza por su condición de protestante, la idea del derecho divino y el rey pontificial fue tácita y totalmente abandonada. La década de 1660 había visto el primer indicio de divorcio entre la religión y la ciencia; ahora, la religión y la política comenzaron a separarse. En 1718 el Parlamento derogó la Ley de Cisma y la Ley de Conformidad Ocasional; la Ley de Pacificación y Creación de Corporaciones permitió que los inconformistas ocuparan ciertos cargos; a partir de 1727 las Leyes de Indemnización (anuales) derogaron la mayoría de las incapacidades que afectaban a los sectarios. Por lo tanto, ya no fue posible imponer por ley la asistencia de una persona a la iglesia el domingo; así, en Inglaterra el cristianismo dejó de ser una sociedad obligatoria. Y en la estela de los inconformistas, los católicos poco a poco se manifestaron nuevamente.

De modo que al fin la tercera fuerza inspirada por Erasmo comenzó a impregnar a la sociedad y a transformarla desde dentro. No hubo victorias espectaculares, sólo una retirada constante de la hoguera y la espada. Pero simultáneamente fue inevitable que hubiese una reconstrucción de la base intelectual y social de la creencia cristiana. La idea de la sociedad total y obligatoria de la fe había sido una combinación del sistema agustiniano de pesimismo cristiano con las exigencias de la economía agraria de Europa occidental en la Edad de las Tinieblas, según la estructura creada por Gregorio el Grande, san Benito y sus sucesores. El abandono de la compulsión y el ascenso de una economía comercial determinaron que el antiguo sistema fuese anticuado, como había previsto Erasmo, e impusieron la creación de uno nuevo, de acuerdo con los criterios que él había esbozado. El siglo de guerra religiosa, cacería de brujas y persecución a lo sumo retrasó la aceptación general de este proceso, pero ya había arraigado firmemente durante el Renacimiento. Lo que había parecido desafiante e incluso peligroso en el siglo XVI comenzó rápidamente a adquirir, después del período crucial de 1640 a 1660, el tono del saber predominante. Un ejemplo apropiado es el caso de sir Walter Ralley, denunciado ante el Congreso privado en la década de 1590 por haber desafiado al clérigo, durante una conversación privada después de la cena, a presentar una definición racional de la palabra «alma». Este tipo de cosas condujo a la acusación de ateísmo. Por supuesto, lo que Ralley intentaba hacer era reconciliar la religión con la razón, no en los términos metafísicos de un escolástico como Aquino, sino en el mundo real del saber y los descubrimientos del Renacimiento. A los ojos de Ralley, la auténtica prueba de Dios estaba en la naturaleza misma que, como él señaló en su *Historia del mundo*, reforzaba espectacularmente la revelación de las Escrituras:

> Por su propio verbo y por este mundo Visible, los hombres perciben a Dios, y es también el lenguaje comprendido del Todopoderoso, garantizado a todas sus criaturas, cuyos Caracteres Jeroglíficos con las estrellas innumerables, el sol y la luna, escritos sobre esos grandes volúmenes del firmamento: escritos también sobre la tierra y los mares, por las letras de todas esas criaturas vivientes y las plantas que habitan y residen allí.

Esta espléndida metáfora del mundo natural, regido por leyes asequibles a la razón, actuando como un testigo permanente aunque silencioso de la verdad cristiana de Dios, se asentó firmemente en el espíritu de muchos intelectuales occidentales hacia fines del siglo XVII como la base de un nuevo sistema apologético. En Inglaterra, hombres así a menudo fueron miembros de la Sociedad Real. No llevaron a la ciencia sus discusiones religiosas, pero ansiaban extraer de ella pruebas acerca de la religión. Muchos pertenecían a las órdenes y siguieron un razonable curso medio entre el calvinismo riguroso y la Iglesia. En los círculos universitarios, sobre todo en Cambridge, se denominaban neoplatónicos; en el seno de la Iglesia eran los latitudinarios. Uno de ellos, Gilbert Burnet, resume así las características del grupo de Cambridge:

> Se oponían a la superstición por una parte y al entusiasmo por otra. Amaban la constitución de la Iglesia y la liturgia, y podían vivir bien bajo ellas. Pero no creían ilegal vivir bajo otra forma. Deseaban que se realizaran las cosas con más moderación. Mantenían buena correspondencia con las personas que tenían distinta opinión, y otorgaban mucha libertad en la filosofía y la teología.

Para estos hombres, educados, urbanos, actualizados, constitucionalistas en política, la religión era el sentido común. Los tiempos de la persecución habían terminado. Todos los hombres podían llegar naturalmente a Dios, y para eso era suficiente que los gritos y los asesinatos cesaran y que se escuchase la voz de la razón. La razón reforzaba la fe. El mejor aliado de la teología era la filosofía natural. Podía verse a Dios en su creación y a través de ésta. Como dijo John Smith: «Dios hizo el universo y todas las criaturas contenidas en él como otros tantos espejos en los que pudiera reflejar su propia gloria... en este mundo externo podemos leer los bellos caracteres de la bondad, el poder y la sabiduría de Dios.» Joseph Glanvill, Rector de Bath, creía que «el poder, la sapiencia y la bondad del Creador se expresan en el orden y la artesanía admirable de la creación». De este modo, podía demostrarse la existencia de Dios; estos hombres realizaban una estructura razonable de creencias y después demostraban que la revelación de las escrituras coincidía con ellas. Por ejemplo, Edward Stillingfleet, obispo de Worcester, demostró que la historia mosaica se ajustaba a los cánones de la razón. Como Erasmo, pensaba que las creencias esenciales formaban un grupo reducido y sencillo —la razón era el correctivo aplicado a la superstición romanista y al dogmatismo excesivamente confiado de los presbiterianos—. Como Erasmo, les interesaba la moral, no la teología. Tillotson, arzobispo de Canterbury, insistió en que «el gran plan del cristianismo era la reforma de la naturaleza de los hombres». Se atribuía gran importancia a la ética, el deber, las obras pías, pero todo debía realizarse con un espíritu moderado. El enemigo estaba en el fanatismo, cualquiera que fuese su forma. El saber era el amigo. La creencia cristiana se vería iluminada por las nuevas percepciones de los descubrimientos recientes, con la única condición de que los científicos se mostrasen reverentes. Robert Boyle e Isaac Newton coincidían en que la naturaleza demostraba el orden y la belleza de Dios; John Ray argüía en el mismo sentido a partir de los elementos que hallaba en la estructura de las plantas y los animales.

Se aceptaba que Dios había creado el universo de un modo completamente científico y racional y le había impuesto leyes inmutables. Entonces, ¿qué hacía Dios ahora? Resolver esta cuestión era más difícil. Tanto los calvinistas como los católicos creían que Dios interfería constantemente; los primeros decían que lo hacía persiguiendo sus planes preestablecidos de salvación y condenación; los últimos, como respuesta a la plegaria y las solicitudes de la corte celestial. Pero a los racionalistas cristianos no les agradaba la idea de un Dios activo: llevaba a la superstición y al «entusiasmo». Preferían la imagen del reloj: Dios lo creaba y le daba cuerda; después, permitía que funcionase. Newton sostenía que Dios mantenía en buen estado el mecanismo e impedía que sobreviniese una catástrofe espacial. Boyle consideraba que Dios impedía la desintegración del mundo. Todos convenían en que el saber científico era un factor poderoso contra el ateísmo; de hecho, Boyle dotó una cátedra destinada a defender la verdad cristiana, y su primer ocupante, Richard Bentley, utilizó la física newtoniana para refutar a quienes afirmaban que Dios no existía.

El sistema agustiniano se había mantenido durante más de mil años. ¿Hasta qué punto era fuerte su sustituto? Examinemos un poco más de cerca a John Locke, su intérprete más plausible e influyente. En muchos aspectos, Locke reunía las cualidades necesarias para abordar el diseño de la nueva filosofía ética de un sistema capitalista en ascenso. Nació en 1632 en Somerset. Sus padres eran puritanos de la clase media, pero gracias a su juventud Locke pudo evitar la gran era de la «conversión» y el frenesí. Su padre era algo parecido a un abogado, un juez de paz, y comerciante; su madre procedía también del comercio. Locke cursó los últimos años de su carrera en la Iglesia de Cristo (1658), colaboró con los trabajos químicos de Robert Boyle, obtuvo el título de médico, fue elegido miembro de la Sociedad Real e ingresó en la política y la vida pública como médico personal del conde de Shaftesbury (salvó la vida del conde usando un tubo de plata para drenarle el hígado infectado). Locke participó en el trabajo de Shaftesbury en el Departamento de Plantaciones y Comercio, y después lo acompañó al exilio en Holanda. Regresó luego de la Gloriosa Revolución de 1688 y durante los seis años siguientes, poco más o menos, publicó la totalidad de sus grandes obras. Pasó los últimos años hasta su muerte en 1704 en una casa señorial Tudor, cerca del bosque de Epping, como huésped de Lady Masham, esposa de un baronet parlamentario; allí tenía más de 5.000 libros. Decía que en su juventud había leído novelas y, ciertamente, escribió algunas cartas de amor. Pero en realidad era un alma muy prosaica, o en todo caso llegó a serlo. Prudente, aficionado al dinero, poco propenso a las aventuras, calculador y frío, duro y legalista, no estaba de ningún modo interesado en el idealismo religioso. El éxtasis no le atraía. Deseaba, por así decirlo, un seguro contrato comercial con la deidad, una póliza espiritual de seguro sin errores, un sistema que funcionara en la práctica y que soportase el examen tenaz de un caballero de carácter firme como él mismo era.

En el marco de esas limitaciones emocionales, Locke era una personalidad muy poderosa y, en ciertos aspectos, el individuo ideal para acometer la construcción de una sólida base de la creencia. En el cristianismo, más que en todos los restantes sistemas religiosos, hay una relación absoluta entre la fe y la verdad. Ambas se identifican y todo lo que signifique interferencia con la verdad es inmoral. Éste fue el mensaje de san Pablo, algo que Locke no sólo entendió sino que determinó su identificación total, pese a que carecía de la pasión de Pablo. Locke creía inútil la teología tradicional porque no se relacionaba principalmente con la verdad. Destacó noblemente esta cuestión en su *Ensayo acerca del entendimiento humano* (1691):

> Quien se dedique seriamente a la búsqueda de la verdad, en primer lugar debe preparar su mente amándola. Pues el que no la ama, no se esforzará mucho por alcanzarla ni se preocupará demasiado si la pierde. En la comunidad del saber no hay nadie que no afirme ser amante de la verdad y no hay una criatura racional que no tome a mal que en su caso se piense otra cosa. Sin embargo, a pesar de todo esto, uno puede decir ciertamente que hay muy pocos amantes de la verdad por la verdad misma, incluso entre los que se persuaden de que están en ese caso. De qué modo un hombre puede saber si sinceramente reúne esa condición es algo que merece investigarse; yo creo que existe una señal infalible del asunto, a saber, que no se afirme ninguna idea con mayor certeza que lo que justifican las pruebas sobre las cuales reposa. Cualquiera que exceda esta medida del asentimiento es evidente que no recibe verdad en el amor a ella; no ama la verdad por la verdad misma, sino por otra consecuencia.

Sin duda, era una metodología rigurosa. Locke estaba diciendo que el cristianismo debía someterse a las mismas pruebas rigurosas que una proposición científica y es lo que en general intentó hacer en *La razonabilidad del cristianismo* (1695). No creyó que la existencia de Dios, o más bien la necesidad de demostrarla, fuese el problema real —en tiempos de Locke, casi nadie negaba por completo la existencia de Dios—. Creía que la física newtoniana determinaba que la existencia de un creador fuese inevitable. Las causas puramente materiales nunca podían determinar ese orden, la armonía y la belleza que hallamos en la naturaleza. Agrega: «Las señales visibles del saber y el poder extraordinarios aparecen de un modo tan evidente en todas las obras de la creación, que una criatura racional que reflexione con mínima seriedad en ellas no puede ignorar la revelación de una deidad.» Pero a juicio de Locke el argumento extraído del plan no es la prueba definitiva, la que descansa en la causación. Una mente, por lo menos la mente humana, no puede ser el producto de una causa puramente material. Por lo tanto, la causa de nuestra existencia debe ser un «ser cogitativo». Y como este ser necesita poseer la eficacia necesaria para producir todas las perfecciones que después se manifiestan eternamente, tiene que incluir el saber y el poder infinitos.

Locke no afrontó dificultades para demostrar mediante la razón la existencia de Dios, pero creía que ésta era la única verdad doctrinaria que admitía ese tipo de demostración. La razón no podía demostrar que el alma era inmortal; todo el resto de la creencia cristiana reposaba por lo tanto en la revelación. Pero el hecho histórico de la revelación era en sí mismo razonable: «La razón es la revelación natural, en virtud de la cual el Padre Eterno de la luz y la fuente de todo conocimiento comunica a la humanidad esa parte de la verdad que él ha puesto al alcance de sus facultades naturales: la revelación es la razón natural ampliada por un nuevo conjunto de descubrimientos, comunicados inmediatamente por Dios, cuya verdad la razón garantiza mediante el testimonio y las pruebas que ella extrae de Dios. De modo que quien rechaza la razón para dejar sitio a la revelación apaga la luz de ambas.» Sin embargo sólo la razón aporta conocimiento, la revelación suministra a lo sumo una creencia probable. Si tanto la razón como la revelación revelan una verdad, por consiguiente prevalece la razón; y si la razón y la afirmación de la revelación chocan, de nuevo prevalece la razón y es necesario rechazar la afirmación de la revelación. Pues si no podemos confiar aquí en la razón, no podemos confiar en ninguna parte, y así la validación y la interpretación de las doctrinas de las Escrituras serían imposibles. En cambio, la revelación puede suministrar verdades que no están al alcance de la sola razón; y si la revelación indica una doctrina que la razón misma considera improbable (pero no más), debe confiarse en la revelación.

Entonces, ¿en qué punto este proceso de validación se separa de la creencia cristiana? En lo que podría denominarse el mínimo erasmista irreductible. Locke distingue entre la doctrina esencial y la no esencial. En *La razonabilidad del cristianismo* se propuso identificar lo esencial y llegó a la conclusión de que la única creencia necesaria y suficiente para la salvación era la que afirmaba que Jesús es el Mesías y el Hijo de Dios. Podría alegarse que los Hechos y las Epístolas exigen más, pero Locke citaba el Evangelio de san Juan, del cual se cree generalmente que corresponde a un momento posterior, como confirmatorio de los restantes Evangelios en cuanto exige sólo dicha creencia central. Es la demostración de Locke de que únicamente este dogma es necesario, lo que confirma, por lo menos a sus ojos, que el cristianismo es una religión de la razón y el sentido común, porque la sencillez lo convierte en una entidad viable. El hecho de que Jesús es el Hijo de Dios es «una proposición clara e inteligible; el Dios omnicompasivo parece que aquí ha consultado a los pobres de este mundo y a la parte principal de la humanidad. Se trata de artículos que están al alcance del trabajador y el analfabeto. Es una religión adaptada a las cualidades vulgares y al estado de la humanidad en este mundo, destinado al trabajo esforzado y penoso. Los escritores y los manipuladores de la religión colman a ésta de refinamientos y la visten con conceptos que para ellos son partes necesarias y fundamentales, como si no existiese otro modo de acceder a la Iglesia que no sea a través de la Academia o el Liceo. La parte principal de la humanidad no dispone de ocio para el saber, la lógica y las refinadas distinciones de las escuelas».

Vemos aquí un argumento que Erasmo, que deseaba que el joven campesino cantase los salmos mientras trabajaba, habría escuchado complacido. Por supuesto, demolía de un solo golpe a los que se oponían a los latitudinarios sobre ambos extremos del espectro. Naturalmente, en su condición de anglicano Locke no niega otras doctrinas. En su *Vindicación* y en su *Segunda vindicación* se defendió de la acusación de que era deísta o unitario. Pero insistió en que, tan pronto como se apartara de su definición de lo que era absolutamente esencial, tenía que continuar por propia cuenta, sin la ayuda de la razón como «árbitro y dispensadora», y así se elaboraba un conjunto propio de doctrinas, típicas de todos los sistemas «elaborados por ciertos hombres o partidos como la justa medida de la fe de cada individuo».

Locke sostenía que, precisamente porque los hombres se habían separado de su definición mínima basada en la razón, Europa se había hundido en la confusión, la división y la guerra de religión. Cuando era más joven, había utilizado este concepto como argumento en favor de la imposición de la uniformidad. El ejercicio del juicio privado en los aspectos religiosos conduce a «la disposición hacia la violencia y la crueldad» y «esto deviene en facciones y tumultos peligrosos», sobre todo «en el caso de las personas que están dispuestas a afirmar que Dios sufre deshonra a causa del más pequeño desvío respecto de ese modo del culto que la educación o el interés ha convertido en formas sagradas para ellos, y por lo tanto necesitan vindicar la causa de Dios con la espada en la mano». Pero durante los treinta años siguientes cambió completamente de actitud. Nunca concedería la tolerancia a los católicos, porque los consideraba una amenaza política y militar al Estado, una cuestión que nada tenía que ver con la verdad religiosa; tampoco toleraba a los ateos, puesto que éstos afectaban a la sociedad: «La expulsión de Dios, aunque sea sólo en el pensamiento, lo disuelve todo.» Cuando consideraba un amplio espectro de creencias observaba que, en la práctica, era más razonable permitir que la gente utilizara su cabeza. La persecución no era eficaz, lo demostraba el Código de Clarendon. Impulsaba a emigrar a la gente, incluso a personas valiosas, como él había descubierto sobre la base de su experiencia en las plantaciones. Durante su exilio se sintió muy impresionado por la experiencia de los arminianos holandeses. Sin duda, la vida y la filosofía de Locke ilustran el poder que llegaron a ejercer los sectores liberales (y a menudo perseguidos) de los tres grupos principales, es decir, los católicos, los luteranos y los calvinistas; la fusión de la experiencia de estas corrientes, el sentido común y la capacidad intelectual originaron el Iluminismo.

Tan pronto Locke abandonó la compulsión, adoptó naturalmente una actitud erasmista, a la que suministró argumentos poderosos de tipo comercial que eran característicos de su propio enfoque. «No puedo salvarme mediante una religión de la cual desconfío.» «El cuidado de la salvación de cada individuo pertenece solamente a él mismo.» La persecución puede tener éxito sólo en el caso de los hombres de escasa voluntad; entonces, su efecto es la hipocresía. Una Iglesia es una asociación voluntaria y sus normas deben provenir «de los propios miembros o de las personas a las que otros miembros han autorizado». La única sanción es la expulsión. La creencia impuesta no puede ser parte del contrato civil de gobierno, pues un hombre no puede aceptar que se entregue a otro el cuidado de su propia salvación. La fuerza significa la guerra y, en cambio, «los gobiernos moderados son en todas partes entidades tranquilas, en todas partes son seguros». Más aún, «los puntos en discusión son casi siempre, si se miran bien, aspectos de carácter secundario: en general, cuestiones tan frívolas como ésta... son las que provocan la hostilidad implacable entre hermanos cristianos que coinciden en su totalidad en las cuestiones sustanciales y realmente fundamentales de la religión». Es más, el vicio era un mal mucho más grave que el disenso, la eliminación de la inmoralidad era el problema que debía preocupar a la Iglesia.

Aquí, exactamente como Erasmo, Locke llega al nervio del problema. Lo que importa no es tanto lo que un hombre cree como lo que hace. El cristianismo se refiere a la moral, no al dogma. Lo que convirtió a Locke en un pensador de influencia tan inmediata —no sólo en Inglaterra, sino en todo el mundo civilizado— fue que evitó la abstracción al emplear el lenguaje y la mentalidad del contrato comercial. La vida, incluyendo la religiosa, era una serie de negociaciones. Si uno resolvía bien la aritmética moral, el resultado beneficiaba a todos los interesados: uno mismo, Dios, el prójimo. Así como la razón y la fe eran idénticas, en definitiva también lo eran la bondad y el interés propio. Locke estaba interesado en demostrar que el cristianismo tenía sentido tanto en este mundo como en el otro; podía llegar mejor a esta conclusión demostrando que la moral cristiana era esencial para la felicidad. Por consiguiente, su sistema religioso es de tipo esencialmente ético. Y su ética es práctica, pues la ha elaborado de un modo bastante prosaico a partir de su propia experiencia. No cabe duda de que Locke sufrió la profunda influencia de ese pensador áspero y riguroso que fue Thomas Hobbes. Hobbes era ateo y se las había ingeniado para conseguir que su filosofía fuese inaceptable a los ojos de casi todas las categorías de la opinión religiosa o política. De modo que el prudente Locke no le concedió su reconocimiento; de todos modos, Hobbes penetró el pensamiento ético de Locke; en los manuscritos inéditos de Locke hallamos un enunciado de ética personal que refleja perfectamente el hedonismo de Hobbes: «Me esforzaré por buscar la satisfacción y el placer, y evitar la incomodidad y la perturbación... Pero aquí debo poner cuidado, si no me equivoco, pues si prefiero un placer breve a otro duradero es evidente que contrarío mi propia felicidad.» Dice también: «Beber, jugar y tener placeres viciosos me infligirían este daño, no sólo porque malgastarán mi tiempo sino porque con verdadera eficacia amenazarán mi salud, deteriorarán mis partes, me inculcarán hábitos, debilitarán mi dignidad y dejarán un tormento constante y duradero en mi conciencia.»

Por lo tanto, a los ojos de Locke la moral era nada más que la búsqueda prudente y a largo plazo de la felicidad. A semejanza del buen mercader, el cristiano se abastecía del placer actual para invertir en recompensas más sustanciales, aunque demoradas. Locke reconocía que no todos los mandamientos cristianos podían demostrarse mediante la razón: «Es una tarea muy difícil para la razón desprovista de ayuda fundar todos los aspectos de la moral»; incluso si lo logramos, «la humanidad podría escucharla o rechazarla, según le agradara o según acomodase a su interés, sus pasiones, sus principios o su humor. Los hombres no estaban obligados». Por lo tanto, dice Locke: «Jesucristo nos ha dado esa ley moral, mediante la revelación, en el Nuevo Testamento... Aquí, la moral posee una norma segura, garantizada por la revelación, y la razón no puede negarla ni cuestionarla; en cambio, conjuntamente ambas testimonian que viene de Dios, el gran legislador.» ¿Por qué los hombres, motivados por el amor al placer y el miedo al dolor, obedecen estos mandatos de Dios? «Porque Dios, que tiene el poder de la vida eterna y la muerte, nos lo exige.» La auténtica base de la moral puede ser únicamente «la voluntad y la ley de un Dios que ve a los hombres en las sombras, que tiene en sus manos las recompensas y los castigos, y poder suficiente para obligar a rendir cuentas al ofensor más orgulloso». Respetábamos la ley porque a la larga nos interesaba hacerlo. La conciencia no era una guía, pues representa «nada más que nuestra propia opinión o nuestro propio juicio». De ahí que las filosofías paganas, aunque admirables, fuesen ineficaces. Los hombres orientaban sus acciones en la práctica de acuerdo «con la probabilidad de que les aporte felicidad o sufrimiento a manos del Todopoderoso». La ética no funcionaría sin el Cielo y el Infierno; su existencia era lo que determinaba que el cristianismo fuese especialmente eficaz como religión:

> Los filósofos [paganos] ciertamente demostraron la belleza de la virtud... pero como no le asignaron ninguna dote, pocos estaban dispuestos a desposarla. La generalidad no podía negarle su aprecio y su encomio, pero de todos modos le volvían la espalda y la omitían como una pareja que no convenía. Pero ahora, como pesa en el platillo de su lado "un peso superior e inmortal de gloria", el interés la acompaña y la virtud es ahora visiblemente la adquisición más fecunda y con mucho el mejor negocio.

Con el Cielo y el Infierno ante los ojos, los hombres razonables rechazaron los placeres inmediatos y los vicios, e invirtieron en la eternidad. «Sobre este fundamento y sólo sobre éste, la moral se alza firmemente y puede desafiar cualquier forma de competencia.» Así, Locke coronó su sistema religioso.

Quizá nos desagrade el uso brutal que hace Locke de la lógica mercantil y su terminología de la Bolsa de Valores. No hay indicios de que nadie se sintiera desagradado entonces por este lenguaje. Admitidas las circunstancias de su época, Locke argumentó con impresionante habilidad. Rara vez en su historia el cristianismo fue expuesto con más eficacia a elevado número de personas. No sólo actualizó el cristianismo, sino que lo convirtió en religión del futuro, pues el capitalismo, como forma visible y global de la sociedad, estaba apenas en su infancia; el cristianismo racional y utilitario nacería con aquél. Ciertamente, después de la línea divisoria marcada por el período que va de 1640 a 1660 existía el riesgo real de que la reacción provocada por las guerras de religión y el abandono obligado de muchos de los propósitos y las premisas sobre las cuales aquéllas se habían librado, condujeran a un rápido desplazamiento de la propia fe cristiana. La obra de Locke, que cristalizó y condensó un estado de ánimo y le suministró una argumentación sencilla y clara, permitió desechar los errores del pasado y empezar de nuevo; de ese modo prolongó la vida del cristianismo, como religión de masas de las sociedades avanzadas, durante más de dos siglos.

Sin embargo, fue necesario pagar un precio para alcanzar este logro tan considerable. O mejor dicho, varios precios. Locke había reducido el dogma al mínimo absoluto. En cierto sentido, la ausencia de una engorrosa superestructura teológica, con su tendencia intrínseca a extenderse indefinidamente, fue el factor que determinó que el sistema de Locke fuese aceptable. Pero en otro sentido este rasgo era un defecto. Muy fácilmente podía perder por completo su carácter cristiano y recaer en el puro deísmo. En ciertos casos es lo que sucedió. Por supuesto, el riesgo había existido antes de Locke. Lord Herbert de Cherbury, hermano del teólogo y poeta anglicano George Herbert, había reducido el cristianismo a cinco sencillas propuestas; esta reducción llegó a ser aún más severa en Charles Brown, para quien la mayor parte de la Revelación era superstición y Cristo era poco más que un milagrero pagano. Por supuesto, los clérigos latitudinarios no llegaban tan lejos. Pero los sermones de hombres como Tillotson destacaban la ética y los deberes, y defendían la razón, al mismo tiempo que ignoraban casi por completo la teología. En una etapa temprana del siglo XVIII, gracias sobre todo a Locke, algunas formas de creencia esencialmente no cristianas, unidas por supuesto a sistemas éticos racionalizados, comenzaron a acercarse al área de tolerancia y respetabilidad, y el proceso tendió a cobrar velocidad mucho mayor en Francia (como veremos enseguida) donde no existía un cómodo hotel anglicano para albergar a los viajeros religiosos.

Además, el sistema de Locke, en cuanto ética funcional de una sociedad moderna, dependía absolutamente de las recompensas y los castigos. ¿Y si desaparecía la creencia en las recompensas y los castigos, como ya comenzaba a ser el caso en otros sectores de la teología? La insistencia en la razón determinaba que esta interpretación de la eternidad fuese especialmente vulnerable. No era fácil someter al ataque racional el concepto del Cielo, sencillamente porque los teólogos nunca habían podido definirlo de un modo concreto. Por otra parte, como carecía de definición, no tenía plausibilidad real en el mecanismo de las recompensas y los castigos. Entonces, ¿qué sucedía si se negaba la eternidad misma? En el curso de una generación después de la muerte de Locke, es precisamente lo que hicieron algunos pensadores, y se les permitió hacerlo. David Hume fue un ejemplo destacado de esta actitud; no fue el único.

Pero el verdadero peligro provenía del uso de la argumentación racional para debilitar la eficacia del Infierno como disuasor. La visión cuidadosamente concebida de éste había sido un agregado cristiano muy temprano y, a los ojos de las autoridades, siempre había sido un elemento esencial del mantenimiento de la moral cristiana. Incluso los pensadores que se mostraban escépticos acerca del papel representado por el castigo físico en el Infierno, o incluso acerca de su existencia, creían apropiado que se alentase a temerlo a la generalidad de los creyentes. Como ya hemos señalado, Orígenes creía posible que en definitiva todos se salvaran, pero agregaba (en *Contra Celsum*) que «sobrepasar este punto no es conveniente en vista del bien de los que tropiezan con dificultades para contenerse, incluso si temen el castigo eterno y, por lo tanto, caen en diferentes formas de perversidad y en las ciénagas del mal que son resultado del pecado». La Iglesia dictaminó luego que el escepticismo de Orígenes en sí mismo estaba errado y el Concilio de Constantinopla (543) insistió: «Quien dice o piensa que el castigo de los demonios y los malvados no será eterno, que tendrá un fin... sobre él recaiga el anatema.» Desde Agustín hasta la Reforma, sólo el irlandés del siglo IX, Juan Escoto Erigena, negó enfáticamente la existencia de un Infierno eterno o incluso material, y reemplazó el sufrimiento infligido por los achaques de la conciencia; no creyó que su opinión debiera ser enseñada por vía pastoral. En unos pocos teólogos existía la teoría de la doble verdad, que permitía una actitud más condicionada en la esfera privada pero insistía en los horrores integrales para el consumo público. El mismo Lutero afirmaba que la doctrina del Infierno no debía ser discutida con intelectuales y sí únicamente con personas de piedad sencilla y profunda. Esto era o parecía una confesión de debilidad; pero la Confesión Luterana de Augsburgo (1530), artículo 17, exige la creencia ortodoxa en el Infierno: «Cristo... concederá vida eterna y alegría perpetua a los hombres piadosos, pero condenará a los impíos y los demonios a torturas infinitas. Condenan a los anabaptistas, que sostienen que el castigo de los condenados y los demonios tendrá un término.» La posición anglicana oficial era más o menos análoga (aunque la declaración de Augsburgo, artículo 42 de la recopilación de 1552, no aparece en los Treinta y Nueve Artículos Isabelinos).

Por lo tanto, en la práctica los teólogos habían insistido en el Infierno y se habían esforzado todo lo posible por persuadir a los cristianos describiéndolo con los colores más vivos que fuese posible. Los autores pastorales se mostraban mucho más concretos con respecto al Infierno que al Cielo; escribían del tema como si hubiesen estado allí. Los tres maestros medievales más influyentes, es decir Agustín, Pedro Lombardo y Tomás de Aquino, insistieron todos en que los dolores del Infierno eran físicos tanto como mentales y espirituales, y que el fuego real representaba un papel en el asunto. La teoría general era que el Infierno incluía todos los dolores horribles que la imaginación humana pudiese concebir, más una infinita diversidad de otros sufrimientos. Por lo tanto, los escritores consideraban que tenían derecho a impresionar a su público apelando a la invención de tormentos. Jerónimo dice que el Infierno es como un enorme lagar. Agustín afirmaba que estaba poblado por feroces animales carnívoros, que desgarraban a los seres humanos en un proceso lento y doloroso, pero que no sufrían el más mínimo daño a causa del fuego. San Esteban Grandinotensis esquivó el problema de la imaginación al afirmar que los sufrimientos del Infierno eran tan inenarrables que, si un ser humano llegaba siquiera a concebirlos, moría instantáneamente de terror. Eadmer enumeró catorce dolores específicos soportados en el Infierno. Juan Duns Scoto dijo que los que practicaban la usura serían hervidos en oro fundido. Muchos autores mencionan el castigo permanente con martillos bronceados al rojo vivo. En *Stimulus Conscientiae*, Richard Rolle explicaba que el condenado desgarraba y comía su propia carne, bebía la hiel de los dragones y el veneno de los áspides, y chupaba las cabezas de víboras venenosas; su cama y su vestido consistían en «horribles alimañas venenosas». Otro experto creía que se alimentaba a los condenados con pan verde y que éstos bebían nada más que una tacita de agua hedionda. Los escritores (y pintores) germánicos fueron los más enérgicos en la descripción de los tormentos físicos. Sostenían que cien millones de almas condenadas estarían apretujadas en cada milla cuadrada del Infierno, y así se las trataría como «a uvas en un lagar, a ladrillos en un horno, al sedimento de sal en un barril de pescado en conserva y como a ovejas en un matadero». Los franceses preferían sufrimientos psicológicos más sutiles. Bridaine afirmaba que cuando el culpable preguntaba: «¿Qué hora es?», una voz contestaba: «La Eternidad.» No había «relojes en el Infierno, sino un tic-tac eterno».

La mayoría de los autores cristianos subrayaba el dolor de la pérdida; Tomás de Aquino creía además que el goce ocasionado por la contemplación de los sufrimientos de los condenados era uno de los placeres del Cielo: *«Sancti de poenis impiorum gaudebunt.»* Este desagradable concepto fue promovido y defendido con mucha tenacidad a lo largo de los siglos, siendo uno de los puntos comunes a los calvinistas ortodoxos y los católicos. Sobre todo los predicadores escoceses creían que los sufrimientos del Infierno eran motivo de satisfacción. Thomas Boston tronó: «Dios no los compadecerá sino que reirá de su calamidad. La gente virtuosa del Cielo se regocijará ante la ejecución del juicio de Dios y cantará mientras el humo se eleva eternamente.» Otra congregación escocesa tenía la certeza de que las necesidades teológicas de la expiación significaban que el Hijo soportaba un dolor injusto «a causa de la cólera vengativa de Dios... cólera pura, nada más que cólera: el Padre amaba ver morir al Hijo». Por lo menos algunos contemporáneos de Locke llegaron al extremo de argumentar que los condenados en principio habían sido creados con el fin de coronar la bienaventuranza celestial. De esta forma, William King especuló en *De Origine Mali* (1702): «La bondad, así como la felicidad de los benditos, se verá confirmada y promovida por reflejos que provienen naturalmente de esta visión del sufrimiento que algunos soportarán, que parece ser una razón apropiada para la creación de esos seres que, en definitiva, tendrán un destino miserable, y para su continuación en esa existencia miserable.»

Sin embargo, en el siglo XVIII la enorme superestructura creada por la imaginación que ofrecía un panorama terrible tendió a derrumbarse bajo su propio peso. El saber científico determinó que gran parte del mecanismo del fuego infernal pareciera absurdamente inverosímil y proyectó dudas sobre los esfuerzos encaminados a visualizar los castigos de Dios. El «cristianismo razonable» necesitaba del Infierno como el gran disuasor, pero le parecía que un Dios ferozmente vengativo era irrazonable; el Infierno perduró, pero por así decirlo fue necesario refrescarlo un poco. Frente a públicos instruidos, los predicadores tendieron a protegerse del posible ridículo evitando el tema. De este modo, Alexander Pope solía relatar la historia del deán que predicaba en Whitehall y dijo que si su congregación no «se comprometía a iniciar una vida nueva, ciertamente debía ir a un lugar cuyo nombre él no creía apropiado mencionar ante ese público cortesano». En efecto, por lo menos algunos latitudinarios consideraron inaceptablemente antiético que se aplicase el castigo eterno a aquellos cuyas faltas necesariamente habían sido cometidas en el marco temporal. Sin duda, la característica de «eternidad» era una amenaza contenida en las Escrituras; pero Tillotson, cuando predicaba ante la reina Ana, sostenía que Dios no faltaría a su palabra si se abstenía de cumplir su promesa de castigo perpetuo, pues la venganza, aunque justificada en este caso, no era obligatoria. El fuego eterno del Infierno estaba destinado a las clases inferiores y, hasta cierto punto, a los sectores medios. En *De Mortuorum* (1720), Thomas Burnet hizo un enérgico alegato contra el castigo eterno, pero insistió en que sólo la doctrina tradicional debía difundirse entre la gente común. Esta opinión había sido herejía al norte del Tweed o más allá del Canal. Se enseñaba a los católicos que quienes dudaban del Infierno estaban destinados a visitarlo. Un enunciado característico fue el de Dom Sinsart en *Défence du dogme catholique sur l'éternité des peines* (1748): «... el sistema que limita el castigo en la otra vida ha sido concebido sólo por los corazones viciosos y corruptos... una buena conciencia carece de motivo para inventar excusas acerca de una cuestión que no le concierne. Por lo tanto, esta opinión debe su existencia al crimen, al delito obstinado». Muchos anglicanos compartían esta opinión, pero tropezaban con el problema de los teólogos que la rechazaban, por lo menos en la intimidad; y el esfuerzo encaminado a mantener una norma doble poco a poco fracasó. Hacia mediados del siglo existía general acuerdo en el sentido de que la creencia en el Infierno era menos firme que antes y en que la atenuación del fuego infernal originaba consecuencias sociales perceptibles. Durante su predicación en la Universidad de Oxford en 1741, William Dodwell se lamentó: «Es muy evidente que desde que los hombres han aprendido a desechar la aprensión del castigo eterno, el progreso de la impiedad y la inmoralidad entre nosotros ha sido muy considerable». Las autoridades consideraban que el Infierno era el disuasor más eficaz contra el delito; por consiguiente, cuando se debilitó el temor que inspiraba, los jueces y el Parlamento coincidieron en que era necesario agravar las penas legales. Durante el siglo XVIII y hasta bien entrado el XIX, una serie de leyes, que extendieron la pena capital a más de 300 delitos, trató de colmar los huecos observados en el sistema ético de Locke.

Pero el defecto principal del cristianismo racional era que no apelaba a los sentimientos. El único incentivo era el interés propio esclarecido. Se eliminaba el factor de sacrificio y abnegación. La moral aparecía sencillamente como un acuerdo astuto. Como dijo Tillotson: «Ahora, estas dos cosas deben facilitar mucho nuestro deber: una recompensa considerable en lo inmediato y no sólo las esperanzas sino la certeza de una recompensa mucho mayor en el más allá.» Podía organizarse y calcularse todo el asunto. La conciencia no representaba un papel, pues no era más que opinión subjetiva. Por consiguiente, se eliminaba el factor de la responsabilidad personal y lo único que un hombre necesitaba para salvarse era cumplir las reglas. Pero esto implicaba sacrificar la esencia misma de la Reforma y, de hecho, regresar al cristianismo mecánico del derecho canónico. El cristianismo mecánico inevitablemente originaba una Iglesia corrupta, dirigida por un clero de mentalidad secular. Es precisamente lo que sucedió durante el siglo XVIII. En su ansia por evitar todas las formas del fanatismo, los cristianos racionales tendieron a despersonalizar la religión y a subrayar sus formas y sus instituciones a expensas de su espíritu. En estas circunstancias, una Iglesia oficial tiende a corromperse. Como en la Edad Media, sus obispos tendieron a ser considerados y a considerarse ellos mismos como funcionarios oficiales más que como ministros sacramentales, y como individuos privilegiados en lo financiero más que en lo espiritual. El proceso avanzó más en la Alianza luterana, sobre todo en Prusia, donde la Iglesia prácticamente carecía de derechos independientes y el gobernante tenía poderes absolutos sobre todas las formas de la actividad religiosa. El sistema se desarrolló en los reinados de Federico Guillermo I y Federico el Grande, y finalmente se codificó en una ley de 1794 sancionada por el Landrecht prusiano. El pastor se convirtió en una especie de servidor civil, que registraba nacimientos, recopilaba estadísticas, designaba parteras, publicaba desde el púlpito los decretos oficiales, era el presidente del tribunal local y un sargento reclutador oficial del ejército. En Inglaterra prevalecía una situación bastante más prometedora, pues en la mayoría de los casos los cargos clericales eran independientes. Pero el alto patronazgo clerical estaba completamente en manos del gobierno y los obispos se convirtieron en un factor importante del control ministerial del Parlamento.

Sir Robert Walpole fue la figura que gravitó especialmente en la creación del obispo al servicio del partido. Usaba una expresión especial para el prelado que podía ser inducido a servir los fines del propio Walpole: «Él es mortal.» En una carta dirigida al duque de Newcastle el 6 de septiembre de 1723, explicó cómo había convertido a Edmund Gibson, a quien Walpole había ascendido a la jerarquía de obispo de Londres, en el asesor del gobierno *whig* para las cuestiones del patronazgo eclesiástico:

> Al principio fue todo *nolo episcopari*. Antes de separarnos, percibí que, al pensarlo mejor, el asunto comenzó a agradarle, y la mañana siguiente, *ex mero motu*, vino a mí, habló con acentos cómicos, es un hombre mortal, quiere ser seducido y me pidió explícitamente que escribiese a mi lord Townshend para impedir que el rey adopte ninguna resolución acerca de los cargos de Clérigos del Gabinete y el Lord Limosnero. Hemos estrechado relaciones. Tiene que ser Papa, y está tan dispuesto a ser *nuestro* Papa como el de cualquiera.

Los obispos a menudo decidían la votación en la Cámara de los Lores; Walpole generalmente podía contar con veinticuatro de un total de veintiséis. El gobierno ejercía el poder de trasladarlos; y los sueldos oscilaban entre 450 libras esterlinas anuales en Bristol y 7.000 en Canterbury, de modo que los obispos tenían que ganarse el pan. Benjamín Hoadley era hijo de un maestro de escuela de Norwich y padecía una invalidez tan grave que solamente podía predicar de rodillas; pero el sometimiento al partido *whig* le garantizó una sucesión de ascensos. En los Lores podía contarse con que ejecutaría las tareas más desagradables, por ejemplo atacar los proyectos de ley contra la corrupción, y Walpole lo utilizó como panfletista en cuestiones seculares tanto como eclesiásticas. El gobierno lo tenía tan atareado que nunca visitó Bangor, pese a que fue su obispo durante seis años; más tarde, fue trasladado a Hereford, Salisbury y Winchester, y en este último cargo percibía 5.000 libras esterlinas anuales. Era el blanco favorito de los insultos de los tories clericales: «¡Egipcio deísta! ¡Rebelde contra la Iglesia! ¡Vil republicano! ¡Apóstata de su propia orden! ¡El desprecio y el ridículo del reino entero!»

En el clero inferior los estipendios exhibían absurdas diferencias. Había 5.500 cargos de un valor inferior a 50 libras esterlinas anuales, de ellos 1.200 con menos de 20 libras esterlinas; los curatos, de los que había multitud, no percibían más de 30 libras esterlinas. De ahí que las clases superiores ahora se mostrasen renuentes a profesar en la Iglesia. El obispo de Killala destacó que esta situación limitaba el valor del patronazgo eclesiástico y propuso: «El único remedio consiste en ofrecer ventajas extraordinarias a las personas de buena cuna y que están interesadas, siempre que intenten progresar; eso inducirá a otros que poseen el mismo nivel a ingresar en la Iglesia, y así podrán facilitar ascensos eclesiásticos del mismo valor para Sus Majestades en el caso de los empleos civiles.» No se trataba sólo de las votaciones en los Lores: los capítulos de las catedrales a menudo inclinaban la balanza en las elecciones de distrito y se utilizaba ampliamente a los clérigos para organizar a la opinión local. El agente electoral del duque de Newcastle en Sussex era el reverendo James Baker; a tal extremo se dedicaba a la labor proselitista (en favor de los *whigs*, no del cristianismo) que interrumpió un encuentro de cricket en el Lewes y casi fue linchado por los espectadores. El arzobispo Secker de Canterbury afirmó que «el rasgo distintivo de la época actual» era «el menosprecio franco y explícito por la religión», que se reflejaba en «la disolución y el desprecio por los principios en el sector superior del mundo», y «la intemperancia libertina y el desenfado de los inferiores en la comisión de delitos». Afirmó que «ahora se zahiere y ridiculiza con muy escasa reserva al cristianismo y no se lo tiene en cuenta en absoluto para juzgar su enseñanza». Pero, ¿quién era Secker para hablar? Su designación había sido meramente política; Horace Walpole dice que antes había sido ateo. Su colega, el metropolitano John Gilbert, promovido a York el año precedente (1757), no honraba mejor el cargo. «Gilbert», escribió Walpole, «era esa mezcla usual de ignorancia, mezquindad y arrogancia... Cuando se conoció su promoción, repicaron al revés las campanas de York, para expresar cuánto lo detestaban. Inauguró allí una fastuosa mesa y, al cabo de seis meses, lo consideraban el prelado más cristiano que jamás hubiese ocupado la sede». Walpole resume claramente las características de los tiempos: «No había combustibles religiosos en el ánimo de los tiempos. El papado y el protestantismo parecían estar paralizados. Las formas del cristianismo estaban agotadas y no podían exhibir novedad suficiente para concitar la atención.»

En Inglaterra, el clero del régimen dejó de ser una fuerza proselitista, o siquiera activa, aunque continuó siendo un factor social poderoso. Las muchas conversaciones textuales registradas en los diarios de James Boswell revelan que el mejor tipo de clérigo era un hombre erudito más que piadoso. Más aún, eran alentados a manifestar un interés cortés por las artes y las ciencias para ocupar el tiempo. Por ejemplo, en 1785 William Paley, archidiácono de Carlisle, pronunció una conferencia titulada «Entretenimientos apropiados para el clero», basada en la premisa de que «la vida del clérigo... no ofrece atractivos suficientes al tiempo y los pensamientos de una mente activa». Recomendó la historia natural, la botánica, los experimentos con la electricidad, el uso del microscopio, la química, la medición de las montañas, la meteorología y, sobre todo, la astronomía, «la más apropiada de todas las recreaciones para un clérigo». Gracias a estas actividades, «no hay hombre de educación liberal que necesite desconcertarse porque no sabe qué hacer con su tiempo».

En Escocia, el derrumbe del fanatismo se retrasó mucho, pero luego sobrevino (por lo menos en las grandes ciudades) a mediados del siglo XVIII. Hallamos un reflejo de este proceso en la actitud frente al teatro, definido en otros tiempos por la Asamblea General de la Iglesia de Escocia como «el verdadero templo del demonio, donde a menudo aparecía revestido de sustancia corporal y poseía a los espectadores, a quienes aferraba como adoradores». Ante todo, llegaron los actores ingleses. Después, en la década de 1740, Edimburgo tuvo un teatro permanente, disfrazado de sala de conciertos. En 1756 subió a escena *The Tragedy of Douglas*, en realidad escrita por un clérigo, y asistió a la función el reverendo Alexander Carlyle, figura principal de los moderados. Carlyle fue reprendido públicamente por la Asamblea General, y el infortunado ministro de Liberton, que también estaba presente, fue acusado por el Presbiterio de Edimburgo. Respondió que «merecía la acusación, pero alegaba como disculpa que había ido al teatro sólo una vez y se había preocupado por disimularse en un rincón para evitar el escándalo». Pero hacia 1784, cuando la señora Siddons se presentó en Edimburgo, la Asamblea General modificó su agenda para ofrecer a los delegados la oportunidad de asistir a una sesión matinal. Los clérigos encabezaron el Iluminismo escocés, y Carlyle pudo afirmar en su *Autobiography*: «¿Quién ha escrito las mejores historias, antiguas y modernas? Ha sido un clérigo de esta Iglesia. ¿Quién escribió el mejor sistema de retórica y lo ejemplificó con sus propias oraciones? Un clérigo de esta Iglesia. ¿Quién escribió una tragedia que ha sido considerada perfecta? Un clérigo de esta Iglesia. ¿Quién fue el matemático más profundo de la época en que vivió? Un clérigo de esta Iglesia...» Se aspiraba a la excelencia secular, no a la espiritual.

En el Continente el catolicismo, en la forma fijada por Francia, avanzó esencialmente en el mismo sentido, aunque siguiendo un camino más tortuoso y complicado. Después de Westfalia, España dejó de importar, y hasta 1815 Francia determinó el curso de la ortodoxia romana. Ahora bien, la Iglesia francesa era un caso peculiar. A diferencia de España, no había protagonizado un proceso de renovación anterior a la Reforma. Por otra parte, era galicana, no papista. De acuerdo con el concordato, había alcanzado cierto grado de independencia, la misma que Enrique VIII e Inglaterra habían asumido unilateralmente. Por lo tanto, el movimiento de la Reforma en Francia nunca había contado con el refuerzo de la xenofobia y el nacionalismo en ascenso, y ésa era la razón principal por la que nunca había conquistado la mayoría. En cambio, el conflicto esencial se desarrolló durante el siglo XVII en el seno de la propia Iglesia católica francesa; aquí los jansenistas puritanos representaron la reforma moral y doctrinaria, y los jesuitas y la corona se inclinaron del lado de la autoridad católica tradicional, mientras una tercera fuerza totalmente secular defendía las reclamaciones de la razón.

Es necesario examinar con cierto detalle el jansenismo, porque viene a demostrar, más explícitamente que el movimiento protestante durante el siglo XVI, que la Reforma era una fuerza evangélica más que progresista, y porque explica la razón por la cual a la larga la síntesis de Locke entre el cristianismo fundamental y la ciencia debía fracasar. Cornelio Jansen, obispo de Ypres, fue esencialmente un luterano católico, es decir, pasó de la Epístola a los Romanos de Pablo, a través de Agustín, a la doctrina de la justificación mediante la fe y la predestinación. De ahí que su *Augustinus*, publicado en 1640, fue anatematizado por los teólogos ortodoxos de la Sorbona ya en 1649 y que la condenación papal fuese permanente y culminase en la conocida bula *Unigenitus* de 1713. Pero el jansenismo continuó siendo una fuerza, en cierto sentido la única real, en el cristianismo francés. Tenía muchas virtudes. Era galicano y antipapal. A semejanza del puritanismo en Inglaterra, era una fuerza contraria a la monarquía y estaba relacionada con los abogados constitucionalistas de los *parlements*. Era una corriente entusiasta y enérgica. Su centro estaba en la fundación piadosa para mujeres de Port-Royal, en las afueras de París, y mantenía relaciones con experimentos tan austeros como los trapenses. Sobre todo, se oponía al intento de los jesuitas de utilizar el derecho canónico para transformar al cristianismo en una mera religión cortesana y oficial. Estas características le aportaron una base popular sustitutiva y garantizaron que incluso un monarca tan poderoso como Luis XIV, que llegó a odiarlo en la vejez, no consiguiese eliminar su influencia. Pero era una elite y no una religión de las masas; su atracción no era amplia sino muy profunda, y sometió a muchos hombres muy inteligentes, como había sido el caso de los maniqueos. Ciertamente, el nexo con Agustín no era fortuito. Los jansenistas fueron los maniqueos de la época que precedió al Iluminismo, los primeros presagios de las modernas filosofías del pesimismo.

El propio Jansen consideraba que las dificultades de la especie humana constituían una terrible tragedia:

Desde su origen, la raza humana soporta la carga total de su condenación, y su vida, si así puede llamársela, es absolutamente negativa. ¿No llegamos en un estado horrible de ignorancia? ¿Desde la matriz acaso el niño no yace en sombras impenetrables?... Ya es culpable de un crimen e incapaz de virtud, envuelto y sumergido de tal modo en la oscuridad que es imposible arrancarlo del estado de estupor del que no tiene conciencia. Y este letargo dura meses y años. De esta oscuridad provienen todos los errores de la vida humana... Cuánto amor a la vanidad y el mal, qué mordiente inquietud, preocupación, sufrimientos, temores, alegrías malsanas, disputas, luchas, guerras, persecuciones, cóleras, hostilidades, mentiras, lisonjas, dolores, robos, violaciones, perfidias, orgullo, ambiciones, envidias, homicidios, parricidios, crueldades, sadismo, perversidad, lascivias, vanaglorias, impudicias, impurezas, fornicaciones, adulterios, incestos, infamias contra las naturalezas de ambos sexos, todo lo que es tan vergonzoso que no cabe mencionarlo. Qué sacrilegios, herejías, blasfemias, perjurios, opresiones del inocente, calumnias, estafas, fraudes, falsos testimonios, abortos de la justicia, violencia, latrocinios... ¿Quién puede describir el yugo que pesa sobre los hijos de Adán?

La descripción de este yugo fue lo que tocó en suerte a Blas Pascal, que halló un ingrato placer en el enorme y doliente pesimismo de Jansen. Nació en 1623 y era un auvernés duro y codicioso, hijo de un matemático y recaudador oficial de impuestos. Todos los Pascal fueron individuos feroces, agresivos, disputadores, arrogantes, litigantes y desesperadamente astutos. Hacia los veintidós años, había construido una eficaz máquina de calcular; también realizó experimentos con el vacío y la presión atmosférica, y utilizó el juego para concebir teorías de la probabilidad. Pertenecía a la misma generación que Locke, pero rechazó el tipo de actitud de la Sociedad Real frente a la experiencia religiosa. ¿Por qué? Principalmente porque, si en la Inglaterra de Locke el fanatismo no sólo era poco elegante sino que se creía peligroso y antisocial, en la Francia de Pascal precisamente entonces comenzaba a ser moda en los católicos. Su caso sugiere que incluso las mentes grandes son prisioneras de su ambiente. Pues Pascal era un maravilloso autor de escritos polémicos, claro, profundo, sabio y ferozmente ingenioso. De haber nacido un siglo más tarde, podría haber rivalizado con Voltaire en la destrucción de la religión organizada. Según estaban las cosas, sufrió el tipo de «cambio» religioso que transformó a los ingleses de la generación precedente, como Milton y Cromwell. En 1654, mientras leía el Nuevo Testamento, tuvo una extraña experiencia emocional; esto se vio confirmado, dos años después, cuando su pequeña hijastra, que estaba muriendo de una fístula lagrimal, fue curada por un excéntrico coleccionista de reliquias, que la tocó con una supuesta espina de Cristo. De este modo Pascal, que tenía las cualidades de un periodista sensacionalista, se convirtió en propagandista de la Port-Royal jansenista, donde su hermana era una de las principales internas. Utilizó la artillería del ridículo racionalista para denunciar la verbosidad y la falta de sentido de los tomistas, que aún florecían en la Sorbona, y la inmoralidad de los jesuitas y su sistema de casuística. Sus *Cartas de provincia* debieron ser impresas en secreto, bajo un seudónimo, pero se vendieron 10.000 ejemplares de cada una y sus lectores sumaron más de un millón. Bossuet, el predicador cortesano galicano de postura ortodoxa, dijo que habría deseado escribirlas antes que cualquier otro libro.

Sin embargo Pascal no usó las técnicas racionalistas para promover la causa de la razón; todo lo contrario. Lo que en realidad le desagradaba en los jesuitas era su falta de religión, según él la entendía. Con el tiempo se encolerizó más y más ante un sistema que intentaba reconciliar el catolicismo con la odiosa corte de Luis XIV; a su entender, se trataba de la mundanidad y el ateísmo disfrazados de fe. (En sus últimos años se convenció de que el Papa estaba equivocado e inmerso en la herejía; pero no insistió en el asunto, pues comenzaba a cansarse de la polémica.) Deseaba que el cristianismo preservara su carácter original, austero, duro, casi escandaloso por su rechazo de las normas terrenales. En resumen, como Tertuliano, pasó a una posición en la que veía a la verdad cristiana como trascendiendo, incluso desafiando a la razón, y a los cristianos regocijándose en su inverosimilitud. René Descartes, miembro auténtico (aunque converso tardío) de la antigua tercera fuerza, había creído que se llegaba a la verdad mediante una combinación de la duda metódica con el razonamiento claro. Pascal deseaba destacar que la razón era humana, no sobrehumana; tenía sus limitaciones y deformaciones. El cartesianismo era un enemigo externo de la Iglesia, del mismo modo que la casuística era un enemigo interno.

Aquí, Pascal abordó una línea argumental muy poderosa y permanente, destinada en todas las épocas y en todas las sociedades a ejercer cierta atracción. Pero no vivió para desarrollarla como sistema filosófico. Lo que dejó fue un volumen de 500 páginas de escritos heterogéneos; estos materiales, después de distintas vicisitudes, ahora forman el Manuscrito 9.902 de la Bibliothèque Nationale. Una selección de sus *Pensamientos*, como se denominó, apareció ya en 1670, y otros, seleccionados y compilados por diferentes manos, fueron su complemento. El manuscrito original era un conjunto sumamente confuso, que suscitó dificultades intrínsecas sobre el sentido del pensamiento de Pascal. Por ejemplo, no siempre estaba claro si exponía su propio pensamiento o los argumentos de sus contrarios. Los compiladores tempranos oscurecieron el asunto en lugar de aclararlo, y reorganizaron irreversiblemente el manuscrito, de modo que los problemas editoriales ahora son insolubles. Todas las ediciones de Pascal, excepto las más modernas, presentan sus pensamientos de un modo deformado o engañoso, y los comentarios de las figuras más eminentes de la literatura francesa —Bossuet, Fénelon, Voltaire, Rousseau, Chateaubriand, Valéry y otros— a menudo se basan en concepciones erróneas que agravan el desorden. Por ejemplo, sabemos ahora que la presunta observación de Pascal, «el silencio eterno de esos espacios infinitos me aterroriza», fue incluida para reflejar el comentario temeroso de un ateo. Hay muchas otras acechanzas, igualmente fatales. Por lo tanto, gran parte de la influencia de Pascal no guardó relación, ni siquiera por oposición, con lo que él pensaba realmente, así que uno de los libros más sugestivos del mundo moderno sólo en parte es auténtico. Esta cuestión tuvo considerable importancia histórica.

En realidad, Pascal se convirtió en un monje secular y sin duda se preocupaba por la necesidad de emancipar su espíritu de la carne. Comía verduras y bebía agua, barría su propio cuarto, llevaba sus platos a la cocina y vivía como un pobre de solemnidad; para mantener el estado de meditación usaba un cinturón con púas sobre la carne. Pero no era un oscurantista. Padecía un terrible reumatismo crónico y decía que esa dolencia originaba sus percepciones peculiares. Le preocupaba la teodicea y reconocía con razón que el sufrimiento proponía al racionalismo tantos problemas como la religión. A su juicio, la enfermedad era «una parte integral del mecanismo de la santidad». El cristianismo se desintegraba «si faltaba la desgracia, la pobreza y la enfermedad», porque en cierto sentido era una respuesta a esas condiciones. Por su parte, la razón pretendía iluminar más de lo que era en realidad el caso. «Por consiguiente, que no se continúe reprochándome la falta de claridad, pues se trata de una forma intencional; en cambio, reconózcase la verdad de la religión en su oscuridad misma, en la escasa comprensión que tenemos de ella, y en la indiferencia ante la posibilidad de conocerla.» Por lo tanto, el sufrimiento y la ignorancia del hombre eran hechos permanentes:

> Cuando veo la ceguera y el sufrimiento del hombre, y las sorprendentes contradicciones de su naturaleza, y veo mudo al universo entero y al hombre desprovisto de luz, abandonado a sí mismo y perdido en este rincón del universo, sin saber quién lo puso allí, qué será de él cuando muera, me siento temeroso, como un hombre que, transportado en el sueño a una isla desierta y terrible, despierta sin saber dónde está y sin que se le ofrezca la posibilidad de abandonarla; entonces me maravillo porque uno no desespera ante una condición tan desgraciada.

En presencia de esta dificultad, Pascal argumentaba que el cristianismo suministraba una respuesta mejor que una solución que dependía exclusivamente de la razón. Probablemente era una apuesta mejor. Pascal no se oponía a la razón. La consideraba una entidad neutra. Una prueba racional de Dios o el cristianismo nunca desalojarían el don de la fe. Percibía en la razón humana la tendencia siniestra a desembocar en la irracionalidad, del mismo modo que su buena voluntad natural estaba corrompida por la animosidad. La vida humana no progresaba necesariamente hacia la dulzura y la luz: el hombre tiene una naturaleza doble, en él actúan la caída tanto como la gracia divina. De un modo más concreto, el nacimiento y la supervivencia del cristianismo eran en sí mismos un reto al racionalismo (una idea que podría haber formulado Tertuliano, o también san Pablo), en ciertos raros momentos de inspiración descubrimos una realidad tal que disecarla mediante la razón es absurdo y que demuestra que Cristo todavía actúa en este mundo. De este modo: «El paso definitivo de la razón es el reconocimiento de que existe un número infinito de cosas que la sobrepasan.» O también: «No hay nada más razonable que el rechazo de la razón.» Finalmente: «Llegamos a conocer la verdad no sólo mediante la razón, sino aún más a través de nuestros corazones.»

El fenómeno de Pascal, que es un eco del misticismo medieval y que presagiaba el romanticismo del siglo XIX, predominó en las fuerzas protestatarias que se manifestaron en el seno del catolicismo francés, y así impidió la fusión de la Reforma y la razón que originó el sistema de Locke en Inglaterra, permitiendo que el Iluminismo en Francia se desarrollase pacíficamente en el marco de la religión cristiana establecida. Sometido a constantes ataques oficiales —la bula *Unigenitus* se convirtió en ley de Francia en 1730— el jansenismo degeneró en simple partido político, perdió su fervor espiritual y más tarde, en 1789, reapareció como una religión de abogados. Por lo tanto, el catolicismo no protagonizó la Reforma, y la tercera fuerza —el Iluminismo— surgió en la forma de variedades del deísmo o el ateísmo que actuaban fuera del cristianismo o incluso contra él. Los argumentos de Locke en favor de la razón y la metodología de la ciencia empírica fueron aplicados con entusiasmo, pero en un contexto no cristiano. Así, *El Espíritu de las leyes* de Montesquieu y la *Enciclopedia* de Diderot son esencialmente monumentos no cristianos, un fenómeno que sería inconcebible en Inglaterra (o en Escocia, donde Hume, aunque respetado, pasaba por ser una aberración). El Iluminismo francés surgió como el primer movimiento intelectual europeo que, desde el siglo IV, se desarrollaba fuera de los parámetros de la creencia cristiana.

El resultado fue someter la interpretación racional de los fenómenos a la prueba que Locke había evitado hábilmente y a la que, según afirmaba Pascal, no podría sobrevivir. El racionalismo francés incluso tuvo más confianza en sí mismo que el anglicanismo racional y apuntó a blancos más amplios. Los *philosophes* saquearon el pasado para denunciar al cristianismo como el origen del mal (por ejemplo, la *Historia filosófica y política de las Indias* de Raynal demostró de qué modo el contacto con el cristianismo llegó a destruir sociedades enteras). Voltaire escribió a Federico el Grande: «Su Majestad prestará un servicio eterno a la raza humana si extirpa esta infame superstición. No me refiero a la chusma, que no es digna de ser esclarecida, y que se presta a todos los yugos; hablo de los bien nacidos, de los que desean pensar.» Diderot y sus amigos concibieron el propio esclarecimiento como una ética, una religión alternativa: «No basta saber más que los teólogos; debemos demostrarles que somos mejores y que la filosofía obtiene hombres más honorables que la gracia suficiente o eficaz.» A juicio de Diderot, la autorrealización del hombre era una suerte de expiación sustitutiva, y el amor de la humanidad, un sustituto del amor de Dios: por lo tanto la posteridad, y no Dios, debía juzgar la conducta actual del hombre. «La posteridad es para el filósofo lo que el otro mundo es para el individuo religioso.» O también: «Oh, posteridad, santo y sacro apoyo de los oprimidos y los desgraciados, tú que eres justa, tú que eres incorruptible, tú que vengarás al hombre bueno y desenmascararás al hipócrita, ideal consolador y cierto, no me abandones.»

Naturalmente, todo esto era buscarse dificultades en el futuro. Locke había explicado que el hombre común no estaba interesado en el veredicto de la posteridad; en cambio, se lo podía convencer de aceptar un sistema de recompensas y castigos. Pascal habría preguntado por qué alguien tenía que suponer que era probable que la posteridad formulase, según nuestros términos, un juicio racional. Voltaire tuvo cuidado de no atrincherarse nunca en una posición tan peligrosa. En realidad, es sumamente difícil determinar cuál fue realmente el credo de Voltaire. Algunos de sus enunciados parecen definidos y enfáticos: «Creo en Dios, no el dios de los místicos y los teólogos, sino el dios de la naturaleza, el gran geómetra, el arquitecto del universo, la causa primera, inalterable, trascendente, eterna.» Voltaire vivía para una época inmensa y siempre escribía prodigiosamente; pero sus convicciones reales no siempre se reflejan en lo que escribió en determinada ocasión, o en cierto contexto, o en cierto momento. Es un hecho asombroso que, por razones completamente opuestas, estas convicciones íntimas tanto de Pascal como de Voltaire, los dos pensadores más influyentes en el Continente después de Erasmo, continúen envueltas en un velo de misterio. Voltaire se autodenominaba tanto deísta como teísta y empleaba las palabras como si fuesen idénticas. Se contradecía constantemente y sin disculparse: «No hay un solo ateo en Europa entera.» «Sólo los predicadores jóvenes e inexpertos, que nada saben del mundo, afirman que no puede haber ateos.» A semejanza de George Bernard Shaw, era un actor y a menudo estaba dispuesto a permitir que el estilo prevaleciera en perjuicio del significado. «Dios no es para los grandes batallones sino para los que disparan mejor» se convierte, en otra encarnación, en «Dios es siempre para los grandes batallones». (Es posible que la afirmación no haya sido acuñada por él.)

Donde parece que Voltaire es más sincero, deriva hacia la duda y la salvedad. Definió el deísmo como «la adoración pura de un ser supremo, libre de toda superstición». Los que creían que Dios creó el mundo pero no lo dotó de una ley moral a su juicio debían ser llamados *philosophes*. Un deísta que aceptaba la ley de Dios, a juicio de Voltaire, poseía una auténtica religión. Y las creencias que estaban más allá de estas dos categorías representaban un mal. Se hizo eco de la observación de Pascal: «Lo que es verdad de este lado de los Pirineos es falso del otro», con lo que dio a entender que la ética era relativa. (Como otros hombres del siglo XVIII, creía que ésta, lo mismo que muchas otras cosas, dependían de la geografía.) Cuanto más sincera (aparentemente) su intención, más se acerca a Dios, o a un tono de resignado y reverente agnosticismo. Dice en el *Traité de métaphysique*: «La opinión de que existe un dios suscita dificultades; pero hay absurdos en la opinión contraria.» O: «¿Qué es este ser? ¿Existe en la inmensidad? ¿El espacio es uno de sus atributos? ¿Está en un lugar o en todos los lugares o en ninguno? ¡Ojalá me salve siempre de enredarme en estas sutilezas metafísicas! Abusaría excesivamente de mi débil razón si tratara de alcanzar la comprensión plena del ser que, por su naturaleza y por la mía, ha de ser incomprensible para mí.» Habló claramente en un aspecto: «No es posible probar ni refutar la existencia de Dios mediante la mera fuerza de nuestra razón»; su obra más seria en este contexto, *Essai sur les moeurs*, toca el tema una sola vez: «No creer absolutamente en ningún dios... sería un terrible error moral, un error incompatible con el buen gobierno.» Una carta escrita en 1770, descubierta hace poco tiempo, dice: «No creo que haya en el mundo un alcalde o un *podestà* que tenga que gobernar solo 400 caballos llamados hombres, que no advierta que es necesario poner un dios en las bocas de manera que sirva como freno y brida.»

En resumen, Voltaire siempre ponía cuidado en subrayar la necesidad social de una deidad y así evitaba caer en la trampa del Iluminismo. Había en él demasiados elementos propios del historiador para que pudiera suponer que la razón sola tenía probabilidades de ser una guía fidedigna de la humanidad —no necesitaba las admoniciones de Pascal— o que el optimismo era una postura razonable para un filósofo. Lo que convierte a Voltaire en un hombre realmente grande y en una figura importante de la historia del cristianismo es que en éste y en otros aspectos nadó contra la corriente principal del Iluminismo. Llegó a la conclusión de que los dos conceptos fundamentales de la *Teodicea* (1710) de Leibnitz, que todo era para bien en este mundo y que en todo caso el cristiano debía resignarse y someterse, eran absolutamente erróneos: el primero porque era una falacia, el segundo por su carácter moralmente repugnante. Rechazó el *Essay on Man* (1733) de Alexander Pope:

> *Seguro en la mano de un poder supremo,*
> *o en la hora natal, o en la mortal...*
> *una verdad es evidente,*
> *lo que es, bien está.*

Consideró que esta actitud equivalía a tentar a la Providencia y se sintió complacido cuando la Providencia, tentada, provocó el espectacular terremoto de 1755 en Lisboa. Era como si Voltaire hubiese estado esperando esta catástrofe para atacar la sabiduría emanada de la época, tanto la de carácter cristiano como la racionalista: «Mi estimado señor, la naturaleza es muy cruel. Sería difícil imaginar de qué modo las leyes del movimiento originaron tan terribles desastres *en el mejor de los mundos posibles...* Me lisonjeo en vista de que por lo menos los reverendos padres inquisidores han sido aplastados como los otros. Eso debería enseñar a los hombres a abstenerse de las persecuciones mutuas, pues mientras unos pocos canallas sagrados queman a unos pocos fanáticos, la tierra se los traga a todos.» Voltaire aprovechó la ocasión del terremoto, que suscitó un interés europeo completamente desproporcionado con la magnitud del episodio, para componer un poema didáctico que tuvo una veintena de ediciones en 1756:

> *Un jour tout sera bien, voilà notre espérance,*
> *Tout est bien aujourd'hui, voilà l'illusion...*

> (Un día todo estará bien, ésa es nuestra esperanza;
> todo está bien hoy, ésa es nuestra ilusión...)

El poema era un reto a la intelectualidad europea, escéptica o cristiana, para inducirla a explicar los desastres naturales por referencia a premisas morales. Vieron la luz centenares de folletos. La teodicea cristiana exhibió especial debilidad. Rousseau, que intentó combinar el racionalismo con el sentimiento, no lo hizo mejor: según su razonamiento, los hombres eran responsables, pues las víctimas habrían alcanzado menor número si los hombres no se hubieran amontonado de un modo antinatural en las ciudades. El joven Immanuel Kant fue otro que respondió. Ya estaba acercándose a una solución posracional y romántica: la perfección interna en realidad es más importante que el conocimiento científico exacto, y la experiencia moral llega más lejos que las verdades reveladas por los fenómenos. «Por consiguiente, he considerado necesario negar el conocimiento con el fin de dejar espacio a la fe.» Kant sostuvo que la lección del terremoto era que en el mundo de los fenómenos el hombre estaba sometido a las necesidades de la ley natural, pero en el mundo del espíritu gozaba de libertad: la naturaleza estaba subordinada al dominio de los fines gobernados por el propósito y el espíritu era superior a la materia. Por lo tanto, el proceso de razonamiento desembocaba en Dios. Todo esto era impertinente a juicio de Voltaire, pues de hecho él había formulado intencionadamente una falsa pregunta: aunque horrible e inexplicable, el terremoto no era lo peor que debíamos temer: «Los hombres se autoinfligen más daño en su pequeña madriguera que todo lo que hace la naturaleza. Más hombres son masacrados en sus propias guerras que los que perecen tragados por el terremoto.» Escribió *Cándido*, que denunció como estúpido fatalismo el optimismo acerca del mejor de todos los mundos posibles, «una filosofía cruel con un nombre consolador». La verdadera solución era «cultivar nuestro jardín», es decir, combatir y eliminar los males, y usar no sólo nuestra razón sino todas nuestras facultades para reformar la sociedad y así limitar la incidencia del sufrimiento. Era una teodicea deísta. En 1761 Voltaire desinfló el optimismo dominante, que en realidad era una forma de complacencia, el pecado general del siglo XVIII, pues señaló que la irracionalidad todavía florecía triunfalmente, y no con menos gravedad en el mundo presuntamente supino del cristianismo ortodoxo. Su intervención en el caso Callas lo convirtió en la conciencia activa de la época, el profeta de la justicia y la razón no en forma abstracta sino concreta y personal, en defensa de un hugonote víctima de un asesinato judicial, según pudo demostrarse, la víctima de la casta sacerdotal y de sus cómplices legales y políticos (así como sociales). Lo que llevó a Voltaire a odiar a Pascal no fue la conciencia de este último respecto de la limitación de la razón, porque aquél compartía esa posición, sino el modo en que se usaba a Pascal para defender un cristianismo que aún era capaz de monstruosas crueldades. En 1766 hubo otro ultraje, cuando el joven caballero de la Barre no atinó a descubrirse respetuosamente mientras pasaba una procesión religiosa capuchina por las calles de Abbeville, pues estaba lloviendo. Fue acusado y condenado por blasfemia, y fue sentenciado a «la tortura ordinaria y extraordinaria»: le cortaron las manos, le arrancaron con pinzas la lengua y lo quemaron vivo. Este caso atroz persiguió a Voltaire por el resto de su vida y, en efecto, fue un recordatorio a la intelectualidad europea de que, pese al triunfo aparente de la razón, Europa católica aun era un cuerpo esencialmente no reformado.

¿Era posible reformar la Iglesia? ¿O sería necesario aplastarla? El Tratado de Westfalia había sido una catástrofe para el papado. Después, rara vez se lo consultó en los problemas internacionales y no tuvo representación en los grandes congresos europeos de la paz. Las Iglesias católicas nacionales de hecho eran independientes. Sólo Italia era ultramontana, es decir, representaba una contradicción en sí misma. Prevalecía el supuesto general de que sólo un concilio era infalible en las cuestiones doctrinarias y de que podía imponerse al Papa; la autoridad normal de cada país revertía sobre los sínodos de obispos; pero la Iglesia se encontraba en estado excesivamente comatoso para poner a prueba la teoría. Los papas carecían de importancia. La única excepción, Benedicto XIV (1740-58), adoptó una actitud moderadamente progresista: «Prefiero que se acallen los truenos del Vaticano. Cristo no arrojará fuego desde el cielo... Cuidémosnos de confundir la pasión con el celo, pues este error ha acarreado los más grandes males a la religión.» Era el punto de vista volteriano. Pero progresista o no, el papado parecía condenado a la extinción o a la impotencia total. Ya no pudo proteger a sus más entusiastas defensores. En 1759 los jesuitas, acusados de diferentes delitos (verdaderos o falsos) que formaban una gama que iba desde la conspiración con propósitos de asesinato hasta los fraudes en las colonias, fueron expulsados de Portugal. En 1764 un decreto real los disolvió en Francia y tres años más tarde fueron suprimidos en España y sus dominios. En 1773 las potencias europeas obligaron a Clemente XIV a disolver la sociedad mediante la bula *Dominus ac redemptor.* Uno de los pocos lugares donde los jesuitas todavía funcionaban era la Prusia luterana; allí Federico el Grande los halló útiles para instruir a sus futuros oficiales y burócratas. En la década de 1770 la posición papal comenzó a derrumbarse en la Alemania de la Contrarreforma, a causa de la destrucción de muchos vínculos con Roma y la insistencia en que debía obtenerse la autorización imperial antes de la publicación de las bulas papales. En 1781 el emperador José II suspendió la persecución religiosa en el Imperio austríaco y emitió un edicto de tolerancia. Los inconformistas podían practicar el culto en la intimidad; los luteranos, los calvinistas y los ortodoxos griegos incluso podían construir iglesias (pero sin campanarios); todos podían ejercer el derecho y la medicina, y ocupar cargos; se secularizaba la educación, que era obligatoria; se abolía la censura. Pese a las protestas papales, el Estado acometió una gran reforma del cristianismo mecánico. La formación de los sacerdotes quedó bajo el control del gobierno, se procedió a la clausura de 700 casas religiosas y se permitió que continuaran funcionando únicamente las órdenes utilitarias: 38.000 monjes salieron al mundo; sobrevino un ataque imperial a las peregrinaciones, los días santos y la superstición. En el Gran Ducado de Toscana, Leopoldo, hermano de José, siguió un curso análogo, gravó los ingresos clericales, redujo los montos enviados a Roma, abolió las apelaciones presentadas en Roma y la corte del nuncio, suprimió conventos y transfirió hospitales a manos seglares, terminó con la Inquisición, los *provisors* papales y el control de la curia sobre las órdenes religiosas. Otros movimientos similares se observan prácticamente en Europa entera y en los Estados tanto protestantes como ortodoxos griegos y católicos. En casi todos los casos era una reforma por arriba, impuesta por gobiernos despóticos u oligárquicos que creían armonizar con el Iluminismo. A menudo fue un proceso superficial, ineficaz o sin importancia; de un modo absolutamente erróneo se supuso que señalaba el comienzo del triunfo definitivo de la razón.

Por extraño que parezca, los cambios fueron menos acentuados en Francia, presuntamente el centro de las fuerzas esclarecidas europeas. Como en Gran Bretaña, aunque por razones diferentes, la Iglesia oficial francesa no tuvo que soportar la campaña reformista desde arriba. Esto no significaba que se encontrase en una condición regenerada. Lo que Horacio Walpole dijo de Inglaterra se aplicaba *a fortiori* a Francia: los modos del cristianismo estaban agotados. Del siglo de luchas entre jansenistas y jesuitas sólo restaba un legado, la indiferencia. El Iluminismo se había extendido en ciertos aspectos a la Iglesia y sobre todo al alto clero. Los obispos, si eran individuos enérgicos, se atareaban en la construcción de caminos o canales, y si tenían pretensiones intelectuales adoptaban actitudes de *philosophes*. Diferentes formas del deísmo eran usuales. Luis XV, que no era mojigato, negó París al cardenal Lomenie de Brienne: «No, el arzobispo de París por lo menos debe creer en Dios.» Chamfort se burló: «Un vicario general puede permitirse una sonrisa cuando se ataca a la religión, un obispo puede reír de buena gana y un cardenal puede prestar su cordial asentimiento.» En la mayoría de los restantes aspectos la Iglesia era todavía la misma organización de principios del siglo XVI. Era enorme (130.000 clérigos) y sumamente acaudalada, sobre todo en el norte: poseía el treinta por ciento de la tierra en Picardía, más del sesenta por ciento en el Cambrésis. Pero las diferencias en los ingresos, bastante graves en Inglaterra, eran casi diez veces peores en Francia y oscilaban entre las 300 libras mínimas reglamentarias para un sacerdote a las 400.000 para los principales obispos, es decir, una proporción de 1:1.300. De hecho, todos los obispos eran nobles y la mayoría ausentistas.

En el ámbito local, la Iglesia era una mezcla extraordinaria de ocio y laboriosidad. Por ejemplo en Angers, que tenía una población de 34.000 habitantes en 1789, había setenta y dos canónigos y más de cuarenta clérigos parroquiales, más un número enorme de miembros del entorno clerical (la mayoría de ellos sacerdotes) en la catedral y en las iglesias parroquiales y colegiales, sesenta monjes, cuarenta frailes y más de trescientas monjas. Uno de cada sesenta ciudadanos era sacerdote, y este índice no incluía a los empleados tonsurados y los estudiantes del seminario. Había un número y una diversidad enormes de instituciones eclesiásticas, y la mayoría repicaba las campanas a todas horas del día y la noche; decíase que como consecuencia de esta situación las casas que estaban enfrente a la plaza principal eran «casi inhabitables». Algunos clérigos, como en Inglaterra, eran personas educadas y se entretenían con las antigüedades locales. Otros poseían una mentalidad moderna. Los benedictinos de St. Aubin instalaron bustos de yeso de Voltaire y Rousseau; y fray Cotelle de la Blandinière, el teólogo ortodoxo local y autor del *Manual diocesiano*, presentó a Voltaire su discurso inaugural en la Academia de Angers con el propósito de merecer su aprobación. Pero gran parte de la rutina y la atmósfera merece el calificativo de medieval. Se exponían las reliquias dos veces por semana en la catedral; el segundo domingo después de la Epifanía aún se servía el vino de una jarra de piedra supuestamente utilizada en las bodas de Caná. Había procesiones religiosas casi cotidianas y esto representaba un riesgo o una humillación para los incrédulos, sobre todo porque en ellas se transportaban reliquias: un fragmento de la Verdadera Cruz, la cabeza de St. Loup, los huesos de los santos Sereno y Godebert, el brazo de san Julián, un retazo de la vestidura de la Virgen Bendita y un mechón de sus cabellos, la sangre de san Mauricio y el diente de St. Decent, además de doce obras de cera portátiles, cada una con quince figuras de tamaño natural. Cuando en 1757 se abrió una tumba medieval en la catedral, se difundió la noticia de que se había descubierto un nuevo santo y una muchedumbre frenética destrozó los restos, para dispersarse llevando cada uno fragmentos de huesos y lienzos.

Las casas religiosas de Angers ofrecían un espectáculo lamentable, aunque no exactamente escandaloso. No había versiones de monjas fornicadoras, pero las hermanas benedictinas (las más ricas) podían salir sin acompañantes ni velos en sus propios carruajes. Las damas nobles solteras eran casi exclusivamente las beneficiarias de esta situación y de otras instituciones ricas; ciertamente, se aceptaba oficialmente que existían «con el fin de ofrecer retiros decentes y honorables a esa parte numerosa de la nación que está demasiado bien educada para degradarse ejecutando las tareas humildes a las que parece condenarlas la ausencia de ingresos» (1770). También los monjes generalmente procedían de familias privilegiadas. El «mejor» monasterio, el de St. Aubin, contaba con un ingreso de 50.000 libras anuales. De esta suma, 11.000 se invertían en el mantenimiento, los impuestos y otros aspectos por el estilo; 20.000 iban a manos del noble abate ausentista y el resto se distribuía entre quince monjes. Hacían la vida propia del caballero, con caballos y carruajes, 120 libras anuales de dinero de bolsillo, vacaciones de un mes, partidas de naipes y un concierto los domingos. Habían renunciado al hábito y usaban zapatos cómodos y medias de seda. Es cierto que no ingerían carne «roja» (excepto en la llamada «mesa de la enfermería», donde cenaba el prior), pero consumían la mejor sal, así como pescado fresco, liebres, patos, cercetas, gallinetas y otras cosas por el estilo. Ahora muchas abadías estaban asignadas in commendam a obispos de ingresos insuficientes (o que estaban bien relacionados). En Angers, cuatro casas benedictinas suministraban a cuatro altos eclesiásticos (ausentistas) estipendios suplementarios y una vida cómoda para menos de cincuenta monjes, a partir de un ingreso total de más de 200.000 libras; en San Nicolás, el abate embolsaba dos tercios del ingreso de 25.000 libras y pasaba todo su tiempo en Versalles. Los canónigos agustinos no eran mejores. De los frailes, reclutados en las clases que no eran nobles, los capuchinos eran realmente pobres. El resto llevaba una vida cómoda. Un observador señaló: «En sus mesas hay más cafeteras y juegos de té, raperas y chucherías que libros de teología.» Los cordeleros comían en vajilla de plata, tenían ciento sesenta sábanas de hilo y veinticuatro pipas de vino; los dominicos tenían sus propios muebles, sus asignaciones para comprar prendas de vestir y sus posesiones privadas; su menú incluía capones, perdices, conejos y manos de cerdo («erogación extraordinaria»).

Las personas de ideas progresistas coincidían en que las reformas eran necesarias y estaban muy retrasadas, pero nadie preveía una destrucción total. En la Iglesia había una división fundamental entre los capítulos y los religiosos de las catedrales, que contaban con sobrados recursos, no trabajaban y en su mayoría eran aristócratas, y el clero parroquial, plebeyo y pobre. Los philosophes coincidían generalmente en que estos últimos eran individuos meritorios y también laboriosos. Sin duda, el clamor en favor de la reforma era mucho más intenso en el sector del clero parroquial. Todos coincidían en que los monjes debían desaparecer. Se habían trazado planes en ese sentido antes de la reunión de los Estados Generales en 1789, y el decreto de 1790, que disolvió y dividió para la venta todos los establecimientos excepto los de carácter educacional y caritativo, fue aplicado sin que hubiese casi ninguna protesta ni movimientos de resistencia. En efecto, los *curés* eran una fuerza reformista; como dijo uno de ellos, eran «para la Iglesia de Francia lo que el Tercer Estado es para la nación». Inclinándose ante esta presión, en 1788 Necker modificó las reglas electorales en favor de los *curés* y en perjuicio de los capítulos de las catedrales y los monjes, y así de un total de 296 diputados clericales, 208 eran *curés*. El análisis de los *cahiers de doléance* agrarios llevados a Versalles por los Estados Generales demuestra que el catolicismo en sí mismo no era impopular. Prevalecía el supuesto general de que continuaría siendo la Iglesia oficial y que representaría un papel principal en la educación y el ceremonial del Estado. Tampoco la Asamblea Nacional era al principio anticlerical; incluía a solo tres jansenistas y quince protestantes. Más bien se adhería a las ideas de Erasmo, era galicana y creía que la Iglesia era una parte necesaria de la estructura moral de la nación: si no existía, ¿quién podría impedir que los criados vendiesen las cucharas? En noviembre de 1788, Luis XVI había analizado la posibilidad de una crisis inminente con su ministro reformador Malesherbes y se había referido a la relación con la Guerra Civil inglesa. Malesherbes comentó entonces: «Felizmente, aquí no se trata de disputas religiosas.» El rey coincidió con esta opinión: *«L'atrocité ne sera pas la même.»*

En realidad, lo que sucedió fue una combinación de la experiencia de Inglaterra en las décadas de 1530 y 1640, una revolución dirigida no sólo contra la corona y las clases poderosas, sino contra el conjunto del clero y contra el cristianismo propiamente dicho. De esta forma, nació la idea del Estado secular moderno, y el concepto de la cristiandad como una sociedad internacional de carácter total, ya deteriorado por el cisma, terminó de disolverse. El proceso arraigaba profundamente en el Iluminismo que en Francia, como hemos visto, se desarrolló fuera de la estructura cristiana, más que en su propio seno, y representó a la religión y la razón pugnando en sentidos contrarios, más que (como en Inglaterra) de común acuerdo. Pero si las raíces se hundían profundamente, el florecimiento del anticlericalismo y el ateísmo fue hasta cierto punto accidental, uno de los grandes embrollos de la historia. El resultado fue una confrontación entre la «razón» y la «religión», que reveló las limitaciones y las debilidades de ambas y suscitó una serie de cuestiones fundamentales que aún no han sido resueltas.

¿Cómo se llegó a esto? Los *cahiers* de 1789 revelaron que no existía el deseo general de promover cambios fundamentales en la Iglesia: apenas uno de cada cincuenta deseaba terminar con los votos monásticos. Pero la Asamblea Nacional erró el camino a causa de dos indicadores. Uno fue la popularidad del teatro anticlerical parisiense, que llevó a escena piezas antes prohibidas, entre ellas *Charles IX*, de M. J. Chénier, en la que aparecía un cardenal blandiendo las dagas de san Bartolomé. El otro indicador fue la facilidad con que se aprobó la primera tanda de reformas de la Iglesia. La cancelación de las anatas en 1789 no provocó la protesta papal, aunque sin duda infringió el concordato. Los diezmos fueron abolidos por sugerencia del duque de Chatêlet (furioso porque el obispo de Chartres había propuesto anular los derechos de caza). La confiscación y la venta de las tierras eclesiásticas de hecho no tuvo oposición. Los obispos le manifestaron al Papa: «Nuestro silencio demostró hasta qué punto nosotros éramos personalmente inaccesibles a todos los intereses temporales cuya posesión ha atraído sobre nuestras cabezas el odio y la envidia.» Se vendió la tierra a precios elevados, generalmente a personas muy respetables (según se cree, incluso al rey). La Asamblea creyó que las ventas provocarían en muchas personas cierto interés en el mantenimiento del nuevo régimen, se propuso unir al régimen y al Estado, dando al clero una constitución civil que, entre otras cosas, racionalizaría sus sueldos.

Aquí los diputados cometieron un grave error de cálculo. Lo que la mayoría del clero parroquial deseaba era la democracia interna en el seno de la Iglesia y un sistema de consulta. En cambio, obtuvieron un plan que reestructuraba los límites de las parroquias y las diócesis en armonía con las nuevas divisiones civiles, eliminaba los capítulos de las catedrales, los colegios y los beneficios que no atendían a las almas, y establecía que los obispos serían designados por los electores de los departamentos, y los *curés* por los electores de los distritos. Era una forma de presbiterianismo, un regreso a lo que generalmente se suponía había sido la práctica de la era apostólica. Pocos sacerdotes preferían el nuevo sistema. La mayoría se oponía, algunos enérgicamente; los obispos y el alto clero lo detestaban. También el Papa prácticamente se vio obligado a rechazarlo, pues todo lo que los obispos electos debían hacer era escribirle una carta que expresara la unidad de la fe. Se suponía que era posible extorsionar a Pío VI y obligarlo a aceptar la situación utilizando su propiedad de Aviñón (donde los habitantes locales se habían rebelado contra el dominio papal) como un elemento de negociación. De hecho, el Papa escribió al rey para informarle que la constitución era cismática;

el rey tontamente no hizo nada con la carta hasta que la Asamblea se vio demasiado comprometida para retroceder. El segundo error grave fue que no se consultó al clero antes de elaborar la Constitución y no se trató de persuadirlo después. En cambio, se requirió sencillamente al clero para que prestase juramento de fidelidad a la Constitución o afrontase la pérdida del cargo. Sólo siete de un total de ciento sesenta obispos aceptaron; las cifras correspondientes al clero parroquial son incompletas y un tanto confusas, pero en general la Constitución fue aceptada en el centro, la Isla de Francia y el sureste, y rechazada en Flandes, Artois, Alsacia y Bretaña. Las regiones no juramentadas continúan siendo hoy las que exhiben el catolicismo más ferviente de Francia. Parece que las divisiones existían incluso en 1791, pero el juramento las reforzó. Aun así, hubiera sido posible evitar la catástrofe. El obispo Talleyrand, uno de los siete juramentados, consagró debidamente a ochenta obispos «constitucionales», la mayoría de los cuales era perfectamente respetable; algunos eran sobresalientes; la Asamblea deseaba que se interpretase liberalmente la ley, de modo que el clero no juramentado pudiese administrar las congregaciones que no eran constitucionalistas.

Lamentablemente, la aplicación fue confiada a las municipalidades y los directorios locales de los distritos y los departamentos, muchos de los cuales eran anticlericales profesionales que tenían cuentas que saldar. De esta forma comenzó la práctica de tratar como sospechosos a los clérigos no juramentados. Poco después, el temor al clericalismo se unió con el temor a la reacción real y aristocrática, combinada con la invasión extranjera. La nueva Asamblea de octubre de 1791 estaba atestada de anticlericales e incluía sólo veinte clérigos, todos juramentados. Aprobó un decreto que declaraba «sospechosos» a los no juramentados y los relacionaba con las filas cada vez más numerosas de los emigrados militantes. Así, llegó la guerra con Austria, que de hecho convirtió en traidores a los no juramentados; y un comentario provocativo del cardenal Maury, que dijo a los emigrados de Mayence que el Papa necesitaba que «sus sables afilaran las plumas papales». Por supuesto, esto era lo que los anticlericales habían sospechado siempre. En mayo de 1792 se dictó el primer decreto represivo, que ordenaba la deportación de todos los sacerdotes no juramentados denunciados por veinte ciudadanos «activos». Muchos fueron encarcelados y, cuando llegaron las masacres en las cárceles en septiembre de 1792, tres obispos y doscientos veinte sacerdotes estuvieron entre las víctimas. Hubo muchas otras muertes. En lo que había sido la somnolienta Angers, se ideó un nuevo método de ejecución, la «descristianización por inmersión». Se unía en parejas a los clérigos, se los metía en embarcaciones y se los soltaba en el río. En diciembre de 1794 cincuenta y ocho fueron eliminados de este modo. Un anticlerical del lugar escribió: «Anoche todos fueron tragados por el río. ¡Qué torrente revolucionario es el Loira!» El terror se acentuó hasta la caída de Robespierre, y no se restableció la estabilidad hasta que Napoleón organizó un régimen muy distinto.

De esta manera, por primera vez se desencadenaba un ataque frontal sobre las instituciones cristianas. Se puso a prueba la posibilidad de destruir el cristianismo y se comprobó que, por lo menos temporalmente, era muy vulnerable. Pero también se puso a prueba la razón, que ocupó el lugar de aquél, y se vio que era inapropiada, incluso ridícula. Por supuesto, todo esto había sido previsto por Voltaire, que imaginó que el dominio de la razón podía presentar una imagen poco impresionante, a menos que estuviese unida estrechamente con reformas concretas y justificadas de la sociedad (admiraba el enfoque inglés). En realidad, hacia la década de 1790 la razón ya no era el principio orientador de la intelectualidad europea. Se veía obligada a competir no sólo con el movimiento romántico, influido profundamente por la espiritualidad kantiana, sino por una diversidad cada vez más amplia de supersticiones de moda. La situación no era diferente de la que prevalecía en el siglo I, cuando el paganismo, el gnosticismo y el escepticismo, así como el cristianismo, luchaban unos contra otros. En Alemania, el pietismo, la forma más activa de la expresión religiosa del siglo XVIII, había cedido el sitio al Iluminismo, que estaba relacionado con los movimientos francmasones y rosacrucenses, que habían reaparecido poco antes, los mismos que a principios del siglo XVII habían sido la expresión de la tercera fuerza. André Chenier describió a los *Illuminés* en su obra *De l'esprit de parti* (1791), y dijo allí que «adaptan una acumulación concreta de antiguas supersticiones a las ideas de su secta, predican la libertad y la igualdad a semejanza de los misterios eleusianos o efesianos, convierten el derecho natural en una doctrina oculta y una jerga mitológica». Esas extrañas sectas actuaron en París incluso antes de la Revolución. Estaba Mesmer, que llegó a la ciudad en 1778, con su teoría del magnetismo animal como fuerza curativa; celebraba sesiones en las que los líderes sociales e intelectuales unían las manos alrededor de un cubo de agua. Lavater enseñaba que podía deducirse el carácter por la apariencia facial; su rival medía cráneos. Los rosacrucenses presentaban apariciones e instalaban sus cajas de trucos en la misma habitación donde en otros tiempos Voltaire había desarrollado el racionalismo con Federico el Grande. Joseph de Maistre ya estaba trabajando en sus teorías místicas de la tiranía derechista (*Considérations sur la France* apareció en 1790); había muchos gnósticos, como Catherine Theot, la amiga de Robespierre, y místicos como Saint-Martin, que se autodescribía como «defensor oficial de la Providencia».

Sobre este fondo, los nuevos gobernantes de Francia se propusieron eliminar y reemplazar al cristianismo católico. Un testigo ocular, Mercier, más tarde registró en sus memorias que si Robespierre hubiese aparecido con una vieja Biblia bajo el brazo y requerido firmemente a los franceses que se hicieran protestantes, podría haber tenido éxito. Pero la Revolución no era reformista, era milenarista. De hecho, fue la primera religión milenaria moderna. Volvía los ojos al Munster de la década de 1520, a la Edad Media y, hacia delante, a Carlos Marx y a Mao Tse-tung. También estaba influida por su propia decoración, reflejo del renacimiento clásico; por consiguiente, incluía matices de los patéticos intentos del emperador Julián orientados hacia un renacimiento del paganismo imperial. Cadet de Vaux erigió el primer «altar patriótico» en enero de 1790, en su propia casa de campo. Tenía hachas y haces romanos, una pica coronada por un gorro de la Libertad, un escudo con un retrato de Lafayette y versos de Voltaire; esta disposición fue muy imitada. Tales altares eran los focos de ceremonias al aire libre, en las que se prestaban juramentos de lealtad, se entonaba el *Te Deum* y se servían banquetes comunales. El diseñador y *régisseur* era J. P. David, que organizó una enorme ceremonia en julio de 1791 para trasladar al Panteón los restos de Voltaire. Esta situación suscitó la cuestión del papel de la religión en las ceremonias oficiales y, por lo tanto, a su vez, el problema del matrimonio civil y la educación secular. Si la Revolución creaba una sociedad nueva, ¿no debía suministrarle una nueva religión? Muchos revolucionarios eran deístas. Creían en la naturaleza o, a semejanza de Rousseau, en la comunicación directa con Dios sin intermediarios. Otros ingredientes de su creencia eran el patriotismo y el culto de la *sensibilité;* de ahí el Templo de la Amistad de Saint-Just, donde todos los adultos podían registrar una vez por año los nombres de sus amigos y explicar a los magistrados por qué habían eliminado a algunos de ellos.

Lamentablemente, no era posible separar los nuevos cultos de la descristianización y la guillotina, que sirvieron para terminar discusiones embarazosas de un modo totalmente racionalista. El 7 de octubre de 1793 se celebró en Reims una ceremonia en la que un herrero local destruyó el frasco milagroso de aceite sagrado usado en la coronación. Muchos de los descristianizadores eran renegados, como había sucedido en anteriores movimientos milenaristas. Fouché había sido oratoriense; Laplanche, benedictino; Charles, canónigo de Chartres; algunos eran comunistas, lo mismo que el ex oratoriense, Joseph Lemon: «Si cuando la Revolución haya concluido, los pobres aún están aquí, nuestros esfuerzos revolucionarios habrán sido inútiles.» Dijo en su propio proceso que extraía todas sus máximas revolucionarias de los Evangelios, «que, del principio al fin, predican contra los ricos y los sacerdotes». Algunas iglesias fueron destruidas. En París, los muy pobres suministraron la base de los descristianizadores; en las provincias esa tarea estaba a menudo a cargo de las tropas de línea. Se procedió a destruir las tumbas aristocráticas y se demolió el mausoleo real de Saint Denis. (Salió a la luz el corazón arrugado y preservado de Luis XIV, y por error, más tarde fue devorado.) Unos 30.000 o 40.000 sacerdotes no juramentados fueron al exilio; de 2.000 a 5.000 fueron ejecutados. La Iglesia «constitucional» se desintegró cuando alrededor de 20.000 sacerdotes juramentados, la mayoría de los cuales había actuado bajo presión, aceptaron la descristianización; cuarenta y dos obispos renunciaron a su rango, aunque sólo veintitrés practicaron la apostasía. Algunos sacerdotes se casaron para salvar la vida y otros lo hicieron voluntariamente; pero hubo matrimonios clericales, presididos por obispos, antes de que comenzara la descristianización. (Después, cuando la Iglesia retornó al celibato bajo Napoleón, varios miles pidieron la absolución.) Se decretó en 1795 la separación formal de la Iglesia y el Estado, el país se convirtió en República romana en 1798 y el papa Pío VI llegó a ser un prisionero francés, hasta que falleció en Valence, en agosto de 1799; la municipalidad anotó el fallecimiento de «Jean-Ange Bisaschi, que ejerce la profesión de pontífice».

Sin embargo, los cultos alternativos fueron tan inestables y efímeros como el gnosticismo al que se parecían extrañamente. Y tenían cierto aire de travestismo. David planeó y organizó funerales para los mártires republicanos, como Marat; algunas mujeres juraron educar a sus hijos en el culto de Marat y facilitarles, como único material escrito, los trabajos que él había ejecutado (la mayoría material periodístico). Se celebró una fiesta con motivo del «traslado» de su corazón a un club revolucionario, donde se colgó del techo guardado en una urna. David también planeó la celebración con la que se festejó la aprobación de la constitución en agosto de 1793, un festejo celebrado en el asiento de la Bastilla, alrededor de una enorme estatua de la Naturaleza de cuyos senos brotaba agua. Un miembro del Comité de Salud Pública pronunció estas palabras: «Soberana de las naciones, salvajes y civilizadas "¡Oh, Naturaleza!" este gran pueblo es digno de ti. Es libre. Después de atravesar tantos siglos de errores y servidumbres, tenía que regresar a la sencillez de tus modos para redescubrir la igualdad y la libertad.» Después, bebió de la fuente. Con motivo del Festival de la Razón en Notre Dame, el 10 de noviembre, la propia Iglesia fue declarada Templo de la Razón y en su interior se levantó un escenario que representaba una montaña, coronada por un Templo de la Filosofía. Pero no hubo acuerdo acerca de las formas del culto, incluso del contenido o el objeto. En Poitiers se obligó a los sacerdotes a realizar abjuraciones humillantes y se flageló por las calles a diferentes personas vestidas de papas y monjes. (Esta ceremonia, que tenía una finalidad atea, era casi idéntica a las mascaradas anticatólicas protagonizadas por los protestantes a mediados del siglo XVI.) Casi todas las ceremonias eran deístas. A veces, como alternativa para la razón, se profesaba el culto de abstracciones como la ley, la verdad, la libertad o la naturaleza. Pero Dios solía asomar detrás de estos conceptos; en Beauvais, la razón, la libertad y la naturaleza surgieron como tres diosas; en Auch el celebrante preguntaba: «¿Qué es el culto de la razón, sino el homenaje que rendimos al orden establecido por la sabiduría eterna?» Robespierre puso fin a la descristianización y reemplazó a la razón por el Ser Supremo; el credo que él afirmó incluía la inmortalidad del alma, de modo que sobrepasaba el anglicanismo mínimo de Locke. Pero en ausencia de la salvaje excitación de la descristianización, las ceremonias parecían tediosas para la multitud y atraían sólo a los firmes ciudadanos burgueses que tenían un interés creado en ella (como en el caso del paganismo romano tardío). Se repintaban y rebautizaban los artefactos. Durante un tiempo los entusiastas les pusieron Marat, Bruto y nombres por el estilo a sus hijos. Poupinel, que compuso himnos republicanos, formuló esta exhortación: «Usemos la pompa cívica para inducir a la gente a olvidar las antiguas muestras de superstición; en una palabra, ofrezcamos alternativas más impresionantes y atractivas para las ceremonias que durante tanto tiempo han engañado al pueblo, y así la estructura del sacerdotismo se desintegrará por sí misma.»

Era más fácil decirlo que hacerlo. El cristianismo, con sus muchas percepciones y matices, no había tenido la más mínima dificultad para asimilar elementos del ceremonial pagano y transformarlos. Los republicanos, divididos e inseguros, fracasaron, y sus ceremonias oscilaron entre la parodia y la fanfarronada vacía, como los despliegues de la Plaza

Roja en el comunismo soviético o la nueva gimnasia de la China de Mao. Al parecer, se suponía que la moral pública dependía de las diferentes formas de la exhibición religiosa o gnóstica; se desechó, por considerarla insuficiente, la importancia que Erasmo atribuía a la creencia y la piedad privada. En dos años sucesivos, el Instituto organizó un concurso de ensayos bajo este título: *«Quelles sont les institutions les plus propres à fonder la morale d'un peuple?»* Se inventó un elevado número de cultos. Estaba el *«Culte des Adorateurs»*, mezcla de ideas e imágenes extraídas de Rousseau, los templos indios, Pompeya y los cuadros de Greuze; sus sacerdotes, elegidos anualmente, debían cuidar un fuego eterno, quemar incienso en los funerales y realizar libaciones de leche, miel y vino. En otra de las formas de culto, servían los médicos y los científicos en lugar de los sacerdotes, y los experimentos de laboratorio reemplazaban a la misa. Una tercera era una amalgama de las enseñanzas de Moisés, Cristo, Confucio y Mahoma. Había cultos seculares, sociales o comunistas. El más popular parece haber sido la *Théofilanthropie*, una forma de deísmo cercana al cristianismo (algunos de sus miembros se autodenominaban cristianos), que tenía un manual, dieciséis lugares del culto en París y otros en las provincias, y cuyas «observancias» estaban a cargo de «directores», la mayoría de ellos funcionarios civiles, maestros de escuela, etc. Los ex sacerdotes suministraban sermones. Pero el Directorio rechazó la petición formal de convertirlo en culto oficial: Barras respondió burlonamente a su representante, La Revellière, que primero debía soportar el martirio, para inaugurar apropiadamente la religión, y Carnot concluyó la discusión afirmando que una religión eficaz necesitaba ser absurda e incomprensible, y que en estos aspectos nada podía aventajar al cristianismo.

Bajo la superficie pública, el esquema de las creencias variaba enormemente y a menudo se centraba en figuras individuales de tipo montanista, en una gama que pasaba de los santos a los meros charlatanes. Había acuerdo general en el sentido de que se necesitaba algún tipo de mecanismo religioso para mantener sujeta a la gente. Algunos, por ejemplo madame de Staël, hija de Necker, llevó más lejos el argumento. En *De la Littérature* (1800) acuñó lo que después se convirtió en lugar común: «El progreso científico determina que el progreso moral sea una necesidad.» Su propio círculo de Coppet abundaba en excéntricos religiosos, muchos provenientes de medios pietistas alemanes. Estaba también madame de Krudener, «convertida» en 1804 en Riga, donde un conocido se descubrió ante ella en la calle y en ese instante cayó muerto.

Había sido formada por el consejero Jung-Stilling, de Baden, que había calculado que el mundo terminaría en 1819, y por el pastor Friedrich Fontaines, que le suministró una descripción detallada del Reino de los Cielos; a su vez, ella persuadió más tarde al zar Alejandro I de la conveniencia de fundar la notoria Santa Alianza. Otro profeta de madame de Staël era el poeta Zacarías Werner, que se había convertido en adepto de lo que podría denominarse la «sexualidad católica». Su madre había imaginado que era la Virgen Bendita y que él era Cristo; el mismo Werner creía en «Cristo y el amor copulatorio» ya que «en su ascenso el alma humana debe pasar a lo largo de su vida terrenal a través del purgatorio de los cuerpos femeninos». Por consiguiente, era un gran devorador de criadas en las posadas y los domicilios privados, y en Weimar impresionó a Goethe y desorganizó una sesión de té de Frau Schopenhauer cuando ruidosamente intentó violar a una doncella en la cocina. Sus bolsillos estaban repletos de arrugados sonetos místico-eróticos, dirigidos, según el caso, a sus amantes del momento o a Dios, «el gran hermafrodita». Escribió: «Todo lo que el amor nos lleva a hacer con una amante, lo hacemos por el amor de Dios.»

Estas caricaturas tendían a conseguir que el cristianismo, en comparación, pareciese «normal» y conocido (y racional). En el extremo opuesto del espectro no cristiano los racionalistas se habían visto perjudicados por la asociación con el terrorismo o, en el mejor de los casos, denunciados por su anemia emocional. En su *Discours sur l'homme intellectuel et moral* (1797), Rivarol reflexionó: «El defecto fundamental de la filosofía es que no puede hablar al corazón... Incluso si creemos que las religiones son nada más que supersticiones organizadas, aun así son provechosas para la raza humana, pues en el corazón del hombre hay una fibra religiosa que no es posible extirpar.» Por supuesto, éste fue el punto en el que Voltaire tendió a coincidir incluso con el odiado Pascal. Y había otro punto volteriano: el Estado necesitaba una religión, y una religión eficaz, que en la práctica consiguiese que la gente común se ajustase a las normas cotidianas de la sociedad. Este *aperçu* volteriano fue el principio orientador de la reconciliación de Napoleón con el papado y la Iglesia católica, reflejado en el nuevo concordato de 1801. Napoleón decía que él había perdido la fe a los once años, cuando supo que César y Catón, «los hombres más virtuosos de la antigüedad arderían en las llamas eternas porque no habían practicado una religión de la cual nada sabían». A los diecisiete escribió un ensayo que aprobaba la formulación de Rousseau de que el cristianismo puro era una amenaza para el Estado. En su caso, el culto del honor y la ética militar remplazaban al cristianismo. Como otros individuos del período del Directorio, se apoyaba en el patriotismo, pero más tarde llegó a la conclusión de que éste funcionaba mejor cuando la religión lo reforzaba y de que en Francia la religión tenía que ser el catolicismo (no veía otro modo de terminar con la guerra de guerrillas en el oeste). Por consiguiente, se comportó como Enrique IV: si París valía una misa, la Vendée valía un concordato, que reconocía oficialmente que el catolicismo era «la religión de la gran mayoría del pueblo francés». El enunciado era válido en el sentido de que durante este período la mayoría de los niños franceses había continuado recibiendo la educación del clero; la decisión de Napoleón de reabrir las iglesias en 1802 fue la medida más popular que jamás dictó en Francia. Sus motivos eran completamente seculares. «La gente debe tener una religión, y esta religión debe estar bajo el control del gobierno.» La igualdad era inalcanzable y la creencia en una vida futura ayudaba a los pobres a aceptar su suerte. Sin una religión «respetable», la gente podía adoptar actitudes imprevisibles. «La religión es una suerte de vacuna... que al satisfacer nuestro amor a lo maravilloso, nos confiere inmunidad frente a las falsificaciones y las brujerías.» No estaba seguro de lo que él mismo creía: pensaba que el alma era una especie de fuerza magnética o eléctrica. Pero comprobó en la práctica que los estadistas extranjeros no estaban dispuestos a negociar con él a menos que pensaran que creía en Dios. De modo que adoptó la postura de un Carlomagno escéptico y aceptó una inquieta repetición de la coronación papal del año 800, insistiendo (esta vez) en ceñir con sus propias manos la corona, mientras el papa Pío VII era casi un espectador.

La coronación de Napoleón, que incluyó un juramento completamente inaceptable para el papado, de sostener «la libertad del culto religioso», en la ocasión fue vista por el Papa como una humillación. Uno de los ministros Borbones comentó: «La venta de cargos por Alejandro VI es menos repugnante que esta apostasía de su débil sucesor.» De hecho, el papado fue el único beneficiado indudable de la totalidad del período napoleónico. Como institución, en 1789 estaba en el límite de sus fuerzas. Las coronas europeas y los Estados que ellas representaban habían venido ganando terreno a costa del papado desde el siglo XVI, y eso incluso en Italia. El único instrumento de control internacional del papado, es decir, los jesuitas, se habían sometido sumisamente y en todos los Estados católicos las Iglesias eran independientes. La razón por la cual el papado había llegado a debilitarse tanto se remontaba a la alianza entre esta institución y los Habsburgo en el siglo XVI. Los papas se habían acostumbrado a identificar su política y sus intereses con los de las grandes familias católicas gobernantes de Europa, y de esta forma se habían sometido a los Estados realistas. Por supuesto, esta postura contrariaba directamente el triunfalismo de Hildebrando, Inocencio III y Bonifacio VIII. Pío VII, que no era un héroe ni un gran intelecto, contuvo e invirtió esa desastrosa tendencia. Fue uno de los italianos que consideró positivo el aporte de ideas revolucionarias francesas, por lo menos hasta cierto punto. Había sido obispo de Imola cuando Napoleón invadió y escribía las palabras «libertad e igualdad» en el encabezamiento de sus cartas. En un sermón afirmó: «Sed buenos cristianos y seréis buenos demócratas. Los cristianos primitivos estaban saturados del espíritu de la democracia.» Elegido Papa en 1800, su decisión de abandonar la legitimidad y negociar un acuerdo con Napoleón permitió que el papado surgiese de nuevo como una fuerza independiente en los asuntos europeos.

Ahora bien, esto sucedía cuando el fracaso del deísmo y el racionalismo en Francia había revelado la fuerza residual intrínseca del cristianismo, incluso del cristianismo católico, como religión de masas, sobre todo en los burgueses, los pequeño-burgueses y los campesinos, a quienes la revolución había otorgado el poder político. Estas cuestiones así como su conjunción, fueron percibidas brillantemente por Chateaubriand, que publicó su *Génie du Christianisme* en 1802, poco antes de que el nuevo concordato fuese celebrado con un *Te Deum* en Notre Dame. Sostuvo en esta obra que los hechos horribles del pasado habían demostrado la fuerza de la teodicea cristiana: millares de cristianos habían podido afrontar el sufrimiento y la muerte, y transformar estas experiencias, mientras que para los deístas las muertes y las ejecuciones simplemente habían cumplido la función de cuestionar la existencia de Dios. Donde Napoleón formulaba un concepto volteriano, Chateaubriand apelaba a uno que era propio de Pascal. El cristianismo no era sólo un refuerzo del patriotismo; era —si no para todos al menos para una minoría amplia y expresiva— una fuerza permanente y viva, que respondía a las necesidades permanentes del espíritu humano. El cristianismo no sólo espiritualizaba el sufrimiento sino que de hecho construía sobre esa base. Francia tenía ahora un grupo de mártires, cuya sangre renovaba la fe de los que quedaban. De esta forma, estaba preparada la escena para un renacimiento católico, que podía internacionalizarse gracias a la institución del papado: «Si Roma comprende verdaderamente su posición, advertirá que nunca tuvo antes tan grandes esperanzas, un destino tan brillante. Decimos esperanzas porque contamos las tribulaciones en el número de cosas que la Iglesia de Jesucristo desea.»

Fue una predicción sagaz, aunque por una serie de razones adicionales que Chateaubriand no podía prever exactamente en ese momento. La Revolución y sus consecuencias en Europa y el mundo no ayudaron directamente al papado, pero dañaron a diferentes fuerzas e instituciones que eran hostiles a aquél. Liquidó instituciones como la Inquisición, que constituía una molestia internacional para el catolicismo, pero a la que el papado no quería o no podía reformar o abolir por sí mismo. Terminó con los principados eclesiásticos de Alemania, que habían interpuesto sus propias pretensiones entre el papado y las masas católicas alemanas. Señaló el fin de las monarquías legítimas, con sus iglesias galicanas o nacionales, cuyos déspotas «esclarecidos» se imponían a Roma y cuyos obispos eran aristócratas codiciosos, mientras los cardenales aseguraban que sólo los débiles y los que eran maleables ocupasen el trono de San Pedro. Abrió a la penetración papal las colonias de la corona española y portuguesa, hasta ese momento cotos cerrados realistas. Sobre todo, tendió a establecer un nexo directo entre los entusiastas católicos de Europa entera y la institución, a la que ahora comenzaron a reconocer como una fuente de legitimidad y orden más permanente que las coronas inestables del *Ancien Régime*, es decir, la tiara papal. El nuevo ascenso de la autoridad y la confianza en sí mismo del papado se reflejó en 1814 en el restablecimiento de los jesuitas en todo el mundo y en la presencia en el Congreso de Viena, el año siguiente, del cardenal Ercole Consalvi, el eficaz secretario de Estado papal, que reintegró el papado al escenario de la diplomacia europea después de una ausencia de casi dos siglos. Se organizó un nuevo departamento vaticano para afirmar los vínculos entre la Santa Sede y los católicos europeos, y se firmaron nuevos concordatos o acuerdos análogos con los Estados católicos. Así, tenemos la paradoja de que la convulsión que amenazó destruir al cristianismo romano terminó concediendo un nuevo ciclo de vida al papado moribundo. El papado, renacido de este modo, retornó a un tema antiguo, pero con una orquestación moderna: el triunfalismo populista.

Para comprender claramente de qué modo este fenómeno llegó a dominar al cristianismo moderno ante todo debemos retornar a la Inglaterra del Iluminismo. El sistema de creencias concebido por Locke y aplicado por el régimen *whig* de la Iglesia de Inglaterra contribuyó mucho a satisfacer las necesidades de la burguesía comercial de las ciudades, y lo logró sin introducir una cuña entre la ciencia y el saber por una parte, y la religión institucional por otra. Pero nada podía ofrecer a las clases inferiores y sobre todo al proletariado cada vez más numeroso de las nuevas ciudades industriales. Es más, en su ansiedad por contener el «entusiasmo» peligroso y evitar todo lo que fuese fanatismo, propuso un cristianismo que era en parte cerebral, en parte ceremonial y que estaba completamente purgado de sentimientos. Para los magistrados y los caballeros rurales la liberación de los sentimientos personales en la expresión religiosa —el impulso montanista o milenarista— era necesariamente una forma de protesta contra el orden social vigente. Se conservaba el recuerdo de las sectas igualitarias y munsterianas de la Guerra Civil; la autoridad estaba decidida, si tal cosa era posible, a limitar la dinámica religiosa a las formas prescritas de la Iglesia oficial. Pero por supuesto, se trataba de una estrategia peligrosa, con el riesgo de que las fuerzas populares así encerradas pudiesen, como en Francia, irrumpir más tarde o más temprano, en un sentido secular, político e incluso revolucionario. No fue lo que sucedió. El orden vigente no sólo fue salvado sino que se vio muy fortalecido por un hombre a quien las autoridades creyeron primero un archienemigo: John Wesley.

Como tantos otros, Wesley se acercó a la religión activa a través de una nueva lectura de la Epístola de san Pablo a los Romanos, en su caso a la luz del prefacio de Lutero. Esto sucedió en 1738, y en esa época Wesley tenía treinta y cinco años y era un clérigo anglicano. «Entonces atestigüé francamente ante todos los que estaban allí lo que ahora sentía por primera vez en mi corazón.» Su cristianismo estaba casi totalmente desprovisto de contenido intelectual. Carecía de percepciones doctrinarias. Era totalmente ético y emotivo. A lo sumo, podía afirmarse que Wesley era arminiano. Pensaba: «Dios quiso que todos los hombres se salvasen.» Entre sus colaboradores había calvinistas rigurosos como el gran predicador George Whitefield, que se adherían a la predestinación doble, que acusaron a Wesley de la herejía universalista y le dijeron: «Tu dios es tu demonio.» Era necesario «despertar al alma para que saliese de su seguridad carnal», inducida por las «certezas de salvación» de Wesley. Pero Wesley no se inquietaba mucho por estas cuestiones. Hasta el fin creyó que él mismo era anglicano: «Vivo y muero como miembro de la Iglesia de Inglaterra. Ninguno de los que consideren mi juicio o mi consejo me separará jamás de ella.» Pero creía que Dios lo había designado con el fin de que representase el papel de un moderno Pablo, para «proclamar las gozosas nuevas de la salvación» ante un pueblo presuntamente cristiano que las había olvidado. Esto implicaba quebrar las convenciones del sistema parroquial anglicano y predicar dondequiera que pudiese hallar público. Viajó más de 250.000 millas, y habló en reuniones al aire libre que agrupaban hasta 30.000 personas. En cuarenta y dos ocasiones cruzó el mar de Irlanda; se calcula que pronunció más de 40.000 sermones, algunos de los cuales duraron más de tres horas.

Más aún, Wesley no era sólo un carismático montanista: poseía la capacidad organizadora de un Gregorio el Grande o un Benito. Descubrió que el entusiasmo religioso era una cosa efímera si no lo encauzaba una estructura cuidadosamente definida, galvanizada de tanto en tanto por asambleas, y con la oportunidad de expresarse en actividades regulares, planeadas y difíciles. Comenzó con «sociedades» y «clases». Después, inauguró la Conferencia Metodista, los «circuitos o giras», las asambleas trimestrales y después las de distrito. Se organizó el liderazgo laico asignándole la forma de los «jefes de las clases», los encargados, los fideicomisarios y los predicadores locales. Todos los miembros fueron incorporados a una vida corporativa y daban (o recibían) apoyo financiero; todos se comprometían a intervenir en actividades como las reuniones de lectura de la Biblia, la confección de prendas con fines de beneficencia y otras cosas por el estilo. Redactó normas acerca de las prendas, la comida y la bebida, los adornos, el dinero, la compra y la venta y el lenguaje. Se aplicaba una rigurosa disciplina corporativa y personal; se informaban las victorias y las derrotas en las reuniones de la clase y se excomulgaba a los infractores. Así, en Newcastle, el año 1743, el propio Wesley expulsó a sesenta y cuatro miembros por diferentes pecados, desde maldecir y faltar al sabat, hasta incurrir en faltas imprecisas como «caer en la ociosidad, pronunciar denuestos, cometer actos de liviandad, etc.».

En resumen, a pesar de sus desmentidos Wesley estaba creando otra Iglesia, sobre todo en el seno de las clases inferiores, y existía la creencia natural y difundida de que tendría un carácter extremista. A semejanza de los cristianos primitivos, a quienes se parecían en ciertos aspectos, sobre todo por sus organizaciones caritativas, fueron víctimas tanto de la desaprobación oficial como del prejuicio popular. Como en el caso de los cristianos primitivos, el empleo de la expresión «el festín del amor» fue infortunado. Se creía que los metodistas organizaban orgías en sus reuniones nocturnas a puertas cerradas; se decía, escribió Nicholas Manners, que «cuando están reunidos apagan las velas e incurren en lascivia». Sus conversiones a menudo dividían a las familias; esta cuestión provocaba especial resentimiento: fue la causa directa de los disturbios de Wednesday en 1744. Se los acusó también de despojar de sus ahorros a las viudas; su costumbre de provocar accesos y convulsiones en los «elegidos» fue atribuida a conjuros o brujería.* Entre los gritos que la multitud dirigía a los metodistas y que han llegado hasta nosotros están éstos: «Vosotros enloquecéis a la gente; y no podemos beber ni maldecir, y un tonto cualquiera viene a corregirnos, como si debiéramos sufrir sus enseñanzas.» «Después del primero de mayo no podemos hacer otra cosa que predicar o rezar; pero yo haré bastante ruido para impedirlo.»

Por lo tanto, los caballeros no tropezaron con dificultades para excitar a la turba contra los metodistas. Las casas en las que éstos predicaban fueron destruidas en Saint Ives, Sheffield, Arborfield, Wolverhampton, Nantwich y Chester. John Smythe, llamado «mago» era un experto provocando accesos, gozaba de la reputación de ser el metodista que había provocado más disturbios en Irlanda; más tarde fue asesinado. Fue la suerte corrida por otros, entre ellos William Seward, primero cegado y después descuartizado en Hay, en 1741. Henry Moore, el primer biógrafo de Wesley, observó: «Las clases inferiores del pueblo nunca provocarían disturbios a causa de la religión, si no fueran excitadas a proceder así con falsas afirmaciones de personas que ejercen cierta influencia sobre ellas y que actúan detrás de la escena.» El propio Wesley afirmó que se trataba de «el gran vulgar agitando al pequeño». La incitación provenía de los clérigos, los caballeros o «algún agricultor colérico e influyente». A menudo se distribuía cerveza gratis en la posada local. Las cuentas de la iglesia de Illogan, en Cornwall, muestran esta entrada: «gastos... para expulsar a los metodistas, nueve chelines». A menudo aparecían a la cabeza de las turbas hombres de librea; en Barnard Castle, los caballeros suministraron un sombrero con hilos de oro y una espada al jefe de la

---

* Wesley lamentó la decadencia de la cacería de brujas. Prácticamente todos los metodistas creían en las brujas y los metodistas primitivos se enredaban en titánicos combates contra los espíritus. Los *Journals de William Clowes* (Londres, 1844) lo muestran derrotando al notorio Kidsgrove Bogget: y en 1810 el *Journal* de Hugh Bourne dice: «Visité a Clowes. Se había sentido terriblemente turbado por la mujer a que vimos... Creo que ella demostrará que es una bruja. Éstos son los principales agentes de Satán... De modo que estamos totalmente comprometidos en el combate... Parece que lucharon contra James Crawfoot desde el día en que vivió un episodio terrible rezando con y para una mujer poseída por la brujería. Pues las brujas del mundo entero se reúnen y relacionan con el poder demoníaco.» Véase W. R. Ward, «Popular religion and the problem of control, 1790-1830», en *Studies in Church History* (Cambridge, 1972).

turba local; en Teesdale, el vicario convenció al conde de Darlington para que enviase a sus criados contra los metodistas; y los mayordomos de los caballeros a menudo organizaban la violencia. En ciertas ocasiones el clero anglicano, con sus vestiduras completas, encabezaba las turbas. En Otley, el magistrado les dijo: «Haced lo que queráis con ellos, mientras no rompáis huesos.» Wesley afirmó que, tan pronto se aplicaba la ley, las turbas se dispersaban; muchos se habían reunido porque creían que los metodistas eran quienes infringían la ley o pensaban que «no hay ley para los metodistas». Los caballeros a menudo creían que Wesley predicaba la comunidad de bienes y en Middleton, Yorkshire, se conoció el caso de un caballero que tomó un bastón y se unió a la turba, jurando «con palabras terribles que los metodistas no le arrebatarían sus tierras».

Esta combinación de hostilidad de las clases altas y prejuicio de las bajas determinó, como sin duda sucedió con muchos de los grupos cristianos primitivos, el fortalecimiento de las fuerzas convencionales y conservadoras del movimiento. Era la inclinación del propio Wesley (era un conservador hanoveriano) y utilizó las reacciones populares para reprimir la tendencia de los metodistas a derivar hacia el milenarismo. Además de apoyar con sus sermones el orden social vigente, exhortó a sus conversos a trabajar activamente con el fin de impedir que el descontento económico o político derivase hacia la violencia, y de promover el imperio de todo el rigor de la ley. Su formulación fue sumamente poderosa en los escalones superiores de las clases trabajadoras —los artesanos especializados y los jornaleros—, así como entre los pequeños comerciantes y los tenderos; todos ellos deseaban elevar su jerarquía, ascender poco a poco en la escala social o comercial, y alcanzar respetabilidad y una modesta prosperidad. Era fácil separar estos grupos de los sectores revolucionarios del proletariado y utilizarlos para castrar a éstos.

Wesley jamás alimentó el más mínimo temor en el sentido de que él pudiera estar agitando ciertos demonios sociales. Por el contrario, observó desde el principio que sus conversos tendían a mejorar su propia situación social y económica, y su único temor era que este hecho determinase cierta pérdida del fervor religioso:

Temo, dondequiera han aumentado las riquezas, que disminuya en la misma medida la esencia de la religión. Por consiguiente, no veo cómo es posible, según la naturaleza de las cosas, que continúe mucho tiempo cualquier forma de renovación de la verdadera religión. Pues la religión necesariamente origina el trabajo y la frugalidad, y es inevitable que éstos produzcan riquezas. Pero a medida que aumentan las riquezas, también se acentúan el orgullo, la cólera y el amor a todas las cosas del mundo. Entonces, ¿cómo es posible que el metodismo, es decir, una religión del corazón, aunque florezca ahora como un verde árbol de laurel, continúe en este estado? Pues los metodistas, no importa dónde estén, se muestran diligentes y frugales; por consiguiente, aumentan los bienes que poseen. De ahí que proporcionalmente aumenten el orgullo, la cólera, el deseo de la carne, el deseo de los ojos y el orgullo de la vida. Así, aunque perdura la forma de la religión, con la misma rapidez se desvanece el espíritu. ¿No hay modo de impedir esto, el decaimiento constante de la religión pura? No debemos impedir que la gente sea diligente y frugal; debemos exhortar a todos los cristianos a obtener todo lo que puedan y a ahorrar todo lo que puedan, es decir, de hecho, a enriquecerse.

En 1773 escribió en su *Diario*: «Fui a Macclesfield y encontré un pueblo todavía vivo en Dios, a pesar del rápido aumento de la riqueza. Si continúan así, será el primer caso que he conocido en más de medio siglo.»

A medida que avanzó el siglo XVIII, el metodismo se identificó por lo tanto con el orden social vigente y después de su ruptura con la Iglesia anglicana se convirtió en institución por derecho propio. A semejanza de la propia Iglesia primitiva, se sumergió en los problemas y las responsabilidades de las finanzas, construyó costosas iglesias y abandonó la predicación ambulante; sufrió la sutil transformación que va del despertar y el entusiasmo a la enseñanza y el dominio. A medida que el metodismo se transformó y pasó de la condición de secta «revivalista» a secta del régimen, las secciones más militantes del movimiento se desprendieron. En 1807, cuando la Conferencia Metodista votó contra las asambleas en los campamentos, un grupo se separó para formar la Unión Metodista Primitiva, en la cual se institucionalizó el «revivalismo». En los estratos más pobres de la clase trabajadora suministró los fuegos artificiales religiosos como sustituto del activismo político. En Redruth, Cornwall, en 1814, una asamblea «revivalista» se prolongó nueve días y nueve noches sucesivos: «Centenares clamaban con pasión simultáneamente. Algunos se angustiaban profundamente una hora entera, otros dos, otros seis, otros nueve, y doce y quince horas antes de que el Señor diese la paz a sus almas; después, se incorporaban, abrían los brazos y proclamaban las obras maravillosas de Dios con tanta energía que los espectadores los miraban atónitos un momento y caían al suelo y clamaban a causa de la inquietud de sus almas.»

Este desordenado «revivalismo», denominado «ranterismo» (*to rant*: vociferar con furia) en Gran Bretaña, fue un fenómeno internacional durante el período revolucionario francés y napoleónico, y fue muy corriente en Alemania. En la Edad Media y el siglo XVI el «revivalismo» siempre podía convertirse en violencia política. Ahora, en Gran Bretaña, las dos formas de activismo se convirtieron en alternativas. Es cierto que los hijos de los metodistas estrictos a veces se convertían en revolucionarios políticos: por ejemplo, seis de diecisiete ludistas ahorcados en York en enero de 1813 provenían de familias metodistas. Pero era más probable que los radicales metodistas fuesen reformadores políticos; fue el comienzo de una tradición que convirtió al metodismo y a otras sectas inconformistas en aliados, primero de los liberales y después del Partido Laborista. La misma organización metodista casi invariablemente estuvo del lado de la ley, el orden y la propiedad en los períodos difíciles. En 1812, la acaudalada familia Burton, formada por destacados metodistas de quienes se decía que se mostraban excepcionalmente generosos con sus trabajadores, reunió cañones para defender sus talleres de imprenta en Rhodes y, con la ayuda de los rezos de los predicadores metodistas, masacró a los obreros fabriles. En 1818 los predicadores adoptaron el título conformista de «reverendo», con lo que desafiaron una decisión anterior; tres años después, uno de ellos, John Stephens, formuló claramente su filosofía social: «Los propósitos que tenemos en vista son: 1) suministrar a la parte sana de la sociedad un predominio decidido... 2) Destruir a la oposición... 3) Curar a los miembros de la oposición que merecen ser salvados. 4) Atrapar al resto uno por uno y aplastarlos... Están sometidos y nos proponemos mantenerlos así... El metodismo se destaca en el ámbito de la gente respetable.»

Por supuesto, esto era cierto, aunque el asunto en sí mismo no interesaba principalmente a «la gente respetable». Más bien estaba destinado —y en eso tuvo mucho éxito— a convertir a la «respetabilidad» moral a un sector importante de la capa superior de la clase trabajadora. Wesley se desentendió de las clases altas. Dijo a sus predicadores: «No os concierne exhibir los modales de un caballero, como no os conciernen los de un maestro de danza.» Pero el metodismo habría de ejercer una poderosa influencia indirecta sobre la clase gobernante. Una serie de familias acaudaladas estaba relacionada con el movimiento; cuando éste se separó de los anglicanos, aquéllas permanecieron unidas al régimen oficial e intentaron evangelizarlo desde adentro. Les interesaba principalmente la reforma moral, pero también hasta cierto punto la reforma social, pues creían que la pobreza, la sordidez y la crueldad eran enemigas de los Diez Mandamientos. Querían lograr que la sociedad fuese más moral convirtiéndola en una entidad más soportable; pero, por supuesto, no querían modificar su estructura.

La mayoría de los evangelistas era conservadora. Su verdadero fundador fue John Thornton, de Clapham, que nació en 1720 y se convirtió en el mercader más acaudalado de Inglaterra. Después de su muerte, en 1790, la dirección pasó a William Wilberforce, heredero de una fortuna mercantil de Hull, orador diminuto y amigo del primer ministro William Pitt. Él y su amiga Hannah More formaron el núcleo de la Secta Clapham, que en realidad no fue una secta sino un grupo de presión en el seno de la Iglesia anglicana y de la clase gobernante. La idea había merecido la aprobación de Wesley. Éste dijo a la hermana de Hannah: «Decidle que viva en el mundo, es la esfera donde será útil; ellos no nos permitirán acercarnos a esos ambientes.» Mientras el metodismo trataba de lograr que la clase trabajadora fuese un estrato respetable, reformista y domesticado, los evangelistas trataban de insuflar cierto espíritu de *noblesse oblige* a las clases más acomodadas. Proponían un «cambio de sentimiento» como una alternativa más moral y aceptable a un cambio de carácter más fundamental. Destacaban enérgicamente su caballerosidad. Sir Richard Hill, el primer evangelista del Parlamento, fue afectuosamente descrito por su biógrafo, el reverendo Edward Sidney, como «un modelo de caballero cristiano y un recto senador». Hill citaba la Biblia en los Comunes saludado por «prolongadas cataratas de risas». La disposición a afrontar el ridículo era un rasgo distintivo del grupo. Pero después de estallar la Revolución Francesa la risa se trocó en tolerancia: el miedo al extremismo y a sus consecuencias fue un punto de apoyo más sólido para los evangelistas en el marco de las clases altas y medias; su programa aportó a mucha gente influyente un propósito en la vida cuando el camino de la reforma política estaba cerrado o parecía excesivamente peligroso.

De esta manera, Wilberforce y su grupo prosperaron. Llegó la religión sincera de los campos de Wesley al salón público y al alcance de los oídos de lo que los periódicos siempre denominaban «una asamblea noble y responsable». En el Parlamento los evangelistas conservadores votaban contra la reforma del sufragio y en favor de la legislación represiva oficial, por ejemplo las Leyes de Combinación contra los sindicatos, y las notorias *Six Acts*. Su propio programa legislativo en muchos aspectos era represivo, pues incluía la aplicación de elevados impuestos a las armas de uso deportivo, los grabados, la música, las tarjetas de visita, los teatros, las óperas, las mascaradas, los naipes, los dados, las carreras, las revistas, los periódicos dominicales y los viajes en domingo. Hill incluso pretendía exigir licencia a los actores; durante el período de escasez de 1800 dijo en los Comunes que era mucho mejor padecer escasez de alimentos terrenales que hambre de la palabra de Dios. La Sociedad contra el Vicio y la Inmoralidad, dirigida por evangelistas, fue fundada para imponer la ley donde las autoridades se mostraban lentas o actuaban con renuencia, y solían promover acusaciones contra los escritores, los editores y los impresores, los administradores de los burdeles, las prostitutas, los teatros privados no autorizados, los proveedores de ilustraciones y objetos obscenos, los administradores de salones de baile ilegales y los que por razones comerciales trabajaban en domingo. En cambio, los evangelistas desarrollaron campañas muy eficaces para abolir primero el tráfico de esclavos y más tarde la esclavitud misma en todo el Imperio británico.* No fue el único caso en que los planes evangelistas orientados a mejorar la sociedad y los planes de los reformadores seculares se superpusieron parcialmente. Wilberforce reunió a setenta sociedades que cubrían, además de los propósitos puramente religiosos, un enorme espectro de problemas y sufrimientos humanos. Entre ellas estaban la Sociedad de la Biblia, la Sociedad Misionera de la Iglesia, la Sociedad Londinense para la Promoción del Cristianismo entre los Judíos, la Sociedad Escolar, la Sociedad Escolar Dominical, diferentes sociedades irlandesas, la Sociedad de los Muchachos Trepadores (deshollinadores), la Sociedad de Apuestas, las sociedades destinadas a apoyar o mejorar a los «soldados de Blücher», los «refugiados franceses», los «extranjeros en

---

* El fundador de los cuáqueros, George Fox, había admitido la esclavitud, en una actitud que refleja el saber predominante del protestantismo a mediados del siglo XVII. Pero los cuáqueros comenzaron a oponerse a la esclavitud a partir de 1688. Un número cada vez más elevado de la corriente principal pasó a la oposición con el desarrollo en el siglo XVIII de la idea de la «revelación progresiva» y la «benigna Providencia», que cada vez más identificó la acción cristiana con la reforma. Éste fue el impulso teológico que estaba detrás de la campaña evangélica contra la esclavitud. Véase Roger Anstey, *The Atlantic Slave and British Abolition, 1760-1810* (Londres, 1965).

dificultades», los «extranjeros enfermos», las «criadas irlandesas», los «huérfanos y los vagabundos», los «mendigos juveniles», los «pecadores juveniles», las «viudas en dificultades», los «clérigos pobres», las «damas enfermas», las «mujeres degradadas», los «encarcelados por pequeñas deudas», así como sociedades cuyo propósito era construir y mantener hospitales, lazaretos, asilos, hogares para enfermos, enfermerías, refugios y penitenciarías.

Las cartas de Wilberforce registraron los progresos obtenidos: «Es maravilloso presenciar las muchas incorporaciones a la causa de la compasión cristiana en los niveles más altos de la vida» (1811); «... cada vez más ancho el círculo bendito se extiende en los niveles elevados de la vida... un gran aumento de la piedad, sobre todo en las clases superiores» (1813). Poco a poco el robusto racionalismo comercial de Locke dejó de ser la característica principal de las clases media y alta, y dejó el sitio a la propiedad cargada de emoción que asociamos con la época victoriana, pero que se impuso una generación entera antes de que Victoria ocupase el trono. Un evangelista debía ser «convertido», por mucho tiempo que hubiese sido miembro de la Iglesia, incluso si revestía las órdenes sagradas. En el movimiento los dos sexos tendían a usar guantes negros. Había muchas otras características, sobre todo la frase «¿Comenzamos?» como preludio de una discusión religiosa. Estaban prohibidas casi todas las diversiones. John Venn, miembro de la secta Clapham, afirmó de sus hijos: «Jamás van donde hay naipes y baile, y tampoco aprenden a bailar.» Su hijo prohibió la danza, los naipes, los teatros y la lectura de novelas en el seno de su propia familia. Abner Brown dijo de la esposa de un párroco evangelista: «Cuando sus hermosos y viriles varones vuelven a casa para pasar las fiestas, ella no les permite permanecer de pie frente a la ventana de la casa parroquial de su padre sin ordenarles que vuelvan la espalda, de modo que no vean el panorama romántico que rodea la casa, no sea que la hermosura de la "tierra de Satán" amortigüe su afecto por el mundo mejor que vendrá.» El periódico evangelista *Record* daba el tono. Sospechaba de los oratorios de Händel porque se interpretaban en Ranelagh y Vauxhall; más aún, decía que un oratorio era «una horrible e impía profanación de las cosas santas por un mundo frívolo y perecedero»; deseaba el «cierre total» de los teatros, pues la gente acudía allí para «ver a una prostituta coronada de guirnaldas y vitoreada por una multitud sin moral». Deploraba la idea de que los clérigos jugasen a los naipes y publicaba los nombres de los que asistían a bailes y cacerías; opinaba que las novelas de Scott eran «sumamente dañinas» y lamentaba el hecho de que incluso Wilberforce las leyera (varios lectores escribieron con horrorizada repugnancia cuando se enteraron de esto y uno firmó con las palabras «la insignia del dolor»). A medida que el evangelismo descendió por la escala social y se encontró en el camino con la influencia metodista, tendió a adquirir una coloración adicional propia de las clases medias y bajas, y a partir de la década de 1830 apoyó la temperancia e incluso la prohibición. La Sociedad de Observancia del Día del Señor, fundada en 1831, fue otro rasgo que no tuvo que ver con la clase de los caballeros. Pero los evangelistas adinerados durante mucho tiempo habían hecho campañas para abolir el trabajo dominical. En 1809 uno de ellos, Spencer Percival, consiguió que el Parlamento no tuviera sesiones los lunes, de modo que los miembros no tuviesen que viajar el domingo; y los evangelistas concedían el día libre a sus criados. Este anuncio, pidiendo cochero, era típico de muchos que se publicaban en el *Record*: «No se pagan salarios elevados. Se preferirá a la persona que aprecia los privilegios cristianos.» Los evangelistas de todas las categorías se unían en su oposición a todo lo que implicase tratar francamente las funciones sexuales o corporales. La hija del reverendo Lewis Way, llamada Drusilla, escribió a su casa después de ver la Venus de Medici: «Con respecto a la Venus, parece lo que *es* y lo que debe ser: *¡una mujer desnuda completamente avergonzada de sí misma!*»

En cambio, les encantaba el tema de la muerte. En sus revistas para niños, popularizaron los lechos de muerte infantiles, inmortalizados más tarde por Dickens (por ejemplo, la muerte de Paul Dombey en *Dombey and Son*). Creían que era un deber público difundir las muertes «exitosas». Hannah More escribió en 1792: «Yo, y en efecto todos nosotros, durante casi tres semanas hemos estado completamente enfrascados en otra triunfal escena del lecho de muerte.» Cuando falleció el obispo Horne, Hannah consideró que «una escena del lecho de muerte más encantadora o edificante sería inconcebible» y «es imposible hallar dos lechos de moribundos como éstos, tan cerca uno del otro». También les gustaban los funerales. Una de sus corresponsales, la señorita Patty, le escribió: «El sepulturero de Bristol lloró como un niño y confesó que, sin recibir paga, valía la pena recorrer cien millas para ver este espectáculo.» También había muertes ingratas. Era un axioma de los evangelistas que quienes se burlaban de la religión, los ateos y otros por el estilo invariablemente sufrían una muerte horrible. Citaban a menudo los casos de Hume, Gibbon, Voltaire y Paine, pero no se tomaban la más mínima molestia por comprobar la exactitud de sus versiones. Así, Manly, médico de Paine, negó concretamente que su paciente cambiase de opinión en el momento de la muerte o padeciera ningún género de inquietud moral. Pero Hannah More escribió una descripción de la muerte de Paine que fue «difundida ampliamente en las clases sociales inferiores»; ahí afirmaba que en Estados Unidos Paine «vivía en la violencia brutal y una detestable suciedad... durante toda la semana que precedió a su muerte nunca dejó de emborracharse dos veces por día... sus últimas palabras fueron: *"Si jamás el demonio tuvo un agente sobre la tierra; ¡yo soy ese hombre!"*».

Había también un factor de activa tortuosidad bajo el rechazo evangélico de las ambiciones mundanas. Wilberforce tenía una doctrina de la «utilidad», que lo llevó a concentrar esfuerzos en las personas influyentes o importantes. Escribió a su hijo Sam, más tarde obispo de Winchester, que se las había ingeniado poco antes para introducir a un «hombre excelente» en el arzobispado de Dublín, «de acuerdo con un principio que entiendo tiene primerísima importancia... Consiste en que debemos reunir a todos los hombres que tienen el mismo pensamiento y que probablemente, en cierto momento, podrán unir y coordinar fuerzas por el bien público. Mi querido Samuel, nunca desaproveches la oportunidad de relacionarte con un hombre bueno o útil... Quizá más depende de la selección de conocidos que de cualquier otra circunstancia de la vida... Más aún, los conocidos son la materia prima con la cual se manufacturan amigos, esposas, maridos, etc.». Los evangelistas creían en la conveniencia de impulsar y promover a los que coincidían con ellos.

Sobre todo, el modo en que los evangelistas penetraron la Iglesia de Inglaterra fue por completo mundano, y casi jesuítico en su subordinación de los medios a los fines. Por ejemplo, en 1814 el reverendo Charles Sumner, joven evangelista, realizó una gira por el Continente con los dos hijos de la marquesa de Conyngham. Para impedir que el mayor se casara con la hija de un profesor ginebrino, Sumner contrajo matrimonio con ella. Agradecida, lady Conyngham, amante de Jorge IV, consiguió que designaran a Sumner capellán e historiógrafo real, subsecretario del Gabinete, obispo de Llandaff en 1826, y al año siguiente, a la edad de treinta y siete años, obispo de Winchester, sede que retuvo durante cuarenta y dos años, durante los cuales designó a evangelistas en toda la diócesis. Su hermano, también evangelista, consiguió Chester en 1828 y Canterbury en 1848. Los clérigos que adoptaban la misma posición merecían de los evangelistas los calificativos de «religioso», «sincero» o «piadoso»; el resto estaba formado por «escribas y fariseos», «el gordo toro de Bashan» o «los sacerdotes que andaban en la oscuridad». Como los puritanos durante el siglo XVI, conspiraban enérgicamente para ocupar posiciones de poder en el régimen. En 1788 se apoderaron de Queens, en Cambridge, pues consiguieron que Isaac Milner fuese elegido presidente. Los profesores que se oponían a Milner tuvieron que renunciar o aceptar cargos rurales. El Colegio se desarrolló de prisa; los evangelistas enviaban allí a sus hijos inteligentes y la institución formaba gran número de clérigos que posiblemente adoptarían la actitud deseada.

Desde esta cabeza de puente, los evangelistas extendieron su dominio sobre Cambridge gracias a Charles Simeon, un organizador brillante y acaudalado, que fue «convertido» en 1779, a los diecinueve años, y que fue ministro de la Iglesia de la Santa Trinidad, Cambridge, durante cincuenta y tres. El propósito era aprovechar los recursos de propaganda de la Iglesia anglicana, preexistentes pero mal utilizados. Cobbett argumentó sagazmente en 1802: «El clero es menos poderoso por su rango y su esfuerzo que por su *localización*. Es inevitable que se los encuentre *por doquier*, y la suma de su influencia alcanza un nivel sorprendentemente elevado. Cuando desde la cima de una montaña alta uno contempla la región y ve la multitud de campanarios distribuidos en intervalos regulares, no sólo cesa de preguntarse por qué se mantienen el orden y la religión, sino que se asombra de que prevalezcan cosas como el desafecto o la irreligión». Se abrigaba la esperanza de que con un número suficiente de diplomados evangélicos de Cambridge sería posible enviar a cada parroquia el tipo apropiado de clérigo, o por lo menos hacerlo en todos los centros de influencia. Simeon utilizó la riqueza y los contactos del movimiento aplicando una serie de formas sumamente prácticas. Consiguió que se designase a evangelistas en las cátedras eclesiásticas, por indicación del fundador, por indicación de las compañías municipales y otras instituciones, y por elección de los que tenían la cátedra. A otros se les asignaron capellanías en los hospitales, los asilos y otras instituciones semejantes, y para lograrlo se ejerció influencia sobre los funcionarios o los grandes donantes. Los evangelistas también construyeron iglesias, y el derecho de inauguración correspondió a Simeon y sus amigos. Finalmente, se utilizó el dinero de los evangelistas para comprar derechos de patronato y «designaciones sucesorias», que fueron vendidas en el mercado abierto, o para establecer fideicomisos destinados a cumplir esta misión. De esta forma, los abusos flagrantes del viejo sistema fueron aprovechados de un modo directo y sistemático para alcanzar fines ultraterrenos. Es más, estas «victorias» cuidadosamente organizadas fueron consideradas formas de intervención directa de la providencia del lado de la causa evangélica, pues uno de los supuestos de esta corriente —teñida de calvinismo— era que nada era accidental.

Sin embargo, en definitiva, el evangelismo tendió a frustrar sus propios propósitos. Por su misma ubicuidad y asiduidad obligó a muchas personas, incluso clérigos, a tomar en serio la religión y a esforzarse por aclarar sus propias posiciones. Removió intensamente las aguas del plácido mar anglicano, originando así corrientes entrecruzadas. Más aún, el evangelismo en realidad no era un sistema teológico. Aunque estaba teñido de calvinismo, no se basaba en una estructura sólida, como los *Institutes* de Calvino. En realidad, no tenía estructura fuera de la Biblia, interpretada casi literalmente.

Aquí abordamos una paradoja. En la baja Edad Media y durante el período de la Reforma, la Biblia había sido la fuerza principal de los protestantes. Como señalamos antes, el cristianismo es esencialmente una religión histórica; al conceder prioridad absoluta a los documentos históricos —las Escrituras—, los protestantes parecían pisar un suelo infinitamente más sólido que los católicos, cuya justificación dogmática se basaba en la autoridad no escriturada o *magisterium* de la Iglesia, es decir, en las meras opiniones de hombres que no estaban inspirados y que precisamente podían ser acusados de intentar evitar que el texto de la Revelación inspirada llegase a manos de la multitud.

Los evangelistas se basaron sobre todo en la fuerza tradicional de la Biblia. Allí estaba todo; nada de lo que no estaba allí tenía importancia. Su libro de texto estándar, *Elements of Christian Theology*, del obispo George Pretyman Tomline, aplicaba un enfoque totalmente acrítico de la Escritura. Así, la decimotercera edición (1820) observaba: «La gran prolongación de la vida humana en la época patriarcal determinó que los judíos pudiesen, en tiempos de Moisés, determinar su linaje incluso hasta el Diluvio, más decimos, incluso hasta Adán»; Matusalén «fue contemporáneo de Adán 243 años, y 600 contemporáneo de Noé», y otras cosas como éstas. El Antiguo y el Nuevo Testamento fueron tratados como registros históricos: cuestionar su exactitud literal equivalía a negar la calidad de su inspiración.

Hacia fines del siglo XVIII esta posición comenzaba a ser muy vulnerable. La ciencia misma no era necesariamente una amenaza para el cristianismo. Éste podía racionalizar en el marco de sus propias premisas cambios en la cosmología y el descubrimiento de nuevas leyes operativas. Ciertamente, por lo menos hasta cierto punto, la existencia misma de leyes científicamente demostrables era bien vista por los apologistas cristianos, que podían mencionarlas para demostrar el funcionamiento de una divina inteligencia todopoderosa. Pero, ¿la religión podía afrontar la aplicación invariable de la metodología científica, es decir, la búsqueda de la verdad por la verdad misma al margen de las consecuencias? Puesto que el cristianismo es una fe que se autoidentifica con la verdad, era esencial que se mantuviese fiel a su premisa. La formulación de Locke se basaba en este supuesto. Pero Locke había vivido en una época en que parecía más probable que la demostración científica de la verdad confirmase y no que desacreditase las pretensiones cristianas. Cien años más tarde la situación estaba cambiando radicalmente. Se advirtió entonces que lo que el cristianismo debía temer más no era tanto a la misma ciencia, sino al método científico aplicado históricamente. Este factor se manifestaba de dos modos. Los geólogos y los astrónomos por una parte, y los biólogos y los antropólogos por otra confluyeron para proponer una imagen histórica del origen de la Tierra y de la vida del hombre sobre ella que era completamente incompatible con la versión histórica del Antiguo Testamento. En segundo lugar, el estudio de los textos de las Escrituras mediante los nuevos métodos de análisis histórico, con la ayuda de la filología y la arqueología, reveló que las Escrituras mismas eran una colección de documentos mucho más complicada que todo lo que nadie había imaginado hasta ese momento, una desconcertante mezcla de alegorías y hechos, que debía pasar por un filtro, exactamente como cualquier otra expresión de la literatura antigua.

El protestantismo, que dependía tan acentuadamente de la documentación de las Escrituras, ¿podía sobrevivir a este proceso? Gran parte de la nueva erudición acerca de las Escrituras provenía de la Alemania protestante. Aparecía acompañada por percepciones y enfoques teológicos nuevos que, de hecho, aportaban un modo de resolver el dilema. Durante las décadas de 1820 y 1830 Friedrich Schleiermacher realizó la primera revaluación auténtica de la teología cristiana desde la época de Calvino. Consideró posible idear una teología de validez permanente, que pudiera sufrir una renovación perpetua gracias a la experiencia. Explicó que el dogma era no tanto una forma de conocimiento como el resultado de la historia; la revelación era la suma total de las concepciones individuales de Dios; los artículos de la fe cristiana no eran pruebas sino más bien expresiones que promovían la piedad. Lo esencial para el cristianismo era la redención, que dependía de Jesús, que no necesitaba ser redimido. Las herejías eran modificaciones de estas afirmaciones; pero la doctrina de las dos naturalezas en Cristo y las tres personas en Dios a su juicio era errónea, y la resurrección, la ascensión y el retorno en el momento del juicio no constituían puntos esenciales. La Iglesia era la comunidad de los creyentes. La elección estaba determinada por el deseo de Dios, pero no implicaba necesariamente excluir de manera definitiva a una parte de la raza humana. Este análisis posibilitó, por lo menos en teoría, el reclutamiento de luteranos y calvinistas, y permitió que la teología cristiana se reconciliara más o menos indefinidamente con la ciencia, la erudición moderna sobre la Biblia y otras disciplinas. Ciertamente, continuaba la tradición de la «teología mínima», creada por Erasmo y continuada por Locke.

De todos modos, era una línea defensiva que pocos protestantes, por lo menos inicialmente, estaban dispuestos a adoptar. Los fundamentalistas evangélicos sencillamente apartaron la mirada tanto de la ciencia como de la «crítica superior» alemana, según se la denominaba. Otros escudriñaron y perdieron la fe. En 1830, casi coincidiendo con las revelaciones más devastadoras de la geología, el estudioso alemán de la Biblia David Friedrich Strauss publicó el primer volumen de su *Leben Jesu (Vida de Jesús)* donde analizó las narraciones de los Evangelios como otras tantas recopilaciones de fuentes, tratando de descubrir el elemento místico. Strauss manifestó que «el nacimiento sobrenatural de Cristo, sus milagros, su resurrección y ascensión conservan el carácter de verdades eternas, sean cuales fueren las dudas que puedan proyectarse sobre su realidad como hechos históricos», y afirmó que «el significado dogmático de la vida de Jesús se mantiene indemne»; pero el influjo del libro implicó subrayar de un modo abrumador las contradicciones y reducir al mínimo la exactitud del Nuevo Testamento. Uno de los nuevos agnósticos, Arthur Hugh Clough, señaló el hecho en su poema *Epi-Straussium*:

> *Mateo y Marcos y Lucas y el santo Juan*
> *todos desvanecidos y desaparecidos...*

El primer gran éxodo de los que se alejaron del cristianismo sobrevino en la década de 1830; después, hubo una deserción constante, sobre todo durante la década de 1850 y principios de la de 1860, bajo la influencia de Darwin. Algunos protestantes acogieron con agrado el desafío. El reverendo Charles Kingsley escribió acerca de la evolución: «Los hombres comprueban que ahora se desembarazan de un Dios que interfiere —un amo y mago, como yo lo llamo— y tienen que elegir entre el imperio absoluto del accidente y un Dios vivo, inmanente y siempre actuante.» Pero la mayoría se opuso al cambio ideológico con diferentes grados de irritación. Esto originó dificultades disciplinarias especiales en el caso de la Iglesia anglicana. Era un régimen sujeto al Parlamento. De hecho, en la causa de la reforma institucional el Parlamento estaba comenzando a representar un papel más activo en los asuntos de la Iglesia. Entre las medidas aprobadas cabe mencionar la Ley de la Iglesia Oficial y la Ley de Diezmos (1836), la Ley de Pluralidades Eclesiásticas (1838), la Ley de Disciplina Eclesiástica y la Ley de Sinecuras (1840), así como una medida que trasladó las apelaciones eclesiásticas al Comité Judicial y el Consejo Privado (1833). En realidad, la Iglesia no se hacía cargo de su propia disciplina y su doctrina, excepto en la medida en que el estatuto lo permitía; y los teólogos anglicanos que cometían faltas contra la opinión mayoritaria podían solicitar la protección del Estado. En 1832, el reverendo Reed Dickson Hampden pronunció las Conferencias Bampton en Oxford y allí adoptó la posición alemana de que la teología varía de una época a otra, reflejando la filosofía contemporánea, de que las doctrinas se organizan sobre la base de hechos inspirados por hombres desprovistos de inspiración, y de que los pronunciamientos eclesiásticos a menudo carecieron de fundamento y por lo tanto no podían ser infalibles. Sus *Observations on Religious Dissent* (1834) afirmaron que el dogma carecía de importancia comparado con la religión misma; pedía tolerancia, pues pocos cristianos discrepaban en la esencia de la religión. En resumen, el criterio era nuevamente erasmista. Hubo violentas protestas anglicanas cuando Hampden fue designado profesor regius de Teología en Oxford, en 1836; y cuando en 1847 fue promovido a obispo de Hereford, el intento de impedir la elección formal fue abandonado sólo después de que el primer ministro, lord John Russell, amenazó invocar las sanciones estatutarias contra los disconformes.

Además, en el seno de la Iglesia anglicana se suscitaba otro problema, el de reconciliar un amplísimo espectro de la opinión ideológica, que tendía a ensancharse a la luz de la nueva erudición. En 1847 el obispo de Exeter rehusó otorgar un beneficio al reverendo G. C. Gorham con el argumento de que sus opiniones calvinistas acerca de la regeneración bautismal se contradecían con los Treinta y Nueve Artículos. Gorham presentó batalla, fue derrotado en el Tribunal Anglicano de Insignes en 1849, pero ganó el caso cuando apeló ante el organismo secular, el Comité Judicial del Consejo Privado, en 1850. Según pareció entonces, el efecto de estos dos casos fue demostrar que la Iglesia anglicana no controlaba sus propias doctrinas y no podía impedir en su propio seno el ascenso a cargos de autoridad de hombres a quienes consideraba herejes.

En este marco la Iglesia oficial se desarrolló y comenzó a inclinarse hacia Roma. También aquí los evangelistas en definitiva fueron los responsables, pues la atmósfera «revivalista» que ellos promovieron inevitablemente estimuló tendencias hostiles y contrarias, pues una característica permanente del cristianismo es que la importancia asignada a una de sus matrices siempre conduce al desarrollo de una rival. En la década de 1820 Oxford y notablemente el Oriel College estaban protagonizando un renacimiento intelectual. Entre los profesores del Oriel estaban John Keble, John Henry Newman, Edward Pusey, el profesor regius de hebreo, y R. H. Froude. Comenzaron sus campañas con el Sermón de Keble en Oxford, en julio de 1833, donde abordaron el tema de la «apostasía nacional», y continuaron publicando trabajos que adoptaron como norma lo que ellos creían eran la fe y las prácticas de los primeros apóstoles de la Iglesia. Es notable que mientras en la Reforma los primeros protestantes habían apelado a la Iglesia temprana contra el triunfalismo papal y el cristianismo mecánico, este nuevo grupo de reformadores cristianos utilizara la Iglesia temprana para señalar un camino que implicaba retornar a Roma. Algunos de los miembros del movimiento publicitario centrado en Oxford provenían de familias evangelistas. Sin embargo, el protestantismo evangelista conformaba precisamente lo que ellos creían que era el enemigo interior. Keble y Newman consideraban desagradable el modo evangelista de hablar de religión; Newman deploraba «el modo mecánico... en que la gran doctrina de Su muerte sagrada y el beneficio de Su derramamiento de sangre vienen y van, en el mejor de los casos como si fueran una magia o un encantamiento, que sin duda convertirán a los hombres». Ansiaban la belleza y el misterio. Keble creía «peligroso impartir los oráculos de Dios a hombres profanos e indignos». «La nueva verdad», agregaba, «en el sentido propio de la palabra, es algo que no podemos ni deseamos alcanzar. Pero los monumentos de la antigüedad pueden revelar a nuestro examen personal muchas cosas que serán nuevas para esta época, porque fueron desechadas y olvidadas». Los dos hombres denunciaban esa «mezquina escuela de Burnet y Hoadley» que «despojó a la Iglesia de la totalidad de sus más bellos pronunciamientos».

En cierto sentido, el movimiento de Oxford implicó el repudio del erasmismo. Si Newman y Keble hubiesen tenido el privilegio de seguir los pasos de Colet y Erasmo, y hubiesen visitado el santuario de Santo Tomás antes de su destrucción, podrían haber extraído de la experiencia precisamente las conclusiones contrarias. *Ésa* era la auténtica Iglesia cristiana, no la «teología mínima». Newman comenzó a separarse del anglicanismo cuando trabajó en su libro acerca del arrianismo en el siglo IV. Descubrió por cuenta propia qué grave amenaza era la historia para el protestantismo, a causa de su fundamentalismo bíblico. Escribió: «Profundizar la historia equivale a dejar de ser protestante.» Vio la historia como un factor favorable al catolicismo, en cuanto su estudio recordaba al creyente la increíble riqueza de su pasado, al parecer representado íntegramente sólo por Roma en el siglo XIX.

El movimiento partió del supuesto de que estaban seguros en el seno de la Iglesia de Inglaterra, por lo menos según la concebían, es decir, «una auténtica rama o parte de una Iglesia Santa, Católica y Apostólica de Cristo». Enseñaba la verdad; en cambio, los inconformistas y los evangelistas enseñaban sólo parte de la verdad, y Roma más que la verdad. Rechazaban la doctrina latitudinaria según la cual «la visión de la religión revelada en cada hombre es aceptable a los ojos de Dios si aquél se atiene a ella»; y argumentaron que la verdad religiosa no era parte del fundamento de las Escrituras y parte autoridad, como afirmaba Roma, sino que dependía por completo de las Escrituras «aunque *está* en la tradición, también puede deducirse de la comunicación de la escritura... el mensaje o la doctrina del Evangelio... está registrado allí, pero indirecta y disimuladamente, bajo la superficie». Se trataba de una casa a medio construir, pero habitarla era excepcionalmente difícil. En definitiva, muchos se vieron en la imposibilidad de mantener esa posición, aunque sólo fuese porque necesitaban apoyarse cada vez más en el principio de autoridad para defender las Escrituras frente a la «crítica superior». Así, Newman escribió en su *Apologia Pro Vita Sua*, donde ataca al liberalismo protestante:

La libertad de pensamiento en sí misma es buena, pero da acceso a la falsa libertad. Ahora bien, por liberalismo entiendo la falsa libertad de pensamiento o el ejercicio del pensamiento en cuestiones en las que, a causa de la estructura de la mente humana, el pensamiento no puede aportar una solución eficaz y, por lo tanto, está fuera de lugar. En tales cuestiones se incluyen los primeros principios, de la clase que fueren; y entre éstos, los más sagrados y trascendentes son los que más que otros pueden ser denominados las verdades de la Revelación. Por lo tanto, el liberalismo es el error de someter al juicio humano las doctrinas reveladas que por su naturaleza están más allá del mismo y son independientes de él, y de la pretensión de determinar sobre bases intrínsecas la verdad y el valor de las proposiciones cuya recepción descansa sencillamente en la autoridad externa de la Palabra Divina.

Ahora bien, tenemos aquí un enunciado muy claro y de peso, que en efecto repudia la tradición erasmista y niega específicamente la insistencia de Locke en que es necesario seguir la verdad no importa adónde nos conduzca. Algunos anglicanos de la escuela, por ejemplo Samuel Wilberforce y W. E. Gladstone, creían en la posibilidad de argumentar eficazmente para resolver los problemas suscitados por la ciencia, por las nuevas interpretaciones de las Escrituras y por la influencia general del mundo moderno. Por lo tanto, continuaron siendo anglicanos. Newman no quiso afrontar este riesgo. Por el contrario, creyó que debía existir un punto de escisión, más allá del cual no debía permitirse la penetración de la indagación humana. Pensaba que hasta ese punto el pensamiento y la argumentación eran libres; después del mismo estaban prohibidos. Pero, ¿quién debía determinar ese punto? ¿Y quién decidiría lo que debía creerse más allá del mismo? Sólo una Iglesia estaba realmente preparada para asumir muchas responsabilidades y sus consecuencias draconianas, y ésta era Roma. De ahí que durante las décadas de 1840 y 1850 Newman y otros se acercaran a Roma en busca de autoridad.

Por supuesto, su decisión no se centró exclusivamente en este asunto. Las dudas tanto de los que se convirtieron como de los miembros del movimiento que no siguieron ese camino están bien documentadas en millares de cartas. Como todos estos hombres se conocían, se escribían a menudo y extensamente, y podían analizar sus problemas y opiniones libremente, sin temor a la censura, la inquisición o el castigo, los diferentes factores que forman las cambiantes creencias de estos cristianos serios y cultos se revelan plenamente, como quizá no sucedió en ningún otro período de la historia, antes o después. En este sentido el episodio fue único e importante. Las cartas revelan que la razón, la ambición, los factores sociales, la amistad, la moda e innumerables aspectos de la vida eclesiástica, de la estética a la teología pura, todos representaron un papel de diferente intensidad de acuerdo con el individuo. Recuerdan que un cambio de concepción religiosa es un proceso muy complicado, que más probablemente se parecerá a una secuencia pascaliana que a una volteriana. «No fue la lógica lo que me impulsó», escribió Newman, sino «el estado de mi corazón». «Sin duda», agregó Manning, «si algo nos acercó al pie de la Cruz es la confesión, el altar y el sacrificio».

Ciertamente, había conversos católicos para quienes el uso de los sacramentos y el rito eran el motivo principal. Pero en el caso de los grandes espíritus como Manning y Newman, es difícil evitar la conclusión de que el impulso fue la necesidad de una Iglesia que no sólo aceptara el ejercicio de la autoridad sino que se complaciera en él. A los ojos de Manning, el efecto del control oficial era que la Iglesia anglicana se veía privada de toda pretensión de autoridad. Cuando se designó obispo a Hampden, Manning protestó: «Es monstruoso e inenarrablemente irreverente hacia el que es la Cabeza y el Cuerpo que los obispos de la Iglesia sean elegidos por un laico cualquiera que por casualidad dirige la Cámara de los Comunes. Es digno de una época en que los cortesanos hacen a los papas.» Pocos años más tarde, en 1851, cuando el juicio de Gorham lo empujó hacia el borde del abismo, ya no se sentía tan seguro de la verdad histórica de la fórmula según la cual los cortesanos hacían a los papas, porque ahora veía esto como un libelo protestante: «¿... acaso la Iglesia católica no sabe mejor a qué atenerse respecto de su propia historia, y lo sabe gracias a un conocimiento y una conciencia lineales, a los que ningún individuo puede oponerse sin pecar de irrazonable?». Más aún, en el caso de Manning desde el principio no hubo dudas sobre la necesidad de que la autoridad residiese totalmente en manos clericales, de que su delegación fuese rigurosamente jerárquica y de que en definitiva correspondía exclusivamente al Papa, cuya persona y cuyo rol tenían carácter místico. Escribió sobre «la firme creencia que tengo desde hace mucho de que el Santo Padre es la persona más sobrenatural que he visto jamás... Suscita en mí un efecto de sobrecogimiento reverencial, no temor, sino una consciente proximidad de Dios y a los organismos y los sufrimientos sobrenaturales de Su Iglesia».

De modo que, en el momento en que los progresos intelectuales del siglo XIX estaban empujando al agnosticismo a ciertos protestantes, a otros a un fundamentalismo irreflexivo y a otros incluso a una revaloración heroica de su teología, el catolicismo y sobre todo el papismo exhibieron un nuevo poder de atracción a causa de las características que antes le habían conferido un aspecto repulsivo. En 1846, Manning acusó al anglicanismo: «Parece existir en la Iglesia de Inglaterra un defecto de antigüedad, de sistema, de integridad, de inteligencia, de orden, de fuerza, de unidad; tenemos dogmas en el papel, un rito abandonado casi universalmente; no hay disciplina y el episcopado, el sacerdocio y el laicado están divididos.» La Iglesia romana era lo contrario de este lamentable cuadro, un monolito triunfalista, inmodificado, inmodificable; aceptadas sus premisas, era impermeable al cambio. En la práctica, sólo ella estaba dispuesta a aceptar totalmente la premisa de Newman en el sentido de que la indagación de dichos supuestos era ilegítima y a ejercer el poder eclesiástico para imposibilitarla. De esta forma, en la planicie cada vez más oscura del agnosticismo y el desvanecimiento de las creencias propias del siglo XIX, la Iglesia de Roma se levantaba como una fortaleza: una vez en su interior, podía recogerse el puente levadizo y los sólidos muros separarían absolutamente a los verdaderos cristianos del resto. En cambio, los muros de la ciudadela protestante estaban derrumbándose y, de hecho, se asistía a su rápida demolición, pues el enemigo ya estaba dentro. Las imágenes de seguridad, refugio y fuga hacia la seguridad abundan en los escritos de los conversos. Nos aportan la clave esencial del refuerzo de la Iglesia romana en el siglo XIX y de la reafirmación del poder papal.

Por supuesto, la presencia en la Iglesia de los que se habían refugiado en ella buscando seguridad y autoridad inevitablemente reforzó estas nacientes tendencias. Un ejemplo apropiado es el de W. G. Ward, que incluso antes de abandonar a los anglicanos en favor de Roma, en 1845, había estado trabajando en su obra *Ideal of a Christian Church*, en la cual destacaba la abdicación de la responsabilidad personal. «Dentro del *círculo mágico*, que ella protege, estamos a salvo del sufrimiento de la duda, de la necesidad de discutir, y se nos reclama sólo que aprendamos y creamos.» Lo que él denominó «conciencia» era el acto de obedecer la autoridad de la Iglesia; en todo eso la razón o el intelecto nada tenían que hacer. En su condición de refugiado que huía del liberalismo, era natural que luchase ferozmente contra todos los intentos de afirmarlo dentro de la fortaleza. En 1857 aprobó enérgicamente la condenación de las obras de Anton Gunther por el Vaticano; Gunther sostenía que no había una verdadera escisión entre la verdad natural y la sobrenatural, posición fundamental para la totalidad de la argumentación científica. En 1863 Ward asumió la dirección de la influyente *Dublin Review* y la usó para reclamar con firmeza que Roma dirigiese y controlase toda la investigación científica e histórica realizada por católicos.

Esto equivalía a regresar al supuesto medieval de una sociedad total, en donde era imposible señalar el punto en que terminaba la autoridad de la Iglesia, pues las consideraciones de carácter espiritual impregnaban todos los asuntos materiales. Ward alegó que la separación entre la teología y otros aspectos del saber humano en la práctica era imposible a causa de la excesiva superposición de los temas: «Por consiguiente, vemos que la autoridad de la Iglesia se extiende sobre un área muy amplia de la ciencia secular. Ella tiene el poder... de declarar infaliblemente que ciertas proposiciones son erróneas si tienden por legítima consecuencia a una denegación de la doctrina religiosa que enseña. Pero la ciencia secular incluye un gran número de tales proposiciones y, por consiguiente, por referencia a éstas, la Iglesia tiene poder para formular un juicio infalible.»

Este ataque al intelecto y a la búsqueda libre del conocimiento no fue más que un aspecto de la reafirmación del control que caracterizó al cristianismo romano en el siglo XIX. Entre los conversos ingleses se observó un impresionante intento por aplicar los rigores totales de una teología moral que aspiraba a ocuparse de cada uno de los aspectos minúsculos de la acción y el pensamiento humanos, y que dejaba al penitente completamente en manos del supervisor clerical. Nuevamente, la costumbre de los victorianos de volcar todo en el papel (y conservar los resultados) nos permite conocer los detalles de la vida espiritual de estos hombres. F. W. Faber, poeta y compositor de himnos, procedía de un medio social y religioso análogo al de los Wilberforce; como converso y sacerdote católico, era un buen ejemplo del nuevo pastoralismo triunfalista. Aquí lo tenemos, por ejemplo, escribiendo a uno de sus penitentes, la señora Elizabeth Thompson (11 de agosto de 1851): «Todas vuestras faltas se centran en dos cosas: hacéis de vuestra propia persona el centro de todo y os falta mucha sencillez. En el momento actual no tenéis la más mínima noción de la amplitud literalmente desoladora de este último defecto de vuestra alma. Rezad diariamente contra estas dos faltas y convendrá que prestéis especial atención a las mismas en vuestro examen de conciencia. No debéis leer grandes obras espirituales... Rezad en silencio todo lo posible, nunca... discutáis de religión... Por ahora no hay ningún síntoma de que Dios os llame a la perfección... Hasta ahora, vuestra vida espiritual no ha sido más que una ambición irreal, construida sobre arena. Vuestra tarea es comenzar.»

Tenemos también una crítica, que data de 1860, que fray Faber, en concordancia con su costumbre invariable, deslizó bajo la puerta del dormitorio de fray William Morris, uno de los sacerdotes que estaban a su cargo:

La falta de principios sobrenaturales ilustrada en vuestra negativa a administrar la Santa Comunión a la señorita Merewether porque *podía* haber abreviado en cinco minutos vuestro desayuno. 1) Ausencia de amabilidad hacia uno de vuestros hermanos, y eso cuando estaba enfermo. 2) El ejemplo de lo que Jesús habría hecho obviamente no es vuestra norma. 3) Falta de tolerancia, incluso para una incomodidad casi microscópica. 4) Falta de silencio al hablar del desayuno. 5) Evidente pérdida de sentido espiritual al permitir que la duración del desayuno fuera un obstáculo y al mencionarlo sin sentimiento de vergüenza o espiritualidad. 6) Falta de caridad frente a una externa, además enferma. 7) Falta de entusiasmo por las almas, privando a una inválida de la Fuente de Gracia. 8) Falta de amor a Jesús, que ansía comunicarse con las almas, y vos lo habéis estorbado, en lugar de abreviar vuestro desayuno en cinco minutos, ¡y Él pasó tres horas en la Cruz por vos! Habláis de Nuestra Señora, pensad en la falta de amor a ella, que tanto se regocija en las Comuniones. 9) Falta de humildad, al no proceder así, si pensasteis que se os molestaba. 10) Falta de caridad al juzgar, si pensasteis que se os molestaba. 11) Ausencia plena del principio de los santos de estar siempre atento para aumentar vuestros méritos y hacer algo por Dios. 12) La extrema maldad de esta mezquindad, comparada con el espíritu apostólico grandioso, amplio y bondadoso del Instituto de San Felipe. 13) La revelación del asunto es la ausencia de una vida y un espíritu de plegaria. 14) Un signo de la terrible falta de sensibilidad de la conciencia. 15) Una prueba de la presencia no determinante de Dios: vuestro primer pensamiento es el yo y la comodidad del yo. Sólo vuestro egoísmo se muestra *pronto* y cómodo: no hay principios sobrenaturales. Mi pobre hijo, por triste y vergonzosa que sea para vos esta revelación de vuestro interior, es lo que he visto, pero no puedo desechar las brumas del amor egoísta y la concentración en vos mismo y el engaño empecinado en que habitualmente vivís. La bajeza... es vuestra característica.

Cabe destacar que ésta es la nota de un intelectual dirigida a otro. La importancia asignada a la autoridad y el mantenimiento de un detallado control de la conciencia clerical del individuo casi necesariamente estaban acompañados por una insistencia permanente en el castigo eterno. La tendencia a distanciarse del infierno era característica de los eclesiásticos protestantes liberales del siglo XIX, muchos de los cuales, según afirmaban sus antagonistas, eran culpables de la herejía de universalismo. Cuanto más se acercaba a Roma un hombre, más parecía afirmarse la necesidad del Infierno (aunque esta cuestión también se destacaba en el ala fundamentalista extrema del protestantismo). Los tractarianos insistían en que la acción del fuego físico era una parte esencial de los castigos eternos. En su Sermón sobre el Infierno (1856) Pusey observó: «Éste es, por lo tanto, el primer sufrimiento externo de los condenados, y así son depurados sumergiéndolos en un lago de fuego. ¡Oh, angustia, angustia, angustia! ¡Angustia inexpresable, angustia inimaginable, angustia interminable!» Escribió a Keble: «La gente arriesga mucho ahora. Lo arriesgaría todo si no temiese el sufrimiento eterno. El simple purgatorio para los malos no los conmovería.» Newman creía en la tortura física y ofrecía en su sermón reimpreso bajo el título *Discourses to Mixed Congregations* una descripción del sufrimiento de los condenados que es mucho más imaginativa y temible. Sin duda, era un tema que ocupaba con frecuencia su mente, y el propio Newman destacaba el carácter fundamental de la doctrina: el Infierno era «el gran eje del sistema cristiano... Es el punto de separación entre el panteísmo y el cristianismo, es la doctrina esencial —no es posible prescindir de ella—, es la característica misma del cristianismo. Por consiguiente, debemos mirar de frente las cosas. ¿Es más improbable que el castigo eterno sea cierto o que no hay Dios? Pues *si hay un Dios hay castigo eterno (a posteriori)*».

Por supuesto, la propia Roma siempre había insistido en la importancia del Infierno. Precisamente la solidez de esta doctrina y otras análogas era lo que atraía a muchos conversos. Pero el uso pastoral que hacía Roma del Infierno se amplió mucho como resultado del trabajo de san Alfonso Liguori, que en 1732 fundó la Orden de los Redentoristas. Sus miembros se especializaban en sermones acerca del fuego del Infierno, y asistían a los retiros y a las misiones cuaresmales en las parroquias católicas comunes. La orden floreció; de modo que, en el momento en que el protestantismo general estaba remitiendo a segundo plano al Infierno, éste representó un papel aun más colorido en el caso de los católicos. Liguori publicó en 1758 un libro llamado *Las verdades eternas*, que fue una suerte de manual tanto para su propia comunidad como para la generalidad de los sacerdotes parroquiales. Creía que el hedor de un condenado era suficiente para asfixiar a la humanidad entera. Por extraño que parezca, rehusaba describir el Cielo, aunque alegaba que era imposible describirlo para beneficio de quienes conocían sólo los placeres terrenales; pero esta inhibición no le impedía evocar el Infierno: «... el infeliz torturado estará rodeado por el fuego como la leña en un horno. Encontrará un abismo de fuego abajo, un abismo arriba y un abismo a cada lado. Si toca, si ve, si respira, toca, ve y respira sólo fuego. Estará hundido en el fuego como el pez en el agua. El fuego no sólo envolverá al condenado, sino que le entrará por el intestino para torturarlo. Su cuerpo se convertirá todo él en fuego, de modo que las tripas en su interior se quemarán, el corazón se le quemará en el pecho, el cerebro en la cabeza, la sangre en las venas, incluso la médula en los huesos; cada réprobo se convertirá en un horno de fuego».

En 1807 los redentoristas exhumaron una notable obra del siglo XVII escrita por F. Pinamonti, *El Infierno abierto a los cristianos*, y la reimprimieron con horrorosos grabados. En Irlanda se publicó una edición todavía en 1889, y esta pieza tiene nexos comprobables con el sermón sobre el Infierno descrito en *Retrato del artista joven* de James Joyce. Los redentoristas a menudo predicaban sermones acerca del Infierno en las escuelas católicas. Uno de ellos, el reverendo Joseph Furniss, escribió una serie de libros para niños, donde el Infierno ocupa un lugar destacado. En *La visión del Infierno* afirmó que éste es un lugar cerrado en medio de la tierra (en esto siguió a Liguori), con arroyos de brea ardiente y azufre, un diluvio de chispas y una nube de fuego. Las almas atormentadas gritaban, «rugiendo como leones, silbando como serpientes, aullando como perros y gimiendo como dragones». Había seis mazmorras, cada una con una tortura adecuada: una prensa ardiente, un pozo profundo, un suelo al rojo vivo, un cubo hirviendo, un horno al rojo vivo y un ataúd también al rojo vivo. «El niñito está en el horno al rojo vivo. Oíd cómo grita pidiendo salir; ved cómo se vuelve y retuerce en el fuego. Se golpea la cabeza contra el techo del horno. Apoya los pies pequeños sobre el suelo... Dios fue muy bueno con este niñito. Es muy probable que Dios viese que empeoraría cada vez más y que nunca se arrepentiría, y así tendría que castigarlo aún más severamente en el Infierno. De modo que Dios en su compasión lo llamó del mundo en la niñez temprana.» En los países de habla inglesa se vendieron unos cuatro millones de ejemplares de las obras de Furniss, pero no debemos suponer que el Infierno estaba dirigido principalmente a los niños. A diferencia de los protestantes, los católicos no tenían una «doctrina doble» acerca del Infierno; lo enseñaban, con todo su rigor imaginativo, a todas las edades y todas las clases. El padre Faber, que estaba muy interesado en la muerte y sus consecuencias («Oh, grave y grato regocijo de la muerte... diligente, ubicua benignidad de la muerte»; «Los lechos de muerte forman un departamento de la Iglesia... que le pertenecen oficialmente»), deploraba la tendencia a predicar el fuego del Infierno a las clases inferiores pero no a las superiores: «Entreveo una obra real, buena y saludable que debe realizarse con las almas reales, buenas y saludables, mediante la frecuente meditación acerca del Infierno.» Más aún, se esperaba que los intelectuales católicos se adhiriesen a la doctrina y, cuando fuese apropiado, reflexionasen acerca del tema en sus escritos. En 1892 el profesor Saint George Mivart, zoólogo católico, sugirió que los sufrimientos de los condenados podían aliviarse gradualmente, una conjetura que pareció admisible a Newman. El cardenal Vaughan, arzobispo de Westminster, pensó lo contrario y reclamó a Mivart que se adhiriese a una declaración de la doctrina ortodoxa. Mivart se negó y quedó fuera de la Iglesia.*

La imagen de Roma como depositaria de certidumbres medievales, de la homogeneidad social, de una visión unitaria de la vida, atrajo mucho a cierto tipo de intelectual y no solamente en Inglaterra. En Francia la corriente fue mucho más intensa, por lo menos al principio, y tuvo que ver con fuerzas sociales y políticas que convirtieron al catolicismo

---

* Fuera de Manning y Ward, los conversos no afluyeron a la Iglesia católica. El deán Church escribió de Frederick Oakeley a su muerte en 1880: «Los romanos no lo aprovecharon y, en cambio, lo enviaron a Inslington, donde vivió pobremente en un asilo con dos colegas irlandeses... una auténtica repetición de la antigua Sala Común de Balliol, en el marco del sórdido recibidor de Inslington.» Newman se quejó: «Me humillaron a causa de mis órdenes menores y mi examen de las mismas, y tuve que permanecer de pie en la puerta del doctor Wieseman esperando la confesión entre los niños Oscott... fuimos tratados como niños, cuando éramos hombres adultos.» Los conversos casados estaban en peor situación. T. W. Allies fue condenado a la «penosa tarea de enseñar a los burros». Según Newman, Henry Wilberforce fue sentenciado a una vida de «inactividad sórdida y pasiva, y a tareas irregulares y precarias». La Iglesia católica sabía utilizar a los hombres dominantes como Manning, pero no tenía aplicación para los intelectuales. Este despilfarro de cualidades ayuda a explicar por qué, en las familias divididas por las conversiones, las animosidades se prolongaban. En el impresionante funeral del obispo Samuel Wilberforce, en 1873, los miembros católicos de la familia rehusaron unirse a las plegarias y permanecieron sentados rezando solos el *De Profundis*; aunque era viernes, los protestantes insistieron en servir chuletas en el almuerzo, de modo que los católicos no tuvieron qué comer. Véase David Newsome, *The Parting of Friends: a study of the Wilberforces and Henry Manning* (Londres, 1966).

francés del siglo XIX en la fuerza impulsora del triunfalismo populista. El *Genio del cristianismo*, de Chateaubriand, fue el presagio de una nueva apologética católica y papal. Por primera vez desde el siglo XII diferentes intereses que se expresaron enérgicamente vieron en el papado, por lo menos potencialmente, una fuerza popular, una forma de protección contra las aspiraciones seculares impropias y un defensor de la tradición civilizada más aceptable que las antiguas casas reales. La declinación del galicanismo y el localismo en la Iglesia, y el virtual eclipse del antiguo tipo de aristócrata-obispo determinaron una brusca y permanente decadencia de la autoridad episcopal y, por lo tanto, situaron al Papa y a los sacerdotes parroquiales (y a través de ellos, a sus congregaciones) en una relación directa. En 1819 de Maistre publicó su notable celebración del papado, *Du Pape*, que no sólo reafirmó la doctrina integral de la infalibilidad papal, que se había desvalorizado en el siglo XVIII, sino que formuló razones seculares persuasivas y modernas para mantener y exaltar la institución papal, como barrera contra la barbarie y el terror proletario. La Revolución Francesa y sus consecuencias habían destruido al cristianismo como sociedad total; pero le asignaron un lugar nuevo en tanto que movimiento minoritario enorme y expresivo, activo contra el cambio, ardiente defensor del conservadurismo, capaz de combatir a la razón con la fantasía y al progreso con la tradición, muy atractivo para ciertos sentimientos indestructibles del espíritu humano. Como advirtieron los intelectuales conservadores, el catolicismo fue el principal beneficiario del nuevo fortalecimiento cristiano, porque fue la entidad que realizó menos concesiones al mundo igualitario moderno y porque irradiaba una fe inconmovible en la jerarquía y en la autoridad. Además tenía una sola figura gobernante, carismática, o un centro de atracción, santo e internacional, en quien podían concentrarse todas las aspiraciones de los tradicionalistas del mundo entero. ¿Por qué el Papa no podía encabezar un gran movimiento popular de fe, un triunfalismo apoyado en millones de individuos?

La idea no era del todo nueva. Gregorio VII ya se había visto él mismo en el papel de una figura que se interponía entre el pueblo y la tiranía real; Becket y otros prelados en conflicto con el Estado habían reclamado de viva voz el apoyo popular. La identificación de la Iglesia con una forma de la libertad era una antigua doctrina, que arraigaba en san Pablo. Pero la Revolución Francesa pareció infundirle nueva vida, pues era un recordatorio de que la tiranía tenía muchas caras: podía haber tiranía de la razón y tiranías ideológicas, tiranías del progreso e incluso de la libertad, la igualdad y la fraternidad. Una institución que proponía un derecho divino internacional e intemporal constituía el contrapeso necesario para la reafirmación humana desenfrenada. En 1809, el abate Félicité de La Mennais inició un nuevo movimiento en la Iglesia francesa con sus *Reflexiones*, donde por primera vez defendió una posición católica definida contra los *philosophes* y manifestó que el catolicismo era necesario para el bienestar del mundo; en *Tradición* (1814), que es un estudio del episcopado y el papado, rechazó el galicanismo y propuso el ultramontanismo como la faz auténtica y necesaria del catolicismo moderno. La Mennais era aristócrata por nacimiento, celta y visionario, un hombre débil y enjuto, con un cuerpo delgado envuelto en un hábito pardo, tocado con un gorro; sus amigos decían que parecía un sacristán. Fue ordenado sacerdote en 1816 y se dedicó a compilar una enorme reformulación en cuatro volúmenes de la fe cristiana, como contraposición al racionalismo que prevalecía en los intelectuales; fue la primera *summa* moderna, pero adoptó la forma de un enunciado personal. Durante la década de 1820 se perfiló como un jefe natural, el centro de un grupo de jóvenes y enérgicos propagandistas y activistas católicos, un fenómeno desconocido en Francia desde la época de apogeo de los jansenistas. Allí estaban Lacordaire, el hijo bonapartista de un cirujano borgoñés, converso, sacerdote y liberal; y Montalembert, un aristócrata romántico, que deseaba retornar a la Edad Media, a su entender destruida por Richelieu y Luis XIV. En el centro de estudios que La Mennais organizó en el Collège de Juilly, se reunieron muchos de los futuros obispos, predicadores, apologistas e historiadores de la Iglesia francesa. También se reunieron para mantener discusiones prolongadas y muy emotivas en La Chênaie, Normandía, donde en 1828 La Mennais creó una organización voluntaria, la Congregación de san Pedro, y presidió una suerte de dictadura espiritual sobre los clérigos jóvenes más capaces. El grupo se mantenía unido gracias a la fuerte personalidad de La Mennais y a los vínculos individuales —como dijo Lacordaire, «la amistad profunda y generosa del tipo que se forma en la juventud y bajo el fuego enemigo»—, y por la visión de una Iglesia renovada que atraía y satisfacía a los elementos más nobles de la sociedad y la civilización europeas.

En muchos aspectos, el grupo de La Chênaie se asemejaba al Movimiento de Oxford, que se formó en la misma década, representando aquí La Mennais el papel de Keble. Se observó la misma preocupación romántica por el medievalismo, la misma atmósfera tensa de celibato masculino, de lucha intelectual revestida de intensas emociones. También se manifestó la misma inestabilidad de las convicciones. Pero mientras el movimiento de Oxford se interesó principalmente por la doctrina, La Mennais estaba obsesionado por la fuerza social de la Iglesia. Deseaba que ésta fuera un elemento dominante de la sociedad europea, como había sido el caso (eso creía) durante los siglos XIII y XIV. «Sin el Papa», decía La Mennais, «no puede haber Iglesia; sin la Iglesia, no hay cristiandad, y sin la cristiandad no existe la religión ni la sociedad, lo que implica que la vida de las naciones europeas depende exclusivamente del poder del papado.» Ésta era la teoría. ¿Cómo aplicarla? En su juventud, La Mennais quiso retornar a la idea de Augsburgo, la de los príncipes europeos que determinaban la religión y que, por lo tanto, actuaban como agentes de un renacimiento católico-papista: «La gente es lo que uno hace de ella, criminales o seres de buena conducta, individuos pacíficos o agitadores, religiosos o incrédulos, de acuerdo con los deseos de los que los conducen.» Se veía a sí mismo y a los que sentían lo mismo que él como el equivalente de los jesuitas en el siglo XIX, como los hombres que repararían los desastres provocados por la Revolución, del mismo modo que los jesuitas habían salvado de la Reforma al catolicismo. Al parecer, creyó que Europa entera sería católica en diez años y que para ello bastaba que los príncipes así lo desearan. Esta perspectiva estilo Waterloo de la restauración del *ancien régime*, o más bien de un grupo de monarcas esclarecidos que aplicaban la Ley de Dios al hombre bajo la dirección del Papa, no sobrevivió a la experiencia concreta del período de 1815 a 1830. La Mennais y sus amigos llegaron a odiar a los Borbones y a las restantes casas soberanas europeas, y poco a poco su lema pasó de «el Papa y el rey» a «el Papa y el pueblo». La nueva relación directa entre el papado y los católicos individuales, posibilitada por la destrucción del galicanismo, debía usarse para alinear al catolicismo con la democracia y para crear una identidad social de intereses entre la influencia espiritual del Papa y el poder económico y político masivo del pueblo común.

La Mennais lanzó su nueva filosofía social católica con un pequeño periódico titulado *L'Avenir* en 1830, apenas tres años antes del Sermón de Keble. El momento estaba bien elegido, pues el nuevo régimen burgués de Luis Felipe estaba ansioso, como le dijo el propio monarca, «de retirar mi dedo de los asuntos eclesiásticos... pues una vez que uno lo aplica ya no puede retirarlo, y ahí debe quedarse». La Mennais había llegado entonces a la conclusión de que la política del Vaticano, que era la reformulación de las relaciones entre la Iglesia y el Estado en el escenario de las potencias europeas, desarrollada esforzadamente a través de innumerables concordatos y acuerdos durante los últimos veinte años, seguía un curso equivocado. Ahora veía al Estado como un obstáculo opuesto a la verdad religiosa y reclamaba que la Iglesia se liberase de él. La Iglesia no debía tener nada más que ver con el concepto de «legitimidad», que era una carga y un engorro. No debía buscar privilegios a costa de atarse las manos. No podía jugar sobre seguro alineándose con las antiguas fuerzas europeas y, por el contrario, debía volverse hacia el pueblo, la fuerza del futuro.

En realidad, La Mennais no acuñó la frase «democracia cristiana», pero éste era sin duda el concepto hacia el cual avanzaba y al que, en efecto, la propia Iglesia católica se acercó más de un siglo después. Pero en ese momento era difícil creer que el papado pudiese modificar su papel histórico conservador, y sobre todo en un momento en que parecía que había recuperado mucho gracias a la afirmación inconmovible de su postura tradicional. El influjo que ejercieron La Mennais y su grupo fue sumamente intenso, pero también fue estrecho. *L'Avenir* contaba con un público impresionante en las filas del clero más joven, pero el número de suscriptores se elevaba a 2.000. Es más, la jerarquía francesa y los católicos de mayor edad tendían a confiar por completo en la monarquía, el concepto de legitimidad y las fuerzas arraigadas en el pasado; los privilegios de una relación de la Iglesia con el Estado, que a los ojos de La Mennais eran estorbos, para esta gente constituían un aspecto esencial de la defensa de la religión. Vemos aquí por primera vez la manifestación del gran debate que se mantiene en la moderna Iglesia católica: la política de la seguridad contra la política del riesgo. En 1831 *L'Avenir* tuvo dificultades con los obispos franceses, y La Mennais, Lacordaire y Montalembert decidieron apelar personalmente al Papa.

El gesto fue ingenuo. Hubiera sido difícil imaginar a un hombre que tuviese menos posibilidades de experimentar simpatía por las ideas de La Mennais o por todo lo que implicase una idea nueva. Chateaubriand, el primero que saludó las nuevas oportunidades del catolicismo en la era que siguió a la Revolución, había llegado a reconocer con tristeza las limitaciones de Roma cuando fue embajador en esa ciudad: «Algunos ancianos designan soberano a un anciano. Cuando asume el poder, él designa a viejos cardenales. Girando en un círculo vicioso, el poder supremo está agotado y se mantiene constantemente al borde de la tumba.» Bartolomeo Cappellari, elegido Papa con el nombre de Gregorio XVI, no mucho antes de la apelación de *L'Avenir* era un monje anticuado y desde el punto de vista del papado un triunfalista agrio —ciertamente, en 1799 había escrito un libro titulado *Il Trionfo della Santa Sede*—. Pertenecía a lo que se denominaba el grupo Zelanti, una francmasonería de derechistas del Vaticano, y su secretario de Estado, Lambruschini, general de los barnabitas, era enérgicamente antiliberal y trabajaba estrechamente unido con los jesuitas. El conservadurismo natural de estos dos hombres se acentuó a causa de la permanente inquietud política en los estados papales. Ciertamente, Gregorio creyó que no tenía más alternativa que apoyar en todas partes el poder de los príncipes, con la esperanza de que los soberanos colegas acudiesen en su auxilio si los necesitaba. Era una mente medieval, pero de ningún modo en el sentido en que el grupo de La Chênaie entendía el asunto. Era groseramente supersticioso; durante una epidemia de cólera encabezó una procesión propiciatoria que marchó por las calles de Roma llevando una imagen de la Madonna, la que, según él creía, había sido pintada por san Lucas; aceptaba sin vacilar los derechos del título y la propiedad hereditarios, que a su juicio eran los fundamentos mismos de la sociedad. La idea de que el pueblo tenía derechos, o los monarcas obligaciones, le era extraña. A los católicos polacos que se alzaron reclamando la libertad religiosa y nacional contra el dominio opresor de la Rusia ortodoxa les negó directamente el apoyo o la simpatía; como escribió en una encíclica, hay «ciertos intrigantes y promotores de mentiras, que con el pretexto de religión en esta época desgraciada, están levantando la cabeza contra el poder de los príncipes». El 1 de marzo de 1832 Gregorio concedió una entrevista a La Mennais y sus colaboradores, pero con la condición de que no se mencionaran los temas religiosos; se celebró ante la presencia hostil del enemigo legitimista de estos hombres, el cardenal de Rohan, y se limitó a fríos lugares comunes. La Mennais opinó que el Papa era «un viejo imbécil y cobarde» y Roma, «una enorme tumba en la cual solamente hay huesos». De la corte vaticana escribió: «Vi allí el más terrible cenagal que el hombre ha podido contemplar jamás. La gran cloaca del propio Tarquino habría sido incapaz de recibir esa acumulación de podredumbre.» Seis meses más tarde, durante un banquete ofrecido en honor de La Mennais por los católicos alemanes progresistas de Munich, le entregaron la respuesta del Papa en una bandeja de plata: adoptaba la forma de la encíclica *Mirari vos*, que condenaba totalmente las ideas de La Mennais sin mencionar su nombre.

Fue de hecho el fin de la iniciativa. Lacordaire desapareció de La Chênaie durante la noche, sin despedirse. El propio La Mennais recibió la orden de someterse públicamente, y lo hizo; después dijo: «Firmé, por cierto firmé. Habría aceptado que la luna estaba hecha de queso verde.» Pero en la práctica acentuó más sus ideas radicales en vez de repudiarlas. Como un gesto antiaristocrático, en adelante escribió su apellido formando una sola palabra, Lamennais: su *Paroles d'un Croyant* (1834) fue un ataque enérgico a la tiranía, una defensa agresiva de la democracia y un alegato en favor de «una Iglesia libre en un Estado libre»; profetizó que en poco tiempo Dios transformaría a la sociedad aplastando a los opresores de los pobres e inaugurando una nueva era de justicia, paz y amor. De manera que en el curso de su propia vida, Lamennais protagonizó una transformación completa, pasando de una condenación legitimista de la revolución a la esperanza de un milenio cristiano. El libro fue el tema de una condenación papal explícita y, por el resto de su vida (falleció en 1854), Lamennais, aunque nunca excomulgado, fue relegado a las sombras de la desaprobación católica. El fracaso de su movimiento determinó que la Iglesia de Francia perdiese a los intelectuales románticos —Victor Hugo, Alfred de Musset, Alfred de Vigny, Lamartine y muchos otros—. De esta forma, en el momento mismo en que los intelectuales de Oxford —o algunos de ellos— se acercaban a Roma e incluso cruzaban el Tíber, los intelectuales parisienses se distanciaban. Desde el punto de vista intelectual, se cruzaron en el puente levadizo (algunos acudían a buscar autoridad, otros huían de ella).

Pero no sería cierto afirmar que la Iglesia o incluso específicamente los triunfalistas no aprendieron nada de Lamennais. Aceptaron su opinión de que la Iglesia podía convertirse en una institución popular y el Papa en un jefe populista. Lo que negaron fue su premisa de que la Iglesia necesitaba modificar sus actitudes sociales tradicionales para obtener dicho apoyo. Ciertamente algunos de ellos, aunque fuese de un modo impreciso, percibieron la cuestión importante de que el rechazo mismo del papado a aceptar compromisos era el factor que a los ojos de muchos constituía su principal atracción. Lo que repelía a un Lamennais atraía a un Manning, y no sólo a los individuos como Manning, sino también a los hombres y las mujeres de todas las clases que veían en la fortaleza vaticana un símbolo de seguridad. Este instinto fue el factor que determinó el éxito de Giovanni Mastai-Ferretti, designado Papa como Pío IX a la muerte de Gregorio XVI, en 1846. Su vida fue una peregrinación en el estilo de Lamennais pero a la inversa. Fue aristócrata y soldado, pero la epilepsia lo forzó a abandonar el ejército. Había estado en América Latina durante el período anticolonial y comenzó su pontificado con una serie de reformas liberales en los Estados papales. Visitó las cárceles y liberó a los prisioneros políticos, concedió cierta libertad de prensa, reformó el Código Penal, excusó a los judíos de Roma a la asistencia obligatoria a los sermones, instaló la iluminación a gas y construyó un ferrocarril. El desesperado año revolucionario de 1848 lo llevó a modificar totalmente su posición; en adelante, y durante los treinta años siguientes, se alineó por completo con la reacción de la Iglesia y el Estado, oponiéndose firmemente a todas las formas del liberalismo. Más aún, en su ancianidad pareció que obtenía un placer físico en su lucha personal contra el mundo liberal, además de cierto orgullo por representar las tradiciones y las características del *ancien régime*. Encarnó el papado como de Maistre lo había concebido; como lo había percibido de Maistre, esto fue parte de su indudable capacidad para concitar la lealtad y la devoción de gran número de personas, entre ellas muchas que eran intelectualmente superiores a él. Fue el primer papa en siglos que se convirtió en símbolo popular; su principal atracción era precisamente este rasgo de intransigencia. Dieciséis siglos antes, Tertuliano había observado satisfecho que el cristianismo imponía exigencias ofensivas a la credulidad individual (ahí estaba la gloria y el poder de la fe). La idea conservaba su validez: en efecto, el progreso al parecer implacable de la ciencia y el liberalismo determinaba que, a los ojos de algunos, el cristianismo pareciese más válido que nunca.

El éxito del triunfalismo populista respondió también a razones menos paradójicas. El año 1848 había atemorizado a otras personas, además del Papa. En Francia (y el movimiento tuvo sus análogos en otros lugares) la burguesía de mediados de siglo acudió en busca de la fe antigua y estable. El motivo no era tanto religioso como volteriano: «Me agrada que mi abogado, mi sastre, mis criados y mi esposa crean en Dios, porque así puedo suponer que me robarán y encornudarán con menos frecuencia.» Como dijo en 1849 Frederic Ozanam, amigo de Lacordaire: «Todos los volterianos que gozan de un ingreso decente ansían que la gente vaya a misa, con la condición de que ellos mismos no se vean obligados a hacerlo.» Ernest Renan los llamaba «los cristianos por miedo». (De todos modos, esta gente leyó la impresionante y muy vendida *Vie de Jésus* de Renan.) En el siglo XIX los activos económicos y financieros de la Iglesia fueron reorganizados sólidamente. Hacia la década de 1860, sobre todo en ciertos países como Francia, Italia, Alemania y Bélgica, la Iglesia tenía más escuelas e instituciones que nunca, y todas las órdenes religiosas, especialmente las que se dedicaban a la docencia, estaban aumentando. La Iglesia estaba «adquiriendo» cuerpo, y con esta situación los burgueses podían sentir firmes afinidades económicas, ya que no intelectuales. En las escuelas estatales, los docentes seculares de orientación radical excitaban al temor y la hostilidad de la burguesía. Como dijo Thiers: «Sus docentes son 35.000 socialistas y comunistas. Hay un solo remedio: la educación elemental debe quedar en manos de la Iglesia.» Estas actitudes se convirtieron en la sabiduría predominante en la sociedad burguesa francesa bajo la Segunda República de Napoleón III. Quizá tanto por casualidad como por intención —en todo caso, no como resultado de convicciones profundamente compartidas—, Napoleón y Pío IX se convirtieron en aliados y, en cierto sentido, en socios. Cada uno apoyó el régimen del otro. A partir de la década de 1850, Napoleón, aunque generalmente apoyó la campaña antiaustríaca de la Casa de Saboya, enderezada a reunificar Italia, utilizó su ejército ultramontano para impedir que la nueva corona y sus partidarios revolucionarios convirtiesen a Roma en capital de Italia y anexasen mediante la fuerza los estados papales. De esta forma, Pío IX florecía en su propia actitud reaccionaria gracias a las bayonetas de Napoleón. Asimismo, la permanente aprobación de la Iglesia fue un factor principal para la continuidad de Napoleón en el poder. El arreglo fue más práctico que edificante. No sólo Montalembert se sintió desagradado cuando la emperatriz Eugenia, la chabacana consorte de Napoleón, envió al Papa un regalo de 25.000 libras esterlinas en su jubileo. La Restauración borbónica había sido un régimen católico; el Segundo Imperio fue nada más que un régimen clerical, caracterizado por la cínica atención al *quid pro quo* por ambas partes. Cuando Napoleón visitó Bretaña en 1858, un obispo le dijo públicamente que era el rey cristiano más devoto de Francia desde san Luis. El prelado fue debidamente ascendido a arzobispo «y así se ganó su propina, como un cochero». Esta observación pertenece no a un fiero anticlerical sino al vizconde Falloux, autor de las leyes del régimen favorables a las escuelas católicas. En efecto, la alianza provocó los comentarios más irreverentes precisamente entre los católicos. En los períodos electorales, el nutrido y obediente ejército clerical del Papa promovía obedientemente la votación en favor de Napoleón; a su vez, el emperador se vio obligado a ocultar su incomodidad cuando en 1858 un niño judío de tres años, llamado Mortara, bautizado por un criado católico porque estaba en peligro de muerte, fue apartado del control de los padres por el Santo Oficio apenas se recobró. Era la ley de Roma, sostenida exclusivamente por la infantería francesa. De ahí la burla de

Montalembert de que la alianza era «una coalición entre la sala de guardia y la sacristía», coronada por el epítome del régimen de Napoleón según el general Chargarnier: «Un prostíbulo bendecido por obispos.»

Pero había también una serie de católicos franceses activos y capaces que apoyaban al nuevo papismo con apasionada devoción. Casi todos eran conversos, es decir, ex agnósticos o ateos que se habían orientado hacia Roma después de una crisis emotiva o intelectual. Como en el caso de los conversos de Oxford, lo que los atraía principalmente en su nueva Iglesia era la autoridad y su tosca confianza en sí misma cuando resolvía drásticamente complejas cuestiones intelectuales. Eran no sólo ultramontanos sino, en la mayoría de los casos, partidarios violentos del papismo. Entre ellos estaba Louis Veuillot, que llegó a ser director del periódico católico *L'Univers* y que difundía las opiniones de un W. G. Ward, pero en escala incomparablemente mayor y en forma más virulenta. Veuillot era hijo de un tonelero, un autodidacta de la clase trabajadora tanto por el estilo como por el aspecto, completamente distinto de los elegantes y refinados tractarianos de Oxford o de los liberales católicos franceses de la alta clase media. Se había desempeñado como pasante de abogado y así adquirió experiencia en el periodismo, profesión para la que tenía cierto talento. Su prosa era notable y tenía visión aguda para lo sensacional. Su postura era de agresivo entusiasmo, con su cuerpo bajo y robusto, la cabeza enorme y la cabellera erizada. Las opiniones de Veuillot en religión e historia carecían de sutileza y excedían los groseros prejuicios del *croyant* tradicionalista de la clase trabajadora: «Si algo debemos lamentar es que no quemasen antes a Juan Huss, que no quemasen con él a Lutero, y que por la época de la Reforma no hubiese en Europa un príncipe que tuviera piedad y sentido político suficientes para iniciar una cruzada contra los países infectados por la Reforma.» Pero percibió las posibilidades del catolicismo de la clase trabajadora. Así como en el caso del sufragio masivo el clero parroquial católico podía demostrar que estaba formado por agentes electorales indispensables de la derecha —uno de los descubrimientos destacados de mediados del siglo XIX—, también el advenimiento de las comunicaciones modernas posibilitó organizar y regimentar al proletariado y el campesinado católicos de manera que formasen una enorme fuerza en el marco de la Iglesia. Las masas que asistían a la Iglesia y el Papa aliados formaban una combinación invencible. El populismo de Veuillot coincidió con el crecimiento, bajo el impulso del papado, de nuevas formas de devoción de las masas asociadas con el Sagrado Corazón, la Virgen María y la eucaristía. Muchas de estas formas eran en realidad un retorno a las ideas medievales tardías y se relacionaban con visiones, visitaciones y éxtasis de los místicos. La Madonna apareció dos veces en París, en 1830 y 1836; en Saboya, en 1846, y desde 1858 en Lourdes. Las dos figuras religiosas más celebradas de la época fueron ambas sensacionales y ambas francesas: la misma Bernardette y Jean-Baptiste Marie Vianney, el sacerdote parroquial de Ars, cerca de Lyon. El *curé* de Ars se autoflagelaba implacablemente, protagonizaba ayunos prodigiosos, celebraba sesiones de oración que duraban la noche entera y se debatía físicamente con el demonio. Se convirtió en figura de culto y miles de personas viajaron desde todos los rincones de Francia (y del exterior) para confesarse con él.

El padre Vianney era la expresión significativa de una nueva tendencia que llevaba a exaltar el trabajo del sacerdote y su contacto con las masas católicas. El astuto populista que era Veuillot reforzó esta tendencia en *L'Univers*. Casi todos los sacerdotes parroquiales se adhirieron; se vendía en los atrios de sus iglesias los domingos. Reflejaba y ampliaba las sencillas opiniones que ellos tenían de la religión: la piedad devota, el culto del papado y, disimulado bajo una gruesa capa de emotividad y sentimentalismo, el cristianismo mecánico de la Edad Media, la atmósfera del credo en que el triunfalismo populista podía florecer. Ozanam dijo de Veuillot y sus amigos: «No intentan convertir a los incrédulos, sino excitar las pasiones de los creyentes.» En términos generales esto era cierto. El propósito definitivo de una sociedad cristiana total no fue abandonado, pero se subordinó a la organización de los fieles con el propósito de ejercer poder. Según entendía Veuillot, esto se lograría modificando el equilibrio en el seno de la Iglesia, fortaleciendo los nexos entre el poder exclusivo y autocrático del papado, por una parte, y por otra los sacerdotes parroquiales y las masas; y transformando al episcopado en una colección de simples funcionarios del Vaticano. *L'Univers* y la atmósfera espiritual que este órgano creó fueron un instrumento importante de este proceso. Llegó a ser sumamente difícil que un obispo francés, salvo el caso en que su formación personal fuera excepcionalmente sólida, argumentara o actuase contra una línea adoptada por el periódico, sobre todo si, como era usual, contaba con el apoyo del Papa y la mayoría de los sacerdotes parroquiales. Cuando en 1853 el arzobispo de París y el obispo Doupanloup de Orléans, el individualista destacado de la jerarquía francesa, condenaron el periódico, Veuillot apeló al Papa. Pío IX lo absolvió en la encíclica *Inter Multiplices*, donde ordenó a la jerarquía que se mostrase «generosa en dar aliento y mostrar su buena voluntad y su amor a ciertos hombres que... consagran las vigilias nocturnas a escribir libros y trabajos... de modo que los antiguos derechos de la Santa Sede y sus actos puedan demostrar toda su fuerza, de modo que las opiniones y los sentimientos contrarios a esta Santa Sede desaparezcan, de modo que sea posible disipar las sombras del error e inundar la mente de los hombres con la luz bendita de la verdad». ¿Y cuál era esta «luz bendita de la verdad?» *L'Univers* respondía: «¿Quién es el Papa? Cristo en la Tierra.» Éste fue el tema del periódico durante las décadas de 1850 y 1860. Fue también el tema de un número cada vez más elevado de obispos. Los trenes y los buques de vapor posibilitaron que la mayoría de ellos viajase regularmente al Vaticano y lo hacían con frecuencia cada vez mayor, invitados por el Papa; así, las comunicaciones sirvieron para destruir el elemento «galicano» de la Iglesia, en sí mismo producto del aislamiento y la distancia tanto como de cualquier otro factor, y para determinar que fuese cada vez más difícil que los obispos se opusieran a las tendencias papales, incluso en asuntos muy secundarios. De hecho, muchos obispos se incorporaron plenamente al campo triunfalista y se convirtieron en los clarines y los tambores del nuevo populismo. El obispo Mermillod llegó al extremo de pronunciar un sermón acerca de las tres encarnaciones de Cristo: en la matriz de la Virgen María, en la eucaristía y en la persona de Pío IX. A medida que el sometimiento episcopal se acentuó, la teoría conciliar revitalizada del siglo XVIII fue sepultada discretamente otra vez, y se vio claramente que Pío IX tenía muy poco o nada que temer de un concilio.

Un concilio era necesario para coronar el triunfalismo concediendo la aprobación de los Padres de la Iglesia a la doctrina de la infalibilidad papal afirmada durante mucho tiempo pero nunca pronunciada formalmente como dogma. Durante muchos años Pío IX había sido exhortado a dar ese paso por sus partidarios dirigidos por Manning, ahora arzobispo de Westminster y un hombre para quien la infalibilidad papal era la ratificación necesaria y definitiva del principio autoritario. Gran parte del reinado de Pío IX había parecido una preparación para ese hecho. En 1854 su bula *Ineffabilis Deus* se zambulló en las aguas turbulentas del aventurerismo teológico al declarar que «la Bendita Virgen María ha sido, desde el primer instante de su concepción, por gracia singular y privilegio de Dios Todopoderoso, en vista de los méritos de Cristo Jesús el Salvador de la humanidad, preservada de toda mancha o pecado original». Aquí se estaba ante un caso de piadosa creencia tradicional convertida en dogma inexpugnable, para disgusto de los protestantes, incluso de los católicos liberales. Estos gestos atraían a las fieles masas católicas; eran parte del repertorio populista. Lo mismo pudo decirse de las grandes asambleas del clero. En 1862, para señalar la canonización de veintiséis misioneros martirizados en Japón, Pío IX invitó a todo el episcopado a asistir a una celebración pentecostal en Roma. La reacción fue alentadora: acudieron 323 cardenales, patriarcas, arzobispos y obispos, más de 4.000 sacerdotes y 100.000 católicos laicos. En 1864 el Papa tuvo un gesto característico de la Edad Media tardía: publicó una encíclica, *Quanta cura*, anunciando que el año siguiente sería un jubileo en que podría obtenerse una indulgencia plenaria que beneficiaría a los que afirmaban enérgicamente la fe católica. Como apéndice a la encíclica incluyó un documento que enunciaba las proposiciones que el buen católico debía abstenerse de defender. Este «compendio de errores» de hecho era un índex que suministraba referencias a distintas opiniones ya condenadas en los discursos, las cartas, las alocuciones y las encíclicas papales. Por consiguiente, su jerarquía y su autoridad exactas no eran del todo claras, pero en las circunstancias parecía un manifiesto desafiante que se oponía a la totalidad del mundo moderno. Las secciones uno a siete condenaban el panteísmo, el naturalismo y el racionalismo absoluto; las secciones ocho a catorce, el racionalismo moderado; las secciones quince a dieciocho, el indiferentismo, el latitudinarismo, el socialismo, el comunismo, las sociedades secretas, las sociedades de la Biblia y los grupos clericales de carácter liberal. Las secciones diecinueve a setenta y seis afirmaban los derechos de la Iglesia y del pontífice romano y su Estado del modo más inflexible y triunfalista, y en ellas se condenaban totalmente todos los avances de la sociedad civil. Era falso negar al Papa el derecho a «un principado civil» o al uso de la fuerza para defenderlo; se prohibía a los católicos la aceptación de la educación civil o la negación de la idea de que la «religión católica» era la única religión del Estado con exclusión de todas las restantes; en la sección setenta y nueve se condenaba la libertad de palabra porque conducía a «la corrupción de las costumbres y las mentes» y «la peste del indiferentismo». Finalmente, la sección ochenta resumía el documento condenando la afirmación de que «el pontífice romano puede y debe reconciliar y armonizar con el progreso, el liberalismo y la civilización reciente».

El Extracto fue recibido con asombro, por no decir incredulidad, por muchos que no eran católicos, y con desaliento por los católicos liberales (y un grupo de obispos). Ciertos gobiernos, sobre todo los de

Francia, Austria y Baviera, temieron que en un concilio futuro se atribuyese a este programa una autoridad dogmática plena. Hubo intentos, realizados por los católicos que creían teológicamente posible y esencial desde el punto de vista social que la Iglesia se adaptase al mundo moderno, de organizar una oposición y frenar el rápido avance hacia el triunfalismo. Uno de los principales laicos ingleses, el historiador liberal lord Acton, que tenía amplias relaciones académicas y políticas en el Continente, durante los años 1864 a 1868 realizó una gira por los archivos oficiales europeos y de ese modo llegó a conocer lo que él mismo denominó «la amplia tradición de la mendacidad convencional», incluso la inclinación de un papado triunfalista a usar la mentira y la violencia para promover planes esencialmente seculares. En sus viajes pudo hablar con los católicos de espíritu crítico, sobre todo en Alemania. También en Francia ahora Montalembert estaba convencido de que el ultramontanismo que él había defendido enérgicamente en otros tiempos se había pervertido para convertir al Papa en un monstruo teológico, al que él denominaba «un Luis XIV papal». Sin embargo, sería un error suponer que estos elementos opositores eran importantes por el número o la influencia. En Gran Bretaña, para todos los efectos prácticos, la Iglesia católica estaba completamente controlada por el cardenal Manning, el más ardiente de los triunfalistas; en Francia los liberales formaban una minúscula minoría —el *Correspondent* de Montalembert tenía una venta mensual de sólo 3.000 ejemplares—. En 1867 Pío IX convocó otra asamblea en Roma para celebrar el decimoctavo centenario de la gran festividad pontifical de los santos Pedro y Pablo. Esta vez asistieron más de 500 obispos, con 20.000 sacerdotes y 150.000 peregrinos laicos. Finalmente comenzaron a enviarse las invitaciones para asistir al concilio. W. G. Ward, que había saludado la publicación del Programa con ruidosas muestras de aprobación y que solía decir «Me agradaría tener una nueva bula papal para leer todas las mañanas a la hora del desayuno», no sólo suponía que la infalibilidad papal sería declarada dogma, sino que expresaba públicamente la esperanza de que se definiría del modo más amplio posible, es decir, de manera que incluyese las cartas y las encíclicas papales. Una nueva publicación jesuita, la *Civiltà Cattolica*, publicada en Roma y, según se creía, órgano semioficial de la opinión del Vaticano, llegó más lejos: en un ataque a los progresistas franceses, dividió a los fieles «en dos partidos, uno, sencillamente católicos; el otro, formado por los que se autodenominaban católicos liberales»; estos últimos en realidad no eran en absoluto católicos y se caracterizaban por su enfoque crítico de la infalibilidad papal. Cuando el dogma fuese puesto a consideración del concilio, «lo cual esperamos sea muy pronto», el curso apropiado sería que los padres «lo definiesen por aclamación», sin debate ni voto. Ésta era también la posición adoptada por *L'Univers* y otros órganos ultramontanos. Sin duda, contaba con la aprobación del propio Pío IX, que solía decir *«La tradizione sono io!»*.

En definitiva, el dogma fue definido en 1870, sólo después de prolongado debate y en una forma condicionada que limitaba la imposibilidad de error del Papa únicamente en las cuestiones de fe y moral definidas *ex cathedra*. Pero en todos los demás aspectos el concilio señaló la extinción aparente de los católicos liberales. Fue celebrada sobre el telón de fondo de la guerra francoprusiana, el retiro de la protección militar francesa, la ocupación italiana de Roma y la liquidación de los Estados papales. Pero este eclipse del poder temporal del Papa sirvió, en términos reales, para destacar la enorme importancia de su nueva y dominante posición en el seno de la Iglesia y, según pareció, por consiguiente también en el ámbito del cristianismo. Se había construido la fortaleza no con piedra perecedera sino con ideas y conceptos populistas. Su guarnición tenía una actitud unánime. Montalembert había vuelto disgustado la espalda al concilio: «No deseo ofrendar la justicia, la razón y la historia como un sacrificio devorado por las llamas al ídolo que los teólogos laicos del catolicismo levantaron con sus propias manos en el Vaticano». El obispo Doupanloup protestó en vano porque el cardenal Barnabo, prefecto del Colegio de Propaganda, estaba «arreando como cerdos a los obispos». El profesor Ignaz von Döllinger, jefe de los antitriunfalistas alemanes e íntimo amigo de Acton, rechazó el dogma: «Como cristiano, como teólogo, como historiador y como ciudadano no puedo aceptar esta doctrina.» Unos pocos, la mayoría académicos, lo acompañaron y formaron la Antigua Iglesia católica. El propio Acton se desentendió de la política eclesiástica. Estas deserciones o renunciamientos apenas inquietaron a la Iglesia y fueron recibidas con placer por la mayoría de los triunfalistas. De los pocos obispos que inicialmente votaron contra el dogma o hicieron saber que se oponían al mismo, algunos sobrevivieron a causa de la fuerza de su posición personal. Otros fueron perseguidos, no por el Vaticano —eso era innecesario— sino por su propio clero triunfalista. Así, monseñor de Marguerye, obispo de Autun, después de regresar del concilio trató de justificar su voto negativo en una asamblea de su clero diocesano: se negaron a escucharlo golpeando con los pies sobre las tablas de la casa donde se reunía el capítulo, y el obispo consideró que no tenía más alternativa que renunciar a su sede. Un gran silencio descendió sobre la Iglesia católica.

De manera que hacia 1870 el papado había alcanzado una posición de control total en el cristianismo romano, lo que no había podido obtener ni siquiera durante el siglo XIII, y había alcanzado esta situación en circunstancias que parecían sugerir que la abrumadora mayoría de los cristianos que debían fidelidad a Roma no sólo estaba dispuesta a conceder a la Santa Sede esta supremacía sin precedentes, sino que ansiaba adoptar esa actitud. En el alba de la democracia, Roma había erigido un despotismo popular y había procedido a ejecutar esa tarea en una Europa cristiana que, en la década de 1870, estaba extendiendo rápidamente su dominio para cubrir todo el mundo civilizado. El papado había construido una fortaleza contra la modernidad: en 1870 dio la impresión de entrar en la fortaleza con una guarnición unida, alzando detrás de él el puente levadizo. Pero el «ídolo del Vaticano» suponía, y lo mismo pensaba la mayoría de sus partidarios, que llegaría el momento en que la guarnición protagonizaría una salida y, en nombre de un cristianismo europeo unido, complicaría su misión universalista. «A la ciudad y al mundo»; esta antigua frase papal pareció adquirir un significado nuevo en 1870. Pero, ¿hasta dónde era real esta visión del cristianismo global?

SÉPTIMA PARTE

Pueblos casi elegidos
(1500 - 1910)

El 13 de noviembre de 1622 la Compañía Virginiana de Londres, entonces consagrada a la tarea de explorar la costa de América del Norte sobre el Atlántico, celebró una fiesta en el Salón de los Sastres Mercaderes. La entrada costaba tres chelines por cabeza: «Y como en estos grandes festines se juzga que el venado es un adorno muy necesario, la Corte ha creído conveniente que se dirijan cartas en nombre de la Compañía a los nobles y caballeros que pertenecen a esta sociedad para solicitarles este favor que ellos pueden conceder y para contar con su presencia en dicha comida.» Antes del festín, la Compañía escuchó un sermón en Saint Michael's Cornhill, pronunciado por John Donne, deán de San Pablo. El deán Donne dijo a los cuatrocientos comerciantes acomodados que estaban allí que su propósito al cruzar el Atlántico no sería tanto amasar riqueza como recobrar almas: «Cumplir los Hechos de los Apóstoles, ser una luz para los gentiles, que habitan en la oscuridad... Dios nos enseñó a fabricar barcos, no para trasladarnos, sino para transportarlo a Él mismo.» Que todos sean misioneros fue su conclusión: «Y habremos convertido a esta isla, que no es más que un suburbio del Viejo Mundo, en puente y galería para el nuevo, para unirnos todos a ese mundo que nunca envejecerá, el Reino del Cielo.»

No sabemos con cuánta seriedad los comerciantes de la Compañía de Virginia recibieron las exhortaciones de Donne a comportarse según el espíritu de los primeros apóstoles. El impulso universalista que había animado a los cristianos primitivos nunca desapareció del todo. Pero había llegado a mezclarse inextricablemente con otros motivos y a menudo a subordinarse por completo a ellos. Más aún, parecía haber perdido parte de su dinamismo. En el siglo XVII, la expansión del cristianismo hacia el sur y el este se vio bloqueada por las diferentes herejías monofisitas y por el Islam, que constituía y todavía constituye una barrera casi impenetrable que se opone al progreso cristiano. Bizancio abandonó sus esfuerzos en esas direcciones, salvo para perseguir objetivos meramente políticos y militares, y envió misiones únicamente a los paganos del norte de Rusia. Los cruzados no quisieron o no pudieron conquistar prosélitos en África o Asia, o incluso ayudar a mantenerse a las comunidades cristianas existentes. Las ciudades mercantiles latinas no estaban significativamente interesadas en los conversos y en realidad ganaron muy pocos.

Desde principios del siglo XIII, los Caballeros Teutónicos, ayudados por los dominicos, emprendieron la conversión sistemática de Prusia y el Báltico. Se apeló a la fuerza. Uno de los tratados especificaba: «Todos los que no están bautizados deben recibir el rito en el plazo de un mes.» Los que rehusaban eran desterrados de la compañía de los cristianos y los que recaían debían quedar reducidos a esclavitud. Se prohibieron los ritos paganos, se impuso la monogamia y se construyeron iglesias. Los neófitos fueron obligados a asistir a la iglesia los domingos y los días festivos, y a sostener al clero; los conversos tuvieron que observar el ayuno de Cuaresma, confesarse por lo menos una vez al año y recibir la comunión por la época de Pascua. Pero el propósito principal era la conquista y la colonización. Mientras continuase instruyendo a los paganos, la orden podía mantener la posesión de las tierras conquistadas; y cuando los nuevos territorios fueron divididos en obispados, los obispos recibieron un tercio. De esta forma, el paganismo se vio definitivamente eliminado de Europa y el proceso quedó completado durante las últimas décadas del siglo XIV, cuando se procedió a la colonización de Lituania. Durante este prolongado período, que había comenzado a principios del siglo VI, dos conceptos arraigaron profundamente en la mente de los cristianos; ambos eran extraños a la enseñanza cristiana e incluso a la práctica de la Iglesia primitiva. El primero fue la asociación de la conversión con la conquista o, en todo caso, con la penetración económica; el segundo, la identificación del cristianismo o la cristiandad con el continente europeo y sus razas. Así como los cruzados latinos habían tratado a los cristianos orientales (incluso cuando acordaban con Roma) como inferiores, o aun como enemigos, también se manifestó la tendencia a considerar a los conversos no europeos como cristianos de segunda categoría.

Es posible que esta cuestión contribuya a explicar el fracaso de las misiones europeas más tempranas, pues hubo algunas, pese a que su propósito ostensiblemente religioso se combinó con el objetivo político y militar de debilitar el poder musulmán. Hubo una serie de misiones franciscanas en Asia central e India durante los siglos XIII y XIV, que tenían la finalidad de reforzar los elementos semicristianos de las tribus mongólicas. A principios del siglo XIV se estableció un «Arzobispo de Oriente» en Pekín o sus alrededores, y en 1335 fue enviado a ese lugar un equipo de cincuenta frailes. Sin embargo, el plan nunca tuvo mucho éxito y se derrumbó cuando los chinos arrebataron Pekín a los mongoles, antes de fines de siglo. Las misiones enviadas a las regiones musulmanas y al África pagana también fueron efímeras. A fines del siglo XIII Ramon Llull trazó el primer programa misionero moderno y organizó un colegio de lenguas orientales en Mallorca. En 1311 el Concilio de Viena pidió a las ciudades europeas que organizaran cursos de lenguas orientales modernas. Pero de todos estos planes resultó muy poca cosa. Había puestos cristianos del lado meridional del Estrecho de Gibraltar en 1415; en 1444 se estableció cierta relación con las razas negras del África tropical; en 1482, con el Congo, y cinco años más tarde hubo un desembarco en el Cabo de Buena Esperanza. Parece que en 1518 se consagró a un africano obispo titular y vicario apostólico de África occidental, pero no sabemos si jamás retornó a su sede. De hecho, parece que todas las misiones africanas se habían extinguido a mediados del siglo XVI.

El papado tuvo escasa intervención en estas iniciativas. Ciertamente, no tenía más motivación que la meramente altruista. En una época en que el poder ejercido sobre las Iglesias nacionales estaba pasando a manos de los príncipes, las misiones tempranas, relacionadas con el comercio o la colonización, se vieron sometidas a las coronas, y la interferencia papal casi invariablemente se vio frustrada. La situación era distinta en el caso de las grandes órdenes «imperialistas», es decir, los franciscanos, los dominicos, los agustinos y más tarde los jesuitas. Para éstos el trabajo misionero era una ampliación enorme y valiosa de sus actividades. Estas órdenes prevalecieron en la primera fase de la colonización cristiana. Los protestantes no tenían órdenes y, por lo tanto, carecían del personal y los medios necesarios para emprender la labor misionera. Además no estaban muy seguros de que ésta fuese útil. La mente de Lutero estaba limitada por sus propios horizontes nacionales, casi provincianos. Apenas pensaba en términos del Continente, y mucho menos del mundo. Creía que «la fe de los judíos, los turcos y los papistas es toda una». Le interesaba reformar a los cristianos más que convertir a los paganos, mientras que los calvinistas estaban interesados en la elite. Su fe no concentraba la atención en las masas paganas. Con cierta justicia el cardenal Bellarmino atacó a los protestantes por su falta de actividad misionera: «Nunca se ha dicho de los herejes que hayan convertido a judíos o a paganos, porque se limitan únicamente a pervertir a los cristianos.» Algunos protestantes pensaban que el mandato de Cristo en el sentido de la predicación del Evangelio había cesado con los apóstoles: la propuesta había sido formulada de una vez para siempre y no era necesario repetirla. Pero ésta era una opinión minoritaria. El sermón de Donne refleja la ortodoxia anglicana. Muchos de los marinos ingleses y los practicantes que cruzaban el Atlántico eran protestantes piadosos, incluso fanáticos, que sentían la obligación de ganar prosélitos. La carta de sir Humphrey Gilbert, en 1583, alude a la compasión de Dios «por los pobres infieles, pareciendo probable que Dios haya reservado a estos gentiles de modo que sean llevados a la civilización cristiana por la nación inglesa». Muchas cartas de las primeras compañías manifiestan una convicción similar. Pero tales misiones fueron dejadas al cuidado de manos seculares y mercantiles. La Iglesia anglicana no creó una organización; tampoco lo hizo el Estado. Se procedió a la designación de capellanes para beneficio de las comunidades de mercaderes o colonos. Las conversiones sirvieron a los propósitos del comercio o fueron obra de individuos.

Las misiones fueron tomadas en serio en los territorios ocupados por los españoles y los portugueses. Esta labor fue realizada casi totalmente por las órdenes, encabezadas por los franciscanos, y respondiendo a instrucciones de la corona. Los motivos eran contradictorios. Las autoridades necesitaban una fuerza de trabajo dócil y cierto sentido de seguridad. La conversión fue un elemento de la conquista, como lo había sido en la Europa del siglo XIII: se dijo a los indios, como a los sajones, que sus dioses les habían fallado, puesto que habían permitido el triunfo de los españoles. Algunos conquistadores eran piadosos; Cortés manifestaba su devoción a la Bendita Virgen, llevaba consigo su imagen y su estandarte; sus órdenes eran: «... el primer propósito de vuestra expedición es servir a Dios y difundir la fe cristiana... no debéis descuidar ninguna oportunidad de difundir el conocimiento de la verdadera fe y la Iglesia de Dios entre las gentes que moran en las sombras». Uno de sus primeros mensajes a España fue para pedir que se enviasen misioneros «con la mínima demora posible». En cambio, Pizarro reconoció brutalmente: «No he venido por ninguna de estas razones. He venido a arrebatarles el oro.» ¿Puede afirmarse que Cortés era hipócrita y Pizarro sincero? Los soldados cristianos medievales eran combinaciones extrañas e inestables; a menudo los más salvajes eran los más generosos desde el punto de vista de la caridad y las obras cristianas, como sugiere el ascenso de los cistercienses. Los propios frailes estaban divididos. Actuaban motivados por las rivalidades entre las órdenes, por la búsqueda de poder espiritual y material, pero también, desde el principio mismo, por el sentimiento de compasión frente a los indios. El día de Navidad de 1511, en la Española, el dominico Antonio de Montesinos predicó un sermón a los colonos sobre la base del texto «Soy una voz que clama en el desierto», y en el curso de su oración preguntó: «¿Con qué derecho o justicia mantenéis en tan horrible servidumbre a estos indios?... ¿No son hombres? ¿No tienen almas racionales? ¿No estáis obligados a amarlos como vosotros mismos os amáis?»

La primera tanda de doce franciscanos llegó a México en 1526; en un período de treinta años su número se elevó a 380, más 210 dominicos y 212 agustinos. Por esta época se afirmaba que solamente los franciscanos habían bautizado a más de cinco millones de nativos, un número considerablemente mayor que la población entera de Inglaterra en ese momento. No hay modo de comprobar esas cifras, ni siquiera de saber cómo se compilaron. El proceso general de la conversión era una mezcla extraordinaria de fuerza, crueldad, estupidez y codicia, redimida por relámpagos ocasionales de imaginación y caridad. Tenemos una copia de la primera alocución de los doce franciscanos originales: «No buscamos oro, plata o piedras preciosas: buscamos sólo vuestra salud.» Algunos indios fueron bautizados inmediatamente después de someterse. Los esfuerzos papales encaminados a limitar las ceremonias bautismales defectuosas fracasaron. El proceso de catequización era rudimentario. Más aún, tenemos un decreto episcopal de 1539 que prohíbe a los misioneros golpear con varas a los indios o cargarlos de hierros «para enseñarles la doctrina cristiana». En México había seis lenguas principales y muchas secundarias, y al principio los misioneros no hablaban ninguna. Un testigo, Muñoz Camargo, afirma que los misioneros señalaban la tierra, el fuego, los sapos y las serpientes para sugerir el infierno, elevaban los ojos al cielo y después hablaban de un solo Dios. Se intentó obtener una conversión más sistemática apoderándose de los niños, enseñándoles en las escuelas misioneras y luego utilizándolos como intérpretes y prosélitos.

Los aztecas eran politeístas, practicaban el sacrificio humano y, en ciertas regiones, el canibalismo ritual; pero también había puntos de comparación con el cristianismo; su principal dios nacía de una virgen, ingerían imágenes comestibles del dios dos veces por año, tenían formas de bautismo y confesión, y una cruz que señalaba los puntos cardinales. Pero no se intentó construir sobre estos cimientos, contrariamente a la práctica cristiana temprana, e incluso a las instrucciones de Gregorio el Grande. Desde la época de Juan de Zumárraga, primer obispo de México y gran destructor de antigüedades religiosas, se realizó un intento sistemático de borrar todo rastro de los cultos precristianos. En 1531, afirmó en sus escritos que personalmente había arrasado 500 templos y destruido 20.000 ídolos. (Por supuesto, es cierto que a veces los templos se usaban como fortalezas.) Hubo escasa resistencia. Algunos ídolos fueron retirados y escondidos, y los indios se negaron a revelar su paradero incluso bajo tortura. Se conoce un solo caso en que al parecer discutieron con los misioneros apelando a argumentos teológicos y defendiendo su propia religión. Generalmente se retiraban a las regiones más distantes y sólo cuando esta táctica era imposible protagonizaban revueltas. En las áreas colonizadas, podían ser acusados por el Santo Oficio, que les imputaba concubinato, bigamia o herejía. Así, un jefe fue acusado en 1539 de concubinato e idolatría; en su casa hallaron ídolos y armas; como sucedía con frecuencia en los juicios de la Inquisición, su hijo de diez años atestiguó contra el padre. El jefe, Ometochzin, conocido por el nombre de «don Carlos Mendoza», dijo en su declaración que las diferentes órdenes de frailes y seculares tenían vestidos y reglas distintos, que cada uno tenía su propio modo de vida; otro tanto sucedía con los indios, y no debía obligárseles a renunciar al mismo; también alegó que muchos españoles eran borrachos y se burlaban de la religión. Lo condenaron a muerte.

Sin duda, se realizaron esfuerzos para comunicar las sutilezas y la verdad del cristianismo. Cuando enseñaba a sus conversos, Maturino Gilberti se esforzaba por distinguir entre la devoción y el culto de las imágenes (más tarde llegó a la conclusión de que ésta era la razón principal por la que era sospechoso de protestantismo). Francisco de Bustamante clamó contra el culto a la Virgen, a causa de la confusión politeísta que producía. La mayoría de los sacerdotes no se molestaba mucho. Luis Caldera, un franciscano que hablaba únicamente español, enseñaba la doctrina del Infierno arrojando perros y gatos a un horno, y encendiendo debajo el fuego; los alaridos de los animales aterrorizaban a los indios. La dificultad estaba en que los misioneros más imaginativos o sensibles casi siempre se veían en dificultades con sus superiores, eclesiásticos o seculares. Bernardino de Sahagún, el más notable de los franciscanos del siglo XVI, que pasó más de sesenta años en México, sostuvo que era esencial estudiar las «enfermedades espirituales» y «los vicios del país» para realizar la cristianización. Con la ayuda de colaboradores nativos y una metodología original compiló una gigantesca *Historia general de las cosas de Nueva España*, cuyos doce volúmenes abarcaron la religión, las costumbres, la estructura, la vida intelectual y económica, la flora, la fauna y las lenguas de México y sus pueblos. La escribió en nahuatl y español, y debe considerarse esta obra una de las más grandes realizaciones intelectuales de todo el Renacimiento. Pero provocó la oposición de sus colegas y en 1577 Felipe II ordenó que se confiscase, si bien debía enviarse un ejemplar para someterlo al Consejo de Indias; no se le debía permitir a nadie que describiera «las supersticiones y las costumbres de los indios». Bernardino falleció sin saber cuál había sido la suerte de la obra de su vida; el manuscrito fue recobrado recién en 1779; se realizaron dos estudios análogos, pero no se imprimió ninguno hasta los tiempos modernos. De todos modos, algunos frailes, especialmente franciscanos, insistieron en los estudios nativos; algunos podían predicar en tres dialectos, y hacia 1572 había 109 publicaciones (según lo que sabemos) en diez lenguas nativas distintas, la mayoría en nahuatl, al que los frailes trataron de elevar a la condición de *lingua franca*. Parece que el Santo Oficio miraba con desagrado todas las publicaciones destinadas a los indios, incluso si se trataba de catecismos, sobre todo si estaban traducidos; la corona también intentó insistir en el uso del español, «de modo que se enseñe a los indios en nuestra lengua castellana y acepten nuestra organización social y nuestras buenas costumbres» (1550). Las dificultades intrínsecas con que se tropezaba para hallar la traducción exacta de los conceptos cristianos se agravaban mucho a causa del temor a la heterodoxia. Los seglares, que de hecho no intervenían en las misiones y que odiaban a los frailes, siempre estaban alertas; en cada orden había un grupo rigorista que mantenía un contacto reservado con las autoridades metropolitanas. En 1555 el primer sínodo mexicano ordenó el secuestro de todos los sermones en lengua nativa; diez años más tarde otro sínodo prohibió el acceso de los indios a las Escrituras, en todas las lenguas.

Abordamos aquí algunos de los problemas fundamentales que se suscitaron en el trabajo de las misiones y que estorbaron siempre los esfuerzos en favor de la difusión del cristianismo. ¿En qué medida éste, al penetrar en sociedades y culturas nuevas, debía asumir una coloración nativa y adaptar su exposición de la verdad esencial? Hay motivos muy sólidos para creer, como hemos visto, que los primeros misioneros cristianos, al extenderse por África, Asia Menor y Europa meridional, elaboraron variaciones y formas que contribuyeron a la rápida difusión de las ideas cristianas, y que sólo más tarde, en el curso de tres siglos, se reconciliaron con cierta norma. Es difícil no creer que ésta fue la intención de los apóstoles: esta actitud ciertamente está esbozada en las Epístolas de Pablo. Sin embargo, hacia el siglo XVI, un milenio y medio de definición doctrinaria cada vez más rígida había privado al cristianismo de su flexibilidad y sus ambigüedades. Después, en su propia patria, el cristianismo estaba enredado en una disputa doctrinaria que había llegado a parecer trascendente. La divergencia implicaba la tortura y la muerte en este mundo, y el horror eterno en el otro. Más aún, el poder estatal arrogante y tenaz estaba comprometido en el asunto: el cristianismo se identificaba con una cultura nacional cuya exportación era el eje mismo de la conquista.

En la América española y portuguesa, los frailes misioneros (y después los jesuitas) estaban supervisados tan estrechamente por las autoridades oficiales y eclesiásticas que no podían intentar o permitir una unión de la cultura cristiana con la cultura local. Hicieron lo que les pareció lo mejor en las circunstancias dadas: intentaron separar a los cristianos nativos de los colonos españoles y los mestizos; esto fue posible porque tanto la política oficial como la eclesiástica promovían la reunión de los indios en aldeas nuevas. En México todas las órdenes, pero sobre todos los agustinos, fueron entusiastas fundadoras de aldeas y pueblos nuevos. Esta reorganización y esta separación de la gente permitió que los frailes impusieran su propio estilo de liderazgo a los indios. Así, el franciscano Antonio de Roa andaba descalzo, con una tosca túnica por único vestido, y dormía sobre tablas, no bebía vino, no ingería carne o pan, y ante los ojos de los indios se tumbaba sobre brasas, pedía que lo chamuscasen con una antorcha y se autoflagelaba cada vez que veía una cruz. Con tales métodos los franciscanos, dice Suárez de Peralta, «casi eran adorados por los indios». La flagelación fue uno de los aspectos del cristianismo que los indios aparentemente adoptaron con entusiasmo. Preguntaban a los misioneros: «¿Por qué no ordenas que me flagele?», después de la confesión; los nativos adoptaron la costumbre de autoflagelarse en Cuaresma, así como en períodos de sequía o epidemia. (Incluso hoy, en Tzintzuntlan, los nativos se flagelan ellos mismos, a veces durante varias horas, con correas tachonadas de clavos.)

Los nuevos pueblos y aldeas posibilitaron la aparición de un modo específicamente local de vida y adorno, incluso si la fe propuesta era ajena y continuaba manteniendo esa condición. Los frailes trazaron plazas, calles y plantaciones, y construyeron hospitales, conventos e iglesias. Algunos de estos lugares eran enormes, tenían 30.000 habitantes y necesitaban la realización de grandes obras. Cerca de Ciudad de México, un fraile, Francisco de Tembleque, consagró casi dos décadas a la construcción de un acueducto gigante, de 30 millas de longitud, con 136 arcos; fue el único europeo que trabajó en este proyecto, que funcionó 126 años y todavía está prácticamente intacto. En estos lugares las iglesias, como los templos aztecas, cumplían además la función de fortalezas; a menudo se construían en lugares altos y fácilmente defendibles, como Tepeaca, Tochimilco y Tula; eran enormes masas almenadas con una sola hilera de altas ventanas, contrafuertes y torres cuadradas, el techo una plataforma de artillería. Tenían espacios externos amurallados, que podían albergar poblaciones enteras o hasta 10.000 soldados.

Algunas de estas iglesias eran construcciones gigantescas. Los agustinos eran los grandes constructores. Era frecuente que tres o cuatro de ellos en un convento lograsen que millares de indios levantaran iglesias más grandes que la catedral de Sevilla. En 1554 el funcionario Lebrón de Quiñones dijo a Felipe II que esas iglesias eran construidas intencionadamente «con esplendor y suntuosidad extremos» para impresionar a los indios. Felipe también recibió una queja del celoso capítulo catedralicio de Guadalajara, en el sentido de que «cuando los frailes agustinos construían... un monasterio nuevo, los pocos nativos que quedaban vivos desaparecían a causa del esplendor al que los frailes aspiran en la construcción de sus iglesias y conventos». Se negó esta afirmación. Los dominicos sostuvieron que «nos preocupamos de que los indios trabajen en ellos con pleno consentimiento y a su gusto, sin abuso ni vejación de ninguna clase». Es difícil saber dónde está la verdad, pues las acusaciones definidas generalmente provenían de la rivalidad entre las órdenes o, con más frecuencia, del odio de los seglares. En 1561 dos obispos formularon una acusación contra las tres órdenes de frailes, porque habían «infligido y ahora están infligiendo muchos maltratos a los indios... los insultan y golpean, les arrancan los cabellos, los obligan a desnudarse y los flagelan cruelmente, y después los encierran en jaulas cargados de crueles hierros». Todas las organizaciones cristianas, legas o seglares, flagelaban a veces a los indios. Por otra parte, en ciertos aspectos los indios se adaptaban con entusiasmo a la civilización de las misiones. Al escribir a Carlos V, Zumárraga observó: «Los indios son grandes amantes de la música, y los sacerdotes que oyen sus confesiones me dicen que se convierten más por la música que por cualquier otra razón.» En los enclaves, se organizaron impresionantes ceremonias religiosas. Los indios aprendían el canto, sobre todo el canto llano más fácilmente que otras cosas, y se aficionaban con rapidez a una amplia diversidad de instrumentos como clarinetes, cornetas, trompetas, pífanos, trombones, flautas marroquíes e italianas, tambores, guitarras de arco y muchos otros. Juan de Grijalba escribió: «No hay una sola aldea india aunque sólo tenga veinte habitantes que no incluya trompetas y unas pocas flautas para adornar los servicios.» Es típico de la puntillosa atención de Felipe II al detalle que en 1561 intentase reducir el número de cantantes e instrumentistas de estas aldeas, pero no tuvo éxito. Igualmente inútiles fueron las prohibiciones oficiales impuestas a los caprichos litúrgicos, entre ellos el baile desordenado que se desarrolló alrededor de las fiestas religiosas.

Pero si estos enclaves protegidos estaban destinados (y la política de las órdenes nunca fue clara, ni siquiera para ellas mismas) a producir una forma peculiarmente nativa y autónoma de cristianismo, cabe afirmar que fueron fracasos totales. Necesariamente incluían el concepto de la tutela. Los viajeros no podían permanecer en ellos más de dos días. En México, no se permitía la instalación de los europeos, los mestizos, los negros o los mulatos. En regiones de Brasil y Paraguay los jesuitas, con su acostumbrada eficacia, crearon colonias enteras, o reducciones, tal como se las llamaba, que abarcaban miles de millas cuadradas. Hacia 1623 había una veintena, con unos 100.000 habitantes, y continuaron expandiéndose, sobre todo después de 1641, cuando las autoridades portuguesas prohibieron el acceso a estos territorios y permitieron a los jesuitas el mantenimiento de los ejércitos privados para defenderlos. Los frailes también tenían sus grupos armados y, en efecto, a veces fueron acusados de librar enconadas batallas unos contra otros, con los seglares y con las propias autoridades. En cierto modo, esta idea de proteger a los nativos vulnerables y su modo de vida de la intromisión de la civilización europea es moderna; pero el instinto era paternalista y, por lo tanto, implicaba inevitablemente una actitud de superioridad. «Todos los indios», dijeron a Felipe II, «son como pichones cuyas alas todavía no han crecido lo suficiente para que vuelen solos... los religiosos, como sin duda sabe Su Majestad, son sus padres y sus madres verdaderos.» Había una renuencia invencible a aceptar que los pichones podían crecer o a ayudarles a que crecieran. Los dominicos rehusaban fundar colegios secundarios; siempre fue algo opuesto a su política la enseñanza del latín —la clave de cualquier forma de progreso— a los indios. Los franciscanos y los agustinos eran menos dogmáticos; en realidad descubrieron que los nativos asimilaban el latín más fácilmente que los españoles. Pero el Colegio de Santiago Tlatelolco, donde los franciscanos enseñaban esta lengua, no produjo un solo sacerdote nativo. Incluso así, los intentos de educar a los indios provocaron agrias críticas. Jerónimo López escribió en 1541: «Es un error muy peligroso enseñar ciencia a los indios y, aún más, poner en sus manos la Biblia y las sagradas Escrituras... En nuestra España mucha gente se ha perdido de ese modo y ha inventado mil herejías.» La enseñanza del latín fomentaba la insolencia y, lo que era peor, revelaba la ignorancia de los sacerdotes europeos. (El obispo Montúfar citó un caso en que, de veinticuatro agustinos españoles que le fueron llevados para recibir las órdenes, sólo dos sabían latín.) Una queja era que «si leían las santas Escrituras [los indios] aprenderían que los antiguos tenían muchas esposas al mismo tiempo, exactamente como ellos solían hacer». Más tarde, se acusó al colegio de enseñar la herejía y se prohibió el ingreso de los indios, de modo que perdió su sentido y decayó. En todo caso, los sínodos repetidas veces aclararon bien que no debía ordenarse a los nativos, ni siquiera aceptarlos en las órdenes monásticas, excepto como servidores. Sabemos de un caso en que a un indio llamado Lucas se le negó el ingreso en los dominicos, a pesar de «sus virtudes y su vida ejemplar», y la razón invocada fue exactamente «porque es indio». Si los frailes individualmente favorecieron el ordenamiento de los indios como sacerdotes, la actitud de sus órdenes continuó siendo la misma hasta una época muy reciente. Los jesuitas en América del Sur no tuvieron una actitud más esclarecida. Protegieron celosamente a sus pupilos indios, pero nunca les concedieron la jerarquía de cristianos adultos. Por lo tanto, cuando la sociedad fue suprimida, a fines del siglo XVIII, las reducciones carecían de cuadros nativos que las mantuviesen y los colonos las saquearon rápida e implacablemente.

La incapacidad para producir un cristianismo que pudiera sostenerse por sí mismo en el medio nativo se manifestó también en las comunidades latinoamericanas de origen europeo. En el Imperio romano pronto se perfilaron escuelas regionales específicas del cristianismo, tanto antes del desarrollo de la ortodoxia como después: Alejandría, Antioquía, Cartago, España, el valle del Ródano, todas realizaron sus aportes culturales y doctrinarios a la riqueza cristiana en el curso de unas pocas generaciones después de recibir la fe. El proceso se repitió constantemente a medida que el cristianismo se difundió en Europa. Sin embargo, el trasplante a América Latina no aportó los mismos frutos. Este enorme continente, donde el paganismo fue eliminado rápidamente, donde pronto se establecieron grandes ciudades, universidades y subculturas, donde el cristianismo era un cuerpo unido y monopólico, protegido cuidadosamente por el Estado de cualquier atisbo de herejía, cisma o rivalidad, y donde el clero formaba un cuerpo innumerable, rico y privilegiado, de hecho no realizó ningún aporte particular a la visión y el mensaje cristianos en más de cuatro siglos. América Latina exudaba un silencio prolongado y conformista. Esta situación no es del todo sorprendente. Como hemos visto, España había protagonizado su propia reforma ortodoxa antes del cisma luterano. Poseía un mecanismo institucional poderoso y popular para sofocar todos los tipos de iniciativa clerical. El control eclesiástico en todo caso era incluso más eficaz en las colonias de la corona que en el territorio metropolitano. Además, los miembros del clero siempre habían sido utilizados por los reyes españoles como agentes reales, del mismo modo que sus consejos habían cumplido la función de asambleas legislativas. La Iglesia católica era un departamento del gobierno español, y eso fue así sobre todo en las Américas. Desde el principio mismo Carlos V y Felipe II usaron a los clérigos para controlar los abusos y limitar la independencia de los primeros colonos y funcionarios; el precedente quedó establecido con la designación de fray Bernardo Boil para representar los intereses de la colonia en la Española descubierta poco antes, es decir, en el primer asiento. A su vez, la Iglesia reclamaba protección, privilegios y la inconmovible devoción de la corona a la fe ortodoxa. En tales circunstancias, no había lugar ni oportunidad para los experimentos o los desvíos. Firmes y unidas contra el cambio, tanto la Iglesia como la corona veían con agrado este acuerdo funcional, que excluía al Papa tanto como a la herejía, y en el que la corona gobernaba, pero sustitutivamente, a través de la jerarquía. El sistema reveló notable eficacia y economía. Las guarniciones reales eran minúsculas. El clero hipnotizaba tanto a los españoles como a los nativos. Siempre se lo podía convocar para sofocar los disturbios cuando los soldados fracasaban.

El sistema se derrumbó sólo cuando la propia corona, en el siglo XVIII, abandonó el campo católico ortodoxo y promovió reformas. Esta actitud era muy apropiada en el caso de los déspotas europeos esclarecidos, pero fue fatal en las Américas, donde la Iglesia, no el ejército, era el instrumento de control. La primera advertencia llegó en 1769, cuando se suprimió, arrestó y deportó a los jesuitas. Las turbas de indios irritados trataron de irrumpir en los cuarteles donde se retenía a los jesuitas, con el fin de liberarlos; fue necesario utilizar una nutrida escolta militar para trasladar a 500 jesuitas a Veracruz, en la costa. Se explicó repetidas veces a la corona que las iniciativas contrarias al clero debilitarían el dominio real sobre las colonias. Se dijo al rey que era necesaria «una vigilancia constante para preservar la conducta apropiada y los sanos principios de obediencia y amor a Su Majestad en el clero» (1768); «la conducta del pueblo depende en gran parte de la del clero» (1789). Se le informó que el modo más eficaz de sofocar la inquietud era «destacar a un fraile con un santo crucifijo en la plaza más próxima». En 1799 el capítulo de la catedral de Puebla escribió al rey acerca de la «devoción fanática» de los indios al clero, ante cuyas manos «ellos siempre se arrodillan para besarlas», y cuyo consejo «siguen ciegamente». Ese mismo año, una multitud india atacó una cárcel de Puebla donde estaba encarcelado un sacerdote. Se advirtió al rey que los indios «reaccionaban hostiles frente a los esfuerzos reformistas del rey que buscaban eliminar los privilegios eclesiásticos».

La incapacidad de la corona y el gobierno españoles para atender estas advertencias llevó a la revolución colonial, bajo el lema «América es el único refugio de la religión de Jesucristo». El clero latinoamericano no deseaba una incómoda mezcla de borbonismo y Voltaire, y cuando le fue suministrada se rebeló y arrastró consigo a las masas. El famoso decreto de 1812 que abolió la inmunidad clerical fue el factor que desencadenó el movimiento de la independencia. El clero suministró muchos de los jefes políticos y militares de la insurrección. Los sacerdotes convencieron a parroquias enteras de la necesidad de «pronunciarse» por la revolución. El clero trazó el primer plan de separación de España, en 1794, y aportó la mayoría de la propaganda periodística. Sus miembros se mostraron políticamente activos en toda la América española, pero en México también suministraron el liderazgo militar. La rebelión de septiembre de 1810 fue iniciada por un cura de aldea en el pequeño pueblo de Dolores, Michoacán. Entre los rebeldes activos que fueron capturados o condenados, el gobierno identificó a 244 sacerdotes seculares y 157 monjes y frailes. Un funcionario escribió en 1812: «... los eclesiásticos fueron los principales autores de esta rebelión... pueden contarse por centenares los generales, los brigadieres, los coroneles y otros oficiales, todos clérigos, que revistan en las bandas de los traidores, y apenas hay una acción militar de cierta importancia en que los sacerdotes no estén a la cabeza del enemigo». Como dijo al rey el obispo de Puebla, México era una nación que ocultaba «una profunda malicia y un odio irreconciliable hacia su conquistador bajo la apariencia más humilde y abyecta»; España había controlado sus colonias con una fuerza simbólica durante 300 años porque el clero había predicado constantemente la obediencia al rey. Durante cierto tiempo los obispos, el clero de las catedrales y los funcionarios de la Inquisición (la mayoría nacidos en España) permanecieron fieles, aunque sus esfuerzos para unir al clero inferior con la corona fueron ineficaces. La gota de agua que colmó el vaso llegó en 1820, cuando el triunfo de los liberales en España, seguido por la legislación anticlerical, determinó que todos los prelados, con dos excepciones, hicieran causa común con la independencia. Fray Mariano López Bravo dijo a Fernando VII en 1822 que España había perdido México porque el clero convenció al pueblo de que debía elegir entre la fidelidad a la corona y «la defensa de su religión de la destrucción, de sus sacerdotes de la persecución y de sus iglesias del despojo». Agregó que cuando él había intentado predicar contra la independencia «me tacharon de hereje». De esta forma, España perdió el Nuevo Mundo porque intentó reformar su sostén colonial, la Iglesia. El intento fracasó; la Iglesia salió más fuerte de la prueba y conservó sus privilegios políticos y financieros. Pero en este momento reinaba en soledad, sin el apoyo de la corona; así, a su vez, tendió a caer víctima del violento anticlericalismo de los siglos XIX y XX, hasta que hace poco tiempo retornó a su papel revolucionario en defensa de una nueva ortodoxia.

El caso de América Latina no tiene precedentes. Sin embargo, llama la atención sobre lo que podríamos denominar la debilidad dinámica de todas las misiones patrocinadas por el cristianismo desarrollado. A partir del siglo XVI, los intentos cristianos de evangelizar al mundo fueron permanentes en distintos escenarios y a veces exhibieron notable vigor, pero nunca provocaron una reacción en cadena. Tendieron a requerir un refuerzo, una orientación y un estímulo creador constantes. La falta de crecimiento autosostenido en América Latina no fue fatal para la Iglesia, pues sus únicos antagonistas locales eran algunas formas de paganismo. Pero cuando el cristianismo tuvo que competir con cultos religiosos asiáticos bien afirmados y perfeccionados, la situación fue muy distinta, sobre todo cuando careció del apoyo político y militar de un gobierno colonial. La penetración mercantil occidental de la costa asiática en el siglo XVI fue sumamente rápida y estuvo seguida de cerca por la creación de una estructura eclesiástica. Los portugueses fundaron un obispado en Madeira en 1514, en Cabo Verde en 1532, en Goa en 1533, en Malaca en 1557 y en Macao en 1576. En ese momento los españoles estaban en Manila, que tuvo su primer obispo tres años más tarde. Sin embargo, la cristianización fue un proceso lento y poco espectacular. Sólo Filipinas, conquistada por los españoles durante las décadas de 1560 y 1570 y donde impusieron su religión prácticamente por la fuerza, se convirtió en un país predominantemente cristiano. Allí los misioneros tuvieron que lidiar sólo con cultos paganos primitivos o con una forma degradada de la religión musulmana. Tal fue el esquema durante los trescientos años siguientes. Donde el Islam estaba firme y cabalmente establecido, como en Asia occidental, el norte de India, Malasia y Java, los cristianos realizaron escasos progresos, incluso cuando pudieron movilizar un poder político, económico y militar abrumador. Donde el Islam se fusionó con el animismo, como en ciertas islas indonesias, las misiones protestantes holandesas tuvieron cierto éxito. En general, sucedió lo mismo con las restantes grandes religiones orientales, es decir, el hinduismo, el budismo y el confucianismo. En los lugares en que fueron entidades bien afirmadas y desarrolladas, y asociadas con la conciencia cultural, social y racial de la localidad, el cristianismo no pudo penetrar profundamente. En resumen, no pudo tener éxito; de hecho no lo tuvo cuando se enfrentó con otras religiones imperiales. Pero en las regiones de economía atrasada, en las áreas tribales de escasa realización cultural y en casi todos los lugares en que un paganismo primitivo era el culto dominante, el cristianismo arraigó rápidamente, sobre todo cuando contó con el respaldo de un poder colonial.

¿La incapacidad del cristianismo para suplantar a otras religiones imperiales fue una característica intrínseca? ¿El resultado podría haber sido diferente? Desde el punto de vista histórico la cuestión es muy importante. Si Asia se hubiera cristianizado en el período que va de 1550 a 1900, la época del predominio militar y económico europeo, habría sido necesario escribir de modo muy distinto la historia del siglo XX y, con seguridad, el mismo cristianismo habría cambiado radicalmente. Pero quizás ahí está la clave: la incapacidad del cristianismo para cambiar y, sobre todo, para deseuropeizarse fue el factor que determinó que desaprovechase sus oportunidades. Con demasiada frecuencia las Iglesias cristianas aparecían como prolongaciones de conceptos sociales e intelectuales europeos, más que como expresión de verdades universales; y, lo que no es menos importante, las Iglesias en tanto que instituciones, y su clero en tanto que individuos y colectividad aparecían meramente como una faceta del dominio europeo. Aunque el cristianismo nació en Asia, cuando se reexportó a ese continente, a partir del siglo XVI, no consiguió adquirir un rostro asiático.

Se cometieron errores diferentes según los países. A veces el dilema era complejo y no se sabe con claridad cómo podría haberse evitado el error. Nunca hubo una política uniforme por referencia a las cuestiones fundamentales del comportamiento de los misioneros. En efecto, ¿cómo podría haber existido tal cosa? No existía un solo centro de autoridad ni siquiera en la Iglesia católica. A lo largo del siglo XVI y durante gran parte del XVII, el papado prácticamente no controló las misiones, que estaban por completo en manos de las coronas española y portuguesa, y de los obispos que ellas designaban. Aunque corresponde condicionar la expresión «por completo», pues la tarea misionera real estaba principalmente en manos de los frailes y, desde la década de 1540, de los jesuitas, que a menudo eran entidades semiautónomas y actuaban con independencia tanto de la corona como del Papa. A su vez estas órdenes se odiaban y con frecuencia intentaban intencionada y sistemáticamente frustrar cada una los esfuerzos de las otras. Incapaz de controlar a los obispos locales, el papado utilizó el recurso de designar vicarios apostólicos; pero a menudo este recurso fue una causa más de fricción y dividió la autoridad. Finalmente, a partir del siglo XVII, se suscitó el conflicto con los esfuerzos rivales de las sectas protestantes, una disputa generalmente agriada por el trasfondo de la guerra y la competencia comercial en Europa.

Estos conflictos y divisiones, exportados de Europa, se complicaron con diferencias locales de opinión entre los misioneros acerca del mejor modo de actuar. En la India, los cristianos afrontaron el sistema de las castas, que originó dilemas que nunca pudieron resolver. En esencia, hay dos formas posibles de proselitismo en una sociedad. Una consiste en evangelizar a los sectores inferiores y menos privilegiados, conquistar la fidelidad de un número enorme y así ascender a partir de la base. Fue el método seguido por los primeros cristianos en el imperio de Roma. La segunda consiste en apuntar a la elite, incluso a los individuos que están a la cabeza de la elite, obtener el reconocimiento o la adopción de la fe como cuestión de política oficial y luego operar hacia abajo, mediante la autoridad, el ejemplo o la fuerza (o los tres factores). Tal fue el método seguido en la conversión de las tribus germanas y eslavas de la Edad de las Tinieblas, y hasta cierto punto en la América española. En la India, el sistema de castas propuso el problema en su forma más aguda, porque determinó que fuese casi imposible una combinación de los enfoques, en todo caso en la misma región. El instinto religioso de los misioneros era apelar a las masas, pues a falta de sanciones militares y oficiales, el cristianismo tiene más éxito cuando se dirige a los oprimidos y los carenciados, y así se acerca a sus más antiguas actitudes pastorales. Pero el instinto social de los misioneros, que procedían de un escenario europeo, donde la voluntad del príncipe tenía valor supremo en las cuestiones de fe, era dirigirse a la elite. Se ensayaron los dos métodos, pero ninguno con éxito.

Algunos de los misioneros más inteligentes, sobre todo entre los jesuitas, creían apasionadamente en el enfoque elitista. Era el método probado en Europa y les permitía aprovechar con la máxima amplitud posible sus cualidades de educadores y eruditos. También reflejaba la admiración de los jesuitas por muchas de las costumbres (entre ellas algunas religiosas) y de las realizaciones culturales de las sociedades asiáticas. Si querían conquistar a la elite era necesario no sólo aceptar su cultura sino también muchos supuestos casi religiosos y muchos modos de exponer las ideas. En verdad, no había otro modo de ejecutar con éxito la tarea. Pero este criterio implicaba el riesgo de suscitar conflictos con los superiores metropolitanos (y por supuesto, con otras órdenes rivales y con los seglares). En la India meridional, el jesuita Roberto de Nobili insistió ante los indios de elevada casta con quienes trabajaba en que él no era un *parangi* (europeo) de casta inferior. Aceptó totalmente el sistema de castas y se incorporó al rango más elevado, como brahmán. Aceptó el vestido y la dieta de los brahmanes, se afeitó la cabeza y compuso poemas cristianos en la forma de himnos védicos. Estos compromisos podrían haber sido aceptables para la autoridad. Pero De Nobili permitió que la India infiltrase su exposición del cristianismo. Compuso poemas en lengua tamil y en ellos reconcilió la doctrina cristiana con el saber hindú; permitió que sus conversos de elevada casta usaran el cordel sagrado y respetasen ciertas festividades hindúes; y lo que es quizá más importante, administró la comunión a las castas inferiores sosteniendo la hostia sobre el extremo de una vara. En consecuencia, repetidas veces fue denunciado a Roma. En 1618 fue convocado al tribunal arzobispal de Goa y se presentó ataviado con una túnica brahmán. En 1623 Roma rehusó condenarlo «hasta que se disponga de más información». Pero el efecto de la campaña contra De Nobili fue la inhibición de sus propios esfuerzos y el desaliento de otros. En la práctica, la Iglesia nunca pudo llegar hasta la reconciliación que los brahmanes requerían y la campaña elitista fue un fracaso casi total. Los esfuerzos de De Nobili a lo largo de muchos años le aportaron sólo veintiséis conversos brahmanes. Hacia 1643 los jesuitas calculaban que en treinta y siete años a lo sumo 600 indios de elevada casta habían sido bautizados.

Tampoco esto era sorprendente, pues salvo un puñado de misioneros entusiastas, los europeos, laicos o eclesiásticos, no deseaban conceder la igualdad ni siquiera a los conversos de elevada casta. El educado brahmán Matías de Castro (su nombre de bautismo portugués) no pudo conseguir que el arzobispo de Goa lo ordenase. Fue a Roma, donde se lo admitió en el sacerdocio. Pero su ordenamiento no fue reconocido cuando regresó a Goa. Nuevamente en Roma, fue consagrado obispo en 1637 y se le concedió la sede de Idalcan, que estaba fuera de la jurisdicción de Goa. De todos modos, fue suspendido por el arzobispo, que incluso encarceló a sacerdotes ordenados por el obispo de Castro. Pasó los últimos diecinueve años de su vida en Roma, como asesor en asuntos indios. Por esta época había alrededor de 180 sacerdotes indios en Goa, pero no tenían perspectivas de ascenso en la Iglesia; no las tuvieron tampoco durante los 200 años siguientes, pues la mayoría de los sacerdotes europeos no estaba dispuesta a servir a las órdenes de obispos indios, cualquiera que fuese la casta a la que éstos pertenecieran. Tampoco existía la más mínima perspectiva de que los brahmanes ejercieran la menor influencia sobre los ritos o el dogma cristiano.

La ironía del caso de De Nobili es que los conversos de casta inferior a quienes suministraba la eucaristía sobre el extremo de una vara eran mucho más numerosos incluso en su misión que los representantes de otros sectores indios. Las castas inferiores a menudo acogían con entusiasmo el cristianismo; sólo en ellas era posible obtener bautismo en masa. De ahí que algunos frailes, especialmente los franciscanos, desearan concentrar los esfuerzos en este método. Pero para que tuviese éxito era necesario exponer el cristianismo en su forma primitiva y revolucionaria (precisamente lo que san Francisco había deseado). Ni la jerarquía que actuaba en Oriente, ni Roma —y tampoco la mayoría del clero misionero— deseaban «millas». Las autoridades seculares y los comerciantes portugueses (y después sus sucesores franceses y británicos) no alimentaban el deseo de subvertir a la sociedad, una actitud que habría determinado un conflicto con los príncipes musulmanes tanto como con los indios; por el contrario, ansiaban trabajar a través de la estructura y la jerarquía existentes, y reforzarlas. De ahí que el esfuerzo misionero cayó exactamente en el espacio que mediaba entre dos puntos: ni cristianismo «asiático» ni cristianismo «puro». En cambio, se ofreció a los indios el cristianismo europeo, y ellos lo rechazaron.

En China los misioneros no afrontaron el problema de la casta. Pero esto significó que tuvieran menos posibilidades de adoptar la estrategia de las conversiones desde la base. En efecto, es difícil percibir cómo hubiera podido usarse ese método a menos que se hiciera como parte de un plan que tuviera la intención de subvertir la totalidad del gobierno y la sociedad chinos, una actitud que la Iglesia católica del siglo XVI no podía haber contemplado. De todas maneras, no se consideró esa posibilidad, pues los primeros que llegaron a la escena fueron los jesuitas elitistas, siguiendo los pasos de san Francisco Javier, que consideraba a China la clave de la cristianización de Asia. Estos hombres creyeron esencial trabajar a través de la corte imperial. Pero ese criterio implicaba una confrontación con una de las civilizaciones más antiguas, más arrogantes y menos adaptables del mundo, una estructura cuya filosofía moral estaba saturada de conceptos poderosos, por ejemplo el culto confuciano de los antepasados. La alternativa de la confrontación era la alianza, en la que el cristianismo tendría que representar el papel de socio menor y humilde. En efecto, ésta fue la estrategia que los jesuitas intentaron adoptar.

La política imperial china aceptaba únicamente tributarios sometidos, mercaderes musulmanes y extranjeros «seducidos por la buena fama de las virtudes chinas». No acogían de buen grado a los cristianos europeos. Una crónica local de la China meridional, alrededor de 1520, trae la primera experiencia escrita de los cristianos (eran portugueses):

> Hacia fines del reinado de Ching-Te, un pueblo al que no se reconocía como tributario de China, los llamados Feringhis, unidos con una multitud de la chusma, se infiltraron en la bahía entre T'un y Kwait Ch'ung y levantaron barracas y fuertes, instalaron muchos cañones para hacer la guerra, capturaron islas, mataron gente, robaron barcos y aterrorizaron a la población con su feroz dominio sobre la costa.

Más tarde, el primer jesuita que llegó a la corte imperial, el padre Matías Ricci, dedicó diecisiete años, entre 1583 y 1600, a insinuarse cautelosamente, y su táctica fue apropiadamente suplicante: «Pese a la distancia, me llegó la fama de las notables enseñanzas y las excelentes instituciones que la corte imperial ha otorgado a todo su pueblo. Deseo compartir estas ventajas y vivir mi vida como uno de los súbditos de Su Majestad, con la esperanza de que a cambio prestaré algún pequeño servicio.» Los jesuitas y otros cristianos en China tenían que aceptar que la clase gobernante china los considerase alumnos, no maestros; por lo menos al principio la única forma tolerable de instrucción que los chinos aceptaban tenía que ver con los asuntos prácticos más que con el dominio de las ideas y los conceptos. Los jesuitas apelaron a la ciencia, las matemáticas y la mecánica. En 1601 Ricci regaló un reloj al emperador Wan-Li, después trazó un mapa que mostraba a China como el centro del mundo. Hacia la época de su muerte, en 1610, había consolidado su posición en la corte. La brecha fue ampliada por el padre Adam Schall a lo largo de casi medio siglo. Pudo demostrar errores en los cálculos de los astrónomos musulmanes de la corte y más tarde fue designado director del observatorio chino y ministro de matemáticas, con el título de «Maestro de los Misterios del Cielo». Para la corte china, el cristianismo era «la religión del gran Schall», con lo que esa religión aparecía como un epifenómeno de la ciencia física en una época en que el papado había condenado la astronomía de Galileo. Su sucesor, el padre Verbiest, fabricó una serie de cañones de gran alcance para el emperador y en cada pieza grabó el nombre de un santo; los consagró revestido con la estola y la sobrepelliz.

De este modo, se formaron congregaciones chinas en las grandes ciudades. Se afirmaba en 1664 que había 254.980 conversos chinos, pero esta cifra incluía multitud de niños muy pequeños bautizados en el momento de su muerte. Lo que es más importante, de hecho no había sacerdotes chinos; el único prelado chino, Lo Wen-Tsao, designado vicario apostólico de China del Norte en 1674, pasó once años tratando de hallar obispos que lo consagraran. No tuvo sucesor como obispo católico hasta el siglo XX. El problema de la formación de un clero nativo de todos modos había sido formidable, pero no había perspectivas de conversión en masa hasta que el cristianismo se adaptase a una gama completa de premisas chinas. Al estudiar la larga historia de China, Ricci destacó que se necesitaba una revisión integral del Antiguo Testamento. El supuesto cristiano de que el mundo tenía una antigüedad aproximada de 5.000 años (el arzobispo Ussher de Armagh, en su obra *Annales Veteris et Novi Testamenti*, 1650-1654, calculó que la fecha de la creación era el año 4004 a.C. y, en general, se aceptaba esta afirmación, sobre todo en el mundo protestante) se veía refutado por la cronología china. Si los chinos acertaban en esta cuestión, ¿no podían tener razón en otras? ¿Hasta dónde sus costumbres o plegarias fúnebres, tan fundamentales en casi todas las religiones, podían reconciliarse con la teoría y la práctica cristianas? Era evidente que los chinos no estaban dispuestos a abandonar lo que los europeos denominaban toscamente «el culto de los antepasados», pero que esta cuestión podía reinterpretarse y adaptarse a la doctrina de la resurrección y los dos advenimientos. Ricci y sus sucesores elaboraron un sistema elemental de acuerdo con estos criterios. Incorporaron matices chinos en ciertas referencias a Dios y, para designar la misa, usaron la misma palabra china que solía emplearse por referencia a las ceremonias de los antepasados. El compromiso fue observado subrepticiamente por los franciscanos y los dominicos en 1631, y se envió a Roma una queja triunfal.

La controversia posterior acerca de los ritos asiáticos se amplió gradualmente, incluyó una serie de los ritos asiáticos y traducciones y se convirtió en un tema explosivo, como en efecto merecía serlo. ¿El cristianismo debía salir de su crisálida europea y convertirse al fin en la religión mundial, unificada en su verdad central, infinitamente variada en su presentación, lo que Cristo implícita y Pablo explícitamente siempre habían concebido? Hubo un momento en que el papado pareció dispuesto a aprovechar la oportunidad. En 1615 Pablo V había autorizado una liturgia china y se realizaron traducciones. En 1622 Gregorio XV creó un nuevo departamento vaticano de propaganda, con el objeto de universalizar el movimiento misionero y liberarlo de los estrechos horizontes nacionales de España y Portugal. Francesco Ingoli, primer secretario de propaganda hasta su muerte, en 1649, tenía una visión personal del cristianismo global posteuropeo, y su filosofía aún se refleja en las instrucciones sobre la propaganda distribuidas una década después de su muerte:

> No la consideréis una tarea gravosa y no ejerzáis presión sobre los pueblos para modificar sus formas, sus costumbres y usos, a menos que sean evidentemente contrarios a la religión y a la buena moral. ¿Qué podría ser más absurdo que trasplantar Francia, España, Italia u otro país europeo para instalarlo en China? No debéis introducir en ellos todo eso sino únicamente la fe, que no desprecia o destruye las maneras o las costumbres de un pueblo, y siempre supone que no son perversas, sino más bien desea preservarlas sin

daño... corresponde a la naturaleza de los hombres amar y apreciar sobre todo lo demás su propio país y lo que le pertenece... No hagáis comparaciones odiosas entre las costumbres de los pueblos y las europeas; haced cuanto esté a vuestro alcance para adaptaros a ellas.

La intención de este documento era sabia, incluso admirable; pero, por supuesto, las frases condicionales daban lugar a la polémica. ¿Hasta qué punto estaba Roma dispuesta a mostrarse implacable en el apoyo a estas normas, contra las protestas de los convencionales y los ortodoxos? Para decirlo de otro modo, ¿cómo era de poderosa la imaginación de Roma en el proceso vital de reinterpretar el dogma cristiano a la luz de culturas extrañas? De hecho, Roma siempre demostró que era más susceptible a las presiones europeas y a los argumentos de los virreyes, los obispos y los vicarios generales de las colonias, que a las ideas de sus misioneros dotados de espíritu creador. La clase de batallas que Pablo ganó, Ricci, sus sucesores y emuladores las perdieron. El latín fue restablecido como requerimiento universal de la liturgia. La controversia duró más de un siglo y se expresó en diferentes dictámenes, tanto de la curia como locales, algunos totalmente contradictorios, pero en definitiva los «europeos» prevalecieron gradualmente. Tanto en la India como en China ofrecieron firme resistencia; fueron apoyados por la corte china. Pero en 1742 Benedicto XIV, en la bula *Ex quo singulari*, en definitiva falló decisivamente contra todo lo que significara la autorización para suavizar los rigurosos ritos europeos y condenó a sus sustitutos asiáticos: «... condenamos y detestamos su práctica como supersticiosa... revocamos, anulamos, abrogamos y deseamos privar de toda fuerza y efecto a todos y cada uno de esos permisos, y decimos y anunciamos que debe considerárselos por siempre anulados, nulos, inválidos y sin fuerza o poder de ningún género». Estas exhortaciones, repetidas contra los ritos «malabarianos» dos años más tarde, fueron eficaces para destruir la esperanza de que una forma específica de cristianismo asiático pudiese desarrollarse, como preludio a una conquista cristiana del continente.

Hacia 1742 esas esperanzas de todos modos se habían desvanecido. La gran oportunidad del cristianismo sobrevino en el siglo XVI, cuando su efecto era nuevo e impresionante, cuando los propios cristianos todavía estaban asombrados por las oportunidades ilimitadas que parecían ofrecérseles, y cuando poseían, en los mismos jesuitas, un instrumento de extraordinaria adaptabilidad y vigor juvenil. Es más, a fines del siglo XVI, cuando los jesuitas llegaron al Lejano Oriente, comenzaba a perfilarse por primera vez como Estado y cultura unificados el agente perfecto —quizás el único— de la expresión asiática del cristianismo y, por lo tanto, de la cristianización de Asia. Nos referimos a Japón. El país ya tenía veinte millones de habitantes y la reputación de la belicosidad y ambiciones imperiales en toda la región. Hablaba un solo idioma, aunque complicado y primitivo, y trataba de pasar de un gran número de señoríos fragmentados a un Estado nacional bajo el dominio militar. Tenía dos religiones que chocaban violentamente: el shintoísmo, indígena, tosco y siniestro, y el budismo, importado y corrupto. El cristianismo tenía quizás una oportunidad única de proponerse a Japón como el credo nacional del nuevo Estado unificado. Y en el pueblo japonés tenía una raza asombrosamente dotada para recibir y transformar ideas.

Francisco Javier se entusiasmó ante los informes acerca de la inteligencia japonesa dos años antes de llegar al país, en 1549. Podía hablar a lo sumo unas pocas palabras de la lengua (el «apóstol de las Indias» era un mediocre lingüista), pero llevaba consigo a tres japoneses que habían aprendido portugués en Goa, y por lo tanto pudo predicar y dialogar. Supuso erróneamente que el budismo era la clave del Japón y que, por eso, quizá fuera necesario convertir primero a China. De hecho, los más triunfantes señores de la guerra que estaban ascendiendo al poder eran a menudo violentamente antibudistas y, por consiguiente, eran accesibles al cristianismo si, como era posible que sucediera, éste lograba revelar la naturaleza esencialmente primitiva del Shinto. Pero Javier comentó a propósito de un abate budista: «En muchas charlas que sostuvo con él, me pareció dubitativo e incapaz de decidir si nuestra alma es inmortal o si muere con el cuerpo; a veces me contestaba que sí y otra veces que no, y me temo que todos los hombres sabios son semejantes.» Javier percibió que los japoneses no tenían respuesta para los interrogantes que los cristianos siempre habían podido afrontar cabal y confiadamente: ¿qué nos sucedía después de la muerte? De modo que estaba colmado de esperanzas: «Las personas que hemos conocido hasta aquí son las mejores que hemos descubierto, y me parece que nunca hallaremos otra raza pagana igual a los japoneses.»

A fines de la década de 1560 los jesuitas llegaron en un grupo muy numeroso, para insertarse en las fisuras abiertas por una guerra civil y religiosa, en un momento en que el señor de la guerra Nobunaga, un agnóstico que estaba dispuesto a permitirles la predicación, se perfilaba como la fuerza principal. Más aún, tenía en Alexandro Valignano, su vicario general en Oriente, quizás al más grande de los estadistas misioneros. Llegó a Japón por primera vez en 1579, a la edad de cuarenta años; era un noble napolitano que medía más de un metro con ochenta centímetros, muy enérgico y dotado de ideas claras y atrevidas. Como san Pablo, creía que el trabajo misionero era una oportunidad para la aventura espiritual; como Javier, se entusiasmó con los japoneses. Sus opiniones sobre la raza eran una curiosa mezcla de prejuicio y claridad. Sobre la base de su propia experiencia creía que los indios eran «gente baja y bestial». No podía hablarse de convertirlos en jesuitas porque «todas las razas oscuras son muy estúpidas y perversas, y poseen el espíritu más bajo, y asimismo porque los portugueses los tratan con el mayor desprecio». No le agradaban tampoco los portugueses y los españoles; pero pese a su irritación tuvo que someterse a la regla impuesta por aquéllos en el sentido de que nadie que tuviese sangre judía (y por extensión mestiza) debía ser admitido en la orden jesuita, pues podían ser incluidos en la categoría de «nuevos cristianos» o criptojudíos.

Pero los japoneses eran distintos. Valignano se sintió complacido con «estas personas sumamente cultivadas e inteligentes». Observó muy pronto que Japón era por completo distinto de todo lo que el cristianismo había encontrado hasta ese momento: «Es imposible en la India o en Europa evaluar o resolver los problemas de Japón. Tampoco puede uno siquiera comprender o imaginar cómo suceden allí las cosas, es un mundo distinto.» Desde el principio apoyó la idea de un clero japonés y en su tercera visita ordenó a dos sacerdotes nativos. Si prescindía del tema de la cultura china, a la que respetaba, «este pueblo es el mejor y más civilizado de todo el Oriente, y el que reúne mejores condiciones para recibir enseñanza y adoptar nuestra ley santa, y para producir el más excelente cristianismo de Oriente, como ya lo está haciendo». Tres años más tarde se vanaglorió de que los conversos japoneses sumaban 150.000 e incluían una elevada proporción de la nobleza y los caballeros, un resultado que no se había obtenido en cualquier otro lugar de Oriente. Creía que la existencia de una sola lengua determinaba toda la diferencia en el desarrollo de una misión nacional. Además, agregaba, parecía que los japoneses eran el único pueblo oriental que aceptaba el cristianismo por motivos desinteresados, movido sólo por la fe y la razón. «Carecemos absolutamente de jurisdicción en Japón. No podemos obligarlos a hacer nada que no deseen hacer. Nos vemos obligados a usar únicamente la persuasión y la fuerza de los argumentos. No tolerarán bofetadas o golpes, o la cárcel, o cualquiera de los métodos usados comúnmente con otros cristianos asiáticos. Son tan sensibles que no pronuncian ni una sola palabra dura o descortés.» Le agradaba el espíritu de esta gente. Admiraba su valor: «la raza más guerrera y belicosa hasta aquí descubierta sobre la Tierra». Creía que los cristianos japoneses estaban dispuestos a morir por su fe y, en resumen, llegaba a la conclusión de que Japón era la única misión que tenía perspectivas de convertirse pronto en un reino cristiano saludable y autónomo, con una jerarquía nativa digna de confianza y un clero propio. Otros jesuitas compartían esta opinión; para ellos, Japón era, con mucho, la mejor perspectiva.

Desgraciadamente, ni Roma ni Portugal estaban dispuestos a afrontar el riesgo de un clero nativo. Tampoco deseaban tratar a Japón como un caso especial y conceder a sus habitantes oportunidades y privilegios negados a otros. Tampoco aceptaban el juicio de Valignano acerca del deseo y la capacidad japoneses de preservar su independencia política, económica y cultural. El Papa no veía motivos para hacer concesiones; y desde 1580 los portugueses fueron gobernados por Felipe II de España, y su política quedó incluida por lo tanto en un sistema imperialista dinámico. Lo que siguió puede considerarse una de las grandes tragedias de la historia. Por supuesto, en el seno de la Iglesia los jesuitas eran sospechosos: los espectadores tenían la sensación de que estaban pidiendo que se les otorgase el monopolio del bienestar espiritual y económico de Japón. En su informe de 1580 Valignano destacó que los japoneses obtenían enormes beneficios del «gran barco» portugués que recalaba anualmente en Nagasaki. En ese momento, los portugueses ejercían el dominio virtual del comercio de artículos valiosos entre el Golfo Pérsico y el mar Amarillo, y como se prohibía el comercio directo entre China y Japón, los jesuitas representaban el papel de intermediarios y, sobre todo, de cambistas de moneda metálica, desde Nagasaki, donde habían instalado su cuartel general. El comercio y la religión estaban inexplicablemente mezclados, por no decir confundidos. No está claro si las autoridades japonesas permitían la continuación de la evangelización jesuita porque temían que, en caso de que los jesuitas partieran, el gran barco ya no volviese. Pero es seguro que alimentaban profundas sospechas en relación con los motivos occidentales, un sentimiento que Valignano percibió y acerca del cual previno. En general, los japoneses confiaban en los jesuitas, pero en nadie más. Lamentablemente, nadie más confiaba en los jesuitas. Éstos necesitaban las ganancias de su intermediación como cambistas para financiar sus misiones en Japón, que eran la causa de considerables pérdidas. Valignano había firmado en 1578 un contrato formal con el grupo mercantil de Macao y el documento había sido aprobado por el papa Gregorio XIII: «en propiedad no puede decirse que esto sea comercio, pues se hizo por pura necesidad» (1582). Si el Papa conocía los hechos en todo caso parece que no se esforzó mucho por comunicarlos a otros organismos clericales interesados. A decir verdad, los jesuitas estaban endeudados; pero los franciscanos, los dominicos, el clero secular y los protestantes tenían la convicción absoluta de que el comercio había enriquecido a la sociedad. Más aún, los dominicos ejercían mucha influencia sobre el gobierno español, el que, por supuesto, controló las posesiones portuguesas después de 1580. Aunque ambos tronos habían sido unificados en el entendimiento claro de que los dos imperios serían administrados separadamente como países independientes, de hecho las autoridades españolas laicas y eclesiásticas, que operaban desde Manila, nunca reconocieron la existencia de una esfera portuguesa de influencia al este de Malaca.

En 1583 Valignano consagró una sección entera de su informe al tema «Por qué no es conveniente que otras órdenes religiosas vengan a Japón». Hasta allí, argumentaba, los cristianos habían tenido una gran ventaja en Japón porque estaban sometidos a un mando unitario, mientras que, en cambio, los budistas estaban divididos. Aceptar a los frailes originaría divisiones análogas entre los cristianos, pues la experiencia demostraba que siempre se unían contra los jesuitas (además de disputar entre ellos). Temía sobre todo a los dominicos y a los franciscanos españoles, y los métodos de conquistadores que ellos y los comandantes militares españoles habían usado contra los aztecas y los filipinos. Una actitud semejante sería desastrosa con los japoneses: «Japón no es un lugar que pueda ser controlado por extranjeros... y el rey de España no tiene y no puede tener poder o jurisdicción aquí. No hay alternativa al método que consiste en educar a los nativos sobre lo que deben hacer y después permitirles que dirijan ellos mismos las iglesias. Para esta tarea, una sola orden religiosa será suficiente.» Agregaba acertadamente:

En el pasado, muchos señores japoneses han alimentado el profundo temor de que nosotros [los jesuitas] estuviéramos tramando cierto mal en Japón y de que si ellos permitían la conversión de cristianos en sus feudos después los utilizaríamos para promover una rebelión en beneficio del rey [español] que nos apoya; pues no pueden entender por qué estos monarcas deben gastar tan grandes sumas en la misión si no es con la intención última de apoderarse de sus tierras... Ahora saben que los reinos de España y Portugal se han unido, y esta sospecha se acentuará mucho con la llegada de nuevos religiosos extranjeros...

El argumento fue desarrollado con apasionada convicción. Pero a los ojos de los observadores parecía un alegato que poseía un sentido especial. ¿Por qué los jesuitas debían tener el monopolio de las ganancias? En realidad, la petición de Valignano fue apoyada formalmente tanto por las autoridades papales como por las españolas, pero a partir de 1592 los franciscanos comenzaron a penetrar con la ayuda de mercaderes y aventureros descontentos, e inmediatamente iniciaron las tareas de proselitismo y celebraron misa públicamente. En 1597 hubo una disputa acerca de la carga de un navío portugués encallado. El gobernador español envió una nota amenazadora al tirano japonés Hideyoshi, destacando en ella con increíble ineptitud que los misioneros precedían a los conquistadores; como respuesta, Hideyoshi crucificó inmediatamente a seis franciscanos, tres hermanos legos jesuitas y diecinueve neófitos japoneses.

¿Qué razón había para los temores japoneses? El propio Valignano era sincero en su creencia de que los japoneses debían conservar su independencia política. Pero tampoco él consideraba incondicional esta fórmula. En respuesta a los martirios de 1597, exhortó a Felipe II a cancelar el «gran barco» el año siguiente, como represalia, en la creencia de que esta actitud provocaría una crisis económica y perturbaciones en Japón. Valignano no siempre se oponía al uso de la fuerza. En un texto escrito en indio, en el año 1601, recordó que Javier, «con su espíritu y su prudencia acostumbrados, comprendió qué toscos e incapaces son [los indios] por naturaleza en las cosas de Dios, y que con ellos la razón no es tan eficaz como la compulsión». Colectivamente, los jesuitas a veces actuaban impulsados por motivos nacionalistas. En 1555 el padre Baltasar Gago dijo que enseñó a sus conversos japoneses a rezar por Juan III de Portugal, en cuanto podía ser su protector. El padre Charlevoix, historiador jesuita de la Sociedad en Canadá, dice que los jesuitas convencieron a sus conversos indios de que «mezclasen a Francia y a Cristo en sus afectos». Algunos jesuitas españoles actuaron activamente en la política de poder de Lejano Oriente. En 1586, el padre Alonso Sánchez, de la orden jesuita, presentó un proyecto de conquista de China y de reeducación en las enseñanzas del cristianismo. Calculó que debían enviarse de Europa de 10.000 a 12.000 hombres, que se reclutarían de 5.000 a 6.000

nativos en Manila y un número similar en Japón. La principal fuerza de invasión debía partir de Manila y se lanzaría un ataque coordinado de los portugueses de Macao y Cantón. Este proyecto, concebido casi al mismo tiempo que el plan de la armada contra Inglaterra, contó con el apoyo del gobernador, el obispo y el consejo de Manila, y de una serie de mercaderes japoneses, lo que da base a la sospecha de que el asunto fue tramado en Japón. Sánchez estaba muy seguro de que los jesuitas cooperarían en el reclutamiento de los voluntarios japoneses. (De hecho, los españoles utilizaron a los mercenarios japoneses en su expedición a Camboya en 1595 y para reprimir la rebelión china de Manila en 1603.) El obispo de Manila rogó a Felipe II que concediese su aprobación: «Ni siquiera Julio César o Alejandro el Grande tuvieron una oportunidad como ésta. Y en el plano espiritual, nada más grande fue proyectado jamás desde los tiempos de los apóstoles.» Los jefes japoneses no estaban al tanto de la correspondencia oficial española, pero sabían muy bien que estos planes eran tema de discusión. A lo largo de todo el proceso demostraron estar mucho mejor informados que lo que suponían incluso los jesuitas. Veían con absoluta claridad la relación entre la religión y la política. En una carta dirigida a don Francisco Tello, gobernador de Filipinas, Hideyoshi señaló que el Shinto, atacado groseramente por los franciscanos en Japón, era la base de la estructura social japonesa: «Si por casualidad japoneses religiosos o seglares llegasen a vuestros reinos y predicasen allí la ley de Shinto, perturbando la paz pública, vos, como señor del suelo, ¿os sentiríais complacido? Es claro que no; y por consiguiente podéis comprender la razón por la cual yo actué.»

La masacre de 1597 tuvo el sentido de una advertencia. Habiendo aclarado su posición, las autoridades japonesas permitieron que continuase el trabajo de la misión jesuítica, y el número de conversos aumentó constantemente, alcanzando una cifra estimada de 750.000 personas en 1606. Valignano ordenó que todos los jesuitas se adaptasen a la vida japonesa tan fielmente como lo permitiera la ética. No aprobaban los ritos budistas o shintoístas, pero no predicaban contra ellos, y evitaban los crucifijos, asociados en las mentes japonesas con la vergüenza del castigo penal. Sin embargo, lo que no se les permitía hacer era ordenar a elevado número de sacerdotes japoneses; el papado y el general jesuita Aquaviva dictaminaron que incluso los hermanos legos podían ser reclutados sólo en número suficiente para desarmar la crítica japonesa. De esta forma, el objetivo jesuita de alcanzar una rápida autarquía, que les habría permitido salir del país dejando a los cristianos japoneses al frente de la misión, llegó a ser irrealizable. Peor aún, pese a las apelaciones de todas las autoridades civiles y eclesiásticas de la India portuguesa, el papado y la corona española no pudieron, o no quisieron, mantener excluidos a los frailes. Fray Jerónimo de Jesús proclamó en 1598 que él y su equipo permanecerían en Japón a pesar del Papa, el rey, el prelado o el gobernador. Predicaron públicamente contra los «cultos paganos». Exhibieron sin recato sus crucifijos. Dieron pie a las sospechas de la clase feudal cuando realizaron proselitismo entre los que los jesuitas denominaban «la chusma purulenta». A pesar del consejo de los jesuitas, insistieron en tratar a las víctimas de 1597 como a mártires venerables. En 1608 Pablo V cedió y abrió completamente a los frailes el territorio japonés. Este acto coincidió con otro golpe que los jesuitas habían temido durante mucho tiempo pero que no podían impedir: la llegada de los calvinistas holandeses, seguidos de cerca por los ingleses. Hacia 1613 ambos grupos protestantes se mostraron activos en aguas japonesas, de modo que el gran barco anual vino a convertirse en un método anticuado y los jesuitas ya no fueron indispensables, ni siquiera necesarios, como intermediarios comerciales. Los ingleses iniciaron inmediatamente una campaña de propaganda antiespañola, manipulando la inseguridad misma que los japoneses ya sentían. ¿Acaso no se habían enterado de los planes subversivos jesuitas en Inglaterra, coordinados y sincronizados con el fin de contribuir a los planes navales de la invasión española? Ésa, dijo el capitán inglés Richard Cocks, era precisamente la razón por la cual su gobierno había expulsado de Inglaterra a los clérigos católicos: «¿Acaso el emperador de Japón no tenía igual motivo para expulsar de Japón a los jesuitas y los frailes y para resistir su entrada secreta, sabiendo que son promotores de la sedición y personas turbulentas?» Fue la gota que colmó el vaso.

El 27 de enero de 1614 el gobierno japonés publicó un edicto que acusaba a los cristianos de haber llegado al país «para difundir una ley perversa, derrocar la verdadera doctrina, de modo que pudieran cambiar el gobierno del país y apoderarse de la tierra». Se mencionaba explícitamente la adhesión de los cristianos a la cruz como argumento para suponer que aprobaban los actos criminales. Todos los cristianos europeos debían marcharse y los cristianos japoneses debían renunciar a su fe. La reacción a la orden de expulsión adoptó la forma de un impresionante estallido de fervor religioso masivo en Nagasaki, con flagelaciones y mutilaciones rituales, que trajeron como consecuencia la muerte de varios cristianos japoneses a causa de las heridas infligidas. Este episodio repugnó y enfureció a las autoridades japonesas. Más tarde, los jesuitas achacaron a los franciscanos el desencadenamiento de este frenesí, pues es cierto que los franciscanos a menudo fomentaban la flagelación y en cambio los jesuitas la detestaban. Pero la verdad es que, como Valignano había percibido, los conversos japoneses fueron cristianos de decisión y coraje sin igual. Si se hubiera permitido que la misión continuase en las condiciones apropiadas, los japoneses habrían modificado la faz de la religión mundial. Según se dieron las cosas, se convirtieron en víctimas de una de las persecuciones más implacables y prolongadas en la extensa y sangrienta historia de la crueldad religiosa.

Entre 1614 y 1643 aproximadamente 5.000 cristianos japoneses fueron víctimas de asesinatos judiciales, casi siempre en público. Se desconoce el total exacto, pero quedaron registrados 3.125 casos individuales, 71 de ellos europeos. Alrededor de 46 jesuitas y frailes consiguieron «pasar a la clandestinidad». Pero a la larga este recurso a lo sumo sirvió para prolongar el sufrimiento, pues era imposible reforzar eficazmente la misión y se practicaba la cacería sistemática e implacable de fugitivos. Se infligían horrendas torturas a los que rehusaban retractarse, generalmente japoneses. Algunos murieron de hambre en los calabozos. Otros fueron torturados hasta la muerte. En ocasiones se decapitaba a los europeos. La mayoría de los japoneses fueron quemados vivos y se los ataba por un brazo a una estaca en medio de un círculo de fuego. Algunos eran madres con niños pequeños en los brazos. Los gobernadores locales agravaron los horrores cuando la ejecución en la pira no consiguió promover la apostasía. Muchas víctimas fueron muertas mediante la tortura del agua en las fuentes termales azufradas de Unzen (se vertía lentamente agua hirviente en heridas practicadas en la carne). A partir de 1632 los mártires fueron colgados cabeza abajo sobre un pozo; algunos de ellos vivieron hasta una semana. Una joven japonesa soportó la tortura catorce días y, en cambio, el anciano provincial jesuita Christóvao Ferreira se retractó después de seis horas. Los jesuitas redactaron manuales que enseñaban a los fieles el modo de soportar el martirio: «... preparaos con la confesión... Nunca alimentéis pensamientos negativos hacia el funcionario que dicta la sentencia de muerte o hacia el verdugo... Mientras os torturan, imaginad la Pasión de Jesús». En 1637 hubo una rebelión, provocada por los funcionarios que torturaban a la hija de un cristiano japonés ante la vista del padre. Fue reprimida con la ayuda de los holandeses, que de este modo pudieron liquidar definitivamente el comercio portugués. El cristianismo sobrevivió un tiempo en la clandestinidad, aunque incluso desde sus escondrijos los jesuitas y los frailes continuaban disputando. Entre 1657 y 1658, 600 cristianos fueron cercados en la región rural de los alrededores de Nagasaki: 411 fueron ejecutados, 77 murieron en prisión, 99 se retractaron. Una niña, arrestada a los once años, conservó su condición de cristiana hasta la muerte en la cárcel, en 1722. En Urakami, una comunidad criptocristiana consiguió sobrevivir hasta que salió a la luz pública en 1865, y en esta fecha todavía practicaba la ceremonia del bautismo e insistía en el celibato clerical. Pero en general el episodio parece indicar que la persecución, si se aplica con crueldad, inteligencia y tenacidad suficientes, en definitiva triunfa, incluso imponiéndose a los más valientes. De esta forma concluyó un capítulo notable y cruel de la historia cristiana.

Precisamente por la época en que estaba siendo destruido el cristianismo japonés, los presbiterianos y los independientes (congregacionalistas) creaban otro Estado religioso elitista en la costa este de América del Norte. Debía ser el más grande, incluso el único experimento realizado del cristianismo posteuropeo. Era también el primero y único caso en que podemos contemplar, a la luz de las fuentes documentales, cómo una comunidad cristiana importante nace a la independencia. El nacimiento de la América protestante fue un acto intencionado y consciente de perfeccionamiento eclesiástico-estatal. Como dijo Donne en su sermón de la Compañía de Virginia: «Agregaréis personas a este recinto y al Reino del Cielo, y agregaréis nombres a los libros de nuestras crónicas y al libro de la vida.» El gobernador Winthrop, que cruzaba el Atlántico a bordo del *Arbella*, escribió orgullosamente: «Pues debemos considerar que seremos una ciudad sobre una montaña y que los ojos de todos los pueblos estarán fijos en nosotros.» Estos grupos inconformistas huían de una Inglaterra jacobina anglicana de cuya «reforma» habían llegado a desesperar. Pero no huían en busca de la libertad y la diversidad religiosa. Por el contrario, a semejanza de los carolingios, intentaban crear una sociedad cristiana total, donde se obedecieran al pie de la letra los mandatos divinos en todos los aspectos de la vida, y una ciudad terrenal creada como antecámara o preludio de la entrada en la ciudad de Dios. La visión original de América fue agustiniana más que erasmista. No podía hablarse de una religión inseparable. En su *Preface to the Frame of Government of Pennsylvania*, William Penn escribió en 1682: «Me parece que el gobierno es parte de la religión misma, una cosa sagrada en su institución y su finalidad... destruye los efectos del mal y de ese modo es una emanación (aunque inferior) del mismo poder divino que es simultáneamente autor y propósito de la religión pura... pues por otra parte el gobierno mismo es tan capaz de bondad, virtud y caridad como una sociedad más privada.» La fundación de una colonia era un contrato individual y colectivo con la deidad, y tenía el propósito de organizar una Iglesia-Estado: «Nosotros, cuyos nombres figuran abajo», dice el Pacto de *Mayflower* en 1620, «habiendo emprendido, por la gloria de Dios y el progreso de la fe cristiana y para honor de nuestro rey y país, un viaje con el fin de instalar la primera colonia en las regiones septentrionales de Virginia, con estos escritos solemne y mutuamente en presencia de Dios y unos de otros, acordamos y nos combinamos en un cuerpo político civil, para nuestro mejor ordenamiento y nuestra preservación, y para adelantar los fines antes mencionados...» La Iglesia también se constituía formalmente, como en Salem en 1629: «Acordamos con el Señor y unos con otros; y nos comprometemos en presencia de Dios a caminar juntos por todos Sus senderos, acordando con lo que a Él le complace revelarnos de Su bendita palabra de la Verdad.»

La religión oficial, formulada en la Plataforma de Cambridge de 1648, se basaba en la confesión inglesa de Westminster de 1643-1645 y era independiente más que presbiteriana, es decir, los concilios y los sínodos tenían atribuciones asesoras y admonitorias, pero no autoridad coercitiva. Tampoco había tolerancia: los magistrados o «padres vigilantes» debían combatir la herejía, el cisma y la desobediencia, «reprimidas y castigadas por la autoridad civil». Un hombre no podía ser miembro del Estado sin ser miembro de la Iglesia, exactamente como en la sociedad medieval, pues las creencias y los propósitos de ambos eran necesariamente idénticos. Como dijo Uriah Oakes, más tarde presidente de Harvard (1673):

> De acuerdo con la intención de nuestros padres y el marco de las cosas dispuesto por ellos, los intereses de la virtud en la comunidad y la santidad en las iglesias son inseparables... Dividir lo que Dios ha unido... es la culminación de la locura. Considero que esto es un modelo pequeño del glorioso reino de Cristo en la Tierra. Cristo reina entre nosotros en la comunidad tanto como en la Iglesia, y su glorioso interés está incluido y envuelto en el bien de ambas sociedades respectivamente.

Entonces, ¿Nueva Inglaterra debía convertirse en una gigantesca Ginebra? No precisamente. No era una teocracia. Confería a los propios clérigos menos autoridad real que la que contemporáneamente tenía cualquier otro gobierno del mundo occidental. El poder del ministro residía en que determinaba la afiliación a la Iglesia. Más aún, desde el principio mismo las iglesias fueron dirigidas por laicos. El régimen religioso era popular, no hierático. Éste fue el fundamento de la tradición religiosa norteamericana específica. Nunca hubo un sentido de división legal entre el laico y el clérigo, entre los que poseían privilegios espirituales y los que carecían de ellos, así como tampoco una yuxtaposición y una confrontación celosas entre el mundo secular y el eclesiástico. América nació protestante y no necesitó llegar a serlo mediante la rebelión y la lucha. No fue construida sobre los restos de una Iglesia católica o de un régimen; careció de clericalismo o de anticlericalismo. En todos estos aspectos difería profundamente de un mundo plasmado por los principios agustinianos. Tenía una tradición sin tradición, que partía de cero con un conjunto de premisas protestantes, sobrentendidas, evidentes por sí mismas, como la base de un credo nacional común.

En todo caso, los hechos determinaron que la idea de una Ginebra gigantesca pronto fuese irrealizable. Una Iglesia-Estado calvinista no podía mantenerse sin una terrorífica estructura represiva: incluso Ginebra había tenido que expulsar gente. Ciertos problemas del Viejo Mundo rápidamente reaparecieron en el nuevo. Hubo disidentes como Roger Williams y Anne Hutchinson, y fueron expulsados y se refugiaron en la futura Rhode Island, denominada por los ortodoxos «la cloaca de Nueva Inglaterra». Cuando fundó Providence, Williams escribió: «Quise que pudiera ser un refugio para las personas con inquietudes de conciencia.» En 1644 publicó su defensa de la libertad religiosa, *The Bloody Tenent of Persecution for the Cause of Conscience Discussed*, y su nuevo instrumento de gobierno declaró que «la forma de gobierno establecida en las Plantaciones de Providence es DEMOCRÁTICA, es decir, un gobierno sostenido por el consentimiento libre y voluntario de todos, o de la mayoría de los habitantes libres». A sus leyes y a las penas aplicadas a las transgresiones, agregó: «Y fuera de lo que aquí se prohíbe, todos los hombres pueden comportarse como sus respectivas conciencias les manden, cada uno en nombre de su Dios. Y que los santos del Altísimo recorran esta colonia sin ser molestados, en nombre de Jehová su Dios, por siempre jamás.» Este principio fue confirmado por la carta real de 1663: «Ninguna persona de la mencionada colonia, a partir de este momento, será en absoluto molestada, castigada, perturbada o cuestionada por ninguna diferencia de opinión en cuestiones de religión, y si no perturban realmente la paz civil de nuestra mencionada colonia; pero todos... pueden de tanto en tanto, y siempre a partir de ahora, libre y plenamente tener y gozar de sus propios juicios y conciencias, en cuestiones de preocupación religiosa.» Fue la primera comunidad de la historia moderna que hizo de la libertad religiosa, contrapuesta a un simple nivel de tolerancia, el principio de su existencia, y que partió de esta premisa para separar la Iglesia del Estado. Por supuesto, su existencia abrió la puerta a los cuáqueros y los bautistas, incluso a los misioneros de los congregacionalistas y los anglicanos del sur.

De hecho, una vez que se abrió esta brecha decisiva, era inevitable que América, con su predominio de laicos, avanzara constantemente hacia la libertad religiosa y la separación de la Iglesia y el Estado, y que la visión dejara de ser agustiniana y se convirtiese en erasmista. Los factores económicos presionaron enérgicamente en esta dirección. En general, las oleadas posteriores de emigrantes no realizaron la experiencia de la «conversión» y la «gracia salvadora»; tendieron cada vez más a ser un mero corte transversal de ingleses (y más tarde de irlandeses del Norte y presbiterianos escoceses). En 1662 un sínodo de Nueva Inglaterra declaró que el bautismo era suficiente para la afiliación de la Iglesia, pero no para la comunión plena. Este «pacto a medias» fue el principio del fin de una Iglesia pura, que inició un período de lo que con un sentimiento de pesar se denominó «decadencia»; se entendía que ciertos hechos calamitosos, como los ataques indios, eran castigos divinos. En 1679 se decidió realizar «una investigación completa... de la causa y el estado de la controversia de Dios con nosotros». Se convocó un «sínodo reformador», y se informó: «que Dios tiene una controversia con este pueblo de Nueva Inglaterra es indudable, pues el Señor ha manifestado su desagrado con signos lamentables contra nosotros». Se llegó a un nuevo pacto y a una renovada confesión de fe, pero pareció que todo conspiraba para frustrar a los elegidos. El intento de Jacobo II de reintroducir el catolicismo, la Gloriosa Revolución y el arreglo posterior impusieron la tolerancia, la participación anglicana y una concesión basada en la propiedad más que en la afiliación a la Iglesia. La dirección eclesiástica se vio desacreditada por la manía de la persecución de las brujas en Salem, en el año 1692, y debilitada por el intenso rebrote del remordimiento público que siguió a aquellos hechos. El sector mercantil de Boston, que detestaba la interpretación rigurosa de las escrituras y, sobre todo, las restricciones comerciales deducidas del Pentateuco, en 1699 publicó un «manifiesto» proponiendo una nueva Iglesia basada en criterios «amplios y católicos» que concediesen jerarquía plena a todos los que profesaran una creencia cristiana. El sector liberal se apoderó del Colegio de Harvard en 1777 y nueve años más tarde fundó Yale en New Haven. La elite calvinista entendió que estos mazazos amenazaban destruir su teoría de que ella había sido designada como pueblo elegido para ejecutar la obra divina en América. En 1702 Cotton Mather publicó su *Magnalia Christi Americana*, donde documentó «los grandes hechos de Cristo en América», pero se vio obligado a formular esta conclusión: «La *religión* aportó *prosperidad*, y la *hija* destruyó a la *madre*... Corremos el peligro de que las *seducciones* de este mundo los lleven a olvidar *su tránsito hacia el desierto*.» Por esta época, el monopolio calvinista original en Nueva Inglaterra había desaparecido definitivamente.

También el Sur, que había tenido una confesión anglicana, pero una ética puritana y premisas eclesiástico-estatales, se había rendido a la diversidad y la economía. El tabaco y la fuerza de trabajo negra, más que el institucionalismo bíblico, se convirtieron en los factores determinantes. En 1667 Virginia estableció que «el bautismo no modifica la condición de la persona con respecto a su servidumbre y libertad». En 1731 George Berkeley dijo que los esclavistas norteamericanos trataban a los negros con «un menosprecio irracional... como criaturas de otra especie que carecían de derecho a la instrucción o a los sacramentos». Fue necesario modificar la creencia religiosa para adaptarla a las realidades sociales y económicas, más que a la inversa. Como informó en 1743 el comisario James Blair: «De la condición de instrumento de riqueza, [la esclavitud] se ha convertido en poder condicionante y ha suscitado un interrogante irritativo: quién controla más la sociedad, si el esclavo africano o su amo.»

Sin embargo, el derrumbe de la sociedad cristiana total no originó el crecimiento del secularismo. En la totalidad de América la religión continuó siendo la dinámica de la sociedad y la historia. La diferencia era que ahora el cristianismo se convirtió en movimiento voluntario, o en una serie de movimientos, más que en una estructura compulsiva. Estos movimientos fueron los que determinaron la forma del desarrollo constitucional y social de América. La multiplicidad de la estructura religiosa norteamericana y la prolongación del ideal milenarista ofrecieron al «revivalismo» la oportunidad de actuar como una fuerza nacional unificadora. Más aún, la afirmación del principio voluntario llevó a una identificación, en la mente de todos los grupos religiosos, del entusiasmo cristiano con la libertad política. Como dijo John Adams en 1765, en su *Dissertation on the Canon and Feudal Law*:

> Bajo la execrable raza de los Estuardo, la lucha entre el pueblo y la confederación de la tiranía temporal y espiritual llegó a ser formidable, violenta y sangrienta. Esta gran lucha fue la que pobló América. Como generalmente se creyó, no fue sólo la religión, sino el amor a la libertad universal, y el odio, el temor, el horror a la confederación interna de los gobernantes eclesiásticos, jerárquicos y despóticos, lo que proyectó, encauzó y realizó la colonización de América.

En tales condiciones, el «revivalismo» tendió a preceder a la acción política; fue el llamado Gran Despertar de la década de 1730 y el período que siguió los que prepararon la Revolución Norteamericana.

El Despertar fue un fenómeno mucho más complicado que el «revivalismo» de Wesley en Inglaterra, porque combinó el estridente tosco evangelismo de masas con las ideas del Iluminismo del siglo XVIII. Ambos movimientos compartieron la desconfianza frente a las ideas doctrinarias, la tendencia a subrayar la moral y la ética, y un espíritu ecuménico. Los hombres y mujeres del Despertar habrían coincidido con Wesley: «Yo... rehúso distinguirme de otros hombres por nada salvo el principio común del cristianismo... ¿Amas y temes a Dios? ¡Es suficiente! Te ofrezco la mano derecha de la fraternidad.» Pero Jonathan Edwards, que predicó por primera vez el revivalismo en Northampton, Massachusetts, en 1733, pertenecía también a la corriente principal de la tradición intelectual erasmista. Fue alumno, en New Haven, de Samuel Johnson, cuya obra reflejó la tendencia a liberarse del antiguo sistema teológico según aún se enseñaba en el siglo XVIII, «una extraña trama de distribuciones y definiciones», según él lo definió. Johnson remontó su propio nacimiento intelectual a la lectura de *Advancement of Learning*, de Bacon, una obra que según él dice le dejó «como un individuo que de pronto emerge de una semipenumbra a la plena luz del sol de un día claro». Leyó y admiró el intento del obispo Berkeley de reconciliar el idealismo, la razón y la creencia cristiana, y defendió el derecho «natural», sosteniendo que la moral es «lo mismo que la religión de la naturaleza», la que por cierto no podemos descubrir sin la revelación, pero que «se basa en los principios de la razón y la naturaleza». Edwards afirma que leyó el *Essay Concerning Human Understanding*, de Locke, con más placer «que lo que siente el avaro más codicioso cuando reúne puñados de plata y oro de un tesoro descubierto poco antes». Pero aportó a los métodos de razonamiento de Locke la calidez y la emotividad que les faltaban. Puede afirmarse que este hecho fue providencial: Locke escribía después de una revolución exitosa, Edwards antes de otra, en momentos en que era necesario unificar y dinamizar los sentimientos para crear la voluntad popular de cambio. Muchos de sus escritos admiten una interpretación política tanto como teológica. En su predicación trató de excitar lo que él denominaba «afectos», definidos por el propio Edwards como «lo que impulsa a una persona a abandonar la neutralidad o el simple asentimiento e inclina a su corazón a poseer o rechazar algo». En su muy leída obra, *Treatise Concerning Human Affections* (1746) citó un pasaje del platónico de Cambridge John Smith, que debe ser leído a la luz de la posterior historia política: «Una auténtica calidez celestial tiene carácter inmortal; y una vez instalada vitalmente en el alma del hombre, regulará y ordenará todos los movimientos como corresponde; del mismo modo que la cabeza natural, afirmada en el corazón de las criaturas vivas, tiene sometidos el dominio y la economía del cuerpo entero... Es una naturaleza nueva, que informa las almas del hombre.» Edwards explicó enérgicamente que los actos de los hombres eran consecuencia de la voluntad divina. Por consiguiente, no había diferencia esencial entre un sentimiento religioso y otro político, pues ambos estaban dirigidos por Dios. En la teología racional de Edwards había un milenarismo estridente que pugnaba por manifestarse. Sobre la historia humana, escribió que «todos los cambios están destinados a pasar... a preparar el camino a esa gloriosa expresión de las cosas que vendrá cuando la verdad y la virtud finalmente prevalezcan». Los hombres deben conocer la hora en que Dios «asumirá el reino», y Edwards ansiaba que llegase «el alba de ese día glorioso». En su última obra, sobre el pecado original (1758), profetizó: «Y estoy persuadido, sin que puedan aportarse razones sólidas, de que nada impide que Dios, que constituye todas las restantes uniones creadas o unidades, de acuerdo con su placer... establezca una constitución en virtud de la cual la posteridad natural de Adán, originada en Él, del mismo modo que los brotes o las ramas del tronco o la raíz de un árbol, sea tratada como *una* con Él.»

El Gran Despertar «despegó» de este trasfondo escatológico y fue reanimado, siempre que exhibió signos de decaimiento, por la aparición de nuevos y espectaculares oradores, por ejemplo George Whitefield, el «gran viajero» y amigo de Wesley. Una emigrante alemana que oyó a Whitefield en Nueva Inglaterra dijo que, aunque no entendía inglés, nunca en su vida se había sentido tan edificada. Predicaba, como él mismo dijo, «con mucho fuego, claridad y energía... Dagon cae diariamente ante el Arca»; y cuando salió de Boston traspasó el mando a un evangelista nativo, Gilbert Tennent. «La gente chapoteaba en la nieve noche y día», escribió un anglicano celoso, «para beneficio de sus bestiales bramidos». Otro «despertador» que vino a «avivar el fuego divino últimamente encendido» fue James Davenport, de Yale, en cierta ocasión arrestado y juzgado enfermo mental porque reclamó que se quemasen las pelucas, las capas, los anillos y muchas obras de religión. Fue el comienzo del evangelismo norteamericano de carácter personal. No gustó a todos. Sus raíces estaban en las áreas rurales, donde contribuyó a democratizar a la sociedad y a promover la oposición a las restricciones del gobierno real, pero incendió las ciudades, donde los oyentes se desmayaban, gemían, aullaban y, en general, expresaban sus «afectos». Charles Chauncy, a quien podría denominarse erasmista o arminiano, y que reflejó el espíritu racionalista del siglo XVIII en su obra *Seasonable Thoughts on the State of Religion in New England* (1743), desaprobaba estas cabriolas; incluso consideraba a Edwards un «entusiasta visionario» y advirtió: «Está la religión de la comprensión y el juicio, y la voluntad, así como la de los afectos; y si se considera poco la primera, y en cambio se destaca mucho la última, es inevitable que el pueblo caiga en los desórdenes.»

En realidad, la unión del racionalismo de las personas como Chauncy y el espíritu del Gran Despertar permitió que los posibles «desórdenes» fuesen canalizados hacia los objetivos políticos de la revolución, la que pronto se identificó simplemente como el siguiente episodio escatológico. Ninguna de estas fuerzas podría haber alcanzado éxito sin la otra. Y la revolución no es concebible sin este telón de fondo religioso. Como John Adams habría de decir después (1818): «La revolución se realizó antes de comenzada la guerra. La revolución estaba en la mente y el corazón de la gente; y el cambio, en sus sentimientos religiosos referidos a sus deberes y obligaciones.» Debemos recordar que hasta la década de 1740 América era una colección de colonias heterogéneas que mantenían escaso contacto unas con otras; a menudo (como en la totalidad de América Latina) había nexos más poderosos con las ciudades y los intereses económicos europeos que con otras colonias. El evangelismo religioso fue la primera fuerza continental, un fenómeno panamericano que trascendió las diferencias coloniales, promovió figuras nacionales y determinó que las banderas estatales pareciesen secundarias. Whitefield fue la primera figura pública «norteamericana» bien conocida de New Hampshire a Georgia, y su muerte en 1770 suscitó comentarios en toda la prensa colonial. Por consiguiente, el ecumenismo precedió y plasmó la unidad política. Al cruzar de muchos modos las fronteras religiosas sectarias, de la misma forma que cruzó las de los Estados coloniales, ayudó a promover la ética real de la revolución norteamericana, lo que podríamos denominar el consenso protestante, las creencias, las normas y las actitudes que eran comunes a la mayoría norteamericana. Si ya no era posible o necesario imaginar al pueblo norteamericano concertando un pacto obligatorio con Dios para beneficio de su Iglesia-Estado, de todos modos el consenso protestante tenía un propósito definido utilitario y cívico. Como dijo en su diario John Adams, que había perdido su fe religiosa original:

> Una gran ventaja de la religión cristiana es que trae el gran principio del derecho de la naturaleza y las naciones —ama a tu prójimo como a ti mismo y haz a otros lo que quisieras que otros te hagan— al ámbito del conocimiento, la creencia y la veneración del pueblo entero. Los niños, los servidores, las mujeres y los hombres, son todos profesores en la ciencia de la moral pública tanto como de la privada... Por lo tanto, se inculcan desde la infancia temprana los derechos y los deberes del hombre y del ciudadano.

De esta forma la diversidad de la religión norteamericana no pareció representar un obstáculo para la unidad social y política, pues se apoyaba en una ética cristiana que era infinitamente más importante que las variaciones dogmáticas de las sectas. Pensilvania, el Estado esencial en la formación de la unión, fue también el que tuvo mayor diversidad religiosa. Filadelfia, su «ciudad del amor fraterno», presenció el último gran florecimiento de la innovación política puritana. Fue la ciudad de los cuáqueros, un baluarte presbiteriano, el cuartel general de los bautistas, un centro anglicano y la sede de una serie de grupos pietistas alemanes, de los moravos y de los menonitas de otras sectas, así como un lugar en que el catolicismo era tolerado y florecía. No importaban las diferencias doctrinarias, sino el hecho de que allí todos podían vivir armónicamente, junto a la sede de la Sociedad Filosófica Norteamericana y en el centro del sistema norteamericano de comunicaciones y tráfico económico.

La Declaración de la Independencia y la Constitución fueron elaboradas, por lo tanto, en un ambiente adecuado y profético. Lo que tiene significación y novedad enorme en la revolución norteamericana es que su victoria en favor de la libertad religiosa y la separación de la Iglesia y el Estado fue conquistada no tanto por las sectas milenaristas de izquierda que se rebelaban contra los eclesiásticos magistrales, como por los líderes de las congregaciones y los propios estadistas, que advirtieron que el pluralismo era la única forma que armonizaba con los ideales y las necesidades del país.

De modo que, por primera vez desde la Edad de las Tinieblas, nació una sociedad en la que el cristianismo institucional estaba relacionado con el progreso y la libertad, en lugar de oponerse. Estados Unidos era erasmista por su tolerancia y también por su espíritu antidoctrinario, y sobre todo erasmista por su deseo de explorar, en un contexto cristiano, los límites máximos de las posibilidades humanas. Era el cristianismo presentado no como una sociedad total sino ilimitada. En *De la democracia en América* (1835), Tocqueville afirma que la actitud de las Iglesias y la que había hacia ellas fue la primera cuestión que le impresionó en Estados Unidos: «En Francia casi siempre había visto yo el espíritu de la religión y el espíritu de la libertad seguir cursos diametralmente opuestos uno al otro; pero en América descubrí que estaban íntimamente unidos y que reinaban en común sobre el mismo territorio.» Llegó a esta conclusión: «La religión... debe ser considerada la principal institución política de este país; pues si no inculca el gusto por la libertad, facilita el uso de las instituciones libres.» Agregaba que los norteamericanos consideraban que la religión «era indispensable para el mantenimiento de las instituciones republicanas».

Algunos norteamericanos veían mucho más que esto. Durante el período de 1750 a 1820 el presbiterianismo y el congregacionalismo, las dos sectas formadoras del protestantismo norteamericano perdieron su carácter de corrientes dominantes y, por lo menos desde el punto de vista del número, se impusieron los bautistas y los wesleyanos. En Nueva Inglaterra, como en la misma Inglaterra, muchos presbiterianos cultos, influidos por el Iluminismo, se convirtieron en unitarios; y los unitarios de Nueva Inglaterra fueron los que crearon el llamado Renacimiento norteamericano, centrado en la *North American Review* (1815) y en el *Christian Examiner* (1824), órganos entre cuyos directores estaban William Emerson, padre del poeta, Edward Everett, George Tickner, Jared Sparks, Richard Henry Dana, Henry Adams, James Russell Lowell y Edward Everett Hale. Harvard, cuyo elenco incluía a John Quincy Adams, Longfellow, Lowell y Oliver Wendell Holmes, era mayoritariamente unitario. El unitarismo era en gran medida la religión de la elite; los críticos bromeaban que su predicación se limitaba a «la paternidad de Dios, la fraternidad del hombre y la vecindad de Boston». En realidad, tenía sus raíces últimas en el arminismo y la tercera fuerza, y podía rastrear su linaje no tanto hasta los padres fundadores como hasta el propio Erasmo, que concebía al cristianismo auténtico en alianza completa con el Renacimiento. Uno podía llevar el asunto incluso más lejos, pues el concepto del renacimiento humano, el «hombre nuevo», era el eje de la teología moral de san Pablo. «El cristianismo», escribió William Ellery Channing, «... debe emerger de las sombras y la corrupción del pasado en todo su celestial esplendor y en su divina sencillez. Debería entenderse como dotado de un solo propósito, la perfección de la naturaleza humana, la perfección de los hombres para convertirse en seres más nobles». La declaración de la Asociación Unitaria Norteamericana (1853) decía que Dios «barre constantemente a las naciones con huracanes regeneradores que parten del cielo y visitan los corazones de los hombres con solicitaciones celestiales».

El instrumento fundamental de este proceso progresista fue la propia República Norteamericana. Jonathan Edwards había pronosticado en 1740: «No es improbable que esta obra del espíritu de Dios, que es tan extraordinario y maravilloso, represente el amanecer o por lo menos el preludio de esa gloriosa obra de Dios tan a menudo profetizada en la escritura, la misma que con su progreso y su resolución renovará al mundo de la humanidad... Y hay muchas cosas que determinan la probabilidad de que esta obra comience en América.» A los ojos de la elite unitaria, la labor evidentemente ya había comenzado. La antigua teoría calvinista de la «nación elegida» impregnó el patriotismo norteamericano del siglo XIX. Así, Longfellow escribió:

> ¡Surca las aguas, oh Unión, fuerte y grande!
> La humanidad con todos sus temores,
> con todas sus esperanzas de años futuros,
> contempla transida tu destino.

En el marco de este concepto del siglo XIX temprano acerca del pueblo elegido, o de lo que se denominaba la «providencia favorable», que actuaba para utilizar a América como el «crisol», una nueva nación que surgía de los restos de las antiguas, el cristianismo norteamericano y la república impregnada por él adquirieron sus características modernas. Las iglesias más típicas de América del Norte tendieron a retroceder del siglo XIX a la época del Nuevo Testamento y a buscar una combinación de ambas formas. La Edad Media, la era de las guerras de religión, fue desechada como una pesadilla y se destruyó la asociación del cristianismo con la fuerza («oblígalos a venir»). La premisa del principio voluntario, el postulado central del cristianismo norteamericano, fue que las convicciones religiosas personales de los individuos, agrupados libremente en iglesias y actuando en asociaciones voluntarias, gradual y necesariamente penetrarán en la sociedad a través de la persuasión y el ejemplo. Lo que convertirá y reformará al mundo no es tanto la aplicación de la buena doctrina como la acción del hombre bueno. Así, se concebía el mundo esencialmente en términos morales. Esta actitud se convirtió en factor dominante, tanto cuando Estados Unidos rechazaba al Viejo Mundo y buscaba aislarse de él (un concepto usado todavía en 1963, durante la crisis de los misiles cubanos), como en los casos en que Estados Unidos abrazó al mundo e intentó reformarlo. Fue característico del Estado norteamericano primero rechazar el espionaje por razones morales y después adoptarlo por intermedio de la Agencia Central de Inteligencia, una institución moralista mucho más parecida a la Sociedad de Jesús que su equivalente soviético.

En la religión norteamericana, el aspecto reflexivo del cristianismo se vio subordinado, casi eclipsado. La importancia asignada por el medioevo católico a la perfección de Dios —y a la mera contemplación humana de Él— fue sustituida por la idea de Dios como un soberano activo y exigente, y por la actuación vigorosa del hombre en su servicio. Se rechazó el pesimismo agustiniano y se abrazó el pelagianismo. No era deber del cristiano aceptar el mundo como lo hallaba, sino tratar de mejorarlo, usando todos los medios que Dios había puesto a su alcance. Había escaso misticismo, poco sacramentalismo o temor reverencial frente a las cosas sagradas. No había lugar para la tragedia, desechada como un accidente evitable, y sus consecuencias eran consideradas como secuelas que tenían remedio. En su período formativo la religión norteamericana no debió nada a Pascal. Ciertamente, para los fines esenciales careció por completo de teología. Todos coincidían en que las cuestiones teológicas eran puntos en que las diferentes religiones y sectas discrepaban. Este aspecto de la religión era importante para los individuos pero no para la sociedad y la nación, pues lo que a éstas importaba era el consenso cristiano profundo en las cuestiones éticas y morales. Mientras los norteamericanos coincidieran en la moral, la teología podía ocuparse de sí misma. La moral se convirtió en la esencia de la religión, tanto en el caso de los puritanos como de los «revivalistas», los ortodoxos o los liberales, los fundamentalistas o los moralistas; el excéntrico y ardiente orador que explicaba el Evangelio en una esquina compartía este consenso tanto como el prelado episcopal. Más aún, era un consenso que incluso los no cristianos, los deístas y los racionalistas podían compartir. De este modo, el mundo no cristiano podía instalarse en el marco nacional de la cristiandad norteamericana. Podía incluso (el argumento tiene un aspecto irónico) albergar al catolicismo romano. Tanto el catolicismo como el judaísmo norteamericanos sufrieron la profunda influencia de las premisas morales del protestantismo norteamericano, porque ambos aceptaron su premisa de que la religión (es decir, la moral) era esencial para las instituciones democráticas.

Abordamos aquí una etapa importante de la argumentación relacionada con el cristianismo moderno. La sociedad total agustiniana había nacido en los tiempos carolingios en gran parte porque el clero cristiano tenía el monopolio de la educación, el mismo que apenas comenzó a perder poco antes de la Reforma. ¿Cómo podía crearse la sociedad voluntaria total del cristianismo norteamericano si la Iglesia y el Estado se separaban, y la educación era una cuestión secular? Los padres fundadores consideraron que la educación y la fe eran inseparables. Se fundaron escuelas en Boston ya en 1635, y en 1647 el Tribunal General de Massachusetts aprobó una norma que exigía que los pueblos de su jurisdicción organizaran escuelas públicas. Once años antes se había fundado la misma Harvard. Estas instituciones estaban totalmente a cargo de organismos religiosos, eran instrumentos de la Iglesia y estaban concebidas para servir a la religión. El esquema variaba, pero el principio era el mismo en la totalidad de los estados cristianos. Virginia fundó en estos términos (1661) el futuro Colegio William and Mary: «Como la falta de ministros aptos y fieles nos priva de esas grandes bendiciones y mercedes que siempre acompañan al servicio de Dios, decretamos que para el avance del saber, la educación de la juventud, el suministro del ministerio y la promoción de la piedad, se tomarán o comprarán tierras para un colegio y escuela gratuita.» Esta tendencia se acentuó durante el Gran Despertar de las décadas de 1730 y 1740.

Más o menos simultáneamente los racionalistas cristianos norteamericanos estaban buscando el modo de resolver el dilema. En *Proposal*

Relating to the Education of Youth in Pennsylvania (1749) Benjamín Franklin propuso un plan que llevaba a tratar a la religión como una disciplina del programa y a relacionarla con la formación del carácter. Cuando fue presidente de Princeton, Jonathan Edwards concibió teorías semejantes. Ésta fue la solución adoptada cuando el moderno movimiento norteamericano de las escuelas públicas, dirigido por Horace Mann, nació en el siglo XIX. El Estado asumió la responsabilidad financiera de la educación de los nuevos millones absorbiendo la totalidad de la educación primaria y secundaria, pero no la educación superior (después de la decisión de Dartmouth en 1819) donde los colegios independientes sobrevivieron junto a las universidades estatales. De esta forma, la verdadera escuela pública norteamericana fue no sectaria desde el principio mismo. Pero no era irreligiosa. Mann creía que la enseñanza religiosa debía llevarse «hasta el límite extremo al que puede llegar sin invadir los derechos de conciencia establecidos por las leyes de Dios y garantizados por la Constitución del Estado». Lo que las escuelas presenciaron fue no tanto una religión no sectaria sino una especie de protestantismo generalizado, sobre la base de la Biblia. Como dijo Mann en su último informe: «Reconocemos que nuestras escuelas públicas no son seminarios teológicos... pero nuestro sistema inculca sinceramente toda la moral cristiana; funda su moral sobre la base de la religión; acoge con beneplácito la religión de la Biblia; permite hacer lo que no se permite en otros sistemas, es decir, *que hable por sí misma.*» Por lo tanto, en el sistema norteamericano, la escuela suministró la «formación del carácter» cristiano y los padres en el hogar se ocuparon de los adornos sectarios.

Por supuesto, hubo objeciones. En nombre de algunos episcopales, el reverendo F. A. Newton arguyó que «un libro acerca de la política, la moral o la religión, que no incluye opiniones partidarias o sectarias, tenderá a excluir todo lo que implique una opinión particular y es probable que deje la mente en un estado de duda y escepticismo, mucho más deplorable que la actitud partidaria o sectaria tendenciosa». Este tipo de opinión podía ser desechada. Pero una cuestión más grave, a medida que Estados Unidos adquiría cada vez más las características de un Estado secular, lo que ya era, *ab initio*, por definición, y a medida que aceptó a millones de no protestantes, sobre todo católicos y judíos, fue la asociación de la formación moral del carácter en las escuelas con los rótulos específicamente protestantes. Poco a poco, sobre todo en las grandes ciudades, la religión propiamente dicha fue eliminada de las escuelas. Como escribió el presbiteriano Samuel T. Spear (1870): «El Estado, vista su constitución democrática, y en consecuencia no teniendo una religión a la cual otorgue o pueda otorgar sanción legal, no debe y no puede, excepto que se caiga en manifiesta inconsecuencia, introducir la enseñanza religiosa o irreligiosa en un sistema de educación popular que él autoriza, aplica y para cuyo sostén grava a todo el pueblo.» Pero algo tenía que suministrar el mecanismo cultural que permitiera convertir en norteamericanos a millones de inmigrantes; Spear agregaba que las escuelas necesitaban contar con un cimiento espiritual. Por lo tanto, puesto que el Estado no era cristiano sino republicano, el republicanismo debía aportar dicho ingrediente. La solución era muy apropiada, pues en efecto el republicanismo se basaba en la ética y el consenso moral protestantes, que era lo que las escuelas ya enseñaban (los dos conceptos se mantenían o caían juntos). Por consiguiente, el modo norteamericano de vida comenzó a funcionar como el credo operativo de las escuelas públicas y fue aceptado gradualmente como la filosofía oficial de la educación estatal norteamericana, carácter que conserva. Horace Mann Kallen, en un trabajo publicado en *Saturday Review* (julio de 1951) con el título «La verdadera religión de la democracia», resumió la teoría: «Para los comulgantes de la fe democrática, es la religión *de* y *para* la religión. Pues siendo la religión de religiones, todos pueden reunirse libremente en ella.» El argumento fue llevado un poco más lejos por J. Paul Williams en *What Americans Believe and How They Worship* (1952):

> Los norteamericanos han llegado a considerar el ideal democrático... como la voluntad de Dios, o si lo prefieren de la naturaleza... Debe llevarse a los norteamericanos a la convicción de que la democracia es precisamente la ley de la vida... los organismos oficiales deben enseñar la idea democrática como una *religión*... La responsabilidad principal de la enseñanza de la democracia debe ser asignada a la escuela pública... Las Iglesias tratan realmente sólo con la mitad de la población; el gobierno trata con toda la población... Es una concepción errónea equiparar la separación de la Iglesia y el Estado con la separación de la religión y el Estado.

Sobre la base de estas premisas, por imperfecta que pueda haber sido su realización, las dos grandes religiones no protestantes de Estados Unidos, la católica y la judía, hasta cierto punto incorporaron elementos del protestantismo, y las prácticas y los ideales políticos de Estados Unidos se alinearon con una forma de cristianismo caracterizado por la base amplia. El proceso ya estaba funcionando incluso en el siglo XVII y comenzó a madurar después de 1800. Como diría Conrad Moehlman en 1944 (en *School and Church*): «La religión de la mayoría norteamericana es la democracia.» Por lo tanto, la religión y el gobierno se unieron, más o menos en la Edad de las Tinieblas, y el Estado estuvo personalizado en el rey pontifical, ungido en el momento de su coronación con el fin de que pudiese tener características regias. El pueblo norteamericano fue ungido en su infancia e impregnado con la ética y la moral del cristianismo protestante estandarizado, de modo que sus miembros, en la condición de adultos y votantes, pudiesen gobernar sabiamente. Las instituciones eran distintas, pero la premisa de que los mundos espiritual y secular eran interdependientes no variaba en lo más mínimo.

El sistema podía funcionar con dos precondiciones. La primera es lo que podría denominarse un elevado nivel de religiosidad en la nación. El entusiasmo religioso debe reavivarse constantemente si se quiere que la ideología ética y moral parezca importante. Este factor fue aportado por el sistema norteamericano de pluralidad de credos. Después de abandonar las ventajas de la unidad, los norteamericanos decidieron razonablemente aprovechar las ventajas de la diversidad. Y descubrieron que éstas eran considerables. El espíritu de competencia de las religiones rivales en Estados Unidos, que actuaron por analogía con el sistema de libre empresa, mantuvo constantemente frente a los ojos del pueblo las exigencias de la vida espiritual. Se alegaba que mientras la unidad llevaba al cristianismo mecánico, a la apatía y, con el tiempo, al ateísmo, la competencia religiosa originaba una atmósfera de permanente «revivalismo». Esto hasta cierto punto era verdad, sobre todo a lo largo de la frontera dinámica y en las regiones de colonización del siglo XIX. El segundo Gran Despertar, que comenzó en la década de 1790, continuó hasta la mitad del nuevo siglo. Los wesleyanos y los bautistas engendraron multitud de cultos y subcultos, y las asambleas rurales se convirtieron, durante varias décadas, en la forma característica de la experimentación religiosa norteamericana.

Como cabía prever, la atmósfera era montanista, en el estilo del siglo II: implicaba la reinterpretación de las ideas fundamentales del cristianismo por una multitud de individuos exaltados, que «hablaban en lenguas». Barton Stone, presbiteriano de Maryland que organizó una gran asamblea en Cane Ridge, Kentucky, en agosto de 1801, describió muy detalladamente los actos de los «salvados», una conducta que mereció su enérgica aprobación. Así, estaba el «ejercicio de la caída» («el sujeto que practicaba este ejercicio generalmente profería un grito desgarrador y caía como un leño al suelo, la tierra o el lodo, y parecía muerto...»). Después, estaban los espasmos: «Cuando solamente estaba afectada la cabeza, se sacudía espasmódicamente hacia atrás y hacia delante, o a un costado y al otro, con tal rapidez que era imposible distinguir los rasgos de la cara. Cuando se veía afectado el sistema entero, he visto a la persona de pie en un lugar, sacudirse hacia atrás y hacia delante en rápida sucesión, y la cabeza casi tocaba el suelo atrás y delante.» El ejercicio del ladrido: «Una persona afectada de espasmos, especialmente la cabeza, a menudo emitía un gruñido o ladrido, si se prefiere, a causa de lo súbito del espasmo.» El «ejercicio de la danza» era «sin duda celestial para los espectadores... la sonrisa del cielo relucía en la cara del sujeto». El «ejercicio de la risa» era «una risa estridente y sonora... no provocaba risas a nadie más. El sujeto se mostraba transidamente solemne y su risa provocaba la solemnidad de santos y pecadores. En verdad, algo indescriptible». Había también un ejercicio de la carrera, en el que el sujeto al parecer estaba motivado por el miedo, y un ejercicio del canto, «no de la boca o la nariz sino completamente del pecho, porque los sonidos brotaban de allí; esa música todo lo silenciaba».

Estas descripciones evocan no sólo las realidades de muchas sectas medievales (e incluso del siglo XVI), sino formas de entusiasmo religioso visibles en tiempos de Tertuliano, bajo la dirección de los mismos tipos de profetas, atrayendo a las mismas categorías de personas, criticadas por el mismo género de puristas y por razones análogas. Pero por supuesto, en Estados Unidos se permitía su manifestación, por primera vez en la historia, prácticamente sin la supervisión del Estado o de una Iglesia oficial. La mayoría de los cultos brotaron de los árboles del metodismo o el bautismo; fueron un redescubrimiento espontáneo de antiguas formas del entusiasmo cristiano. Algunas tenían una historia muy larga. Así, una secta medieval francesa de tembladores, cuyos miembros se convirtieron en hugonotes durante el siglo XVI y fueron expulsados por Luis XIV después de 1688, se asentó en Inglaterra, donde adoptó el nombre de «cuáqueros tembladores», y fueron llevados a Estados Unidos en el siglo XVIII por Anne Lee Stanley, la hija visionaria de un herrero de Manchester. Aprovecharon el segundo Gran Despertar para organizar una serie de centros utopistas, que se distinguían por la separación de los sexos y las sesiones espiritualistas comunitarias, y continuaron la práctica de los temblores, en la forma de una desordenada danza grupal derivada de los *camisards* hugonotes.

En el siglo XIX surgieron centenares de estas comunidades. Como Emerson escribió a Carlyle en 1840: «Aquí estamos todos un poco aturdidos con innumerables proyectos de reforma social. Todos los hombres que saben leer tienen en el bolsillo del chaleco el proyecto de una comunidad nueva.» Una de las más racionales fue Brook Farm, en West Roxbury, fundada por George Ripley, ministro unitario de Boston. Su comité agrícola incluía entre los miembros a Nathaniel Hawthorne; produjo libros, alfarería y muebles, y terminó en la quiebra. Carlyle redactó su epitafio cuando describió a Ripley como «un ministro sociniano que dejó el púlpito para reformar el mundo mediante el cultivo de la cebolla». Muchas sectas del centro y el este de Europa se afirmaron sólidamente y todavía hoy florecen. Otras fueron inestables: el grupo pietista alemán, bajo la dirección del George Rapp, que se instaló en Harmony, Pensilvania, en 1804, practicaba la confesión auricular, se oponía a la procreación y al matrimonio, y consiguió acentuar de tal modo su dogmatismo que desapareció. La comunidad Oneida del oeste del Estado de Nueva York, que combinaba el socialismo con el amor libre o el «matrimonio complejo» —a diferencia de otras «transacciones» sexuales, se resolvía comunitariamente la procreación y se criaba a los niños en un *kibbutz*— floreció gracias a la fabricación de trampas de acero, perdió la fe y con el tiempo se convirtió en una próspera corporación canadiense, con lo que justificó los peores temores de Wesley.

Como durante los siglos I y II, algunos grupos de entusiastas dejaron de pertenecer al tipo profético o montanista y pasaron a formas de gnosticismo, es decir, afirmaron haber descubierto códigos, textos o sistemas secretos de saber que aportaban claves de la salvación. En ese sentido, tendieron a separarse del cristianismo, pues sustituyeron la Revelación por documentos arcanos propios. Por ejemplo, alrededor de 1827, Joseph Smith Junior recibió del ángel Moroni una nueva Biblia en la forma de placas de oro inscritas con jeroglíficos «egipcios reformados» y un conjunto de piedras adivinadoras, llamadas Urim y Thummim, con las cuales podían leerse aquéllos. *El Libro de Mormón*, según lo tradujo Smith, fue puesto a la venta en 1830 y luego el ángel retiró las planchas originales. Su texto de 500 páginas describe la historia religiosa del pueblo precolombino de América, que originariamente llegó en barcas desde la Torre de Babel y sobrevivió sólo en la forma de Mormón y su hijo, Moroni, que enterró las planchas de oro en el año 384 d.C. El texto evidentemente provenía de la Biblia del rey Jacobo, pero armonizaba con algunas de las realidades sociales de la frontera; el rechazo inicial, la persecución de la autoridad, y las dificultades creadas por «hombres perversos», todo esto seguido de un gran éxito, pronto dotó al movimiento de una auténtica historia tribal. Smith fue providencialmente asesinado por una turba en Illinois en 1844, y luego Brigham Young pudo llevar la secta, en el curso de un gran éxodo, a Salt Lake City, en 1847. Incluso en esta etapa el mormonismo había cruzado las fronteras más dilatadas del cristianismo, pero ratificó esa actitud en un sentido más evidente cuando Young promovió la poligamia. De acuerdo con la cláusula restrictiva de la Primera Enmienda, el «Congreso no dictará una ley acerca de la imposición oficial de la religión, o que prohíba el libre ejercicio de las mismas», de modo que las sectas no eran ilegales si ofendían el dogma cristiano. Pero la moral cristiana y las costumbres sociales eran cosas diferentes, y el mormonismo libró una batalla permanente con el Estado hasta que en 1890 renunció a la poligamia. Por lo tanto, el gnosticismo llegó a ser perfectamente aceptable en el marco de la sociedad cristiana norteamericana total y voluntaria, pero sólo en la medida en que se sometió a la moral protestante.

Con esta salvedad, se toleraba el catolicismo. No fue tanto el hecho de que se lo obligara a cambiar como que tuviera que adoptar una postura sumamente defensiva, lo cual hasta cierto punto vino a ser lo mismo. Aunque el cristianismo norteamericano evitó la guerra religiosa, el frenesí de la brujería demostró que no era inmune a la infección del fanatismo; a veces el desarrollo de la literatura protestante de horror dirigida contra los católicos estuvo cerca de provocar la quiebra del consenso. Por supuesto, para muchos protestantes una serie de instituciones católicas infringían el espíritu del consenso moral, aunque en realidad no lo desafiasen legalmente, como era el caso de los polígamos mormones. Un ejemplo en este sentido era el caso de los conventos, blancos de una campaña desarrollada por el *Protestant Vindicator*, fundado en 1834. El año siguiente presenció la publicación en Boston de *Six Months in a Convent* (Seis meses en un convento) y en 1836 las *Maria Monk's Awful Disclosures of the Hotel Dieu Nunnery in Montreal* (Terribles revelaciones por María Monk del convento de monjas Hotel Dieu de Montreal), obra escrita por un grupo de anticatólicos neoyorquinos. Siguió *Further Disclosures* (Nuevas revelaciones) y *The Escape of Sister Frances Patrick, Another Nun from the Hotel Dieu Nunnery in Montreal* (La fuga de la hermana Frances Patrick, otra monja del convento Hotel Dieu de Montreal). La propia María Monk fue arrestada por hurtos cometidos en un burdel y falleció encarcelada en 1849; pero hacia 1860 se habían vendido 300.000 ejemplares de su libro y se lo llamaba «la *Cabaña del tío Tom* del ignorantismo». (Se reimprimió todavía en 1960.) En 1834 la turba bostoniana arrasó un convento de las ursulinas y los responsables fueron absueltos (los jurados protestantes creían que los conventos católicos tenían mazmorras subterráneas para asesinar y enterrar a los hijos ilegítimos).

También se difundieron temores acerca de una conspiración política y militar católica; los mismos sentimientos habían existido, en diferentes formas, desde la década de 1630, cuando se los asoció con Carlos I. En la década de 1830, la obra *Plea for the West*, de Lyman Beecher, reveló una conspiración para apoderarse del valle del Misisipí, y en ella el emperador de Austria se había unido con el Papa. Samuel Morse, el inventor del telégrafo, confirió verosimilitud a la conspiración al sugerir que los reyes y emperadores reaccionarios de Europa estaban promoviendo intencionadamente la emigración católica a Estados Unidos como preliminar de un intento de ocupación. (Morse no era un protestante muy ferviente, pero durante una visita a Roma fue ofendido por un soldado papal, que de golpe lo despojó de su sombrero cuando Morse no atinó a descubrirse al paso de una procesión religiosa.) En realidad, durante la década de 1850, la población norteamericana pasó de 23.191.000 a 31.443.000, es decir, un incremento de casi el cincuenta por ciento, y más de un tercio de este aumento correspondió a la inmigración. El problema de los católicos se convirtió en tema político con la aparición del Partido Norteamericano, secreto y ultraprotestante, cuya respuesta («no sé») a una pregunta fundamental determinó el nombre que se les asignó popularmente, los «no sé nada» (los «know nothings»). El partido se convirtió en una fuerza nacional antes de fusionarse con el Partido Republicano en 1854; vale la pena destacar que, mientras el Partido Republicano se identificó con la campaña antiesclavista, la jerarquía católica romana evitó comprometerse en la cuestión y, de hecho, no intervino en la cruzada.

Esto nos trae a la segunda precondición, necesaria para conseguir que el sistema político-religioso norteamericano funcionara. Como hemos visto, no se suscitaban dificultades en relación con el nivel de religiosidad. Pero la segunda precondición fue la existencia de un nivel de acuerdo en ciertos conceptos morales y éticos básicos según se interpretaban en las instituciones públicas. En este punto el sistema fracasó, pues el cristianismo norteamericano no podía coincidir en el tema de la esclavitud. Se puede advertir aquí por qué san Pablo se mostró cauteloso ante la perspectiva de considerar de frente el asunto: una vez instaurada la esclavitud, las exhortaciones religiosas tienden a acomodarse a las necesidades del sistema, y no a la inversa. En Estados Unidos, el dilema se había manifestado desde el principio mismo, pues el año 1619 señaló el comienzo tanto del gobierno representativo como de la esclavitud. Pero la cuestión se había agravado paulatinamente, ya que la identificación del cristianismo moral norteamericano —su religión nacional indefinida— con la democracia determinó que la esclavitud viniese a parecer tanto una ofensa contra Dios como una ofensa contra la nación. Los argumentos políticos y religiosos se reforzaban mutuamente.

Por otra parte, ¿los esclavistas sureños no eran cristianos también? En efecto, lo eran. Había existido un vigoroso movimiento antiesclavista en las Iglesias, sobre todo en los bautistas y los cuáqueros, durante la década de 1770; el movimiento se debilitó porque las Iglesias acabaron reconciliándose con la práctica sureña. Sin embargo esta retirada no apartó y no podía apartar a la religión del problema de la esclavitud. La posición doctrinaria podía ser discutible, pero la posición moral —que era lo que importaba— vino a cobrar cada vez más claridad a los ojos de la mayoría de los cristianos norteamericanos. La Guerra Civil puede ser descrita como el episodio religioso más característico de toda la historia norteamericana, ya que sus raíces y sus causas no fueron económicas y políticas sino religiosas y morales. Se trató de un principio moral puesto a prueba para comprobar la posibilidad de destrucción, no del principio sino de quienes se le oponían. Pero en el proceso el propio cristianismo soportó una tensión casi intolerable.

El movimiento que en definitiva destruyó la esclavitud norteamericana fue religioso en una serie de sentidos diferentes. Reflejó cierto grado de extremismo en las sectas cristianas norteñas. William Lloyd Garrison, bautista convertido al activismo por algunos cuáqueros y fundador del *Boston Public Liberator and Journal of the Times*, escribió en el primer número: «Seré tan áspero como la verdad y tan inflexible como la justicia. En este tema no deseo pensar, hablar o escribir con moderación...» Los extremistas en relación con este asunto tenían muchos nexos con el «revivalismo», que aportó una plataforma y una base humana de carácter nacional. Asimismo, la causa estaba fecundada por la sangre de los mártires, especialmente de Elijah Lovejoy, asesinado en Illinois en 1837, mientras defendía su imprenta. (La imprenta tenía un significado simbólico especial en la mente de los protestantes anglosajones desde el siglo XVI, pues se equiparaba con la libertad y la propaganda antipapal.)

Finalmente, estaba la teología abolicionista que, como cabía prever, era primariamente una teología moral. En 1845 Edward Beecher publicó una serie de artículos acerca de lo que él denominó el «pecado orgánico» nacional de la esclavitud, y estos trabajos aportaron a la causa abolicionista una serie completa de conceptos evangélicos, la mayoría éticos. La teología, siempre de carácter moral, fue la base de *La cabaña del tío Tom*, que apareció siete años después; Harriet Beecher Stowe era esposa de un profesor congregacionalista del Antiguo Testamento y ella misma era teóloga laica.

La defensa del Sur fue sociológica más que doctrinaria. De todos modos, hubo escasa oposición interna a la esclavitud en los cristianos sureños blancos, y fue notable cómo los cristianos cerraron filas después de que el predicador negro Nat Turner encabezó la rebelión de esclavos de Virginia en 1831, un episodio en que murieron cincuenta y siete blancos. El «revivalismo», utilizado en el Norte para fortalecer el apoyo de masas a la abolición, sirvió exactamente para los fines contrarios en el Sur, donde en todo caso era más poderoso. La Asociación Bautista de Carolina del Sur publicó una defensa bíblica de la esclavitud en 1822, y en 1844 John England, obispo de Charleston, presentó un trabajo análogo con destino a los católicos blancos sureños. Había textos bíblicos estándar acerca de la inferioridad de los negros, la aceptación patriarcal y mosaica de la servidumbre, y por supuesto de san Pablo, acerca de la obediencia a los amos. Ambos bandos podían arrojar textos cada uno a la cara del otro, y lo hacían. De hecho el evangelismo y el movimiento evangélico en general, hicieron el juego de los extremistas de ambos bandos. Por supuesto, cabía argumentar que el problema de la esclavitud hubiera podido dividir con la misma facilidad al movimiento cristiano en el siglo I d.C. si Pablo no lo hubiese esquivado; sus subterfugios —así continuaría la argumentación— permitieron que la cuestión llegara sin solución al siglo XIX. Pero la respuesta a esta línea argumental era que la parte principal de la opinión y la enseñanza cristiana se había opuesto a la esclavitud durante más de un milenio, que el cristianismo era la única gran religión que siempre había declarado que la disminución, ya que no la eliminación total, de la esclavitud era meritoria; y que sobre la base de la escritura cristiana era imposible argumentar de buena fe en favor de la esclavitud. El hecho de que miembros sureños de diferentes Iglesias cristianas estuviesen dispuestos a adoptar esa posición en la segunda mitad del siglo XIX fue una mácula chocante y flagrante que recayó sobre la fe.

Lo que siguió al estallar la guerra fue incluso peor. Los presbiterianos del Norte y el Sur trataron de mantener la unidad eliminando por completo la discusión del asunto, pero en definitiva se dividieron. Lo mismo sucedió con los wesleyanos. (En 1843, 1.200 clérigos metodistas poseían esclavos, y 25.000 miembros de la Iglesia eran propietarios en conjunto de más de 200.000 esclavos.) Otro tanto hicieron los bautistas. Gracias a su estructura atomizada, los congregacionalistas se mantuvieron teóricamente unidos, pero en la práctica se dividieron exactamente del mismo modo que las restantes sectas. Sólo los luteranos, los episcopales y los católicos evitaron con éxito los debates y las votaciones de carácter público, pero los datos recogidos sugieren que también ellos aportaban posiciones diametralmente opuestas en una cuestión importante de principio cristiano. La analogía no es exactamente con las guerras de religión, sino más bien con los cismas papales y las disputas entre el papado y el imperio en la Edad Media, cuando ambas partes partían exactamente de las mismas premisas y usaban los mismos textos aceptados, pero formulaban veredictos diametralmente opuestos afirmados con dogmatismo.

Después de dividirse, las Iglesias se apresuraron a intervenir en la lucha uniéndose a los bandos contrapuestos, exactamente como los obispos feudales. Leónidas Polk, obispo de Luisiana, inmediatamente se incorporó al Ejército Confederado con el grado de mayor general: «Luchamos por la libertad constitucional, que nos parece haber huido en busca de refugio, y luchamos por nuestros hogares y nuestros altares.» Thomas March, obispo de Rhode Island, dijo a la milicia del bando contrario: «Vamos a luchar por una causa sagrada y virtuosa... Dios está con nosotros... el Señor de los Ejércitos está de nuestro lado.» La Iglesia presbiteriana sureña resolvió en 1864: «No vacilamos en afirmar que la misión peculiar de la Iglesia sureña es conservar la institución de la esclavitud y convertirla en bendición tanto para el amo como para el esclavo.» (También justificó la separación entre la Iglesia sureña y la norteña con el argumento de que si no se procedía así «la política se entrometerá en nuestros recintos eclesiásticos».) El dogma de que la esclavitud era intrínsecamente pecaminosa implicaba una actitud «contraria a las Escrituras y fanática... una de las herejías más perniciosas de los tiempos modernos».

A juzgar por los muchos centenares de sermones y plegarias religiosas compuestos especialmente que han llegado hasta nosotros, los ministros estaban entre los individuos más fanáticos de ambos bandos. Las

Iglesias representaron un papel importante en la división de la nación; puede afirmarse que las divisiones en las Iglesias probablemente fueron el factor que llevó a una inevitable y definitiva división nacional. En el Norte, era frecuente que a menudo se aceptase de buena gana esta acusación. El metodista norteño Granville Moddy dijo en 1861: «Se nos acusa de haber provocado la lucha actual. Creo que es cierto que promovimos esto, y me regocijo de ello, porque es una corona de gloria alrededor de nuestra frente.» Los clérigos sureños no se vanagloriaron del mismo modo, pero es cierto que de todos los elementos del Sur, ellos fueron los que más influyeron para posibilitar la creación de un estado de ánimo secesionista. Ambos bandos afirmaron haber obtenido gran número de «conversiones» en sus respectivas tropas y señalaron un enorme aumento del número de asistentes a la Iglesia y de las manifestaciones de religiosidad como resultado de la guerra; también los clérigos sureños fueron los principales responsables de la prolongación de las luchas inútiles. De este modo, en ambos bandos el cristianismo contribuyó al millón de bajas y a los 600.000 muertos.

Las interpretaciones clericales de las lecciones de la guerra fueron igualmente dogmáticas y contradictorias. Robert Lewis Dabney, el teólogo presbiteriano sureño, censuró la «malicia premeditada» de los presbiterianos norteños y rogó a Dios una «providencia retributiva» que demoliera al Norte. Henry War Beecher dijo que los jefes sureños «serán arrojados lejos y se hundirán en un abismo sin fin, como castigo infinito». Teodoro Thornton Munger, teólogo de New Haven, declaró que la Confederación había concertado «un pacto con el infierno»; el Sur ahora estaba sufriendo «por sus pecados» como resultado de la «lógica divina» y el Norte era el «instrumento sacrificial». Llegó a la conclusión de que las muy criticadas vacilaciones del general McClennan eran una manifestación de la astucia oculta de Dios, pues habían determinado que una rápida victoria norteña fuese imposible y así garantizaron que el Sur recibiera un castigo mucho más duro. Pero esto era mera palabrería de teólogo, el tipo de denuesto con que san Jerónimo se reanimaba en su monasterio de Jerusalén. La gente más inteligente tendía a ver la guerra como un proceso de purificación nacional, o de un modo más optimista, como una preparación, a través de la autorredención, para el futuro papel de Estados Unidos en la defensa de la libertad mundial. En su Segunda Alocución Inaugural, el bautista Abraham Lincoln trató de racionalizar el propósito divino. Estados Unidos era «el pueblo casi elegido»; la guerra era parte de un plan divino, una gigantesca prueba que la nación afrontaba en el sufrimiento de la sangre, que mostraba el camino de la caridad y por lo tanto del renacimiento. Los cristianos menos cultos no deseaban racionalizar sino satisfacer sus sentimientos. Algunos eclesiásticos norteños reclamaron la destrucción de la ramas sureñas disidentes. El *Independent*, un influyente periódico eclesiástico, escribió en 1865: «La iglesia apóstata está sepultada bajo el mar de la cólera divina; sus repulsivos dogmas relucen sobre su frente como llameante maldad; el mundo entero contempla estupefacto su perversidad y su ruina. La Iglesia norteña continúa cumpliendo su misión.»

En realidad, no sucedió nada. Como en la Edad Media, una vez restablecida la paz los prelados rivales volvieron a unirse, con la condición de que fueran blancos. Los bautistas, metodistas, presbiterianos y luteranos sureños continuaron proclamando su lealtad a la causa perdida, pero por lo demás retomaron las actividades cristianas usuales. Los esclavos liberados formaron sus propias iglesias, principalmente bautistas y metodistas. Éstas prosperaron y, hacia 1900, abarcaban más de un tercio de la población negra. El hecho de que los ministros bautistas y metodistas blancos hubiesen predicado recientemente la esclavitud (y aun la defendiesen, *sotto voce*) parece que no inquietó a los bautistas y metodistas negros, mientras pudieran dirigir sus propias Iglesias. En un sentido más amplio, parece que tampoco ninguna secta se vio perjudicada porque su clero y sus miembros hubiesen actuado en los dos bandos o porque institucionalmente hubiesen esquivado el tema. La que inevitablemente sufrió, o por lo menos se vio cuestionada, fue la identidad entre los objetivos políticos de la nación y sus creencias religiosas. Por primera vez Estados Unidos comenzó a sentir la ausencia del ingrediente pascaliano en su filosofía cristiana y a advertir la falta de una teodicea.

Sin embargo, la mayoría de los cristianos norteamericanos acabaron viendo a la Guerra Civil no como una derrota cristiana que había puesto al desnudo la impotencia y las contradicciones de la fe, sino como una victoria cristiano-norteamericana, en la que la enseñanza igualitaria cristiana había sido vindicada triunfalmente frente a los renegados y los apóstatas. Armonizaba bien con una visión mundial de las razas anglosajonas que elevaban a las incultas e ignorantes multitudes de piel oscura y las llevaban, gracias a una «providencia favorable», al círculo luminoso de la verdad cristiana; de esta forma, se completaría triunfalmente la misión universalista de Cristo, pues hacia la década de 1860 Estados Unidos, lo mismo que Gran Bretaña, estaba al frente de un enorme esfuerzo misionero cuyo propósito era nada menos que la evangelización del globo.

Debe señalarse que las potencias protestantes y el protestantismo en general necesitaron mucho tiempo para adoptar esta postura. Hasta principios del siglo XIX no puede afirmarse que el protestantismo fuese una fe misionera. Es cierto que se realizaron algunos esfuerzos. Ya en 1622 los holandeses fundaron un seminario en Leiden, con el propósito de formar misioneros destinados a trabajar en las Indias Orientales y en Ceilán. Pero el propósito principal, relacionado con la penetración económica y política, fue combatir los esfuerzos españoles y portugueses que trataban de convertir las islas al catolicismo; cuando el poder católico decayó, también se atenuaron los esfuerzos holandeses; en el siglo XVIII los holandeses afirmaron que habían conseguido muchos conversos, pero menos de uno de cada diez recibían la comunión, y en 1776 sólo veintidós ministros (cinco de los cuales hablaban una lengua nativa) atendían todo el territorio de las Indias Orientales.

Los ingleses mostraron aún menos energía en Oriente. A lo largo del siglo XVII se conoce un solo caso de bautismo anglicano en la India, pese a que los ingleses habían estado activos allí desde 1600: se trató de un niño bengalí llevado a Londres en 1616, y a quien Jacobo I dio el nombre de Peter Pope. De hecho, los anglicanos carecieron hasta 1662 de un servicio para el bautismo de adultos. Los puritanos lo tenían, y en 1648 una Cámara de los Comunes calvinista había observado: «Los Comunes de Inglaterra reunidos en parlamento, habiendo recibido información de que los paganos de Nueva Inglaterra están comenzando a invocar el nombre del Señor, se sienten obligados a colaborar en esta obra.» El presbiteriano John Eliot, siguiendo la práctica de los frailes católicos, aprendió la lengua iroquesa y fundó «pueblos de la plegaria»; hacia 1671 había agrupado 3.600 nativos cristianos en catorce poblados. Pero estos esfuerzos y otros similares se vieron arruinados por las guerras indias y las luchas entre ingleses y franceses, y «hoy ninguno de los indios sobrevivientes ni siquiera sabe leer la Biblia "Mohicana" de Eliot». La Sociedad Anglicana para la Difusión del Evangelio en Países Extranjeros, fundada en 1701, afirmó que su actividad «se relaciona esencial y principalmente con la conversión de paganos e infieles», pero en realidad la mayoría de sus misioneros actuaba en las comunidades de colonos ingleses, tanto en Nueva Inglaterra como en las Indias Occidentales. Ciertamente, la colonización protestante y las misiones protestantes en el verdadero sentido de la palabra se excluían mutuamente, o por lo menos eran incompatibles, pues donde los europeos comprobaban que el clima y la economía les permitían instalarse en gran número, expulsaban o exterminaban a los nativos. Esto sucedió también en las áreas católicas: por ejemplo, los asientos franceses en Canadá y los españoles en la Argentina.

La primera labor misionera protestante perfeccionada fue un producto del pietismo alemán de fines del siglo XVII. En 1706 el monarca luterano Federico IV de Dinamarca fundó una misión cuidadosamente organizada pero en pequeña escala, en la población danesa de Tranquebar, sobre la costa de Coromandel, en el sureste de la India. Utilizó los servicios de dos pastores alemanes, Bartolomeo Ziegenbald y Enrique Plutschau, que basaban metódicamente su trabajo en una serie de premisas que llegaron a ser normales: la iglesia de la misión debe asociarse con una escuela de la misión (y más tarde con un hospital o una clínica); los Evangelios (y preferiblemente la totalidad de la Biblia) deben ser traducidos; los misioneros tendrán un conocimiento exacto de la mentalidad y la lengua de los nativos; las conversiones deben ser individuales y no colectivas, y es necesario instruir con la mayor rapidez posible a los misioneros y los ministros nativos. Los dos últimos principios provocaron cierto tipo de polémicas que ya había desconcertado a los jesuitas. Los primeros cristianos habían obtenido conversiones individuales, en parte porque carecían de un poder estatal que los respaldase. En la Edad de las Tinieblas, los misioneros habían trabajado por intermedio de los reyes y los jefes tribales; los germanos y los eslavos se habían convertido al cristianismo por unidades sociales enteras, sin duda a veces a punta de espada. Los dos métodos habían sido eficaces. En la India podía alegarse que sólo la conversión personal permitía que el neófito adulto comprendiese el significado real del mensaje cristiano y los privilegios y las responsabilidades que estaba recibiendo. Pero por otra parte en ese proceso el individuo se separaba de su grupo social; de ahí la práctica de trasplantar a los conversos y agruparlos en nuevos poblados, método utilizado con variaciones tanto por los católicos como por los protestantes en el mundo entero. Otros argumentaban que era mucho mejor trabajar sobre una comunidad entera, y convertirla en bloque cuando el momento era propicio, sin dañar la estructura social. De esa forma, el cristianismo se integraba plenamente con el modo de vida de los nativos. Pero en oposición a este concepto se destacaba que todo el propósito del cristianismo era modificar el modo de vida. Como religión o culto nuevos, implicaba necesariamente la adopción de nuevas formas culturales y sociales. Tal era el sentido de la expresión de Pablo, la transformación en «un hombre nuevo». La poligamia era un ejemplo apropiado. La aplicación de la monogamia cristiana significaba un enorme e ingrato cambio de la estructura social. Pero eso era inevitable, a menos que se propusiera seriamente que el cristianismo aceptara la poligamia. Si se aceptaba ésta, ¿por qué no el canibalismo?

La discusión continuó sin resolverse durante el período en que las conversiones fueron una posibilidad —es decir, hasta fines del siglo XIX—, por lo menos en ciertas regiones. Sucedía lo mismo con el debate sobre el clero nativo. Como en las misiones católicas, los protestantes se dividieron, y generalmente del mismo modo. Las autoridades metropolitanas y seculares y las jerarquías sentían menos entusiasmo por la formación y la promoción de los nativos que lo que sucedía con los hombres que actuaban en primera línea. Se entendía que el clero nativo era incompatible con el dominio colonial o con la ortodoxia doctrinaria. Algunos de los misioneros reales estaban mucho más dispuestos a realizar experimentos. William Carey, uno de los primeros bautistas en la India, escribió en 1805 que el propósito principal era «la formación de nuestros hermanos nativos en las cosas útiles, promoviendo todas las formas del genio y apreciando cada don y cada gracia en ellos; en este sentido, sería difícil exagerar la atención que prestamos a su progreso. Sólo mediante los predicadores nativos podemos abrigar la esperanza de la difusión universal del Evangelio en este inmenso continente». Asimismo, Lewis Krapf, uno de los pioneros protestantes en África oriental, perteneciente al Seminario de Basilea y que trabajó para la Sociedad Misionaria de la Iglesia en la década de 1830, creía que la formación del clero negro originaría un cambio cualitativo. «Cuando el color de la piel de un hombre ya no lo excluya de la función evangelista, se oirá el toque de difuntos del tráfico de esclavos. Un obispo negro y un clero negro de la Iglesia protestante antes de que pase mucho tiempo pueden convertirse en una necesidad de la civilización de África.» Pero por otra parte Krapf se oponía también al colonialismo: «Desterremos el pensamiento de que Europa debe extender sus alas protectoras sobre África oriental, con el fin de que la labor misionera prospere en esas tierras lejanas y sombrías. Sin duda, Europa eliminaría muchas cosas malvadas y obstáculos que se alzaban en el camino del trabajo misionero, pero probablemente impondría sus formas creando obstáculos iguales o incluso más graves.» Existen ejemplos de opiniones similares extraídos de todos los territorios misioneros.

Las propias misiones estaban divididas. Los que como Carey y Krapf se identificaban con los nativos y asignaban la primera prioridad a la creación de un clero y una Iglesia independientes, incluían a la mayoría de los misioneros más inteligentes y sensibles, pero éstos eran solo una minoría entre los hombres de primera línea. La mayoría de los que vivían con los nativos, tanto en la India como en África, se sentía más impresionada por su ignorancia que por sus posibilidades. Si bien los Hechos de los Apóstoles, por ejemplo, atraen la atención sobre la perversidad de los gentiles, nunca aluden a ningún género de inferioridad cultural y económica que dificulte la recepción del cristianismo o imposibilite la aparición de cristianos hechos y derechos; en cambio, los evangelistas europeos tendían a sentirse enfrentados con un tipo de ser distinto o inferior. Parecía que el Nuevo Testamento no les aportaba orientación en este asunto. Charles Grant, al que no puede acusarse con justicia de prejuicio contra las razas no europeas y fue uno de los primeros organizadores de la campaña antiesclavista, defendiendo enérgicamente las misiones, concibió una opinión muy pesimista durante los largos años que pasó en la India. En un escrito de 1797, ocho años antes de las observaciones de Carey, dijo: «... no podemos dejar de reconocer en el pueblo de Indostán una raza de hombres lamentablemente degenerados y bajos, que conservan sólo un tenue sentido de la obligación moral; pero se muestran obstinados en su rechazo de lo que ellos saben que es justo, gobernados por pasiones malévolas y licenciosas, enérgico ejemplo de los efectos producidos en la sociedad por una gran corrupción general de las costumbres, y hundidos en el sufrimiento por sus vicios». Uno intuye que aquí hay una confusión casi total entre la «inferioridad» económica, cultural y moral. Esta actitud era muy común. Los misioneros no eran antropólogos ni sociólogos. Para ellos era sumamente difícil pensar en términos de escalas relativas de valores morales. No interpretaban los conceptos europeo-cristianos de bien y mal como expresiones de una cultura y una sociedad específicas, sino como absolutos, originados en la revelación divina. La conciencia de un hombre era una especie de línea directa con la divinidad. Todos la tenían. El bautista George Grenfell escribió, refiriéndose al Congo: «Las principales características del pueblo bolobo parecen ser la embriaguez, la inmoralidad y la crueldad, y de cada uno de estos vicios derivan actos casi demasiado terribles para describirlos. Cuando oye hablar de ellos, quien vive aquí casi se siente movido a afirmar que son brutos terribles y perversos, más que pobres y miserables paganos. La luz de sus conciencias seguramente los condena en la mayoría de sus pecados.» Otro misionero, Holman Bentley, comentó acerca del canibalismo: «A esta horrible profundidad han caído esos hijos del Padre Celestial, hasta que en efecto se han convertido en hijos del demonio... ¡Así reciben su luz! Repetimos, si la luz que hay en ellos es oscuridad, ¡qué profunda es esa oscuridad!»

Sin duda, para los misioneros que alentaban tales sentimientos y formaban la gran mayoría, era difícil concebir el ascenso de un clero predominantemente nativo o incluso imaginar a los nativos como cristianos reales y concretos. Se entendía que se aproximaban al cristianismo en la medida en que imitaban con éxito los modos europeos de comportamiento. Por consiguiente, los misioneros descubrieron que exportaban no tanto el cristianismo como la cultura europea u occidental, incluida, por supuesto, su cultura moral. El concepto del cristianismo como una serie de principios aplicables a todas las sociedades, incluso a todos los individuos, tendió a confundirse en el paquete cultural. Cuando se trataba de seleccionar a los conversos nativos para instruirlos y convertirlos en clérigos —y muy pocos misioneros se oponían en principio a la idea— la tendencia era elegir a los más europeizados. Por supuesto, la influencia que tenía entre los nativos no convertidos disminuía *pari passu* con su alejamiento de las normas nativas; eran vistos, y no sin justicia, como mediocres imitaciones de los misioneros europeos. Por lo tanto, los experimentos en la formación de clérigos nativos tendían a caer en la categoría de fracasos, o de actividades que no justificaban la magnitud de las molestias y las discusiones que imponían.

Estas cuestiones merecen un análisis porque es importante comprender que los métodos adoptados por los primeros misioneros alemanes en la India, aunque se convirtieron en norma, siempre fueron tema de debate. Los misioneros diferían mucho unos de otros y a veces discrepaban violentamente entre ellos prácticamente en todas las cuestiones. No existía una «actitud» misionera, y en verdad es arriesgado generalizar sobre la historia de las misiones. Lo único que se puede hacer es tratar de señalar ciertos rasgos destacados. Por supuesto, el esfuerzo misionero tendía a reflejar el nivel de compromiso y entusiasmo religioso del Occidente cristiano. Es indudable que las misiones católicas decayeron después del Tratado de Westfalia y el fin de las guerras de religión. Durante el siglo XVIII prácticamente cesaron en la mayoría de las áreas, sobre todo cuando la disolución de los jesuitas determinó el retiro forzoso de más de 3.000 de los mejores misioneros de primera línea, y de la organización internacional más eficaz. De modo que en el siglo XVIII los protestantes se encontraron con un escenario prácticamente libre. Reaccionaron lentamente ante las oportunidades que se les ofrecían. También en los países protestantes la llama de la fe estaba amortiguada. Los misioneros libres alemanes no sólo fueron los primeros en la India; durante mucho tiempo fueron los únicos. Las clases superiores británicas y la Iglesia anglicana tardaron mucho en apoyar la labor misionera. La East India Company no deseaba en absoluto la presencia de misioneros y aprobaba la incorporación de clérigos únicamente para la atención de la comunidad europea. Christian Friedrich Schwatz, el más famoso de los misioneros de la India meridional, que sirvió allí durante cuarenta y ocho años, hasta 1798, no sólo era alemán sino que ni siquiera había sido debidamente ordenado de acuerdo con las normas anglicanas. Un oficial británico escribió refiriéndose a Schwatz: «El saber y la integridad de este misionero irreprochable han rescatado el carácter de los europeos de las imputaciones de depravación general.» Pero ésta era la opinión de un entusiasta. El régimen británico no quería gente de este género. Thomas Fanshawe Middleton, primer obispo anglicano enviado a la India, consagrado obispo de Calcuta en 1814, no sabía qué hacer con sus misioneros, la mayoría de ellos alemanes: «Debo licenciarlos o silenciarlos.»

En realidad, los primeros esfuerzos misioneros concretos de los británicos nada tuvieron que ver con el gobierno, la burocracia, la clase gobernante o la Iglesia anglicana. Fueron iniciativas inconformistas que provinieron esencialmente de la clase media baja. La primera sociedad misionera moderna, en 1792, fue bautista; más tarde siguió la Sociedad Misionera Londinense, principalmente congregacionalista, en 1795. Enviaban a sus misioneros a trabajar realmente en el terreno. Por ejemplo, Carey era un zapatero de Northampton, hijo de un tejedor; su compañero en la India, William Ward, era impresor. Estos hombres no siempre carecían de educación. Carey, que era autodidacta, hablaba latín, hebreo, griego y holandés, y compuso una gramática sánscrita de 1.000 páginas; su folleto de 1792, titulado *An Inquiry into the Obligation of Christians to use Means for the Conversion of the Heathen*, fue el más influyente de todos los materiales en la promoción de un movimiento misionero en gran escala. Asimismo, su amigo, el impresor Ward, escribió un libro titulado *Manners and Customs of the Hindus*; juntos crearon el Colegio Serempore para la Educación de la Juventud Asiática y Cristiana y Otros, en la Literatura Oriental y la Ciencia Europea. Pero en general, los movió más el sencillo entusiasmo por la lectura de la Biblia que el conocimiento de los pueblos y los territorios en cuestión. La primera misión al Pacífico, enviada por los congregacionalistas en la nave *Duff*, que fue a Tahití en 1796, estaba formada por cuatro ministros, seis carpinteros, dos zapateros, dos albañiles, dos tejedores, dos sastres, un tendero, un fabricante de arneses, un criado, un jardinero, un cirujano, un herrero, un tonelero, un carnicero, un manufacturero de algodón, un sombrerero, un lencero y un ebanista. Esta composición de clase profesional era característica. Muy pocos de los primeros misioneros tenían calificaciones educacionales. El esfuerzo era sincero pero también tosco, y a menudo erraba el blanco. El protestantismo carecía de una organización de elite como los jesuitas, que pudiese desarrollar una comprensión integral de la estructura cultural y social del territorio de las misiones, apelar a sus líderes intelectuales y discutir sobre la base de las premisas que éstos aceptaban, más que a partir de las europeas.

Desde la década de 1780 un sector de las clases altas británicas comenzó a interesarse por las responsabilidades globales del cristianismo británico, pero al principio concentró su atención casi exclusivamente en el tráfico esclavista; en otras palabras, su centro era el vicio inglés más que las necesidades espirituales de los paganos negros. En cierto sentido esa actitud era natural. Hacia la década de 1780 el tráfico esclavista se había convertido en una enorme industria inglesa. En el lapso de cuatro siglos el tráfico esclavista europeo había trasladado de África a más de diez millones de esclavos, y más del sesenta por ciento entre 1721 y 1820. Algunos fueron enviados al este. Así, la East India Company tenía unos pocos esclavos, pero abandonó el negocio en 1762. Por esa época el comercio había adquirido un carácter principalmente trasatlántico y se enviaba un promedio de 60.000 individuos anuales; la América portuguesa era el mercado principal, seguida por las Indias Occidentales y Estados Unidos. Compartían el comercio los franceses, los británicos y los portugueses, y Gran Bretaña absorbía la mitad. Después de 1792 los franceses se retiraron y los británicos compensaron este retiro, de modo que 1798, por ejemplo, fue un año en que se alcanzó una marca notable, con 160 barcos negreros británicos que operaban sobre todo desde Liverpool. El tráfico negrero fue uno de los sectores principales y sin duda el más lucrativo de la economía británica. En Inglaterra, 18.000 personas trabajaban nada más que en la producción de mercancías para pagar por los esclavos en África; este tráfico representaba el 4,4 por ciento de las exportaciones británicas en la década de 1790. Este comercio había sido tolerado tradicionalmente por los teólogos anglicanos. Fue defendido incluso por algunos misioneros. Uno de los fundadores de la Sociedad para la Difusión del Evangelio en Nueva Inglaterra,

Thomas Thompson, que había trabajado con los negros en Nueva Jersey y después pasó cuatro años en Guinea, «para realizar una prueba con los nativos», escribió *The African Trade for Negro Slaves Shown to be Consistent with the Principles of Humanity and the Laws of Revealed Religion* (El tráfico africano de esclavos negros y la demostración de que concuerda con los principios de la humanidad y las leyes de la religión revelada), desarrollando el tipo de argumentos que más tarde expondrían los cristianos de los estados sureños en las décadas de 1840 y 1850. En realidad, esta Sociedad de Difusión del Evangelio tenía sus propios esclavos en Barbados.

En el conjunto de las sectas cristianas, los cuáqueros fueron los primeros que adoptaron la posición de que la esclavitud era intrínsecamente perversa en todas las circunstancias. Más aún, en 1780 obligaron a la legislatura de Pensilvania a declarar ilegal a la esclavitud en el Estado. Ya había sido declarada ilegal en Inglaterra en 1772, cuando lord Mansfield falló contra ella, no por razones religiosas sino por motivos referidos al derecho común. Luego paulatinamente, varió la opinión cristiana en Inglaterra, a medida que todos los grupos cristianos se vieron forzados a revelar su posición. El movimiento coincidió con el primer período de florecimiento integral del evangelismo de la clase alta; William Wilberforce se convirtió en su líder e hizo de la liquidación del tráfico negrero el objetivo principal de su entusiasmo. Sin esta confluencia de factores, la esclavitud indudablemente se habría mantenido mucho más tiempo. En definitiva, Gran Bretaña en 1807 declaró ilegal el tráfico y en 1824 lo clasificó legalmente en la misma categoría que la piratería, de modo que podía castigarse con la pena de muerte; nueve años después la esclavitud pasó a ser ilegal en todos los territorios británicos. El compromiso con la esclavitud y el tráfico negrero explica por qué los cristianos de la clase superior británica tardaron en comprometerse en las iniciativas misioneras. Pero por supuesto, las dos actividades estaban estrechamente relacionadas, sobre todo en África. Mientras continuase la esclavitud, en la práctica era muy difícil que los misioneros pudiesen acceder al interior de ese continente. Tan pronto se declaró ilegal y la Armada, los cónsules y otros agentes y organismos británicos recibieron órdenes de aplicar la ley, los misioneros se vieron impulsados enérgicamente a ocupar un lugar destacado en una fuerza secular ubicua. En efecto, por primera vez el Imperio británico estaba concediendo un apoyo práctico, aunque indirecto, a la actividad misionera.

El gran cambio coincidió con el desarrollo de las sociedades misioneras, no sólo como un enorme movimiento de la clase media, sino como un fenómeno protestante global. En 1799 se constituyó la Sociedad Misionera de la Iglesia Anglicana, en 1804 la Sociedad Británica y Extranjera de la Biblia (Iglesia Anglicana y Libre), en 1810 la Junta Norteamericana de Comisionados para las Misiones Extranjeras (principalmente congregacionalista), en 1814 la Junta Misionera Bautista Norteamericana, en 1824 la Sociedad Berlín y en 1815 la Misión Basilea; hubo juntas misioneras en Dinamarca (1821), Francia (1822), Suecia (1835) y Noruega (1842). Estas sociedades formaron la primera oleada evangélica, seguida por la segunda, mucho más importante, que a mediados del siglo XIX cruzó el Atlántico. Estados Unidos comenzó a encabezar el entusiasmo misionero, sobre todo en el Lejano Oriente. Por primera vez se procedió a enviar mujeres como misioneras que, con el tiempo, llegaron a ser más numerosas que los hombres; también por primera vez las misiones comenzaron a organizar regularmente servicios médicos y educacionales; así se relacionaron con el concepto secular naciente de que el blanco retenía las colonias en cierta forma de fideicomiso.

Fue inevitable, entonces, que el esfuerzo misionero en gran escala se implicase en el colonialismo y el comercio. A los ojos de los asiáticos y los africanos estaba inextricablemente relacionado. A medida que avanzó el siglo, los intelectuales indios, por ejemplo, llegaron a ver en el cristianismo nada más que un epifenómeno de la expansión política y comercial de Occidente. Los occidentales lo veían de otro modo. En sus *Observations on the State of Society among the Asiatic Subjects of Great Britain* (1797), Grant observó:

Esos territorios lejanos... nos fueron dados, no simplemente con el fin de extraer de ellos una ganancia anual, sino para difundir entre sus habitantes... la luz y la benigna influencia de la verdad, la bendición de una sociedad ordenada, los progresos y las comodidades de la industria activa... En las sucesivas etapas de esta labor también debemos servir al plan original que nos llevó a visitar la India, el plan tan importante para este país: la extensión de nuestro comercio.

Holman Bentley lo dijo más groseramente: «De modo que, al abrirse África, Manchester puede alegrarse; no sólo miles más usarán sus lienzos, sino que miles más serán enterrados envueltos en ellos.» Tampoco en esta cuestión la mente occidental tenía una actitud unánime, o al menos estaba muy segura de sí misma. Por ejemplo, oficialmente el Imperio británico no era una organización proselitista. La proclama que sustituyó a la East India Company por el dominio británico directo comenzaba: «Apoyándonos firmemente en la verdad del cristianismo y reconociendo con gratitud los alivios de la religión, nosotros negamos tanto el derecho como el deseo de imponer nuestras convicciones a cualquiera de nuestros súbditos.» Se aceptó este prefacio después de muchas discusiones. Asimismo, la decisión de 1854 en el sentido de prestar ayuda oficial a las escuelas indias, una norma que beneficiaba especialmente a los establecimientos misioneros, fue defendida por sir Charles Wood, primer vizconde de Halifax, con llamativa ambivalencia, con el argumento de que «fortalecerá nuestro imperio. Pero... incluso si el resultado fuese la pérdida de ese imperio, me parece que este país llegará a ocupar una posición mucho mejor y más orgullosa en la historia del mundo si gracias a nuestra acción se estableciera en la India un imperio civilizado y cristiano, que si continuamos gobernando sobre un pueblo rebajado por la ignorancia y degradado por la superstición».

A veces el historiador que intenta explorar una mente del siglo XIX tropieza con grandes dificultades para decidir precisamente cuál fue la importancia del impulso cristiano entre tantos otros. Por ejemplo, ¿David Livingstone fue principalmente un evangelizador cristiano, un imperialista o un egoísta? Es posible argumentar en favor de las tres opiniones. (Su suegro, Robert Moffat, fue también una figura desconcertante: en 1857 concluyó la vasta obra de traducir la Biblia al tswana, pero parece que no manifestó interés por el ámbito africano y que creyó erróneamente, por ejemplo, que el bechuana no tenía una palabra para designar a Dios.) El impulso inicial de Livingstone fue casi totalmente espiritual: «¿Acaso el amor de Cristo no puede llevar al misionero allí donde el tráfico esclavista lleva al traficante?» Puede interpretarse aceptablemente su vida como un sacrificio. Sin embargo, después de conquistar fama se retiró de la Sociedad Misionera Londinense para atender una consultoría en África oriental, contando con un respaldo oficial de 5.000 libras esterlinas. Dijo en la Universidad de Cambridge en 1877: «Os ruego orientéis vuestra atención hacia África. Sé que en pocos años me veré separado de esa región, que ahora está abierta. ¡No permitáis que sea clausurada nuevamente! Regreso a África con el propósito de abrir un camino al comercio y al cristianismo. Debéis continuar el trabajo que yo he comenzado. Os lo confío.» El discurso terminó en un clamor. Al año siguiente escribió al profesor Seckwig:

Con el propósito de que ustedes se formen una idea clara de mis objetivos, diré que contienen más de lo que parece a primera vista. No son meramente exploratorios, pues voy con la intención de beneficiar tanto a los africanos como a mis propios compatriotas. Llevo conmigo un geólogo práctico en minería que nos dirá cuáles son los recursos minerales de la región, un botánico que posee conocimientos de economía para obtener un informe completo de las producciones vegetales, un artista que nos ofrezca el escenario, un oficial naval que nos explicará la capacidad de las comunicaciones fluviales, y un agente moral que afirme un fundamento cristiano para todo lo que puede seguir. Toda esta estructura tenía como propósito sensible el comercio africano y la promoción de la civilización; pero lo que puedo decir únicamente a personas como ustedes, en quienes deposito confianza, ¡es que abrigo la esperanza de que el resultado sea una colonia inglesa en las saludables tierras altas de África central!... Se lo he dicho sólo al duque de Argyll.

En ciertos casos los misioneros miraron con franca hostilidad al colonialismo (y al comercio). Nueva Zelanda, donde los misioneros entraron por primera vez en 1814, fue un campo de batalla entre la Iglesia, que deseaba crear un Estado cristiano maorí independiente y autónomo —más o menos como los jesuitas en Japón— y los intereses colonizadores, que advirtieron que el país era una región ideal para el asentamiento de europeos. Darwin, que visitó Nueva Zelanda en 1835, elogió cálidamente la labor de los misioneros: «Todo esto es sorprendente cuando se considera que hace cinco años aquí sólo florecía el matorral... La lección del misionero es la varita mágica.» Cinco años después, la declaración de la soberanía británica señaló la victoria de los pobladores y colonos, y fue el preludio de las guerras maoríes. Sin embargo, la derrota de la política de las misiones, y el conflicto entre maoríes y europeos al parecer no mancilló la imagen cristiana: hacia 1854 se informaba que el noventa y nueve por ciento de los maoríes eran cristianos. Pero en el Lejano Oriente los misioneros sin duda apoyaron el empleo de la fuerza por las grandes potencias occidentales, con el fin de crear oportunidades. Entre 1839 y 1842, la consecuencia de la Primera Guerra del Opio fue la cesión de Hong Kong a Gran Bretaña y la transferencia a las grandes potencias de cinco puertos del tratado. Los misioneros adoptaron la posición de que la lamentable guerra en cierto sentido había sido orquestada por la divina providencia para lograr que China se abriese al Evangelio.

Las sociedades misioneras de las sectas principales enviaron equipos a los seis lugares. El ultimátum de Perry a Japón en 1853 fue seguido, cinco años más tarde, por la llegada de la primera misión cristiana desde la destrucción del cristianismo japonés en el siglo XVII. Ese mismo año, el fin de la segunda guerra china determinó que nuevamente se concediese tolerancia al cristianismo en China entera, asegurando la protección de los misioneros y su penetración en el interior del país. En ambos países, la posibilidad de actuación de los misioneros dependió de la preponderancia militar occidental y de la disposición a usarla.

En África, el proceso avanzó un paso más cuando el gobierno británico (seguido por otros) se comprometió directamente en la iniciativa misionera. Esta actitud era hasta cierto punto inevitable, porque el gobierno necesitaba la ayuda de los misioneros para reprimir el tráfico esclavista y las iglesias tenían vivos deseos de prestar esa colaboración. También fue en África donde el régimen gobernante británico por primera vez se implicó plenamente en el esfuerzo evangelizador. Los evangelistas de la clase alta pasaron directamente del antiesclavismo a las misiones. Thomas Fowell Buxton, que sucedió a Wilberforce como jefe de la campaña antiesclavista, acuñó la frase: «La Biblia y el arado deben regenerar África.» El reverendo Charles Simeon, figura fundamental de la absorción de obispados y parroquias por los evangelistas, también empezó a ocuparse de las designaciones en las colonias y a enviar a sus protegidos con el fin de que, como él mismo dijo, hubiese «príncipes en todas las regiones». Los evangelistas dominaron la Sociedad Misionera de la Iglesia anglicana y en 1840 lanzaron la nueva campaña africana con una entusiasta asamblea en Exeter Hall, con la asistencia del príncipe Alberto, sir Robert Peel, el señor Gladstone, lord Shaftesbury, el embajador francés, el jefe de los nacionalistas irlandeses Daniel O'Connell y, entre otros, el joven David Livingstone. El archidiácono Wilberforce, retórico hijo de William, dijo al distinguido público que su propósito era «asegurar que cada nave cargada de comercio también llevase el impulso de la vida eterna, que de ninguna región de la Tierra debían limitarse a recibir, sin dar a cambio parte del oro del oeste y las especias del este, la riqueza más preciosa, el más bendito incienso de Cristo Su Señor».

Fowell Buxton convenció al gobierno de que convirtiese esta promesa en realidad suministrando 80.000 libras esterlinas con destino a una expedición que debía abrir el Níger en África occidental. Partió en 1841 en tres barcos de hierro, el *Albert*, el *Wilberfoce* y el *Soudan*, pero fue derrotada por la malaria, que abatió a 130 de los 145 europeos de la expedición y mató a 40. Sin embargo se realizaron dos salidas más, bajo la protección del Almirantazgo, y el cristianismo se estableció permanentemente bajo el auspicio de una presencia británica que inevitablemente se convirtió en una serie de colonias. Algunos gobernantes africanos locales, por ejemplo Eyo Honestidad II, rey de Ciudad Griega en el Antiguo Calabar, se inclinaban a dar la bienvenida al evangelismo cristiano, en la creencia de que fortalecería su autoridad. En la práctica, los misioneros tendían más tarde o más temprano a provocar la violencia, lo que conducía a la intervención europea armada, a una crisis constitucional y a la anexión lisa y llana. El esquema no siempre era intencional, pero reveló notables similitudes en diferentes regiones de la costa africana. Quizá los misioneros intentaban desasociarse de la colonización europea, pero el hecho es que la mayoría de ellos, por lo menos en África, consideró mucho más conveniente y seguro actuar en regiones controladas por los blancos.

En Calabar, las misiones pronto concentraron su hostilidad en la Ciudad Antigua y en la Ciudad Duque, descritas como «una Sodoma y una Gomorra africanas», donde según se afirmaba florecían perversas costumbres, por ejemplo el infanticidio. Las misiones pronto constituyeron una Sociedad para la Abolición de las Costumbres Inhumanas y Supersticiosas y la Promoción de la Civilización en la región, y el cónsul británico fue uno de los miembros fundadores. El misionero destacado en Ciudad Antigua, reverendo Samuel Edgerley, no mantuvo en secreto su deseo de modificar las costumbres del pueblo, al que consideraba «gente degradada y pagana». En 1842 asestó un puntapié a un tambor religioso; en 1854, después de una supuesta masacre de cincuenta esclavos cometida por Willie Tom, rey depuesto de Ciudad Antigua, Edgerley destrozó imágenes de un santuario local y quebró su huevo sagrado; también se llevó como recuerdo diferentes imágenes. En el disturbio que siguió, los misioneros, apoyados por los comerciantes europeos, convencieron al cónsul de que «promovería la obra de la civilización» si lograba que el HMS *Antelope* bombardease Ciudad Antigua, y así se hizo. Un misionero de la Sociedad Misionera de la Iglesia, el reverendo C. A. Gollmer, comentó: «Lo considero la intervención de Dios por el bien de África.» Dos años más tarde, Gollmer instigó otro ataque naval, esta vez contra la tribu ijebu. Los navíos del tipo del HMS *Scourge* fueron usados en repetidas ocasiones en la costa y el río para atemorizar a los jefes y obligarlos a acceder a las demandas de los misioneros que reclamaban libertad de acción. Las normas locales pronto reflejaron las necesidades del evangelismo cristiano. Ciudad Griega legisló en relación con el domingo: «En adelante, el día de Dios no habrá mercado en ninguna parte del territorio de Ciudad Griega; no se venderán bebidas fuertes, nativas o importadas, en puertas y barandas; no se trabajará; no se jugará; no habrá cosas del demonio ni se dispararán armas; no habrá procesiones de Egbo ni discursos.» A partir de esto no era necesario recorrer mucho camino para llegar al derrocamiento permanente de los reyes y la asunción de todo el poder ejecutivo por los blancos.

Por otra parte, como demostró la experiencia en África central y oriental, sin el dominio europeo era probable que sucediese una de las dos alternativas que se describen a continuación. Los misioneros casi siempre hallaban demanda de la enseñanza cristiana. Muchos africanos buscaban una religión nueva y menos primitiva, y un refugio ante las crueldades a menudo abrumadoras de los cultos centrados en los jefes tiránicos. Para los misioneros era relativamente fácil, incluso en los territorios en que los europeos no ejercían el poder directo, fundar nuevas aldeas cristianas, lo que implicaba adoptar una forma de evangelización que acarreaba importantes consecuencias sociales y políticas (y por cierto económicas). Después, descubrían que estaban convirtiéndose rápidamente en jefes tribales *de facto*. En una reflexiva reseña de los problemas de las misiones tituladas *Thinking Black* (1912), Dan Crawford escribió: «Muchos pequeños papas protestantes del matorral solitario se ven obligados por el aislamiento autoimpuesto a actuar como profetas, sacerdotes y reyes, todo en uno.» El propio Crawford fundó una nueva ciudad tribal intercristiana (él mismo era un Hermano de Plymouth) y los africanos lo conocían por el nombre de *konga vantu*, «el unificador de los pueblos». La peor alternativa consistía en que los misionarios se convirtiesen, por así decir, en agentes de reyes poderosos a quienes no podían controlar o ni siquiera influir. Al comentar la situación del tirano local de Katanga, un vicecónsul inglés informó en 1890: «Los misioneros tratan a Msidi como a un gran rey, nada hacen sin pedir primero su autorización y están a disposición del monarca, como si fuesen sus esclavos... Cuando llegué no se atrevieron a verme durante varios días, porque Msidi les dijo que no viniesen. Viven como nativos, comen potaje de maíz, y a veces carne maloliente.» Más tarde Msidi fue asesinado por mercenarios británicos al servicio de los belgas; Crawford se quejó: «Se ha difundido la estúpida y perversa idea de que después de la muerte de Msidi *nosotros* somos los jefes del país.» Perversa sí, pero mal podía considerarse estúpida, pues los africanos a menudo acertaban cuando relacionaban la caída de su monarquía con la llegada de los misioneros.

Esto era especialmente así cuando los reyes trataban de preservar su independencia enfrentando a una confesión con otra. Se convirtió en una táctica posible a medida que avanzó el siglo XIX y los católicos nuevamente desarrollaron su actividad en el campo misionero. Hacia 1815 las misiones católicas de hecho habían desaparecido; tenían sólo 270 hombres de primera fila en el mundo entero. La recuperación respondió no tanto a los jesuitas en 1814 como al ascenso del ultramontanismo francés popular y a su estrecha alianza con un papado fortalecido. Se fundaron nuevas órdenes misioneras: los oblatos de María Inmaculada en 1816, los maristas en 1817, los salesianos en 1859, los Padres Scheut en 1862, los Padres Blancos en 1868. La diplomacia francesa impulsó la labor misionera con entusiasmo mucho mayor que el de cualquier otra de las potencias importantes. Por ejemplo, se suministraron pasaportes diplomáticos especiales a los misioneros franceses en China; el crecimiento, a partir de la década de 1820, de un enorme imperio africano francés suministró una zona natural de actividad. Francia no vaciló en respaldar con la fuerza sus misiones. Los ataques a los misioneros fueron el hecho que desencadenó la expedición de Napoleón III a Indochina en 1862, y en 1885 la ocupación de todo el país por Francia. En África septentrional y central los misioneros, que en su mayoría habían servido en el ejército francés, actuaron estrechamente unidos con los comandantes militares, casi todos católicos *bien-pensantes*.

Más aún, en Charles Lavigerie, obispo de Nancy a la edad de veintiocho años y más tarde cardenal-arzobispo de Argel, el colonialismo francés halló un entusiasta líder espiritual, y el Vaticano un soberbio propagandista internacional. Lavigerie fue un ardiente patriota francés de Bayona, región donde el espíritu francés se formó en áspero combate con el nacionalismo vasco. Era ante todo francés y después ultramontano, pero se adhería a Francia como cultura más que como corona, encabezando la reconciliación del papado y la jerarquía francesa con las instituciones republicanas. El mariscal McMahon lo eligió para actuar en Argel y el papado duplicó sus atribuciones al designarlo delegado apostólico para la región del Sahara. El coronel Playfair, cónsul británico en Argel, observó: «San Agustín está de nuevo con nosotros.» El comentario era sagaz: era evidente que Lavigerie se veía a sí mismo en el papel de un patriarca de la época de Constantino, un hombre que estaba armando la infraestructura eclesiástica de un nuevo imperio africano. En Cartago, en el lugar que había ocupado la antigua ciudadela, construyó una catedral más grande incluso que la basílica de Agustín en Hipona, instaló en ella, preparada para recibirla, una tumba muy trabajada y grandiosa. Defendió enérgicamente la teoría de la nación elegida: «Dios ha elegido a Francia para convertir a Argelia en la cuna de una nación grande y cristiana... nuestro país está viendo... cómo las miradas de la Iglesia entera están fijas en nosotros.» Pensaba que Argelia era «el puerto abierto de entrada a un continente bárbaro con 200 millones de habitantes». Fundó la orden de los Padres Blancos como una elite sacerdotal de estilo jesuítico, consagrada a la labor misionera por votos vitalicios especiales. En la tarea de ayudar a este grupo, Lavigerie se convirtió en el primer príncipe de la Iglesia católica que adoptó una actitud enérgica contra el tráfico de esclavos, y obligó a marcar el paso a Francia, así como a las restantes potencias católicas. En la Conferencia de los Problemas Coloniales, celebrada en Berlín en 1884, los protestantes finalmente consiguieron el apoyo católico en este problema y todas las potencias se comprometieron a suprimir la esclavitud y a eliminar el tráfico; convinieron también en afirmar la libertad religiosa plena en los territorios coloniales y en garantizar protección especial a las misiones cristianas. Cinco años más tarde, en la Conferencia de Bruselas por la Abolición del Tráfico de Esclavos, Lavigerie consiguió que se redactase y firmase un acuerdo internacional definitivo.

Es indudable que el propósito inicial de Lavigerie fue cristianizar a los pueblos árabes, y así comenzar a revertir la destrucción originada en el cisma monofisita más de 1.300 años atrás. Envió al desierto a sus Padres Blancos (donde a menudo fueron asesinados por los tuaregs) y durante un tiempo dirigió su propia «milicia» cristiana para protegerlos. Sin embargo, a semejanza de Ramon Llull antes y en realidad de todos los que lo intentaron, comprobó que era imposible realizar progresos reales contra el Islam. Los franceses podían conquistar territorios árabes y anexarlos, podían fundar protectorados y efectivamente instalaron a un número enorme de colonos cristianos en Argelia; pero no podían convertir a los musulmanes. Este fracaso fue lo que los indujo (seguidos después por los belgas) a avanzar al sur del Sahara, internándose en el África negra, para conseguir fáciles triunfos misioneros en el mundo pagano. Aquí tuvieron un desempeño sumamente eficaz, en general mucho mejor que el de los protestantes. El Consejo de Lavigerie fue: «Sed todas las cosas para todos los hombres.» Dijo a sus padres: «Amad a los pobres paganos. Mostraos bondadosos con ellos. Curad sus heridas.

Os concederán primero su afecto, después su confianza y más tarde sus almas.» Las misiones católicas tenían una serie de ventajas particulares comparadas con las protestantes. Sus misioneros solteros eran mucho más baratos: de un quinceavo a un vigésimo del costo de un protestante de dedicación plena (incluso en 1930, los misioneros católicos costaban, en promedio, sólo 35 libras esterlinas anuales cada uno; la Sociedad Misionera pagaba 650 libras esterlinas anuales a un misionero europeo casado y a un clérigo africano de 10 a 25 libras esterlinas). Estaban mejor educados que los protestantes, que en su mayoría provenían de la clase media baja. Vivían mucho más cerca de las normas de vida nativas, se identificaban menos con los absolutos sociales y culturales europeos, y a menudo aplicaban un enfoque mucho más flexible.

Por lo menos superficialmente, el catolicismo tendía a ser más atractivo para los africanos que la mayoría de las formas del protestantismo. Los protestantes a menudo hacían la guerra a las imágenes. Holman Bentley observó: «Mi cena... fue cocida con la madera de la imagen de un fetiche de un metro veinte de altura, dividida públicamente en pedazos, sin una sola palabra de protesta, por uno de los nuevos miembros de nuestra Iglesia y sus almacenes destinados al trueque, que tenían existencias prácticamente de todo y a menudo incluían armas de fuego, pero nunca vendían muñecas.» Los católicos, con sus múltiples estatuas de santos, parecían ofrecer un paso más abierto al cristianismo que los anglicanos y los inconformistas, en su mayoría poco interesados en los ritos y el dogma. Más aún, los católicos no estaban divididos internamente, pues la eliminación del control de la corona y la disciplina del nuevo papado determinaban que las riñas de viejo estilo entre las órdenes fueran prácticamente imposibles. Como durante los siglos XVI y XVII, los católicos aplicaron enérgicamente la política de creación de aldeas cristianas y apartaron a los conversos reales o presuntos de lo que denominaban «las tentaciones de la vida tribal». Organizaron veintenas de grandes orfanatos y unidades denominadas *ferme-chapelles*, de donde partían los grupos de las aldeas principales para distribuirse en las colonias agrícolas. Donde no lograron competir eficazmente con los protestantes fue en la formación de sacerdotes nativos: si los protestantes se mostraron lentos, los católicos adoptaron una actitud realmente retrógrada. Durante la mayor parte del siglo XIX su política en esta cuestión fue menos esclarecida que la que hemos observado en el Japón del siglo XVI.

Por supuesto, ninguna de las partes hablaba de competencia. Cuando Lavigerie enviaba sus misiones a áreas en las que los protestantes ya se habían establecido, sus órdenes eran que los Padres Blancos nunca debían acercarse a menos de ocho o diez kilómetros de los puestos misioneros protestantes. Sin embargo, estas instrucciones en general fueron ignoradas, como quizá Lavigerie sabía que ocurriría. Cuando decidió penetrar en África oriental, lo hizo a sabiendas de que el conflicto era casi seguro, y a pesar de las críticas y apelaciones de R. N. Cust, de la Sociedad Misionera. También sabía que en el Alto Nilo y al sur de este río los intereses políticos franceses y británicos estaban casi en contacto. De hecho en Uganda, cuando estalló el conflicto, el choque fue trilateral, pues los musulmanes venían realizando allí labores proselitistas desde 1844. Los exploradores Speke y Grant habían llegado en 1862 y ambos impresionaron al rey Mutesa de los baganda: «Aún no he oído mentir a un blanco... en el tiempo que pasaron en Uganda se comportaron muy bien.» Cuando llegó H. H. Stanley, Mutesa lo alentó a traer misioneros: Stanley los pidió en una carta dirigida al *Daily Telegraph*. El primero llegó en 1877 y en el lapso de cinco años lo siguió una misión católica. La sociedad baganda era en ciertos aspectos una entidad ordenada y compleja, pero el dominio real era arbitrario y salvaje. Mutesa ordenaba ejecuciones sumarias casi todos los días y tenía la más nutrida colección de esposas que los misioneros hubiesen imaginado. Como Gran Bretaña, por la presencia de unidades militares y navales en el este, de las operaciones de la británica East Africa Company —que se desarrolló a partir de la actividad comercial de Livingstone— y del proyectado ferrocarril, era el poder más estrechamente comprometido, los protestantes sintieron la obligación de reclamar contra la depravación real que los afectaba; en todo caso, es lo que hicieron. De este modo, la casa real acabó temiendo a los protestantes y se alineó con los católicos (y a veces con los musulmanes). Ambos grupos cristianos organizaron núcleos armados.

La situación culminó bajo el gobierno de Mwanga, heredero de Mutesa. En 1885 ordenó que mataran a lanzazos al obispo anglicano James Hannington; cuando algunos niños cristianos rehusaron someterse a sus prácticas sodomitas —aprendidas de los árabes, según afirmaban los misioneros— asesinó a treinta y dos, y tres fueron asados vivos. Desde la costa fueron llamados el capitán Lugard y un destacamento de áskaris y en 1892 libraron y ganaron la llamada batalla de Mengo contra los realistas y sus aliados católicos. El episodio tuvo lugar, quizás apropiadamente, un domingo; el factor principal de la victoria fue el nuevo fusil Maxim de Lugard. Lugard no acusó a los misioneros sino a los africanos (probablemente con razón): «Por mi parte, creo que los baganda eran por excelencia los más grandes mentirosos entre todas las naciones o tribus que yo había conocido o de las que había oído hablar, y que parecía asunto de honor que cada parte mintiese más que las otras, especialmente a sus misioneros.» En la Cámara de los Comunes sir Charles Dilke afirmó que la única persona que se había beneficiado con la presencia británica en África oriental era el señor Hiram Maxim; sir William Lawson sostuvo que Uganda estaba convirtiéndose «en la Belfast de África». Dos años más tarde la presión anglicana indujo a Gran Bretaña a colocar a Uganda bajo custodia protectora. El asunto Mengo provocó gran escándalo en ese momento, sobre todo entre los agnósticos y los anticristianos profesionales. No pareció dañar la imagen de ninguna de las sectas cristianas a los ojos de los africanos; por el contrario, tanto los católicos como los protestantes señalaron que había aumentado el número de conversos; fue precisamente un baganda, el canónigo Apolo Kivebulaya, de la catedral de Kampala, quien tradujo el Evangelio de san Marcos al *pidgin*. Ciertamente, un hecho extraño y triste es que la violencia casi siempre parece haber estimulado la evangelización cristiana. A partir de 1835 en Madagascar, los cristianos nativos fueron perseguidos ferozmente por la reina Ranavalona durante más de un cuarto de siglo. Por lo menos doscientos fueron muertos, ya sea arrojados desde un peñasco, quemados vivos o escaldados con agua caliente arrojada al fondo de un pozo. Sin embargo, durante este período el número de cristianos se cuadruplicó y, con el tiempo, llegó a representar el cuarenta por ciento de la población.

Con diferentes variaciones, sucedió lo mismo en el mundo entero. Pese a las dificultades, parecía que el cristianismo progresaba por doquier durante la segunda mitad del siglo XIX. A juicio del observador sagaz y analítico, el hecho más destacado continuaba siendo la incapacidad casi absoluta de las misiones para penetrar en el corazón de los grandes cultos imperiales: el Islam, la familia hindú, el confucianismo, el budismo o el judaísmo. Pero en los pueblos primitivos y paganos, en las tribus montañesas, en las regiones pantanosas y las islas —es decir, en todos los lugares donde el nivel cultural era bajo o las religiones imperiales aún no habían penetrado— el cristianismo realizó progresos espectaculares. Incluso en la India, China y Japón, y en las ciudades del mundo musulmán, los cristianos pudieron vanagloriarse de la formación de comunidades cristianas florecientes, si bien selectas, misiones bien dotadas de personas y financiadas ampliamente, en una atmósfera de confianza y esperanza por el futuro.

Es cierto que hubo críticos deseosos de caer sobre los misioneros a quienes se sorprendía en una postura antievangélica. Los misioneros tendían a aprovechar desaprensivamente el poder de las armas de fuego. Francis McDougal, primer obispo de Labuan, informó de un ataque de los piratas en 1862: «Mi escopeta de retrocarga Torry, de doble cañón, fue un arma letal por su buena puntería y la seguridad y la rapidez de fuego.» En África oriental, el año precedente, los combates del obispo Mackenzie contra el tráfico de esclavos de Ajawa, que incluyeron el incendio de aldeas, provocó altivas protestas del partido de la Iglesia oficial, que se mantenía al margen de la labor misionera. «Me parece una cosa terrible», protestó Pusey, «que los mensajeros del Evangelio de la paz se relacionen del modo que sea, incluso por su presencia, con el derramamiento de sangre humana... El Evangelio ha sido instaurado siempre no mediante la acción sino a través del sufrimiento...» Los misioneros contestaron que ese comentario trasuntaba una lectura equivocada de la historia, y la mayoría de ellos se mostró muy dispuesta a invocar a veces el auxilio militar. El reverendo Denis Kemp, de la misión wesleyana de la Costa del Oro afirmó, en *Nine Years at the Gold Coast* (1898): «Me creería yo mismo peor que despreciable si no afirmase mi convicción básica de que el ejército y la armada británicos son utilizados hoy por Dios para la realización de su propósito.» Además, tenían menos ilusiones que los hombres de la metrópoli acerca de las virtudes de sus «pupilos». El reverendo Colin Rae, de la misión anglicana de África del Sur, habló en nombre de la mayoría: «Es necesario mantener controlado al nativo, sujetándolo a la disciplina, y la palabra de orden debe ser: "¡Trabajar! ¡Trabajar! ¡Trabajar!"»

¿Cuánta disciplina se debía ejercer? Se criticaba constantemente a las misiones católicas porque infligían castigos corporales a los nativos. Por otra parte, lo mismo hacían todos los gobiernos coloniales y nativos y, como se comprobó muy pronto, era también el caso de las misiones protestantes, sobre todo de las escocesas. En 1880 se criticó mucho a la misión de la Iglesia libre de Escocia en Nyasalandia, que tenía un pozoprisión, donde un hombre murió después de recibir más de 200 latigazos. Andrew Chirnside informó a la Real Sociedad Geográfica: «La flagelación con el látigo es un episodio cotidiano y en un día tres jovencitos recibieron más de cien latigazos; es sabido que después de haber sido flagelados en varias ocasiones, se frotó sal sobre las espaldas sangrantes.» Afirmó también que había visto ejecutar sin proceso a un hombre. En 1883 hubo un caso análogo en Nigeria, donde una mujer murió después de ser golpeada y de que le frotaran pimienta roja en las heridas. Estos casos no eran usuales y provocaban escándalo. A la larga, más dañino era el amable menosprecio por la labor misionera que se expresaba en viajeros como Mary Kingsley, cuya obra *Travels in West Africa* (1897) tuvo enorme éxito; la autora sugería que los nativos probablemente estarían mejor si se los dejaba en paz, con poligamia y todo, y manifestaba su desprecio por los esfuerzos misioneros para vestir a las mujeres africanas con el atuendo asexual estilo «Madre Hubbard».

Pero en general se apreciaba mucho a los misioneros y los informes acerca de su labor eran casi universalmente favorables. El esquema del culto al héroe se afirmó con la leyenda de Livingstone, y a fines del siglo XIX los misioneros suministraron un nuevo tipo de héroe a la sociedad europea, y aún más a la norteamericana. Sus competidores por la fama, los imperialistas y las grandes figuras empresarias, tenían sus antagonistas; pero a los ojos de todos, excepto una minúscula minoría, los misioneros parecían inofensivos y valientes. Las biografías de los misioneros muy conocidos vendían copiosas ediciones y formaban una sección especial de la literatura. S. W. Partridge, el principal autor de esta especialidad, escribió por lo menos treinta y seis trabajos; éstos a menudo eran la base de ediciones para los niños. Para los católicos, el misionero se convirtió en un nuevo tipo de santo, e incluso los protestantes practicaron la hagiografía. Había juegos para niños, por ejemplo *The African Picture Game; What Next?*, que tenía treinta y seis naipes, cuatro series de nueve, cada una consagrada a famosos misioneros; *A Missionary Tour of India*, semejante al juego de la oca; *Missionary Out-post*, «un instructivo juego de ronda para los niños»; rompecabezas y libros de imágenes para pintar con temas misioneros; y para los adultos, el *Missionary Lotto*. En los países católicos se organizaron complejos planes de recaudación de dinero, bajo la dirección de las escuelas conventuales, y gracias a ellos las niñas podían comprar sellos y «adoptar» huérfanos africanos. La culminación de las expectativas misioneras coincidió con la culminación del imperialismo europeo; en general se suponía que el mundo entero llegaría a cristianizarse en el proceso de la occidentalización; es decir, se incorporaría política y económicamente, o en todo caso culturalmente, a un sistema que aún se identificaba por completo con la cristiandad.

Este optimista telón de fondo del predominio global contribuye a explicar el triunfalismo de la época, pues es importante comprender que hubo dos clases de triunfalismo. Como hemos visto, existió el triunfalismo populista del papado renacido, cuyas nuevas victorias en el campo misionero fueron interpretadas como presagios de una reinstalación definitiva —aunque todavía muy lejana— de Roma como centro mundial de un credo cristiano ubicuo; cada niño negro o amarillo bautizado acercaba ese momento inevitable. Pero durante estas décadas hubo también una especie de triunfalismo protestante, unido estrechamente al enorme predominio industrial de las potencias protestantes, con sus florecientes imperios económicos y políticos, y con la convicción muy difundida de que la teología y la enseñanza moral protestantes estaban unidas íntima e incluso orgánicamente con la realización mundana.

Por lo tanto, estamos frente al panorama de dos formas de cristianismo que luchan, pacífica pero tenazmente, por una supremacía religiosa mundial que a juicio de ambas era inevitable. Esa convicción en ningún lugar fue tan enérgica como en Estados Unidos. La República cristiana norteamericana fue un éxito gigantesco. Fue un éxito porque era esencialmente protestante; el fracaso era la prueba de la indignidad moral. En la década de 1870 Henry War Beecher solía decir a su congregación de Brooklyn: «Cuando se examina globalmente la ciudad y el pueblo y la aldea y el campo, se perfila la verdad general de que en este país ningún hombre sufre pobreza a menos que su propia culpa la provoque, a menos que sea su *pecado*... Hay suficiente y puede ahorrarse el triple; si los hombres no tienen bastante, lo deben a la ausencia de un cuidado previsor, de anticipación, laboriosidad, frugalidad y ahorro sensato. Ésta es la verdad general.» Otra verdad general era que la voluntad de Dios estaba relacionada directamente con el destino de un país en el que predominaba la virtud que engendraba el éxito. La dinámica del triunfalismo protestante era el triunfalismo norteamericano. En su *History of the United States* (edición de 1876), George Bancroft empezaba diciendo: «El propósito de esta obra es explicar... los pasos mediante los cuales una providencia favorable, que ha determinado el nacimiento de nuestras instituciones, ha llevado al país a su felicidad y a la gloria actuales.» ¿Acaso no era, como lo había denominado Jonathan Edwards, «el reino principal de la Reforma»? Más tarde o más temprano el mundo lo imitaría; así lo exhortó, en 1843, el misionero norteamericano Robert Baird, en su obra *Religion in America*, que proyectó los elementos principales del voluntarismo protestante sobre un marco global. La historia y la teología intervencionista se combinaban para producir un nuevo tipo de milenarismo patriótico, como en *History of American Christianity*

(1897) de Leonard Woolsey Bacon: «Gracias a un prodigio de la Divina Providencia, el secreto de los tiempos (que un nuevo mundo se extendía más allá del mar) no fue revelado prematuramente... Si se hubiera realizado el descubrimiento de América... aunque fuese un solo siglo antes, el cristianismo trasplantado al mundo occidental habría sido el de la Iglesia de Europa en el nivel más bajo de la decadencia.» De ahí que él viera «grandes y providenciales preparativos, como para un "acontecimiento divino" todavía oculto tras la cortina que está próxima a abrirse sobre el nuevo siglo».

El «acontecimiento divino» sólo podía ser, en una forma o en otra, la cristianización del mundo de acuerdo con las normas norteamericanas. De ahí que durante el período que va de 1880 a 1914 también Estados Unidos creó su propia forma de imperialismo cristiano, relacionado generalmente con la actividad misionera, pero a veces expresión de la fuerza armada cristiana (ciertamente protestante). En la época de McKinley-Roosevelt, las Iglesias protestantes fueron estridentes partidarias de la expansión norteamericana, sobre todo a expensas de España, pues entendían que se trataba de un proceso decidido por Dios, gracias al cual la «superstición romana» era remplazada por la «civilización cristiana». El presidente McKinley justificó el paso de Filipinas al poder norteamericano —en esas islas Felipe II había impuesto el catolicismo con la espada— y lo hizo en términos evangélicos cristianos: «No me avergüenzo de deciros, caballeros, que me arrodillé y esa noche pedí luz y guía a Dios Todopoderoso. Y una noche tarde vino a mí... No podíamos otra cosa que tomarlos a todos y educar a los filipinos y elevarlos y civilizarlos y cristianizarlos, y por la gracia de Dios hacer todo lo que estuviera a nuestro alcance por ellos, en tanto son nuestros semejantes y también por ellos Cristo murió.»

En las sectas evangélicas, que predominaron en la esfera de las misiones, la conciencia de un destino nacional o racial fue más firme. En 1885, cuando apenas se iniciaba el movimiento, Josiah Strong, secretario general de la Alianza Evangélica, sostuvo en *Our Country: its Possible Future and its Present Crisis*:

> Me parece que Dios, con sabiduría e inteligencia infinitas, está aquí instruyendo a la raza anglosajona para afrontar un momento que sin duda sobrevendrá en el futuro del mundo... *La competencia definitiva de las razas, en vista de la cual está formándose a la anglosajona*... esta raza de energía sin igual, con toda la majestad del nú-

mero y el poder de la riqueza que la respalda —la representante, confiemos en ello, de la libertad más amplia, el cristianismo más puro, la civilización más alta— después de haber desarrollado rasgos especialmente agresivos destinados a imponer sus instituciones a la humanidad, se extenderá sobre la Tierra. ¿Y alguien puede dudar de que el resultado de esta competencia de las razas será la supervivencia de la más apta?

En 1893, en *The New Era or The Coming Kingdom,* el mismo autor llevó más lejos el argumento. «¿No es razonable creer que esta raza está destinada a despojar a muchas otras más débiles, a asimilar a otras y a plasmar al resto, hasta que en un sentido muy cierto e importante nos encontremos en una humanidad anglosajonizada?»

Estas teorías raciales no eran raras a finales del siglo XIX. Reflejaban errores de concepto usuales acerca de Darwin. Lo importante en Estados Unidos era que irradiaban de un contexto cristiano y podían presentarse (y fueron presentadas) en términos menos estridentes y ofensivos como parte de un plan para cristianizar el mundo. Del mismo modo que Estados Unidos era ahora la principal fuerza misionera, también los anglosajones en particular, pero las razas blancas en general, lograrían convertir en realidad la visión de Cristo casi dos milenios antes: una fe universal. El siglo XIX había sido un período de progreso tan sorprendente y, en general, acogido de buen grado, que incluso este gran sueño ahora parecía posible. En la década de 1880 el joven metodista norteamericano John Raleigh Mott había acuñado la frase: «La evangelización del mundo en una generación.» La repitió en 1910 en Edimburgo, cuando se reunió la Primera Conferencia Misionera Mundial, de la cual fue presidente, para dar forma ecuménica y un programa concreto de acción al triunfalismo protestante. Ésta era la respuesta moderna y protestante al Concilio Vaticano en 1870.

Por supuesto, cuando hablaba de evangelizar en una generación, Mott no se refería a la conversión concreta; quería decir que la predicación cristiana estaría al alcance de todos los habitantes del mundo durante ese período y el resto correspondía al espíritu. Afirmaba que la propuesta era firme. Es cierto que los católicos y las Iglesias griegas ortodoxas habían boicoteado la conferencia, pero ahí estaba el resto del cristianismo, incluso dieciocho de las «nuevas» iglesias de los territorios misioneros. Excepto en el Tíbet y Afganistán, dos lugares que, según se esperaba, pronto se abrirían, había misioneros trabajando en todos los países del mundo. Los descubrimientos de la medicina tropical habían posibilitado que los predicadores cristianos actuaran en grupos numerosos incluso en los climas más difíciles. Ahora había más misioneros que en cualquier período anterior. Había tantos reclutas como podían ser atendidos. La financiación no era problema. Los obstáculos representados por el idioma estaban siendo eliminados paulatinamente. El Nuevo Testamento había sido traducido a la totalidad de las principales lenguas vivas y pronto seguiría la Biblia entera. La principal oposición, como en China y Japón, había sido quebrada. Había conversos en cada área, provenientes de todas las religiones. Ahora ningún misionero estaba solo. Se contaba con 45.000 misioneros, respaldados por diez veces ese número de colaboradores nacionales, y comenzaba a surgir una maravillosa generación de jefes cristianos nativos. El tono del resumen era optimista; pero gran parte de su contenido de hechos era sólido e indiscutible. En 1910, en Edimburgo no parecía por completo absurdo predecir que la obra de san Pablo llegaría a su culminación en vida de algunos de los presentes: un milenio sólido, planeado y con un cálculo de costos.

OCTAVA PARTE

El nadir del triunfalismo
(1870 - 1975)

El 20 de octubre de 1939 Eugenio Pacelli, que era el papa Pío XII desde hacía seis meses, publicó su primera encíclica, *Summi Pontificatus*. La Segunda Guerra Mundial había comenzado poco antes. Hitler había concluido la conquista de Polonia, ahora desmembrada y destruida por él y su aliado temporal, Stalin. Las perspectivas de la humanidad parecían infinitamente sombrías; el tema de la carta, reflejado en su título inglés, era «Sombras sobre la Tierra». Pero el tono parecía conmovido o indignado; más bien era de reproche. Pío XII era un aristócrata triunfalista, vástago de la «nobleza negra» de Roma y destinado casi desde la cuna a ocupar el trono de San Pedro. De contextura menuda, austero, autocrático, unilateral hasta el extremo de la obsesión, confiado en sus propias cualidades y soberbiamente seguro de los derechos de su Iglesia y su cargo, se identificaba por completo con la divina sabiduría. Al pasear la mirada sobre un mundo trágico y violento desde los muros serenos e incontaminados de la fortaleza papal, llegó a la conclusión de que la Iglesia católica había tenido absoluta razón al rechazar la civilización moderna y retirarse detrás de su ciudadela.

Pío escribió que los horrores de 1939 no eran fortuitos ni imprevistos. Se originaban inevitablemente en la decisión de la humanidad de rechazar la verdad según la exponía un papado infalible: «... la razón por la cual los principios morales en general han sido desechados desde hace mucho en Europa es la defección de tantas mentes que se han alejado de la doctrina cristiana, de la que la Sede del Bendito Pedro es el guardián y maestro designado». En los primitivos tiempos medievales las naciones europeas «se habían unido por obra de esa doctrina, y el espíritu cristiano las formó». A su vez, ellas podían transmitir ese espíritu a otras. Después llegó la Reforma, el comienzo de la tragedia, «en que muchos miembros de la familia cristiana se separaron de la enseñanza infalible de la Iglesia». Este episodio abrió el camino al «deterioro y decadencia generales de la idea religiosa». El cristianismo, «la verdad que nos libera», había sido cambiado por «la mentira que nos esclaviza». Al rechazar a Cristo los hombres se habían «entregado a un dominio caprichoso, la sabiduría humana débil y servil. Se vanagloriaban del progreso, cuando en realidad estaban hundiéndose en la decadencia; creían que estaban alcanzando cumbres de la realización cuando en verdad renunciaban miserablemente a su dignidad humana; afirmaban que este nuestro siglo traía consigo madurez y coronación, cuando estaban siendo reducidos a una forma lamentable de esclavitud». En la Europa cristiana medieval se habían sostenido disputas y librado guerras, pero por lo menos «los hombres tenían una conciencia clara del bien y el mal, de lo permisible y lo prohibido». Ahora, la confusión moral era absoluta, «y ello permite la destrucción de todos los cánones de la honestidad y la decencia privadas y públicas». Jamás había existido una época como la actual, en la que «los espíritus de los hombres están destruidos por la desesperación», y en la que ellos buscaban en vano obtener «remedio para sus desórdenes». De hecho, el remedio estaba constantemente al alcance del hombre y aún podía usarse: el retorno al cristianismo bajo la guía papal. Pío continuaría proclamando esta fórmula: «Ser testigo de la Verdad es la más excelsa deuda que hemos contraído con el cargo que ocupamos y los tiempos en que vivimos.»

Éste había sido el tema del triunfalismo papal durante unos setenta años, desde que Pío IX había publicado su *Compendio de Errores*; en cierto sentido, era un tema inherente a la totalidad del cristianismo agustiniano. Gregorio VII e Inocencio III habían invitado al mundo a alinearse con las medidas y los preceptos del papado imperial, y habían anatematizado a los gobernantes que se negaran a proceder así. Cuando el mundo rehusó obedecerlo, el Papa lo contempló con pesar y predijo la catástrofe. Era una actitud pontifical y tradicional. Pero por supuesto, durante los siglos XIX y XX hubo otra forma de cristianismo: el triunfalismo protestante, al que hemos visto autoproclamarse en la Conferencia Mundial Misionera de Edimburgo, en 1910. Identificaba al cristianismo con el progreso y la democracia modernos, y con el naciente éxito del ideal y el sistema norteamericanos y su ética protestante. Uno rechazaba el mundo moderno; el otro no sólo lo aceptaba sino que hasta cierto punto afirmaba su propia paternidad. Las dos teorías cristianas se basaban en el supuesto de que la aceptación o el rechazo del cristianismo era el único elemento real formador de la sociedad y el criterio que permitía juzgarla. Ambos se desarrollaron sobre un trasfondo cultural en donde el cristianismo inevitablemente dominó todas las discusiones acerca de la verdad y la falsedad, el acierto o el error, el bien y el mal. Era la atmósfera moral en la que el hombre occidental todopoderoso vivía y la que determinaba sus perspectivas. ¿Los cristianos debían combatir al mundo moderno y, mediante un supremo esfuerzo espiritual apartarlo de su curso desastroso? ¿O debían aprovechar las infinitas oportunidades ofrecidas por la modernidad para difundir un renovado mensaje cristiano? Se entendía que estos interrogantes no sólo eran importantes sino absolutamente esenciales para todo el futuro de la sociedad humana. La historia del cristianismo en el siglo XX es la historia del intento de contestar a estas preguntas, pero también el esfuerzo para impedir que cobraran un tono académico.

En octubre de 1939 Pío XII pronunció su admonición desde su propia ciudadela basándose en la premisa, en la que creía profundamente, de que el cristianismo en general y el cristianismo pontifical en particular estaban ideológica y aun institucionalmente separados de los horrores del mundo moderno. Pero aquí se engañó por analogía. Inmediatamente después de la declaración de la infalibilidad papal en 1870, la corona italiana se apoderó de Roma y los territorios papales fueron incorporados al nuevo Estado italiano. Los sucesivos papas se habían negado a aceptar esta situación, pese a que era inevitable, y se habían atrincherado en el Vaticano, negándose a reconocer al régimen italiano, o su gobierno y su parlamento, o a poner el pie en la ciudad eterna ocupada. La imagen de la fortaleza se había convertido en algo real, correspondía al desafiante «prisionero del Vaticano»; se mantuvo viva incluso después que el papado y el Estado se reconciliaran en el Tratado de Letrán de 1929. El Papa, confinado en el reducto del Vaticano, quedó separado del mundo exterior y no fue en absoluto responsable del mismo. Pero la imagen era falsa precisamente porque era incompleta; en efecto, más allá del Vaticano se extendía la totalidad del cristianismo católico, que no sólo lidiaba con el mundo sino en medida considerable *era* el mundo; el Papa, en su condición de jefe del cristianismo católico, estaba necesaria y constantemente comprometido en la formación de ese mundo. Como cualquier otro poder, había hecho todo lo que estaba a su alcance para promover sus programas y extender su influencia. En realidad, no había existido renunciamiento; también el papado había contribuido a conformar el mundo moderno tal como era.

Sin duda, a partir de 1870 el papado, en conjunción con las jerarquías y las organizaciones católicas laicas del mundo entero, había desarrollado tanta actividad como en otro momento cualquiera de su historia, había ejercido un poder más eficaz que en cualquier otro período a partir del siglo XVI. El triunfalismo populista nunca satisfizo todas las expectativas, pero a menudo ganó batallas y a veces campañas enteras. Indudablemente, el papado fue la única institución que infligió una derrota, aunque condicional, a la Alemania de Bismarck. Pues Bismarck, que ansiaba subordinar todos los elementos de la sociedad alemana al control del Estado, concedió un apoyo disimulado a la Iglesia Católica Independiente que nació después del decreto del Vaticano en 1870. Se trataba principalmente de un grupo académico, que tenía escasas posibilidades de conquistar cierto apoyo de masas en el mundo de los católicos alemanes, pero Bismarck ansiaba mantenerlo vivo; de ahí que en 1871 prohibiera a los obispos católicos apartar de sus cargos a los profesores y oradores que eran viejos católicos. Esta situación pronto se convirtió en un conflicto con el papado y el catolicismo oficial de Alemania, en relación con el sector entero de la educación y la influencia que el catolicismo internacional ejercía sobre la cultura nacional alemana. Bismarck afirmó que el episodio era una *Kulturkampf* o lucha por la cultura; no estaba dispuesto a someterse a otra Canosa y lo dijo públicamente. Una ley prohibió que los clérigos discutiesen asuntos de Estado desde el púlpito, y en 1872 se inició un programa destinado a subordinar al Estado todas las escuelas. Los jesuitas fueron expulsados y se interrumpieron las relaciones diplomáticas con el papado. Como resultado de las leyes penales de Bismarck, se procedió a encarcelar a varios obispos y a centenares de sacerdotes, se ordenó la clausura de algunos seminarios y se suspendieron varios periódicos católicos.

La *Kulturkampf* fue un producto de los últimos años y la declinación de Pío IX. Pío falleció en 1878 y le sucedió Luigi Pecci, ex obispo de Perugia, con el nombre de León XIII. León era tan conservador como su predecesor, pero tenía un carácter más realista y creía en la necesidad de realizar adaptaciones menores al mundo si eso aprovechaba a la Iglesia. Se mostró muy dispuesto a pactar un acuerdo con Bismarck con la condición de que se derogasen las leyes anticatólicas. En 1874 Bismarck había dicho que dar ese paso implicaría aceptar un triunfo papal, y «nosotros los no católicos deberíamos convertirnos al catolicismo o emigrar, o nuestra propiedad sería confiscada, como es usual que se haga con los herejes». Pero hacia 1887 estaba cansado de la lucha y buscaba aliados; León XIII persuadió a algunos miembros del partido del Centro Católico de la conveniencia de apoyar a Bismarck en el Reichstag; su recompensa fue la derogación de las leyes. Bismarck, que las había sancionado para preservar la unidad nacional frente a la interferencia papal, dijo ahora: «Qué me importa si se notifica o no al Estado la designación de un sacerdote católico. Alemania debe unirse»; esta modificación de su postura reflejó su desconcierto.

A decir verdad, no era que el papado estuviera volviendo la espalda al mundo sino que trataba de empujarlo en un sentido conservador. No se opuso al Estado moderno mientras éste tuviese una postura tradicionalista. León, uno de los pocos papas modernos que podía escribir un latín elegante, consagró mucho tiempo a publicar encíclicas que pretendían formular principios católicos, pero casi todas reflejaban las opiniones de un empírico conservador. En Italia rehusó reconocer al régimen y prohibió a los católicos participar en él: no debían ser «ni electores ni elegidos»; en cambio, fomentó la creación sistemática de una red de clubes, asociaciones y congresos católicos, que podían ser controlados por la Iglesia mucho más fácilmente que los diputados católicos y que podían ejercer casi la misma presión entre bambalinas. En 1885 su encíclica *Immortale Dei* fue un paso hacia el reconocimiento de los gobiernos elegidos popularmente cuando en realidad no existía alternativa; allí señaló que «la mayor o la menor participación del pueblo en el gobierno nada tiene de censurable en sí misma». Este documento definió su filosofía política tal como era. Tanto la Iglesia como el Estado derivan su autoridad de Dios. La Iglesia tiene poder de juzgar todo lo que se relaciona con la salvación de las almas y el culto a Dios y, por supuesto, puede haber una sola Iglesia verdadera. Denunciaba la «furia innovadora». La libertad de pensamiento y de prensa era «la fuente de muchos males». No era «legal que el Estado... tratase con el mismo favor a diferentes clases de religión»; por otra parte, «nadie debe ser obligado a abrazar la fe católica contra su voluntad», una afirmación que implicaba abandonar la posición papal sostenida por lo menos hasta la década de 1820, cuando la tolerancia había sido condenada nuevamente como «locura».

León había atacado al socialismo ya en 1878, en su *Quod apostolici muneris*, y negó el derecho de un Estado, no importaba cuál fuese su posición, a disolver el matrimonio cristiano (*Arcanum*, 1880). El derecho de gobernar provenía de Dios: el poder civil no provenía de los hombres como tales (*Diuturnum illud*, 1881). Pero en *Sapientiae Christianae* (1890) reconoció que la Iglesia no se oponía a ningún sistema de gobierno si promovía la justicia y no hacía nada que dañase la religión o la disciplina moral. En 1888, al observar que Brasil finalmente había abolido la esclavitud, alineó a la Iglesia con lo que era ahora el saber convencional: en *In plurimis* declaró que la Iglesia «se oponía totalmente a lo que originalmente había sido ordenado por Dios y la naturaleza», con lo que reconciliaba la nueva adhesión de la Iglesia a la opinión mayoritaria con su incapacidad para condenar antes la esclavitud. En general, León deseaba sistemas de gobierno y programas de acción que se adaptasen tan estrechamente como fuese posible a los ideales de la Edad Media y a la sagacidad práctica de Tomás de Aquino, un personaje a quien admiraba hasta el extremo de la idolatría. En *Rerum novarum* (1891), referida a las clases trabajadoras, aceptó los sindicatos autorizados y las juntas arbitrales destinadas a fijar los salarios, pero lamentó la desaparición de las antiguas corporaciones medievales. Tanto el socialismo como la usura eran errados; la propiedad privada era esencial para la libertad y la «sociedad sin clases» contrariaba la naturaleza humana. Los trabajadores nunca debían apelar a la violencia. Los patrones debían adoptar una actitud paternal frente a sus trabajadores, pagarles un salario justo, preservarlos de las ocasiones de pecar, y usar la riqueza «que restaba después de atender al mantenimiento de su posición» para promover «la perfección de sus propias naturalezas» y actuar como delegados «de la providencia divina para beneficio de otros». Afirmó que era el deseo de la Iglesia que «los pobres se elevasen sobre la pobreza y la desgracia y mejorasen su condición de vida», incluso que tuvieran propiedades. Creía que «la moral cristiana, cuando se practica adecuada e íntegramente, conduce por sí misma a la prosperidad temporal»; por lo tanto, el deber del Estado era «atender al suministro de los auxilios materiales y externos, cuyo empleo es necesario para la acción virtuosa»: debe «salvaguardar la propiedad privada», pero también reglamentar las condiciones de trabajo; los empresarios deben pagar salarios adecuados para la vida de «un asalariado frugal y de buen comportamiento, su esposa y sus hijos».

El poder del papado residía en la medida en que estas pautas eran aplicadas realmente por las poblaciones católicas de los principales Estados, y por consiguiente, en la medida en que los respectivos gobiernos atendían o temían la presión papal. El papado utilizaba el poder de negociación de un grupo de presión católico nacional para concertar un acuerdo ventajoso con su gobierno; pero a veces se desentendía del grupo de presión para llegar a un acuerdo. León consideró conveniente adoptar en Francia un criterio levemente más liberal que lo que deseaban los ultramontanos franceses; podía permitírselo, pues aquéllos no tenían otro lugar adonde ir. Después de autorizar para Lavigerie a que tratara de persuadir a sus colegas obispos de la conveniencia de reconocer a la Tercera República, publicó *Inter innumeras solicitudine* (1892) donde exhortaba a los legitimistas franceses a abandonar su posición y a incorporarse a la lucha para conseguir la derogación de las leyes antirreligiosas. Aconsejar esta actitud era más fácil que conseguir su aceptación. Fue típico de los católicos franceses que, después de pasar del galicanismo al ultramontanismo, llegaran a ser más papistas que el Papa, casi hasta el punto de constituir una incomodidad. A su vez, esta actitud provocó una reacción del sector republicano, en la forma del anticlericalismo, en ciertos aspectos más acendrado que durante la revolución, puesto que apuntaba a los clérigos como clérigos más que como enemigos privilegiados del Estado. En 1848 hubo asesinatos de obispos en París y en 1857 éstos se repitieron. La «casa de prostitución bendecida por obispos» de Napoleón III provocó una nueva oleada de anticlericalismo en la década de 1860, bajo el lema de Peyrat: «El clericalismo, ahí está el enemigo»; y cuando la Comuna tomó el poder en París, monseñor Darboys, que era un arzobispo relativamente liberal, fue arrastrado ante Raúl Rigaud de la Prefectura de Policía. Su reproche: «¿En qué pensáis, hijos míos?» fue respondido con las palabras «Aquí no hay hijos, sólo magistrados». También Darboys fue asesinado y la derecha católica se vengó, después de derrumbarse la Comuna, practicando fusilamientos masivos sin juicio. De esta forma, la República y el catolicismo parecían enemigos naturales. «Mi propósito», dijo Jules Ferry, en nombre de la República, «es organizar a la humanidad sin Dios y sin reyes». Su antagonista católico, el conde Albert de Mun, aceptó la dicotomía: «La Iglesia y la revolución son irreconciliables. O la Iglesia mata a la revolución, o la revolución matará a la Iglesia.»

En una época de electorado de masas, cuando incluso un papa se veía movido a aconsejar a los católicos que aceptaran una república, el catolicismo tenía que identificarse con los temas populares; a eso se refería el nuevo triunfalismo. Poseía su propio mecanismo para evangelizar a los trabajadores. En 1845 el ultracatólico padre d'Alzon había fundado la orden asuncionista, con el propósito específico de trabajar en las clases inferiores. Tenían su propia editorial y sus imprentas, y adoptaron una rabiosa línea populista de derecha. Había otros periódicos católicos extremistas, como *L'Autorité*, dirigido por Paul de Cassagnac, que proclamaba que no era importante si el país estaba dirigido por un rey legitimista o por un emperador napoleónico «si se aplasta al bastardo [republicanismo]». Pero el periódico asuncionista *La Croix*, cotidiano a partir de 1883, llegó a ser el más poderoso; su circulación estaba promovida por vendedores llamados «les chevaliers de la Croix» y sus editoriales salían de la pluma del Père Vincent de Paul Bailly, firmados con el seudónimo «Le Moine». No era la única editorial católica en Francia, pero sí la única que obtenía ganancias, y eso le permitió gozar de bastante libertad frente a la jerarquía.* En la década de 1880 los antirrepublicanos, deseosos de contar con un tema popular, comenzaron a excitar el antisemitismo. El tono fue dado por *La France Juive*, de Edouard Drumont, que llegaba a estas conclusiones: «Al fin de esta historia, ¿qué vemos? Yo veo una sola cosa, la figura de Cristo, insultado, cubierto de oprobio, desgarrado por las espinas y crucificado. Nada ha cambiado en 1800 años. Es la misma mentira, el mismo odio y el mismo pueblo.» Los judíos estaban detrás de la República, con sus escándalos financieros, la traición en perjuicio del ejército en Sedan, el éxito de la Alemania controlada por judíos y, por supuesto, la campaña contra la Iglesia. *La Croix* abordó enérgicamente el tema, y la verdad pareció confirmarse milagrosamente cuando en octubre de 1894 el único judío que había actuado en el estado mayor general del ejército, el capitán Dreyfus, fue arrestado por alta traición y espionaje en favor de Alemania.

En realidad, el caso Dreyfus fue un desastre para la Iglesia católica francesa. Las actividades de los asuncionistas identificaron a los católicos

---

* La editorial católica más meritoria fue organizada por el abate J. P. Migne con el fin de suministrar a los estudiosos ediciones baratas de los Padres de la Iglesia griegos y latinos. Su taller revisaba su propia fundición de tipos, los estereotipos, el satinado, el abrochado, la encuadernación y todas las restantes labores, excepto la fabricación de papel. Entre 1844 y 1864 Migne publicó 217 volúmenes más cuatro volúmenes de índices de su *Patrologia Latina*, más dos series de *Patrologia Graeca* en 161 volúmenes, es decir un total de 382 volúmenes. Esta estupenda empresa llevó a la bancarrota a Migne y le provocó dificultades con el arzobispo de París y con Roma. Edmon y Jules de Goncourt observaron en su *Journal* el 21 de agosto de 1864: «El abate Migne, manufacturero de libros católicos, es una extraña figura. Fundó un taller impresor en Vaugirard, atestado de sacerdotes sometidos a interdicto, sinvergüenzas que ahorcaron los hábitos, tramposos empedernidos, individuos que han perdido completamente la gracia. Si allí apareciera un oficial de policía habría una estampida en dirección a la puerta.» Véase el Apéndice en G. G. Coulton, *Fourscore Years* (Cambridge, 1945).

en cuanto cuerpo con los peores aspectos de la campaña antisemita. Le Moine escribió por la época del proceso Zola: «Por lo tanto, el libre pensamiento, vista su condición de defensor de los judíos, los protestantes y todos los enemigos de la Iglesia, es lo que está en el banquillo de los acusados con Zola, y el ejército se ve obligado, a pesar de sí mismo, a pasar al ataque.» El órgano jesuita *La Civiltà Catolica* comentó en 1898: «Si en efecto se ha cometido un error judicial, la Asamblea de 1791 ha sido la responsable cuando concedió a los judíos la nacionalidad francesa.» La intervención jesuita fue muy desafortunada, porque provocó acusaciones en el sentido de que existía una conspiración elitista antirrepublicana, sobre todo en el ejército, donde muchos altos oficiales eran católicos practicantes. La atención se centró en el jesuita Père du Lac, director de la principal escuela parisiense de la Sociedad, que había convertido a Edouard Drumont y era el confesor de Albert de Mun y del general de Boisdeffre, jefe del estado mayor general del ejército. Joseph Reinarch, el más impresionante de los propagandistas favorables a Dreyfus, describió su estudio y su importancia fundamental en la campaña para negar justicia a Dreyfus: «Las órdenes del día emanan de la sencilla celda del Père du Lac. En ella hay un crucifijo colgado de la pared y, sobre la mesa de escribir, un ejemplar comentado del *Escalafón militar.*»

Los problemas de la Iglesia se complicaron porque algunos de los antisemitas más inquietantes en realidad no eran católicos sino más bien ideólogos autoritarios de la tradición de De Maistre, hombres que consideraban a Roma una defensa natural contra la izquierda. Jules Le Maitre, que representó un papel destacado en la Liga de Patriotas opuesta a Dreyfus, escribió: «Queremos convertir el amor a la patria en una especie de religión... el equivalente de la fe confesional que los franceses ya no tienen.» Asimismo, Charles Maurras, que en 1898 fundó la Action Française, otra organización contraria a Dreyfus, era agnóstico, pero prácticamente todos sus partidarios adheridos al movimiento eran apasionados católicos, y su llamado Institut tenía una cátedra creada en honor del Compendio de Errores. Maurras adoptaba sin escrúpulos el criterio supuestamente jesuita de que el fin justifica los medios. No tenía más que palabras elogiosas para el mayor Henry, cuya falsificación contra Dreyfus fue descubierta y que se suicidó en vísperas del arresto; sólo lamentó que el delito de Henry hubiese fracasado: «Coronel, no hay una gota de vuestra preciosa sangre que no clame donde quiera late el corazón de la nación.» Y *L'Action française* agregó: «Necesitamos dinero para comprar todas las herramientas requeridas y pagar los sobornos indispensables. Debemos comprar mujeres y conciencias, y debemos comprar la deslealtad.» Era precisamente lo que los anticlericales querían escuchar.

La tragedia consistió en que una serie de católicos jóvenes y reflexivos era enérgicamente favorable a Dreyfus. Charles Péguy escribió que, mientras Dreyfus continuase condenado injustamente, Francia estaba «viviendo en estado de pecado mortal». ¿Cómo era posible que nada menos que los católicos, y nada menos que la Iglesia, negasen justicia en nombre del patriotismo? Afirmó enérgicamente que en su postura contraria a Dreyfus, la Iglesia adoptaba una actitud anticatólica, pues negaba su propio espíritu místico: «... las fuerzas políticas de la Iglesia siempre se opusieron a lo que es místico y, sobre todo, a lo que es místico en un sentido cristiano». León XIII también se sintió turbado por la postura anti-Dreyfus de la Iglesia francesa, pero su reacción respondió a una razón más realista: creía que estaba apoyando al perdedor, pues en definitiva los hechos prevalecerían. En una entrevista concedida al *Figaro*, favorable a Dreyfus, en marzo de 1899, destacó que, puesto que ahora era evidente la inocencia de Dreyfus, se estaba juzgando a las instituciones de la República más que al judío; y agregó: «Feliz la víctima a quien Dios considera suficientemente justa para confundir su causa con la de su propio hijo, que fue sacrificado.» Proviniendo de otra persona, se habría denunciado por blasfemo el comentario, pues de hecho comparaba a la Isla del Diablo con el Gólgota y a Dreyfus con Cristo. Pero León tenía ahora noventa años, y los católicos franceses estaban tan comprometidos y reaccionaban con tanta cólera que no le prestaron mucha atención.

En todo caso, la forma que adoptó la intervención papal no modificó el hecho de que la parte principal de la opinión católica identificable se oponía a Dreyfus. Cuando en 1899 se formó la organización derechista Liga por la Patria Francesa, como respuesta a la Liga por los Derechos del Hombre, de orientación dreifusista, los miembros católicos destacados de la Academia Francesa se incorporaron en bloque. Casi ningún católico conocido apoyaba a Dreyfus; los obispos guardaron silencio con una excepción, la de un dignatario que defendió al desacreditado ejército. Por lo tanto, cuando los políticos favorables a Dreyfus triunfaron bajo la dirección de Emile Combes, en 1902, la estructura oficial se volvió contra la Iglesia, como en la década de 1790. Combes era docente, un ex católico que había perdido la fe, aunque podría afirmarse que era más un hereje que un renegado. Cuando Théodore Ribot le dijo: «Usted no puede reducir la política de un gran país a una mera lucha contra las órdenes religiosas», Combes replicó: «Asumí el cargo exclusivamente con ese propósito.» Como dijo Paul Deschanel, se desechó la idea de un Estado neutral: «Consideran que el catolicismo es un error... Se apoyan en el principio formulado por Bossuet cuando dijo: "El príncipe debe usar su autoridad para destruir las falsas religiones."» Se destruyó la influencia de la Iglesia francesa sobre la educación, y el catolicismo nunca la recuperó; se liquidó el concordato, la Iglesia y el Estado se separaron; las ideologías y las tácticas del asunto Dreyfus se convirtieron en modelo de otros regímenes anticlericales, en Portugal, España y a través de América Latina.

El riesgo de que los católicos europeos se enredaran en una lucha contra una forma republicana de gobierno residía en que amenazaba la posición de los católicos en Estados Unidos, los que, a causa de la emigración, estaban convirtiéndose en una de las comunidades católicas más grandes del mundo (y ciertamente, la más rica). En su encíclica especial para Estados Unidos, *Longinqua oceani* (1895), León XIII trató de evitar el dilema: «... sería completamente erróneo sacar la conclusión de que en Estados Unidos debe buscarse la esperanza de la condición más deseable para la Iglesia, o que sería universalmente legal o práctico que el Estado y la Iglesia estuviesen, como en Estados Unidos, desmembrados y divorciados... [la Iglesia] produciría frutos más abundantes si, además de la libertad, gozara del favor de las leyes y la protección de la autoridad pública». Y agregaba que «a menos que la necesidad los obligase a proceder de otro modo, los católicos deben preferir la asociación con católicos». Esta manifestación pareció débil y comprometedora a los antirrepublicanos europeos, pero irritó a los norteamericanos y consiguió que la posición de la jerarquía católica en Estados Unidos fuese muy difícil. Ésta siempre había destacado que la República y la Iglesia eran prácticamente almas hermanas. Como dijo el católico más influyente, John Ireland, arzobispo de San Pablo: «No hay conflicto entre la Iglesia católica y Estados Unidos. Yo no podría pronunciar una sola sílaba que refutase, ni aun remotamente, a la Iglesia o a la República, y cuando afirmo, como solemnemente hago ahora, que los principios de la Iglesia armonizan completamente con los intereses de la República, sé que en el fondo de mi alma digo la verdad.» Pero muchos norteamericanos no aceptaron estas palabras tranquilizadoras. ¿Cómo podían hacerlo, cuando había una distancia tan evidente entre el triunfalismo protestante y el triunfalismo del Vaticano? Se afirmó la idea, que perduró más de medio siglo, de que no debía permitirse que un católico fuese presidente de la República. Pero el efecto quizá más importante fue el que se manifestó en los católicos norteamericanos. A veces temían que el papado sencillamente condenase el «norteamericanismo» como un «error» moderno y de ese modo sometiese a cuarentena a los católicos de la sociedad norteamericana. Los obispos norteamericanos se veían forzados constantemente a apartar de este curso al Vaticano y, aunque tuvieron éxito, conquistaron esa concesión al precio del conformismo servil frente a casi todo el resto. De esta forma, los católicos norteamericanos no representaron en la Iglesia el papel progresista que era natural en virtud de su participación en la sociedad milenarista.

Se estuvo a un paso de un ataque del Vaticano a la ideología norteamericana cuando León XIII, con sus noventa y tres años, dejó el sitial a Giuseppe Sarto, que en 1903 fue elegido Papa con el nombre de Pío X. Pío X era notable en varios sentidos. Provenía de una familia muy pobre: su padre había pertenecido a la categoría más baja y despreciable del servicio municipal, es decir, era notificador y cobrador de deudas. En la Edad Media habían existido papas de orígenes humildes, pero no se conocían casos en los siglos recientes, pues prácticamente todos provenían de familias aristocráticas. Además, Pío fue el primer Papa en muchas generaciones que había tenido experiencia pastoral como sacerdote común. Finalmente, fue el primer Papa que mereció la canonización después de Pío V, el monje dominico que excomulgó a la reina Isabel I en 1570. Puede decirse que la elección de Pío X asignó al sacerdote parroquial una importancia colectiva (a expensas de la independencia episcopal), en una Iglesia dominada por el triunfalismo populista. Pero Pío no dispensaba especial simpatía a los pobres. El antecedente de la profesión de su padre lo había llevado a formarse una mediocre opinión de los méritos de los humildes, y sus diecisiete años de trabajo parroquial no lo inclinaban a simpatizar con las aspiraciones políticas de las masas. Lo que compartía con los pobres era una intensa superstición. Se convenció él mismo y convenció a otros de que poseía clarividencia y otros poderes sobrenaturales, y las crónicas acerca de tales milagros le garantizaron los honores póstumos. Pío era un hombre alto y apuesto, con una atractiva presencia y pies enormes (aún es posible ver en Roma sus gigantescas pantuflas papales). Solía prestar sus calcetines pontificios rojos a los que padecían dolencias en los pies; el método a veces era eficaz, aunque Pío no pudo curar su propia uricemia. Profesaba apasionada devoción al culto de los santos y las reliquias, y a otros aspectos del cristianismo mecánico, mientras que al mismo tiempo desconfiaba de los enfoques más intelectuales de la religión. Concebía el universo en blanco y negro. El papado tridentino y la Iglesia que lo representaba eran blancos; el resto era negro, y en el resto mezclaba la democracia, el republicanismo, la ciencia, la exégesis bíblica moderna, el comunismo, el ateísmo, el libre pensamiento y cualquier forma de cristianismo que no estuviese dirigida por el clero. Creía que el protestantismo era una mera etapa en un avance inevitable hacia el ateísmo. En el curso de su carrera había luchado: como obispo de Mantua se enredó en agrias disputas con los socialistas municipales y los francmasones. Designado patriarca de Venecia, no pudo ocupar su cargo durante tres años a causa de la actitud del gobierno italiano, que rehusaba conceder su *exequatur*.

Pío fue elegido Papa después de una prolongada lucha política. El favorito del Cónclave había sido el cardenal Rampolla, secretario de Estado desde 1887 y un hombre de tendencias moderadamente liberales. El ministro francés de Relaciones Exteriores pidió a los cardenales franceses, que como de costumbre votaban en bloque, que le concediesen sus votos; ellos al parecer así lo hicieron; en la primera votación, Rampolla se adelantó claramente al resto, con veintinueve votos de un total de sesenta y dos. Pero precisamente a causa del favor francés Rampolla era inaceptable para las potencias centrales; antes de la segunda votación el cardenal Puzyna, arzobispo de Cracovia, en nombre del emperador Habsburgo, ejerció la «aulic exclusiva», el veto de un candidato papal que tradicionalmente pertenecía a Austria como legatario residual del Sacro Imperio Romano. El Cónclave no aceptó formalmente la validez del veto, pero su secretario, el arzobispo Merry del Val, que dirigía la votación, se ocupó de que en la práctica lo acatase. El voto por Rampolla ascendió a treinta en la cuarta votación, pero después descendió; y en la séptima Sarto obtuvo la necesaria mayoría de los dos tercios.

Pío X designó a Merry del Val secretario de Estado a la edad muy temprana de treinta y ocho años, no tanto para recompensar los servicios prestados sino más bien para crear una alianza complementaria entre un anciano reaccionario que se había elevado por su propio esfuerzo y un aristócrata intelectual conservador. Del Val era el hijo acaudalado de un diplomático español y una dama inglesa, una figura conocida en la sociedad europea y un enérgico y hábil defensor del *ancien régime*. Esta combinación en el Vaticano revirtió las medidas adaptativas de León XIII y Rampolla —sin duda grisáceas y triviales— e inauguró un reinado del terror contra el liberalismo en la Iglesia. Pío creía en los fuegos artificiales derechistas. Su primera alocución consistorial, en noviembre de 1903, parecía una glosa que ampliaba el decreto de infalibilidad: «... el Soberano Pontífice, investido por Dios Todopoderoso con la magistratura suprema, carece de derecho para apartar los asuntos políticos de la esfera de la fe y la moral»; a esto siguió una reafirmación del principio *cuius regio, eius religio*, o en todo caso una genuflexión en homenaje a De Maistre: «La gente es lo que sus gobiernos desean que sea.» Pío pronto se enredó en disputas con el gobierno de Combes. En 1903 se había visto a monseñor Le Nordez, el obispo liberal de Dijon, conversando con francmasones en una fotografía comprometedora publicada por *La Libre Parole*, una hoja procaz contraria a Dreyfus. La mayoría del clero diocesano y de los seminaristas lo boicotearon y, después de una investigación superficial, el Papa ordenó su remoción. Pero esto implicaba infringir el concordato, de modo que el gobierno francés acudió en defensa del obispo, se demostró que la fotografía era una falsificación (como los más objetivos ya lo habían sospechado) y el episodio provocó un escándalo que llevó a la liquidación del concordato y a la separación de la Iglesia y el Estado en Francia. Pero también el gobierno de Combes exageró el asunto. Sufrió una derrota en 1904, cuando se descubrió que el Ministerio de la Guerra llevaba un fichero de oficiales dividido en dos categorías: «Corinto» y «Cartago». Se basaba en información suministrada por el secretario del Gran Oriente, la más influyente de las organizaciones de francmasones francesas. Los «corintios» eran francmasones y ateos de buena posición; los «cartagineses» eran los oficiales cuyos hijos asistían a las escuelas religiosas y cuyas esposas oían misa, y eran los hombres a quienes, por lo tanto, se negaba el ascenso.

El asunto del fichero convenció a los triunfalistas más militantes del Vaticano de que existía una enorme conspiración internacional para destruir a la Iglesia católica romana. Era la prueba que habían estado esperando. Es más, creían que la parte más importante de la conspiración estaba en la Iglesia, disfrazada de catolicismo progresista o liberal, pero en realidad relacionada con la francmasonería y el ateísmo. Denominaron «modernismo» a la conspiración, y la vincularon sobre todo con los esfuerzos de los eruditos católicos por alcanzar el nivel de los historiadores y los exégetas de las Escrituras que militaban en el protestantismo alemán y que habían dominado los estudios bíblicos y eclesiásticos desde fines del siglo XVIII. En todas las cuestiones esenciales, la nueva campaña fue una reanudación de la guerra librada por los teólogos escolásticos ortodoxos contra los eruditos renacentistas de los textos pertenecientes a la época erasmista, una guerra que había degenerado a su tiempo en la cacería de brujas. Se asoció el «modernismo» con el estudio de la historia que (como hemos visto) en realidad era un enemigo más peligroso de la ortodoxia y el triunfalismo que la ciencia propiamente dicha.

Hacía mucho que los ortodoxos apuntaban hacia los historiadores. Los historiadores eclesiásticos alemanes, sobre todo los de la facultad católica de la Universidad de Tubinga fueron los que, con una excepción (lo designaron cardenal), condenaron el decreto de infalibilidad; también el historiador inglés lord Acton, que había intentado organizar la oposición internacional al decreto, y los cinco Institutos Católicos franceses, fundados en 1875, que prestaron especial atención a los estudios históricos y albergaron a los académicos católicos más atrevidos. Por supuesto, los estudios bíblicos siempre habían sido peligrosos. Las herejías originadas en ellos se remontaban a Marción y eran más antiguas que el canon. Muchos de los estudiosos bíblicos renacentistas más distinguidos, de Erasmo en adelante, después habían visto sus obras condenadas en los tiempos tridentinos. Por otra parte, la Iglesia católica no podía limitarse a abandonar a los protestantes los estudios bíblicos, pues eso habría equivalido a traicionar la tradición ortodoxa que se remontaba a Papías e incluía a los grandes doctores de la Iglesia.

En 1893, en su encíclica *Providentissimus Deus*, León XIII había formulado una severa advertencia a los eruditos más emprendedores. «Todos esos libros», insistió, «y esos libros en su integridad considerados sagrados y canónicos por la Iglesia, fueron escritos en todas sus partes bajo la inspiración del Espíritu Santo. Ahora bien, lejos de aceptar la coexistencia del error, la divina inspiración excluye por sí misma todo error, y eso también es inevitable, pues Dios, la Suprema Verdad, debe ser incapaz de error en la enseñanza». Interpretado literalmente, este sorprendente enunciado de hecho prohibía la erudición, pues afirmaba como hecho dogmático lo que la erudición histórica ya en 1893 había demostrado que era en gran parte tema de argumentación y conjetura. La verdad es que muy poca gente importante en el Vaticano (o con frecuencia en las jerarquías nacionales) sabía bastante para entender las premisas y la metodología de la moderna exégesis bíblica y sus disciplinas afines. Como los teólogos a quienes Erasmo despreciaba, condenaban basándose en la ignorancia. Los pocos que en efecto entendían ya eran —*eo ipso*, por así decirlo— personas sospechosas. El cardenal Meigan resumió claramente el tema en su correspondencia con el abate Alfred Loisy, del Instituto Católico de París: «Roma nunca entendió nada de estas cuestiones. La totalidad del clero católico es profundamente ignorante en la materia. Cuando uno intenta arrancarlos de su ignorancia afronta graves riesgos, pues nuestros teólogos son feroces.» Estas palabras podían haber sido pronunciadas por el propio Erasmo; en esta cuestión, parecía que Roma no había aprendido nada en 400 años.

La advertencia de León en 1893 no se continuó en la persecución sistemática. Esa tarea correspondió a Pío X. Hubo muchas víctimas, grandes y pequeñas. Prácticamente todos los que se dedicaban a los estudios bíblicos, a menos que éstos tuvieran un carácter puramente mecánico, se convirtieron en sospechosos durante este pontificado. Una de las víctimas fue Albert Lagrange, el fundador dominico del Centro de Estudios Bíblicos de Jerusalén. Se vio obligado a declarar su total sumisión a Pío. Otro fue Louis Duchesne, cuya *Historia de la Iglesia primitiva* fue condenada; también él tuvo que someterse abyectamente. Loisy, estudioso de la historia hebrea y asiria, demostró un espíritu más combativo. Su obra *El Evangelio y la Iglesia* (respuesta a *¿Qué es el cristianismo?* del gran historiador eclesiástico protestante Adolph von Harnack) determinó que nada menos que cinco de sus obras fuesen puestas en el Index en 1903; como no aceptó retractarse, fue excomulgado por Pío en 1908. Pío estaba decidido a impedir que el clero católico se contaminase con los errores, según él entendía el asunto, de las ciencias históricas y físicas. En su primera encíclica, *E Supremi Apostolatus Cathedra*, prometió: «Pondremos el mayor cuidado en salvaguardar a nuestro clero de las celadas del pensamiento científico moderno, una ciencia que no respira las verdades de Cristo y, en cambio, con su astucia y sus argumentos sutiles mancha la mente de la gente con los errores del racionalismo y el semirracionalismo.» En adelante, la cacería no se limitó a los eruditos bíblicos: se amplió mucho más la red. El padre George Tyrrell, converso irlandés, jesuita y erudito tomista, fue atacado porque sostuvo «el derecho de cada época de adaptar la expresión histórico-filosófica del cristianismo a las certidumbres contemporáneas, y así terminar con este conflicto absolutamente innecesario entre la fe y la ciencia que es un mero espantajo teológico». Tyrrell fue expulsado de la orden jesuítica en 1906 y se le suspendieron los sacramentos al año siguiente; se le concedió la extremaunción en su lecho de muerte (1909), pero se le negó sepultura en un cementerio católico. Fue uno de los muchos casos trágicos.

En 1907 Pío formalizó la campaña publicando el decreto *Lamentabili*, que distinguía sesenta y cinco proposiciones de lo que se denominaba la «herejía modernista». La jerarquía católica norteamericana se sintió sumamente aliviada al descubrir que el «norteamericanismo» no era una de ellas. En general, el modernismo, según Pío lo concebía, era el intento de esclarecer la historia y la enseñanza del cristianismo (y del judaísmo) mediante el empleo objetivo de disciplinas académicas que se habían desarrollado durante y después del Iluminismo. Al negar objetividad al estudio, inhibía la búsqueda de la verdad en cualquier lugar al que ésta pudiese conducir, y así parecía establecer una distinción entre la fe y la verdad, que es la esencia misma del mensaje paulino. Por consiguiente, si el propio decreto *Lamentabili* era herético, es tema de discusión; pero no era una discusión que pudiese realizarse en ese momento. En efecto, al decreto siguió, dos meses más tarde, la encíclica *Pascendi dominici gregis*, que imponía un juramento antimodernista obligatorio a todos los obispos católicos, los sacerdotes y los docentes. De esta forma comenzó el terror antimodernista, promovido con venenosa acritud en muchos establecimientos docentes católicos, sobre todo en los seminarios. Hubo un elevado número de víctimas, que vieron destruida su carrera eclesiástica; muchos «sospechosos», cuyas designaciones futuras quedaron afectadas, ignoraban totalmente las acusaciones contra ellos, conservadas en los archivos del Santo Oficio. Uno de ellos fue Angelo Roncalli, que estaba por entonces en el seminario de Bérgamo, y que no se enteró de la información archivada contra él hasta que fue Papa en 1958 y exigió ver su prontuario del Santo Oficio.

Es posible que Pío X y otros creyesen que existía una auténtica conspiración modernista, que emanaba de Francia. Todos los días Merry del Val leía un resumen de la prensa francesa, al que se agregaba un «comentario» preparado por un rabioso asuncionista, el Père Salvien; la teoría de la conspiración estaba bien documentada por la «información» publicada en *Action française* y *La Libre Parole*. De hecho, jamás se descubrieron pruebas de que existiese tal conspiración. Lo que en cambio pudo conocerse, cuando la inteligencia militar alemana capturó un escondite de documentos eclesiásticos en Bélgica, en 1915, fue la existencia de una sociedad secreta antimodernista en el Vaticano, con ramificaciones en otros lugares de Europa. Ostensiblemente era un grupo devocional denominado *Sodalitium Pianum* (apodado *la sapinière,* es decir, el pinar); en la práctica, era un grupo de presión destinado a promover la carrera de los clérigos «dignos de confianza» de la burocracia de la Iglesia, y una red de información que recogía material perjudicial para los clérigos «indignos de confianza», delatándolos después al Santo Oficio. Su organizador era Monseñor Umberto Benigni, ex profesor de estilo diplomático de la Academia Pontificia de Eclesiásticos Nobles, que suministraba la parte principal del servicio diplomático del Vaticano y de la que Del Val era ex alumno. No ha podido aclararse hasta dónde Del Val conocía las actividades de esta red. El centro se comunicaba en código con sus agentes: de esta forma, Pío era «Miguel», Del Val era «Jorge», y así por el estilo, es decir, como los métodos aplicados en la época de Felipe II, ya que sin duda, la organización entera tenía la atmósfera de fines del siglo XVI. Además, tenía su propia publicación, *La Correspondence de Rome*, que tendía a revelar parte del juego. Del Val disolvió el grupo, por lo menos en apariencia, cuando concitó una atención hostil en 1913; por supuesto, estalló un escándalo cuando los alemanes publicaron sus descubrimientos. Pero el *Sodalitium* no fue disuelto formalmente hasta 1921. Unos años más tarde, Pío XI envió al padre Salvien a que terminara sus días en un monasterio de castigo. No hay pruebas de que los archivos del Santo Oficio fuesen depurados jamás de la información suministrada por el grupo y en efecto, un paso semejante hubiera sido muy improbable. El terror antimodernista propiamente dicho fue suspendido sólo en 1914, cuando Benedicto XV sucedió a Pío X.

La campaña de Pío X contra la erudición católica estuvo acompañada por una serie de movimientos políticos, organizados por Del Val, para destruir todo lo que fuera espíritu de independencia en el laicado católico de mentalidad progresista, y sobre todo para contener el desarrollo de un movimiento demócrata cristiano. En Italia este proceso había adoptado la forma de la Opera dei Congressi, una serie nacional de clubes, sociedades, organismos de beneficencia y sindicatos, organizados por los laicos para contar con un mecanismo de penetración católica en el sistema político tan pronto el papado suspendiera la política *non expedit*, y permitiese que los católicos participaran en la vida pública del Estado. El 28 de julio de 1904, sin advertencia previa pero con la aprobación de Pío, Del Val envió cartas que disolvían la Opera y transferían todas sus actividades a los obispos diocesanos. El movimiento fue remplazado por la Azione Cattolica, un grupo de presión derechista organizado por el Vaticano. Más o menos el mismo procedimiento fue aplicado en Francia, donde la democracia cristiana estaba organizándose alrededor de un grupo denominado Le Sillon («el surco»), fundado por Marc Sagnier en 1898. También ésta era esencialmente una organización laica y ajena al control de los obispos. Hacia 1908 diez arzobispos y veintiséis obispos habían prohibido a sus clérigos que se uniesen a la organización, y Pío dictó la sentencia de muerte al condenarla en la forma que entonces tenía y al ordenar que fuese reorganizada por los obispos en el nivel diocesano. Lo que determinó que el ataque a Le Sillon, cuya postura doctrinaria era totalmente ortodoxa, pareciese más criticable, fue que al mismo tiempo se mostrara una extraordinaria tolerancia frente a Action Française, su rival de extrema derecha. Aunque controlado por un ateo y desordenadamente excéntrico en sus enseñanzas, el movimiento gozó de la protección del Vaticano y continuó reclutando católicos franceses, incluso clérigos. Pío afirmó que Maurras era «un sólido defensor de la Iglesia y la Santa Sede». Cuando los libros de Maurras fueron delatados al Santo Oficio, no tuvo más alternativa (de acuerdo con sus propios términos de referencia) que condenarlos por heréticos. Pero Pío vetó una condenación pública y dijo que las obras eran *«Damnabilis, non damnandus»* (merecían ser condenadas, pero no debía condenárselas) y prohibió que se actuase contra el movimiento. En términos técnicos, se formuló la condenación en 1914, pero se suspendió de acuerdo con el deseo del Papa. Pocos años más tarde, se descubrió que todos los documentos relacionados con el caso habían sido «perdidos» por el Santo Oficio, y es posible que Pío y Del Val ordenaran su destrucción. La conclusión que muchos extrajeron de estos groseros procedimientos fue que, para el Vaticano, la ortodoxia doctrinaria era menos importante que la ortodoxia política, y que el objeto perseguido al aplastar tanto a la erudición bíblica como al movimiento demócrata cristiano fue no tanto el interés por la pureza de la verdad cristiana como el odio a todo lo que fuese un desafío al orden social vigente, y la imposición de la autoridad por arriba. Como dijo un prelado francés al atacar a Le Sillon, «... la afiliación... origina rápidamente, sobre todo en los jóvenes, una irrespetuosidad crítica y un espíritu indisciplinado».

El desvío del papado populista hacia la derecha inevitablemente ensanchó la distancia que separaba a los católicos de los protestantes. En Estados Unidos la jerarquía católica, agradecida al menos porque el Papa no le hubiese pedido que se adhiriese a una condenación del modo de vida norteamericano, evitó toda forma de controversia y cualquier tipo de contacto con otros cristianos. En Alemania, los católicos de espíritu más independiente habían sido devueltos a la ortodoxia regimentada por los estragos de la *Kulturkampf*. En Gran Bretaña, la «segunda primavera» del catolicismo, que a juicio de algunos había comenzado con la conversión de Newman y Manning, se convirtió directamente en otoño; no hubo un movimiento masivo de anglicanos hacia Roma y la conversión de la elite se redujo drásticamente. En cambio, durante la última década del siglo XIX hubo intentos de unir a las dos Iglesias, pero fueron rápidamente aplastados por la actitud desdeñosa del Vaticano y por la hostilidad franca y explícita de la jerarquía católica inglesa restablecida y dirigida por el cardenal Vaughan, que duplicaba las sedes anglicanas y, por lo tanto, se habría visto eliminada en caso de una reunificación. Los intentos, patrocinados por lord Halifax, un piadoso laico de la Iglesia oficial, fracasaron en relación con el problema de las órdenes anglicanas, cuya validez Roma cuestionaba por razones tanto históricas como teológicas. En 1894 Vaughan anunció públicamente que los obispos y el clero anglicanos «pueden ser considerados sólo laicos»; en privado, rogó a León XIII que se pronunciara definitivamente contra los ordenamientos anglicanos. León vacilaba. Como de costumbre, buscaba la solución empírica ventajosa. Pero lo convenció el argumento de Vaughan en el sentido de que si Roma reconocía un clero anglicano como un cuerpo ordenado válidamente, su propia jerarquía, repetición de la anglicana, parecería ridícula; parece también que el Papa creyó en la seguridad que le ofreció Vaughan de que la simple condenación aportaría a Roma un gran caudal de conversos anglicanos. De modo que en 1895 publicó una encíclica dirigida a los ingleses, titulada *Ad Anglos*, en la que sencillamente invitaba a éstos, colectiva o individualmente, a someterse a «la Iglesia»; le siguió un año más tarde la bula *Apostolicae Curae*, que declaraba los ordenamientos anglicanos «absolutamente nulos y sin contenido». El tono y las implicaciones de estos dos documentos no hubieran podido ser más insultantes y condenatorios del anglicanismo y, por inferencia, de un enorme espectro del protestantismo en el mundo entero. La brecha se ensanchó todavía más y se envenenó por el terror antimodernista durante el régimen de Pío X.

La Iglesia de Inglaterra también tuvo sus modernistas y sus antimodernistas; se dividió profundamente a causa de los interrogantes formulados por los eruditos protestantes modernos en relación con la Inmaculada Concepción, los milagros del Testamento e incluso la propia Resurrección. Entre las obras de estos estudiosos cabe mencionar *The Miracles of the New Testament* (1911) por J. M. Thompson, decano de Teología de Magdalena; *Foundations* (1912), una obra de ensayos clericales compilados por el canónigo Streeter, y *The Creed in the Pulpit* (1912), del canónigo Hensley Henson. La respuesta del Vaticano cuando tuvo que tratar con los modernistas había sido sencillamente invocar la disciplina. Se procedió a condenar un número enorme de obras y la erudición católica en este campo prácticamente desapareció. Algunos anglicanos también deseaban que se adoptaran medidas contra los liberales (de hecho, el obispo retiró su licencia a Thompson). Pero el arzobispo Randall Davidson de Canterbury consiguió concertar un compromiso razonable. En una asamblea del Sínodo, en 1914, aceptó el dictamen del arzobispo Temple: «Si las conclusiones están prescritas, se excluye el estudio.» La verdad debía ocupar el primer lugar. «Yo diría a cada estudioso honesto de estas cuestiones: "Seguid la verdad hasta el límite de vuestras posibilidades de descubrirla y permitid que sea vuestra guía, dondequiera os conduzca... No permitáis que vuestro estudio se vea estorbado por un solo pensamiento acerca de las consecuencias de esta o aquella conclusión para vosotros mismos o para otros. Si es verdad, seguid adelante hacia esa verdad."» Al mismo tiempo, insistió en que los clérigos anglicanos, portavoces autorizados de la fe cristiana, debían adherirse a ciertas creencias; convenció al Sínodo de que aprobase por unanimidad una resolución que «deja registrada su convicción de que los hechos históricos señalados en los Credos son una parte esencial de la fe de la Iglesia».

La solución anglicana ponía el centro en el individuo, permaneciendo fiel a las enseñanzas de san Pablo. Un estudioso debía buscar la verdad; pero ésta podría conducirlo a una situación en que él sobrepasara los límites del cristianismo, que tenía límites definidos. Si llegaba a eso, era mejor afrontar el hecho, a la luz de su propia mente y su conciencia, antes que intentar suprimirlo, pues el cristianismo mismo se identificaba con la verdad. La consecuencia de esta línea de razonamiento fue que, en definitiva, el problema sería resuelto por la erudición, que reconciliaría la verdad histórica con la escritura, o bien que el cristianismo desaparecería, después de demostrar su propia falsedad. La conclusión de la actitud papal consistía en que el hombre era un vaso demasiado frágil para permitirle que se debatiese individualmente con la verdad; necesitaba la guía colectiva de la Iglesia, que respondía a la dirección divina, a la que él debía seguir incluso contra la prueba aparente de sus sentidos y su conciencia. De este modo, la controversia vino a demostrar que desde el siglo XVI nada esencial había cambiado en la polémica entre católicos y protestantes. Por lo tanto, en 1914 los cristianos aún no podían alcanzar un consenso acerca del modo en que su credo debía asimilar el nuevo saber que afluía desde todos los ángulos, incluso acerca del modo en que los cristianos debían asimilarlo. Esta deprimente conclusión contrariaba la euforia espiritual contemporánea. En 1914 había muchos triunfalistas. Los papistas suponían que con el tiempo todos los cristianos se someterían a Roma y que después vendría una reorientación del mundo bajo la guía papal; es decir, un retorno al siglo XIII de Inocencio III, pero con barcos, radio y aviones. Los triunfalistas protestantes preveían la evangelización del mundo de acuerdo con los criterios del voluntarismo norteamericano. Por consiguiente, sus proyecciones futuras y antagónicas eran muy distintas, pero descansaban en supuestos análogos. Se mantendría el predominio de Occidente, un predominio intelectual, económico, militar y político. Más aún, se fortalecería. El cristianismo continuaría siendo el beneficiario de la fuerza occidental. Occidente todavía se apoyaba en un marco esencialmente cristiano de creencias y ética. Como individuos, los occidentales eran abrumadoramente cristianos en su enfoque y sus expectativas.

El proceso histórico iniciado por la Primera Guerra Mundial ha demostrado la fragilidad de todas estas certidumbres. Si 1914 significó una división en la historia de la monarquía y la legitimidad, del privilegio y el capitalismo liberal, del imperialismo occidental y el dominio de la raza blanca —si en efecto anticipó la destrucción de todas estas instituciones— también fue un golpe devastador para el cristianismo. En cierto aspecto, demostró la insignificancia del tipo de acción de retaguardia encabezado por Pío X, pues la marcha del cambio fue percibida no tanto como la obra de eruditos concienzudos sino más bien como la acción de fuerzas enormes e implicables que escapaban al control de un pontífice o del Santo Oficio. Sin embargo, un hecho aún más perjudicial fue que la guerra también atrajo la atención hacia el dominio superficial que el cristianismo parecía ejercer sobre las pasiones de las multitudes o los actos de sus gobiernos. El cristianismo europeo, supuestamente basado en un fundamento moral común, demostró que no era más eficaz que la red de relaciones matrimoniales entre las familias reales para impedir el Apocalipsis o que el asunto degenerase en el genocidio mutuo. Las divisiones doctrinarias y eclesiásticas del cristianismo, tan abundantes de historia, debatidas y defendidas tan ruidosamente, demostraron igualmente, o incluso más, que carecían de importancia. Todos los participantes afirmaron que mataban en nombre de un principio moral. De hecho, todos persiguieron objetivos puramente seculares. Las creencias y las afiliaciones religiosas no representaron ningún papel en los alineamientos. De un lado estaban la Alemania protestante, la católica Austria, la Bulgaria ortodoxa y la Turquía musulmana. Del otro, la Gran Bretaña protestante, Francia e Italia católicas y Rusia ortodoxa.

Divididas de este modo, las Iglesias cristianas no podían representar un papel (y no lo representaron) en el intento de trascender la lucha y promover la reconciliación. Los clérigos demostraron que no podían, y en la mayor parte de los casos no querían, poner la fe cristiana antes que la nacionalidad. La mayoría siguió el camino fácil y equiparó al cristianismo con el patriotismo. Los soldados cristianos de todas las confesiones recibieron la exhortación a matarse mutuamente en nombre de Su Salvador. La cláusula del derecho canónico que prohíbe que los sacerdotes porten armas o derramen sangre quedó suspendida en la práctica y fueron movilizados unos 79.000 sacerdotes y monjas católicos. De éstos, 45.000 corresponden solamente a Francia, y más de 5.000 sacerdotes franceses fueron muertos en acción. En Gran Bretaña se eximió al clero, pero éste contribuyó al esfuerzo bélico de acuerdo con sus posibilidades. Hensley Henson, futuro obispo de Durham señaló refiriéndose al estallido de la guerra: «Regresamos deprisa a Durham, y pronto nos sumergimos en el entusiasmo y las actividades de los preparativos bélicos»; en su caso fue una gira por el condado con el lord teniente con el fin de obtener reclutas para la infantería ligera de Durham. El doctor Garbett, después arzobispo de York, se regocijó porque tres de sus seis curas, que oficiaban como capellanes en el frente, habían obtenido la Cruz Militar (uno con barra). Los anglicanos organizaron una «Misión Nacional de Arrepentimiento y Esperanza», considerada por William Temple, después arzobispo de Canterbury, «un modo escasamente adecuado de afrontar el fin de un mundo». La Misión obtuvo el apoyo de Horatio Bottomley, estafador comercial y promotor de disturbios de la chusma, un hombre que se especializaba en la organización de campañas de reclutamiento; tomaba el té con el obispo de Londres, pero más tarde escribió en *John Bull* que las tropas británicas en el frente no necesitaban «esperanza ni arrepentimiento», porque estaban formadas totalmente por «héroes y santos». Los clérigos que demostraban escaso entusiasmo por la guerra sufrían persecución. Cosmo Gordon Lang, arzobispo de York, cayó por descuido en esta categoría. Lang era un esnob incorregible; cuando pronunció un discurso de reclutamiento en el Empire Music Hall de York, no pudo resistir la tentación de deslizar el nombre del Kaiser, a quien según dijo había visto por última vez arrodillado y llorando junto al lecho de muerte de la reina Victoria; esa imagen, según dijo, era un «recuerdo sagrado» y él «lamentaba mucho el modo grosero y vulgar en que se había tratado al emperador de Alemania en algunos de los diarios y las ilustraciones cómicas». Se interpretó este pasaje como un comentario pro-alemán; Lang recibió miles de cartas insultantes (más veinticuatro cruces de hierro), fue expulsado del Club Yorkshire y, «lo peor de todo», sintió «cierta frialdad en Windsor y Balmoral». El incidente lo persiguió el resto de su vida. Más intencionadamente, Benedicto XV provocó animosidad cuando actuó por medios diplomáticos para impedir que el conflicto se extendiera. Sus fracasados esfuerzos por mantener fuera de la guerra a Italia le ganaron la hostilidad de los católicos franceses, que lo denominaron «el Papa boche». En agosto de 1917 su propuesta de tregua fue denunciada por un importante dominico, el Père Sertillange, desde el elegante púlpito parisiense de Madelaine: «Como el aparente rebelde del Evangelio, somos hijos que contestan: "¡No, no!"» En ese momento Sertillange contó con el apoyo de su arzobispo, el cardenal Amette; después de la guerra el Vaticano se vengó; el fraile fue encerrado en casas religiosas de Palestina, Italia y Holanda, y recuperó su libertad de expresión poco antes de la Segunda Guerra Mundial.

No puede sorprender que Estados Unidos, en su carácter de Estado cristiano milenario, fuese el país que realizó los intentos más valerosos, o por lo menos los más ruidosos, para identificar su causa nacional con el principio religioso. Como país neutral, Estados Unidos no había percibido ninguna diferencia moral entre los beligerantes. Más aún, el presidente Wilson había observado en privado que para Estados Unidos unirse a los Aliados significaba que «perderemos la cabeza lo mismo que los demás y dejaremos de ponderar el bien y el mal». Su actitud cambió en cuanto Estados Unidos comenzó a participar en la guerra. «Entramos en guerra», declaró públicamente, «como el defensor desinteresado del derecho». La retórica del púlpito cristiano suministró los detalles coloridos, como había hecho durante la Guerra Civil. «Dios nos ha convocado a esta guerra», dijo el reverendo Randolph H. McKim en su iglesia de Washington. «En efecto, este conflicto es una cruzada. La más grande de la historia. La más santa. Es, en el sentido más profundo y válido de la palabra, una Guerra Santa... Sí, Cristo, el rey de la rectitud, nos convoca para que nos enfrentemos en lucha mortal a este poder impío y blasfemo.» El reverendo Courtland Meyers predicó en Boston: «Si el Kaiser es cristiano, el dominio en el Infierno es cristiano y yo soy ateo.» Newell Dwight Hillis, ministro de la iglesia Plymouth de Brooklyn, propuso un plan para «exterminar al pueblo alemán... la esterilización de diez millones de soldados alemanes y la segregación de las mujeres». Henry B. Wright, director evangélico de la YMCA y ex profesor de teología de Yale, aseguró a los soldados que tenían escrúpulos en relación con el uso de la bayoneta, que él podía «ver a Jesús mismo apuntando el cañón de un fusil y atravesando con la bayoneta el cuerpo de un enemigo». Albert C. Dieffenbach, unitario, también creía que Cristo llevaría «la muerte al que es el enemigo más letal del Reino de su Padre en mil años». Shailer Mathews, de la Escuela de Teología de Chicago, opinó que un objetor de conciencia no debía ser perseguido, «con la condición de que no hable con acento alemán», pero agregó que «para un norteamericano rehusar su participación en la guerra actual... no es cristiano».

El cristianismo organizado en Estados Unidos al menos intentó rescatar del desastre algunos resultados éticos, exigiendo condiciones de paz ajustadas a los principios cristianos. En su libro *Christian Ethics in the World War* (1918), W. Douglas Mac Kenzie, de la Fundación del Seminario Hartford «cristianizó» el conflicto al asumir una postura de campaña contra el militarismo alemán, afirmando que un desenlace cristiano implicaría la sustitución del Estado-nación por la Liga de las Naciones. En efecto, la Liga era el modo de resolver el dilema que la guerra proponía a los cristianos. El cristianismo se había mostrado impotente para impedir la guerra, para acortarla, para mitigar el «horror» o para prevenir que ambos bandos —en los que apenas se elevaron voces clericales discrepantes— invocasen la ayuda del mismo Dios. Pero por lo menos el cristianismo podía identificarse con la solución de la paz. Éste fue el espíritu con el que Woodrow Wilson fue a Versalles, como observó por entonces John Maynard Keynes: «Si el presidente no era el rey-filósofo, ¿qué era?... Una vez descubierta, la clave era esclarecedora. El presidente era como un ministro inconformista... Su pensamiento y su temperamento eran esencialmente teológicos... No tenía plan, ni un esquema, ni ideas constructivas de ningún género para revestir con la carne de la vida los mandamientos que había proclamado desde la Casa Blanca. Podía haber predicado un sermón acerca de cualquiera de ellos o haber elevado una plegaria majestuosa al Todopoderoso pidiendo su realización, pero no podía delinear su aplicación concreta a la situación real de Europa.» Tampoco, como se vio, el liderazgo cristiano podía asegurar la política norteamericana. El virtuoso Wilson quería la Liga y la opinión religiosa oficial de Estados Unidos se inclinaba en favor de la participación norteamericana. Recibió con desaliento el rechazo del Senado, pero no pudo modificarlo. De esta forma, la impotencia cristiana en la guerra se vio confirmada por la impotencia cristiana en la paz.

La Primera Guerra Mundial, que fue una guerra civil entre las sectas cristianas, inauguró un período de tragedia y vergüenza para el cristianismo. Tanto la guerra como la paz que siguió demostraron la debilidad de las Iglesias, pero por lo menos ninguna de ellas se identificó positivamente con el mal. Eso vendría después. Durante la década de 1920 una atmósfera de pesimismo y desaliento envolvió a los jefes cristianos. Se desechó discretamente el triunfalismo. En la superficie no había disminución —por lo menos una disminución dramática— del número de cristianos. Pero la visión de un mundo cristianizado se desvaneció, adoptándose una postura defensiva. Roma dio el tono. Como siempre en los períodos de incertidumbre, buscó aliados fidedignos y conservadores. En 1922 Achille Ratti, archivero de la clase media, fue elegido Papa con el nombre de Pío XI. A diferencia de su predecesor, Benedicto XV, era un hombre de mente estrecha, desprovisto de imaginación y reaccionario. Temía al comunismo y al socialismo, y creía que la Rusia soviética era el enemigo supremo. No deseaba que la Iglesia se mezclase con los movimientos obreros. Por lo tanto, no quiso tener nada que ver con la democracia cristiana. Se lo convenció, a pesar de su renuencia, a condenar en 1927 a la Action Française en Francia, pero sólo después de que el ateísmo provocador de Maurras hubiese determinado que ese paso fuera inevitable. Tampoco alentó a los movimientos sociales cristianos. En Italia el partido de masas de los obreros cristianos, organizados por Don Sturzo, es decir, el Partito Popolare, había recibido la ayuda y la bendición del papa Benedicto; Pío modificó esta actitud y respaldó, en cambio, a Mussolini, con el propósito de resolver el «problema romano». Se alcanzó este objetivo con la firma del Tratado de Letrán de 1929 que, según dijo Pío, había «logrado que Italia retornase a Dios». A su vez, Mussolini afirmó que el Papa era «un buen italiano». Mientras tanto, Sturzo tuvo que marchar al exilio, su sucesor Alcide de Gasperi fue encarcelado y los demócratas cristianos se disolvieron. En Alemania, Pío apoyó a las fuerzas conservadoras de la derecha y no prestó atención a los socialistas cristianos, a quienes no quería distinguir de los marxistas.*

---

* En España la Guerra Civil fue posible por la inexistencia de un partido demócrata-cristiano. La Acción Popular católica de Gil Robles era un partido derechista que no se opuso al derrocamiento fascista de la República. El que más se parecía a un líder demócrata-cristiano era el vasco Aguirre; las autoridades católicas lo incluían en la categoría de «los judíos, los masones y los comunistas». Véase Xavier Tusell, *Historia de la Democracia Cristiana en España* (Madrid, 1975).

Si en vez de desalentar a la democracia cristiana, el papado se hubiese mostrado totalmente consecuente y se hubiese mantenido distante de todos los contactos políticos, habría podido dedicarse sencillamente a defender y exponer los principios cristianos, y a identificar a quienes los infringían. Pero no procedió así. Mientras en teoría denunciaba a todo el mundo moderno y se mantenía al abrigo de su fortaleza, en la práctica pactaba con la autoridad establecida. Actuaba así a causa de reflejos muy profundos, que se remontaban a la alianza con el poder imperial romano. El cristianismo agustiniano se había basado en el supuesto de que la Iglesia estaba de acuerdo con las autoridades civiles. La Iglesia estaba protegida, sus mandamientos y su enseñanza moral en general se expresaban en el derecho civil, su propiedad estaba asegurada, y sus obispos y sacerdotes gozaban de una jerarquía honrosa y se escuchaban sus palabras (aunque no siempre se acataban). A lo largo de 1.500 años la Iglesia había llegado a aceptar esta situación como la norma. Estuviesen o no unidos formalmente el Estado y la Iglesia, ésta estaba acostumbrada a operar en un ambiente civil favorable. Las excepciones a esta regla habían sido breves y se las consideraba como períodos de crisis. Sin duda, la historia parecía llegar a la sombría conclusión de que la Iglesia no podía soportar mucho tiempo la hostilidad activa del Estado —a lo sumo, una o dos generaciones—. La idea de que la Iglesia desarrollara una prolongada campaña en el marco de una sociedad hostil —como había hecho durante 250 años en el Imperio romano— no parecía viable. De ahí que debía evitarse en lo posible una guerra prolongada con el Estado. Por supuesto, con los marxistas no era cuestión de compromiso o tolerancia mutua. Por lo tanto, debían concertarse alianzas con las fuerzas sociales que estaban más comprometidas con la lucha antimarxista. Naturalmente, en términos ideales la Iglesia prefería cooperar con monarquías católicas legitimistas, porque con ellas era posible firmar un concordato integral. Sin embargo, estaba dispuesta a aceptar una solución no tan favorable, o incluso peor, mientras se mantuviese a distancia la única situación absolutamente insoportable: el Estado marxista. Este tipo de reflexión motivó la estrategia católica entre las dos guerras: el deseo de la conveniencia práctica y un enorme temor, basado en una evaluación pesimista de la capacidad de la Iglesia para soportar un desgaste prolongado.

Estas reflexiones eran especialmente válidas en el caso de Alemania, donde la Iglesia católica aún estaba condicionada por sus experiencias en el curso de la *Kulturkamp*. Este episodio había sido más perjudicial que lo que quizás el papado o incluso Bismarck habían advertido. Las acusaciones de éste en el sentido de que los cristianos alemanes no eran auténticos alemanes, pues sus premisas culturales eran hostiles al espíritu del nacionalismo alemán, habían calado muy hondo e infligido un daño duradero a la comunidad católica. En sus relaciones ulteriores con el Estado y con otros alemanes, se manifestó en ella el intenso deseo de demostrar su fidelidad a los ideales y los objetivos alemanes, y su identificación total con la sociedad germánica. Su propio clero la alentó en ese sentido. En 1914 los cristianos habían aventajado a los luteranos en su ansiedad por apoyar la guerra. Nadie, en cualquiera de los dos bandos, superó la retórica patriótica de la jerarquía cristiana alemana. El cardenal Faulhaber llegó al extremo de afirmar que la guerra, de la que dijo que se había iniciado para vengar el asesinato de Sarajevo, figuraría en los anales de la ética cristiana como «el prototipo de la Guerra Justa».

Este deseo permanente de evitar la acusación de que era antialemana indujo a la Iglesia católica a conciliar con Hitler y los nazis. La aterrorizaba la perspectiva de otra *Kulturkampf*. Había un temor común compartido por los obispos alemanes, el nuncio papal, arzobispo Pacelli, y el propio Vaticano, en el sentido de que una segunda campaña, librada mucho más ferozmente —y quizá durante mucho más tiempo— que la primera, destruiría a la Iglesia católica en Alemania. Temía que Hitler crease una iglesia separatista, subordinada al Estado, y que la gran mayoría de los católicos (y el clero) alemanes se adhiriesen a ella, revelando así la debilidad del sentimiento de lealtad al papado y deteriorando totalmente el concepto del triunfalismo populista, al mismo tiempo que infligía un daño incalculable al catolicismo internacional en otras áreas.

La intensidad de este temor puede medirse cuando consideramos lo que los católicos podían perder al aceptar a Hitler. La república de Weimar había terminado con el predominio luterano oficial en Alemania. Los católicos ya no tenían que afrontar la hostilidad de un Estado protestante. En realidad, florecieron bajo el régimen de Weimar. Los protestantes, con cuarenta millones de fieles, tenían sólo 16.000 pastores; los católicos, con veinte millones, tenían 20.000 sacerdotes. Se habían eliminado los últimos rastros de la legislación restrictiva de Bismarck. La Iglesia católica tenía más dinero que nunca. Año tras año se inauguraban escuelas, monasterios y conventos nuevos. Había centenares de periódicos y revistas católicos, así como miles de clubes. Karl Bachem, historiador del Partido del Centro Católico, se vanaglorió en 1931: «Hasta ahora jamás un país católico ha poseído un sistema tan desarrollado en cuanto a todas las asociaciones concebibles como ahora se ve en la Alemania católica.» Había una comunidad intelectual católica amplia, próspera, dinámica y expresiva.

Sin embargo, los católicos no alentaban sentimientos de fidelidad a Weimar; éste no era bastante «nacionalista». Frente a Hitler, que era nacionalista, la actitud de los católicos era ambivalente. Es cierto que algunos obispos al principio se mostraron hostiles a los nazis. Por ejemplo, en 1930 el cardenal Betram de Breslau afirmó que el racismo nazi era «un grave error» y describió su nacionalismo fanático como «una ilusión religiosa que debía ser combatida con toda la energía posible». Ese mismo año, una declaración oficial del doctor Mayer, vicario general de la archidiócesis de Maguncia, confirmó que se prohibía a los católicos votar a los nazis a causa de la política racial del partido. Los obispos bávaros también atacaron al nazismo, y una declaración de los obispos de Colonia atrajo la atención sobre la analogía con la Action Française, condenada oficialmente por el Santo Oficio tres años antes. Pero era absurdo realizar esta comparación, pues se conocía bien la prolongada vacilación de Roma respecto de la Action Française: evidentemente, de ningún modo pertenecía a la misma categoría que el comunismo, o incluso el socialismo. (En realidad, Pío XII anuló el decreto sobre la Action Française sin que los miembros de esta organización se retractaran, apenas accedió al papado, en 1939.) En todo caso algunos obispos rehusaron totalmente oponerse a los nazis, sobre todo a Hitler, que era cada vez más popular. El cardenal Faulhaber trazó una clara distinción entre «el Führer», a quien creía bienintencionado y en esencia un buen cristiano, y algunos de sus «perversos colaboradores». (Era una ilusión usual, basada completamente en el deseo de los que pensaban de esta forma y difundida entre el clero alemán de todas las sectas.) Algunos obispos llegaron más lejos: Schreiber, de Berlín, se desasoció de la condenación de Maguncia; cuando en agosto de 1931 se realizó en Fulda un intento de conseguir una condena unánime del nazismo por todos los obispos católicos, la moción fue derrotada. En realidad, la mayoría de los obispos era monárquica, odiaba el liberalismo y la democracia mucho más de lo que odiaba a Hitler. De modo que, en cambio, se aprobó una declaración ambigua; lo que es peor, ésta, como en otras ocasiones, apareció acompañada por fervorosas afirmaciones destinadas a equilibrar el texto en defensa del patriotismo alemán y por agrias quejas en vista del trato injusto y los sufrimientos de Alemania, de modo que el saldo de la declaración representó una ayuda para los nazis e inclinó a los votantes católicos a apoyarlos. En su intento de superar la carta de triunfo del patriotismo esgrimida por Hitler, los obispos católicos le hicieron directamente el juego y de este modo alentaron a los fieles a entregarle sus votos.

Más aún, una vez que Hitler asumió el poder, el catolicismo alemán desechó su actitud «negativa» y tuvo una postura de apoyo activo. Los obispos adoptaron una decisión al respecto ya el 28 de marzo de 1933, basándose en una firme indicación de Roma (aconsejada por Pacelli) en el sentido de que el Vaticano no apoyaría una política opositora. En el verano, Roma firmó un concordato con Hitler; en la práctica este acuerdo desarmaba unilateralmente al catolicismo alemán en tanto que fuerza política y social, y señalaba a los sacerdotes católicos de base y a los laicos que debían someterse plenamente al nuevo régimen. La Iglesia aceptó que sólo las sociedades y los clubes católicos explícitamente apolíticos tenían derecho a existir en la Alemania de Hitler; el resto —sindicatos, partidos políticos, grupos de discusión, grupos de presión de todo tipo— fueron disueltos inmediatamente. La rendición era sorprendente; un siglo de actividad social de los católicos alemanes fue desechado sin ninguna lucha, y todos los principios que habían sido defendidos durante la *Kulturkampf* fueron sumisamente abandonados. Más aún, esto se hizo en momentos en que los nazis ya habían comenzado a demostrar su hostilidad, allanando las casas de los sacerdotes, obligando a disolver los clubes y las organizaciones católicos, despidiendo a funcionarios civiles católicos, confiscando e incluso tratando de clausurar escuelas católicas; todos estos actos fueron ejecutados antes de que Roma firmase el concordato. El 28 de julio de 1933, más de doscientos católicos bávaros destacados, cien de ellos sacerdotes, fueron arrestados; no se los liberó hasta que el Partido Popular Bávaro, que era católico, aceptó disolverse. La defensa que esgrimió Pacelli en relación con su consejo a Roma de que firmase a toda costa el concordato era que «me habían apuntado a la cabeza con una pistola»; tenía que elegir «entre un acuerdo según los criterios que ellos sostenían y la eliminación virtual de la Iglesia católica en Alemania». Si los católicos no se atrevían a luchar por lo que acababan de ceder, ¿qué los movería a combatir?

Un factor de la capitulación católica fue sin duda el temor a los luteranos. Pues si la actitud católica frente a Hitler fue aprensiva y pusilánime, muchos miembros del clero protestante se mostraron entusiastas. El derrumbe de 1918 y el fin de la monarquía protestante había sido un desastre para los luteranos. El artículo 137 de la Constitución de Weimar establecía que no había Iglesia oficial. De hecho, la legislación necesaria para aplicar esta cláusula nunca fue sancionada, de modo que aún se recaudaba y pagaba el impuesto eclesiástico. Sin embargo, la mayoría de los luteranos temía que su Iglesia se derrumbase tan pronto se le retirase del todo el apoyo oficial. Por eso odiaban a Weimar. Incluso en esta situación, la decadencia de la Iglesia evangélica en la década de 1920 los llenó de terror. No tenían confianza en su capacidad para sobrevivir incluso con un Estado neutral y a semejanza de los católicos, se mostraban profundamente pesimistas acerca de sus posibilidades frente a la persecución sistemática. En resumen, habían perdido la fe. Por consiguiente, algunos volvieron los ojos hacia Hitler y su movimiento como si hubieran sido los salvadores.* En la década de 1920 algunos luteranos derechistas habían formado la Federación por una Iglesia alemana, que apuntaba a eliminar el antecedente judío del cristianismo y a crear una religión nacional basada en las tradiciones alemanas. Destacaban exageradamente los enunciados antisemitas de Lutero y su odio a la democracia. Bajo la influencia de Adolf Stocker, ex predicador luterano de la corte, enseñaban que la reforma de Lutero finalmente se completaría con una reafirmación nacional del poder espiritual y la fuerza física de Alemania; por consiguiente, Lutero había sido, por así decirlo, un Juan el Bautista de Hitler. Un grupo todavía más extremo, los Cristianos Alemanes de Turingia, en realidad aclamó a Hitler como «el redentor de la historia de los alemanes... la ventana a través de la cual la luz se proyecta sobre la historia del cristianismo»; el Führer era un «enviado divino». Un tercer grupo, el Movimiento Alemán Cristiano, fue el primero que dio la bienvenida a las unidades nazis uniformadas en sus iglesias, y el que designó capellanes para las S.A. Por sugerencia de Hitler, en abril de 1932 los tres grupos unieron fuerzas en el Movimiento de la Fe de los Cristianos Alemanes y el pastor Joaquín Hossenfelder fue designado «líder del Reich». Prontamente ofreció sus servicios a la jerarquía nazi.

* Las iglesias evangélicas creían que con Hitler recuperarían el terreno perdido. Otto Dibelius escribió: «Los líderes eclesiásticos creyeron que esto presagiaba el nacimiento de una nueva era en la que la Iglesia se convertiría en institución nacional.» Karl Barth dijo que la Iglesia «casi unánimemente dio la bienvenida al régimen de Hitler, con auténtica confianza, incluso con las más altas esperanzas». Véase James Bentley, «British and German High Churchmen in the Struggle Against Hitler», *Journal of Ecclesiastical History* (1972).

Si la conducta de los protestantes alemanes parece increíble, conviene recordar que carecían de una tradición antiestatal. No poseían una teología dogmática o moral que les permitiera representar un papel opositor. Desde los tiempos de Lutero siempre habían actuado al servicio del Estado, e incluso en muchos sentidos habían llegado a considerarse funcionarios civiles. A diferencia de los anglicanos oficiales, por ejemplo, no fueron capaces de elaborar una posición doctrinaria que les permitiera distinguir entre la condición de miembros de una Iglesia nacional y el sometimiento total al gobierno. De modo que cuando Hitler asumió el poder aprovechó la historia protestante. El 3 de abril de 1933 la primera Conferencia Nacional del Movimiento de la Fe aprobó una resolución: «Para un alemán, la Iglesia es la comunidad de los creyentes que están obligados a luchar por una Alemania cristiana... El Estado de Adolfo Hitler apela a la Iglesia: la Iglesia debe responder a la llamada.» En una transmisión a Estados Unidos, dos días después de las primeras medidas antijudías, pareció que Otto Dibelius las justificaba, afirmando entonces que el boicot a las empresas judías se realizaba «en condiciones de legalidad y orden completos», como si ésa fuera toda la cuestión. Durante el verano de 1933, las oficinas de la Iglesia evangélica prusiana fueron ocupadas, como preludio de la creación de una Iglesia protestante oficial alineada directamente con el partido. Sin embargo, Hitler no deseaba esto. Ordenó reponer en sus cargos a los funcionarios de la Iglesia. A diferencia de Mussolini, no quería cargar con una Iglesia oficial. Negó jerarquía en su régimen a la organización cristiana alemana y rehusó otorgar un cargo a Hossenfelder, o incluso recibirlo. Los cristianos le desagradaban; eso valía igualmente para los que estaban dispuestos a arrastrarse a sus pies. El 14 de julio de 1933, durante una reunión del gabinete, Hitler manifestó su satisfacción, con sobrado motivo, ante el desarrollo de los hechos en todo el «frente cristiano», y especialmente en relación con el concordato. Le complacía que el Vaticano hubiese «abandonado a los sindicatos cristianos», y ordenó que la publicación de la proyectada ley de esterilización se suspendiese hasta la firma efectiva del concordato, el 20 de julio.

Mientras tanto, en las elecciones de la Iglesia protestante, con la ayuda de la organización nazi de propaganda los cristianos alemanes obtuvieron una victoria abrumadora. Su lema era: «La esvástica en nuestros pechos, la Cruz en nuestros corazones.» En los sínodos los pastores vestían los uniformes nazis y se entonaban himnos nazis. Los nazis, algunos elegidos por Hitler, ocuparon sedes obispales, y los sínodos aprobaron la legislación aria. Hitler designó a Ludwig Muller como «obispo del Reich»; lo eligió debidamente, ya que en su discurso de aceptación dijo de Hitler y los nazis que eran «regalos de Dios»; en la misma ocasión el pastor Leutheuser cantó: «Cristo ha venido a nosotros a través de Adolfo Hitler... Hoy sabemos que el Salvador ha llegado... Tenemos una sola tarea, ser alemán, no ser cristiano.» En realidad, esta última exhortación representaba más o menos la posición del propio Hitler. No alentó más al grupo. Sus miembros provocaban hostilidad en los nazis anticristianos y contrariaban la política de Hitler, que era impedir que existiesen otros centros de poder oficiales. Es más, no confiaba en la discreción de sus admiradores evangélicos. En noviembre de 1933, durante un mitin de masas en el Palacio de los Deportes de Berlín, presidido por el obispo Muller, el doctor Reinhold Krause reclamó «una depuración del Antiguo Testamento, con su moralidad judía de recompensa y sus historias de tratantes de ganado y concubinas»; también reclamó la censura aplicada al Nuevo Testamento y la eliminación de «toda la teología del rabino Pablo»; en cambio, debía proclamarse la figura de un «Jesús heroico». Este discurso indujo a una serie de pastores a unirse a un grupo semiopositor denominado Liga de Emergencia de Pastores, formado por Martin Niemoller. Hitler se irritó y en adelante no intentó trabajar directamente por medio de un movimiento cristiano. El entusiasmo siempre había sido de los acólitos, no del propio Hitler.

Esto no era extraño. Pese a los intentos del clero protestante y católico de autoengañarse, Hitler no era cristiano y la mayoría de los miembros de su movimiento era explícitamente anticristiana. Por supuesto, a veces Hitler adoptaba una actitud engañosa. Nunca abandonó oficialmente a la Iglesia; a veces se refería a la «Providencia» en sus discursos, y durante los primeros años en el poder asistió varias veces a la iglesia. En la década de 1920 dijo a Ludendorf que tenía que disimular su odio al catolicismo porque necesitaba el voto de los católicos bávaros tanto como el de los protestantes prusianos —«el resto puede llegar más tarde»—. Su programa partidario era intencionadamente ambiguo: «Reclamamos libertad para todas las corrientes religiosas del Estado, en la medida en que no constituyan un peligro para el mismo y no militen contra las costumbres y la moral de la raza alemana.» Estos cuidadosos condicionamientos hubieran debido bastar para poner sobre aviso a un cristiano inteligente. Sin embargo, persistió la creencia, sobre todo entre los protestantes, de que Hitler era un hombre muy piadoso. Aceptaban sus seguridades tranquilizadoras cuando se desasociaba, o desasociaba al movimiento si le convenía, de los escritos de sus hombres; por ejemplo, destacó que el folleto anticristiano de Rosenberg titulado *El mito del siglo XX*, incluido en el Índex por los católicos, era una posición personal y no la política oficial del partido. En realidad, odiaba al cristianismo y demostró un justificado desprecio por sus fieles alemanes. Poco después de asumir el poder dijo a Hermann Rauschnig que se proponía arrancar «de raíz» el cristianismo alemán. «Uno es cristiano o alemán. No es posible ser ambas cosas.» Creía que el método podía ser «permitir que se pudra como un miembro gangrenado». También decía: «¿Usted cree realmente que las masas volverán a ser cristianas? Tonterías. Nunca más. La historia ha terminado... pero podemos apurar las cosas. Obligaremos a los párrocos a cavar sus propias tumbas. Traicionarán a su Dios por nosotros. Traicionarán lo que sea en beneficio de sus miserables empleítos y sus rentas.»

Este juicio tan duro se acerca a la verdad. Ni la Iglesia evangélica ni la católica condenaron jamás el régimen nazi. Sin embargo, en conjunto los nazis ni siquiera trataron (como hizo Hitler al principio) de fingir que eran cristianos. Rechazaron ferozmente las acusaciones de que eran ateos. Himmler declaró que el ateísmo no sería tolerado en las filas de los SS. Éstos afirmaban más bien que creían en la «religión de la sangre». Pertenecían a la tradición milenarista y tenían algunos rasgos comunes con las seudorreligiones experimentales de la década de 1790 en la Francia revolucionaria, pero con el agregado de un contenido racista. A semejanza de los cultos revolucionarios, intentaron crear una liturgia. La editorial nazi publicó un folleto en que se describían «formas de celebraciones de carácter litúrgico que serán válidas durante siglos». El servicio principal consistía en «una alocución solemne de 15 a 20 minutos en lenguaje poético», una «confesión de fe recitada por la congregación», después el «himno del deber»; la ceremonia concluía con un saludo al Führer y un verso de cada uno de los himnos nacionales. El credo nazi, usado por ejemplo en los festivales de la cosecha, decía:

Creo en la tierra de los alemanes, en una vida de servicio a esta tierra; creo en la revelación del poder creador divino y la sangre pura derramada en la guerra y la paz por los hijos de la comunidad nacional alemana, enterrados en el suelo así santificado, renacidos y viviendo en todos aquellos por quienes se inmolaron. Creo en la vida eterna sobre la tierra de esta sangre que fue derramada y renació en todos los que han reconocido el significado del sacrificio y están dispuestos a someterse a ellos... Y por lo tanto, creo en un Dios eterno, una Alemania eterna y una vida eterna.

De modo que esencialmente el nazismo, a diferencia del comunismo, no era materialista; era una parodia blasfema del cristianismo, en la que el racismo remplazaba a Dios, y la «sangre» alemana, a Cristo. Había festividades nazis especiales, sobre todo el 9 de noviembre, que conmemoraba el *putsch* de 1923, la fiesta nazi de la pasión y crucifixión, de la cual Hitler dijo: «La sangre que ellos derramaron se ha convertido en el altar bautismal de nuestro Reich.» La ceremonia misma se desarrollaba como una representación de la pasión. Había sacramentos nazis. Se ideó una ceremonia matrimonial especial para los SS. Incluía signos rúnicos, un disco solar de flores y un cuenco de fuego; comenzaba con el coro de *Lohengrin* y luego la pareja recibía el pan y la sal. En las ceremonias bautismales de la SS, la sala estaba decorada con un altar central que contenía una fotografía de Hitler y un ejemplar de *Mein Kampf*, sobre las paredes había cirios, gallardetes nazis, el árbol de la vida y ramas de árboles jóvenes. Se tocaba música de *Peer Gynt* (la «Mañana») de Grieg y se leían fragmentos de *Mein Kampf*, los novios formulaban promesas y había otros elementos de la ceremonia cristiana; pero el celebrante era un oficial SS y el servicio concluía con el himno de fidelidad a la SS. Los nazis incluso tenían su propia acción de gracias antes de las comidas en los orfanatos y versiones nazis de himnos famosos. Por ejemplo:

> *Noche tranquila, noche de paz,*
> *todo está en calma, todo resplandece,*
> *sólo el Canciller, firme en la lucha,*
> *vigila noche y día por Alemania,*
> *cuidándonos siempre.*

Había también un servicio fúnebre nazi.

Naturalmente, la existencia de este culto era muy conocida. La jerarquía católica intentó disculpar su falta de crítica difundiendo la creencia de que Hitler desconocía estas ceremonias paganas, que eran «la obra de entusiastas». No formularon objeciones a los campos juveniles nazis, a los que concurrían cientos de miles de jóvenes católicos, aunque Hitler nunca ocultó sus propósitos: «Quiero una juventud poderosa, dominante, cruel y sin miedo... La libertad y la dignidad de la bestia salvaje debe brillar en sus ojos... así desarraigaré mil años de domesticación humana.» Ni la jerarquía ni Roma liberaron nunca a los católicos de la obligación moral de obedecer a la autoridad legítima de los gobernantes nazis, la que les había sido impuesta por las directivas emanadas de la jerarquía en 1933. Los obispos tampoco les dijeron oficialmente que el régimen era perverso, ni siquiera que estaba equivocado. El momento decisivo, incluso en el caso de los más ciegos, sobrevendría el 30 de junio de 1934, cuando el Estado nazi ejecutó su purga masiva. Entre los asesinados estaban, por ejemplo, el doctor Erich Klausener, secretario general de Acción Católica; Adalbert Probst, director de la Organización Católica de los Deportes; el doctor Fritz Gerlich, director de un semanario católico de Munich, y el padre Bernard Stempfle, director de un diario bávaro antisemita. Hitler rehusó entregar los cuerpos a los parientes y, desafiando la enseñanza católica, ordenó que fuesen quemados. Los obispos católicos no protestaron, no dijeron una palabra. Tampoco los evangélicos. Las reacciones conocidas fueron favorables. El doctor Dietrich, obispo evangélico de Nassau-Hessen, envió a Hitler un telegrama de «cálido agradecimiento por la primera operación de rescate»; después hubo una circular en la que se afirmaba que el baño de sangre «demostraba al mundo» la «grandeza única del Führer»; «nos ha sido enviado por Dios». El fracaso de las Iglesias en este gran momento decisivo, que demostró la criminalidad esencial del régimen y abrió paso a todos los horrores siguientes, probó que Hitler tenía razón en su juicio acerca del cristianismo organizado en Alemania. «¿Por qué debemos reñir?», preguntó. «Se lo tragarán todo para mantener sus ventajas materiales. Las cosas nunca llegarán a agravarse demasiado. Aceptarán una voluntad firme, solamente necesitamos mostrarles una vez o dos quién es el amo.» Las Iglesias estaban a sueldo de Hitler. Tanto los evangélicos como los católicos, en su carácter de Iglesias oficiales, se beneficiaban con la exención impositiva. Hitler destacó, en un discurso pronunciado en enero de 1939, que después del Estado las dos Iglesias eran los principales terratenientes de la Alemania nazi y que habían aceptado subsidios oficiales que pasaron de 130 millones de marcos en 1933 a 500 millones en 1938; durante la guerra crecieron nuevamente, llegando a la cifra de 1.000 millones.

De hecho, la corriente principal de ambas Iglesias apoyó masivamente al régimen. Los obispos católicos dieron la bienvenida al «nuevo y enérgico sentido de autoridad del Estado alemán»; el obispo Bornewasser dijo a la juventud católica en la capital de Tréveris: «Con la cabeza alta y el paso firme hemos entrado en el nuevo Reich y estamos dispuestos a servirlo con toda la fuerza de nuestro cuerpo y nuestra alma.» En enero de 1934 Hitler recibió a doce jefes evangélicos; después de la reunión estos hombres retiraron completamente su apoyo a la Liga de Emergencia de los Pastores y emitieron un comunicado que comprometía a «los líderes de la Iglesia evangélica alemana a afirmar unánimemente su lealtad incondicional al Tercer Reich y a su jefe. Condenan en los términos más enérgicos la intriga o la crítica contra el Estado, el pueblo o el movimiento [nazi], formas destinadas a amenazar al Tercer Reich. Sobre todo, deploran las actividades de la prensa extranjera que intenta falsamente representar las discusiones en el seno de la Iglesia como un conflicto contra el Estado». Los evangélicos fueron los más cobardes partidarios de Hitler y, paradójicamente, el único sector de las Iglesias oficiales que se le opuso. Una forma de resistencia comenzó con la «Confesión de Barmen» (evangélica) de mayo de 1934, que rechazó la falsa doctrina de que el Estado, más allá y por encima de su tarea especial, debía y podía convertirse en el orden único y totalitario de la vida humana, incluyendo por lo tanto también la función de la Iglesia. Pero fue una declaración teológica y no política: la Iglesia confesional nunca intentó ser una oposición política. Incluso en la iglesia de Niemoller las banderas nazis colgaban de los muros y la congregación hacía el saludo nazi. Además, el coraje de los pastores era limitado. Cuando algunos de ellos enviaron una protesta privada a Hitler, en 1936, documento que más tarde fue publicado en Suiza, el clamor público —la popularidad de Hitler en ese momento estaba aumentando— indujo a retractarse a los firmantes. Una vez concluidos los Juegos Olímpicos, el doctor Weissler, que había autorizado la publicación (y después fue desautorizado por la «Iglesia confesional») fue enviado a Sachsenhausen y matado a golpes pocos meses más tarde.

El primero y prácticamente el único gesto de protesta de los católicos fue la encíclica alemana de Pío XI, titulada *Mit Brennender Sorge*, que entró clandestinamente en Alemania y fue leída el Domingo de Ramos de 1937. Atacó no sólo a las violaciones del concordato, sino a las doctrinas oficiales y raciales nazis, y fue considerada una declaración de guerra por Hitler. La reprimió sin dificultad y no hay indicios de que esto provocase la oposición católica al régimen. Más aún, Hitler se enfrentó a las Iglesias oficiales sin levantar realmente la voz. A partir de 1935 utilizó las leyes sobre las divisas extranjeras para castigar a los sacerdotes y las monjas que mantenían contactos con el exterior, un recurso que más tarde fue adoptado por los Estados comunistas. La Gestapo practicaba la represión cuando era necesario. Rara vez había que apelar a la severidad. Salvo unos pocos individuos, casi nunca los clérigos sufrieron largas penas en prisión. De un total de 17.000 pastores evangélicos, nunca hubo más de cincuenta que cumpliesen penas prolongadas. De los católicos, un obispo fue expulsado de su diócesis y otro recibió una breve sentencia por infracción a las leyes de divisas. No hubo más resistencia, pese al hecho de que hacia el verano de 1939 se habían clausurado todas las escuelas religiosas. Sólo las sectas libres se adhirieron a sus principios en la medida suficiente como para merecer la persecución. Los más valerosos fueron los Testigos de Jehová, que afirmaron su oposición doctrinaria directa desde el principio y sufrieron las consecuencias. Se negaron a cooperar con el Estado nazi, al que denunciaron como una entidad absolutamente perversa. Los nazis creían que eran parte de la conspiración internacional judeomarxista. Muchos fueron sentenciados a muerte por negarse a prestar servicio militar e incitar a otros a hacer lo mismo, o bien terminaron en Dachau o en asilos para locos. Un tercio fue asesinado; el noventa y siete por ciento sufrió persecuciones de distinto carácter. Fue el único grupo cristiano que despertó la admiración de Himmler: en setiembre de 1944 propuso a Kaltenbrunner que, después de la victoria, se los reinstalara en las llanuras conquistadas de Rusia.

Entre los cristianos muy conocidos tenemos a Dibelius, que fue arrestado en 1937 aunque pronto se lo dejó en libertad. Lo mismo sucedió con Niemoller en 1938, pero se lo mantuvo en los campos de concentración. A medida que Hitler consolidó su dominio sobre los sentimientos alemanes, la resistencia se debilitó. Los informes de la Gestapo en el período de 1938 a 1939 observaron que los evangélicos estaban renunciando a la lucha. En Austria, la anexión por Hitler fue bien recibida por las Iglesias. La jerarquía católica austríaca saludó con alivio la imposición de las restricciones nazis con el argumento de que «el peligro de un bolchevismo ateo devastador ha desaparecido gracias a los actos del Movimiento Nacional Socialista. Por lo tanto, acogen con alegría estas medidas para el futuro y les conceden su bendición, e instruirán a los fieles con el fin de que hagan lo mismo». Los evangélicos austríacos, aunque menos importantes, mostraron igual entusiasmo. La respuesta de Hitler a la humillación de los obispos austríacos consistió en revocar el concordato, clausurar sus escuelas y saquear y quemar el palacio de su jefe, el cardenal Innitzer. A pesar de esto Pío XII, elegido Papa en marzo de 1939, casi no pudo esperar para enviar a Hitler una carta amistosa. Rehusó condenar la absorción de Checoslovaquia pocos días más tarde, aunque sabía que ese paso significaba que los católicos checos —por quienes los jesuitas habían luchado tan esforzadamente trescientos años antes, con la meta de salvar al catolicismo— perderían inmediatamente sus escuelas. Describió la ocupación como uno de los «procesos históricos que, desde el punto de vista político, no interesaban a la Iglesia». En abril de 1939 los protestantes y los católicos repicaron las campanas por el cumpleaños de Hitler, y el cardenal Bertram, primado católico, le envió un telegrama de salutación.

Las Iglesias no representaron ningún papel en los hechos que condujeron al estallido de la Segunda Guerra Mundial. Las dos Iglesias oficiales exhortaron a los alemanes a obedecer al Führer y a combatir por la victoria. La única excepción fue Preysing, obispo católico de Berlín. Según parece, los obispos alemanes ni siquiera discutieron si una guerra desatada en persecución de los propósitos expansionistas de Hitler estaba justificada o no. El criterio del arzobispo Grober fue que la Iglesia nunca había «dejado al juicio del católico individual, con toda su cortedad de miras y su emotividad, decidir, en caso de guerra, si ésta era o no permisible». En cambio, esta decisión final siempre había sido un asunto del dominio de la autoridad legal. Pero, ¿qué tenía que decir la autoridad legal? Nada. La única declaración importante llegó casi al final, en enero de 1945, cuando el arzobispo Jager, al reclamar mayores sacrificios a los católicos, se refirió a los dos grandes enemigos de Alemania, «el liberalismo y el individualismo por una parte, y el colectivismo por otra». El resto se limitó a decir a sus rebaños que obedeciesen a Hitler. El Papa no aportó su guía. Pío XII aconsejó a todos los católicos de los diferentes países que lucharan «con valor y caridad», cualquiera fuese el bando en que se hallaran. Más tarde defendió sus declaraciones bélicas iniciales afirmando que ambos bandos las interpretaron cada uno en su favor. En ese caso, ¿para qué las formuló? Sobre este fondo general debe interpretarse la encíclica mencionada al comienzo de esta sección. Por extraño que parezca, no incluye una condena del reparto de la Polonia católica entre los nazis y el Soviet. Ni siquiera se mencionaba el tema.

Durante la guerra, la actitud de las iglesias frente a Hitler fue aún más servil. Se procedió a la confiscación en gran escala de todo tipo de propiedad eclesiástica, y cada ministerio tomaba lo que quería. Hubo propaganda anticristiana en las fuerzas armadas. Sin embargo las Iglesias continuaron saludando las victorias nazis con repique de campanas, hasta que éstas las retiraron para fundirlas en beneficio del esfuerzo bélico. En todo el Reich alemán sólo siete católicos rehusaron cumplir el servicio militar; seis fueron ejecutados y el séptimo declarado loco. Los sacrificios de los protestantes fueron más considerables, pero también insignificantes. En junio de 1940, su jefe, Kerrl, ofreció donar al Estado toda la propiedad evangélica y convertir a Hitler en su «cabeza suprema» y *Summus Episcopus*. Hitler rehusó desdeñosamente. Cuando se enteró de la muerte de Kerrl, en 1941, comentó: «El cristianismo puro, el cristianismo de las catacumbas, se ocupa de convertir en realidad la doctrina cristiana. Conduce sencillamente a la aniquilación de la humanidad. Es a lo sumo bolchevismo sincero bajo un oropel de metafísica.» Con estas palabras, Hitler, a quien Pío XII consideraba el bastión indispensable contra Rusia, equiparó el verdadero cristianismo con el comunismo.

En definitiva, su propósito era exterminar a los cristianos. Pero ante todo deseaba terminar con los judíos. Creía con razón que en esto podía lograr el apoyo de los cristianos alemanes, o por lo menos su consentimiento. «Con respecto a los judíos», dijo al obispo Berning de Osnabruch en abril de 1933, «me limito a ejecutar la misma política que la Iglesia católica ha adoptado durante 1.500 años». Es verdad que había un elemento antisemita en el catolicismo alemán del siglo XIX. En la década de 1870, el obispo Martin de Pederborn había afirmado su creencia en los relatos del asesinato ritual judío de niños cristianos. Los católicos habían utilizado el antisemitismo cuando los judíos apoyaron la *Kulturkampf*. Una enciclopedia católica de 1930 afirmó que «el antisemitismo político» era permisible, con la condición de que utilizara medios moralmente aceptables. El obispo Buchberg afirmó en 1931 que era «una forma de autodefensa justificada» contra el «capital judío todopoderoso». El arzobispo Grober, que editó un manual sobre los problemas religiosos, incluyó un artículo a propósito de la «raza»; en éste decía:

Cada pueblo asume la responsabilidad del éxito de su existencia, y la absorción de sangre completamente extranjera siempre representará un riesgo para una nacionalidad que ha demostrado su valía histórica. Por lo tanto, a nadie puede negársele el derecho de mantener incólume su anterior caudal racial y de aplicar salvaguardias con este fin. La religión cristiana se limita a reclamar que los medios usados en esta cuestión no ofendan la ley moral y la justicia natural.

¿Qué significó esto en la práctica? Muchos judíos se convirtieron en católicos para evitar la persecución; de esta manera, el viejo problema español de los «cristianos nuevos» afloró otra vez aunque de distinta forma. Las Leyes de Nüremberg de setiembre de 1935 trataron este asunto y prohibieron que dos católicos contrajesen matrimonio si uno no era racialmente ario. En general, la Iglesia se sometió a esta nueva ley, antes calificada como una invasión inadmisible de su jurisdicción espiritual. El obispo católico Hudel defendió las leyes de Nüremberg. El clero realizó algunos esfuerzos con el fin de proteger a los católicos de cuna judía, pero fue una labor poco sistemática e ineficaz. Reclamaron el mérito de haber obligado a los nazis a suspender el divorcio compulsivo de las personas que habían concertado matrimonios raciales mixtos, pero esto probablemente fue más bien el resultado de las manifestaciones de las esposas arias. Cuando los obispos condenaban «las muertes», como a veces hacían, no mencionaban palabras como «judíos» o «no arios», y nunca aclararon exactamente qué era lo que consideraban pecaminoso. A los católicos participantes en los procesos de exterminio su clero nunca les dijo específicamente que estaban procediendo mal. El tema es académico, porque seguramente ya lo sabían. La Iglesia excomulgó a los católicos que indicaban en sus testamentos el deseo de ser incinerados o que intervenían en duelos, pero no les prohibió trabajar en campos de concentración o de la muerte (a fines de 1938, el 22,7 por ciento de los S.S eran católicos practicantes). El preboste Lichtenberg de Berlín fue uno de los pocos sacerdotes católicos que formuló una protesta real contra la política judía de Hitler; murió en el camino a Dachau, en 1943. El laicado no fue mucho mejor y el comportamiento de los obispos alemanes contrastó vergonzosamente con el de sus colegas de Francia, Holanda y Bélgica. En 1943, el sínodo prusiano de la Iglesia confesional destacó que el exterminio de los judíos contrariaba el quinto mandamiento; fue una declaración de la que no pudieron hacerse eco los obispos católicos alemanes.

A lo sumo puede decirse en su favor que no recibieron orientación del Papa. Cuando los cardenales y los arzobispos franceses se opusieron a los «estatutos judíos» de Pétain, en julio de 1941, León Berard, embajador de Vichy, informó que el Vaticano no creía que esas normas chocasen con la enseñanza católica. El Vaticano resistió bastante bien la presión de quienes le incitaban a pronunciarse contra las atrocidades antijudías. En el otoño de 1943, el obispo Hudel, jefe de la comunidad católica alemana en Roma, pidió al comandante militar alemán que suspendiese el arresto y la deportación de 8.000 judíos, no con el argumento de que estaba mal exterminarlos, sino porque «temo que si no se procede así el Papa tendrá que adoptar una postura pública que servirá a la propaganda antigermana como arma contra nosotros». Tanto él como el embajador alemán, Ernst von Weiszaecker, estaban de acuerdo en que Pío no protestaría de buena gana, sino únicamente presionado —lo conocían bien—. En realidad, no hizo absolutamente nada, pese a que 1.000 judíos fueron enviados al exterminio. La única actitud que adoptó fue una declaración en el *Osservatore Romano*, el órgano oficial del Vaticano, donde se describían el trato dispensado a los judíos en los campos de concentración y la confiscación de su propiedad como «excesivamente duros». ¿Qué habría sido adecuadamente duro? El diario no lo decía. Lo que impuso silencio a Pío, al margen de la timidez natural y el temor por la seguridad del propio Vaticano, fue sin duda su creencia en que una ruptura total entre Roma y Hitler llevaría a la formación de una Iglesia católica alemana separatista. Como los pastores protestantes, era un hombre de poca fe. El cardenal francés Tisserant, que vio desarrollarse esta lamentable historia en Roma, exclamó por entonces: «¡Temo que la historia reproche a la Santa Sede haber ejecutado una política de egoísta conveniencia y no mucho más que eso!»

¿Los alemanes se habrían opuesto a una campaña análoga para exterminar a los cristianos activos? Hitler era susceptible a la presión. No hay constancia de protestas eclesiásticas frente a actividades nazis tales como los haras humanos, los experimentos sexuales y de procreación realizados en el Instituto Lebensborn de Himmler y en otros lugares. Pero en agosto de 1941 el obispo Galen de Munster pronunció un sermón acerca de la santidad de la vida humana, su arenga apuntaba al programa obligatorio de eutanasia, del cual ofreció detalles. El sermón fue muy difundido y comentado. No se castigó al obispo —pese a las reclamaciones de los nazis, que pedían que se lo ahorcase— y en cambio Hitler ordenó suspender la operación. (Más tarde permitió que se reanudara en secreto y en 1943 el sistema se extendió con el fin de incluir a los huérfanos.) El problema de la eutanasia fue el único en que parece que el pueblo alemán reaccionó intensamente, aparte del caso especial de las esposas que protestaron contra los divorcios obligatorios; en ambos casos Hitler cedió, por lo menos públicamente, lo que indica que en estos asuntos era menos intransigente de lo que suponían el Papa o los cristianos alemanes. Pero es notable que cuando las mismas cámaras de gas destinadas a las víctimas de la eutanasia fueron empleadas con una gran cantidad de judíos de todas las edades, no se oyó ninguna protesta cristiana.

Lo que el papado no entendió era que los nazis representaban un enemigo del cristianismo incluso más grave que los comunistas. Revelaban la ambivalencia y la debilidad de los cristianos, así como su cobardía, y en cambio el comunismo demostraba su fuerza. En última instancia, los nazis estaban decididos mucho más implacablemente a eliminar el cristianismo. Cuando los aristócratas cristianos que habían intervenido en la conspiración de julio de 1944 fueron llevados a juicio, el presidente del tribunal, Roland Freisler, dijo a su jefe: «conde Moltke, el cristianismo y nosotros los nazis tenemos en común una cosa y sólo una: reclamamos al hombre entero». La amenaza real del nazismo sobre el cristianismo fue proclamada por los propios nazis en voz más alta que la de los jefes católicos oficiales, quienes en general la ignoraron, por lo menos en Alemania, Austria e Italia. Los planes de Hitler respecto del cristianismo eran más draconianos que todo lo que los rusos habían concebido. El 13 de diciembre de 1941 dijo: «La guerra terminará un día. Entonces consideraré que la última tarea de mi vida será resolver el problema religioso... La situación final debe ser: en el púlpito, un oficiante senil; frente a él, unas pocas ancianas siniestras, tan *gagá* y pobres de espíritu como se quiera.» Las actividades anticristianas emprendidas en Polonia y otros países fueron más feroces que todo lo que urdieron los rusos, y se aplicaron igualmente a las Iglesias católicas, protestantes y ortodoxas. Himmler dijo: «No descansaremos hasta que hayamos desarraigado el cristianismo.» La imagen nazi del futuro quedó esbozada en el área experimental del Warthegau, retirada de los antiguos territorios polacos y entregada completamente al control partidario como una *tabula rasa*. El plan implicaba no sólo la separación de la Iglesia y el Estado sino la destrucción progresiva y sistemática de la religión. ¿Pío XII lo sabía? Generalmente estaba bien informado de lo que sucedía. Más tarde Pío pronunció un discurso ante el Colegio de Cardenales. Dijo que el nazismo era un «espectro satánico... la arrogante apostasía que alejaba de Jesucristo, la negación de su doctrina y su obra de redención, el culto de la violencia, la idolatría de la raza y la sangre, la destrucción de la libertad y la dignidad humanas». Pero entonces ya corría el mes de junio de 1945, los alemanes se habían rendido y Hitler estaba bien muerto.

Como se ve, la Segunda Guerra Mundial infligió al nivel moral de la fe cristiana golpes aún más duros que la primera. Desnudó la necedad de las Iglesias en Alemania, que había sido la cuna de la Reforma, y la cobardía y el egoísmo de la Santa Sede. Fue la Némesis del triunfalismo, en sus formas protestante y católica. Sin embargo, el prontuario cristiano no fue totalmente vergonzoso. La resistencia cristiana a Hitler y a los nazis había sido débil e ineficaz, pero existió y fue más tenaz y principista que la de cualquier otro sector de la sociedad alemana. Algunos cristianos de Occidente advirtieron su existencia e intentaron apoyarla; había una delgada línea de comunicación cristiana a través del abismo de la guerra. Durante la década de 1930 George Bell, obispo anglicano de Chichester, había mantenido relaciones con el grupo antinazi de la Iglesia evangélica, especialmente con el pastor Dietrich Bonhoeffer. Cuando estalló la guerra, hizo todo lo posible para combatir el irreflexivo patriotismo cristiano que en 1914 había acentuado los odios de ambas partes. Más aún, fue uno de los pocos prelados cristianos que, durante cualquiera de las guerras mundiales, intentó meditar acerca de lo que un eclesiástico debía hacer en estas circunstancias. En noviembre de 1939 publicó en las *Fortnightly Review* un artículo titulado «La función de la Iglesia en tiempos de guerra»; allí sostuvo que era esencial que la Iglesia continuara siendo lo que era y no «el auxiliar espiritual del Estado». Debía definir principios fundamentales de conducta y «no vacilar... en condenar la ejecución de represalias, o el bombardeo de poblaciones civiles por las fuerzas militares de su propia nación. Tenía que oponerse a la propaganda de mentiras y odio. Debía estar pronta para alentar la reanudación de relaciones amistosas con la nación enemiga. Debía enfrentar todo lo que fuese la guerra de exterminio o esclavizamiento, y las medidas que apuntaban directamente a destruir la moral de una población».

Bell hizo cuanto pudo para atenerse a estos principios, que fueron infringidos en su totalidad por los aliados con el conocimiento y la aprobación activa de las Iglesias. A principios del verano de 1942 consiguió pasar a Suecia, donde se relacionó con la resistencia alemana y con von Bonhoeffer. Éste había dicho a sus amigos en 1940, después del éxito de Hitler en Francia: «Si pretendemos ser cristianos, no hay lugar para las soluciones cómodas. Hitler es el Anticristo. Por lo tanto, debemos continuar con nuestro trabajo y eliminarlo, y para el caso poco importa si tiene o no éxito.» El último mensaje de von Bonhoeffer, enviado clandestinamente desde la cárcel poco antes de su ejecución en abril de 1945, estuvo dirigido a Bell: «... como él creo en el principio de nuestra Fraternidad Cristiana Universal, que está por encima de todos los intereses nacionales, y creo que nuestra victoria es segura». Por su parte, Bell trató de imponer límites a la ferocidad de los aliados. Creía que «la Iglesia no puede decir de ninguna guerra terrenal que es una cruzada». Propuso un acuerdo internacional contra los bombardeos nocturnos, pero no recibió apoyo del arzobispo de Canterbury, Cosmo Gordon Lang. Lo único que obtuvo del gobierno fue una declaración pública en el sentido de que el propósito no era la destrucción total del pueblo alemán; con respecto al bombardeo, fue rudamente reprendido por el sucesor de Lang, el arzobispo Temple, en julio de 1943: «De ningún modo estoy dispuesto a ser el portavoz de la inquietud cuya existencia conozco, porque no la comparto». Bell se sintió horrorizado por las incursiones destinadas a provocar el terror masivo en las ciudades alemanas, realizadas por los británicos y después también por los norteamericanos. Escribió en la *Chichester Diocesan Gazette*, en septiembre de 1943: «Bombardear las ciudades en tanto que ciudades, atacar intencionadamente a los civiles, al margen de que estén o no contribuyendo activamente al esfuerzo bélico, es un hecho perverso, tanto si lo cometen los nazis como si lo hacemos nosotros». Esta impecable observación cristiana prácticamente no mereció apoyo en ese momento y determinó que el deán de Chichester pidiese a Bell que se retirase de un servicio dominical celebrado en su propia catedral en conmemoración de la Batalla de Gran Bretaña. Bell continuó condenando los bombardeos indiscriminados y obligó a realizar un debate en la Cámara de los Lores el 9 de febrero de 1944. El discurso que pronunció entonces no consiguió detener los bombardeos, pero provocó muchos comentarios y obligó a pensar a mucha gente satisfecha de sí misma. También originó en ese momento un comentario del analista militar Liddell Hart: «La historia de la civilización, si ésta sobrevive, probablemente lo considerará una prueba mejor del cristianismo y la decencia común que todo lo que hemos oído de otros portavoces. Representa el punto de vista con más perspectiva y la más alta sabiduría.»

El punto de vista con más perspectivas y la más alta sabiduría: ¿en qué medida estas cualidades caracterizan al cristianismo del siglo XX? En el campo protestante no hubo pruebas notables de la existencia de cristianos dotados de una amplia visión como estadistas. La euforia triunfalista que caracterizó la primera década del siglo desapareció poco a poco. En Gran Bretaña, el último «revivalismo» cristiano auténtico (contrapuesto al «revivalismo» organizado comercialmente), fue en Gales los años 1904 y 1905. Fue un movimiento básicamente inconformista, que respondió a la cólera provocada por la jerarquía y los privilegios de la Iglesia oficial de Gales. Su jefe, Evan Roberts, fue un minero joven que estudiaba para desempeñar el ministerio, pero parece que el movimiento fue por completo espontáneo y rechazó la guía de los ministros. Roberts creía que estaba guiado por el espíritu; sus ayudantes no organizaban asambleas y él no preparaba sus sermones. A veces, permanecía silencioso en el púlpito durante una hora y media, pero cuando hablaba provocaba contorsiones, postraciones y gritos; era suficiente su presencia en una asamblea política de masas para convertirla en un episodio religioso: durante las elecciones generales de 1906 Lloyd George, el político contemporáneo más carismático, rogó a Roberts que no fuese a Caernarvon. A fines de 1906 Roberts de pronto se derrumbó y se retiró, y el movimiento se debilitó prontamente. Las Iglesias inconformistas tenían más miembros en la Cámara de los Comunes del Parlamento de 1906 que en cualquier otro período desde la década de 1640; incluso los metodistas primitivos se debilitaron después de 1854. En el caso de la Iglesia de Inglaterra, la asistencia comenzó a descender hacia la década de 1880. La última victoria pública del protestantismo británico fue en 1911, y es característico que tuviese un sesgo negativo. El reverendo F. B. Meyer, ministro de la Iglesia bautista de Regent Park y secretario de organización del Movimiento de la Iglesia Libre, promovió una campaña nacional para impedir el combate de boxeo entre Jack Johnson y Bombardero Wells en Earls Court. Bajo la presión de los protestantes, el director de la Fiscalía Pública promovió acciones contra los dos boxeadores, acusados de «planear la ruptura de la paz»: pero esta acción se hizo innecesaria cuando la compañía ferroviaria que tenía la posesión de Earls Court consiguió un mandato judicial prohibiendo el combate.

En Estados Unidos el triunfalismo protestante se prolongó mucho más. Los protestantes norteamericanos también hacían campaña contra los combates de boxeo; en 1910 habían conseguido impedir el combate de Jack Johnson con Jim Jeffries en California. Pero su preocupación principal era el alcohol. Fue la gran cruzada protestante del siglo XX. En 1900, gracias a los grupos protestantes de presión, el veinticuatro por ciento de la población vivía en territorios en los que imperaba la ley seca. Hacia 1906 el área se había ampliado al cuarenta por ciento. En 1913, los protestantes conquistaron su primera victoria en el ámbito federal, cuando la ley Webb-Kenyon prohibió el envío de licor a los Estados secos; hacia 1917 había veintinueve Estados secos y más de la mitad del pueblo norteamericano vivía en ellos. La famosa decimoctava enmienda vino a agregarse a las leyes de 1918 que prohibían la fabricación y la venta de licor después de junio de 1919; en octubre la ley de aplicación Volstead fue aprobada en el Congreso, de manera que la prohibición total comenzó a regir el 16 de enero de 1920. Sin embargo el inconveniente de la legislación era que no discriminaba y tenía un alcance excesivo; mostraba los signos de un fanatismo religioso irrazonable y se desentendía de muchos consejos sensatos formulados con buena voluntad. De modo que el movimiento no consiguió imponer la prohibición y se vio no solamente derrotado sino que también debió huir. Fue un desastre para el protestantismo norteamericano organizado, que lo llevó a una rápida disminución de su poder político interno. La tradicional teología moral protestante no tenía respuesta para la crisis. Afirmaba que el *New Deal* y otros planes similares de corte intervencionista eran contrarios a las Escrituras y pecaminosos. Por lo tanto, la gran mayoría de los periódicos y los ministros protestantes, excepto en el sur, apoyaba a los republicanos y se oponía a Roosevelt. Una encuesta demostró que en la abrumadora mayoría obtenida por Roosevelt en 1936 más del setenta por ciento de 21.606 ministros protestantes encuestados votó por Landon, el antagonista republicano de Roosevelt, que también recibió la mayoría de los votos de todos los miembros de las Iglesias protestantes. Entre los congregacionalistas, la elite del dominio protestante tradicional, el voto para Landon llegó al setenta y ocho por ciento. Así, las décadas de 1930 y 1940 señalaron la retirada política protestante, ante una coalición demócrata en que los judíos, los católicos y los progresistas representaban papeles cada vez más importantes.

Sin embargo, debió pasar un tiempo antes de que el debilitamiento de la capacidad protestante para influir sobre los hechos o determinar el tono de la sociedad se reflejase en un aumento de la concurrencia a la Iglesia o fuese identificado simplemente como la manifestación de una contracción general del cristianismo. Parecía que el número de los afiliados efectivos a determinadas Iglesias estaba aumentando. Se calculaba en el cuarenta y tres por ciento de la población en 1910, y en 1920 no hubo una variación significativa. Hacia 1940 se había elevado al cuarenta y nueve por ciento, reflejando aparentemente una impresionante «reacción» en la posguerra, para alcanzar el cincuenta y cinco por ciento en 1950 y el sesenta y nueve por ciento en 1960. No era fácil explicar el fenómeno. Sin duda, en el marco del protestantismo académico existía un renacimiento intelectual. Se originaba en Suiza, donde el pastor Karl Barth, el último de una larga serie de teólogos renovadores que se habían inspirado en la Epístola a los Romanos, publicó su *Comentario* en 1918, seguido por su *Dogmática eclesiástica* en la década de 1930. Esta «neoortodoxia», según se denominó, revirtió el intento liberal racionalista de convertir al cristianismo en una fórmula de progreso y reforma —la razón de ser del triunfalismo protestante— y destacó el hecho de que la esperanza cristiana o *kerygma* es esencialmente ultraterrena. La nueva filosofía teológica, como podría denominarse, tuvo origen germánico y, en cierto sentido, fue un intento de comprender o explicar el hecho odioso de la guerra mundial. Como se observó, también fue intensamente atractiva para los intelectuales cristianos norteamericanos de la década de 1930, que trataban de entender el hecho odioso de la crisis y que ya no equiparaban al cristianismo con el modo norteamericano de vida y la democracia capitalista. Creían que el cristianismo era milenarista, pero de ningún modo en un sentido materialista. La *Introducción a la ética cristiana* (1935) de Reinhold Niebuhr negó «la ilusión liberal de que estamos tratando con una ética posible y prudente en los Evangelios... La ética de Jesús no trata en absoluto los problemas morales inmediatos de cada vida humana... Trasciende las posibilidades de la vida humana... como Dios trasciende al mundo». El manifiesto publicado ese mismo año por el grupo «neoortodoxo» tenía como título *Las iglesias contra el mundo* y destacaba una actitud de retraimiento más que de cruzada.

Sin embargo, sería ocioso pretender que este renacimiento esencialmente teológico tuvo mucho que ver con la elevada concurrencia a la Iglesia en el período de la posguerra. Por el contrario, la religión popular norteamericana estaba separándose cada vez más de su base doctrinaria y los asistentes comunes a la Iglesia tendían cada vez menos a leer el Nuevo Testamento —como proponían los estudiosos «neoortodoxos»— para descubrir qué dice realmente. Ya en 1831 De Tocqueville había dicho de los predicadores norteamericanos: «A menudo es difícil determinar, a partir de su discurso, si el principal propósito de la religión es obtener la felicidad eterna en el otro mundo o la prosperidad en éste.» La religión y la asistencia a la Iglesia fueron casi un talismán nacional para asegurar que la expansión económica continuase durante las décadas de los cincuenta y los sesenta; fue una póliza de seguro contra el fin de la prosperidad. Se caracterizó por la adopción de conceptos psicológicos destinados a inducir la tranquilidad y la felicidad, una forma moderna degradada de misticismo. Así, los norteamericanos leyeron la obra *Peace of Mind* (Paz mental) (1946), del rabino reformado bostoniano Joshua Loth Liebman; *Guide to Confident Living* (Guía para llevar una vida segura) (1948) y *Power of Positive Thinking* (El poder del pensamiento positivo) (1952), del reverendo Norman Vincent Peale; *Peace of Soul* (Paz del alma) (1952), de monseñor Fulton J. Sheen; *Peace with God* (Paz con Dios) (1953), de Billy Graham, y *Art of Loving* (El arte de amar) (1953), de Erich Fromm. Estas obras eran variaciones de temas armónicos o gnósticos que siempre habían florecido en Estados Unidos y que habían originado fenómenos como la Ciencia Cristiana, la Teosofía, el Rosacrucismo norteamericano y las terapias cristianas de Dale Carnegie, el redactor de discursos y autor de *How to Win Friends and Influence People* (Cómo ganar amigos e influir sobre la gente) (1936). Podría decirse que muchos de estos cultos correspondían a la tradición de Jesucristo como hacedor de milagros y curador mediante la fe, así como muchas de las sectas «revivalistas» pertenecían a la tradición de los carismáticos tempranos y los que «hablaban en lenguas». Por lo tanto, eran cristianos. Sin duda, algunos lo eran con peculiar firmeza. Los protagonistas de la historia de éxitos de Norman Vincent Peale, en su obra *Power of Positive Thinking*, de la que se vendieron dos millones de ejemplares durante los años de Eisenhower, eran Maurice Flint y su esposa, que después de ser «alcanzados» por Peale organizaron un próspero negocio que comercializaba «recordatorios de semillas de mostaza», usadas como amuletos, y que rememoraban el pasaje de Mateo 17:20. Pero muchos cultos, por ejemplo la teosofía y el Movimiento Esotérico de la Reforma de Rudolf Steiner, no tenían una base dogmática común con el cristianismo. También el impulso religioso afectó al renacimiento doméstico de otras religiones imperiales —el Vedanta indio, el Baha'i persa, el budismo Zen—, y en el caso de los negros norteamericanos, el culto carcelario de los musulmanes negros, que tiene un carácter seudoislámico. Incluso en la Washington del presidente Eisenhower, que simbolizó el «revivalismo» cristiano de la década del cincuenta y donde la atmósfera era protestante, el contenido real fue el moralismo patriótico y la religiosidad sentimental más que una orientación específicamente cristiana. La «piedad a orillas del Potomac», como se denominó, tenía algo del carácter de la religión romana clásica. Se sostenía oficialmente, como correspondía a un gran Estado imperial con responsabilidades mundiales y la conciencia de una visión global. En 1954 la frase «bajo Dios» (según la utilizó Lincoln en la alocución de Gettysburg) fue agregada al Compromiso de Fidelidad de Estados Unidos; en 1956 las palabras «en Dios confiamos» se convirtieron en lema oficial de la nación. ¿Qué Dios? ¿Dios definido por quién? No se necesitaba respuesta. El presidente Eisenhower, a su vez arquetipo del *homo Americanus religiosus* generalizado, pidió a la nación que tuviese «fe en la fe». Dijo al país en 1954:

«Nuestro gobierno carece de sentido, a menos que se base en una fe religiosa profundamente sentida, no me importa cuál sea.»

Sea como fuere, el año 1960 señaló el momento culminante del crecimiento religioso ostensible; luego todos los índices revelaron un descenso constante. Como en Gran Bretaña, el cristianismo popular había sido asociado con la misión imperial; como en Gran Bretaña, el cuestionamiento de las certidumbres religiosas pareció acentuarse *pari passu* con dudas acerca de las geopolíticas. La única diferencia fue que en Estados Unidos la alborada del escepticismo llegó una generación más tarde. Más aún, el cristianismo y el predominio occidental estaban directamente entrelazados en el ámbito misionero: como fenómeno global, el triunfalismo protestante descansaba esencialmente en las diferentes formas del imperialismo anglosajón. Perdió su confianza en sí mismo a medida que Occidente perdió su voluntad (y su capacidad) de dominar.

Por lo que se refiere a la magnitud, el esfuerzo misionero continuó desarrollándose entre las guerras e incluso después de 1945. El número de trabajadores del campo protestantes blancos pasó de 4.102 en 1911 a 5.556 en 1925 y a 7.514 en 1938; el número de los católicos aumentó con mayor rapidez todavía. Pero el crecimiento disminuyó y ha continuado disminuyendo en términos relativos. Es más, se fracasó casi por completo en la tarea de acelerar el reclutamiento del clero local y, sobre todo, de ascenderlo en la jerarquía. Por ejemplo, África oriental no tuvo su primer obispo católico hasta 1939, y los anglicanos negros tuvieron que esperar hasta 1947. Después de la Segunda Guerra Mundial, la totalidad de los grupos principales modificó su actitud y realizó intentos desesperados por obtener un clero nativo numeroso. Sin embargo, en cierto sentido ya era demasiado tarde: comenzaba la revolución colonial. Un clero cristiano nativo que tuviera confianza en sí mismo, que dirigiese su propia Iglesia nacional, podría haber representado un papel formador en la construcción de las nuevas sociedades, como el cristianismo y el clero cristiano hicieron en Europa occidental y central entre los siglos V y IX. Pero en la década del cincuenta el clero aún no existía; y aunque fue creado más tarde, parece que el momento ya había pasado. A fines de la década de los ochenta, los misioneros reclutados y entrenados localmente dominaban el movimiento, y formaban la gran mayoría de los 60.000 católicos y los 42.000 protestantes que en ese momento se mostraban activos en Asia, África y América Latina. Su influencia sobre los gobiernos del Tercer Mundo, que nunca fue muy grande, ha disminuido constantemente, y en gran parte de Asia los gobiernos comunistas han impedido la labor misionera.

A la larga, ha sido más grave la incapacidad o la renuencia de los movimientos cristianos europeos para permitir que los consejos cristianos locales se desarrollen. Este fracaso se remonta al siglo XVI, cuando se desalentó la posibilidad de que los jesuitas permitiesen el desarrollo de reinterpretaciones culturales de la enseñanza cristiana. Explica la incapacidad del cristianismo por no tener más que una cabeza de puente en China, la India o Japón. Cuando las formas sincréticas de cristianismo han aparecido, el cristianismo «oficial» se ha apresurado a aplastarlas. Así, en China, los llamados «adoradores de Shang-ti», en la década de 1850, desarrollaron un programa de reformas políticas cristianas, vinculadas con un nuevo conjunto de mandamientos —por ejemplo, el séptimo mandamiento era la prohibición del consumo de opio—. Tenemos aquí una forma de cristianismo que se eleva desde las profundidades, pues los «adoradores» encabezaron una rebelión contra la dinastía manchú. El misionero Griffiths John de la LMS, escribió en 1860: «Creo firmemente que Dios está desarrollando la idolatría en esta tierra a través de los insurgentes, que gracias a ellos, en relación con el misionero cristiano, encarrilará el cristianismo.» Pero el movimiento permitía la poligamia y presionaba sobre los acuerdos políticos occidentales, de modo que se lo incluyó en la categoría de los movimientos anticristianos y el general «chino» Gordon lo destruyó. También en Japón hubo varios cultos sincréticos provisionales, por ejemplo el mukyokai de Kanzo Uchimua, o movimiento «no eclesiástico». Ninguno recibió el apoyo de las sectas cristianas oficiales.

Cuando llegaron los primeros misioneros portugueses, a principios del siglo XVI, en la India existía una Iglesia cristiana indígena. Estos cristianos nativos, que en su mayoría vivían alrededor de Kerala y que sumaban unos 100.000, creían que provenían de la evangelización de la India por santo Tomás en el siglo I d.C. Tenían una liturgia siríaca y, aparentemente, una auténtica sucesión apostólica. Pero por supuesto, eran nestorianos. Por lo tanto, los europeos católicos y luego los protestantes, en lugar de avanzar sobre la base de esta tradición nativa, trataron de convertir a sus representantes a sus respectivas variedades continentales. De ahí que la Iglesia de Tomás en la India, lejos de extenderse, se redujo ante la ofensiva de los proselitistas occidentales, y se dividió en cinco ramas. Ahora hay romanosirios del rito siríaco (más los que practican el rito latino), malankarenses, monofisitas y no reformados, nestorianos, la Iglesia del Predicador Tomás o Iglesia Siria Reformada, y los anglicanos de Tomás.

Las tensiones de la enseñanza cristiana han determinado abortos religiosos análogos en otros lugares. Así, en California, hay ramas wesleianas y bautistas de la Iglesia norteña antiesclavista y de la segregacionista sureña, a pesar de que la cuestión que en otro momento dividió a las Iglesias carece de sentido en el oeste de Estados Unidos. Asimismo, en las provincias centrales de la India hay ramas nativas de los «secesionistas originales escoceses», a pesar de que ninguno de sus miembros estuvo en Escocia o se separó de nada; en su condición de presbiterianos primitivos han heredado una tradición religiosa abstracta. El cristianismo mal asimilado también puede producir religiones completamente nuevas, pero poderosas y creadoras, cuyo origen proviene de los malentendidos lingüísticos y culturales. «¿Dónde está el camino que conduce a Cargo?», preguntaban los nativos de algunas regiones de Papúa y Nueva Guinea. Estos pueblos no consiguen aceptar la distinción que hace el cristiano blanco entre el conocimiento sacro y el secular. Creen que las mercancías y la tecnología occidentales se originan en los mundos de los dioses y los espíritus. También piensan, racionalizando aquí amargas experiencias, que el blanco intruso impide el progreso material de los nativos, sobre todo ocultándoles y guardando para sí los secretos religiosos mediante los cuales obtienen aquéllos. De ahí surge una constante corriente de profetas —término medio, uno por mes— cuyo propósito es liberar a los dioses sometidos a servidumbre blanca, de modo que envíen posesiones al pueblo.

En la religión la innovación está esencialmente relacionada con la profecía. Quizás aquí esté la clave de la incapacidad creadora del cristianismo no europeo. Las feroces batallas libradas por la Iglesia ortodoxa durante los siglos II y III para estabilizar el dogma cristiano y eliminar a los profetas no autorizados acabó con la muerte de la profecía como medio que permitía expandir e interpretar la fe cristiana; la profecía se convirtió en seudociencia más que en forma de la revelación divina. Por consiguiente, cuando Europa exportó el cristianismo a partir del siglo XVI, no se aceptó la profecía como una forma legítima de actividad cristiana. De todos modos se manifestó, y lo hizo sobre un fondo de desaprobación cristiana oficial, lo que determinó movimientos separatistas. La profecía se ha convertido en la forma característica del cristianismo en África, la única área importante (fuera de América Latina) donde las misiones cristianas se enfrentaron, no con otros cultos imperiales, sino con religiones paganas primitivas que podían ser dominadas. De esta forma, el cristianismo está abriéndose paso en África, pero utilizando formas que las Iglesias cristianas oficiales consideran molestas, incluso horrorosas.

La historia de las Iglesias cristianas nativas y separatistas de África ya se remonta a más de un siglo, a la Iglesia bautista nativa (1888), organizada en África occidental por David Vincent. El motivo fue desde el principio la independencia frente a las Iglesias controladas por los blancos, y el marco emocional fue nacionalista y racista. Vincent adoptó el nombre de Mojola Agbebi y escribió: «... cuando ni un grupo de obispos extranjeros ni un cónclave de cardenales domine el África cristiana, cuando el Capitán de la Salvación, el propio Jesucristo, dirija a la hueste etíope, y cuando nuestro cristianismo deje de ser el pupilo de Londres y de Nueva York y se convierta en pupilo del Cielo, acabarán los consejos privados, los gobernadores, los coroneles, las anexiones, los desplazados, las particiones, las cesiones y las coerciones». Vincent defendió las sociedades secretas, los sacrificios humanos y el canibalismo; era evidente que deseaba promover la absorción de las costumbres africanas en el cristianismo; pero en rigor no asumió un papel profético, pues no pretendió poseer una revelación personal. En cambio, éste fue el caso del episcopaliano liberiano William Wade Harris. Apareció en la Costa de Marfil francesa alrededor de 1914, predicando la moral ortodoxa pero afirmando que mantenía un vínculo directo con la Divinidad y proponiendo el arrepentimiento inmediato, más o menos como Juan el Bautista. Un observador francés, el capitán Marty, lo describió como «una figura impresionante, adornado con una barba blanca, de notable estatura, vestido de blanco, la cabeza tocada con un turbante de lienzo del mismo color, adornado con una estola negra; en la mano una alta cruz y en el cinto una calabaza con semillas secas, que sacude para llevar el ritmo de sus himnos». El profeta Harris tuvo un éxito inmenso al afirmar un esquema completamente nuevo en la cristiandad africana. No intentó fundar una Iglesia personal y los bautistas ortodoxos fueron los beneficiarios de sus conversos cuando él desapareció, pero los que siguieron sus pasos tenían ambiciones más encumbradas o menos altruistas. En la década del veinte Isiah Shembe creó una Iglesia nazarita negra, que floreció cerca de Durban en África del Sur, y a partir de este momento se multiplicaron las iglesias nativas. Los carismáticos nativos cristianos a menudo se ganaban la enemistad de las autoridades coloniales. El bautista congoleño Simón Kimbangu, creador de la Iglesia de Cristo en la

Tierra, que ahora tiene más de tres millones de miembros y está afiliada al Consejo Mundial de Iglesias, fue sentenciado a treinta años por los belgas y murió en la cárcel. John Chilembwe, fundador de la Misión Industrial Providencia Ajawa, de Nyasalandia, fue fusilado después de capturar al especulador en tierras W. J. Livingstone, miembro de la familia del doctor, cortarle la cabeza y clavarla sobre una pica durante un servicio. En cambio, algunas de estas Iglesias no crearon dificultades en los tiempos coloniales, pero fueron eliminadas por los gobiernos nacionalistas; un ejemplo es el de la Iglesia lumpa («excelente») de Zambia, quinientos de cuyos partidarios fueron eliminados en un disturbio y cuya fundadora, Alice Lenshina, fue desterrada. Muchos líderes políticos africanos son a su vez carismáticos y no ven con agrado la presencia de rivales, incluso cuando las pretensiones de éstos se limitan exclusivamente al campo espiritual.

De todos modos, las iglesias africanas son la única forma del cristianismo que está creciendo con rapidez espectacular. Sus nombres no son arbitrarios, y a menudo resumen el eje de sus enseñanzas doctrinarias, que por regla general provienen de las sectas evangélicas norteamericanas. Entre ellas podemos mencionar la Iglesia Africana de los Muertos del Aceite de Castor, la Iglesia Africana Correctamente Apostólica de Jerusalén en Sión, la Iglesia Gaatzly Afroanglicana Constructiva, la Iglesia de Dios Todopoderoso, la Iglesia de los Apóstoles de la Biblia Integral de África del Sur, la Iglesia Católica de la Fuente Apostólica, la Iglesia de los Feligreses Bantúes con Dios Todopoderoso, la Iglesia Católica de África del Sur Rey Jorge Gana la Guerra, la Iglesia de la Santa Fuente Apostólica de Cristo, la Iglesia Cristiana Apostólica de la Piedra, la Iglesia de la Congregación de la Vida Grata, la Restitución Etíope de la Teocracia Nacional, la Iglesia Santa de Dios Bautizada en el Fuego, la Gran Iglesia Nacional Jorge V, el Evangelio del Cuadrilátero Internacional, la Iglesia Residual de Dios, la Iglesia del Cuadrilátero Apostólico Solar de los Testigos de Dios, etc. Mucho de lo que enseñan estas iglesias es una especie de inversión del color en el Cielo, con un «guardador de las llaves» de piel negra. A veces especifican que hay dos puertas de acceso al Cielo, a veces sólo una, pero siempre el control está a cargo de un Cristo negro. Es frecuente que se modifiquen las parábolas. Por ejemplo:

Había diez vírgenes. Cinco eran blancas y cinco negras. Las cinco blancas eran tontas, pero las cinco negras eran sensatas y tenían aceite en sus lámparas. Las diez se acercaron a la entrada, pero las cinco vírgenes blancas recibieron la misma respuesta que el rico... Las blancas irán a rogar que se les permita mojar la punta de sus dedos en agua fresca, pero se les contestará: «Nadie puede gobernar dos veces.»

Muchos de estos cultos o religiones están asociados con el deseo de posesión de tierras y reflejan el liderazgo nativo tradicional de los reyes-sacerdotes. De hecho, son iglesias tribales. Se caracterizan por los vómitos sacramentales, los ritos con agua y la expresión en lengua nativa. Tenemos por ejemplo esta fórmula muy común:

> Zzzzzzzzzzzzzzzzzzzzzzzzzzzzzzzzzzzzz
> *Hhayi, hhayi, hhayi, hhayi,*
> *Lo siento, Jesús, lo siento, Jesús, lo siento, Jesús.*
> *Espía, espía, espía, espía, niño malo, niño malo.*
> *Hhayi, hhayi, hhayi, Aleluya, aleluya.*
> *Amén.*

Las grandes comunidades cristianas occidentales no saben qué hacer con estas Iglesias africanas. Es significativo que ni siquiera puedan coincidir en su denominación genérica. Los términos «separatista», «mesiánica», «profética», «nativista», «sincrética» han sido desechados sucesivamente como ofensivos para los sentimientos africanos (y también para los sentimientos de los negros norteamericanos y los indios occidentales, pues muchas de las Iglesias tienen vínculos internacionales y algunas mantienen puestos avanzados en Londres, París y otros lugares). La descripción generalmente aceptada es la de «independientes». Un grupo de estas Iglesias imparte una enseñanza más o menos ortodoxa. Algunas incluso pertenecen al Consejo Mundial de Iglesias. Pero otras apenas son cristianas y muchas padecen una inestabilidad crónica. Volvemos al mundo montanista del siglo II, aunque por supuesto con variaciones importantes. Algunos estudiosos de estas sectas arguyen que su tendencia en definitiva es anticristiana, en cuanto tienden a formar un puente que permite el retorno de los africanos al paganismo. Según se afirma, pasan de la Iglesia misionera (ortodoxa) a una Iglesia etíope, después a una sionista y, más tarde, por intermedio del sionismo nativista o tribal, al animismo africano de sus padres o abuelos. Es lo que sin duda sucede en ciertos casos. Por otra parte, algunas sectas muestran una sorprendente originalidad y una capacidad creadora en su imaginería teológica, exhibiendo un entusiasmo ferviente. En todo caso, el fenómeno parece continuar desarrollándose. Un análisis de estas Iglesias publicado en 1948 incluyó los nombres de 1.023 sectas distintas. Otro análisis publicado en 1968 se basó en una reseña de más de 6.000. De acuerdo con cálculos realizados a fines de la década de los ochenta, los movimientos evangelistas, que generalmente llevan a la formación de nuevas Iglesias, aparecían, como promedio, en siete nuevas tribus anuales. La expansión del cristianismo africano no se limitó a las Iglesias «independientes», sino que absorbió la parte del león de los nuevos reclutas. Los cristianos africanos de todas las congregaciones han duplicado su número cada doce años; es posible que actualmente haya alrededor de 350 millones de cristianos africanos practicantes, con lo que se convierte en el grupo más numeroso dentro de la comunidad cristiana global, con una importancia numérica superior incluso a la de los latinoamericanos. Una gran mayoría de estos cristianos está formada por «independientes». Cómo serán vistos por las Iglesias de origen europeo puede llegar a ser uno de los procesos eclesiásticos más importantes de nuestro tiempo.

Por supuesto, mucho dependerá del modo en que el cristianismo occidental se organice mientras tanto; a su vez, eso estará determinado esencialmente por la actitud de la Iglesia católica. Mientras vivió Pío XII, el catolicismo mundial se mantuvo inmóvil, congelado en una postura que en todos los aspectos esenciales había sido asumida por éste en el tercer cuarto del siglo XIX. Mientras se desechaba discretamente el triunfalismo protestante, el triunfalismo populista del papado permaneció intacto, afectuosamente conservado como una herencia preciosa de una época anterior. En efecto, Pío XII fue el último de una extensa línea de papas que se remonta a Bonifacio VIII, Inocencio III y al propio Hildebrando. Su visión de la Iglesia era agustiniana, en el sentido de que, si bien reconocía, aunque de mala gana, que no abarcaba toda la sociedad, el Papa defendía su autoridad como universal y omnicompetente. En la práctica, no hubo un solo aspecto de la vida en que la Iglesia no tuviese el derecho y generalmente el deber de dar su dictamen. En noviembre de 1954, en una alocución a los cardenales y los obispos, más tarde impresa con el título de *La autoridad de la Iglesia en los asuntos temporales*, el Papa insistió:

El poder de la Iglesia no está limitado por las cuestiones estrictamente religiosas, como dicen, y en cambio la totalidad del derecho natural, su fundamento, su interpretación, su aplicación, por lo que se refiere a los aspectos morales, están al alcance del poder de la Iglesia... El clero y los laicos deben comprender que la Iglesia tiene aptitud y autoridad... para formular una norma externa de acción y conducta en los asuntos que conciernen al orden público y que no se originan inmediatamente en el derecho natural o divino.

Por supuesto, al decir «la Iglesia» Pío se refería esencialmente al papado. Montalembert había protestado enérgicamente contra la idea de «un Luis XIV en el Vaticano». Sin embargo, en eso se convirtió Pío XII. Tuvo su propia y reducida corte de admiradores, funcionarios, servidores y parientes. Era su propio secretario de Estado. Durante casi veinte años reinó como el monarca autocrático de la última corte del *ancien régime* de la historia. A medida que envejeció, se separó cada vez más de los asuntos cotidianos de la curia. Con frecuencia era muy difícil, incluso para los cardenales que dirigían los departamentos del Vaticano, conseguir audiencia con él. Generalmente tenían que solicitar el favor de su todopoderosa ama de llaves alemana, la madre Pasqualina Lehnert. Pío acabó sintiendo desagrado por las reuniones de trabajo o las comisiones, donde podía verse obligado a afrontar hechos o argumentos contrarios e incluso cierta oposición. Tenía cabal conciencia de sus atribuciones únicas, de origen divino, en la condición de supremo pontífice. Estas atribuciones se reforzaron, a partir del otoño de 1950, con visiones sobrenaturales que, aparentemente, tuvo en varias ocasiones. Pío no proponía la discusión. Trataba directamente con los subordinados, sin el auxilio de un secretario, impartía las órdenes por su teléfono oro y blanco, y depositaba su receptor apenas había terminado lo que deseaba decir. Se instruía a los funcionarios de modo que cuando oyeran su voz —«*Qui parla Pacelli*» («habla Pacelli»)— se arrodillaran con el teléfono en la mano. Pío insistía en conservar el protocolo monárquico tradicional. Salvo los funcionarios más encumbrados o los privilegiados, en las raras ocasiones en que los recibía, todos se dirigían hacia él arrodillados y salían de la habitación caminando hacia atrás. Restableció la práctica, que había sido desdeñosamente abandonada por Pío X, de que el Papa siempre comía solo; ni siquiera sus parientes favoritos podían sentarse a la mesa con él. Cuando se paseaba por los jardines del Vaticano, los operarios y los jardineros tenían órdenes de juntarse detrás de los árboles, para no interrumpir su soledad. El Cadillac papal, regalo del cardenal Spellman, arzobispo de Nueva York, tenía en las puertas manijas de oro macizo y detrás un solo asiento, donde Pío se sentaba aislado, comulgando consigo mismo.

Sin embargo Pío no carecía de energía. Comprendía el carácter del papado populista y lo reforzó con notable éxito. Fue el primer papa que aprovechó los recursos de las modernas comunicaciones masivas: y su figura y su voz llegaron a ser conocidas por cientos de millones de personas. Aunque le desagradaban los contactos privados, se complacía en las apariciones públicas. Concedió un número mucho más elevado de audiencias públicas y semipúblicas que cualquiera de sus predecesores. Podía pronunciar alocuciones en por lo menos nueve idiomas. Se interesó especialmente por recibir a representantes católicos prácticamente de todas las profesiones y ocupaciones. Leía con avidez los manuales técnicos, de modo que estaba familiarizado con algunos detalles de cada profesión y podía exhibir ese conocimiento sustitutivo en los discursos que pronunciaba. Como la Iglesia católica afirmaba poseer las respuestas morales para todos los problemas y puesto que él era su fuerza animadora, le parecía propio pronunciar sus veredictos en el mayor número posible de aspectos de la existencia humana. Así recibió y habló a hombres y mujeres de áreas como la medicina, el derecho, la odontología, la arquitectura, la química, la imprenta, el periodismo, la técnica de la calefacción, la salud pública, el teatro, los motores diesel, la aeronáutica, la navegación espacial, la ingeniería radial, etc. Sus encíclicas, cartas y discursos publicados abarcaron una amplia gama de temas, generalmente tratados con bastante detalle técnico. Una de sus últimas encíclicas, *Miranda prorsus* (1957), tocó el tema de las películas, la radio y la televisión; allí definió, por ejemplo, los deberes morales de un presentador de noticias; el modo en que debían organizarse y administrarse las oficinas de la censura regional; las responsabilidades morales de los administradores de cines, los distribuidores y los actores; el deber de los obispos de reprender a los directores y productores cinematográficos católicos que se desviaban del camino y, si era necesario, imponerles sanciones adecuadas; la obligación de los miembros católicos de los jurados de los festivales de votar por las películas «moralmente elogiables», e incluso los criterios morales mediante los cuales los carteles que anunciaban las películas debían ser juzgados. De este modo, Pío estableció un contacto dogmático, por así decirlo, con un caudal innumerable de católicos del mundo entero. Pero la confrontación era impersonal. Llevado en andas sobre su *Sedia Gestatoria* —una forma de transporte monárquico heredado de la Roma imperial— entre las multitudes que lo aclamaban, continuaba siendo una figura solitaria, el «pequeño ídolo del Vaticano» de Montalembert. Pío, escribió Giuseppe Dalla Torre, ex director de

L'Osservatore Romano, «se separó del contacto directo con la vida, aunque por desgracia no de la gente que abusó de su confianza». La clave de su pontificado fue el aislamiento.

El aislamiento no era meramente personal. Afectaba también al credo y a la actitud política. Pío era un papa tridentino. A su juicio, los ortodoxos griegos eran sencillamente cismáticos, y los protestantes herejes. No había nada más que decir o discutir. No le interesaba el movimiento ecuménico: la Iglesia católica ya era ecuménica en sí misma. No podía cambiar, porque tenía razón y siempre la había tenido. Sin duda, había que evitar a toda costa que sobreviniese un cambio fundamental en la Iglesia católica. El movimiento era peligroso: la experiencia demostraba que conducía invariablemente al mal. El catolicismo debía permanecer exactamente en el punto en que estaba. A los herejes y los cismáticos correspondía someterse como, a su debido tiempo, sin duda lo harían. Con respecto al mundo, Pío no veía motivo para modificar el análisis desarrollado en su primera encíclica. No aprendió nada de la guerra o del fenómeno de los nazis. No había cometido errores. Al contrario: la guerra confirmaba su juicio inicial. Al ignorar al Vicario de Cristo, la sociedad internacional se encaminaba hacia el desastre. La guerra había sido simplemente una etapa posterior de la caída al abismo. Alemania estaba dividida; los comunistas ateos controlaban la totalidad de Europa oriental, incluidos los católicos de Polonia, Hungría, Checoslovaquia, Eslovenia y Croacia —«la Iglesia del silencio»—. A juicio de Pío, era el peor desastre para el cristianismo y la civilización desde el fin de las guerras de religión. Parecía que Dios, en su infinita sabiduría, había condenado a su Iglesia a librar una permanente acción de retaguardia contra el cambio. Pero cada centímetro cedido primero debía ser duramente disputado. En términos políticos, esto significaba que el papado debía ofrecer una resistencia tenaz al comunismo, al socialismo o a cualquier otra filosofía que, al margen de sus restantes méritos, se basara en el materialismo. Para alcanzar este objetivo debía guiarse por los elementos conservadores de la sociedad, en el lugar donde estuvieran y si merecían confianza. Al mismo tiempo, el papado debía recordar constantemente al mundo las pretensiones de la Iglesia y exhortar a sus líderes para reparar la injusticia infligida por la guerra, especialmente en Europa oriental.

En términos internacionales, Pío era un guerrero frío. Consideraba que una paz sin justicia no era una auténtica paz. Por lo tanto, la «coexistencia pacífica» era moralmente errónea, pues negaba la oportunidad de rectificar las injusticias del pasado. Escribió: «Una nación amenazada por la agresión injusta o que ya es víctima de la misma no puede mantener una actitud de pasiva indiferencia si desea comportarse cristianamente... la solidaridad de la familia de los pueblos prohíbe que otros se comporten como simples espectadores en una actitud de pasiva neutralidad.» Éste era el pecado de «indiferentismo». El propio Pío rehusó todo contacto con los Estados comunistas y prohibió que la jerarquía católica de la «Iglesia del silencio» concertara algún tipo de compromiso con las autoridades oficiales. No deseaba la «aplanadora», es decir la guerra franca; pero a falta de guerra, veía al mundo en términos de una cruzada cristiano-capitalista contra el ateísmo marxista. A su juicio, lo menos que la cristiandad podía hacer era imponer un boicot total al mundo soviético. De ahí que no manifestase ninguna simpatía por las Naciones Unidas, puesto que Rusia era una de sus creadoras y miembro permanente del Consejo de Seguridad. Alegó que las Naciones Unidas no podían convertirse en «la expresión plena y pura de la solidaridad internacional en la paz» hasta que hubiesen «eliminado de sus instituciones y estatutos todo rastro de su origen, que arraigaba en la solidaridad de la guerra». Por supuesto, alcanzar ese propósito podía llevar mucho tiempo. Ciertamente, todo el análisis que hacía Pío del cristianismo y el mundo implicaba un prolongado período de espera. Se necesitaría tiempo antes que los herejes y los cismáticos recuperasen la sensatez y los marxistas abandonaran su materialismo ateo. La Iglesia podía esperar, como había esperado antes. Se mantendría en su fortaleza, evitando el contacto con los errores del compromiso y de tanto en tanto elevando su voz admonitoria. Era una política de espléndido aislamiento; si el aislamiento no era espléndido, por lo menos era una política santa.

La política cambió en casi todos sus aspectos a partir de fines de 1958, cuando Angelo Roncalli sucedió a Pío con el nombre de Juan XXIII. Roncalli estaba cerca de los ochenta años; había sido un patriarca popular de Venecia y se creía que sería un papa de transición aceptable y moderado hasta que llegase el momento de traspasar el mando a una generación más joven y más liberal. En realidad, se apresuró a inaugurar una era de rápido cambio. Aunque conservador en cuestiones como la liturgia y las devociones, Juan era un liberal político que había iniciado su carrera como secretario del obispo Radini de Bérgamo, protegido del cardenal Rampolla. Había pasado la mayor parte de su carrera como diplomático papal *en poste* y nunca se había mezclado con la política vaticana; en cambio, siempre había permanecido más o menos adherido a las fuerzas progresistas en el seno de la Iglesia. A diferencia de Pío XII, era un extrovertido, un hedonista voluble y bien adaptado que se complacía en el contacto humano y gozaba enormemente con la labor pastoral. Era historiador, no teólogo, y por lo tanto no temía al cambio, sino que más bien lo acogió de buen grado, como signo de crecimiento y mayor iluminación. Sus palabras favoritas eran *aggiornamento* («actualización») y *convivenza* («convivencia»). No sólo abrió inmediatamente las ventanas y permitió la entrada de aire fresco en la corte mohosa y antigua de Pío sino que modificó la política papal en tres aspectos básicos. Primero, inauguró un movimiento ecuménico centrado en Roma y lo puso bajo la dirección de un secretariado encabezado por el jesuita y diplomático alemán cardenal Bea. Segundo, abrió líneas de comunicación con el mundo comunista y terminó con la política del «santo aislamiento». Tercero, inició un proceso de democratización en el seno de la Iglesia mediante la convocatoria de un concilio general.

El concilio fue el más importante de estos aspectos —fue anunciado dentro de los tres meses de la elección de Juan a un grupo asombrado y silencioso de cardenales de la curia— porque también abarcó los dos aspectos restantes de la nueva política. Juan no consiguió que el concilio fuese ecuménico en el verdadero sentido de la palabra, pues fue imposible obtener una representación acordada de las Iglesias ortodoxas y, por lo tanto, tampoco pudo invitarse a los protestantes. Pero todos fueron invitados como observadores y, hacia la finalización del concilio, había más de doscientos que pertenecían a esta categoría, que incluía, además de la ortodoxa, delegaciones acreditadas de la Iglesia copta de Egipto, la ortodoxa siria, la Iglesia etíope (nestoriana), la Iglesia ortodoxa en el exilio, la Iglesia armenia y otras Iglesias monofisitas, los viejos católicos, los luteranos, los presbiterianos, los congregacionalistas, los metodistas, los cuáqueros, la comunidad Taizé, los Discípulos de Cristo y otras iglesias cristianas, además del secretariado del Consejo Mundial de Iglesias, que hasta ese momento había sido ignorado por el Vaticano y al que, según órdenes de éste, los católicos debían boicotear. Las restantes Iglesias cristianas, ahora rebautizadas «hermanas separadas», aunque no participaron en la práctica, pudieron, gracias a los contactos privados entre bambalinas, influir sobre los debates y votar; su sola presencia fue una fuerza que limitó el fanatismo religioso durante las sesiones. La retórica triunfalista que había sido un rasgo tan destacado del Primer Concilio Vaticano, en 1870, estuvo notoriamente ausente. Además, Juan participó en complicadas negociaciones con el fin de garantizar la presencia en el concilio de delegaciones completas de los países comunistas (se abandonó la expresión «la Iglesia del silencio»). Fracasó en el caso de China, así como también en el de Albania y Rumania, pero tuvo un éxito notable al obtener que se liberase de la cárcel, con el fin de que asistiera, a monseñor Josef Slipyi, arzobispo católico del rito bizantino en Lvov, que había estado detenido durante diecisiete años; además en la sesión inaugural estuvieron diecisiete obispos de Polonia, cuatro de Alemania oriental, tres de Hungría, tres de Checoslovaquia y todos los obispos yugoslavos.

Juan organizó y defendió el concilio, que se inauguró en 1962, frente a la enérgica y tenaz oposición de la curia. Su posición de ningún modo era todopoderosa, porque si bien personalmente era popular en todos los niveles de la Iglesia, no pudo o no quiso reorganizar la burocracia del Vaticano. Este cuerpo continuó actuando como una fuerza independiente y muy conservadora durante todo el pontificado de Juan. Sin embargo, el Papa aclaró bien sus deseos y confió en que los obispos participantes en el concilio hicieran el resto. Su discurso inaugural, en que formuló la nueva política papal, al parecer fue sugerido por una conferencia pronunciada en la Universidad de Letrán, baluarte de la ortodoxia romana, por un ex director del Santo Oficio, el cardenal Pizzardo, durante el otoño de 1960. Pizzardo reiteró el mensaje del «santo aislamiento», la teoría agustiniana de la Iglesia y el mundo, de acuerdo con la actualización de Pío IX y sus sucesores, y según la afirmó hasta el fin el propio Pío XII. Dijo que era absurdo hablar o pensar en «un solo mundo». La humanidad se enfrentaba con dos mundos: el llamado «mundo moderno», que era «la ciudad de Satán», y la ciudad de Dios, simbolizada y representada por el Vaticano —usó nuevamente la antigua imagen de la fortaleza—. El mundo que estaba más allá de los muros de la ciudad de Dios, dijo el cardenal, era «la nueva ciudad de Babel»:

Se alza sobre una base de grosero materialismo y ciego determinismo, construida por la labor inconsciente de los conquistados y bañada en sus lágrimas y su sangre, como el antiguo Coliseo pagano, una ruina sepultada por los siglos cristianos. Se eleva monstruosa, desplegando ante los ojos de la engañada muchedumbre de esclavos —que aportan ladrillos y brea para construirla— un vano espejismo de prosperidad perfecta y felicidad terrena... Pero al mismo tiempo, sobre la explanada de la nueva Babel, se levantan las rampas de lanzamiento de los misiles, y en su almacén se apilan las armas provistas de ojivas nucleares destinadas a la futura destrucción universal y total.

Pizzardo prácticamente estaba repitiendo el análisis que había hecho Pío en 1939 con su *Summi Pontificatus*, aunque ahora agregaba la nueva y terrible imagen de un apocalipsis termonuclear, una *parousia* que volaba sostenida por las alas de los misiles intercontinentales. El tono era el pesimismo característico del triunfalismo populista, con sus raíces agustinianas. En su alocución inicial, Juan rogó a los asistentes al concilio que rechazaran este análisis:

> Nos impresiona comprobar lo que dicen algunas personas que, si bien pueden estar animadas del celo religioso, carecen de justicia, de buen criterio o de consideración en su modo de ver las cosas. En el estado actual de la sociedad ven únicamente ruina y calamidad. Están acostumbradas a afirmar que nuestra época es mucho peor que los siglos pasados. Se comportan como si la historia, que nos enseña acerca de la vida, nada tuviera que decirles... Por el contrario, deberíamos reconocer que, en el momento histórico actual, la Divina Providencia está encaminándonos hacia un nuevo orden de las relaciones humanas que, por intermedio del hombre y, lo que es más, por encima y más allá de sus propias expectativas, está tendiendo hacia la realización de designios más elevados, pero aún misteriosos e imprevistos.

El discurso del papa Juan fue interpretado acertadamente como una llamada a la acción y una aceptación optimista del cambio. Tal fue, en efecto, la filosofía moral de las dos principales encíclicas de Juan, *Mater et Magistra* (1961) y *Pacem in Terris* (1963), referidas a la teoría política y social y a las relaciones internacionales. Incorporaron a la enseñanza papal algunas novedades muy importantes, pues la primera implícitamente rechazó la encíclica *Quanta Cura* de Pío IX y su apéndice, el Compendio de Errores, y una multitud de otros enunciados papales de carácter político que se remontan a *Mirari Vos* y *Singulari Nos*, de Gregorio XVI. Juan no sólo aceptó la democracia, sino que sobreentendió que la mayoría de las sociedades avanzarían hacia un estado de bienestar social. Ciertamente, aceptó el argumento socialista de que la asunción de responsabilidades sociales por el Estado es una prolongación de la libertad humana: la intervención estatal «permite que el individuo ejerza muchos de sus derechos personales... por ejemplo el derecho de... mantenerse en buena salud, perfeccionar su educación y obtener una formación profesional más completa; el derecho a la vivienda, el trabajo, el ocio y la recreación apropiados». No formuló su idea de la forma perfecta de gobierno, pero su defensa de una constitución escrita, la separación de poderes y la existencia de controles intrínsecos aplicados al poder total del gobierno, en el transcurso de su vida, casi habían sido condenadas como inmoral por el papado. En *Pacem in Terris* aceptó, por primera vez en la historia del papado, la libertad total de conciencia, una idea desechada por Gregorio XVI como «monstruosa y absurda», y considerada por Pío IX como un error fundamental. Todos los seres humanos, escribió Juan, deberían estar en condiciones de «adorar a Dios en armonía con los justos dictados de su propia conciencia y de profesar su religión privadamente y en público». También manifestó el deseo de conciliar con el socialismo, el comunismo y otras filosofías materialistas. Distinguió entre el comunismo propiamente dicho, al que calificó de «filosofía falsa», y muchos de sus aspectos, que podían encontrar un lugar apropiado en los programas políticos prácticos, «incluso cuando un programa de ese género se origina e inspira en dicha filosofía». Consideró que tales consecuencias eran más importantes que la lógica filosófica, pues la teoría, como él mismo dijo, «estaba sometida a consideraciones prácticas» y la práctica de los Estados comunistas bien podía contener «elementos positivos y recomendables». Los líderes comunistas quizás estaban comprometidos teóricamente con la revolución mundial, pero en términos concretos era posible e incluso probable que se atuviesen a la coexistencia pacífica; la Iglesia debía reconocer esta probabilidad y aprovecharla bien. Los estadistas debían esforzarse por promover el desarme; las disputas se resolverían a través de las Naciones Unidas; todos debían trabajar «por la creación de una organización jurídica y política de la comunidad mundial». Señaló que le preocupaban más los países pobres del Tercer Mundo que los «territorios perdidos» de Europa oriental. Exhortó a las naciones ricas a ayudar a los países subdesarrollados «de un modo que les garantice la preservación de su propia libertad».

Juan desechó las anteriores objeciones papales al principio de la soberanía nacional. Sostuvo que el derecho colectivo de una nación a la independencia nacional era nada más que una extensión de los derechos del individuo, los que debían ser defendidos por la Iglesia. En África y Asia, la Iglesia no debía limitarse solamente a rechazar los cambios necesarios, sino, por el contrario, tenía que identificarse con ellos. También debía protestar contra el intento de imponer ideas occidentales uniformes; los países del Tercer Mundo «han conservado a menudo en sus antiguas tradiciones una conciencia aguda y vital de los valores humanos más importantes. Tratar de debilitar esta integridad nacional esencialmente es inmoral. Debe respetarse y, en la medida de lo posible, hay que fortalecerla y desarrollarla, de modo que pueda continuar siendo lo que es: un cimiento de la verdadera civilización». Juan agregó a esto, como expresión de su filosofía política internacional, una condenación total del racismo: «La verdad exige la eliminación del más mínimo rastro de discriminación racial y el consiguiente reconocimiento del principio inviolable de que todos los Estados tienen por naturaleza la misma dignidad... El hecho real es que nadie puede ser por naturaleza superior a sus semejantes, pues todos los hombres son igualmente nobles por su dignidad natural... Cada Estado es como un cuerpo, cuyos miembros son los seres humanos.» En resumen, las dos encíclicas fueron un intento realizado por Juan de alinear el pensamiento católico con el saber económico y político progresista de su tiempo, y de esta forma caracterizaron una revolución benigna de las actitudes papales.

Juan entendió que el concilio era el comienzo de una transferencia del poder de la monarquía papal al conjunto de la Iglesia. Era un parlamento del episcopado y el mismo Papa su soberano constitucional. Quiso invertir el proceso por el cual, durante el siglo XIX, los obispos habían sido privados de su independencia y convertidos en simples funcionarios de un papado populista. Deseaba retroceder hasta llegar a la abortada teoría conciliar del siglo XV. En el Concilio de Basilea (1431-1439) se había sostenido que la autoridad delegada por Cristo residía en la totalidad de la Iglesia. «El poder supremo», dijo Juan de Segovia, «pertenece a la Iglesia constante, permanente, invariable y perpetuamente». Tal poder no podía ser alienado, del mismo modo que una persona no podía desechar sus propias cualidades: «El poder supremo reside en la comunidad misma, como un sentido personal o una virtud innata.» El Segundo Concilio Vaticano reafirmó este concepto; también negó que el poder pudiese ser alienado en beneficio de un pontífice monárquico; es más, retomó el asunto donde Basilea lo había dejado. El Decreto del Vaticano II sobre la Iglesia fue, en efecto, una negación del dogma de la infalibilidad papal, pues afirmó que la verdadera fuente de la autoridad era plural: «El cuerpo de los fieles... no puede errar en cuestiones de creencia. Gracias a un sentido sobrenatural de la fe que caracteriza al conjunto del pueblo, manifiesta esta cualidad certera cuando, "desde los obispos hasta el último miembro del laicado", mantienen un acuerdo universal en las cuestiones de fe y moral.»

Naturalmente, el restablecimiento de la teoría conciliar automáticamente tendió puentes hacia los protestantes y los ortodoxos, pues en ambos casos la ruptura había provenido de la incapacidad para permitir que las disputas se resolviesen con métodos realmente ecuménicos. Sin embargo, Juan no superó el defecto del método conciliar, un defecto que había sido fatal para la teoría conciliar en el mecanismo permanente del gobierno eclesiástico. A causa de la ausencia de este mecanismo, el Papa había conseguido restablecer su absolutismo monárquico durante el siglo XV. Ahora amenazaba manifestarse el mismo proceso. Incluso durante la primera sesión del concilio, Juan advirtió la presencia de una *lacuna* en sus arreglos. La primera serie de propuestas, *schema*, que debía ser debatida por el concilio, se relacionaba con la autoridad de la fe y las fuentes de la revelación. El tema era absolutamente fundamental, pues determinaba el modo global en que se afirmaba e interpretaba la fe cristiana, y trascendía todas las discusiones entre los católicos y otras Iglesias cristianas. El *schema* preparado por los curialistas fue tridentino y afirmó que la autoridad innata o *magisterium* de la Iglesia era una fuente alternativa e igual a la de la revelación mediante la Escritura; de hecho, una actitud idéntica a la posición adoptada por Pío X en la culminación de la controversia modernista. Juan había sido clasificado oficialmente en la categoría de «sospechoso de modernismo» en aquel momento; en cierto sentido demostró esa actitud en 1962, al intervenir en favor de los progresistas para impedir que los curialistas impusieran su *schema* aprovechando recursos de procedimiento. Este episodio en definitiva llevó a la adopción, por enorme mayoría, de una definición de la revelación que era eirénica y ecuménica. Pero fue inquietante que debiera ser necesaria la intervención del Papa cuando estaba muy claro lo que deseaba la mayoría de los obispos.

El papa Juan no vivió para corregir este defecto de su propio mecanismo de cambio. Falleció en 1963, antes de la segunda sesión del concilio y antes de que él mismo o el concilio tuviesen oportunidad de resolver el problema general del poder y el gobierno en la Iglesia (ya estaba enfermo cuando el concilio se reunió por primera vez). Aunque las intenciones y las aspiraciones de Juan eran claras, y pese a que desencadenó una «revolución de nacientes expectativas» en muchos obispos y sacerdotes y en los laicos católicos comunes, concretamente no modificó el modo de gobierno de la Iglesia. Dejó intactas las atribuciones papales absolutistas. Por lo tanto, el cardenal Montini, el curialista que sucedió a Juan con el nombre de Pablo VI, heredó un espíritu democrático y una estructura autocrática. ¿Cuál debía prevalecer? El papa Pablo intentó un compromiso. Permitió que el concilio continuara y completase su trabajo, pero retiró de la competencia de este cuerpo dos temas, que se reservó él mismo. Se trataba de una actitud cuya defensa era difícil tanto desde el punto de vista lógico como por referencia a su sensatez práctica. O el concilio era soberano a los ojos del Papa o no lo era. Si lo era, ¿por qué no podía tratar todos los temas? Si no podía tratar dos temas considerados tan importantes y delicados que sólo el Papa poseía la sabiduría divina necesaria para resolverlos, ¿por qué podía tratar cualquier otra cosa? La decisión rebajó la autoridad del concilio sin reforzar la del Papa y acabó rebajando también la autoridad del Papa, porque proyectó dudas sobre la naturaleza de la verdadera fuente del poder en la Iglesia.

Más aún, los dos temas eran sumamente polémicos y estaban destinados a provocar reacciones emocionales; eran de un tipo que puede ser abordado especialmente por una asamblea representativa (en cuanto se distingue del individuo en soledad): el celibato clerical y los anticonceptivos. Ambos se referían al sexo, un tema que irritaba notoriamente a los papas solteros. Ambos tendían a dividir a los católicos de las otras Iglesias cristianas, de modo que el dictamen personal del Papa era particularmente odioso para los «hermanos separados». Según pudo observarse, ambos eran asuntos en los que el mismo Papa se vio en dificultades para decidir. El celibato clerical siempre había suscitado problemas. No se había empleado en la Iglesia oriental, excepto el caso del alto clero, y en el Occidente latino nunca había sido aplicado eficazmente antes del siglo XIX. Era sobre todo un asunto que habría sido conveniente dejar a cargo del conjunto del clero o, en términos más prácticos, del episcopado. Según estaban las cosas, el decreto de Pablo en el sentido de que no debía abordarse el tema y de que era necesario mantener el celibato, fue considerado por muchos miembros del clero más joven como una actitud que no era ni equitativa ni concluyente; se convirtió en fuente de desobediencia, escándalo, irritación y de ridículo para el mundo secular.

El control de la concepción era incluso un tema más grave, pues afectaba la moral y la disciplina del laicado católico. La Iglesia latina había enseñado tradicionalmente que el control de la natalidad era pecaminoso en todas sus formas. Pero la autoridad de las Escrituras que constituía la base del dictamen era escasa. No hay nada sobre el tema en el Nuevo Testamento y la única referencia aparente en el Antiguo es el Génesis 38:8-10: «... y Judá dijo a Onán, ve a la esposa de tu hermano y cumple con ella el deber del hermano de un esposo, y lleva la simiente a tu hermano. Y Onán supo que la simiente no sería suya, y así sucedió, cuando se acercó a la esposa de su hermano, la derramó sobre el suelo, no fuese que diera simiente a su hermano. Y lo que hizo fue malvado a los ojos del Señor: y también a él lo mató». Es un pasaje muy oscuro. No está claro si el Señor mató a Onán por derramar su simiente o porque no dio un hijo a la esposa de su hermano (lo que implicaba faltar a la ley de Leví). Puede ser que Onán también hubiera sido destruido si sencillamente se hubiese negado a «acercarse» a la esposa. Pero Agustín afirmó que «la relación incluso con la esposa de uno es ilegal y perversa cuando se impide la concepción de la progenie. Onán, hijo de Judá, procedió así y por eso el Señor lo mató». Eso fue precisamente lo que Onán no hizo, pues la mujer no era su «legítima esposa». Más aún, es evidente que la afirmación de Agustín provino de su concepto restrictivo del matrimonio, al que asignaba un mero propósito procreador. A su juicio, que una pareja tuviese relaciones sin desear activamente la concepción era pecaminoso. Aclaró groseramente su posición en *El matrimonio y la concupiscencia*, una obra que influyó mucho durante mil quinientos años sobre la enseñanza cristiana acerca del sexo:

> Una cosa es abstenerse de yacer excepto con la exclusiva voluntad de procrear. En esto no hay pecado. Otra es buscar el placer de la carne en yacer, aunque en los límites del matrimonio: esto es pecado venial. Supongo entonces que, aunque no estéis yaciendo con el fin de procrear una progenie, no lo hacéis con el fin de la lascivia y obstruyendo la procreación mediante una plegaria perversa o un acto perverso. Los que proceden así, aunque se los denomina marido y mujer, no lo son; tampoco conservan ninguna realidad del matrimonio y, en cambio, con un nombre respetable disimulan una vergüenza... a veces esta lasciva crueldad o cruel lascivia llega a lo siguiente, que incluso consiguen venenos de esterilidad, y si ellos no funcionan, extinguen y destruyen de cierto modo el feto en la matriz, prefiriendo que su progenie muera antes de que viva, o si ya estaba vivo en la matriz, matándolo antes de que nazca.

Esta posición, adoptada por Aquino y apoyada por Lutero, Calvino y otros teólogos, continuó siendo la doctrina ortodoxa en todas las Iglesias cristianas hasta pasada la Primera Guerra Mundial. La Iglesia anglicana aceptó de mala gana los anticonceptivos artificiales en la Conferencia de Lambeth de 1930 y orientó la teología moral hacia la consideración de la posibilidad de que la intención de la pareja casada sea o no egoísta. Este análisis más tarde fue adoptado por la mayoría de las restantes Iglesias protestantes. En su encíclica de 1930, *Casti Connubii*, Pío XI reiteró en los términos más vigorosos el concepto tradicional. Pero en 1951 Pío XII, en una alocución a las comadronas católicas italianas, afirmó que la aplicación del llamado «período seguro» como un sistema de control de la natalidad era legal, siempre que las circunstancias justificaran la intención. Este compromiso debilitó la enseñanza agustiniana, pues Agustín había rechazado específicamente el uso del período seguro en su obra *La moral de los maniqueos*, y la concesión también fue fatal para toda la doctrina agustina del matrimonio. Es más, el empleo del período seguro tendió sistemáticamente a suscitar el interrogante de si era legítimo estabilizar artificialmente dicho período; si se admitía esto, era casi imposible delinear una distinción moral viable entre el control «natural» y el «artificial».

Muchos asistentes supusieron que el concilio resolvería el problema reformulando la doctrina del matrimonio; y el papa Juan organizó un comité asesor de especialistas. Algunos de los miembros más sagaces ansiaban que la Iglesia no se comprometiese formulando juicios detallados en un área en que la ciencia médica progresaba velozmente, y que se atuviese, como los anglicanos, al terreno seguro de la «santa intención». Como dijo el cardenal Suenens, de Bruselas: «Os lo ruego, evitemos un nuevo "asunto Galileo". Uno es suficiente para la Iglesia.» De hecho, pese al veto papal, el tema inevitablemente salió a relucir cuando el concilio discutió el matrimonio y la familia como parte del *schema* acerca de «la Iglesia y el mundo moderno», durante la cuarta y última sesión, en el otoño de 1965. El debate fue interrumpido el 24 de noviembre por un mensaje del secretario de Estado que insistía en las órdenes del Papa en el sentido de que se incorporaran ciertos cambios al texto y que incluyese una mención explícita de la encíclica *Casti Connubii* y la alocución de Pío XII a las comadronas, al mismo tiempo que afirmaba que «es absolutamente necesario que los métodos y los instrumentos destinados a impedir la concepción, es decir, los métodos anticonceptivos considerados en la carta encíclica *Casti Connubii*, fuesen rechazados francamente; pues en esta cuestión aceptar dudas, guardar silencio o insinuar opiniones acerca de la posible aceptación de que tales métodos sean necesarios, puede provocar los más graves peligros en la opinión general». Se agregó el texto de cuatro enmiendas en las que el Papa insistía en el tema. Los conservadores se sintieron complacidos; uno de ellos, el cardenal Browne, exclamó: «Christus ipse locutus est» (Cristo mismo habló). Por supuesto, esta intervención perentoria redujo a la nada el principio mismo del concilio; en realidad, después de muchas negociaciones entre bambalinas, el mensaje del Papa a su vez fue corregido y los cambios que él propuso quedaron relegados a una nota al pie del texto final del *schema*. Tenemos aquí el caso de un papa dispuesto a afirmar su autoridad, pero también dispuesto a ceder nuevamente bajo presión: el esquema de un autócrata débil. El concilio terminó de este modo y se dispersó sin haber resuelto en absoluto, por un lado, el tema del control de la natalidad, y por el otro, el más general de la soberanía en el seno de la Iglesia. Esto tampoco se resolvió después. En julio de 1968 el papa Pablo finalmente adoptó una decisión acerca del control de la natalidad, ignoró la opinión mayoritaria de su comisión asesora y publicó su encíclica *Humanae Vitae*, que afirmaba que, si bien el control «natural» era lícito, «de todos modos la Iglesia que reclama a los hombres el retorno a la observancia de las normas del derecho natural, interpretados por su doctrina constante, enseña que todos y cada uno de los actos conyugales deben permanecer abiertos a la transmisión de la vida» con lo que se excluían los métodos artificiales de control de la natalidad. La encíclica provocó la crítica general de la comunidad católica internacional, no sólo en los laicos y las mujeres, sino en el sacerdocio y el episcopado; a juzgar por las encuestas de opinión, puede afirmarse que sus enseñanzas en general han sido ignoradas. La encíclica *Humanae Vitae* distanció del papado al ala progresista de la Iglesia católica; más o menos por la misma época la realización de grandes cambios en la liturgia, incluso el empleo compulsivo del vernáculo en la mayoría de los servicios, provocó la separación de muchos miembros del ala conservadora. De esta manera, el reinado de Pablo VI marcó el fin del triunfalismo populista. Se caracterizó por el desgaste general de la autoridad eclesiástica, la afirmación de la opinión laica, las actitudes de desafío frente a los superiores, la generalización del debate público entre católicos, la defección de muchos clérigos y monjas, y el descenso del prestigio papal. Quizá por primera vez desde la Reforma, el número de cristianos católicos practicantes que debía fidelidad a Roma comenzó a disminuir.* Pareció que el catolicismo se unía al protestantismo y a la ortodoxia en cuanto también él se veía afectado por la decadencia.

---

* Las cifras exactas son discutibles, según la definición utilizada. En el caso de Gran Bretaña, el estadístico A. E. C. W. Spencer, ex director de la encuesta Demográfica Newman, compiló una serie de tablas destinadas al Centro de Investigación Pastoral, resumidas en el número de abril de 1975 de *The Month* (Londres). Con respecto a Inglaterra y Gales, calculó que la población católica bautizada sumaba 5.569.000 individuos en 1958; hacia 1971 calculaba que 2.600.000 se habían «distanciado hasta el extremo de no desear usar los servicios de la Iglesia en los tres grandes momentos de la vida: el nacimiento, el matrimonio y la muerte»; calculaba que los alejamientos hacia 1975 sumaban 3.300.000 personas.

NOVENA PARTE

Al final de los primeros 2.000 años

Si el triunfalismo cristiano llegó a su fin en las primeras décadas del siglo XX, y desde entonces la mayoría de las Iglesias cristianas mostraron algunas señales de verdadera decadencia, el último cuarto de siglo transmitió señales diferentes, y mucho más alentadoras. En primer lugar, el final del siglo XX demostró que muchos de los funestos y confiados pronósticos hechos en sus comienzos no se cumplieron. En 1900, ciertos laicistas prominentes como George Bernard Shaw y H. G. Wells anunciaron que el nuevo siglo vería la desaparición gradual de la religión organizada y la eliminación progresiva de la creencia en una deidad sobrenatural. Estas predicciones resultaron ampliamente refutadas. Vale la pena recordar que lo importante en la historia no son sólo los acontecimientos que ocurren sino los que obstinadamente dejan de ocurrir. Uno de los no-acontecimientos más destacados del siglo XX fue la no desaparición de la creencia religiosa en las mentes y espíritus de incontables millones de personas. En esta supervivencia de la religión, el cristianismo desempeñó un papel protagonista, y en términos absolutos el número de sus fieles se incrementó. En 1900 la población mundial ascendía a aproximadamente 1.650 millones, y según la estimación para el año 2000, el número de cristianos superaría los 1.750 millones y seguía creciendo.

Cinco notables desarrollos, que analizaremos a continuación, caracterizaron esta supervivencia del cristianismo. El primero fue el fortalecimiento del catolicismo romano y la restauración de la autoridad papal, que tuvo lugar durante el pontificado de Juan Pablo II. Cuando murió el papa Pablo VI, el 6 de agosto de 1978, la Iglesia católica estaba, como ya hemos señalado, en un estado de confusión y desmoralización. Al día siguiente, los 111 miembros del Colegio de Cardenales, reunidos el 25 de agosto, eligieron Papa a Albino Luciani, Cardenal Patriarca de Venecia, quien adoptó el nombre de Juan Pablo I, uniendo así simbólicamente la obra de sus dos predecesores inmediatos. Pero cinco semanas más tarde, el 28 de septiembre por la mañana, fue encontrado muerto en su cama por el criado encargado de despertarlo. Los cardenales que se reunieron en un segundo cónclave el 14 de octubre interpretaron el hecho como una señal de que debían elegir una personalidad más joven y vigorosa. Después de siete votaciones en las que no se llegó a ningún resultado, finalmente eligieron, por una mayoría estimada en 100 de los 111, al Cardenal Arzobispo de Cracovia, Karol Wojtyla, quien adoptó el mismo nombre que su predecesor.

Así, el cónclave eligió como 263° pontífice romano, al primer no italiano desde 1522, al más joven desde 1846 y al primero que provenía del este eslavo. Esta audaz decisión fue además sumamente apropiada. En muchos sentidos, Polonia constituía entonces el centro del catolicismo europeo. Primero Hitler, y después Stalin, habían tratado de destruir la Iglesia polaca. Hitler clausuró todas las escuelas, seminarios y universidades católicas polacas y asesinó a la tercera parte de sus clérigos. Stalin impuso, en 1945, un gobierno comunista y tomó las medidas necesarias para asegurarse de que el catolicismo polaco resultaría destruido en el lapso de una generación. En realidad, la Polonia de la pre-guerra, en la que la Iglesia había gozado de un estatuto constitucional especial, resultó ser un medio menos acogedor para el catolicismo que la Polonia de la posguerra, época en la que fue activamente perseguida. Las fronteras impuestas a Polonia en 1945 convirtieron al país en uno de los territorios más homogéneos del planeta, en el que el 95 por ciento de la población de polacos étnicos eran católicos bautizados. El catolicismo se convirtió en el foco de la resistencia nacional al régimen comunista extranjero. En los sesenta, el clero católico volvió a tener los 18.000 miembros que tenía en la preguerra, y el número de religiosos que vivían bajo la ley canónica en comunidades, los sacerdotes, y los monjes y monjas, había aumentado de 22.000 en la preguerra a más de 36.500, y había un 50 por ciento más de monasterios, prioratos y conventos que antes de la guerra. Entre el 92 y el 95 por ciento de los niños recibían la primera comunión, después de asistir a 18.000 centros de catequesis, y más del 90 por ciento de los polacos eran sepultados según el ritual católico. La migración de los campesinos a las ciudades —que en Francia e Italia, por ejemplo, había conducido a su secularización— produjo en Polonia la reevangelización de las masas urbanas, hasta el punto de que el 75 por ciento de los habitantes de las ciudades se casaban por la Iglesia. Más del 50 por ciento de la población concurría a las misas dominicales, incluso en las grandes ciudades, una cifra inimaginable en cualquier otra parte del mundo.

El nuevo Papa personificó el paradójico vigor de este espíritu religioso emergente que brotaba desde las entrañas de la tiranía de un régimen ateo. Él mismo era una paradoja. Por una parte era poeta, intelectual y autor teatral, pero por encima de todo un filósofo profesional formado en la tradición fenomenológica de Husserl y Heidegger —uno judío agnóstico, el otro apóstata católico— que intentaba cristianizar su propia versión del existencialismo. Por otra parte era un creyente apasionado del catolicismo popular, practicante devoto de sus cultos de altares y peregrinaciones, de milagros y santos, del rosario y la Santísima Virgen María. Había sido uno de los miembros más activos del Concilio Vaticano II y había aplicado escrupulosamente sus disposiciones en su arquidiócesis.

Sin embargo, el nuevo Papa, que por instinto y convicción era tradicionalista y conservador, estaba consternado por las malas interpretaciones que se habían hecho de las decisiones del Concilio. Pensaba que habían sido usadas como pretexto para introducir una injustificada laxitud en la disciplina y las prácticas de la Iglesia, y para socavar algunas de sus enseñanzas morales más importantes, sobre todo las concernientes a la sexualidad, la obediencia a la Santa Sede, y los derechos y obligaciones del individuo. Deploraba la cantidad de sacerdotes y monjas que se inclinaban a la secularización, que se casaban, y que en muchos casos abandonaban definitivamente la Iglesia. Estaba muy disgustado por la decadencia de la Compañía de Jesús, considerada sin discusión desde el siglo XVI el inquebrantable brazo derecho del papado. En la apertura del Concilio Vaticano II, en 1962, había habido 36.000 jesuitas, el doble que en los años veinte. Esta expansión se revirtió a finales de los años sesenta, y en los setenta los jesuitas disminuyeron en más de un 30 por ciento, en tanto que el número de estudiantes y novicios cayó de 16.000 a apenas 3.000.

De ahí que el papa Juan Pablo II reafirmara desde las primeras semanas de su pontificado la tradicional autoridad papal y comenzara el proceso de restauración del catolicismo tradicional, centrado en Roma. Así, inició algunas importantes reformas en el Estado del Vaticano, y en la Santa Sede que allí funciona, entre las que se destacó en particular la reforma de sus finanzas. La ciudad estado emplea alrededor de 1.300 personas, en su mayoría laicos provenientes de Italia, en tanto que la Santa Sede tiene aproximadamente 2.500 funcionarios (en 1995 la cifra incluía 719 miembros del clero, 261 religiosos, 110 monjas, 1.115 laicos y 278 laicas). Juan Pablo II internacionalizó esta fuerza de trabajo y la reclutó dentro de un espectro social mucho más amplio que antes. Abrió los archivos del Vaticano, entre ellos, a partir de fines de los noventa, algunos de los más delicados. Racionalizó las colecciones de arte del Vaticano, haciendo que toda la serie de museos, galerías y bibliotecas vinculados entre sí, que emplean a 250 personas, se autofinanciaran con los ingresos por entradas que se cobran a los 2.600.000 visitantes anuales, con los beneficios obtenidos por las tiendas de *souvenirs* que funcionan en ellos y con las concesiones de comercialización y los derechos de reproducción de su patrimonio. Estos cambios fueron significativos porque permitieron que el Vaticano, por primera vez en su larga historia, se ocupara de la conservación y cuidado de su incomparable patrimonio artístico, asignando 5.000.000 de dólares al mantenimiento, limpieza, restauración y exhibición de sus colecciones. El Papa llevó a cabo también una modernización —imprescindible a esas alturas— del sistema de comunicaciones del Vaticano, a fin de poder llegar a sus ramificaciones en todo el mundo y a la comunidad laica global.

Juan Pablo II desempeñó un papel protagonista en esta revolución de las comunicaciones. Del mismo modo que en el siglo XIX la aparición del ferrocarril —que transportaba a los peregrinos a Roma, Lourdes y otros centros de veneración religiosa— había fortalecido al catolicismo bajo la conducción papal, Juan Pablo se sirvió del jet y del helicóptero para integrar los viajes por todo el mundo como elemento inseparable de su misión evangélica. Durante sus visitas se desplazaba en un vehículo con una cabina vidriada especialmente construido para ese propósito, conocido con el nombre de «papamóvil», a fin de mostrarse a la mayor cantidad posible de personas. Esta política no carecía de riesgos: el 13 de mayo de 1981, en la mismísima Plaza San Pedro, un ciudadano turco llamado Mahmet Ali Agca trató de asesinar al Papa, y logró infligirle graves heridas. El Papa sobrevivió, pero las heridas que recibió tuvieron un efecto perdurable sobre su estado general de salud y su fortaleza. Él, por su parte, llegó a creer que el asesino pertenecía a los servicios de inteligencia búlgaros, controlados entonces por Moscú, y que el atentado había sido, por lo tanto, una decisión política deliberada del gobierno soviético para eliminar a un hombre que —con razón, como se comprobaría después— consideraba una amenaza a su supervivencia.

Sin embargo, la decisión de Juan Pablo de presentarse ante congregaciones católicas y de otras religiones en todo el mundo y de atender a los obispos y sacerdotes en el lugar en que residen demostró ser sabia. Hacia finales de los noventa había visitado casi todos los países, algunos incluso varias veces, y había logrado congregar en torno a él algunas de las multitudes más grandes de la historia. En Irlanda, por ejemplo, más de la mitad de la población total se congregó para oírlo predicar, y en Polonia, ante el altar de la Virgen en Czestochowa, celebró misa para 3 millones y medio de fieles, la muchedumbre más numerosa de que se tiene memoria. Hacia finales de los noventa, más de 300 millones de personas habían asistido a servicios oficiados por él.

Estos encuentros multitudinarios pusieron en evidencia el alcance global del cristianismo católico y sus continuos cambios demográficos. Cuando Juan Pablo II asumió su cargo en 1978, había 739.126.000 católicos romanos, alrededor del 18 por ciento de una población mundial total de 4,09 miles de millones de seres humanos. Este conjunto era una poderosa fuerza educacional y cultural, pues administraba 79.207 escuelas primarias y más de 28.000 escuelas laicas, y más de un millón de plazas universitarias. En los años sesenta, los católicos de Europa, su centro neurálgico, y de Estados Unidos, sumaban el 51,5 por ciento del total, pero con la llegada de Juan Pablo II el catolicismo pasó a convertirse esencialmente en una religión del Tercer Mundo. De los 16 países con poblaciones católicas superiores a los diez millones de personas, 8 eran del Tercer Mundo, encabezados por Brasil, con más de 100 millones de católicos y el mayor contingente de obispos (330), tras el cual seguían México, Estados Unidos, Italia, Argentina, Colombia, Perú, Venezuela, Francia, España, Polonia, Alemania occidental, Checoslovaquia, Zaire y Filipinas. Hacia 1990, bastante más del 60 por ciento de los católicos vivían en los «países en desarrollo», y hacia finales de los noventa se estimaba que la cifra rondaba el 70 por ciento.

El catolicismo estaba dejando de ser europeo; también estaba dejando de ser rural, ya que un porcentaje creciente vivía en áreas metropolitanas como Ciudad de México y San Pablo. En América Latina, la población se duplicó entre 1945 y comienzos de los noventa, y ello se reflejó en el hecho de que los católicos latinoamericanos constituían entonces el grupo más numeroso de la Iglesia católica. Pero el catolicismo, que había duplicado la cantidad de misioneros desde 1950, se estaba difundiendo más rápidamente en África. Allí, los católicos pasaron de ser 25 millones en 1950 a ser 100 millones en 1975 y 150 millones en los últimos años de los noventa. Para esa fecha la cifra total de católicos en el mundo se estimaba en alrededor de 1.100 millones.

Una razón que explica por qué el catolicismo continuó expandiéndose en algunas regiones y, en conjunto, mantuvo sus principales centros tradicionales como Europa y América del Norte, fue el vigoroso liderazgo doctrinario y moral de Juan Pablo II durante su largo pontificado. El efecto de su enseñanza fue el énfasis en la continuidad y la inalterabilidad de la fe, y la insistencia en la obediencia a sus normas, aun cuando parecieran rígidas para el mundo moderno. Paradójicamente, esto ejerció un fuerte atractivo sobre muchas personas hastiadas del relativismo moral del siglo XX. En una serie de extensas encíclicas cargadas de una densa argumentación, durante más de dos décadas Juan Pablo se ocupó de la totalidad de la teología moral y el dogma católicos. Sus esfuerzos pedagógicos culminaron en la composición y publicación en todo el mundo de un nuevo *Catecismo católico*, que constituye la comunicación más detallada acerca de las creencias católicas que se haya compilado hasta ahora. La amplitud que alcanzó su distribución y la notable claridad de este importante documento, del que se vendieron muchos millones de ejemplares, lo convirtieron en una valiosa herramienta para los sacerdotes católicos en la competitiva empresa de ganar los espíritus de hombres, mujeres y niños vinculados a otras ramas del cristianismo, a otras religiones imperiales o al paganismo, y para combatir la incredulidad y, sobre todo, la incertidumbre.

Mientras Juan Pablo II luchaba con tesón, y en términos generales con éxito, por mantener la unidad de la Iglesia católica, en el último cuarto del siglo XX las Iglesias protestantes tradicionales siguieron mostrando señales de decadencia, división, e incluso disolución. En Inglaterra, por ejemplo, en los años ochenta, la asistencia dominical regular a la iglesia —tomando como referencia el total de los cristianos— cayó por debajo del 10 por ciento. Una fuente autorizada, el *Censo de la Iglesia inglesa* —publicado en marzo de 1991— informó que durante la década que transcurrió entre 1981 y 1990, las iglesias inglesas habían perdido 500.000 de los fieles que solían asistir regularmente a los servicios dominicales. Con excepción de los bautistas, en todas las otras iglesias principales la asistencia de fieles había disminuido. La Iglesia de Inglaterra, consagrada por ley como Iglesia nacional, perdió el 9 por ciento de su grey en esa década. En términos generales, lo mismo pasó en Estados

Unidos, donde las principales iglesias protestantes estadounidenses, las así llamadas «Siete Hermanas» (las Iglesias Bautistas de Estados Unidos, las Iglesias Cristianas o Discípulos de Cristo, la Iglesia Episcopal, la Iglesia Evangélica Luterana de Estados Unidos, la Iglesia Presbiteriana de Estados Unidos, la Iglesia Unida de Cristo y la Iglesia Metodista Unida) se precipitaron en una decadencia persistente y aparentemente irreversible.

En Estados Unidos, el protestantismo más influyente, que alguna vez fuera apoyado por las fuerzas vivas de la sociedad, sufría una creciente hostilidad institucional. A ella contribuían la extrema laicización del poder judicial, especialmente de la Corte Suprema, cuyos dictámenes permitieron desalojar el cristianismo de las escuelas, y de los sectores académicos, que instauraron en la vida universitaria una ofensiva intelectual crecientemente antirreligiosa y, sobre todo, anticristiana. Para poder subsistir en medio de esta atmósfera laica de hostilidad, las Iglesias protestantes se liberalizaron y, en cierta medida, se secularizaron. Ese cambio, a su vez, alejó a muchos feligreses de sectores populares. Al parecer, las Siete Hermanas conservaron su fuerza en los sectores de la clase gobernante. La tendencia según la cual, al menos en teoría, todos los presidentes de Estados Unidos —con excepción de J. F. Kennedy (católico) y James Carter (bautista del sur)— provenían de las iglesias protestantes más influyentes, no se modificó. De los 112 jueces que se desempeñaron en la Suprema Corte entre 1789 y 1992, 55 fueron episcopales o presbiterianos. El Congreso, en teoría, siguió siendo dominado por las principales Iglesias protestantes. En el 101º Congreso, por ejemplo, una quinta parte de los senadores eran episcopales, diez veces su proporción en la población general. Cuatro de las Siete Hermanas —los Discípulos de Cristo, los Congregacionales, los Episcopales y los Presbiterianos— estaban entre las Iglesias más ricas del mundo en términos de ingresos y de propiedades inmobiliarias.

Sin embargo, hacia el fin de siglo las Siete Hermanas estaban sumidas en una vertiginosa decadencia; en muchos aspectos, incluso habían estado en decadencia a lo largo de todo el siglo. Un estudio al respecto calculó que los metodistas habían estado perdiendo 1.000 miembros por semana durante treinta años. En las tres décadas que transcurrieron entre 1960 y 1990 las Siete Hermanas perdieron entre una quinta y una tercera parte de sus miembros, principalmente porque abandonaban sus identidades distintivas. Después de la Convención General de la Iglesia Episcopal de 1994, signada por una áspera disputa acerca del derecho de los homosexuales a ser clérigos, o a seguir siéndolo dado el caso, un observador oficial señaló: «La Iglesia Episcopal es una institución en caída libre. No tenemos nada a qué aferrarnos, ninguna creencia compartida, ningún supuesto en común, ninguna esencia específica, y carecemos de una definición de qué es o qué cree un episcopal.»

Para esa fecha, los miembros de las Siete Hermanas se distribuían de la siguiente manera: 1.500.000 en las Iglesias Bautistas, poco más de 600.000 Discípulos de Cristo, 1.600.000 en la Iglesia Episcopal, 3.800.000 en la Iglesia Luterana, 2.700.000 presbiterianos, 1.500.000 en la Iglesia Unida de Cristo y 8.500.000 en la Iglesia Metodista Unida. Por su parte, a mediados de los años noventa los católicos romanos ascendían a 60 millones y los bautistas del sur a 16.600.000. Los mormones, que alguna vez fueron considerados una iglesia «marginal» instalada fuera de los límites del cristianismo reconocido, registraban una cifra de más de 4 millones de miembros y era más grande que cualquiera de las Hermanas menos una. Además, había una cantidad de iglesias cristianas protestantes evangélicas, viejas y nuevas, pero todas derivadas de los diversos «Despertares», que reunían en conjunto más de 50 millones de miembros. Estas iglesias aumentaron el número de sus miembros y mejoraron su situación económica mediante un empleo eficaz de las cadenas de radio y televisión por cable locales, y explotando todos los nuevos recursos de las comunicaciones de masas disponibles hacia el fin de siglo. Algunas de ellas estaban representadas en el principal grupo de presión religioso, la Conferencia de la Dirigencia Cristiana, que hacia finales de los años noventa tenía más de 1.300 ramas y se creía que influía, y en algunos casos controlaba, al Partido Republicano en los cincuenta estados. Este agrupamiento, junto con los católicos, constituía la cara más consistente del cristianismo estadounidense, todavía poderoso en la nación en su conjunto, el núcleo de la «mayoría moral». Durante los años ochenta y noventa hubo un incremento de la cooperación, una forma de ecumenismo desde las bases, entre los miembros de las iglesias protestantes, los católicos, los judíos (que eran casi 6 millones a mediados de los noventa) e incluso los musulmanes, budistas e hinduistas, con el propósito de promover los valores morales tradicionales.

La región en la que los protestantes —no las Siete Hermanas sino los evangélicos— estaban logrando grandes avances a expensas de los católicos era América Latina. Las razones que subyacían a este cambio de lealtad eran de significación general para el cristianismo de fines del siglo XX. En la mayoría de las sociedades latinoamericanas la Iglesia católica disfrutaba tradicionalmente de un reconocimiento oficial y estaba (y está) asociada con la clase gobernante, los militares y el *establishment* económico. En los años sesenta, como resultado del Concilio Vaticano II y del espíritu de la época, un sector de la intelectualidad católica de América Latina que incluía algunos sacerdotes muy activos, trató de tomar distancia respecto de las clases propietarias adhiriendo a adaptaciones cristianas del marxismo. Una doctrina conocida como *teología de la liberación* alcanzó estado público en el curso de la segunda Conferencia Episcopal de América Latina (CELAM) que se llevó a cabo en Medellín, Colombia, en 1968. Cuatro años más tarde, el teólogo peruano Gustavo Gutiérrez publicó en Lima su *Teología de la liberación*, que se convirtió en el manifiesto casi oficial del movimiento, aunque otros autores católicos progresistas como el franciscano brasileño fray Leonardo Boff aportaron sus variantes. En alguna medida, todos ellos estaban influidos por los escritos de Marx, en especial los concernientes al tema de la alienación, y por marxistas del siglo XX como Louis Althusser. Los puntos principales de la teología eran: 1) una «opción preferencial por los pobres», declarada obligatoria para la Iglesia en la medida en que existían fuertes disparidades de riqueza en la sociedad; 2) la afirmación de que el deseo de «liberar» económica y políticamente a los hombres y las mujeres es esencial para la salvación; 3) una reinterpretación del *Libro del Éxodo* como el movimiento paradigmático de liberación de la opresión, y ejemplo para la Iglesia en las sociedades que carecen de justicia social; 4) una reinterpretación de las enseñanzas de Jesús en la que se las considera hostiles a las estructuras sociales existentes; 5) la afirmación de que la creencia correcta, la *praxis*, no es suficiente; la acción correcta, la *ortopraxis*, también es esencial; 6) la enseñanza que plantea que las estructuras existentes, en la medida en que son económicamente opresivas, constituyen una forma de violencia, y por lo tanto justifican la violencia destinada a removerlas.

La teología de la liberación se puso en práctica no solamente mediante la predicación y la participación de sacerdotes en movimientos políticos radicales (especialmente en Brasil y Nicaragua) sino por la formación de comunidades eclesiales de base, grupos de entre 15 y 20 familias conducidas por laicos que intentaban integrar las cuestiones espirituales con las sociales. Sólo en Brasil, en un momento existían más de 70.000 de estas comunidades, y en El Salvador fueron integradas por un destacado prelado católico, el arzobispo O. A. Romero, al sistema de gobierno de la Iglesia. En Nicaragua, los representantes eclesiásticos de la teología de la liberación apoyaron al movimiento guerrillero marxista, los sandinistas, e incluso algunos sacerdotes formaron parte del gobierno sandinista durante el breve período en que éste gobernó el país. Estas tendencias se vieron reforzadas por las actividades de algunas órdenes internacionales, sobre todo los jesuitas, quienes adoptaron con fervor la «opción por los pobres», particularmente en América Central, y por la Sociedad Misionera Católica de América para el Exterior, con sede en Markynoll, Nueva York.

Sin embargo, a pesar de que la teología de la liberación atrajo con fuerza, al menos por un tiempo, a la intelectualidad católica de América Latina, no hay pruebas de que haya atraído con la misma intensidad a los pobres, fuesen campesinos o trabajadores urbanos. Todo lo contrario. Parecían recelar de la politización de la religión, sin duda porque había demasiada política durante los seis días laborables de la semana y habían llegado a desconfiar de los dogmas políticos, en especial de los que pregonaban los movimientos radicales, puesto que repetidas y amargas experiencias les habían enseñado que las utopías prometidas nunca se realizaban. Los domingos querían una religión «genuina» que se ocupara de los Diez Mandamientos, del Sermón de la Montaña, y de la promesa de una próxima vida en la que las penurias de ésta llegarán a su fin. Era justamente este tipo de cristianismo fundamentalista y tradicional el que ofrecían los protestantes evangélicos, cuyas misiones contaban con un generoso financiamiento del *Bible Belt*.* Las misiones protestantes llenan el vacío dejado por la incursión del catolicismo en el activismo político. Durante los setenta y los ochenta, los avances realizados por los evangélicos en la mayoría de los países de América Latina fueron considerables, hasta el punto de que en los noventa, al menos en algunos países, una mayoría de los cristianos practicantes de las ciudades eran protestantes y las misiones evangélicas hacían progresos gigantescos en las zonas rurales.

El deterioro del catolicismo en América Latina sorprendió y alarmó al papa Juan Pablo cuando hizo sus primeras visitas a la región a fines de los años setenta, de modo que tomó enérgicas medidas para revertir la situación. Un componente de la respuesta del Papa fue el análisis de la teología de la liberación para desentrañar hasta qué punto era herética. En 1984, en Roma, la Sagrada Congregación para la Doctrina de la Fe (el nuevo nombre que el papa Pablo VI había impuesto en 1965 al antiguo Santo Oficio), dirigida por el cardenal Ratzinger, un tradicio-

---

* La zona de Estados Unidos en la que impera el fundamentalismo protestante.

nalista a ultranza, dio a conocer el documento *Liberartis Nuntius*, que condenaba sin atenuantes los elementos marxistas de la teología de la liberación. Ese mismo año, el padre Boff, considerado el más peligroso de los nuevos teólogos, fue convocado a Roma y silenciado; y en 1992 fue devuelto a la condición de laico. Juan Pablo II incorporó lo que pensaba que eran los elementos positivos de la teología en su encíclica *Sollicitudo Rei Socialis* de 1987, pero se aseguró de elegir oponentes destacados de la teología de la liberación para ocupar los cargos directivos en la jerarquía latinoamericana, marginando así el movimiento y empujándolo a la clandestinidad o a la rebelión y la herejía abiertas. Al mismo tiempo, durante sus repetidas visitas a América Latina, y a través de sus directivas e impulso, recalcó sistemáticamente los elementos evangélicos del catolicismo, su culto de los santos, los milagros, los altares y las peregrinaciones, que seguían atrayendo a las masas urbanas y a los campesinos. Gracias a esas medidas, el catolicismo logró detener el éxodo hacia el protestantismo, y hacia finales de los años noventa comenzó a recuperar parte del terreno perdido.

Entretanto, en parte gracias a la dirigencia católica, se había producido una revolución en la posición política de la Iglesia ortodoxa y una recuperación de su fervor popular en Europa oriental. Bajo la inspiración del papa Juan Pablo II, que visitó Polonia varias veces, el catolicismo se convertía en la fuerza impulsora del nuevo sindicato independiente polaco, bautizado «Solidaridad», que comenzó a funcionar en los astilleros de Gdansk en junio de 1980. Durante la década siguiente, liderado por su secretario general Lech Walesa, un ferviente católico, Solidaridad socavó gradualmente el poder del régimen comunista de Varsovia. En abril de 1989 el gobierno comunista comenzó a derrumbarse, y cuatro meses más tarde, el 24 de agosto, Polonia se convirtió en el primer país del bloque soviético con un gobierno no comunista, encabezado por Tadeusz Mazowiecki —compañero de Walesa y editor de un periódico católico— como Primer Ministro. Este hecho dio lugar a un proceso que rápidamente puso fin a todos los regímenes comunistas de Europa del este, entre ellos el propio régimen soviético en Rusia, que ya había superado los tres cuartos de siglo de vida. En todos los países del ex imperio soviético los cristianos recuperaron la libertad de practicar su religión, y este proceso —un verdadero movimiento de liberación—quedó llamativamente simbolizado por el repicar de las campanas de las iglesias, por primera vez en casi medio siglo, en Bucarest, capital de Rumanía, el día de Navidad de 1989. Fue transmitido por la radio rumana y escuchado con alborozo por los cristianos de todo el mundo.

La principal beneficiaria de este proceso fue la Iglesia ortodoxa. Bajo el régimen soviético, hasta las actividades religiosas autorizadas eran estrechamente supervisadas por un organismo estatal llamado Consejo para los Asuntos Religiosos. La primera señal de la liberación se dejó ver en junio de 1988, cuando se logró persuadir al gobierno soviético de que autorizara un concilio general de la Iglesia rusa que habría de llevarse a cabo en Zagosk, cerca de Moscú, y al que asistirían delegados de todas sus diócesis de Rusia y otros lugares. Dos meses antes, el presidente Mikhail Gorbachev había recibido formalmente al Patriarca, arzobispo Pimen, y le había prometido un nuevo trato en retribución por la ayuda ortodoxa en la reconstrucción de la desmoralizada sociedad rusa. El concilio, y las disposiciones que aprobó, fueron los primeros frutos de ese trato. Como rasgo distintivo de su nueva libertad, el concilio canonizó además nueve santos, en su mayoría víctimas de la persecución soviética. El estado entregó el monasterio de Danilov, restaurado, para que funcionara en él la sede del Patriarca de Moscú, y se puso en marcha un vasto programa de reapertura de iglesias y monasterios. En octubre de 1990 se adoptó una nueva ley que consagraba la libertad religiosa y fue abolido el Consejo para los Asuntos Religiosos.

Así, la Iglesia ortodoxa volvió a ocupar su lugar tradicional como iglesia establecida de la Santa Rusia. Esto, por supuesto, tuvo sus desventajas para otras denominaciones religiosas, en especial para la Iglesia del Rito Católico Oriental «Uniate», la escindida Iglesia Ortodoxa Rusa Libre y varias agrupaciones protestantes, sobre todo las luteranas. Se suscitaron conflictos y en abril de 1992 el gobierno creó una nueva Comisión de Denominaciones Religiosas para resolverlos. En cierta forma, recordaba al antiguo Consejo para los Asuntos Religiosos e incluso algunos de sus miembros la integraban. En la segunda mitad de los años noventa surgieron quejas según las cuales la Iglesia ortodoxa oficial estaba aprovechando su alianza con el nuevo Estado no comunista para perseguir a sus enemigos y rivales. Pero el restablecimiento de la libertad religiosa, aunque limitado en Rusia, fue completo en la mayor parte de su ex imperio y sus satélites, y la libertad para practicar y enseñar la religión, en especial en las escuelas y universidades, junto con la construcción o reapertura de iglesias, hicieron que rápidamente, y cada vez con más asiduidad, la población de esta vasta región volviera a concurrir a los templos.

Sobre el final del segundo milenio del cristianismo, algunas de las Iglesias cristianas analizaban cómo salvar antiguas brechas y promover la unidad de su fe. Los anglicanos, por ejemplo, conversaban con los metodistas acerca de la posibilidad de formar una sola Iglesia. Los anglicanos y los católicos romanos se esforzaban por resolver sus principales diferencias, proceso que comenzó el 23 de marzo de 1966 cuando el papa Pablo VI y el Arzobispo de Canterbury, doctor Michael Ramsey, intercambiaron el beso de la paz ante el altar de la Capilla Sixtina, en el Vaticano. Los católicos y algunas de las Iglesias Ortodoxas orientales también llevaron a cabo negociaciones, inauguradas el 7 de diciembre de 1965, ocasión en que el Obispo de Roma y el Obispo de Nueva Roma, el patriarca ecuménico Athenágoras, en una ceremonia simultánea en Roma y Estambul, llevaron a cabo lo que se llamó un «acto conjunto» y levantaron las mutuas excomuniones que sus predecesores les habían impuesto 900 años antes, en 1054. Éstas y otras conversaciones, destinadas a restaurar la unidad de la cristiandad, continuaban 30 años más tarde, y hacían progresos en cuestiones marginales, pero no mostraban señales de resolver las disputas en torno a la cuestión central, a saber, dónde reside la máxima autoridad y cómo se la ejerce: ésa ha sido siempre, y sigue siéndolo, la verdadera fuente de la división en el seno del cristianismo. Sin embargo, pese a que las Iglesias siguen divididas, gran parte del antiguo antagonismo ha desaparecido y hoy es sumamente raro que las diferentes ramas del cristianismo intercambien improperios, amenazas y recriminaciones de alguna clase. En eso ha habido una suerte de progreso.

Entretanto, las Iglesias, tanto las antiguas como las nuevas, sufrían muchos problemas. La Iglesia católica todavía debatía en su seno temas como el celibato de los sacerdotes y el control de la natalidad. La Iglesia anglicana, que contra una fuerte oposición permitió el acceso de las mujeres a la dignidad sacerdotal, estaba dividida a propósito de las consecuencias de esta innovación, y alborotada además por las discusiones acerca de si debía o no ordenar y conferir prebendas a los sacerdotes reconocidamente homosexuales. Las Iglesias ortodoxas enfrentaban divisiones internas por el problema —que resurgió de distintas maneras en los años noventa— de su relación con el Estado. Todas las Iglesias cristianas enfrentaban graves problemas suscitados por el materialismo y la secularización, en especial el número cada vez menor de seminaristas y la dificultad para cubrir las parroquias y misiones, la descomposición de la vida familiar, el incremento del divorcio y las uniones ilegítimas y la decadencia de la enseñanza religiosa en las escuelas.

A finales del siglo XX, ser cristiano, llevar una vida cristiana, y asumir la responsabilidad de ser pastor y maestro cristiano, requerían coraje y decisión. Pero, ¿cuándo fue diferente? El estilo de Jesucristo nunca fue el del menor esfuerzo. Bien puede ser parte del plan providencial que la Iglesia cristiana deba dividirse y pasar por la discordia y que los obstáculos para una vida cristiana deban ser siempre enormes y parecer a menudo insuperables. ¿Quién puede decirlo? Los caminos de Dios son tan misteriosos como siempre. Deberíamos recordar las palabras de san Pablo, al final de la *Epístola a los Romanos*, ese documento clave de la fe: «¡Qué profundas son las riquezas de Dios, y su sabiduría y su entendimiento! Nadie puede explicar sus decisiones, ni llegar a comprender sus caminos. Pues, ¿quién conoce la mente del Señor? ¿Quién podrá darle consejos?»

EPÍLOGO

De esta reseña de 2.000 años de historia cristiana se desprende claramente que la aparición de la fe y su relación dinámica con la sociedad no fueron hechos fortuitos. Los cristianos aparecieron en un período en que el mundo grecorromano manifestaba una necesidad general y urgente, aunque implícita, de contar con un culto monoteísta. Las deidades cívicas y nacionales ya no aportaban explicaciones satisfactorias a la sociedad cosmopolita del Mediterráneo, con su nivel de vida cada vez más elevado y sus pretensiones intelectuales en ascenso; como no podían explicar, tampoco suministraban consuelo y protección frente a los terrores de la vida. El cristianismo ofreció no sólo un Dios todopoderoso, sino la promesa absoluta de una vida futura feliz y una explicación clara del modo de conseguirla. Además, fue separado de sus orígenes raciales y geográficos, y dotado por su fundador con una deslumbrante diversidad de percepciones y pautas destinadas a suscitar reacciones en todos los tipos de naturaleza. Fue desde el principio universalista por el alcance y el propósito. Al asignarle una estructura de pensamiento internacionalista, san Pablo la convirtió en una religión de todas las razas; Orígenes amplió su metafísica para convertirla en una filosofía de la vida que conquistó el respeto de los intelectuales mientras conservaba el entusiasmo de las masas, y así determinó que el cristianismo no se atuviera a la división en clases y además fuera ubicuo.

Una vez que el cristianismo adquirió el mismo perfil que el Imperio romano, inevitablemente remplazó a la religión oficial. Por supuesto, era más que un culto oficial: era una institución en sí mismo, con su propia estructura y su ciclo de crecimiento. En Occidente arrebató el talento y el propósito al imperio, y lo remplazó con su propia visión agustiniana de la sociedad, donde las ideas cristianas se infiltraron en todos los aspectos de la vida y en todas las disposiciones políticas y económicas. Europa fue una creación cristiana no sólo por la esencia sino por los más minúsculos detalles. Ahí estuvo la fuerza específica europea, pues el cristianismo se convirtió en una combinación inigualada de espiritualidad y dinamismo. Aportó respuestas a los interrogantes metafísicos, ofreció oportunidades y marcas de referencia a los contemplativos, los místicos y los devotos; simultáneamente fue un tenaz evangelio del trabajo y una forma de llamada a la realización.

Más aún, el cristianismo incluía su propio mecanismo de autocorrección. Las percepciones suministradas por la enseñanza de Cristo admiten refinamientos y exploraciones casi infinitos. Las matrices cristianas forman un código que puede aplicarse de diferentes formas a cada situación nueva, de manera que la historia cristiana es un proceso constante de lucha y renacimiento, una sucesión de crisis, a menudo acompañadas por el horror, el derramamiento de sangre, el fanatismo y la sinrazón, pero también la prueba del crecimiento, la vitalidad y la comprensión cada vez más profunda. La naturaleza del cristianismo dio a Europa un marco flexible de conceptos intelectuales y morales, y le permitió adaptarse al cambio económico y tecnológico, aprovechando cada nueva oportunidad a medida que se presentaba. De este modo, Europa se convirtió en la sociedad del siglo XX dominada por Occidente.

La reseña del cristianismo ofrecida en este libro inevitablemente destacó sus fracasos y defectos, así como sus deformaciones institucionales. Pero lo hemos medido con sus propias pretensiones y sobre la base de su propio e inaudito idealismo. Como ejercicio de perfeccionismo, el cristianismo no puede tener éxito, ni siquiera sobre la base de sus definiciones internas; está destinado a fijar objetivos y normas, elevar aspiraciones, educar, estimular e inspirar. Su fuerza reside en su exacto juicio del hombre como criatura falible con anhelos inmortales. Su mérito moral destacado consiste en que confiere una conciencia al individuo y le reclama que la acate. Esta forma particular de liberación es lo que quiso significar san Pablo cuando se refirió a la libertad que los hombres encuentran en Cristo. Por supuesto, esta libertad es la madre de todas las restantes libertades, pues la conciencia es enemiga de la tiranía y de la sociedad compulsiva; la conciencia cristiana es el factor que ha destruido las tiranías institucionales creadas por el propio cristianismo; éste es el mecanismo de autocorrección en acción. Los conceptos de libertad política y económica se originan ambos en la acción de la conciencia cristiana como fuerza histórica; por consiguiente, no es casualidad que todas las afirmaciones de la libertad en el mundo en definitiva tengan origen cristiano.

Naturalmente, las libertades humanas son imperfectas y engañosas. También aquí el cristianismo es un ejercicio de lo imposible, pero de todos modos es valioso para ampliar las posibilidades humanas. Formula objetivos impresionantes, pero insiste en que el éxito no es la medida final de la realización. Sin duda, el propósito principal del cristianismo no es crear sociedades dinámicas —aunque a menudo lo ha hecho— sino permitir que los individuos alcancen la liberación y la madurez en un sentido específico y moral. No acepta los patrones de medida convencionales y los juicios terrenales. Como dice san Pablo: «La locura divina es más sabia que la sabiduría del hombre, y la debilidad divina más fuerte que la fuerza humana... para avergonzar a los sabios Dios eligió lo que el mundo llama locura, y para avergonzar a lo que es fuerte, Dios ha elegido lo que el mundo llama debilidad. Ha elegido cosas bajas y despreciables, meras nimiedades, para derrocar un orden vigente.»

Debemos tener presente esto cuando consideramos el futuro del cristianismo a la luz de su pasado. Ahora, la idea agustiniana de una sociedad cristiana total en este mundo parece una quimera. Son pocos los cristianos que creen, hoy, que el destino del mundo es ser totalmente cristianizado y permanecer unido bajo un único liderazgo espiritual. Un resultado así nunca fue más que una de las opciones a las que se enfrentaba la religión cristiana. El cristianismo no depende de una matriz única. No hay un solo camino hacia la salvación, sino muchos, y se sirve a Dios de diferentes, incontables maneras. La idea agustiniana de un cristianismo público, omnicomprensivo —en otras épocas tan atractiva—, ha cumplido su propósito y se retira, quizá para reaparecer más adelante en diferentes formas. En cambio, el foco temporal se desplaza hacia el concepto erasmista de la inteligencia cristiana privada y hacia la importancia que Pelagio atribuía al poder del individuo cristiano para promover un cambio hacia la virtud. El cristianismo puede penetrar en sociedades nuevas; la declinación del predominio occidental le ofrece la oportunidad de abandonar su caparazón europeizado y asumir nuevas identidades.

Sin duda, la humanidad sin el cristianismo evoca una perspectiva desalentadora. Como hemos visto, el prontuario de la humanidad con el cristianismo es bastante lamentable. El dinamismo que él desencadenó trajo masacres y tortura, intolerancia y orgullo destructivo en enorme escala, pues en el hombre hay una naturaleza cruel e implacable que a veces se muestra impermeable a las restricciones y las exhortaciones cristianas. Pero sin estas restricciones, privado de esas exhortaciones, ¿cuánto más horrorosa habría sido la historia de estos últimos 2.000 años? El cristianismo no ha logrado que el hombre se sintiera seguro, feliz, ni siquiera digno. Pero aporta una esperanza. Es un agente civilizador. Ayuda a enjaular a la bestia. Ofrece fogonazos de libertad real, sugerencias de una existencia serena y razonable. Incluso, según lo vemos, deformado por los estragos de la humanidad, no carece de belleza. En la última generación, cuando el cristianismo público estuvo en plena retirada, hemos tenido nuestra primera y lejana visión de un mundo descristianizado; esa visión no es alentadora. Sabemos que la insistencia cristiana en las posibilidades del hombre para el bien a menudo se ve desairada, pero también estamos aprendiendo que la capacidad humana para el mal es casi ilimitada; en realidad, está limitada sólo por la extensión de su propia influencia. El hombre es imperfecto con Dios. Sin Dios, ¿qué es? Como dijo Francis Bacon: «Los que niegan a Dios destruyen la nobleza del hombre: pues ciertamente el hombre es pariente de las bestias por su cuerpo; y si no es pariente de Dios por su espíritu, es una criatura baja e innoble.» Somos menos bajos e innobles en virtud del ejemplo divino y a causa del deseo por la forma de la apoteosis que ofrece el cristianismo. En la doble personalidad de Cristo se nos brinda una imagen perfeccionada de nosotros mismos, un regulador eterno de nuestro esfuerzo. Con tales medios nuestra historia, durante los dos últimos milenios, ha reflejado el esfuerzo por superar nuestras propias fragilidades humanas. En esa medida, la crónica del cristianismo es edificante.

BIBLIOGRAFÍA

Addington, Raleigh, comp.: *Faber, Poet and Priest. Selected Letters by Frederick William Faber from 1833-1863* (Londres, 1974).

Ahlstron, Sidney A.: *A Religious History of the American People* (New Haven, 1972).

Aigrain, René: *L'Hagiographie: ses sources, ses méthodes, son histoire* (París, 1953).

Albright, W. F.: *From the Stone Age to Christianity* (Baltimore, 1957).

Alphanery, A. y Dupront, A.: *La Chrétienté et l'idée de la Croisade*, 2 vols. (París, 1954-1959).

Andreson, H.: *Jesus and Christian Origins* (Nueva York, 1964).

Atiya, A. S.: *A History of Eastern Christianity* (Londres, 1968).

Atkinson, James: *Martin Luther and the Birth of Protestantism* (Londres, 1968).

Attwater, Donald, comp.: *The Penguin Dictionary of Saints* (Londres, 1965).

Bailyn, Bernard: *The Ideological Origins of the American Revolution* (Harvard, 1967).

Bainton, R.: «The development and consistency of Luther's attitude to religious liberty», *Harvard Theological Review* (1929).

Bainton, R.: «The parable of the Tares as the proof text for religious liberty to the end of the sixteenth century», *Church History* (Londres, 1932).

Bainton, R. H.: *Erasmus of Christendom* (Londres, 1970).

Baker, Derek: «Vir Dei: Secular sanctity in the early 10th century», *Studies in Church History* (Cambridge, 1972).

Bald, R. C.: *John Donne: A Life* (Oxford, 1970).

Barley, M. W. y Hanson, R. C. P., comps.: *Christianity in Britain, 300-700* (Londres, 1957).

Barlow, Frank: *The English Church, 1000-1066* (Londres, 1966).

Barnie, John: *War in Medieval Society: Social Values and The Hundred Years War 1337-99* (Londres, 1974).

Baron, S. W.: *The Social and Religious History of the Jews*, 12 vols. (Oxford, 1952-1967).

Barr, J.: *The Semantics of Biblical Literature* (Oxford, 1961).

Barrett, C. K.: *The Holy Spirit and the Gospel Tradition* (Londres, 1954).

Barrett, C. K.: *New Testament Background: Selected Documents* (Londres, 1956).

Barret, David B.: *Schism and Renewal in Africa: an analysis of 6.000 contemporary religious movements* (Oxford, 1968).

Barret, H. M.: *Boethius: some aspects of his life and work* (Londres, 1940).

Bataillon, Marcel: *Erasme et l'Espagne* (París, 1937).

Bauer, Walter: *Orthodoxy and Heresy in Earliest Christianity*, traducción inglesa (Londres, 1972).

Beckwith, J.: *Early Medieval Art: Carolingian, Ottonian, Romanesque* (Londres, 1964).

Benevisti, M.: *The Crusaders in the Holy Land* (Jerusalén, 1970).

Benevot, Maurice: «The Inquisition and its antecedents», *Heythop Journal* (1966-1967).

Bennett, G. V., y Walsh, J. D., comps.: *Essays in Modern English Church History* (Londres, 1966).

Bentley, James: «British and German high churchmen in the struggle against Hitler», *Journal of Ecclesiastical History* (1972).

Berger, Peter L.: *The Social Reality of Religion* (Londres, 1969).

Berger, Peter L.: «The secularisation of Theology», *Journal for the Scientific Study of Religion* (Nueva York, 1967).

Besterman, Theodore: *Voltaire* (Londres, 1969).

Bethell, Denis: «The making of a 12th century relic collection», *Studies in Church History* (Cambridge, 1972).

Betternson, J., comp.: *Documents of the Christian Church* (Oxford, 1967).

Betts, R.: «Social and constitutional developments in Bohemia in the Hussite period», *Past and Present* (abril de 1955).

Black, A. J.: «The Council of Basle and the Second Vatican Council», *Studies in Church History* (Cambridge, 1971).

Black, M.: *The Scrolls and Christian Origins* (Londres, 1961).

Black, M.: *The Dead Sea Scrolls and Christian Doctrine* (Londres, 1966).

Blau, J.: *The Christian Interpretation of Cabala in the Renaissance* (Nueva York, 1944).

Bloomfield, M. y Reeves, M.: «The penetration of Joachim into Northern Europe», *Speculum* (1954).

Boardmann, E. P.: *Christian Influence upon the Ideology of the Taiping Rebellion* (Londres, 1952).

Bonner, Gerald: *St Augustine of Hippo: Life and Controversies* (Londres, 1970).

Boodyer, G. H.: *Jesus and the Politics of His Time* (Salisbury, Rhodesia, 1968).

Bornkamm, G.: *Jesus of Nazareth* (Londres, 1960).

Bornkamm, G., Barth, G. y Held, H. J.: *Tradition and Interpretation in Matthew* (Londres, 1963).

Borsch, F. H.: *The Son of Man in Myth and History* (Londres, 1967).

Bosher, R. S.: *The Making of the Restoration Settlement* (Londres, 1951).

Bouvier, André: *Henri Bullinger* (Neuchâtel, 1940).

Bouwsma, W. J.: *Venice and the Defence of Republican Liberty* (California, 1968).

Bowker, John: *Jesus and the Pharisees* (Cambridge, 1973).

Bowker, John: *Problems of Suffering in Religions of the World* (Cambridge, 1970).

Bowker, M.: *The Secular Clergy in the Diocese of Lincoln* (Cambridge, 1970).

Boyer, Paul y Nissenbaum, Stephen: *Salem Possessed: the Social Origins of Witchcraft* (Harvard, 1974).

Boxer, C. R.: *The Christian Century in Japan* (Londres, 1951).

Boxer, C. R.: «Portuguese and Spanish rivalry in the Far East during the 17th century», *Transactions of the Royal Asiatic Society* (diciembre de 1946, abril de 1947).

Brandi, Karl: *The Emperor Charles V*, traducción inglesa (Londres, 1954).

Brandon, S. G. F.: *The Fall of Jerusalem and the Christian Church* (Londres, 1967).

Brandon, S. G. F.: *Jesus and the Zealots* (Manchester, 1967).

Broderick, James: *St Francis Xavier* (Londres, 1952).

Brown, Ford K.: *Fathers of the Victorians* (Cambridge, 1961).

Brown, L. W.: *The Indian Christians of St Thomas* (Cambridge, 1956).

Brown, Peter: «The Patrons of Pelagius», *Journal of Theological Studies* (1970).

Brown, Peter: «Religious dissent in the later Roman Empire: the case of North Africa», *History* (1963).

Brown, T. J.: *The Stonyhurst Gospel of St John* (Londres, 1969).

Bruce, F. F.: *New Testament History* (Londres, 1969).

Bruce-Mitford, R. L. S.: «The Art of the Codex Amiatinus», *Journal of the Archaeological Association* (1969).

Budd, S.: «The Leos of Faith: reasons for unbelief among the members of the secular movement in England», *Past and Present* (abril 1967).

Bullogh, D. A.: «Europa Pater: Charlemagne and his achievement in the light of recent scholarship», *English Historical Review* (1970).

Bultmann, R.: *The History of the Synoptic Tradition* (Londres, 1968).

Burkitt, F. C.: *The Religion of the Manichees* (Cambridge, 1925).

Butterfield, H.: *Christianity and History* (Cambridge, 1949).

Callus, D. A., comp.: *Robert Grosseteste, Scholar and Bishop* (Oxford, 1955).

Campenhausen, H. von: *The Fathers of the Greek Church*, traducción inglesa (Londres, 1963).

Campenhausen, H. von: *The Fathers of the Latin Church*, traducción inglesa (Londres, 1964).

Campenhausen, H. von: *Ecclesiastical Authority and Spiritual Power*, traducción inglesa (Londres, 1969).

Cappuynus, M.: *Jean Scot Erigène* (París, 1933).

Caraman, Philip: *The Lost Paradise: an account of the Jesuits in Paraguay, 1607-1768* (Londres, 1975).

Carpenter, H. J.: «Popular Christianity and the Theologians in the Early Centuries», *Journal of Theological Studies* (1963).

Chadwick, Henry: *The Early Church* (Londres, 1967).

Chadwick, Henry: «John Moschus and his friend Sophronius the Sophic», *Journal of Theological Studies* (1974).

Chadwick, Owen: *John Cassian* (Cambridge, 1950).

Chadwick, Owen: *The Reformation* (Londres, 1968).

Chapman, Guy: *The Dreyfus Case* (Londres, 1955).

Chapman, Raymond: *The Victorian Debate: English Literature and Society, 1832-1901* (Londres, 1970).

Charles, R. H., comp.: *The Apocrypha and Pseudepigrapha of the Old Testament* (Londres, 1963).

Cheyette, F. L., comp.: *Lordship and Community in Medieval Europe* (Nueva York, 1968).

Cipolla, C. M.: *Money, Prices and Civilisation in the Mediterranean World* (Princeton, 1956).

Cohen, P. A.: *China and Christianity: the Missionary Movement and the Growth of Chinese Anti-foreignism* (Londres, 1963).

Cohn, Norman: *The Pursuit of the Millenium* (Londres, 1970).

Cohn, Norman: *Europe's Inner Demons* (Sussex, 1975).

Cone, James H.: *Black Theology and Black Power* (Nueva York, 1969).

Constable, G: *The Letters of Peter the Venerable* (Londres, 1967).

Conway, J. S.: *The Nazi Persecution of the Churches, 1933-45* (Londres, 1968).

Conzelmann, Hans: *An Outline of the Theology of the New Testament*, traducción inglesa (Londres, 1969).

Cook, G. H.: *The English Cathedral through the Centuries* (Londres, 1960).

Copleston, F. C.: *Aquinas* (Londres, 1965).

Coulton, G. G.: *Medieval Panorama* (Cambridge, 1938).

Coulton, G. G.: *Five Centuries of Religion*, 4 vols. (Cambridge, 1923-1950).

Coulton, G. G.: *Life in the Middle Age*, 4 vols. (Cambridge, 1967).

Cowdrey, H. E. J.: «The peace and the truce of God in the 11th century», *Past and Present* (1970).

Cragg, G. R.: *The Church and the Age of Reason* (Londres, 1960).

Cranston, Maurice: *John Locke: a Biography* (Londres, 1957).

Craveri, Marcello: *The Life of Jesus*, traducción inglesa (Londres, 1967).

Cross, F. L.: *The Oxford Dictionary of the Christian Church* (Oxford, 1957).

Cullmann, O.: *Peter: Disciple, Apostle, Martyr* (Londres, 1962).

Cullmann, O.: *The Earliest Christian Confessions* (Londres, 1949).

Cullmann, O.: *The Christology of the New Testament* (Londres, 1963).

Currie, Robert: *Methodism Divided* (Londres, 1968).

Curtin, Thomas van Cleve: *The Emperor Frederick II of Hohenstaufen: Immutator Mundi* (Oxford, 1972).

Daniel, N.: *Islam and the West* (Edimburgo, 1958).

Dansette, Adrien: *A Religious history of Modern France*, traducción inglesa, 2 vols. (Horder-Friburgo, 1961).

Daube, David: *Civil Disobedience in Antiquity* (Edimburgo, 1972).

Daube, David: *Collaboration with Tyranny in Rabbinic Law* (Oxford, 1965).

Davies, W. D.: *The Setting of the Sermon on the Mount* (Cambridge, 1964).

Davies, W. D. y Daube, D., comps: *The Background of the New Testament and its Eschatology: Essays in Honour of C. H. Dodd* (Cambridge, 1956).

Deansley, M.: *The Significance of the Lollard Bible* (Londres, 1951).

Deansley, M.: *The Pre-Conquest Church in England* (Londres, 1961).

Decarreaux, Jean: *Monks and Civilisation*, traducción inglesa (Londres, 1964).

Delehaye, Hippolyte: *Sanctus* (Bruselas, 1954).

Dell, R. S.: *An Atlas of Christian History* (Londres, 1960).

Devos, P.: «La mysterieuse épisode finale de la *Vita Gregorii* de Jean Diacre: la fuite de Formose», *Analecta Bollandiana* (Amberes, Bruselas, 1964).

Dickens, A. G.: *Reformation and Society in 16th Century Europe* (Londres, 1966).

Dickens, A. G.: *Lollards and Protestants in the Diocese of York, 1509-58* (Oxford, 1959).

Digard, G.: *Philippe le Bel et le Saint-Siège*, 2 vols. (París, 1934).

Dijk, S. J. P. Van: «The Urban and Papal rites in 7th century Rome», *Sacris Erudiri* (1961).

Dillon, Myles y Chadwick, Norah: *The Celtic Realms* (Londres, 1972).

Dion, R.: «Viticulture ecclésiastique et viticulture princière au moyen age», *Revue Historique* (París, 1954).

Dodd, C. H.: *The Apostolic Teaching and its Developments* (Londres, 1956).

Dodds, E. R.: *The Greeks and the Irrational* (Berkeley, 1951).

Doney, William, comp.: *Descartes: a collection of critical essays* (Londres, 1968).

Donnelly, J. S.: *The Decline of the Cistercian Brotherhood* (Londres, 1949).

Douie, D.: *The Nature and Effect of the Heresy of the Fraticelli* (Manchester, 1932).

Downing, F. Gerald: *The Church and Jesus: a study in history, philosophy and theology* (Londres, 1968).

Dudden, F. Holmes: *Gregory the Great*, 2 vols. (Londres, 1905).

Dudden, F. Holmes: *The Life and Times of St Ambrose*, 2 vols. (Oxford, 1935).

Duggan, C.: «The Becket dispute and the criminous clerks», *Bulletin of the Institute of Historical Research* (Cambridge, 1962).

Dunham, Chester F.: *The Attitude of the Northern Clergy towards the South 1860-5* (Toledo, 1942).

Dunn, G. H.: *Generation of Giants: the first Jesuits in China* (Londres, 1962).

Dvornik, F.: *Byzantine Missions among the Slavs* (Nueva Brunswick, 1970).

Eells, Hastings: *Martin Bucer* (Nueva Haven, 1931).

Ehrhardt, A.: *The Apostolic Succession* (Londres, 1953).

Erikson, Erik H.: *Young Martin Luther* (Londres, 1972).

Evans, R. F.: «Pelagius, Fastidius and the pseudo-Augustinian *de irta Christiana*», *Journal of Theological Studies* (1962)

Evans, R. F.: *Pelagius: Inquiries and Reappraisals* (Londres, 1968).

Evans, R. J. W.: *Rudolf II and his World: a study in intellectual history, 1576-1612* (Oxford, 1973).

Every, G.: *The Byzantine Patriarchate* (Londres, 1962).

Faludy, George: *Erasmus of Rotterdam* (Londres, 1970).

Farmer, W. R.: *Macabees, Zealots and Josephus* (Nueva York, 1956).

Farris, N. M.: *Crown and Clergy in Colonial Mexico, 1759-1821* (Londres, 1968).

Fèbvre, L.: *Le problème de l'incroyance au XVIe siècle: la religion de Rabelais* (París, 1947).

Fedotov, G. P.: *The Russian Religious Mind* (Cambridge, Massachusetts, 1966).

Feiblemann, J. K.: *Religious Platonism* (Londres, 1959).

Fenlon, Dermot: *Heresy and Obedience in Tridentine Italy: Cardinal Pole and the Counter-Reformation* (Cambridge, 1972).

Ferguson, W. K.: «The attitude of Erasmus towards toleration» en *Persecution and Liberty: Essays in Honour of G. L. Burr* (Nueva York, 1931).

Fischer, Bonifatius: «The use of computers in New Testament studies», *Journal of Theological Studies* (1970).

Fischer-Galati, Stephen A.: *Ottoman Imperialism and German Protestantism, 1521-55* (Harvard, 1959).

Flender, H.: *St Luke: Theologian of Redemptive History* (Londres, 1967).

Folz, R.: *L'idée d'empire en Occident du Ve au XIVe siècle* (París, 1953).

Fontaine, J.: *Isidore de Séville et la culture clasique dans l'Espagne wisigothique*, 2 vols. (París, 1958).

Foss, Michael: *The Founding of the Jesuits* (Londres, 1969).

Frame, Donald M.: *Montaigne* (Londres, 1965).

Frazier, Franklin E.: *The Negro Church in America* (Nueva York, 1964).

French, R. M.: *The Eastern Orthodox Church* (Londres, 1951).

Frend, W. H. C.: «Heresy and schism as social and national movements», *Studies in Church History* (Cambridge, 1971).

Frend, W. H. C.: «The archaeologist and church history», *Antiquity* (1960).

Frend. W. H. C.: *The Donatist church: a movement of protest in Roman North Africa* (Oxford, 1971).

Frend, W. H. C.: «The Gnostic-Manichean Tradition in Roman North Africa», *Journal of Ecclesiastical History* (1953).

Frend, W. H. C.: *Martyrdom and Persecution in the Early Church* (Londres, 1965).

Frend, W. H. C.: «Popular religion and Christological controversy in the 5th century», *Studies in Church History* (Cambridge, 1972).

Fuller, R. H.: *Interpreting the Miracles* (Londres, 1963).

Gairdner, W. H. T.: *Edinburgh 1910: an account and interpretation of the World Missionary Conference* (Edimburgo y Londres, 1910).

Ganshof, F. L.: *The Imperial Coronation of Charlemagne: theories and facts* (Londres, 1949).

Ganshof, F. L.: *The Carolingians and the Frankish Monarchy*, traducción inglesa (Londres, 1971).

Gartner, Brtil: *The Temple and the Community of Qumran and the New Testament* (Cambridge, 1965).

Gasper, Louis: *The Fundamentalist Movement* (La Haya, 1963).

Gay, Peter: *The Enlightenment, an Interpretation* (Nueva York, 1966).

Geanakoplos, D. J.: *The Emperor Michael Palaeologus and the West* (Londres, 1959).

Ghirshman, R.: *Iran: the Parthians and Sassanians* (Londres, 1962).

Giles, E., comp.: *Documents Illustrating Papal Authority, AD 96-454* (Londres, 1952).

Goodspeed, E. J.: *A History of Early Christian Literature* (Chicago, 1966).

Grant, Michael: *The Ancient Historians* (Londres, 1970).

Grant, Robert M.: *Historical Introduction to the New Testament* (Londres, 1963).

Grant, Robert M.: *Miracle and Natural Law in Graeco-Roman and Early Christian Thought* (Amsterdam, 1952).

Green, Robert W.: *Protestantism and Capitalism: the Weber thesis and its critics* (Boston, 1959).

Hales, E. E. Y.: «The First Vatican Council», *Studies in Church History* (Cambridge, 1971).

Hales, E. E. Y.: *Pio Nono* (Londres, 1962).

Hales, E. E. Y.: *Pope John and his Revolution* (Londres, 1965).

Hall, Basil: «The Colloquies between Catholics and Protestants, 1539-1541», *Studies in Church History* (Cambridge, 1971).

Hall, Basil: «The Trilingual College of San Ildefonso and the making of the Complutensian Polyglot Bible», *Studies in Church History* (Leiden, 1969).

Haller, W.: *Liberty and Reformation in the Puritan Revolution* (Nueva York, 1955).

Hammerton-Kelly, R. G.: *Pre-Existence, Wisdom and the Son of Man* (Cambridge, 1973).

Hanke, L.: *Bartolome de las Casas* (La Haya, 1951).

Hare, D. R. A.: *The Theme of Jewish Persecution of the Christians in the Gospel According to St. Matthew* (Cambridge, 1967).

Harrison, Brian: «Religion and recreation in 19th century England», *Past and Present* (1967).

Hart, A. Tindal: *The Life and Times of John Sharp, Archbishop of York* (Londres, 1949).

Harvey, Van Austin: *The Historian and the Believer* (Londres, 1967).

Hauser, A.: *Mannerism*, 2 vols. (Londres, 1965).

Hay, D.: *Europe: the emergence of an idea* (Nueva York, 1965).

Heard, R. G.: «The Old Gospel prologues», *Journal of Theological Studies* (1955).

Heath, Peter: *English Parish Clergy on the Eve of the Reformation* (Londres, 1969).

Heath, R. G.: «The Western schism of the Franks and the "Filioque"», *Journal of Ecclesiastical History* (1972).

Heimert, Alan E.: *Religion and the American Mind from the Great Awakening to the Revolution* (Harvard, 1966).

Hennell, Michael: «Evangelicanism and worldliness», *Studies in Church History* (Cambridge, 1972).

Hennell, Michael: *John Venn and the Clapham Sect* (Londres, 1958).

Henry, F.: *Irish High Crosses* (Dublín, 1964).

Hill, Rosalind: «The Northumbrian Church», *Church Quarterly Review* (1963).

Hillgarth, J. N.: «Coins and chronicles: Propaganda in 6th century Spain and the Byzantine background», *Historia* (Chicago, 1966).

Hillgarth, J. N.: *The Conversion of Western Europe, 350-750* (Nueva Jersey, 1969).

Hinchcliff, Peter: «African separatism: Heresy, Schism or Protest Movement», *Studies in Church History* (Cambridge, 1971).

Holt, E.: *The Opium Wars in China* (Londres, 1964).

Hoppen, K. Theodore: «W. G. Ward and liberal Catholicism», *Journal of Ecclesiastical History* (1972).

Hughes, Kathleen: *The Church in Early Irish Society* (Londres, 1966).

Hughes, P.: *The Reformation in England*, 3 vols. (Londres, 1950-1954).

Hunter-Blair, Peter: *The World of Bede* (Londres, 1970).

Hussey, J. M.: *The Byzantine World* (Londres, 1961).

Hussey, J. M.: «Byzantine monasticism», *Cambridge Medieval History*, IV (Cambridge, 1967).

Jacob, E.: «Gerard Groote and the beginning of the "New Devotion" in the Low Countries», *Journal of Ecclesiastical History* (1952).

Jasper, Ronald C. D.: *George Bell, Bishop of Chichester* (Oxford, 1967).

Jedin, Hubert: *History of the Council of Trent*, traducción inglesa, 2 vols. (Londres, 1957).

Jeremias, J.: *Infant Baptism in the First Four Centuries* (Londres, 1960).

Jeremias, J.: *The Problem of the Historical Jesus* (Londres, 1964).

John, Eric: «The social and political problems of the early English Church», *Agricultural History Review* (1970).

Johnson, S. M.: «John Donne and the Virginia Company», *Journal of English Literary History* (1947).

Jonas, H.: *The Gnostic Religion* (Londres, 1963).

Jones, A. H. M: *The Later Roman Empire*, 3 vols. (Londres, 1964).

Jones, A. H. M: «Were the ancient heresies national or social movements in disguise?», *Journal of Theological Studies* (1959).

Jones, A. H. M.: «Church finance in the 5th and 6th centuries», *Journal of Theological Studies* (1960).

Jordan, E. K. H.: *Free Church Unity: A history of the Free Church Council Movement, 1896-1941* (Londres, 1956).

Jungmann, Joseph A.: *The Early Liturgy to the Time of Gregory the Great* (Londres, 1960).

Kamen, Henry: *The Spanish Inquisition* (Londres, 1965).

Kelly, J. N. D.: *Early Christian Doctrines* (Londres, 1958).

Kelly, J. N. D.: *Jerome: his Life, Writings and Controversies* (Londres, 1975).

Kendrick, T.: *St James in Spain* (Londres, 1960).

Kent, John: *The Age of Disunity* (Londres, 1966).

Kittler, G. D.: *The White Fathers* (Londres, 1956).

Kitzinger, Ernst: «The Gregorian Reform and the visual arts», *Transactions of the Royal Historical Society* (Londres, 1972).

Knowles, David: *Saints and Scholars* (Cambridge, 1962).

Kummel, W. G.: *The New Testament: the history of the investigation of its problems*, traducción inglesa (Londres, 1973).

Laistner, L. W.: *Thought and Letters in Western Europe*, 500-900 (Londres, 1957).

Latouche, Robert: *The Birth of Western Economy: economic aspects of the dark ages*, traducción inglesa (Londres, 1961).

Latourette, K. S.: *History of the Expansion of Christianity*, 7 vols. (Londres, 1937-1945).

Latourette, K. S.: *Christianity in a Revolutionary Age*, 5 vols. (Nueva York, 1957-1961).

Lau, F. y Bizer, E.: *A History of the Reformation in Germany to 1555* (Londres, 1969).

Lawrence, Peter: *Road Belong Cargo: a study in the Cargo movement in the Southern Madang Distric, New Guinea* (Manchester, 1964).

Lea, H. C.: *A History of Auricular Confession and Indulgences in the Latin Church*, 3 vols. (Londres, 1896).

Le Bras, Gabriel: *Introduction à l'histoire de la pratique religieuse en France*, 2 vols. (París, 1945).

Lecler, Joseph: *Toleration and the Reformation*, 2 vols. (Londres, 1960).

Le Guillou, M. J.: *Christ and Church, a Theology of the Mystery*, traducción inglesa (Nueva York, 1966).

Lee, Robert y Marty, Martin E., comps.: *Religion and Social Conflict* (Nueva York, 1964).

Lesne, E.: *Histoire de la propriété ecclésiastique en France*, 6 vols. (Lila y París, 1910-1942).

Lewis, E.: *Medieval Political Ideas*, 2 vols. (Londres, 1954).

Lewy, Gunter: *The Catholic Church and Nazi Germany* (Nueva York, 1964).

Leyser, K.: «The German aristocracy from the 9th to the early 12th century: a historical and cultural sketch», *Past and Present* (1968).

Liebeschultz, W.: «Did the Pelagian movement have social aims?», *Historia* (Chicago, 1963).

Lineham, Peter: «Councils and Synods in 13th century Castille and Aragon», *Studies in Church History* (Cambridge, 1971).

Little, David: *Religion, Order and the Law* (Oxford, 1970).

Llewellyn, Peter: *Rome in the Dark Ages* (Londres, 1971).

Luchaire, A.: *Innocent III*, 6 vols. (París, 1905-1908).

Lynch, J.: «Phillip II and the Papacy», *Transactions of the Royal Historical Society* (Londres, 1961).

Mabbott, J. D.: *John Locke* (Londres, 1973).

MacFarlane, Alan: *Witchcraft in Tudor and Stuart England* (Londres, 1970).

MacIntyre, A.: *Secularisation and Moral Change* (Londres, 1967).

Manuel, Frank E.: *A Portrait of Isaac Newton* (Cambridge, Massachusetts, 1968).

Marañón, Gregorio: «El proceso del Arzobispo Carranza», *Boletín de la Real Academia de la Historia* (Madrid, 1950).

Marcus, R. A.: «Gregory the Great and a papal missionary strategy», *Studies in Church History* (Cambridge, 1970).

Markus, R. A.: «Christianity and dissent in Roman North Africa: changing perspectives in recent work», *Studies in Church History* (Cambridge, 1971).

Markus, R. A.: *Saeculum: History and Society in the Theology of St Augustine* (Cambridge, 1970).

Martin, D.: *A Sociology of English Religion* (Londres, 1967).

Martin, E. J.: *History of the Iconoclastic Controversy* (Londres, 1930).

Martyn, J. L.: *History and Theology of the Fourth Gospel* (Londres, 1968).

Matthews, Donald G.: *Slavery and Methodism: a chapter in American morality* (Princeton, 1965).

Mayr-Harting, Henry: *The Coming of Christianity to Anglo-Saxon England* (Londres, 1972).

McDonnel, E.: *The Beguines and Beghards in Medieval Culture* (Nueva Jersey, 1954).

McElrath, Damian, comp.: *Lord Acton: the decisive decade, 1864-1874* (Lovaina, 1970).

McManners, John: *French Ecclesiastical Society under the Ancien Régime: a study of angers in the 18th century* (Manchester, 1960).

McManners, John: *The French Revolution and the Church* (Londres, 1969).

McMullen, Ramsay: *Enemies of the Roman Order: treason, unrest and alienation in the Empire* (Harvard, 1966).

McNeill, J. T.: *The History and Character of Calvinism* (Oxford, 1954).

Mehl, Roger: *The Sociology of Protestantism* (Londres, 1970).

Mew, James: *The Traditional Aspects of Hell* (Londres, 1903).

Meayvaert, P.: *Bede and Gregory the Great*, Conferencia en Jarrow (1964).

Michaelson, C.: *Japanese Contributions to Christian Thought* (Londres, 1960).

Milburn, R. L.: *Early Christian Interpretations of History* (Londres, 1954).

Miller, D. H.: «The Roman Revolution of the 8th century», *Medieval Studies* (Toronto, 1974).

Mollat, G.: *The Popes at Avignon*, traducción inglesa (Londres, 1963).

Mollet, M.: «Problèmes navales de l'histoire des Coisades», *Cahiers de civilisation médiévales* (París, 1967).

Momigliano, A. D., comp.: *The Conflict between Paganism and Christianity in the 4th Century* (Oxford, 1963).

Momigliano, A. D.: «Popular religious beliefs and the late Roman historians», *Studies in Church History* (Cambridge, 1972).

Momigliano, A. D.: «Cassiodorus and the Italian culture of his time», *Proceedings of the British Academy* (Londres, 1955).

Moore, A. L.: *The Parousia in the New Testament* (Leiden, 1966).

Moore, G. F.: *Judaism in the First Centuries of the Christian Era,* 3 vols. (Londres, 1954).

Moore, R. I.: «The Origin of medieval heresy», *History* (1970).

Moore, W. J.: *The Saxon Pilgrims to Rome and the Scuola Saxonum* (Londres, 1937).

Moorhouse, Geoffrey: *The Missionaries* (Londres, 1973).

Moorman, J.: *History of the Franciscan Order* (Londres, 1968).

Morris, Colin: «A critique of popular religion: Guibert de Nogent on the relics of the Saints», *Studies in Church History* (Cambridge, 1972).

Morris, J.: «Pelagian Literature», *Journal of Theological Studies* (1965).

Morrison, K. F.: *Tradition and Authority in the Western Church, 300-1140* (Princeton, 1969).

Morton, A. Q. y McLeman, J.: *Paul* (Londres, 1966).

Mounier, Roland: *The Assassination of Henri IV: the tyrannicide problem and the consolidation of the French absolute monarchy in the early 17th century*, traducción inglesa (Londres, 1973).

Neill, S. C.: *A History of Christian Missions* (Londres, 1964).

Neill, S. C.: *A History of the Ecumenical Movement, 1517-1948* (Londres, 1954).

Neill, S. C. y Weber, H. R., comps.: *The Layman in Christian History* (Londres, 1963).

Nelson, Janet. L.: «Society, theodicy and the origins of heresy: towards a reassessment of the medieval evidence», *Studies in Church History* (Cambridge, 1971).

Nelson, Janet, L.: «Gelasius: it's doctrine of responsability», *Journal of Theological Studies* (1967).

Nersessian, Surapie Der: *Armenia and the Byzantine Empire* (Cambridge, Massachusetts, 1965).

Newsome, David: *The Parting of Friends: a study of the Wilberforces and Henry Manning* (Londres, 1966).

Nichol, Donald M.: *The Last Centuries of Byzantium, 1261-1453* (Londres, 1972).

Nilsson, Martin P.: *Greek Popular Religion* (Nueva York, 1954).

Oblensky, Dimitri: «Nationalism and Eastern Europe in the Middle Ages», *Transactions of the Royal Historical Society* (Londres, 1972).

O'Collins, Gerald: *The Easter Jesus* (Londres, 1973).

Oldenbourg, Z.: *Massacre at Montsegur: a history of the Albigensian crusade*, traducción inglesa (Londres, 1961).

Oli, John C., comp.: *Christian Humanism and the Reformation* (Londres, 1965).

Oliver, R.: *The Missionary Factor in East Africa* (Londres, 1952).

O'Neill, J. C.: *The Theology of «Acts» in its Historical Setting* (Londres, 1961).

Ozment, Stephen E.: *The Reformation in Medieval Perspective* (Chicago, 1971).

Patterson, W. B.: «King James I's call for an ecumenical council», *Studies in Church History* (Cambridge, 1971).

Patterson, W. B.: «Henry IV and the Huguenot appeal for a return to Poissy», *Studies in Church History* (Cambridge, 1971).

Pernoud, R.: *Joan of Arc, by herself and witnesses*, traducción inglesa (Londres, 1964).

Perowne, Stewart: *The End of the Roman World* (Londres, 1966).

Pirenne, H.: «De l'état de l'instruction des laiques à l'époque mérovingienne», *Histoire économique de l'Occident médiévale* (París, 1951).

Plinval, Georges de: *Pélage: ses écrits, sa vie et sa réforme* (Lausana, 1943).

Plongeron, B.: *Les réguliers de Paris devant le serment constitutionel* (París, 1964).

Popkin, Richard H.: *The History of Scepticism, from Erasmus to Descartes* (Asen, Holanda, 1964).

Power, Eileen: *Medieval English Nunneries, 1275-1535* (Oxford, 1922).

Prawer, Joshua: *The Latin Kingdom of Jerusalem: European colonialism in the Middle Ages* (Londres, 1972).

Purver, Margery: *The Royal Society: concept and creation* (Londres, 1967).

Reeves, Margery: *The Influence of Prophecy in the Later Middle Ages: a study in Joachimism* (Oxford, 1969).

Reumann, J.: *Jesus in the Church's Gospels* (Londres, 1968).

Riccard, Robert: *The Spiritual Conquest of Mexico*, traducción inglesa (Berkeley, 1966).

Riley-Smith, J.: *The Knights of St John in Jerusalem and Cyprus, 1050-1310* (Londres, 1967).

Rowley, H. H.: *The Relevance of the Apocalyptic* (Londres, 1963).

Rowley, H. H.: «The Qumran sect and Christian origins», *Bulletin of the John Rylands Library* (Manchester, 1961).

Runciman, Stephen: *A History of the Crusades*, 3 vols. (Cambridge, 1951-1954).

Runciman, Stephen: *Sicilian Vespers* (Londres, 1958).

Rupp, Gordon: *Studies in the Making of the English Protestant Tradition* (Cambridge, 1947).

Rupp, Gordon: «Protestant spirituality in the first age of the Reformation», *Studies in Church History* (Cambridge, 1972).

Russell, J. B.: *Dissent and Reform in the Early Middle Ages* (Berkeley, 1965).

Samaran, C. y Mollet, G.: *La Fiscalité pontificale en France au XIVᵉ siècle* (París, 1905).

Saint-Croix, G. E. M. de: «Why were the early Christians persecuted?», *Past and Present* (1963).

Schoeps, H. J.: «Ebionite Christianity», *Journal of Theological Studies* (1953).

Schonfield, H. J.: *The Passover Plot* (Londres, 1965).

Schwartz, Marc L.: «Development of a lay religious consciousness in pre-Civil War England», *Studies in Church History* (Cambridge, 1972).

Scott, Patrick: «Cricket and the religious world in the Victorian period», *Church Quarterly* (octubre de 1970).

Setton, K. M., comp.: *A History of the Crusades*, 2 vols. (Filadelfia, 1955-1962).

Sherwin-White, A. N.: *Roman Society and Roman Law in the New Testament* (Londres, 1963).

Silver, James W.: *Confederate Morale and Church Propaganda* (Tuscalusa, 1957).

Simon, M.: *St Stephen and the Hellenists* (Londres, 1958).

Smalley, Beryl M.: *The Study of the Bible in the Middle Ages* (Oxford, 1952).

Smalley, Beryl M.: *The Becket Conflict and the Schools: a study of intellectuals in politics* (Oxford, 1973).

Smart, Ninian: *The Religious Experience of Mankind* (Londres, 1971).

Smith, John Holland: *Constantine the Great* (Londres, 1971).

Smith, James Ward, y Jamison, A. Leland, comps.: *Religious Perspectives in American Culture* (Princeton, 1961).

Soulis, G.: «The legacy of Cyril and Methodius to the Southern Slavs», *Dunbarton Oaks Papers* (Cambridge, Massachusetts, 1965).

Southern, R. W.: *Medieval Humanism and Other Studies* (Oxford, 1970).

Southern, R. W.: *Western Society and the Church in the Middle Ages* (Londres, 1970).

Southern, R. W.: «Aspects of the European tradition of historical writing: history as prophecy», *Transactions of the Royal Historical Society* (Londres, 1972).

Spearing, E.: *The Patrimony of the Roman Church at the Time of Gregory the Great* (Londres, 1918).

Stark, Rodney, y Glock, Charles Y.: *American Piety* (Los Angeles, 1968).

Steinmann, Jean: *Pascal*, traducción inglesa (Londres, 1965).

Stendhal, K.: *The School of St Mathew* (Londres, 1954).

Stevenson, J., comp.: *Documents Illustrative of the History of the Church to AD 461*, 2 vols. (Londres, 1970).

Strauss, Gerald, comp.: *Manifestations of Discontent in Germany on the Eve of the Reformation* (Indiana, 1971).

Stridbeck, C. G.: «Breughel's "Combat between Carnival and Lent"», *Journal of Courtauld and Warburg Institutes* (Londres, 1956).

Sundkler, B. G. M.: *The Christian Ministry in Africa* (Londres, 1960).

Sundkler, B. G. M.: *Bantu Prophets in South Africa* (Londres, 1961).

Swanson, Guy E.: *Religion and Regime* (Michigan, 1967).

Syme, R.: *Ammianus and the Historia Augusta* (Londres, 1968).

Talbot, C. H.: *The Anglo-Saxon Missionaries in Germany* (Londres, 1954).

Talbot-Rice, David, comp.: *The Dark Ages* (Londres, 1965).

Taylor, J. V.: *The Growth of the Church in Buganda* (Londres, 1958).

Taylor, J. V.: *Primal Vision* (Londres, 1965).

Thomas, Keith: *Religion and the Decline of Magic* (Londres, 1970).

Thompson, David M.: «The churches and society in 19th century England», *Studies in Church History* (Cambridge, 1972).

Thompson, E. A.: *The Goths in Spain* (Londres, 1969).

Thompson, Rhodes: *Voices from Cane Ridge* (St Louis, 1954).

Tisset, P., y Laners, Y., comps.: *Procès de condamnation de Jeanne d'Arc* (París, 1970-1972).

Todt, H. E.: *The Son of Man in the Synoptic Tradition* (Londres, 1965).

Towler, Robert: *Homo Religiosus: sociological problems in the study of religion* (Londres, 1974).

Trevor-Roper, Hugh: *Religion, Reformation and Social Change* (Londres, 1967).

Trocmé, Etienne: *Jesus and his Contemporaries*, traducción inglesa (Londres, 1973).

Turner, H. W.: *History of an African Independent Church*, 2 vols. (Oxford, 1967).

Ullmann, Walter: «Public welfare and social legislation in early medieval councils», *Studies in Church History* (Cambridge, 1971).

Ullmann, Walter: «Julius II and the schismatic cardinals», *ibid.*

Ullmann, Walter: *Medieval Papalism: the political theories of the Medieval canonists* (Londres, 1949).

Ullman, Walter: *Principals of Government and Politics in the Middle Ages* (Nueva York, 1961).

Vale, M. G. A.: *Charles VII* (Londres, 1974).

Verliden, Charles: «Les origines coloniales de la civilisation atlantique: antecédents et types de structure», *Cahiers d'histoire mondiale* (1953).

Vermes, G.: *The Dead Sea Scrolls in English* (Londres, 1968).

Vicaire, M. H.: *St Dominic and his Times*, traducción inglesa (Londres, 1964).

Vlasto, A. P.: *The Entry of the Slavs into Christendom* (Cambridge, 1970).

Wakefield, Walter L.: *Heresy, Crusade and Inquisition in Southern France, 1100-1250* (Londres, 1974).

Walker, D. P.: *The Ancient Theology* (Londres, 1972).

Walker, D. P.: *The Decline of Hell: 18th century discussions of eternal torment* (Londres, 1974).

Wallace, Ronald S.: *Calvin's Doctrine of the Christian Life* (Edimburgo, 1959).

Wallace-Hadrill, D. S.: *Eusebius of Caesarea* (Londres, 1960).

Wallace-Hadrill, D. S.: *Early Germanic Kingship in England and on the Continent* (Oxford, 1971).

Wallace-Hadrill, D. S.: *The Barbarian West, 400-1000* (Londres, 1967).

Wallach, Luitpold: *Alcuin and Charlemagne* (Cornell, 1969).

Walsh, John: «Methodism and the mob in the 18th century», *Studies in Church History* (Cambridge, 1972).

Ward, W. R.: «Popular religion and the problem of control, 1790-1830», *Studies in Church History* (Cambridge, 1972).

Ward-Perkins, J. B.: «The shrine of St Peter and its twelve spiral columns», *Journal of Roman Studies* (1952).

Ware, Timothy: *The Ortodox Church* (Londres, 1963).

Warren, W. L.: *Henry II* (Londres, 1973).

Washington, Joseph R.: *Black Religion: the Negro and Christianity in the United States* (Boston, 1964).

Waterhouse, Ellis: «Some painters and the counter-Reformation before 1600», *Transactions of the Royal Historical Society* (Londres, 1972).

Watt, J. A.: *The Theory of Papal Monarchy* (Nueva York, 1965).

Webster, J. B.: *The African Churches among the Yoruba 1888-1922* (Oxford, 1964).

Wedgwood, C. V.: *The Thirty Years War* (Londres, 1968).

Weiss, J.: *Earliest Christianity* (Londres, 1959).

Wells, G. A.: *The Jesus of the Early Christians* (Londres, 1971).

Wendel, François: *Calvin: the origins and development of his religious thought*, traducción inglesa (Londres, 1963).

Werner, M.: *The Formation of Christian Dogma* (Londres, 1957).

Wheeler, H.: *The Bible in its Ancient and English Versions* (Oxford, 1940).

Whiteley, D. E. H.: *The Theology of St Paul* (Londres, 1964).

Williams, George Hunston: *The Radical Reformation* (Londres, 1962).

Williamson, G. A.: *The World of Josephus* (Londres, 1964).

Wilson, Bryan R.: *Religious Sects* (Londres, 1970).

Winter, P.: «Josephus on Jesus», *Journal of Historical Studies* (1968).

Yates, Frances A.: «Paolo Sarpi's history of the council of Trent», *Journal of Courtauld and Warburg Institutes* (Londres, 1944).

Yates, Frances A.: *Giordano Bruno and the Hermetic Tradition* (Londres, 1964).

Yates, Frances A.: *The Rosicrucian Enlightenment* (Londres, 1972).

Zuntz, G.: *The Text of the Pauline Epistles* (Oxford, 1953).

ÍNDICE ONOMÁSTICO

Félix, san, 226
Félix III, papa, 180
Fénelon, Francisco de Salignac de la Mothe, 467
Feringhis, 549
Fernando, archiduque, 390
Fernando VII, rey, 544
Ferreira, Cristóvao, 560
Ferrer, san Vicente, 351
Ferrières, 214
Ferry, Jules, 617
Ficino, Marsilio, 361-362, 364
Filadelfia, 569
Filasterio, san, 110, 122
Filemón, 40
Filipinas, 545, 558, 608
Filón, 24-25, 29n, 36, 143
Firmicus Maternus, 136
Fischer, Stephen A., 381n
Fitzstephen, William, 283
Flade, Dietrich, 418
Flandes, 332, 352, 355, 424-425, 434
Flint, Maurice, 659
Florencia, 214, 216, 255, 364, 421
Focio, 247
Foligno, 316
Fontenelle, 198, 203
Fontaines, Friedrich, 198, 486
Forer, Laurencio, 410
Fouché, José, 483
Fountains, 207
Fox, George, 497n
Francfort, 239, 425
Francia, 176, 188, 194, 198, 218, 233, 260, 293-294, 297-299, 307, 317, 334, 336, 339-340, 342, 347, 351-352, 355, 362, 377, 381, 385, 392-393, 399, 403, 413, 425, 455, 465, 469, 474-475, 478, 480, 482, 488, 515, 521-522, 525, 528, 551, 557, 593, 600, 617-618, 620, 624, 628, 632, 636, 644, 651, 654
Francisco, san, 548
Francocondado, región, 418
Franconia, 188
Franklin, Benjamín, 574
Freising, 225, 261, 266, 271
Freisler, Roland, 653

Friburgo, 375
Fromm, Erich, 659
Froude, R. H., 506
Fuchs Von Dornheim, Johann George II, 419
Fridugis, 171
Frigia, 120
Friuli, 215
Frontus, san, 191
Fulda, 214, 219, 321, 418, 639
Furness, 241
Furniss, Joseph, 514
Fursey, san, 222

Gaetani, Benedicto, 294
Gago, Baltasar, 557
Gaio, 90
Galacia, 13, 121
Galen, obispo, 652
Gales, 195, 207, 291, 299, 305, 397, 655, 680n
Galia, 144, 149, 171, 175-176, 187, 189-190, 195, 212, 215, 228
Galilea, 24, 49, 55, 57, 298
Galilei, Galileo, 433n, 550, 579
Galíndez de Carvajal, Lorenzo, 412
Galway, 197
Gandersheim, 271
Gante, 425
Garbett, arzobispo, 633
Garrison, William Lloyd, 581
Gascoigne, Tomás, 305
Gascuña, 206, 294
Gasperi, Alcide de, 636
Gattarina, Mercurio, 375
Geer, Luis de, 425
Geiler, Johann, 360
Gelasio I, papa, 179-180, 189, 227, 262, 267
Gelasio II, papa, 228
Génova, 335
Gentilis, Valentín, 389
Georgia, 569
Geraldo, san, 240-241
Gerlich, Fritz, 646
Germania, 218, 230, 336, 353
Gernhard, Bartolomeo, 423
Gervasio, san, 149

Jorge IV, 500

Joris, David, 389n

José, san, 46

José II, emperador, 474

Josefo, Flavio, 31, 35, 38, 65, 119

Joviniano, 155

Joyce, James, 514

Juan, archicantor, 215

Juan, duque de Sajonia, 353

Juan el Diácono, 181

Juan el Viejo, 40

Juan, rey de Inglaterra, 272, 291

Juan aux Bellesmains, obispo, 284-285

Juan Bautista, san, 36, 53, 148, 224, 226, 270n

Juan Crisóstomo, san, 110, 133, 140, 143, 212

Juan de Leiden, 355

Juan de Salisbury, 280, 283

Juan Evangelista, san, 15, 36, 40, 43, 45, 54, 66, 82, 90, 127, 141, 152, 212, 346, 450, 505

Juan Pablo I, 682

Juan Pablo II, 685, 691

Juan III, rey de Portugal, 557

Juan IV, abate, 319-320

Juan VII, papa, 234

Juan VIII, papa, 249, 327

Juan XXIII, papa, 670, 676, 679

Juana de Arco, 309, 350

Judá, 678

Judas Iscariote, 49, 52, 133

Judea, 13, 23-24, 55, 65

Juilly, 517

Julián, emperador, 96, 106, 111-112, 121, 138-139, 146, 159, 482

Julián, san, 476

Julián de Eclanum, 159, 168

Julio II, papa, 369, 376

Julio Africano, 81

Julio César, 24, 486, 558

Jumièges, 198, 203

Jung-Stilling, 486

Júpiter, 20

Justina, emperatriz, 152

Justiniano, 157, 178, 180, 184, 200, 233

Justino, san, 91, 142, 225

Juvenal, 26, 197

Kaltenbrunner, Ernesto, 648

Kallen, Horace Mann, 575

Kampala, 604

Kant, Immanuel, 472

Katanga, 599

Keble, John, 506-507, 513, 517

Kells, 212, 216

Kemp, Denis, 605

Kempe de York, arzobispo, 287

Kempis, Tomás de, 429

Kennedy J. F., 687

Kent, 183, 202, 307, 397

Kentucky, 576

Keynes, John Maynard, 635

Killala, 461

Kimbangu, Simón, 663

King, William, 458

Kingsley, Charles, 504

Kingsley, Mary, 606

Kircher, Atanasio, 434

Kivebulaya, Apolo, 604

Klausener, Erich, 646

Knox, John, 367, 392

Knut, rey, 226

Krapf, Lewis, 588

Krause, Reinhold, 643

Krudener, madame de, 485

Kune, obispo, 80

La Chênaie, 517, 520

La Mennais (más tarde: Lamennais), Félicité de, 518, 521

La Tène, 197, 216

La Trinité de Vendôme, 205

Labuan, 605

Lac, Père du, 619

Lacordaire, Enrique Domingo, 517-520, 522

Lafayette, María José Motier, 482

Lagrange, Albert, 626

Lamartine, Alfonso María Luis de, 521

Lambeth, 678

Lamormaini, jesuita, 410

Lancashire, 399

Landon, político, 657

Lang, Cosmo Gordon, 633, 655

Languedoc, 340, 345

Laocoonte, 407n

OTROS TÍTULOS DE LA COLECCIÓN

La historia de los judíos

PAUL JOHNSON

Desde el descubrimiento del monoteísmo por los israelitas hasta sus aportaciones en la creación y el desarrollo del capitalismo, el socialismo y el psicoanálisis, el genio judío se percibe en todas las manifestaciones artísticas, científicas y del pensamiento. El historiador Paul Johnson señala algunas de las contradicciones inherentes al hecho de ser judío —como, por ejemplo, la racionalidad frente al misticismo— y observa un peculiar nacionalismo, expresado ya en el Libro de los Macabeos, que desembocó en el sionismo. «Ningún pueblo ha insitido más firmemente en que la humanidad tiene un destino y la historia un propósito», dice Johnson. Una historia de cuatro mil años —de Abraham a la consolidación del Estado de Israel— en la que se forjó una cultura que ha ejercido una influencia innegable en la formación del mundo moderno.

Las cruzadas

GEOFFREY HINDLEY

¿Qué es lo que arrastró a miles de seres de distinta condición social a emprender fatigosas campañas con el propósito de conquistar territorio musulmán? ¿Se trataba de una motivación meramente religiosa o respondía también al deseo de obtener recompensas materiales? ¿En qué medida tales incursiones convulsionaron la historia europea y enturbiaron la relación entre musulmanes y cristianos, despertando el resquemor de los primeros y espolenado la mala conciencia de los últimos?

El historiador Geoffrey Hindley presenta un vívido cuadro de las cruzadas, con singulares datos de interés histórico y fascinantes retratos de las figuras más sobresalientes de esas batallas que, bajo el estandarte de la religión, asolaron la Edad Media y sus ámbitos político, social y militar.

Los cátaros

STEPHEN O'SHEA

Radicales en sus ideas y dotados de una profunda espiritualidad, los cátaros rechazaban el materialismo, trataban como iguales a las mujeres, aceptaban la diferencia de credo, defendían el amor libre y afirmaban que el infierno no existía. Pero sobre todo, estos rebeldes pusieron en entredicho la autoridad de la Iglesia y su concepción del bien y del mal, provocando con ello que se tambaleara el sistema de valores impuestos.

Ante tal situación, Inocencio III, apoyado por los señores feudales, promovió unas campañas bélicas que, de 1209 a 1229, desempeñaron con éxito su misión: exterminar el catarismo.

El periodista Stephen O'Shea nos presenta un ilustrador cuadro de la Francia medieval, así como una evocación de otra época que lleva a pensar que la intolerancia religiosa es intemporal.